충북지역사 논저총목록

김의환 편

선인

충북지역사 논저총목록

초판 1쇄 발행 2006년 12월 12일

편 저 ∥ 김의환
펴낸이 ∥ 윤관백
편 집 ∥ 서혜미
표 지 ∥ 김지학
교정 · 교열 ∥ 김은혜, 이수정
펴낸곳 ∥ 선인
등 록 ∥ 제5-77호(1998. 11. 4)
주 소 ∥ 서울시 마포구 마포동 324-1 곶마루B/D 1층
전 화 ∥ 02)718-6252
팩 스 ∥ 02)718-6253
Home ∥ www.suninbook.com
E-mail ∥ sunin72@chol.com

인 쇄 ∥ 한성인쇄
제 본 ∥ 국일제본

정가 ∥ 30,000원
ISBN 89-5933-071-X 93900
978-89-5933-071-3

충북지역사
논저총목록

책을 펴내면서

이념의 시대였던 20세기에는 정치 · 제도사를 비롯한 中央 중심의 역사서술이 많았다. 그러나, 앞으로 전개되는 21세기는 人間 중심의 역사가 강조되는 가운데, 그 중에서도 그동안 별로 주목받지 못했던 民들의 생활상에 대한 관심이 높아지고 있는 추세이다. 그리고 점차 다양한 주제를 대상으로 한 미시사적 연구가 나타나면서 역사연구의 시각과 대상이 확대되고 있다.

이와 함께 최근 역사 연구에서 주목되는 것은 어느 때보다 地域史에 대한 관심이 증가하고 연구가 활발하게 이루어지고 있다는 점이다. 종래 역사 연구에서 지역사 분야는 중앙 중심의 역사에 비해 매우 소홀하게 다루거나, 아예 연구자의 관심 밖에 있는 경우가 많았다. 이 분야의 연구가 전혀 없었던 것은 아니지만, 특정 지역과 관련된 연구라고 하더라도 그나마 그 내용은 여전히 중앙의 시각에서 바라 본 '지방사'에 불과한 경우가 대부분이었다. 이 때문에 地域史 · 地方史 · 鄉土史의 개념 규정을 비롯하여 연구 방향 등에 대한 전반적인 검토와 논의가 전개되었다.

현재 인문학의 위기와 함께 역사학계에서도 위기의식이 커지고 있다. 이것은 실용성을 중시하는 학문 외적 환경 때문이기도 하지만, 인문학이 사회적 변화 환경에 제대로 적응하지 못했기 때문이기도 하다. 이러한 위기는 사회적 요구를 일정 부분에서 수용하면서 새로운 방법론과 분야를 개척할 때 어느 정도 극복될 수 있을 것이다.

또한 지방화 시대를 맞이하여 지역의 역사와 문화 및 지역적 정체성을 확립하는데 점차 관심이 높아지고 있다. 이때 지역사 연구는 사회적 요구에 부응하는 하나의 좋은 소재인 동시에, 연구를 심화 · 발전시키는 계기가 될 수 있다. 더구나 종래 중앙에 너무 치중한 연구는 역사의 전체상을 놓치는 수가 있었으므로, 각 지역의 역사 연구가 심화된다면 우리 역사의 전체상이 보다 잘 드러날 수 있을 것이다.

이에 지역의 역사와 문화에 대한 관심이 증가하면서 해당 지역민의 입장에서 그 지역의 역사를 복원하려고 노력하고 있다. 왜냐하면 지방화 시대에 걸맞게 지역적 정체성을 찾는 것이 중요하기 때문이다. 이 정체성은 그동안 그 지역이 지나 온 역사와 문화 속에서만 찾을 수 있기 때문에, 각 자치단체는 이를 위한 각종 연구를 적극 지원하고 있다.

이렇게 확립된 정체성은 그 지역만의 '이미지'를 창출하는데 중요한 요소가 되며, 지역민들이 서로 공유할 수 있는 공동체적 문화의 가치를 재인식시켜 동질성과 자긍심을 고양시킨다. 이것은 더 나아가 지역과 관련된 새로운 테마의 발굴과 관광자원의 개발 뿐만 아니라, 지역의 브랜드 가치가 중요해지는 사회적 추세에 발맞추어

특성화 된 상품개발 등 산업발전을 위한 전략수립에도 활용되고 있다. 그러나 이러한 노력들이 정확하고 구체적인 사례연구가 제대로 이루어지지 않은 상태에서 잘못 추진될 경우, 오히려 많은 시행착오와 문제점을 드러낼 수 있다.

따라서 우리 역사학계 연구의 외연을 한층 넓히고 그 수준을 높이는 동시에, 지역의 역사와 문화를 제대로 이해하기 위한 선결과제로서 그 기초적인 작업이 무엇보다 중요하다고 하겠다. 이를 위해서는 다양한 주제를 통한 심층적인 역사 연구가 이루어져야 할 것이고, 그 일환의 하나로서 지역사에 대한 연구의 필요성과 중요성이 커지는 것은 당연하다고 하겠다.

그런데 지금까지 충북지역사에 대한 연구는 다른 지역에 비해 상대적으로 연구성과가 적어, 아직은 시작 단계에 불과하다고 할 수 있다. 이 지역에 대한 체계적인 조사와 연구가 많지 않았기 때문에 지역의 정체성은 고사하고, 이 지역에서 일어났던 수많은 역사적 사실들조차 제대로 복원되지 못하고 있다. 따라서 가장 먼저 해야 할 것 중의 하나는 각종 지역 자료들을 조사 · 수집하는 것과 함께 새로운 연구를 위한 주제의 발굴이라고 하겠다.

최근에는 다행히 충북지역사 연구가 점차 활기를 띠고 있는데, 그 처음은 각 지역의 향토사연구가들에 의해 시작되었다. 예성동호회 · 내제문화연구회 · 상산고적회 등을 비롯하여 각 시 · 군에서 향토사연구회가 일찍부터 조직되어, 나름대로 지역에 대한 애향심과 자긍심을 바탕으로 '향토사' 연구를 수행하고 있다. 이들은 비록 전문연구자는 아니지만 지역에 오랫동안 거주하여 지역과 관련된 사건들을 비교적 잘 알고 있는 '발로 뛰는 역사가'라고 할 수 있다.

때문에 이들이 먼저 연구를 시작한 주제는 전문연구자에게 각종 자료와 연구주제를 제공하여 큰 도움이 되고 있다. 이들의 노력을 바탕으로 90년대 후반부터 전문연구자들에 의해 지금까지 알려지지 않았던 인물 등 다양한 대상과 주제에 대한 글이 발표되면서 충북지역사 연구도 점차 활성화 되고 있다.

이 책은 지금까지 충북지역사와 관련되어 간행된 각종 자료와 저서 및 논문 등을 편자가 1998년부터 8년 동안 틈틈이 정리한 연구 목록집이다. 충북지역사에 관심을 갖게 된 계기는 1998년 한국사연구회가 '지방사 연구의 현황과 과제'라는 주제로 학술회의를 개최하였을 때 충청지역사 부분을 공동 발표하면서부터이다. 이때까지의 연구사 검토는 이미 한국사연구회가 2000년에 단행본으로 묶어 간행한 바 있다.

여기에 수록한 것은 현재까지 이 지역과 관련되어 이루어진 연구성과들이다. 대학 연구소나 박물관에서 수행한 각종 학술보고서를 비롯하여 충북지역에서 일어난 사건이나 지역 사정을 다룬 것, 이 지역에서 출생하고 활동하면서 영향을 끼친 인물에 관한 것, 그리고 이 지역과 관련된 설화 · 전설 · 고문서 등 각종 자료를 망라하였다.

또한 향토사연구가들에 의해 이루어진 연구 성과물도 모두 조사하여 수록하였다.

이것은 충북지역사 연구의 기초작업의 일환으로서 이루어진 것인 만큼 이들의 연구가 비록 전문적이지는 못하지만, 해당 지역사정에 밝아 전문연구자에게 연구 주제나 자료를 제시해 준다는 점에서 나름대로 의미가 있다고 하겠다.

이 목록집의 간행을 계기로 종래 연구 대상이 되었던 주제들에 대한 연구를 더욱 심화시키고, 앞으로 진행할 연구의 대상과 주제를 새로이 발굴하는 계기가 되었으면 한다. 그리고 충북지역을 이해하는데 부족했던 기초 자료의 하나로 활용되는 동시에, 지금까지 부진했던 경제 · 사회 · 문화 · 생활 등 여러 방면의 연구를 촉진하는데 도움이 되었으면 한다.

가능한 많은 자료들을 수집하여 나름대로 이 책을 충실하게 만들려고 노력하였지만, 오랜 기간 동안 개인 한 사람에 의해 이루어진 작업이었기 때문에 혹시 잘못되거나 누락된 사항이 있을 지 걱정스럽다. 부족하고 잘못된 부분은 앞으로의 계속적인 조사를 통해 보완할 계획이다. 아무튼 여기에 제시된 연구목록을 통해 충북지역사를 연구하는데 하나의 디딤돌이 될 수 있기를 기대한다.

일러두기

1. 수록범위와 대상

1) 수록 범위 : 이 충북지역사 논저총목록의 수록 범위는 2006년 8월 현재까지 國內外에서 발간되고 발표된 忠北地域史 관련 자료와 연구물들이다.

2) 수록 대상 : 수록 대상은 국내, 북한, 일본, 중국 등지에서 발표된 충북지역사 관련 論著를 포함하였다.

2. 분류와 편집

1) 분류는 우선 지역사 연구현황과 총설 및 각종 보고서를 수록한 후 각 시대별로 분류하였다. 제1부 지역사 연구현황, 제2부 총설, 제3부 발굴 및 지표조사보고서, 제4부 선사문화, 제5부 고대사, 제6부 고려시대사, 제7부 조선시대사, 제8부 근대사, 제9부 현대사로 나누었다.

2) 충북지역사 연구에 도움이 되는 지역사 연구현황 · 족보 · 지명 · 민속 · 전설 · 방언 · 문학 등과 같은 내용도 모두 수록하였다.

3) 각 시대별 주제 항목은 이와 유사한 다른 책의 분류방식을 따르지 않고, 충북지역사를 이해하고 연구하는데 도움이 되면서 이 지역사의 성격을 가급적 잘 드러낼 수 있는 주제를 선정하여 분류하였다.

4) 여러 시대나 주제에 모두 관련되거나, 다양한 항목으로 분류될 수 있는 논저는 중복되더라도 각 항목에 다시 수록하였다.

5) 가장 논란이 될 수 있는 부분은 人物 항목이다. 진정한 충북지역 인물은 이 지역에서 출생 · 성장하여 활동하면서 큰 영향을 끼친 인물이라고 할 수 있다. 그러나 이 책에서는 직 · 간접적으로 관련된 인물도 모두 포함시켰다. 묘소가 있거나 은거 · 유배되면서 영향을 미친 인물, 서원에 배향되고 지방관으로서 큰 영향을 끼친 인물도 망라하였다. 그리고 각 인물이 관련된 해당 지역명을 표기하여 이해에 도움이 되도록 하였다.

6) 뒷부분에 찾아보기(연구자 인명 색인)를 별도로 두어 각 연구자의 논저 내용을 쉽게 파악할 수 있도록 하였다.

3. 배열 방법

1) 각 항목별 논저 사이의 배열은 단행본과 박사학위논문을 먼저 수록하고, 논문은 나중에 수록하였다. 한 주제에 대한 배열은 연구사의 흐름을 잘 이해할 수 있도록 발행년도 순서로 하였다.

2) 저서와 논문의 배열 순서는 저자, 발행년도, 제목, 게재지, 발행처 순서로 하였다.

차 례

제3부 발굴 및 지표조사 보고서 | 79

제4부 선사문화 | 97

충북지역사
논저총목록

제1부 지역사 연구현황

1. 지역사 연구 일반

- 이수건 | 1979, 『영남사림파의 형성』, 영남대학교출판부.
- 이병휴 | 1984, 『조선전기 기호사림파연구』, 일조각.
- 한국문화예술진흥원 | 1988, 『문화정책』.
- 국사편찬위원회 | 1991, 『한국사론 21 : 조선후기의 향촌사회』.
- 김정호 · 이해준 | 1992, 『향토사연구의 이론과 실제』, 향토문화진흥원.
- 방일영문화재단 | 1994, 『향토 축제의 가능성과 미래』.
- 한국문화정책개발원 | 1994, 『문화교육을 위한 개념 : 입장과 제안』.
- 한국문화정책개발원 | 1994, 『향토축제 활성화를 위한 모형개발 연구』.
- 한국문화정책개발원 | 1995, 『문화경제학과 문화정책』.
- 이수건 | 1995, 『영남학파의 형성과 전개』, 일조각.
- 한국문화정책개발원 | 1995, 『지방자치단체별 문화지표 조사연구』.
- 한국향토사연구전국협의회 | 1995, 『향토사연구의 길잡이』, 수서원.
- 한국관광공사 | 1995, 『국내 문화행사 관광상품화 방안』.
- 한국관광공사 | 1996, 『한국 문화유산 관광상품화 방안』.
- 문화체육부 | 1996, 『한국의 지역축제』.
- 이해준 | 1996, 『조선시기 촌락사회사』, 민족문화사.
- 한국향토사연구전국협의회 | 1996, 『향토사와 향토문화』, 도서출판 날빛.
- 한국문화정책개발원 | 1997, 『백제문화권의 지역축제를 통한 문화관광상품 개발 방안 연구』.
- 한국문화정책개발원 | 1997, 『전국문화기관 교육프로그램』.
- 한국문화정책개발원 | 1997, 『평생문화 학습방안 연구』.
- 한국향토사연구전국협의회 | 1997, 『향토사와 민속문화』, 수서원.
- 김경일 편저 | 1998, 『지역연구의 역사와 이론』, 문학과학사.
- 한국문화정책개발원 | 1998, 『한국의 문화관광지도 작성연구』.
- 김일철 외 | 1998, 『종족마을의 전통과 변화』, 백산서당.
- 강원도 | 1998, 『강원도 지역축제의 활성화 방안 연구』, 강원개발연구원.

• 정강환 | 1999, 『이벤트관광전략 : 축제와 지역활성화』, 일신사.
• 정근식 편저 | 1999, 『축제, 민주주의, 지역활성화』, 새길.
• 경기문화재단 | 1999, 『21세기를 앞서가는 경기문화예술진흥방향』.
• 김현영, 1999 | 『조선시대의 양반과 향촌사회』, 집문당.
• 정진영, 1999 | 『조선시대 향촌사회사』, 한길사.
• 경상북도 | 1999, 『경북 문화산업비전 2000 수립 계획서』.
• 이병휴 | 1999, 『조선전기 사림파의 현실인식과 대응』, 일조각.
• 한국사연구회 편 | 2000, 『한국지방사 연구의 현황과 과제』, 경인문화사.
• 김선풍 외 | 2000, 『한국축제의 이론과 현장』, 월인.
• 임재해 | 2000, 『지역문화와 문화산업』, 지식산업사.
• 한국역사연구회 조선시기 사회사연구반 | 2000, 『조선은 지방을 어떻게 지배했는가』, 아카넷.
• 최홍규 | 2001, 『조선시대지방사연구』, 일조각.
• 국사편찬위원회 | 2001, 『한국사론 32 : 지역사 연구의 이론과 실제』.
• 이해준 | 2001, 『지역사와 지역문화론』, 문화닷컴.
• 최홍규 | 2001, 『조선후기 향촌사회연구』, 일조각.
• 이정우 | 2002, 『조선시대 호서사족연구』, 중앙인문사.
• 변동명 | 2002, 『한국중세의 지역사회 연구』, 학연문화사.
• 정구복 | 2002, 『고문서와 양반사회』, 일조각.
• 호적대장 연구팀 | 2003, 『단성 호적대장 연구』, 성균관대학교 대동문화연구원.
• 정두희 편 | 2003, 『한국사에 있어서 지방과 중앙』, 서강대출판부.
• 김현영 | 2003, 『고문서를 통해 본 조선시대 사회사』, 신서원.
• 곽건홍 | 2004, 『한국 국가기록관리의 이론과 실제』, 역사비평사.
• 오영교 | 2004, 『강원학 학술총서 1 : 강원의 동족마을』, 집문당.
• 퇴계연구소 편 | 2004, 『퇴계학맥의 지역적 전개』, 보고사.
• 윤택림 | 2004, 『문화와 역사 연구를 위한 질적 연구 방법론』, 아르케.
• 문숙자 | 2004, 『조선시대 재산상속과 가족』, 경인문화사.
• 오영교 | 2005, 『조선후기 사회사 연구』, 혜안.
• 이수건 | 1982, 「한국에 있어서 지방사 연구의 회고와 현황」『대구사학』 20 · 21합집, 대구사학회.
• 김홍진 | 1986, 「한국의 지방민속행사를 관광상품화하는 방안에 관한 연구」『한국학논집』 10, 한양대 한국학연구소.
• 이해준 | 1987, 「향토사 연구의 현안과제」『한국학논총』 12, 한양대 한국학연구소.
• 김학휘 | 1988, 「전남지방의 마한사 연구」『향토문화』 9, 향토문화개발협의회.
• 이두현 | 1988, 「한국축제의 방향-역사민속학적 고찰」『놀이문화와 축제』, 성균관대출판부.
• 김현길 | 1989, 「지역사 연구의 의의」『충북향토문화』 창간호.
• 김준형 | 1989, 「새로운 지역사 연구 및 향토교육을 위하여」『경남문화연구』 12.
• 나종우 | 1989, 「전북 향토사연구의 현황과 문제점」『향토문화연구』 5, 원광대 향

토문화연구소.
• 이해준 | 1991, 「지방사자료 수집 · 정리의 체계화와 지방사연구-조선후기 향촌사회사 자료를 중심으로」『전남문화재』 3, 전라남도.
• 이해준 | 1991, 「지방사 연구에 있어서 고문서자료의 활용」『고문서 연구의 현황과 문제점』, 한국정신문화연구원.
• 박병호 | 1991, 「고문서 자료의 수집 · 정리문제」『고문서 연구의 현황과 문제점』, 한국정신문화연구원.
• 정구복 | 1991, 「고문서 연구의 현황과 문제점」『고문서 연구의 현황과 문제점』, 한국정신문화연구원.
• 심봉근 | 1991, 「향토사료수집과 연구방향」『지역조사위원 발표논문집』, 국사편찬위원회.
• 차용걸 | 1991, 「지방사료조사의 문제점과 그 방향」『지역조사위원 발표논문집』, 국사편찬위원회.
• 이해준 | 1992, 「지방사 연구에 있어서 고문서자료의 활용」『정신문화연구』 46, 한국정신문화연구원.
• 정구복 | 1992, 「고문서 연구의 현황과 문제점」『정신문화연구』 46, 한국정신문화연구원.
• 이해준 | 1992, 「조선시대 지방사자료의 채집과 정리-문헌자료 · 고문서자료를 중심으로」『전남사학』 6.
• 이상일 | 1992, 「한국축제의 기능과 구조」『비교민속학』 9, 비교민속학회.
• 김현길 | 1992, 「지방화시대에 있어서의 향토사연구」『충북향토문화』 3.
• 이재룡 | 1993, 「전남지방사 연구의 회고」『전남사학』 7.
• 김주성 | 1993, 「전남지방 고대사 연구」『전남사학』 7.
• 정청주 | 1993, 「전남지방 고려시대사 연구」『전남사학』 7.
• 김동수 | 1993, 「전남지방 조선시대사 연구」『전남사학』 7.
• 이종범 | 1993, 「전남지방 근현대사 연구」『전남사학』 7.
• 김희태 | 1993, 「전남지방의 향토사 연구 현황」『전남지방의 향토사 연구』, 호남향사회.
• 김희태 | 1993, 「전남지역 향토사자료의 정리현황」『역사민속학』 3. 한국역사민속학회.
• 이해준 | 1993, 「조선시기 사회사 자료의 수집과 정리」『조선시기 사회사연구법』, 정신문화연구원.
• 김광철 | 1994, 「지역사 연구의 전망」『부산경남역사연구소회보』 창간호.
• 이해준 | 1994, 「지방문화 자료정리의 과제와 전망 -연구의 효율과 활성화를 위한 제언」『경남문화연구』 16, 경상대 경남문화연구소.
• 임재해 | 1994, 「지역문화 연구를 위한 몇가지 구상과 전망」『안동문화연구』 8, 안동문화연구회.
• 김용환 · 오석민 | 1995, 「전통문화의 보존과 민속마을」『비교민속학』 12, 비교민속학회.

• 김지욱 ∥ 1995, 「경기도 지역축제의 현황과 특징」『문화재』 28, 문화재관리국.
• 이해준 ∥ 1995, 「역사기록과 생활문화자료」『향토사연구의 길잡이』, 수서원.
• 강래희 ∥ 1996, 「세계화 · 지역화 시대의 민족문화정책」『세계화와 민족문화의 발전』, 한국정신문화연구원.
• 이해준 ∥ 1996, 「민속학의 역사성」『민속학연구』 4, 국립민속박물관.
• 이해준 ∥ 1997, 「지역문화자료 정리와 새로운 향토지 편찬방향」『김현길교수정년기념논총』.
• 정세근 ∥ 1997, 「지방학과 정보」『충북개발연구』 8-1.
• 이해준 ∥ 1997, 「지역박물관과 지역사 자료 정리」『박물관학 연구』 2, 박물관학 연구소.
• 전경수 ∥ 1997, 「지역 연구의 방법을 위한 인식 기초」『인류학과 지역연구』, 나남출판.
• 이해준 ∥ 1997, 「성터유적과 향토사연구」『향토사연구』 9, 한국향토사연구 전국협의회.
• 고석규 ∥ 1998, 「지방사 연구의 새로운 모색」『지방사와 지방문화 1』, 학연문화사.
• 김동수 ∥ 1998, 「전남지방사 연구의 현황과 과제」『지방사와 지방문화 1』, 학연문화사.
• 정진영 ∥ 1998, 「영남지역 지방사연구의 현황과 과제」『지방사와 지방문화 1』, 학연문화사.
• 박혁순 ∥ 1998, 「중국 지방사연구의 현황과 과제」『지방사와 지방문화 1』, 학연문화사.
• 현명철 ∥ 1998, 「일본 지방사연구의 현황과 과제」『지방사와 지방문화 1』, 학연문화사.
• 이해준 ∥ 1998, 「지역문화 연구의 과제와 자료활용 방향」『지방사와 지방문화 1』, 학연문화사.
• 이해준 ∥ 1998, 「지역축제와 문화관광자원의 연계 방안-은산 별신제와 부여지역을 중심으로」『백제문화』 27, 공주대 백제문화연구소.
• 방재흥 ∥ 1998, 「강원도 문화정책의 현주소와 전망」『강원문화사연구』 3, 강원향토문화연구회.
• 최근영 ∥ 1998, 「향토사 연구의 활성화 방안」『충북향토문화』 9.
• 한양명 ∥ 1998, 「안동문화의 세계화를 위한 모색」『안동지역 사회의 세계화 전략』, 안동대 안동지역사회개발연구소.
• 한양명 ∥ 1999, 「축제전통의 수용과 변용」『민속문화의 수용과 변용』, 집문당.
• 함석종 ∥ 1999, 「전통문화자원의 국제관광상품화 전략」, 지역개발 포럼(국제탈춤페스티벌 추진위원회).
• 김광억 ∥ 1999, 「전통문화의 국제관광상품화 전략 토론」, 지역개발 포럼(국제탈춤페스티벌추진위원회).
• 문태현 ∥ 1999, 「글로벌 시대의 지역문화 정책」『글로벌화와 공공 정책』, 대명출판사.

• 유승광 | 1999, 「서천지역 향토사 교육의 제문제-교사의 입장에서」 『역사와 역사교육』 3 · 4호 합집, 웅진사학회.
• 유재춘 | 1999, 「향토사 자료집 편찬의 현황과 과제」 『향토사연구』 11, 한국향토사연구 전국협의회.
• 이해준 | 1999, 「한국의 향토사 교육의 현황과 과제」 『역사와 역사교육』 3 · 4호 합집.
• 이해준 | 1999, 「시 · 군지 편찬의 과제와 방향」 『향토사연구』 11, 한국향토사연구 전국협의회.
• 임홍락 | 1999, 「문화 안내책자 편찬의 현황과 과제」 『향토사연구』 11.
• 김규호 | 2000, 「관광의 문화적 영향을 고려한 지역관광개벌의 방향」 『민속과 관광-민속연구』 10, 안동대 민속학연구소.
• 권내현 | 2000, 「조선후기 지방사의 모색과 과제」 『조선후기사 연구의 현황과 과제』, 창작과 비평사.
• 한상일 | 2000, 「지역문화요소의 관광자원으로의 활용방향」 『민속과 관광-민속연구』 10, 안동대 민속학연구소.
• 문무병 | 2000, 「제주지역 축제와 이벤트」 『민족예술』 54, 민예총.
• 이훈상 | 2001, 「미시사와 다성성의 글쓰기-지역사, 향리집단, 그리고 이들을 둘러싼 복수의 시각들」 『한국사론 32-지역사 연구의 이론과 실제』, 국사편찬위원회.
• 조한욱 | 2001, 「미시사의 이론과 실제」 『한국사론 32-지역사 연구의 이론과 실제』, 국사편찬위원회.
• 이해준 | 2001, 「한국 지역사 연구의 이론과 체계 시론」 『한국사론 32-지역사 연구의 이론과 실제』, 국사편찬위원회.
• 김수태 | 2001, 「한국 고대의 지역사 서술체계」 『한국사론 32-지역사 연구의 이론과 실제』, 국사편찬위원회.
• 이병희 | 2001, 「고려시대 지역사의 서술체계와 활용 자료」 『한국사론 32-지역사 연구의 이론과 실제』, 국사편찬위원회.
• 김동수 | 2001, 「조선시대 지역사 서술체계와 자료」 『한국사론 32-지역사 연구의 이론과 실제』, 국사편찬위원회.
• 지수걸 | 2001, 「한국 근현대 지역사 서술체계와 활용 자료-충남지역 사례를 중심으로」 『한국사론 32-지역사 연구의 이론과 실제』, 국사편찬위원회.
• 이해준 | 2001, 「향토사와 인물 · 성씨 연구」 『상산문화』 7.
• 임선빈 | 2002, 「충남지역 향토사 · 지방사 연구의 현황과 과제」 『충청학과 충청문화』 창간호, 충남역사문화연구소.
• 김우창 | 2003, 「문화의 안과 밖-지역문화에 대한 몇가지 생각」 『충북문화론』, 충북학연구소.
• 심광현 | 2003, 「지역문화와 문화민족주의」 『충북문화론』, 충북학연구소.
• 김승환 | 2003, 「지역문화와 민족문화」 『충북문화론』, 충북학연구소.
• 이해준 | 2003, 「지역문화론-필요성, 과제, 문화정책, 문화교육」 『충북문화론』,

충북학연구소.
• 허홍범 | 2003, 「지역사 연구와 지방지 편찬」『역사와 현실』 48.
• 유재춘 | 2003, 「지역사 자료의 수집 · 정리 실태와 개선방안」『역사와 현실』 48.
• 김상기 | 2003, 「충청지역 향토사 연구의 성과-향토지를 중심으로」『호서사학』 35.
• 송현강 | 2004, 「지역교회사 서술 방법」『한국기독교와 역사』 21, 한국기독교역사연구소.
• 이윤석 | 2004, 「지방자치와 문화시민운동」『상산문화』 10, 진천 상산고적회.
• 도진순 | 2004, 「한국 현대 인물사 연구의 동향과 과제」『한국인물사연구』 2, 한국인물사연구소.
• 신주백 | 2004, 「지방사 연구방법, 실제, 역사교육」『한국근현대사연구』 28.
• 허영란 | 2004, 「근현대 '지역' 연구와 사료의 조사활용」『충북향토문화』 16.
• 문숙자 | 2004, 「고문서의 사료적 가치와 효용성」『충북향토문화』 16.
• 김창민 | 2005, 「민족지로서의 지방지」『지방사와 지방문화』 제8권 2호.
• 고석규 | 2006, 「한국사에서의 중앙과 지방」『역사에서의 중앙과 지방』, 제49회 전국역사학대회 발표문.

2. 충북지역사 연구 현황

• 김현길 | 1989, 『중원의 역사와 문화유적』, 청지사.
• 권순무 | 1993, 『충주 · 중원 향토지리지』, 수서원.
• 충청북도 · 충북대 호서문화연구소 | 1995, 『중원문화권의 위상정립과 발전 방향』.
• 충청북도 | 2001, 『중원문화권 발전계획』.
• 충북학연구소 | 2003, 『충북문화론』.
• 김왕기 | 2004, 『산수화에 다소곳 숨어있는 중원문화 이야기』.
• 이재열 외 | 2004, 『충청지역의 사회의식과 지역정체성』, 백산서당.
• 박인호 | 2005, 『제천지역사연구』, 이회.
• 김예식 | 2005, 『충주골 이야기 姓氏의 故鄕』 1, 수서원.
• 정영호 | 1983, 「중원문화연구의 실제와 전망」『중원문화학술회의보고서』, 충주시.
• 김현길 | 1984, 「중원문화의 개관」『예성문화』 6.
• 황수영 | 1984, 「중원지역에 대한 새로운 주목」『중원문화논고집』 1, 충주시.
• 변태섭 | 1984, 「중원문화의 역사적 배경」『중원문화논고집』 1, 충주시.
• 김정기 | 1984, 「중원문화권 건축의 특징」『중원문화논고집』 1, 충주시.
• 정영호 | 1984, 「중원문화 '圈' 연구의 실제와 전망」『중원문화논고집』 1, 충주시.
• 안승주 | 1986, 「호서지방 지방사연구의 현황과 문제」『대구사학』 30.
• 정재홍 | 1986, 「남한강문화, 중원문화」『예성문화』 8.
• 김현길 | 1987, 「나말여초의 중원지방 형세고」『예성문화』 8.
• 김현길 | 1989, 「지역사 연구의 의의」『충북향토문화』 창간호.

- 김현길 | 1989, 「충주지역 향토사연구의 회고-최근 10년을 중심으로」 『향토사연구』 1.
- 김현길 | 1990, 「충북 향토사 연구현황」 『충북향토문화』 2.
- 김현길 | 1990, 「충청북도 향토사연구 현황」 『한국향토사연구현황』, 한국향토사연구 전국협의회.
- 최몽룡 | 1992, 「중원문화권과 중원문화」 『예성문화』 13.
- 신형식 | 1992, 「한국 고대사에 있어서 충주」 『예성문화』 13.
- 김현길 | 1992, 「충주지역의 역사지리적 배경」 『중원경과 중앙탑』.
- 한병삼 | 1995, 「중원문화권의 위상정립과 발전방향」 『중원문화권의 위상정립과 발전방향』, 중원문화학술회의.
- 김현길 | 1995, 「중원지역의 역사적 배경-충북지역을 중심으로」 『중원문화권의 위상정립과 발전방향』, 중원문화학술회의.
- 조유전 | 1995, 「역사고고학상으로 본 중원문화」 『중원문화권의 위상정립과 발전방향』, 중원문화학술회의.
- 김양규 | 1996, 「충주의 향토사 관련자료 활용방안」 『예성문화』 16 · 17.
- 김승환 | 1996, 「지방자치와 충북 지역문화」 『호서문화연구』 14.
- 김승환 | 1996, 「21세기 충북 · 청주의 지역문화와 민족문화」 『지방자치시대와 충북 · 청주지역의 문화예술』, 충북민예총 문화예술연구소.
- 김현길 | 1996, 「충주 연혁의 제문제」 『향토사와 향토문화』, 도서출판 날빛.
- 이해준 | 1997, 「중원지역 인물 · 성씨 연구현황과 과제」 『중원문화논총』 1, 충북대 중원문화연구소.
- 김양규 | 1998, 「충북 향토사교육의 실태와 개선방안」 『역사교육』 68.
- 김영진 | 1998, 「제천지역 전승문화의 성격」 『제천의병과 전통문화』, 제천문화원.
- 신영우 | 1998, 「충청지역의 지방사연구의 현황과 과제」 『지방사연구의 현황과 새로운 방법론의 모색』, 한국사연구회 · 경기사학회.
- 신영우 | 1999, 「충북지역사와 연구과제」 『충북학 어떻게 할 것인가』, 충청북도 · 충북개발연구원.
- 김현길 | 1999, 「중원문화와 중원(충북)인의 기질」 『충북학 어떻게 할 것인가』, 충청북도 · 충북개발연구원.
- 김승환 | 1999, 「충북학의 방향과 개념에 관한 시론」 『충북학 어떻게 할 것인가』, 충청북도 · 충북개발연구원.
- 이민원 | 1999, 「충북학과 역사학」 『충북학』 창간호.
- 양기석 | 1999, 「남한강유역의 고대사연구」 『강원문화사연구』 4.
- 김현길 | 2000, 「중원문화권 제설의 검토」 『충북과 중원문화』, 충북학연구소 · 충주MBC.
- 김현길 | 2000, 「충북지역의 지리적 특성과 문화권」 『충북과 중원문화』, 충북학연구소 · 충주MBC.
- 김현길 | 2000, 「충북지역의 민속 특성과 문화권」 『충북과 중원문화』, 충북학연구소 · 충주MBC.

• 김현길 | 2000, 「충북지역 방언의 특징과 하위문화권」『충북과 중원문화』, 충북학연구소 · 충주MBC.
• 신영우 · 김의환 | 2000, 「충청지역의 지방사 연구현황과 과제」『한국지방사 연구의 현황과 과제』, 경인문화사(한국사연구회).
• 박걸순 | 2000, 「충북지방 독립운동사의 연구현황과 과제」『한국독립운동사연구』 15.
• 김승환 | 2000, 「중원 지역문화사 서술의 방법론에 대하여」『중원문화논총』 4, 충북대 중원문화연구소.
• 길경택 | 2000, 「충북 지방사 연구 활성화를 위한 제언」『중원문화논총』 4, 충북대 중원문화연구소.
• 권순긍 | 2001, 「충북 지역문화의 전망과 과제」『충북 지역문화의 현실과 과제』, 충북학연구소 · 충북지역개발회.
• 박종호 | 2001, 「충북지역 문화원 실태와 활성화 방안」『충북 지역문화의 현실과 과제』, 충북학연구소 · 충북지역개발회.
• 박종관 | 2001, 「충북지역 문화예술단체 현황과 과제」『충북 지역문화의 현실과 과제』, 충북학연구소 · 충북지역개발회.
• 조수종 | 2001, 「충북의 정신문화와 인물선양의 필요성」『충북 지역문화의 현실과 과제』, 충북학연구소 · 충북지역개발회.
• 김의숙 | 2001, 「강원문화로 본 중원문화의 위상」『중원문화논총』 5, 충북대 중원문화연구소.
• 임동철 | 2001, 「청원문화의 역사적 특징」『청원문화』 10.
• 임동철 | 2001, 「충북문화의 유교적 바탕」『괴향문화』 9.
• 김기태 | 2002, 「지역문화의 효율적 홍보방안에 관한 연구」『지역문화연구』 1, 세명대 지역문화연구소.
• 조문식 | 2002, 「제천지역 이벤트축제의 발전방향에 관한 연구」『지역문화연구』 1, 세명대 지역문화연구소.
• 이창식 | 2002, 「제천지역 예술의 정체성과 지역문화」『제천예술』 3, 한국예술문화단체연합회 제천지부.
• 임동철 | 2002, 「충북문화의 유교적 바탕」『충북향토문화』 13.
• 이병희 | 2002, 「충북 지방사 연구 序說」『사회과학연구』 3, 한국교원대 사회과학연구소.
• 송호정 | 2002, 「고대 충북 지방사 연구의 동향」『사회과학연구』 3, 한국교원대 사회과학연구소.
• 이병희 | 2002, 「고려시대 충북 지방사 연구의 동향」『사회과학연구』 3, 한국교원대 사회과학연구소.
• 김동진 | 2002, 「조선시대 충북 지방사 연구의 동향」『사회과학연구』 3, 한국교원대 사회과학연구소.
• 이선미 | 2002, 「근현대 충북 지방사 연구의 동향」『사회과학연구』 3, 한국교원대 사회과학연구소.

- 임덕순 | 2003, 「충북지역의 지리적 특성과 문화권」『충북문화론』, 충북학연구소.
- 김현길 | 2003, 「중원문화의 특징」『충북문화론』, 충북학연구소.
- 이창식 | 2003, 「지역문화 연구방향과 제천학」『제천학과 청풍명월』, 제천문화원.
- 박인호 | 2003, 「제천 관련 인물에 대한 연구현황과 과제」『제천학과 청풍명월』, 제천문화원.
- 김양식 | 2003, 「충북학의 현황과 과제」『제천학과 청풍명월』, 제천문화원.
- 이춘근 | 2004, 「전통문화의 계승발전과 충북의 대응」『충북학』 6.
- 정종진 | 2004, 「충북 문학의 정신과 맥」『충북학』 6.
- 임기현 | 2004, 「충북 문학인 기념사업의 현황과 전망」『충북학』 6.
- 김진석 | 2004, 「충북 문학 자산과 활용방안」『충북학』 6.
- 박상일 | 2004, 「진천군의 역사문화자원 현황과 활용방안」『충북학』 6.
- 이창식 | 2005, 「중원문화의 연구방향과 문화콘텐츠」『중원문화논총』 9.

3. 충북 마을사 연구

- 김택규 외 | 1991, 『촌락실태조사소편람』.
- 문화관광부 · 한국향토사연구전국협의회 | 1996, 『한국의 전통마을 7 : 관광지로 바뀐 산성마을(청주시 상당구 산성동)』.
- 문화관광부 · 한국향토사연구전국협의회 | 1998, 『한국의 전통마을 17 : 방죽안 풍덕의 씨족마을(충주시 주덕읍 제내리)』.
- 영동문화원 | 1999, 『영동의 마을비』 1.
- 제천문화원 | 1999, 『제천마을지 : 금성 · 청풍 · 수산 · 덕산 · 한수면편』.
- 제천문화원 · 충청일보사 | 2000, 『물에 잠긴 내 고향 : 충주댐 수몰, 제천사람들』.
- 충주댐 수몰마을사편찬위원회 | 2001, 『충주댐수몰마을사 : 단양편』.
- 충주댐 수몰마을사편찬위원회 | 2001, 『충주댐수몰마을사 : 제천편』.
- 충주댐 수몰마을사편찬위원회 | 2001, 『충주댐수몰마을사 : 총괄 · 충주편』.
- 노은초등학교 | 2001, 『노은의 역사와 문화』.
- 안동대 민속학연구소 | 2002, 『마을 민속조사 어떻게 할 것인가』, 민속원.
- 제천문화원 | 2002, 『명도리의 생활과 민속』.
- 강웅길 | 2003, 『금북정맥주변 촌락사 1 : 安城 · 鎭川 · 天安』, 금북정맥.
- 충주문화원 | 2003, 『충주의 향토사(마을유래편)』.
- 충청북도 · 청원군 · (사)충북향토문화연구소 | 2005, 『충청북도 전통마을 1 : 전통과 인심이 살아 숨쉬는 보은 종곡마을』.
- 충청북도 · 청원군 · (사)충북향토문화연구소 | 2005, 『충청북도 전통마을 2 : 인재배출의 요람지 청원 관정마을』.
- 이철재 | 1988, 「월악산 주변의 마을」『예성문화』 9.
- 최재우 | 1991, 「荷谷의 마을사」『예성문화』 12.
- 김석언 | 1991, 「하곡 마을의 지리적 제환경의 변화」『예성문화』 12.
- 최일성 | 1991, 「荷谷 마을의 위치와 역사」『예성문화』 12.

- 김예식 ‖ 1992, 「충주댐 수몰지역 마을사를 만들며」 『예성문화』 13.
- 최영익 · 길경택 ‖ 1992, 「宗民 · 木伐洞 문화유적」 『예성문화』 13.
- 최일성 · 이철재 ‖ 1992, 「충주시 宗民 · 木伐洞 世居姓氏」 『예성문화』 13.
- 최일성 · 이철재 ‖ 1992, 「중원군 乼味面 신매리 世居姓氏」 『예성문화』 13.
- 김현길 ‖ 1992, 「宗民洞 · 木伐洞의 변천」 『예성문화』 13.
- 김현길 ‖ 1992, 「梅南里(新梅里) 변천사」 『예성문화』 13.
- 최영익 · 길경택 ‖ 1992, 「중원 신매리의 문화유적」 『예성문화』 13.
- 김현길 ‖ 1992, 「梅南里 변천사」 『예성문화』 13.
- 이철재 ‖ 1992, 「마을자랑비에 대하여」 『예성문화』 13.
- 황의창 ‖ 1993, 「충주 · 중원의 마을자랑비」 『예성문화』 14.
- 송문영 ‖ 1993, 「黃澗지역 世居姓氏에 대한 고찰(上)」 『충북향토문화』 4.
- 박희두 ‖ 1994, 「보은 三升面 金積山 산록면과 취락의 특성」 『호서문화논총』 8.
- 김현길 ‖ 1996, 「이류면의 역사적 변천」 『예성문화』 16 · 17합집.
- 강운학 ‖ 1997, 「옥천군 청산면 상예곡리 광산김씨 동족부락의 발전과정과 공간적 구조」 『충북지리』 14.
- 정우택 ‖ 1997, 「공동체문화의 고찰-금성면 구룡리를 중심으로」 『내제문화』 9.
- 김학영 ‖ 1998, 「신월동 이야기」 『내제문화』 10.
- 김학영 ‖ 1999, 「제천 新月洞 이야기」 『충북향토문화』 10.
- 김근수 ‖ 1999, 「괴산의 霽月里 지명고」 『충북향토문화』 10.
- 임상설 ‖ 1999, 「진천 九谷里 마을의 유래」 『충북향토문화』 10.
- 이세영 ‖ 1999, 「충주 주덕읍 堤內里 豊德마을」 『충북향토문화』 10.
- 양승열 ‖ 2000, 「마을 명칭유래와 상징물」 『증평문화』 4.
- 이규근 ‖ 2001, 「자랑스런 도안의 마을들-도안의 중앙부에 자리한 화성리」 『도안면지』, 충북학연구소.
- 라경준 ‖ 2001, 「자랑스런 도안의 마을들-노암리」 『도안면지』, 충북학연구소.
- 김용남 ‖ 2001, 「자랑스런 도안의 마을들-송정리」 『도안면지』, 충북학연구소.
- 강민식 ‖ 2001, 「자랑스런 도안의 마을들-씨족과 충효의 마을 광덕리」 『도안면지』, 충북학연구소.
- 박용만 ‖ 2001, 「자랑스런 도안의 마을들-석곡리」 『도안면지』, 충북학연구소.
- 조영임 ‖ 2001, 「자랑스런 도안의 마을들-도당리」 『도안면지』, 충북학연구소.
- 김종진 ‖ 2001, 「谷山 延氏 同族部落에 관한 연구-충북의 증평지역을 중심으로」, 청주대 교육대학원 석사학위논문.
- 김현길 ‖ 2004, 「충주시 엄정면 안골(內洞)의 변천」 『예성문화연구』 24.

제2부 총설

1. 일반

- 충청북도 Ⅰ 1902, 『한국충청북도일반』.
- 安齋霞堂 Ⅰ 1928, 『충북의 문화와 인물』, 호남일보 충북총지사.
- 국민일보사 Ⅰ 1952, 『충북년감』.
- 최병주 편 Ⅰ 1955, 『忠北人士論』, 청주문화사.
- 최병주 편 Ⅰ 1956, 『충북보감』, 청주문화사.
- 충북대관편찬위원회 Ⅰ 1959, 『충북대관』, 의회평론사.
- 김상현 Ⅰ 1959, 『예성춘추』, 중원군교육청.
- 충청대관편찬위원회 Ⅰ 1959, 『忠淸大觀』.
- 충청북도 Ⅰ 1960, 『道勢一覽』.
- 군순무 Ⅰ 1963, 『지역사회의 개관 : 충주시 · 중원군편』.
- 중앙선거관리위원회 Ⅰ 1963, 『역대국회의원 선거상황』.
- 법률신문 충북지회 Ⅰ 1964, 『忠北人士錄』, 상당출판사.
- 청주상공회의소 Ⅰ 1965, 『淸州商工名鑑』.
- 충청북도 Ⅰ 1966, 『내고장의 자랑』.
- 충청보감편찬회 Ⅰ 1967, 『忠淸寶鑑』, 대한출판사.
- 서천석 Ⅰ 1969, 『월간 충청』(1969. 10. 이후).
- 충북협회 Ⅰ 1970, 『충북의 벗』.
- 정구충 Ⅰ 1970, 『충북 변천사 : 행정구역과 관원의 변천』, 충북협회.
- 충청북도교육위원회 Ⅰ 1972, 『국난극복을 위한 고장의 등불』.
- 윤병준 Ⅰ 1972, 『破顔錄』.
- 오병호 Ⅰ 1976, 『월간 충청문화』(1976. 2. 이후).
- 충청문예사 Ⅰ 1976~1984, 『報道寫眞年鑑』.
- 김예식 Ⅰ 1976, 『중원의 향기』, 농경출판사.
- 윤병준 Ⅰ 1976, 『春雜記』.
- 이종춘 Ⅰ 1978, 『단양향토지』, 고려서적.
- 장기덕 Ⅰ 1979, 『중원향토기』, 형설출판사.

- 이재준 | 1979, 『인맥천년』.
- 영동문화원 | 1980, 『향토지』.
- 건국대 중원연구소 | 1980, 『중원권개발을 위한 기초연구』.
- 충청북도 | 1981, 『총화의 대역사 : 1980. 7. 22 수해복구백서』.
- 청주시 | 1981, 『내고장 전통가꾸기 : 청주시편』.
- 청원군 | 1981, 『내고장 전통가꾸기 : 청원군편』.
- 충주시 | 1981, 『내고장 전통가꾸기 : 충주시편』.
- 중원군 | 1981, 『내고장 전통가꾸기 : 중원군편』.
- 제천군 | 1981, 『내고장 전통가꾸기 : 제천군편』.
- 보은군 | 1981, 『내고장 전통가꾸기 : 보은군편』.
- 옥천군 | 1981, 『내고장 전통가꾸기 : 옥천군편』.
- 영동군 | 1981, 『내고장 전통가꾸기 : 영동군편』.
- 괴산군 | 1981, 『내고장 전통가꾸기 : 괴산군편』.
- 음성군 | 1981, 『내고장 전통가꾸기 : 음성군편』.
- 단양군 | 1981, 『내고장 전통가꾸기 : 단양군편』.
- 진천군 | 1982, 『내고장 전통가꾸기 : 진천군편』.
- 제원군 | 1982, 『내고장 전통가꾸기 : 제원군편』.
- 박상진 | 1982, 『충북년감』.
- 박하식 | 1982, 『小白山밑 빛을 남긴 사람들 : 수기집』, 서울문화사.
- 충주문화방송국 | 1983, 『중원권의 개발구상』.
- 임병무 | 1983, 『장날 : 충북의 시장』, 청지사.
- 뿌리깊은나무 | 1983, 『충청북도』.
- 충청일보사 | 1984, 『無心川 : 칼럼집』.
- 중원개발연구회 | 1984, 『중원지구관광개발계획』.
- 관성동호회 · 옥천문화원 | 1984, 『沃川鄕誌』.
- 김현길 | 1984, 『중원의 역사와 문화』, 청지사.
- 건설부국립지리원 | 1984, 『한국지지 지방편 2 : 강원도 · 충청도』.
- 괴산문화원 | 1984, 『괴산문화』.
- 충청일보사 | 1984, 『남한강 : 충주댐 수몰지역 그 현장』.
- 뿌리깊은나무 | 1984, 『한국의 발견 : 충청북도』, 한국브리태니카.
- 충청일보사 | 1985, 『충북지역발전세미나종합보고서』.
- 청주근세60년사화편찬위원회 | 1985, 『청주근세60년사화』, 신흥인쇄.
- 제천교육청 | 1985, 『제천제원향토사료집』, 제천 배문사.
- 단양군 | 1985, 『충주댐 수몰지역 풍경화첩』.
- 진천문화원 | 1986, 『맥 : 향토문화의 근원』.
- 충주시 | 1986, 『충주시정 30년사』.
- 괴산군 | 1986, 『내고향 소식』.

- 제천문화원 ǀ 1986, 『義林文化 1 : 문화재와 명승사적편』.
- 이인원 ǀ 1987, 『中原의 메아리』, 온누리.
- 건국대 중원연구소 ǀ 1987, 『중원권개발학술심포지움』.
- 충청북도 지방공무원교육원 ǀ 1987, 『지방화 시대에 부응하는 도정 발전방향』.
- 양승철 ǀ 1987, 『한국의 길 : 청풍옛길』, 유림사.
- 이인원 ǀ 1987, 『中原의 메아리 : 이인원 칼럼집』, 온누리.
- 제천문화원 ǀ 1987, 『義林文化 2 : 민속편』.
- 제천문화원 ǀ 1988, 『義林文化 3 : 역사 · 지리편』.
- 제천문화원 ǀ 1989, 『義林文化 4 : 인물편』.
- 김현길 ǀ 1990, 『괴산의 역사』, 괴산문화원.
- 삼년산향토사연구회 ǀ 1990, 『삼년산휘보』.
- 삼년산향토사연구회 ǀ 1990, 『보은의 향토사』.
- 충북향토사연구협의회 ǀ 1990, 『충북의 脈』.
- 청원군 ǀ 1990, 『청원군의 자랑』.
- 제천문화원 ǀ 1990, 『義林文化 5 : 제천시 · 제원군 행정편』.
- 상공경제신문사 ǀ 1990, 『愛鄕 : 충주 · 중원군편』.
- 영동군지역발전문제연구소 ǀ 1991, 『영동, 이런 영동』.
- 충북지역사회연구회 ǀ 1991~99, 『충북지역사회연구』 1-8.
- 충청북도 ǀ 1992, 『충북』.
- 김성식 ǀ 1992, 『금강 1천리』, 온누리.
- 상산고적회 ǀ 1992, 『진천향토지』.
- 제천문화원 ǀ 1990, 『義林文化 6 : 제천의 文脈편』.
- 차용걸 외 ǀ 1993, 『淸州市 文獻資料集』, 충북대 호서문화연구소.
- 충북지역개발회 ǀ 1993, 『충북지역개발회 10년사』.
- 충청북도 ǀ 1993, 『맥 45 : 사진으로 본 도정 45년사』.
- 충청북도 교육청 ǀ 1993, 『충북정신문화의 기둥』.
- 김각규 ǀ 1993, 『小白의 가락』, 내제문화연구회.
- 단양향토문화연구회 ǀ 1994, 『丹丘의 脈』.
- 단양향토문화연구회 ǀ 1994, 『단양향토지』.
- 청주시 ǀ 1994, 『청주도시계획변천사圖集』.
- 제천시문화원 ǀ 1994, 『內鄕別曲』.
- 한국동서경제학회 ǀ 1994, 『충청북도 지역연구자료총람』.
- 김운기 ǀ 1994, 『小白山』, 충청일보사.
- 윤수경 편저 ǀ 1994, 『단양향토지』, 단양향토문화연구회.
- 박원식 ǀ 1995, 『빛깔있는 책들 173 : 속리산』, 대원사.
- 청원문화원 ǀ 1995, 『演說文集』.
- 단양군 ǀ 1995, 『단양 이주 10주년 기념 : 사진으로 본 군정』.

• 조병세 | 1995, 『언론에 비춰진 영동의 발자취』, 호암출판사.
• 충청북도 | 1996, 『1909년도 한국 충청북도 일반』.
• 충청북도 | 1996, 『1928년도 충청북도 요람』.
• 충청북도 | 1996, 『충청북도』.
• 충주시 | 1996, 『2001년의 충주』.
• 충청북도 | 1996, 『충청북도 CD-ROM : 충북 100년』.
• 정중재 · 강환국 외 | 1996, 『충북의 오늘과 내일 : 21세기 살기좋은 충북을 만들기 위하여』, 청주경제정의실천시민연합.
• 이승우 | 1996, 『도정반세기』, 충청리뷰사.
• 조수종 | 1996, 『淸風世評 : 조수종의 경제 칼럼』, 유풍출판사.
• 괴산문화원 | 1996, 『괴산군 관계 사료집』.
• 김연호 | 1996, 『奈土의 美 : 제천의 선사와 역사문화산책』, 제천문화원.
• 충청북도 | 1997, 『충북 100년』.
• 나기정 | 1997, 『청주 하나에서 열까지』, 신우.
• 유영선 | 1997, 『청풍에 귀를 열고 : 유영선 칼럼집』, 동양일보.
• 증평문화원 | 1997~98, 『증평문화』 1-2.
• 관성동호회 | 1997, 『옥천향토문화』.
• 충청북도 | 1997, 『사진으로 본 충북百年』.
• 청주시 | 1997, 『청주 생활과 문화』.
• 신용철 편 | 1997, 『생거진천 향토문화역사』, 충청북도 교육위원회.
• 김영진 · 박문열 | 1997, 『괴산군 문헌자료집(지리지 번역편)』.
• 단양향토문화연구회 | 1997, 『조선시대 단양의 이모저모(各司謄錄)』.
• 단양문화원 | 1997, 『온달산성의 문화와 역사』.
• 제천시 | 1997, 『살기좋은 제천, 시민과 함께 가꾸어 갑니다』.
• 예성문화연구회 | 1998, 『중원문화연구』.
• 증평문화원 | 1998, 『爐邊鄕史 증평이야기』.
• 장준식 | 1998, 『신라중원경연구』, 학연문화사.
• 옥천문화원 | 1998, 『백촌 김문기』.
• 충청북도 | 1998, 『도정사료집』.
• 단양향토문화연구회 | 1998, 『조선시대 단양의 역사와 문화(조선왕조실록)』.
• 최일성 | 1998, 『충주목 연구』, 상명대 박사학위논문.
• 김영진 편 | 1998, 『청원 · 청주사료집』, 청원문화원.
• 괴산문화원 | 1998, 『괴산군三綱錄』.
• 이창신 | 1999, 『청주목의 國樂』, 청주문화원.
• 신길수 | 1999, 『충청북도의 문화예술정책 발전에 관한 연구』, 충북대 행정대학원.
• 임동철 편역 | 1999, 『청주를 노래한 한시 : 淸州吟』, 청주문화원.

- 상산고적회 · 진천문화원 | 1999, 『조선왕조실록의 鎭川』.
- 진천군문화원 | 1999, 『내고장 전통가꾸기』.
- 청주시 | 1999, 『1923년도 발간 청주연혁지』.
- 예성문화연구회 편 | 1999, 『사료를 통해 본 忠州』 Ⅰ · Ⅱ · Ⅲ.
- 충북학연구소 | 1999, 『충북학문헌목록집』, 용지인쇄.
- 충청북도 | 1999, 『충북 내고향, 그리고 얼』.
- 충청북도 | 1999, 『21세기, 문화가 충북을 바꾼다』.
- 충북의건축문화편찬위원회 | 1999, 『충북의 건축문화』.
- 상산고적회 · 진천문화원 | 1999, 『조선왕조실록의 진천』.
- 동양일보 | 1999, 『충북백과사전』.
- 음성향토사연구회 | 1999, 『음성 옛향토사』.
- 진천문화원 | 1999, 『내고장 전통가꾸기』, 대명사.
- 정용석 역 | 1999, 『국역 조선환여승람 제천』, 제천문화원.
- 영동문화원 | 1999, 『영동군읍지』.
- 왕철수 | 1999, 『충주댐 수몰지구 풍경화집』.
- 청원군 · 청원문화원 | 1999, 『대청댐 수몰20년 그때 문의 사람들』.
- 제천문화원 · 충청일보사 | 2000, 『물에 잠긴 내 고향 : 충주댐 수몰, 제천사람들』.
- 충청북도통합방위협의회 · 제37사단 | 2000, 『忠北地域戰史』.
- 상산고적회 | 2000, 『조선시대 각사등록(진천군편)』.
- 청주고인쇄박물관 | 2000, 『2000 박물관문화학교』.
- 충청북도의회 | 2000, 『충청북도의회사』.
- 국립청주박물관 | 2000, 『박물관 이야기』.
- 충청북도 | 2000, 『통계로 보는 충북의 변화』.
- 충북학연구소 | 2000, 『충북100년 신문기사집성』.
- 정진명 | 2000, 『이야기 활 풍속사』, 학민사.
- 예성문화연구회 편 | 2000, 『사료를 통해 본 忠州』 Ⅳ · Ⅴ · Ⅵ · Ⅶ.
- 충청북도종합방위협의회 · 제37보병사단 | 2000, 『忠北地域戰史』.
- CBS 기독교청주방송 총람편찬실 | 2000, 『충북기독교선교 100주년총람』.
- 충북정론회 | 2000, 『충북정론 발자취(1993~1999)』, 청주시.
- 남기민 외 | 2000, 『충북노인복지론』, 협신사.
- 전주이씨 和義君派大亨公支派宗會 | 2000, 『화의군파와 충주지파 宗中誌』.
- 충청북도 | 2000, 『충북의 최고기록집 : 小白의 精과 氣』.
- 단양군 | 2000, 『단양지역문화의 정신 1 : 단양의 향기찾아』, 정은문화사.
- 김영진 | 2000, 『괴산군 관련 사료집』, 괴산문화원.
- 충주시 | 2001, 『5천년 중원문화의 중심 : 충주』.
- 박종대 | 2001, 『음성을 노래한 시 한시속의 음성』, 음성향토사연구회.
- 충청북도 | 2001, 『통계로 보는 충북의 변화』.

• 이창식 | 2002, 『단양팔경 가는 길』, 푸른사상.
• 충청북도 | 2002, 『짧은 만남 긴 여운 : 전설따라 800리』.
• 옥천문화원 | 2002, 『옥천향토사자료집』.
• 서영일 | 2002, 『충북의 고대사회』, 충북학연구소.
• 진천 상산고적회 | 2002, 『國譯 常山誌』, 진천상산고적회.
• 국립청주박물관 | 2002, 『중원문화 은빛날개』.
• 임동철 외 | 2002, 『청풍명월을 노래한 金得臣의 詩』, 김득신기념사업회.
• 충북학연구소 | 2003, 『충북100년 신문기사집성(Ⅱ)』.
• 세명대 지역문화연구소 편 | 2003, 『제천학과 청풍명월』.
• 증평향토문화연구회 | 2003, 『증평향토문화연구회 십년사』.
• 곽춘근 | 2003, 『神仙의 本鄕, 神市 無極 : 생거진천』, 천사연출판사.
• 구곡향우회 · 농다리청년회, 2003, 『농다리 籠橋』.
• (사)충북향토문화연구소 | 2003, 『충북향토문화연구』 상.
• (사)충북향토문화연구소 | 2004, 『충북향토문화연구』 하.
• (사)충북향토문화연구소 | 2004, 『충북의 鄕協錄』.
• 박종대 | 2004, 『중원의 반란 1 : 음성향토사』.
• 이재표 | 2004, 『충북의 아름다운 절』, 도서출판 햇살.
• 정기범 | 2004, 『음성향토사학』, 음성문화원.
• 증평군 | 2004, 『사진으로 보는 증평사』.
• 충청북도 · 충북학연구소 | 2004, 『이야기 충북』.
• 충청북도 · 충북학연구소 | 2004, 『충북 100년 연표 : 1896~2002』.
• 김왕기 | 2004, 『산수화에 다소곳 숨어있는 中原文化 이야기』 1, 글샘나루.
• 충주시 · 예성문화연구회 | 2005, 『물류경제의 중심지, 충주 : 옛 물길과 뭍길』.
• 충주시 · 예성문화연구회 | 2005, 『정토사 홍법국사실상탑지 지표조사보고서』.
• 충주시 · 예성문화연구회 | 2005, 『충주 명성황후 유허지 지표조사보고서』.
• 김양식 · 강민식 | 2005, 『충북선의 역사와 활용가치 증대방안』, 충북개발연구원.
• 김예식 | 2005, 『충주골 이야기 姓氏의 故鄕』 1, 수서원.
• 충북문학지리편집위원회 편 | 2005, 『충북문화지리 너의 피는 꽃이 되어』, 도서출판 고두미.

2. 도지 · 시지 · 군지

• 忠淸北道觀察道 | 1909, 『韓國忠淸北道一斑』.
• 조선총독부 | 1910, 『忠淸北道調査材料』.
• 村上友次郎 | 1915, 『最近之忠州』.
• 金谷雅城 | 1916, 『忠州發展誌』, 충청북도.
• 大態彌三郎 | 1923, 『淸州沿革誌』, 조선인쇄주식회사.

- 충청북도 | 1925, 『忠淸北道要覽』.
- 충청북도 | 1926, 『忠淸北道勢要覽(淸州面)』.
- 충청북도 | 1926, 『忠淸北道要覽』.
- 충청북도 | 1928, 『忠淸北道要覽』.
- 이완규 | 1929, 『충주군의 연혁과 명소고적』, 조선총독부.
- 충청북도 | 1930, 『忠淸北道要覽』.
- 奧史居天 외 | 1931, 『忠州觀察誌』, 행정학회인쇄소.
- 이영 | 1933, 『忠州發展史』, 발전사간행소.
- 이범관 | 1933, 『常山誌』.
- 충청북도 | 1934, 『忠淸北道要覽』.
- 청주군 | 1936, 『淸州郡勢要覽』.
- 琪野千太郎 | 1936, 『淸州邑』.
- 충청북도 | 1936, 『忠淸北道要覽』.
- 大態春峰 편저 | 1937, 『청주연혁지』, 조선인쇄주식회사.
- 충청북도 | 1942, 『忠淸北道要覽』.
- 국민일보사 | 1952, 『忠北年鑑』.
- 충청북도 | 1954, 『忠北道誌』.
- 충청북도 | 1955, 『道勢一覽』.
- 충청북도 | 1960, 『道勢一覽』.
- 영동군지편찬위원회 | 1960, 『영동군지』.
- 청주시지편찬위원회 | 1961, 『청주시지』.
- 음성군지편찬위원회 | 1963, 『음성군지』.
- 영동군지편찬위원회 | 1968, 『영동군지』.
- 제천군지편찬위원회 | 1969, 『제천군지』.
- 괴산군지편찬위원회 | 1969, 『괴산군지』.
- 보은군지편찬위원회 | 1970, 『보은군지』.
- 진천군지편찬위원회 | 1974, 『진천군지』.
- 충청북도 · 청주문화원 | 1975, 『충청북도지』.
- 청주시지편찬위원회 | 1976, 『청주시지』.
- 단양군지편찬위원회 | 1977, 『단양군지』.
- 옥천군지편찬위원회 | 1978, 『옥천군지』.
- 음성군지편찬위원회 | 1979, 『음성군지』.
- 옥천군 | 1984, 『沃川鄕誌』.
- 충주시 · 중원군 | 1985, 『忠州 中原誌』, 명문사.
- 제천 · 제원사편찬위원회 | 1988, 『堤川 · 堤原史』.
- 괴산군지편찬위원회 | 1990, 『증보 괴산군지』, 전광인쇄.
- 청원군지편찬위원회 | 1990, 『청원군지』.

- 단양군지편찬위원회 ǀ 1990, 『단양군지』.
- 영동군지편찬위원회 ǀ 1991, 『영동군지』.
- 김한중 ǀ 1991, 『沃川誌』, 고향문화사.
- 충청북도지편찬위원회 ǀ 1992, 『충청북도지』 상 · 하.
- 진천군지편찬위원회 ǀ 1994, 『진천군지』.
- 보은군지편찬위원회 ǀ 1994, 『보은군지』 상 · 하.
- 옥천군지편찬위원회 ǀ 1994, 『옥천군지』.
- 충청북도 중원군 ǀ 1994, 『中原郡 39년사』.
- 단양군 ǀ 1995, 『우리 단양지역의 일반개요』.
- 충청북도 ǀ 1996, 『충청북도요람(1928년도)』.
- 충청북도 ǀ 1996, 『한국충청북도일반(1909)』.
- 음성군지편찬위원회 ǀ 1996, 『음성군지』.
- 김한중 ǀ 1996, 『永同誌』, 고향문화사.
- 이승우 ǀ 1996, 『도정반세기』, 충청리뷰사.
- 청주시 · 충북대 인문학연구소 ǀ 1997, 『청주시지』 상 · 하.
- 옥천군지편찬위원회 ǀ 1998, 『옥천군지』.
- 청원군지편찬위원회 ǀ 1999, 『청원군지』.
- 청주시 ǀ 1999, 『1923년도 발간 청주연혁지』.
- 충주시지편찬위원회 ǀ 2001, 『충주시지』 상 · 중 · 하.
- 영동군지편찬위원회 ǀ 2004, 『영동군지』 상 · 하.
- 제천시지편찬위원회 ǀ 2004, 『제천시지』 상 · 중 · 하.

3. 면지 · 동지

- 영춘주지편찬위원회 ǀ 1973, 『永春州誌』.
- 감물면지편찬위원회 ǀ 1986, 『甘勿面誌』.
- 문의면지편찬위원회 ǀ 1992, 『文義誌』.
- 상모면지편찬위원회 ǀ 1994, 『上芼面誌』, 한울사.
- 부용면지편찬위원회 ǀ 1994, 『芙蓉面誌』, 청원향토문화연구회.
- 생극면지편찬위원회 ǀ 1994, 『생극면지』.
- 연풍면지편찬위원회 ǀ 1994, 『延豊誌』.
- 청안면지편찬위원회 ǀ 1997, 『淸安面誌』.
- 오창지편찬위원회 ǀ 1998, 『梧倉誌』, 청원향토문화연구회.
- 남이면지편찬위원회 ǀ 1998, 『南二面誌』.
- 금왕읍지편찬위원회 ǀ 1999, 『金旺邑誌』.
- 남일면지편찬위원회 ǀ 1999, 『南一面誌』.
- 청주강서지편찬위원회 ǀ 2000, 『淸州江西誌』, 회상사.

- 청주시 · 봉명송정동지 편찬위원회 Ι 2000, 『봉명 · 송정동지』, 삼일정판인쇄.
- 도안면지발간위원회 · 충북학연구소 Ι 2001, 『道安面誌』.
- 북이면지편찬위원회 Ι 2002, 『北二面誌』.
- 제천시 청풍면 Ι 2003, 『청풍지 : 청풍명월의 本鄕』.
- 감곡면 · 감곡향토문화연구회 Ι 2003, 『甘谷향토지』.
- 강외면지편찬위원회 Ι 2003, 『江外面誌』, 충청대학 지역개발연구소.
- 미원면지편찬위원회 Ι 2003, 『米院面誌』.
- 강내면지편찬위원회 Ι 2004, 『江內面誌』.

4. 문화재와 문화유적

- 유관호 Ι 1957, 『내고장의 자랑 : 충북의 명승고적산업』, 충북문화사.
- 단국대출판부 Ι 1967, 『괴산지구 고적조사보고서』.
- 윤병준 Ι 1969, 『白雲寺誌』.
- 윤병준 Ι 1973, 『迦葉寺誌』.
- 한국불교연구원 편 Ι 1975, 『法住寺』, 일지사.
- 주재용 Ι 1975, 『배론(舟論)성지』, 카톨릭출판사.
- 장기덕 Ι 1977, 『중원향토기』 상 · 하, 형설출판사.
- 청주문화원 · 충청북도 Ι 1978, 『忠北의 文化財 : 지정문화재』.
- 김풍식 · 이재준 Ι 1979, 『충북의 기와』, 유림사.
- 중원군 Ι 1979, 『중원군미륵리석굴 실측조사보고서』.
- 문화재연구원 편 Ι 1979, 『보은삼년산성 기초조사보고서』, 보은군.
- 청주문화원 Ι 1979, 『충북의 문화재』, 매일원색정판사.
- 보은군 Ι 1980, 『삼년산성 서문조사개보』.
- 충북대박물관 Ι 1981, 『中原文化圈 遺蹟分布圖(색인)』, 중원군 · 충청북도.
- 충청북도 문화공보담당관실 Ι 1982, 『文化財誌』.
- 충청북도 Ι 1982, 『寺址』.
- 충청북도 Ι 1983, 『孝烈行記念施設物誌』.
- 충주문화원 Ι 1983, 『향토문화유적 : 지정문화재편』.
- 장기덕 Ι 1983, 『충주읍성 및 관아유적 조사보고서』, 예총충주지부.
- 김현길 Ι 1984, 『중원의 역사와 문화』, 청지사.
- 영동군 Ι 1984, 『영동문화재도록』.
- 단양군 · 태창건설 Ι 1984, 『竹嶺輔國寺址 지표조사보고서』.
- 예성문화연구회 Ι 1984, 『중원문화 遺蹟圖報』.
- 충주문화원 Ι 1984, 『忠州中原鄕土史(문화유적편)』.
- 충청북도 Ι 1984, 『文化財大觀』.
- 보은문화원 Ι 1985, 『報恩의 文化財』.

- 이융조 · 차용걸 · 하문식 · 김석훈 | 1985, 『忠北 遺蹟 · 遺物 地名表』, 충북대 박물관.
- 청주문화원 | 1985, 『내고장 문화재 : 청주시 · 청원편』.
- 충북대 박물관 | 1985, 『충북 유적 · 유물 지명표』.
- 중원군 | 1986, 『중원탑평리사지의 조사』.
- 진천문화원 | 1986, 『맥 : 향토문화의 근원』.
- 충주문화원 | 1986, 『충주중원향토사 : 역사 · 지리편』.
- 제천문화원 | 1986, 『義林文化 1 : 문화재 및 명승사적편』.
- 문화재관리국 | 1987, 『문화재안내문안집 4 : 충청북도편』.
- 충주문화원 | 1987, 『향토문화유적 : 지정문화재편』.
- 진천문화원 | 1989, 『향토문화의 뿌리』.
- 충북향토사연구협의회 | 1989, 『제1회 문화재탁본 : 사진전도록』.
- 김영진 편 | 1989, 『괴산문화유적』, 괴산문화원.
- 충북향토문화연구소 | 1990, 『제2회 문화재탁본 : 사진전도록』.
- 괴산향토사연구회 | 1990, 『文化財 拓本 · 寫眞展』.
- 충청북도 | 1990, 『충청북도 중요 석조 문화재 : 실측조사보고서』.
- 서원향토사연구회 | 1991, 『충북의 봉수』.
- 국립청주박물관 | 1991, 『김연호 수집문화재』.
- 괴산문화원 | 1992, 『槐山의 文化財』.
- 충북대 호서문화연구소 | 1993, 『청주시 역사유적』.
- 문화체육부 문화재관리국 | 1993, 『1991년도 문화재수리보고서 상권 : 서울 · 부산 · 대구 · 광주 · 대전 · 경기 · 강원 · 충북 · 충남 · 전북 · 전남편』.
- 문화체육부 문화재관리국 | 1994, 『1992년도 문화재수리보고서 상권 : 서울 · 부산 · 대구 · 광주 · 대전 · 경기 · 강원 · 충북 · 충남 · 전북 · 전남편』.
- 보은문화원 | 1994, 『報恩의 文化財』.
- 예성문화연구회 | 1995, 『숭선사지 지표조사보고서』.
- 청원향토문화연구회 | 1995, 『송천사지 지표조사보고서』.
- 상산고적회 | 1995, 『진천의 寺址』.
- 현석종합건축사무소 | 1995, 『김유신장군유허지정화사업 기본설계보고서』, 진천군.
- 문화체육부 문화재관리국 | 1995, 『1993년도 문화재수리보고서 상권 : 서울 · 부산 · 대구 · 광주 · 대전 · 경기 · 강원 · 충북 · 충남 · 전북 · 전남편』.
- 청원문화원 | 1995, 『淸原의 文化財』.
- 청주시 | 1996, 『청주의 문화재』.
- 충주문화원 | 1996, 『충주의 문화재』.
- 국립문화재연구소 | 1996, 『전국문화유적총람 CD-ROM : 충청북도 · 충청남도』.
- 음성향토문화연구회 | 1996, 『文化財便覽』.

- 문화재관리국 ▮ 1996, 『국가지정문화재 지정보고서 : 천연기념물』.
- 충주산업대 박물관 · 음성군 ▮ 1996, 『음성군의 역사와 문화유적』.
- 영동향토문화연구회 ▮ 1997, 『영동문화유적叢林』.
- 영동문화원 ▮ 1997, 『永同文化財便覽』.
- 충청북도 ▮ 1997, 『문화재위원회 회의자료집』.
- 문화체육부 문화재관리국 ▮ 1997, 『1995년도 문화재수리보고서 상권 : 서울 · 부산 · 대구 · 광주 · 대전 · 경기 · 강원 · 충북 · 충남 · 전북 · 전남편』.
- 문화체육부 문화재관리국 ▮ 1997, 『1996년도 문화재수리보고서 상권 : 서울 · 부산 · 대구 · 광주 · 대전 · 경기 · 강원 · 충북 · 충남 · 전북 · 전남편』.
- 충주박물관 ▮ 1998, 『충주의 역사와 문화유산』.
- 충청북도 · 청주시 · 충북대박물관 ▮ 1998, 『문화유적분포지도 : 청주시』.
- 충주시 · 충북대중원문화연구소 ▮ 1998, 『문화유적분포지도 : 충주시』.
- 충주문화원 ▮ 1998, 『충주의 향토사 : 문화유적편』.
- 괴산군 문화공보실 ▮ 1998, 『槐山의 文化財』, 괴산군.
- 세명대 의림지보전연구회 ▮ 1998, 『의림지 보전 및 관리를 위한 학술세미나 자료집』.
- 청주시 ▮ 1998, 『청주의 문화재』.
- 단양문화원 ▮ 1999, 『단양문화재총람』, 문예사.
- 이항웅 ▮ 1999, 『충청북도 문화재 관리상의 문제점 및 개선방안』, 충북대학교.
- 박종대 · 한덕희 · 손정석 편 ▮ 1999, 『음성 옛 향토사』, 음성향토사연구회.
- 증평향토문화연구회 · 증평문화원 ▮ 1999, 『증평의 문화재』.
- 청원군 · 청원향토문화연구회 ▮ 1999, 『청원군 문화재대관』.
- 청원군 · 청주대박물관 ▮ 2000, 『문화유적분포지도 : 청원군』.
- 충북학연구소 편 ▮ 2000, 『충북의 석조미술』, 충북개발연구원.
- 괴산군 ▮ 2000, 『괴산의 문화재』.
- 윤수경 ▮ 2000, 『양백지간(단양)의 산성 · 봉수』, 단양향토문화연구회.
- 진천군 · 충북대박물관 ▮ 2001, 『문화유적분포지도 : 진천군』.
- 충주시 ▮ 2001, 『5천년 중원문화의 중심 : 충주의 문화재』.
- 차용걸 · 박상일 · 안상경 ▮ 2001, 『우암산 그 역사의 숨결』, 청주문화원.
- 이창식 · 김경표 · 조희진 · 장준식 · 여진천 ▮ 2002, 『제천의 문화유산』, 제천문화원.
- 충청북도 ▮ 2002, 『문화재 안내판 문안 1 : 국가지정문화재』.
- 충청북도 ▮ 2002, 『문화재 안내판 문안 2 : 도지정문화재』.
- 충주박물관 ▮ 2002, 『중원의 역사와 문화유산』.
- 청주대박물관 ▮ 2002, 『충주시 문화유적』.
- 충청북도 충주교육청 ▮ 2002, 『충주의 문화 · 유적 이야기』.
- 충북대박물관 · 제천시 ▮ 2003, 『문화유적분포지도 : 제천시』.

• 김태영 | 2003, 『충북근대도시주택』, 청주대출판부.
• 괴산군 · (재)중원문화재연구원 | 2004, 『문화유적분포지도 : 괴산군』.
• 음성문화원 · 음성향토사연구회 | 2004, 『음성의 문화재』.
• 충북대박물관 | 2005, 『충북대학교 박물관대학 11년(1995~2005)』.
• 충주시 · 예성문화연구회 | 2005, 『충주 명성황후 유허지 지표조사보고서』.
• 충주시 · 예성문화연구회 | 2005, 『정토사 홍법국사실상탑지 지표조사보고서』.
• 보은군 · (재)중원문화재연구원 | 2005, 『문화유적분포지도 : 보은군』.
• 증평군 · (재)중원문화재연구원 | 2005, 『문화유적분포지도 : 증평군』.
• 옥천군 · 청주대박물관 | 2005, 『문화유적분포지도 : 옥천군』.

5. 관광과 명소

• 松田行藏 | 1888, 『조선국경상충청강원도여행기사』.
• 이완규 | 1929, 『忠州郡의 연혁과 名所古蹟』, 조선총독부.
• 오정규 | 1929, 『충북의 名所舊蹟』, 조선총독부.
• 김상현 | 1956, 『丹陽 8景』, 단양군.
• 유관호 | 1957, 『내고장의 자랑 : 忠北의 名勝古蹟産業』, 충북문화사.
• 조선일보 충주총국 | 1965, 『충북산업관광사진대관』.
• 단국대출판부 | 1967, 『괴산지구고적조사보고서』.
• 충청북도 | 1969, 『충북지구 관광개발(안) : 관광진단보고서』.
• 주재용 | 1975, 『배론(舟論)성지』, 카톨릭출판사.
• 한국불교연구원 | 1975, 『法住寺』, 일지사.
• 신봉호 | 1976, 『탄금대 도립공원 기본계획 조사연구보고서』, 충청북도.
• 청주상공회의소 | 1977, 『충북의 산업과 관광』.
• 제원군 | 1981, 『국민관광지 종합개발계획 연구보고서』.
• 충북대 건설기술연구소 · 제천시 | 1982, 『義林遊園地 종합개발계획 : 연구보고서』.
• 단양군 | 1983, 『단양관광종합개발계획조사자료집』.
• 중앙서관 | 1983, 『한국의 旅路 6 : 충청도편』.
• 김현길 | 1984, 『중원의 역사와 문화유적』, 청지사.
• 충주산업대박물관 | 1984, 『탄금대 관광지개발기본계획』.
• 중원개발연구회 | 1984, 『中原地區 관광개발계획』.
• 단양군 | 1985, 『신단양공원 설계보고서』.
• 제천문화원 | 1986, 『義林文化 1 : 문화재 및 명승사적』.
• 조일환 | 1986, 『수안보온천사연구』.
• 양승철 | 1986, 『淸風 옛길』, 유림사.
• 한국일보사 | 1986, 『한국의 旅路(춘천 · 단양)』.

- 보은문화원 ǀ 1987, 『보은의 향기』.
- 정태홍 ǀ 1988, 『속리산 국립공원 개발방향』, 충북지역개발회.
- 박종호 ǀ 1988, 『속리산 국립공원 관광개발 방안』, 충북지역개발회.
- 한국관광공사 · 충청북도 ǀ 1988, 『忠州湖圈 관광종합개발계획(안)』.
- 충청북도 ǀ 1989, 『관광진흥법규편람』.
- 충청북도 ǀ 1991, 『아름답고 인심 좋은 곳 충북으로 오십시오 : 관광안내』.
- 음성군 ǀ 1992, 『육령관광지 개발기본계획』.
- 단양군 ǀ 1992, 『온천관광지 개발계획』.
- 괴산군 ǀ 1992, 『수옥정관광지 조성계획』.
- 내제문화연구회 ǀ 1993, 『小白의 가락』.
- 한국자료정보사 ǀ 1993, 『관광레저 365일 제4권 : 충청북도』.
- 충청북도 ǀ 1993, 『아름다운 忠北』.
- 단양군 ǀ 1993, 『영춘 북벽지구 관광개발계획』.
- 한진호 ǀ 1993, 『島潭行程記』, 일조각.
- 정각 ǀ 1993, 『속리산 법주사』, 법주사 출판부.
- 최현각 · 김봉렬 · 소재구 ǀ 1994, 『빛깔있는 책들 156 : 속리산』, 대원사.
- 단양향토문화연구회 ǀ 1994, 『丹丘의 脈』.
- 충청일보사 ǀ 1994, 『소백산』.
- 도서출판 남한강 ǀ 1994, 『충북 명승지 · 명소 안내』.
- 이융조 외 ǀ 1994, 『우리의 선사문화(1)』, 지식산업사.
- 동양일보출판국 ǀ 1995, 『발로 쓴 충북기행』.
- 단양군 ǀ 1995, 『丹陽』.
- 충북개발연구원 ǀ 1995, 『충북지역 관광정책의 문제점과 새로운 발전방향』.
- 단양향토문화연구회 ǀ 1995, 『단양의 고을, 역사따라 향기따라』.
- 증평문화원 · 증평향토문화연구회 ǀ 1995, 『증평의 뿌리를 찾아서』.
- 동양일보출판국 ǀ 1995, 『충청탐구 문학기행』.
- 김예식 ǀ 1996, 『충주에 가 볼만한 곳』, 수서원.
- 충주시 ǀ 1996, 『충주』.
- 충주시 ǀ 1996, 『남한강 관광단지 조성 기본계획』.
- 충북개발연구원 ǀ 1996, 『충북지역 관광이벤트 프로그램 개발방안』.
- 박걸순 ǀ 1996, 『괴산지방 항일독립운동사』, 괴산문화원.
- 한국문화유산답사회 ǀ 1996, 『답사여행의 길잡이 : 경기남부와 남한강』, 돌베개.
- 김연호 ǀ 1996, 『奈土의 美 : 제천의 선사와 역사문화산책』, 제천문화원.
- 문화관광부 · 한국향토사연구전국협의회 ǀ 1996, 『관광지로 바뀐 산성마을 : 청주시 상당구 산성동』.
- 유네스코 충청북도협의회 ǀ 1997, 『내고장 문화유산의 현황과 과제 : 문화 유산기념세미나 자료집』.

- 영동군 | 1997, 『사진으로 보는 영동의 어제와 오늘(1900~1997)』.
- 충청북도 | 1997, 『忠北 100年』.
- 충청북도관광협회 | 1997, 『아름다운 충북의 명산』.
- 충북 괴산군 | 1997, 『괴산의 30명산』.
- 김예식 | 1997, 『충주에 가 볼만한 곳』, 수서원.
- KDIC관광정보 | 1997, 『그곳에 가보고 싶다 7 : 충북 · 중원문화』, 한국자료정보사.
- 충청북도 | 1997, 『사진으로 본 忠北 백년』, 우주인쇄사.
- 이현숙 | 1997, 『충청도를 노래한 시』, 한국문화사.
- 박청홍 | 1997, 『청주를 찾아서』, 청주문화원.
- 충북개발연구원 · 청원군, 1997, 『초정지구 관광지개발 기본계획』.
- 임동철 편역 | 1997, 『淸原의 樓亭』, 청원문화원.
- 김상영 외 | 1998, 『충북의 전통사찰』, 사찰문화연구원.
- 문화관광부 · 한국향토사연구전국협의회 | 1998, 『방죽안 풍덕의 씨족마을: 한국의 전통마을 17, 충주시 주덕읍 제내리』.
- 한국문화유산답사회 | 1998, 『답사여행의 길잡이 12 : 충북』, 돌베개.
- (사)한국사진작가협회 충북지부 | 1998, 『충북관광』.
- 충주박물관 | 1998, 『忠州의 역사와 문화유산』.
- 괴산군 | 1998, 『아름다운 槐山』.
- 단양군 | 1998, 『단양군 관광진흥전략 및 주요지역』.
- 충청북도 관광과 | 1998, 『淸風明月의 本鄕 忠北觀光』.
- 정삼철 | 1998, 『충북지역 관광특구의 활성화 방안 연구』, 충북개발연구원.
- 임동철 편역 | 1999, 『청주를 노래한 한시 : 淸州吟』, 청주문화원.
- 신영훈 | 1999, 『신영훈의 역사기행』 8, 조선일보사.
- 충북학연구소 | 1999, 『충북테마기행 1 : 충북의 문학과 예술 그 숨결을 찾아서』.
- 충청북도 제천교육청 | 2000, 『제천의 역사와 문화』.
- 정기범 | 1999, 『음성의 옛길』, 음성문화원.
- 김양식 | 2000, 『충북지역 문화재 안내체계 개선 방향』, 충북개발연구원.
- 충북학연구소 | 2000, 『충북테마기행 2 : 삼국통일의 격전지 충북의 성곽을 찾아서』.
- 충청북도 | 2001, 『충북 건축기행』.
- 노은초등학교 | 2001, 『노은의 역사와 문화』.
- 영동군 | 2001, 『민주지산의 자연』.
- 충북학연구소 | 2001, 『충북테마기행 3 : 충북의 사찰을 찾아서』.
- 김양식 | 2001, 『충북지역 근현대 문화유산 기초조사 : 역사기념물 및 건조물을 중심으로』, 충북개발연구원.
- 강신욱 | 2001, 『증평 · 괴산 근현대사』, 푸른나라.

- 청주시 | 2001, 『청주백제유물전시관』.
- 충청북도 | 2001, 『충북의 자연환경명소 100선』.
- 충청북도 · 중원문화연구소 | 2001, 『통일시대 중원문화권의 위상정립과 개발의 차별화전략』.
- 차용걸 · 박상일 · 안상경 | 2001, 『우암산 그 역사의 숨결』, 청주문화원.
- 이창식 · 김경표 · 조희진 · 장준식 · 여진천 | 2002, 『제천의 문화유산』, 제천문화원.
- 이창식 | 2002, 『지역문화 읽기시리즈 1 : 단양팔경 가는 길』, 푸른사상.
- 임동철 외 | 2002, 『청풍명월을 노래한 金得臣의 詩』, 김득신기념사업회.
- 충북개발연구원 | 2002, 『이야기따라 가 보는 충북여행 길라잡이』.
- 충북학연구소 | 2002, 『충북테마기행 4 : 충북의 사원을 찾아서』.
- 이철희 | 2002, 『아이들과 함께하는 청주문화유산 답사』, 도서출판 직지.
- 청주대박물관 | 2002, 『충주시 문화유적』.
- 충북학연구소 | 2003, 『충북테마기행 5 : 충북의 유교유적을 찾아서』.
- 황규호 · 임병무 · 김태하 | 2003, 『청주문화기행』, 청주문화원.
- 김인덕 | 2003, 『한국의 명승지와 문화유적 : 대전광역시 · 충청북도』, 가락국사적개발연구원.
- 충청북도 | 2003, 『충북의 명산 30곳 : 알고 가면 즐거운 산행안내서』.
- 충북학연구소 | 2003, 『(산비이속) 국립공원 속리산』.
- 충북학연구소 | 2004, 『충북테마기행 6 : 이야기 충북』.
- 유현민 | 2004, 『유현민의 한강답사기행』, 버들미디어.
- 기획행정국 문화관광과 | 2004, 『충주관광의 현주소와 발전방향에 관한 연구 : 충주시 지역을 중심으로』.
- 정연정 · 신승식 | 2004, 『괴산군의 문화관광자원 활성화 방안 : 벽초 · 우암 · 단원에 대한 가치추정을 중심으로』, 충북개발연구원.
- 김왕기 | 2004, 『산수화에 다소곳 숨어있는 中原文化 이야기』 1, 글샘나루.
- 충북의 아름다운 절 편찬위원회 | 2004, 『충북의 아름다운 절』.
- 국민대 국사학과 | 2005, 『금강문화권 : 우리 역사문화의 갈래를 찾아서』, 역사공간.
- 청주시 · 청주고인쇄박물관 · 청주대박물관 | 2005, 『흥덕사지의 어제와 오늘』.
- 강대훈 외 | 2006, 『중원 문화 33색 33향 : 길 끝에서 나누는 충북의 문화이야기 1』, 충청북도교육청.

6. 박물관 도록

- 충북대박물관 | 1977, 『박물관도록』.
- 충북교육위원회 | 1983, 『향토문화 학생박물관(도록)』.

- 청주대박물관 | 1983, 『박물관도록』.
- 충청북도 교육위원회 | 1983, 『향토문화 학생박물관 도록』.
- 충북대박물관 | 1985, 『金萬哲先生寄贈展圖錄』.
- 충북대박물관 | 1986, 『한국구석기문화전 도록』.
- 충주유물보존관 | 1987, 『圖錄』.
- 충청북도 | 1991, 『청주고인쇄박물관』.
- 예성동호회 | 1991, 『忠州 · 中原지역 출토 瓦當圖錄』.
- 청주고인쇄박물관, 1998, 『충북 도내 古書 및 판목 특별전』.
- 충북대박물관, 1998, 『선사유적 발굴도록』.
- 우물 지적 · 향토지박물관, 1999, 『박물관 소장품목록』.
- 청주고인쇄박물관 · 2000, 『청주고인쇄박물관도록』.
- 충북대박물관 | 2000, 『충북대학교 박물관 30년사(1970~2000)』.
- 국립청주박물관 | 2001, 『박물관 이야기』.
- 국립청주박물관 | 2001, 『국립청주박물관』.
- 청주시 | 2001, 『청주백제유물전시관』.
- 국립청주박물관 | 2001, 『(충북문화의 원류를 찾는 물길답사) 남한강 문물』.
- 청주국제공예비엔날레조직위원회 | 2001, 『자연의 숨결 : 국제초대작가전』.
- 청주국제공예비엔날레조직위원회 | 2001, 『자연의 숨결 : 제2회 청주국제공예공모전』.
- 청주고인쇄박물관 | 2001, 『충북의 판목특별전』, 도서출판 직지.
- 청주고인쇄박물관 | 2001, 『청주고인쇄박물관도록』.
- 청주고인쇄박물관 | 2002, 『한국 古活字 특별전』.
- 국립청주박물관 | 2002, 『중원문화 은빛날개 : 2002 한 · 일월드컵기념 특별전』.
- 청주고인쇄박물관 | 2003, 『조선초기 금속활자 특별전 : 계미자 탄생 600주년 기념』.
- 국립청주박물관 | 2003, 『불교동자상』.
- 충주시 | 2004, 『충주박물관 소장품도록』.
- 청주고인쇄박물관 | 2004, 『옛 책들의 아름다움』.
- 충북대박물관 | 2005, 『충북대학교 박물관대학 11년(1995~2005)』.
- 충주시 | 2005, 『조동리선사유적박물관』.
- 청주시 · 청주고인쇄박물관 · 청주대박물관 | 2005, 『흥덕사지의 어제와 오늘』.

7. 족보와 문헌록

- 곽한소 | 1913, 『淸州郭氏文獻錄』.
- 풍산김씨세보편찬위원회 | 1935, 『豊山金氏文獻錄』.
- 경주이씨세보편찬위원회 | 1955, 『慶州李氏世譜』.

- 석진형 | 1940, 『忠州洪州石氏世譜』.
- 충주지씨종약원 | 1969, 『忠州池氏大同譜』.
- 충주유씨세보소 | 1972, 『忠州柳氏世譜』.
- 박제윤 | 1972, 『忠州朴氏世譜』.
- 곽로준 | 1974, 『清州郭氏大同譜』.
- 진천송씨대동보편찬위원회 | 1975, 『鎭川宋氏大同譜』.
- 청주한씨중앙종친회 | 1976, 『清州韓氏史鑑』.
- 청주한씨세덕편찬위원회 | 1976, 『清州韓氏世德史』.
- 충주최씨대동회 | 1977, 『忠州崔氏大同譜』.
- 강릉최씨대동보소 | 1978, 『江陵崔氏世譜』.
- 단양우씨북청파종친회 | 1979, 『丹陽禹氏北青公派譜』.
- 고령신씨문헌통고편찬위원회 | 1978, 『高靈申氏文獻通考』 상 · 하.
- 밀양박씨눌재공세보소 | 1980, 『密陽朴氏訥齋公派世譜』.
- 안동김씨대동보편찬위원회 | 1980, 『安東金氏大同譜』.
- 양주조씨종친회 | 1980, 『양주조씨족보』, 회상사.
- 충주지씨종친회 | 1980, 『池氏千年史』.
- 진천송씨종친회 | 1981, 『鎭川宋氏族譜』.
- 충주어씨족보편찬위원회 | 1981, 『忠州魚氏族譜』.
- 반남박씨대종회족보편찬위원회 | 1981, 『潘南朴氏世譜』, 농경출판사.
- 청주좌씨종친회 | 1982, 『清州左氏世譜』.
- 김종무 | 1982, 『高麗清州郭門名賢錄』, 유림사.
- 청주경씨대동회 | 1983, 『清州慶氏族譜』.
- 진천임씨종친회 | 1983, 『鎭川(常山)林氏世譜』.
- 청주정씨대동보소 | 1983, 『清州鄭氏大同譜』.
- 경시현 | 1983, 『清州慶氏先世行狀』.
- 충주지씨청주문중회 | 1983, 『清州池氏文獻誌』.
- 전주이씨화의군파세보편찬위원회 | 1984, 『全州李氏和義君派世譜』.
- 양성이씨대종회 | 1984, 『陽城李氏大同譜』.
- 음성박씨종친회 | 1984, 『陰城朴氏世譜』.
- 단양이씨파보소 | 1984, 『丹陽李氏派譜』.
- 한영섭 | 1985, 『清州韓氏報十年史』.
- 청주한씨파보소 | 1985, 『清州韓氏派譜』.
- 충주지씨대종중앙약원 | 1985, 『忠州池氏大同譜』.
- 충주지씨장손대종중 | 1985, 『忠州池氏大宗譜』.
- 김재면 | 1986, 『清風金氏派譜』.
- 단양우씨문희공파세보편찬위원회 | 1985, 『丹陽禹氏文僖公派世譜』.
- 경주김씨충주판관공파보소 | 1986, 『慶州金氏忠州判官公派世譜』.

- 단양장씨사헌공파보소 ｜ 1986, 『丹陽張氏司憲公派世譜』.
- 김병조 ｜ 1986, 『昞朝家系 및 婚戚譜 : 청풍김씨28세손』.
- 괴산최씨대동보소 ｜ 1987, 『槐山崔氏大同譜』.
- 초계변씨종친회 ｜ 1987, 『草溪卞氏大同譜』.
- 진천송씨대종회 ｜ 1987, 『鎭川宋氏大同譜』.
- 옥천육씨대종회 ｜ 1987, 『沃川陸氏大同譜』.
- 청주한씨중앙종친회 ｜ 1987, 『歲一齋誌』.
- 박정규 ｜ 1987, 『忠州朴氏譜乘』.
- 충주최씨대동회 ｜ 1987, 『忠州崔氏大同譜』.
- 박제윤 ｜ 1987, 『忠州朴氏一石公派譜』.
- 청주한씨참의공파종친회 ｜ 1987, 『龍德齋誌』.
- 청주한씨족보편찬위 ｜ 1987, 『淸州韓氏洗馬公派世譜』.
- 단양우씨예안군파종회 ｜ 1988, 『丹陽禹氏禮安君派譜』.
- 단양우씨예안군파종친회 ｜ 1988, 『丹陽禹氏禮安君派譜』.
- 雙梧亭 ｜ 1988, 『경주이씨세보 생원공파(梧村公派)』.
- 김경린 ｜ 1988, 『忠州金氏族譜』.
- 광주이씨대동보편찬위원회 ｜ 1988, 『廣州李氏大同譜』.
- 옥천전씨대동보편찬위원회 ｜ 1989, 『沃川全氏大同譜』.
- 김창렬 ｜ 1989, 『淸州金氏參奉公派譜』.
- 청풍김씨세보편찬위원회 ｜ 1989, 『淸風金氏世譜』.
- 양종택 ｜ 1989, 『淸주楊氏懿績誌』, 한국한시연구원.
- 김병수 ｜ 1989, 『忠州金氏蘆原派世譜』.
- 김응기 ｜ 1989, 『忠州金氏永柔世譜』.
- 청주이씨북청파종친회 ｜ 1989, 『淸州李氏北靑派譜』.
- 영천허씨한천공파세보편찬위원회 ｜ 1990, 『陽川許氏寒泉公派世譜』.
- 청주이씨랑중공파종친회 ｜ 1990, 『淸州李氏郎中公派世譜』.
- 풍산김씨중앙종친회 ｜ 1990, 『豊山金氏世譜』.
- 청주송씨대종회 ｜ 1990, 『淸州宋氏大同譜』.
- 충주김씨대종친회 ｜ 1990, 『忠州金氏世譜』.
- 괴산최씨보편찬위원회 ｜ 1991, 『槐山崔氏世譜』.
- 단양우씨문희공파세보편찬위원회 ｜ 1991, 『丹陽禹氏文僖公派世譜』.
- 순천박씨민양공파보편찬위 ｜ 1991, 『順天朴氏愍襄公派譜』.
- 초계밀양변씨종친회 ｜ 1991, 『草溪密陽卞氏族譜』.
- 석육균 ｜ 1991, 『忠州石氏世譜』.
- 충주지씨대종중앙약원 ｜ 1991, 『忠州池氏大同譜』.
- 청주이씨문헌록편찬위원회 ｜ 1992, 『淸州李氏文獻錄』.
- 이복석 ｜ 1992, 『淸州李氏文簡公派世譜』.

- 곽한봉 ∥ 1993, 『淸州郭氏楸洞諱致中公家乘』, 유림사.
- 청주양씨대종회 ∥ 1993, 『淸州楊氏大同譜』.
- 청주김씨도종회 ∥ 1993, 『淸州金氏大同譜』.
- 청주최씨종친회 ∥ 1993, 『淸州崔氏世譜』.
- 충주양씨종친회 ∥ 1993, 『忠州梁氏世譜』.
- 충주지씨서부종친회 ∥ 1993, 『忠州池氏大同譜』.
- 청풍김씨청로상장군공파종친회 ∥ 1993, 『淸風金氏淸虜上將軍公派寶鑑』.
- 청주한씨대동족보편찬위원회 ∥ 1993, 『淸州韓氏大同族譜』.
- 청풍김씨문평공파종친회 ∥ 1993, 『淸風金氏文平公波譜』.
- 여흥민씨양(蘆川派)종친회 ∥ 1993, 『驪興閔氏評議事公(蘆川)派譜』.
- 강릉최씨대동보발간위원회 ∥ 1994, 『江陵崔氏世譜文獻錄』.
- 전주류씨락봉공파보소 ∥ 1994, 『全州柳氏駱峯公派譜』.
- 단양이씨중화파종친회 ∥ 1994, 『丹陽李氏中和派(持平公)譜』.
- 청주김씨세보편찬위원회 ∥ 1994, 『淸州金氏世譜』.
- 청주곽씨대종회 ∥ 1995, 『淸州郭氏大同譜』.
- 단양장씨대종회 ∥ 1995, 『丹陽張氏乙亥大同譜』.
- 단양이씨대종회 ∥ 1995, 『丹陽李氏遺史誌』.
- 단양이씨영변동성파종친회 ∥ 1995, 『丹陽李氏寧邊東城派譜』.
- 청주이씨전서공파족보편찬위원회 ∥ 1995, 『淸州李氏典書公派族譜』.
- 고령신씨세보편찬위원회 ∥ 1995, 『高靈申氏世譜』.
- 충주박씨대종회 ∥ 1995, 『忠州朴氏世譜』.
- 충주지씨합동보편찬위원회 ∥ 1995, 『忠州池氏合同譜』.
- 충주이씨대동회 ∥ 1996, 『忠州李氏大同譜』.
- 청주경씨종친회 ∥ 1996, 『淸州慶氏由來』.
- 이신희 ∥ 1996, 『淸州李氏陽化派譜』.
- 영춘이씨세보중간위원회 ∥ 1996, 『永春李氏世譜』.
- 전주최씨구수세보결절공파중간보편수위원회 ∥ 1996, 『全州崔氏九修世譜 敬節公派重刊譜』.
- 경시현 ∥ 1996, 『淸州慶氏由來』, 청주경씨종친회.
- 원희관 ∥ 1997, 『堤川公系上坊派家乘譜』, 국일족보연구.
- 이형봉 ∥ 1997, 『忠州李氏世譜』.
- 최병무 편 ∥ 1998, 『전주최씨 평도공파 9수세보 중간보(감무공파편 수정판) 수편』.
- 단양우씨안정공파종친회 ∥ 1991, 『丹陽禹氏安靖公派族譜』.
- 광산김씨직제학공파종중 ∥ 1998, 『光山金氏直提學公派譜』, 회상사.
- 한양조씨충정공파보편찬위원회 ∥ 1999, 『漢陽趙氏忠靖公派譜』.
- 광산김씨총제공파보소 ∥ 1999, 『光山金氏摠制公派譜』.

- 전주이씨화의군파대형공지파종회 | 2000, 『和義君派와 忠州支派 宗中誌』.
- 단양이씨대종회 | 2001, 『丹陽李氏泰川派譜』.
- 진천강씨소감공파보소 | 2001, 『鎭川姜氏少監公派譜』.
- 청주한씨문정공파 | 2001, 『淸州韓氏文靖公派世譜』.
- 청주김씨세보편찬위원회 | 2001, 『淸州金氏世譜』.
- 충주최씨대종회 | 2001, 『忠州崔氏大同譜』.
- 동북아씨족사연구원 족보도서관 | 2001, 『忠州金氏碧軒公派譜』.
- 청주한씨충의위공파문중회 | 2002, 『贈判書忠毅韓公遺事錄』.
- 평택임씨전객령공계대종회 족보편찬위원회 | 2004, 『平澤林氏典客令公系大同世譜』.
- 청주이씨문도공파보편찬위원회 | 2004, 『淸州李氏文度公派譜』.
- 괴산음씨파보편찬위원회 | 2004, 『槐山陰氏派譜』.
- 단양우씨예안군파 족보편수위원회 | 2004, 『丹陽禹氏禮安君派譜』.
- 청주송씨세보발간위원회 | 2005, 『淸州宋氏世譜』.
- 양성이씨대종회 | 2006, 『陽城李氏 宗史』.

8. 인물

- 安齋利作 | 1928, 『忠北の文化と人』.
- 최병주 | 1955, 『忠北人士論 : 인물평 및 소개』, 청주문화사.
- 김사달 | 1955, 『忠北人士論』, 청주문화사.
- 충청인사집편찬위원회 | 1957, 『忠淸人士集』.
- 김경구 | 1964, 『忠北人士錄』, 상당출판사.
- 충북인사천인록편찬위원회 | 1964, 『忠北人士千人錄』, 태양출판사.
- 충청인사집편찬위원회 | 1966, 『忠淸人士集』.
- 이규항 | 1967, 『忠北人士大鑑』, 중앙출판사.
- 광복회충북지부 | 1972, 『충북의 애국열사』.
- 윤병준 | 1975, 『尹忠輔記』.
- 이종춘 | 1977, 『상당고적인물지』, 서울인쇄주식회사.
- 충북인사백인록편찬위원회 | 1978, 『忠北人士百人錄』, 태양출판사.
- 이재준 | 1979, 『인맥천년』, 충청일보사.
- 이종춘 | 1981, 『충효의 등불』, 고려출판사.
- 충청일보사 | 1982, 『임직원록 : '82 충북연감 부록』.
- 충청일보사 | 1982, 『人脈千年』 상 · 하.
- 십청헌선생기념사업회 | 1982, 『十淸軒先生文集』.
- 김종무 | 1982, 『高麗淸州郭門名賢錄』, 유림사.
- 경시현 | 1983, 『淸州慶氏先世行狀』, 청주경씨대동보소.

- 이영환 | 1984, 『李英男장군전기』.
- 청주근세60년사화편찬위원회 | 1985, 『청주근세60년사화』.
- 충주문화원 | 1985, 『충주중원향토사 : 인물편』.
- 김장규 | 1986, 『중원의 先賢』.
- 이규태 | 1987, 『한국의 인맥 : 충청도』, 한국출판공사.
- 음성문화원 | 1987, 『향토지 3 : 우리고장의 인물』.
- 충청북도 | 1987, 『人物誌』.
- 충북인사대보감편찬위원회 | 1988, 『忠北人士大寶鑑』, 충북언론문화사.
- 제천시교육청 | 1989, 『의암 유인석선생』.
- 제천시교육청 | 1989, 『우리고장을 빛낸 분들』.
- 제천문화원 | 1989, 『義林文化 4 : 인물편』.
- 상산고적회 | 1990, 『진천人脈誌』.
- 평강전씨충주종당문중 | 1990, 『鶴松集』.
- 상산고적회 | 1990, 『상산인맥지』.
- 청주문화원 | 1991, 『淸原의 仁風』.
- 영동문화원 | 1992, 『향토지(인물편)』.
- 崔東鳳 | 1992, 『潭雲遺稿』.
- 음성군 | 1993, 『우리고장의 인물』.
- 충청북도 | 1994, 『고장을 빛낸 사람들』.
- 곽희태 | 1994, 『淸州郭氏仙丹諱希泰公文集』.
- 李銘烈 | 1995, 『錦石詩輯』.
- 박완규 | 1995, 『落穗 · 이삭』.
- 박걸순 | 1996, 『괴산지방 항일독립운동사』, 괴산문화원.
- 경운시문집발간위원회 | 1997, 『景雲詩文集』.
- 박제윤 | 1997, 『澗石自省續集』, 충주박씨종친회사무실.
- 보은문화원 | 1998, 『보은의 地脈과 人脈』.
- 이창수 | 1998, 『回想錄』, 계명사.
- 박걸순 | 1998, 『구한말 의병장 한봉수의 항일투쟁』.
- 柳海根 | 1999, 『淨軒遺稿』.
- 박종대 편 | 1999, 『바른 인성함양을 위한 음성효열 이야기』, 음성향토사연구회 · 충청북도음성교육청.
- 영동문화원 | 2000, 『내고장의 빛난 얼 (독립유공자편)』.
- 남신초등 · 음성향토사연구회 | 2000, 『설성에 핀 꽃』.
- 李榮基 | 2002, 『道齋李公壽筵詩帖』.
- 박종대 | 2002, 『음성 인물』 1.
- 홍순석 | 2002, 『김세필의 생애와 시』, 경주김씨문간공십청헌파종회.
- 동양일보 출판국 | 2002, 『충북의 101인』.

• 신천식 | 2003, 『상촌선생의 생애와 사상』, 상촌사상연구회.
• 상촌사상연구회 | 2003, 『상촌 김자수와 그 후예』.
• 鄭祖憲 저, 이두희 · 김미선 · 김의환 · 신범식 · 조영임 역 | 2004, 『옛 선현의 편지글』, 도서출판 다운샘.
• 동범최병준선생 유고집발간위원회 | 2004, 『살푸슴 : 동범 최병준의 삶』, 직지.
• 충주시 · 예성문화연구회 | 2004, 『행동하는 지식인 류자명평전』.
• 내제문화연구회 | 2005, 『회당집』 건 · 곤.
• 내제문화연구회 | 2005, 『송운집』.

9. 지명과 역사지리

• 이병연 | 1935, 『조선환여승람 : 음성군편』, 선문사.
• 이병연 | 1937, 『조선환여승람 : 진천군편』, 보문사.
• 한글학회 엮음 | 1970, 『한국지명총람 3(충북편)』.
• 충주문화원 | 1986, 『충주중원향토사 : 역사 · 지리편』.
• 충청북도 | 1987, 『地名誌』.
• 제천문화원 | 1988, 『의림문화 3 : 역사 · 지리편』.
• 보은문화원 | 1989, 『報恩의 地名』.
• 강병윤 | 1990, 「忠淸北道의 地名語 연구」, 인하대 박사학위논문.
• 충북향토문화연구소 | 1994, 『충청북도 輿地集成』.
• 상산고적회 | 1994, 『鎭川郡邑誌』.
• 청주시 · 서원향토사연구회 | 1996, 『淸州地名調査報告書』.
• 영동향토문화연구회 · 영동문화원 | 1996, 『향토지 : 지명편』.
• 충북향토문화연구소 | 1997, 『충청북도 各郡邑誌』.
• 괴산군 · 괴산향토사연구회 | 1997, 『槐山地名誌』.
• 충주시 · 예성문화연구회 | 1997, 『忠州의 地名』.
• 청원문화원 | 1997, 『淸原郡 地名誌』.
• 서원대 호서문화연구소 | 1997, 『淸州의 地名』.
• 강병윤 | 1997, 『고유 지명어 연구』, 도서출판 박이정.
• 상산고적회 · 진천문화원 | 1998, 『鎭川郡 地名誌』.
• 김영진 | 1998, 『忠北歷史地理事典』, 향학사.
• 음성군 · 음성향토문화연구회 | 1998, 『陰城地名誌』.
• 박종대 | 1998, 『음성유래』, 음성향토사연구회.
• 김영진 역주 | 1999, 『청원 · 청주지리지』, 청원문화원.
• 청주시 · 충북대 인문학연구소 | 1999, 『청주 지명 유래』.
• 제천문화원 | 1999, 『국역 조선환여승람 제천』.
• 보은문화원 | 2000, 『報恩의 地名誌』.

- 충북향토문화연구소 ǀ 2001, 『충청북도 輿地集成』(하), 수서원.
- 이상주 ǀ 2001, 『괴산군 마을 유래(자랑비)』, 괴산문화원.
- 이두희 · 김미선 · 김의환 · 신범식 · 이제원 역 ǀ 2002, 『國譯 常山誌』, 진천상산고적회.
- 건설교통부 국토지리정보원 ǀ 2003, 『한국지리지 : 충청편』.
- 충주문화원 ǀ 2003, 『충주의 향토사(마을유래편)』.
- 신정일 ǀ 2004, 『다시 쓰는 택리지 1 : 경기 · 충청편』, 휴머니스트.
- 단양향토문화연구회 · 단양문화원 ǀ 2003, 『을아단의 역사와 지명유래』.
- 홍사준 ǀ 1967, 「炭峴考-계백의 三營과 김유신의 三道」 『역사학보』 35 · 36 합집.
- 신경순 ǀ 1976, 「小지명어의 命名有緣性의 유형에 관한 연구-제천군 지명을 중심으로」 『논문집』 12-1, 청주교육대학.
- 이용주 ǀ 1976, 「한국지명의 의미론적 有緣性에 관한 연구-충청북도 山名의 기반을 중심으로」 『서울사대논총』 14.
- 이용주 ǀ 1977, 「충청북도 소재 河川名에 대하여」 『국어교육』 30.
- 강승삼 ǀ 1978, 「충북의 지명고」 『월간충청』 94.
- 전경숙 ǀ 1979, 「충청북도 지명의 유형분포에 관한 지리학적 연구-진천군과 단양군을 중심으로」, 건국대 석사학위논문.
- 신경순 ǀ 1979, 「충북 지명의 유형 고찰」 『논문집』 15, 청주교육대학.
- 장기덕 ǀ 1981, 「중원지방의 지명 소고」 『예성문화』 3.
- 신현웅 ǀ 1981, 「충북 報恩郡 村落名의 유형에 관한 지리학적 연구」, 고려대 교육대학원 석사학위논문.
- 이로영 ǀ 1981, 「達川의 어원에 대한 연구」 『예성문화』 2.
- 윤병준 ǀ 1982, 「팔테(一云八峰)의 지명고」 『예성문화』 4.
- 최창조 ǀ 1983, 「永春勝地에 대한 지리학적 해석」 『호서문화논총』 2.
- 권종천 · 김현길 ǀ 1984, 「중원 변천고(상)」 『호서문화연구』 4.
- 김명례 ǀ 1984, 「충북지역의 里 · 洞名 연구」, 청주대 석사학위논문.
- 임승빈 ǀ 1984, 「충북지역의 洞名 연구」, 청주대 석사학위논문.
- 김윤학 ǀ 1984, 「충북 중원군 엄정면 땅이름 연구-통일의 대상이 되었던 땅이름을 중심으로」 『학술지』 28, 건국대.
- 허인욱 ǀ 1985, 「충주의 연혁과 지명 변천고」 『예성문화』 7.
- 장준식 ǀ 1985, 「유적을 통해 본 계립령」 『예성문화』 7.
- 최일성 ǀ 1986, 「역사지리적으로 본 계립령」 『호서사학』 14.
- 전철웅 ǀ 1986, 「보은군내 지명의 연구」 『제효이용주박사회갑기념논문집』.
- 최일성 ǀ 1988, 「충주의 지명의 변천 고찰-삼국시대부터 조선전기까지」 『논문집』 22, 충주공업전문대.
- 김응학 ǀ 1988, 「충청북도의 지명 연구」 『上黨地理』 6, 청주대 지리교육과.
- 조민행 ǀ 1988, 「보은군 지명에 대한 국어학적 연구」, 단국대 교육대학원 석사학

위논문.
- 차용걸 | 1989, 「마즈막재(心項峴)의 麻木峴의 가능성」『예성문화』 10.
- 윤수경 | 1989, 「온달산성과 주변 지명에 관하여」『충북향토문화』 창간호.
- 한명철 | 1990, 「七星面 지명고」『괴향문화』 1.
- 강병윤 | 1990, 「충청북도의 地名語 연구」, 인하대 석사학위논문.
- 박명철 | 1991, 「단양지역의 지명 연구」『호서문화논총』 6.
- 전철웅 | 1991, 「지명에 나타난 언어현상-충북 영동군내 지명을 중심으로」『개신어문연구』 8.
- 이종훈 | 1991, 「지명에 대한 고찰」『내제문화』 3.
- 장석건 | 1991, 「뿌리 되찾는 이름 제천군」『내제문화』 3.
- 박병철 | 1991, 「단양지역의 지명연구-소지명의 후부요소를 중심으로」『호서문화논총』 6, 서원대.
- 이인석 | 1991, 「충청남북도 마을 이름 연구-그 분포를 통한 충청도 방언 구획 시도」, 건국대 석사학위논문.
- 이수봉 | 1992, 「'無心川' 名의 유래」『호서문화연구』 10, 충북대.
- 이상준 | 1992, 「음성지역의 지명 연구-三成面을 중심으로」, 충북대 교육대학원 석사학위논문.
- 김동대 | 1993, 「임진왜란과 추풍령」『충북향토문화』 4.
- 김근수 | 1994, 「괴산의 지명과 느티나무에 대한 소고」『괴향문화』 2.
- 이환구 | 1994, 「괴산의 고지명과 古甲子」『괴향문화』 2.
- 김순영 | 1994, 「'谷' 계 지명의 전접요소에 대한 연구-괴산지역 지명을 중심으로」『청람어문학』 12.
- 김화석 | 1994, 「괴산지역의 지명 연구-甘勿面을 중심으로」, 충북대 석사학위논문.
- 김순영 | 1994, 「괴산지역 지명 연구- '谷' 계와 '村' 계 지명의 전부요소를 중심으로」, 한국교원대 석사학위논문.
- 신호철 | 1995, 「鎭川의 地名변천 및 유래에 대한 史的 고찰」『常山文化』 창간호.
- 성낙수 | 1995, 「충북 청주시 · 청원군 땅이름 고찰」『새마을연구』 4, 한국교원대.
- 김근수 | 1995, 「괴산의 社倉 지명고」『괴향문화』 3.
- 김문규 | 1995, 「충북 옥천지방의 지명 연구」, 배제대 석사학위논문.
- 박병철 | 1995, 「'村' 계 지명의 어휘론적 고찰-단양지역 지명을 중심으로」『국어교육연구』 7, 인하대.
- 강신욱 | 1995, 「보강천의 유래」『괴향문화』 3.
- 김동대 | 1995, 「용산면 왜재(倭峙)의 이야기」『충북향토문화』 6.
- 도병권 | 1995, 「청주권의 취락환경과 지명 변천」『청주문화』 10.
- 윤길원 | 1996, 「지명으로 밝혀 본 羅濟의 격전장」『충북향토문화』 7.
- 라경준 | 1996, 「청주 행정지명의 변천」『충북향토문화』 7.

- 최병찬 ‖ 1996, 「제천지방의 지명변천 및 유래」 『충북향토문화』 7.
- 최일성 ‖ 1996, 「충주지명의 변천고(2)」 『논문집』 31, 충주산업대.
- 윤용길 ‖ 1996, 「白洞 마을의 지명과 전설」 『괴향문화』 4.
- 박병철 ‖ 1996, 「복수지명어의 대응양상 연구-제천지역 지명을 중심으로」 『호서문화논총』 9-10, 서원대.
- 정상훈 ‖ 1997, 「常山 지명의 유래」 『상산문화』 3.
- 엽순규 ‖ 1997, 「옥천군 지명 연구」, 충북대 교육대학원 석사학위논문.
- 이종욱 ‖ 1997, 「우리고장의 동명유래(1)」 『생거진천』 7.
- 김성렬 ‖ 1997, 「중원지역 지명어 연구」 『국어교육』 95.
- 최영희 ‖ 1997, 「충주를 거쳐 새재(鳥嶺)로」 『김현길교수정년기념논총』.
- 윤수경 ‖ 1997, 「단양 · 영춘지역의 지명유래와 전설에 관한 연구」 『온달산성의 문화와 역사』, 단양문화원.
- 임용식 ‖ 1997, 「제천-그 땅이름에 관한 고찰」 『내제문화』 9.
- 전철웅 ‖ 1997, 「지명」 『청주시지』 상, 청주시.
- 이안재 ‖ 1997, 「옥천군의 옛지명은 고리산이었다」 『옥천향토문화』 2.
- 이안재 ‖ 1998, 「옥천군의 옛지명은 고리산이었다」 『충북향토문화』 9.
- 이재민 ‖ 1998, 「역사로 본 제천의 지명 변천사」 『내제문화』 10.
- 도수희 ‖ 1998, 「지명연구의 제문제」 『호서문화논총』 12, 서원대 호서문화연구소.
- 김진식 ‖ 1998, 「청원군 지명의 命名 有緣性」 『개신어문연구』 15, 충북대.
- 이종욱 ‖ 1998, 「우리고장의 동명유래(2)」 『생거진천』 8.
- 예경희 ‖ 1998, 「충북 忠州湖 지명 분쟁」 『도시지역개발연구』 6, 청주대.
- 김봉수 ‖ 1998, 「괴산군 지명의 의미론적 연구」, 충북대 석사학위논문.
- 강병윤 ‖ 1998, 「청주지역의 근대지명어 연구」 『호서문화논총』 12, 서원대.
- 전철웅 ‖ 1998, 「청주시 지명의 의미론적 연구」 『호서문화논총』 12, 서원대.
- 성낙수 ‖ 1998, 「충청북도 지명의 후반부 한자어 연구-의미와 분포를 중심으로」 『한국어문교육』 7, 한국교원대.
- 이도화 ‖ 1998, 「진천군 지명 연구」, 충북대 석사학위논문.
- 박병철 ‖ 1998, 「청주지역 지명 속에 남아있는 古語彙에 대하여(Ⅱ)」 『호서문화논총』 12.
- 서명인 ‖ 1998, 「청원군 지명에 관한 지리학적 연구」, 한국교원대 석사학위논문.
- 최일성 ‖ 1998, 「충주 지명의 변천고(2)」 『논문집』 31, 충주산업대.
- 김학영 ‖ 1999, 「제천시의 면 이름」 『내제문화』 11.
- 윤수경 ‖ 1999, 「단양의 지명」 『충북향토문화』 10.
- 김근수 ‖ 1999, 「괴산의 霽月里 지명고」 『충북향토문화』 10.
- 한석수 ‖ 1999, 「청주 · 청원지역의 지명유래 전설고」 『중원문화논총』 2 · 3합집.
- 심은섭 ‖ 1999, 「제천시 지명연구」, 충북대 석사학위논문.
- 김학영 ‖ 1999, 「제천시의 면이름」 『내제문화』 11.

• 김경수 | 1999, 「송학면 지명음」『내제문화』 11.
• 이종욱 | 1999, 「우리고장의 동명유래 (3)」『생거진천』 9.
• 김근수 | 1999, 「갈은동 구곡의 지명과 주변 문화재와 전설」『괴향문화』 7.
• 이원선 | 1999, 「지명유래에서 본 자연마을의 형성과정과 공간구성에 관한 연구-충북 음성군 음성읍과 원남면을 중심으로」, 청주대산업대학원 석사학위논문.
• 채희경 | 1999, 「진천군 지명의 의미론적 연구」, 충북대 교육대학원 석사학위논문.
• 임종국 | 1999, 「장풍(장터)벌의 역사」『괴향문화』 7.
• 양승열 | 2000, 「마을 명칭유래와 상징물」『증평문화』 4.
• 류관열 | 2001, 「제천지역 지명 연구-고유어로 된 후부요소를 중심으로」, 한국교원대 석사학위논문.
• 전순표 | 2001, 「옥천의 광산과 지명에 대한 연구」『옥천향토문화』 6.
• 조오복 | 2001, 「지명유래의 체계적 정리 소고」『옥천향토문화』 6.
• 박병철 | 2001, 「청주시 도로명 연구」『호서문화논총』 15, 서원대 호서문화연구소.
• 김영란 | 2002, 「진천군 이월면의 지명어 연구」, 한국교원대 석사학위논문.
• 정호완 | 2002, 「제천 지명의 언어지리학적인 고찰」『인문예술논총』 23, 대구한의대 인문과학예술문화연구소.
• 김진식 | 2003, 「충주시 자연부락명 연구-命名 有緣性을 중심으로」『중원문화논총』 7, 충북대 중원문화연구소.
• 오재숙 | 2003, 「삼학골과 도립의 유래」『옥천향토문화』 7.
• 정수병 | 2003, 「덕지골의 유래」『옥천향토문화』 7.
• 류관렬 | 2004, 「有緣性에 따른 제천지역 땅이름 고찰」『충북향토문화』 15.

10. 지역어와 방언

• 김영진 · 맹택영 | 1981, 『한국구비문학대계 3-2 : 충청북도 청주시 · 청원군편』, 한국정신문화연구원.
• 김영진 | 1981, 『한국구비문학대계 3-3 : 충청북도 단양군편』, 한국정신문화연구원.
• 김영진 | 1984, 『한국구비문학대계 3-4 : 충청북도 영동군편』, 한국정신문화연구원.
• 조항근 | 1986, 『淸原地域語의 구조에 관한 연구』, 성균관대 박사학위논문.
• 충청도 편 | 1987, 『방언학연구논문집』, 홍문각.
• 충청북도 | 1987, 『한국방언자료집 3-5』, 한국정신문화연구원.
• 강병윤 | 1990, 『충청북도의 지명어 연구』, 인하대 박사학위논문.

- 김충회 ∥ 1990, 『충청북도의 言語地理學 : 충청북도의 방언구획론』, 단국대 박사학위논문.
- 예성동호회 ∥ 1991, 『충주의 구비문학』.
- 김충회 ∥ 1992, 『충청북도의 言語地理學』, 인하대출판부.
- 박경래 ∥ 1993, 『충청방언의 音韻에 대한 사회언어학적 연구』, 서울대 박사학위논문.
- 전철웅 ∥ 1996, 『忠北 方言의 역사적 연구 : 어형 및 음운변화를 중심으로』, 서울시립대 박사학위논문.
- 전철웅 ∥ 1998, 『忠北 方言의 역사적 연구』, 보고사.
- 도수희 ∥ 1965, 「충청도 방언의 위치에 대하여」 『국어국문학』 28, 국어국문학회.
- 語學部 ∥ 1966, 「鎭川방면을 중심으로 한 방언 연구」 『한국어문학연구』 7, 이화여대.
- 이화여대 한국어문학회 ∥ 1966, 「충북 鎭川지구 방언의 고찰」 『한국어문학연구』 7, 이화여대.
- 이혜숙 ∥ 1968, 「충북 진천지역어에 나타난 잃힌 음운 연구」 『한국어문학연구』 8, 이화여대.
- 이익섭 ∥ 1968, 「충청 · 경상도 접경의 전라북도 방언의 연구」 『국립도서관 문교부 학술보고서』 15.
- 문효근 ∥ 1969, 「영동 방언의 운율적 자질에 관한 연구」 『인문과학』 22, 연세대.
- 윤형덕 ∥ 1971, 「충남 · 북을 중심으로 한 남학생의 隱語 분석 연구」 『논문집』 4-2, 충주공업고등전문학교.
- 성낙수 ∥ 1972, 「영동군 황간지방 방언의 연구」 『연세국문학』 3.
- 박일범 ∥ 1972, 「충북 영동방언의 종결접미사 연구」 『연세국문학』 3.
- 한경자 ∥ 1974, 「충청북도 남부 방언의 고찰-방언의 세대차에 의한 차이점을 중심으로」, 서울대 교육대학원 석사학위논문.
- 박명순 ∥ 1976, 「충북 청원지역 방언연구」, 성균관대 석사학위논문.
- 최갑순 ∥ 1977, 「永同 方言의 음운론적 고찰」, 충남대 교육대학원 석사학위논문.
- 김충회 ∥ 1979, 「청주지역어에 대한 고찰」 『논문집(인문 · 사회과학)』 17, 충북대.
- 남풍현 ∥ 1979, 「단양 新羅赤城碑의 어학적인 고찰」 『논문집』 13, 단국대.
- 김충회 ∥ 1980, 「충북 단양 남부 방언연구 서설」 『논문집』 19, 충북대.
- 박명순 ∥ 1980, 「충북 진천 방언의 待遇法 연구」 『성대문학』 21, 성균관대.
- 조항근 ∥ 1980, 「충북 청원지역 방언 연구」 『어문학』 39.
- 이로영 ∥ 1981, 「達川의 어원에 대한 연구」 『예성문화』 2.
- 김진식 ∥ 1981, 「충북 제천지역어의 음운론적 연구」, 충북대 교육대학원 석사학위논문.
- 김충회 ∥ 1981, 「충북 단양 남부 방언 연구 서설」 『개신어문연구』 1, 충북대.
- 김충회 ∥ 1982, 「충북 단양 방언 연구(1)-음운론적 고찰을 중심으로」 『개신어문연

구』 2, 충북대.
• 성낙수 ∥ 1983, 「호서 동북부 방언의 음운현상-제원군 · 청풍면 · 충주시의 어휘를 중심으로」 『호서문화논총』 2, 서원대 호서문화연구소.
• 전광현 ∥ 1983, 「영동 · 무주 접촉지역어의 음운론적 고찰」 『동양학』 13, 단국대 동양학연구소.
• 조성귀 ∥ 1983, 「옥천방언 연구-음운론을 중심으로」, 충남대 석사학위논문.
• 정민영 ∥ 1983, 「충주지역어 연구-음운론적 고찰을 중심으로」, 충북대 교육대학원 석사학위논문.
• 김진봉 · 조항근 · 정인상 ∥ 1984, 「제천지역어의 언어구조에 대한 연구」 『호서문화연구』 4, 충북대 호서문화연구소.
• 박경래 ∥ 1984, 「괴산방언의 음운에 대한 세대별 연구」, 서울대 석사학위논문.
• 정인상 ∥ 1984, 「제원지역어의 음운현상」 『개신어문연구』 3, 충북대.
• 박명순 ∥ 1984, 「충북 음성지역어의 음운 연구-음운변화를 중심으로」 『논문집』 13, 청주사범대.
• 박경래 ∥ 1985, 「괴산방언과 문경방언의 자음군단순화에 대한 세대별 비교 고찰」 『방언』 8.
• 김충회 ∥ 1986, 「충북 忠州방언의 음운론적 고찰」 『개신어문연구』 4, 충북대.
• 최태영 ∥ 1986, 「괴산지역어의 움라우트 현상」 『숭실어문』 3, 숭전대학교.
• 정민영 ∥ 1986, 「충북지역어의 모음변이 양상」 『동천조건상선생 고희기념논총』, 형설출판사.
• 박경래 ∥ 1986, 「괴산방언과 문경방언 음운체계에 대한 세대별 비교고찰」 『동천조건상선생 고희기념논총』, 형설출판사.
• 정인상 ∥ 1986, 「충북 方言의 사회적 변이에 대한 고찰」 『동천조건상선생고희기념논총』, 형설출판사.
• 박명순 ∥ 1986, 「충북 음성지역어의 待遇法 연구-終止法의 표현양식을 중심으로」 『호서문화논총』 3, 서원대.
• 김덕호 ∥ 1986, 「경북 · 충북 접경지역어의 음운연구-특히 상주 · 보은을 중심으로」, 경북대 석사학위논문.
• 유영숙 ∥ 1987, 「단양 동북부 지역어의 음운론적 연구」, 충북대 교육대학원 석사학위논문.
• 장미자 ∥ 1987, 「충북 영춘지역어의 음운론적 연구」, 충북대 교육대학원 석사학위논문.
• 정근문 ∥ 1987, 「영동방언 연구-龍山 · 梅谷面을 중심으로」, 충북대 교육대학원 석사학위논문.
• 김진식 ∥ 1987, 「제천 방언의 자음변동」 『어문연구』 16, 어문연구회.
• 도수희 ∥ 1987, 「충청도 방언의 특징과 그 연구」 『국어생활』 9.
• 박명순 ∥ 1988, 「청원지역어의 음운 연구-음운변동을 중심으로」 『호서문화논총』

5, 서원대.
- 곽진섭 | 1988, 「청주지역어의 음운변화에 대한 연구」, 충북대 석사학위논문.
- 박종우 | 1988, 「충북 괴산지역어의 음운론적 연구」, 충북대 석사학위논문.
- 김정대 | 1989, 「단양 지역어연구」, 동국대 석사학위논문.
- 박경래 | 1989, 「괴산지역어의 사회언어학적 고찰-二重母音의 單母音化를 중심으로」 『국어국문학』 101.
- 이병근 · 정승철 | 1989, 「경기 · 충청지역의 方言분화」 『국어국문학』 102, 국어국문학회.
- 강병윤 | 1989, 「순천김씨 간찰의 어휘비교」 『어문논집』 6 · 7합집.
- 김진식 | 1990, 「청원지명의 음운론」 『개신어문연구』 7, 충북대.
- 이주행 | 1990, 「충청북도 방언의 相對敬語法 연구」 『평사민제선생 화갑기념논문집』.
- 조항근 · 김재윤 · 전철웅 | 1990, 「충북 북부 방언 연구」 『개신어문』 7, 충북대.
- 강병윤 | 1990, 「지명어에 잔재해 있는 古語에 대한 고찰-충북지역의 고유지명을 중심으로」 『명지어문학』 19.
- 이로영 | 1991, 「충주의 구비문학」 『예성문화』 12.
- 이재춘 | 1991, 「19세기 충북방언의 음운론적 연구-'女小學'을 중심으로」, 단국대 석사학위논문.
- 이인석 | 1991, 「충청남북도 마을 이름 연구-그 분포를 통한 충청도 방언 구획 시론」, 건국대 석사학위논문.
- 강병윤 | 1991, 「지명어의 後部要素에 관한 연구-충청북도의 고유지명을 중심으로」 『논총』 27, 공주교육대학교.
- 박명순 | 1991, 「단양지역어의 音韻 연구」 『호서문화논총』 6.
- 전철웅 | 1991, 「지명에 나타난 언어현상-충북 영동군내 지명을 중심으로」 『개신어문연구』 8, 충북대.
- 정원수 | 1992, 「충북 영동지역어의 음운론적 연구」 『용운언어』 2, 대전대.
- 이수암 | 1992, 「옥천지방 방언의 음운적 고찰」 『관성문화』 7.
- 정원수 | 1992, 「충북 영동방언의 청자대우법 어미 연구」 『언어연구』 8.
- 조항범 | 1992, 「국어 친족호칭어의 지역적 분포와 그 연계성-충청북도를 중심으로」 『개신어문연구』 9, 충북대.
- 박명순 | 1992, 「청원지역어의 待遇法 연구-終止法의 표현양식을 중심으로」 『호서문화논총』 7, 서원대.
- 박명순 | 1993, 「충북 단양지역어의 待遇法 연구-終結形의 표현양식을 중심으로」 『인문과학논문집』 2, 서원대.
- 성낙수 | 1993, 「충청남 · 북도 방언 연구 및 방언 지도작성」 『청람어문학』 9.
- 김찬중 | 1994, 「靑山지역어의 음운론적 연구」, 충북대 석사학위논문.
- 박명순 | 1994, 「영동지역어의 音韻 연구」 『호서문화논총』 8, 서원대.

• 박경래 | 1994, 「忠州方言의 움라우트 현상에 대한 사회언어학적 고찰」『개신어문연구』 10, 충북대.
• 전철웅 | 1994, 「충북 방언의 통시적 구개음화」『전농어문』 7, 전농어문연구회.
• 박찬응 | 1994, 「충북 제천지역어의 통사론적 연구-풀이씨 마침법의 등분을 중심으로」, 한국교원대 석사학위논문.
• 나용호 | 1994, 「은어의 연구-청주지역 여중생을 중심으로」, 한국교원대 석사학위논문.
• 홍신선 | 1995, 「방언 사용을 통해서 본 경기 · 충청권 정서-지용 · 만해 · 노작의 시를 중심으로」『현대시학』 321.
• 박명순 | 1995, 「鎭川 방언의 몇가지 특징」『常山文化』 창간호.
• 편집실 | 1995, 「영동 방언 연구」『향토연구』 5, 영동향토문화연구회.
• 박명순 | 1995, 「영동지역어의 待遇法 연구-종결형의 표현양식을 중심으로」『인문과학논문집』 4, 서원대.
• 김순자 | 1995, 「청원군 서부 지역어의 음운론적 연구」, 한국교원대 석사학위논문.
• 김우정 | 1995, 「보은지역 방언의 특징-상주지역 방언과의 비교를 중심으로」, 동국대 교육대학원 석사학위논문.
• 김순자 | 1995, 「청주지역어의 음운론적 연구-음운체계 및 자음 변동을 중심으로」『청람어문학』 13.
• 전철웅 | 1995, 「충북 방언의 어말자음의 非破裂化에 관한 통시적 연구」『우산이인섭교수 회갑기념논문집』.
• 정인상 | 1996, 「청주지역어의 사회적 변이에 대한 연구」『호서문화연구』 14, 충북대.
• 전철웅 | 1996, 「충북 방언의 단어 변천사」『개신어문연구』 13, 충북대.
• 서태룡 | 1996, 「16세기 淸州 簡札의 종결어미형태」『정신문화연구』 64.
• 윤명숙 | 1996, 「청주지역 중고등학생의 발음에 대한 조사 연구」, 한국교원대 석사학위논문.
• 윤명숙 | 1996, 「청주지역 중고등학생의 發音에 대한 고찰-/ㅔ/와 /ㅐ/의 사회적 변이를 중심으로」『청람어문학』 15.
• 박영환 | 1997, 「충청 지역어의 지시어」『충청문화연구』 5.
• 박준석 | 1997, 「16세기 청주 북일면 金氏墓 簡札의 先語末語尾」, 동국대 석사학위논문.
• 최명옥 | 1997, 「16세기 한국어의 尊卑法 연구-청주 북일면 순천김씨묘 출토 간찰 자료를 중심으로」『조선학보』 164.
• 김진식 | 1997, 「無心川의 어원 고찰」『개신어문연구』 14, 충북대.
• 전병철 | 1997, 「청주지역 G3의 음운변이에 대한 연구」『개신어문연구』 14, 충북대.

• 김진식 | 1997, 「까치내의 어원 고찰」『어문연구』 29.
• 박명순 | 1997, 「제천지역어의 네 言語圈에 대한 연구」『인문과학연구』 6, 서원대.
• 김은경 | 1997, 「甘谷面 지역어의 음운론적 연구」, 충북대 교육대학원 석사학위논문.
• 유영철 | 1997, 「영동지역어의 音韻 변동에 관한 연구-陽山지역어 · 上村지역어의 비교를 중심으로」, 서울대 교육대학원 석사학위논문.
• 강병윤 | 1998, 「청주지역의 근대 지역어 연구」『호서문화논총』 12, 서원대.
• 전철웅 | 1998, 「청주시 지명의 의미론적 연구」『호서문화논총』 12, 서원대.
• 유운목 | 1998, 「제천방언의 상대경어법 연구」, 세명대 교육대학원 석사학위논문.
• 박명순 | 1998, 「충북 옥천지역어의 음운 연구」『인문과학연구』 7, 서원대.
• 박경래 | 1998, 「충청북도 방언의 성격」『청암김영태박사 회갑기념논문집-방언학과 국어학』.
• 박병철 | 1998, 「청주지역 지명 속에 남아있는 고어휘에 대하여」『호서문화논총』 12, 서원대.
• 박병철 | 1998, 「청주지역 지명속에 남아있는 고어휘에 대하여-수름재 · 수리재 · 모래재 · 미루봉 · 고물개봉 · 못뒤를 중심으로」『호서문화논총』 12, 서원대.
• 서종학 | 1999, 「忠州救荒節要의 吏讀」『동양학』 29, 단국대.
• 한석수 | 1999, 「충북 어문학의 현황과 과제」『충북학』 창간호.
• 류관렬 | 2001, 「제천 지역 지명 연구-고유어로 된 후부요소를 중심으로」, 한국교원대 석사학위논문.
• 박병철 | 2001, 「청주시 道路名 연구-골목길 後部요소를 중심으로」, 『호서문화논총』 15, 서원대 호서문화연구소.
• 금은명 | 2001, 「진천 지역어의 음운론적 연구」, 충북대 교육대학원 석사학위논문.
• 김영란 | 2002, 「진천군 이월면의 지명어 연구」, 한국교원대 석사학위논문.
• 박종진 | 2002, 「괴산 지역어 연구-음운변화를 중심으로」, 한국교원대 석사학위논문.
• 정호완 | 2002, 「제천 지명의 언어지리학적인 고찰」『인문예술논총』 23, 대구한의대 인문과학예술문화연구소.
• 박경래 | 2003, 「충청북도 방언의 연구와 언어적 특징」『충북문화론』, 충북학연구소.
• 류관렬 | 2004, 「有緣性에 따른 제천지역 땅이름 고찰」『충북향토문화』 15.
• 이재일 | 2004, 「단양 지역어의 음운론적 연구」, 충북대 석사학위논문.
• 전철웅 | 2004, 「한국어의 Metathesis에 관한 일고찰-충북 방언을 중심으로」『국어교육』 115.
• 성낙수 | 2005, 「영동군 황간지방 방언의 연구」『민속학술자료총서 540, 방언 영

서 1』, 우리마당터.
- 박명순 ‖ 2005, 「영동지역어의 特遇法 연구」『민속학술자료총서 540, 방언 영서 1』, 우리마당터.
- 박명순 ‖ 2005, 「충북 옥천지역어의 음운연구」『민속학술자료총서 540, 방언 영서 1』, 우리마당터.
- 이동희 · 유승현 ‖ 2005, 「충청북도 방언의 특징-단양군 영춘면 동대리」『민속학술자료총서 540, 방언 영서 1』, 우리마당터.
- 박명순 ‖ 2005, 「충북 단양지역어의 特遇法 연구」『민속학술자료총서 540, 방언 영서 1』, 우리마당터.
- 박경래 ‖ 2005, 「단양 방언의 음운에 대한 세대별 비교 고찰」『민속학술자료총서 540, 방언 영서 1』, 우리마당터.
- 박경래 ‖ 2005, 「충북방언의 움라우트 현상에 대한 사회언어학적 고찰」『민속학술자료총서 540, 방언 영서 1』, 우리마당터.
- 박경래 ‖ 2005, 「충청북도 방언의 특징과 하위방언권」『민속학술자료총서 540, 방언 영서 1』, 우리마당터.
- 전철웅 ‖ 2005, 「충북방언의 구개음화에 관한 통시적 연구」『민속학술자료총서 540, 방언 영서 1』, 우리마당터.
- 전철웅 ‖ 2005, 「충북 방언의 단어 변천사」『민속학술자료총서 540, 방언영서 1』, 우리마당터.
- 전철웅 ‖ 2005, 「충북 방언의 어휘음운론 서설」『인문학지』 31, 충북대인문학연구소.

11. 민속과 민간신앙

- 촌산지순 ‖ 1937, 『部落祭』, 조선총독부.
- 조선총독부 ‖ 1938, 『釋奠 · 祈雨 · 安宅』.
- 윤병준 ‖ 1973, 『음성 거북놀이 조사서』.
- 김영진 ‖ 1976, 『충청도巫歌』, 형설출판사.
- 문화공보부 문화재관리국 ‖ 1976, 『한국민속종합조사보고서 7 : 충청북도편』, 형설출판사.
- 충북대박물관 ‖ 1984, 『충주댐수몰지구 문화유적 발굴조사종합보고서(민속 · 건축분야)』.
- 김현길 ‖ 1984, 『중원의 역사와 문화유적』, 청지사.
- 김영진 ‖ 1985, 『한국자연신앙연구』, 청주대 인문과학연구소.
- 옥천문화원 · 관성동호회 ‖ 1986, 『沃川民俗誌』, 옥천인쇄사.
- 충청북도 ‖ 1987, 『民俗誌』.
- 제천문화원 ‖ 1987, 『義林文化 2 : 민속편』.

- 청주문화원 ǀ 1989, 『내고장 민속』.
- 김영진 ǀ 1989, 『제천군 민속조사 보고서』, 제천군.
- 김영진 ǀ 1991, 『단양군 민속조사 보고서』, 단양문화원.
- 충북교육연수원 ǀ 1991, 『우리 고장의 전통과 風俗』.
- 단양문화원 ǀ 1992, 『단양군 민속조사보고서』.
- 김영진 ǀ 1992, 『청원군 민속조사 보고서』, 청원문화원.
- 영동문화원 · 영동향토문화연구회 ǀ 1994, 『鄕土誌(民俗編)』.
- 국립민속박물관 ǀ 1994, 『충북지방 장승 · 솟대신앙』.
- 한종구 ǀ 1996, 『음성군의 민속문화』, 충주산업대 박물관 · 음성군.
- 서원대 호서문화연구소 · 진천군 ǀ 1997, 『鎭川의 民俗』.
- 보은문화원 ǀ 1997, 『보은군 토속신앙의 흔적을 찾아서』.
- 한국향토사연구전국협의회 ǀ 1997, 『향토사와 민속문화』, 수서원.
- 문화재관리국 ǀ 1998, 『은산별신제 종합실측조사 보고서』.
- 김영진 · 임동철 · 이창식 ǀ 1998, 『보은 속리산의 민속문화』, 보은문화원.
- 김근수 편 ǀ 1998, 『槐山의 마을共同體信仰』, 괴산문화원.
- 김영진 · 임동철 · 이창식 ǀ 1999, 『속리산의 민속과 축제』, 민속원.
- 이복규 ǀ 1999, 『묵재일기에 나타난 조선전기의 민속』, 민속원.
- 김영진 · 박상일 ǀ 2000, 『청원군의 洞祭』, 청원문화원.
- 국립민속박물관 ǀ 2000, 『한국의 마을제당 제4권 충청북도편』.
- 충북학연구소 ǀ 2001, 『충북의 민속문화』.
- 이창식 ǀ 2001, 『제천시 오티별신제』, 제천문화원.
- 이창식 ǀ 2001, 『마을축제 오티별신제』, 집문당.
- 이창식 ǀ 2001, 『한국의 보부상』, 밀알.
- 충주문화원 ǀ 2001, 『충주의 향토사(마을신앙편)』.
- 국립문화재연구소 ǀ 2001, 『충청북도 세시풍속』.
- 차용걸 · 박상일 · 안상경, 2001, 『우암산 그 역사의 숨결』, 청주문화원.
- 이창식 ǀ 2001, 『충북의 민속문화』, 충북학연구소.
- 이창식 ǀ 2002, 『단양팔경 가는 길』, 푸른사상.
- 이창식 · 안상경 ǀ 2002, 『충북의 巫歌 · 巫經』, 충북학연구소.
- 이창식 · 안상경 ǀ 2002, 『단양지역의 죽령국행제』, 단양문화원.
- 제천문화원 ǀ 2002, 『명도리의 생활과 민속』.
- 안동대 민속학연구소 ǀ 2002, 『마을 민속조사 어떻게 할 것인가』, 민속원.
- 이창식 ǀ 2003, 『충북의 민속문화』, 푸른세상.
- 이창식 · 안상경 ǀ 2003, 『죽령국행제 조사연구』, 도서출판 박이정.
- 이창식 · 최명환 ǀ 2004, 『남한강 민속을 찾아서 : 지역문화읽기시리즈 3』, 도서출판 대선.
- 충주문화원 ǀ 2004, 『충주의 향토사 : 목계별신제 편』.

- 이강택 ∥ 1965, 「내고장 풍물탐방-충북편」『農園』 2-8.
- 김영진 ∥ 1972, 「충청북도 민속연구-부락수호신제를 중심으로」『논문집』 7, 청주대.
- 정화영 ∥ 1974, 「내고장의 민속놀이, 중원농요, 충북편」『문화재』 35-11.
- 김영진 ∥ 1973, 「민속지리학에 대하여-민속학의 한 방법론 서설로」『한국 민속학』 6.
- 김영진 ∥ 1976, 「충청북도 신흥종교」『청주대논문집』 9.
- 최승순 ∥ 1976, 「洞祭 祝文의 形式考」『한국민속학』 9, 한국민속학회.
- 임동권 · 민제 ∥ 1977, 「대청댐 수몰지구의 민속조사」『한국민속학』 10, 한국민속학회.
- 민제 · 임동권 ∥ 1978, 「대청댐 수몰지구의 민속조사연구」『인문학연구』 6, 중앙대.
- 박대순 ∥ 1978, 「충북 괴산 · 청원지방의 혼인풍속」『월간가구』 30.
- 임동권 · 민제 ∥ 1979, 「대청댐 수몰지구의 민속조사(전승)」『한국민속학』 11, 한국민속학회.
- 이종철 ∥ 1980, 「음성 良俗마울의 喪禮」『한국민속학』 12.
- 김풍식 ∥ 1981, 「牧溪別神祭 소고」『예성문화』 3.
- 김풍식 ∥ 1982, 「중원의 石長生」『예성문화』 4.
- 김현길 ∥ 1982, 「石戰에 관한 연구」『예성문화』 4.
- 한규량 ∥ 1982, 「한국 선돌문화분석 연구-충청도지역 선돌 중심으로」, 청주대 사학과 석사학위논문.
- 박계홍 ∥ 1982, 「충청도의 민속」『牧園』 4, 목원대학교.
- 임동권 ∥ 1983, 「대청댐 수몰지구의 민속조사」『한국민속문화론』, 집문당.
- 임동권 ∥ 1983, 「충주댐 수몰지구의 민속조사」『한국민속문화론』, 집문당.
- 김영진 ∥ 1983, 「충청북도 무속연구」『청주대 논문집』 10, 청주대학교.
- 김영진 ∥ 1983, 「판수고」『민속어문논총』, 계명대학 출판부.
- 최래옥 ∥ 1983, 「충청의 민속학적 특성」『青林』 25, 한남대학교.
- 이철재 ∥ 1986, 「변하여 가는 풍속-伐草」『예성문화』 8.
- 김정자 ∥ 1987, 「충북 옥천군의 마을공동체신앙 연구」『청림』 29, 한남대학교.
- 장기덕 ∥ 1988, 「충주지방의 재래식 婚禮」『예성문화』 9.
- 김영진 ∥ 1988, 「속리산 大自在天王祭考」『인문과학논집』 7, 청주대학교.
- 이필영 ∥ 1988, 「마을공동체와 솟대신앙」『손보기박사정년기념 고고인류학논총』.
- 이철재 ∥ 1989, 「잊혀져가는 풍속」『예성문화』 10.
- 김현길 ∥ 1989, 「중원지방의 민속자료」『예성문화』 10.
- 이로영 ∥ 1989, 「민속자료 조사기」『예성문화』 10.
- 이정미 ∥ 1989, 「충북 청원지방의 동제에 관한 고찰」, 성균관대학교 교육대학원 석사학위논문.
- 최병찬 ∥ 1990, 「水口祭」『내제문화』 2.

- 김동율 | 1990, 「속리산 三聖祭」『삼년산휘보』 1.
- 김두하 | 1990, 「충청북도」『벅수와 장승』, 집문당.
- 장일대 | 1990, 「鎭山祭의 유래와 國師祭 현장을 찾아」『괴향문화』 1.
- 민병제 | 1990, 「민속놀이 骨牌에 대하여」『충북향토문화』 2.
- 이정미 | 1990, 「충북 청원지방의 洞祭에 관한 고찰」, 성균관대 교육대학원 석사학위논문.
- 류창열 | 1990, 「충청 웃다리농악의 장단 및 대형 변화에 따른 움직임 고찰」, 충남대 석사학위논문.
- 이로영 | 1991, 「荷谷 마을의 민속」『예성문화』 12.
- 임동권 | 1991, 「택견」『예성문화』 12.
- 이종욱 | 1991, 「상산의 전래민속놀이(1)」『생거진천』 1.
- 전재원 | 1991, 「진천의 세시풍속(1)」『생거진천』 1.
- 차용걸 | 1992, 「충북지방의 민속자료 조사 · 수집 연구」『호서문화연구』 10, 충북대 호서문화연구소.
- 김동주 | 1992, 「무속신앙」『충북향토문화』 3.
- 오인영 | 1992, 「喪葬과 분묘고」『충북향토문화』 3.
- 민병제 | 1992, 「윷놀이의 조사연구」『충북향토문화』 3.
- 장기덕 | 1992, 「禮鬼堂의 의미」『예성문화』 13.
- 이종욱 | 1992, 「상산의 전래민속놀이(2)」『생거진천』 2.
- 전재원 | 1992, 「진천의 세시풍속(2)」『생거진천』 2.
- 村山智順 | 1992, 「충청북도」『조선의 향토오락』, 집문당.
- 강신욱 | 1993, 「괴산군 靑川지역의 장승에 관한 소고」『충북향토문화』 4.
- 송민선 | 1993, 「산간지역 洞祭祝文 분석-경기 · 강원 · 충북 · 충남지역을 중심으로」『문화재』 26, 국립문화재연구소.
- 이종욱 | 1993, 「상산의 전래민속놀이(3)」『생거진천』 3.
- 전재원 | 1993, 「진천의 세시풍속(3)」『생거진천』 3.
- 김영진 | 1994, 「민속자료의 수집과 전시방법」『충북향토문화』 5.
- 김기헌 | 1994, 「금줄(禁繩)의 민속신앙 소고」『충북향토문화』 5.
- 이종욱 | 1994, 「상산의 전래민속놀이(4)」『생거진천』 4.
- 전재원 | 1994, 「진천의 세시풍속(4)」『생거진천』 4.
- 박미자 | 1994, 「의례음식에 대한 상차림 현황과 의식조사 연구-충청도 지역을 중심으로」『자원과학연구논문집』 2, 공주대.
- 송민선 | 1994, 「산간지역 洞祭祝文 분석-경기 · 강원 · 충북 · 충남지역을 중심으로」『문화재』 27.
- 양영식 | 1994, 「민속문화경관의 분포에 관한 연구-옥천군의 동족부락을 중심으로」, 한국교원대 석사학위논문.
- 편집실 | 1995, 「밤실 장승 · 솟대신앙 소고」『향토연구』 5, 영동향토문화연구회.

- 이종욱 ǀ 1995, 「상산의 전래민속놀이(5)」『생거진천』 5.
- 전재원 ǀ 1995, 「진천의 세시풍속(5)」『생거진천』 5.
- 진천군 ǀ 1995, 「진천 소두머니 용신놀이」『생거진천』 5.
- 김용환 ǀ 1996, 「청주시의 민족종교 및 무속신앙의 현황 고찰」『호서문화연구』 14.
- 황인구 ǀ 1996, 「내고장 민간신앙의 변천」『괴향문화』 4.
- 이로영 ǀ 1996, 「利柳面의 민속(전설) 조사」『예성문화』 16 · 17합집.
- 임동권 ǀ 1996, 「대청댐 수몰지구의 민속조사」『년보』 5, 충북대박물관.
- 이종욱 ǀ 1996, 「상산의 전래민속놀이(6)」『생거진천』 6.
- 전재원 ǀ 1996, 「우리고장의 민간신앙(1)」『생거진천』 6.
- 이주호 ǀ 1996, 「민간신앙의 수용성에 관한 연구-충북 괴산지역의 고등학생을 중심으로」, 한국교원대 국민윤리교육 석사학위논문.
- 임상설 ǀ 1997, 「진천 소두머니 龍神놀이」『상산문화』 3.
- 공재유 ǀ 1997, 「우리지방에 전래되는 婚禮」『상산문화』 3.
- 임상설 ǀ 1997, 「진천 소두머니 龍神놀이」『상산문화』 3.
- 공재유 ǀ 1997, 「우리지방에 전래되는 婚禮」『상산문화』 3.
- 김근수 ǀ 1997, 「괴산의 솟대신앙」『괴향문화』 5.
- 박재흠 ǀ 1997, 「옥천지방 집터다지기」『옥천향토문화』 2.
- 전재원 ǀ 1997, 「우리고장의 민간신앙(2)」『생거진천』 7.
- 이창식 ǀ 1997, 「충청북도의 세시풍속」『한국의 세시풍속』, 국립민속박물관.
- 어경선 ǀ 1998, 「충주 上毛面의 洞祭」『예성문화』 18.
- 이정재 ǀ 1998, 「충북지역 洞祭의 형태와 분포양상 연구」『예성문화』 18.
- 김기헌 ǀ 1998, 「영동지방의 무속고」『충북향토문화』 9.
- 김영진 ǀ 1998, 「보은 속리산 산신제」『보은 속리산의 민속문화』, 보은문화원.
- 이창식 ǀ 1998, 「보은 속리산 법주사 탑돌이」『보은 속리산의 민속문화』, 보은문화원.
- 임동철 ǀ 1998, 「보은 흰돌물다리기」『보은 속리산의 민속문화』, 보은문화원.
- 김상태 ǀ 1998, 「음성 용계리 '산신각' 조사보고」『청주대 박물관보』 11.
- 이창식 · 안상경 ǀ 1998, 「제천지역의 오티 별신제」『내제문화』 10.
- 이송훈 ǀ 1998, 「제천지방을 중심으로 한 세시풍속 소고」『내제문화』 10.
- 김각규 ǀ 1998, 「남한강 아라리(3)」『내제문화』 10.
- 전재원 ǀ 1998, 「우리고장의 민간신앙(3)」『생거진천』 8.
- 윤관로 ǀ 1998, 「불정면의 산신제」『괴향문화』 6.
- 이창식 ǀ 1998, 「보은지역의 향토자료」『보은 속리산의 민속문화』.
- 김기헌 ǀ 1998, 「영동지방의 무속고」『향토연구』 8, 영동향토사연구회.
- 이창식 ǀ 1999, 「제천지역의 오티(五峙) 별신제에 대하여」『충북향토문화』 10.
- 이필영 외 ǀ 1999, 「민속조사-충북 보은군 지역」『청주-상주간 고속도로 건설예

정지역 문화유적 지표조사 보고서』.
• 이필영 외 Ⅰ 1999, 「민속지표조사」『오창-진천간 도로확장 및 포장공사지역 문화유적 지표조사 보고서』.
• 여운택 Ⅰ 1999, 「영동지방 세시풍속」『향토연구』 9, 영동향토사연구회.
• 이창식 Ⅰ 1999, 「제천지역의 마을신앙과 민속제의」『내제문화』 11.
• 전재원 Ⅰ 1999, 「우리고장의 민간산앙(4)」『생거진천』 9.
• 이창식 Ⅰ 1999, 「남한강 유역의 전승문화 연구」『서울문화연구』 2, 서울문화사학회.
• 박재흠 Ⅰ 1999, 「옥천의 민간 신앙」『옥천향토문화』 4.
• 임동철 Ⅰ 1999, 「충북 민속학의 성과」『충북학』 창간호, 충북학연구소.
• 신용식 Ⅰ 1999, 「전통혼례 소개」『증평문화』 3.
• 정진명 Ⅰ 2000, 「충북지역의 활쏘기 풍속」『이야기 활 풍속사』.
• 이창식 Ⅰ 2000, 「남한강 유역의 민속과 신앙」『한강 유역사 연구』, 전국향토사협의회.
• 이창식 Ⅰ 2000, 「충북지역의 민속 특성과 문화권 모색」『충북학』 2.
• 이필영 Ⅰ 2000, 「민속과 신앙-마을신앙 연구성과를 중심으로」『한국사론』 29, 국사편찬위원회.
• 이필영 · 김효경 Ⅰ 2000, 「보은 마로-임한 민속지표조사」『고고와 민속』 3, 한남대학교 박물관.
• 전재원 Ⅰ 2000, 「우리고장의 민간신앙」『생거진천』 10.
• 최복현 Ⅰ 2000, 「청마리 탑신제」『옥천향토문화』 5.
• 김상태 Ⅰ 2000, 「청원 금호리 동제」『청원문화』 9, 청원문화원.
• 이필영 Ⅰ 2000, 「문화재 지표조사와 민속조사」『역사민속학』 10.
• 안상경 Ⅰ 2001, 「충북지역 '앉은굿' 무가 연구」『충북학』 3.
• 김찬기 Ⅰ 2001, 「진천의 민속」『상산문화』 7.
• 이창식 Ⅰ 2001, 「중원문화의 정체성과 충주민속」『중원문화』 14, 충주문화원.
• 이창식 Ⅰ 2001, 「남한강 유역 민속문화의 정체성과 전망」『충주댐 수몰마을사 출판기념 남한강 학술회의-우리의 젖줄 남한강』, 내제문화연구회.
• 이창식 Ⅰ 2001, 「충북문화의 정체성과 중원문화권의 충주민속」『중원문화논총』 5, 충북대 중원문화연구소.
• 오문선 Ⅰ 2001, 「도안이 간직한 역사와 문화-도안 사람들의 삶과 믿음」『도안면지』, 충북학연구소.
• 안상경 Ⅰ 2001, 「청원 소전리 동제」『청원문화』 10.
• 이창식 Ⅰ 2002, 「남한강 유역 민속문화의 정체성과 전망」『충북향토문화』 13.
• 이창식 Ⅰ 2002, 「남한강 지역 別神祭의 분포와 의미」『지역문화연구』 1, 세명대 지역문화연구소.
• 안상경 Ⅰ 2002, 「제천지역의 병굿 연구-염의춘 법사의 연행을 중심으로」『지역문

화연구』 1, 세명대 지역문화연구소.
• 안상경 | 2002, 「충청도굿」 『한국의 굿』, 민속원.
• 강성복 | 2002, 「청원 옥화리 山祀契의 성격과 탑제」 『민속학연구』 11, 국립민속박물관.
• 안상경 | 2003, 「충북 북부지역 무속의례의 전승과 변이-위령의례와 구병의례를 중심으로」 『중원문화논총』 7, 충북대 중원문화연구소.
• 이창식 | 2003, 「충북의 민속과 풍습」 『충북문화론』, 충북학연구소.
• 윤관노 | 2003, 「목도 백중놀이」 『괴향문화』 11.
• 안상경 | 2003, 「제천지역 무속의례의 전승과 변이-위령의례와 구병의례를 중심으로」 『제천학과 청풍명월』, 제천문화원.
• 송병찬 | 2003, 「慕賢臺 민속고」 『향토연구』 13, 영동향토사연구회.
• 박우상 | 2004, 「영동의 장승고」 『향토연구』 14, 영동향토사연구회.
• 배정렬 | 2004, 「聖主谷 산신제」 『향토연구』 14, 영동향토사연구회.
• 정지승 | 2004, 「옥천의 충렬공 추모제와 영규대사 추모제 소고」 『옥천향토문화』 8.
• 정기범 | 2004, 「음성의 마을공동체신앙 조사연구」 『음성향토사학』, 음성문화원.
• 정기범 | 2004, 「음성거북놀이」 『음성향토사학』, 음성문화원.
• 정기범 | 2004, 「음성 감곡 사곡 가재줄다리기」 『음성향토사학』, 음성문화원.
• 안상경 | 2004, 「우암산 민속문화의 전승과 활용 방안-민속문학과 민속신앙을 중심으로」 『중원문화논총』 8.
• 김영규 | 2004, 「음성 甘谷 沙谷里 가재줄다리기」 『충북향토문화』 16.
• 안상경 | 2004, 「수동 2지구와 대성동지구의 민속문화 전승과 의미」 『청주대박물관보』 17.
• 김상돈 | 2005, 「충북 옥천지역의 민간요법 전승실태와 그 성격」 『민속학술총서 534, 한방 8』, 우리마당터.
• 오문선 | 2005, 「충북지역 마을신앙 고찰」 『충북사학』 14.

12. 설화와 전설

• 윤병준 | 1974, 『음성 논매기 노래에 관한 연구』, 음성군향토문화연구소.
• 정화영 | 1974, 『中原農謠』, 문화재관리국.
• 윤병준 | 1978, 『음성의 奇譚』, 구상사.
• 김영진 · 맹택영 | 1981, 『한국구비문학대계 3-2 : 충청북도 청주시 · 청원군편』, 한국정신문화연구원.
• 김영진 | 1981,『한국구비문학대계 3-3 : 충청북도 단양군편』, 한국정신문화연구원.
• 충청북도 | 1982, 『傳說誌』.

- 충청북도 ∥ 1983, 『민담 · 민요지』.
- 김영진 ∥ 1984, 『한국구비문학대계 3-4 : 충청북도 영동군편』, 한국정신문화연구원.
- 이수봉 ∥ 1986, 『백제문화권역의 孝烈설화 연구 : 호서지방을 중심으로』, 백제문화개발연구원.
- 음성문화원 ∥ 1986, 『향토지 2 : 전설편』.
- 음성문화원 ∥ 1986, 『우리고장의 전설』.
- 이수봉 ∥ 1986, 『백제문화권역의 喪禮풍속과 풍수설화연구』, 백제문화개발연구원.
- 한종구 ∥ 1990, 『靑龍寺에 얽힌 전설』, 충주공업전문대박물관 · 중원군.
- 예성동호회 ∥ 1991, 『충주의 口碑文學』.
- 촌산지순 · 박전열 역 ∥ 1992, 『조선의 향토오락』, 집문당.
- 내제문화연구회 ∥ 1993, 『小白의 가락』.
- 임석재 ∥ 1993, 『한국구전설화 : 충청북도편』, 평민사.
- 청원문화원 ∥ 1994, 『奇譚珍寶(고사 · 격언)집』.
- 문화방송 ∥ 1995, 『한국민요대전 : 충청북도민요해설집』.
- 한국국악협회 제천시지부 ∥ 1996, 『전설지 : 제천 · 단양 · 충주 · 보은 · 괴산을 중심으로』.
- 청원문화원 ∥ 1996, 『續 奇譚珍寶』.
- 김동욱 역 ∥ 1996, 『국역 동패락송』, 아세아문화사.
- 보은문화원 ∥ 1997, 『보은군 토속신앙의 흔적을 찾아서』.
- 한종구 ∥ 1998, 『수정산성 주변의 민속 · 전설』, 충주산업대박물관 · 음성군.
- 충주문화원 ∥ 1998, 『충주의 향토사(민담 · 민요편)』.
- 한종구 ∥ 1998, 『충북지역 장군 전설 연구』, 충북대 박사학위논문.
- 김영진 · 김상태, 1999, 『괴산군 설화집』, 괴산문화원.
- 이창식 ∥ 1999, 『온달과 단양』, 단양문화원.
- 임동철 · 연해진 · 안상경 ∥ 2001, 『청원군 전설지』.
- 김예식 · 이노영 · 박찬승 편저 ∥ 2002, 『충주의 구비문학(상 · 하)』, 충주시.
- 김영진 외 ∥ 2002, 『한국 구비문학대계3-2 : 충청북도 청주시 · 청원군편』, 조은문화사.
- 진천상산고적회 ∥ 2004, 『鎭川의 口碑文學』, 수서원.
- 충청북도 관광과 ∥ 2004, 『짧은 만남 긴 여운 : 전설따라 800리』.
- 박종익 ∥ 2005, 『한국 구전 설화집 15 : 충북편』, 민속원.
- 김병욱 ∥ 1979, 「대청댐 수몰지역의 설화연구」 『백제연구』 10.
- 김홍철 ∥ 1981, 「속리산 事實碑와 수정봉 龜石설화연구」 『청대한림』 1, 청주대.
- 장덕순 ∥ 1982, 「지방문화권과 구비전승-청주지방의 축성설화를 중심으로」 『인문논총』 8, 서울대 인문과학연구소.

- 임재해 ❙ 1982,「온달설화의 유형적 성격과 부녀의 갈등」『여성문제연구』 11.
- 한종구 ❙ 1984,「충주 중원지방의 설화 연구」『논문집』 17-2, 충주공업전문대.
- 한종구 ❙ 1984,「충주산성과 전설」『충주산성 종합지표조사 보고서』, 충주공업전문대 박물관.
- 임동철 ❙ 1984,「충북 북부지역의 설화고(1)-온달설화의 분포와 전승을 중심으로」『논문집』 27(인문사회과학편), 충북대.
- 한종구 ❙ 1985,「계립령 주변의 전설」『예성문화』 7.
- 한종구 ❙ 1985,「단양지방의 전설 연구」『논문집』 18-2, 충주공업전문대학.
- 한종구 ❙ 1986,「제천 · 제원지방의 전설 고찰」『논문집』 19-2, 충주공업전문대학.
- 이경우 ❙ 1986,「충북 음성지역의 설화」『호서문화논총』 3, 서원대.
- 배석호 ❙ 1987,「유장한 가락에 실린 '흥타령'-충청도 지방의 민요」『음악교육』 15.
- 이수봉 ❙ 1987,「호서지방 효열설화 연구」『장태진박사회갑기념논총』.
- 한종구 ❙ 1988,「충주지방 전설 고찰」『논문집』 21, 충주공업전문대학.
- 조동민 ❙ 1988,「중원권 민요의 현황과 과제」『중원지역발전연구』 1.
- 한종구 ❙ 1988,「충주지방 전설의 고찰」『예성문화』 9.
- 노창선 ❙ 1988,「청주지역 전설의 형태분류 시론」『논문집』 14, 청주전문대학.
- 이수봉 ❙ 1987,「호서지방 孝烈說話 연구」『홍익어문』 7, 홍익대.
- 장석건 ❙ 1990,「旺바위를 중심으로 한 旺巖洞에 유래되는 전설」『내제문화』 2.
- 김용학 ❙ 1990,「쌀람바위에 얽힌 전설」『삼년산휘보』 1.
- 김영진 ❙ 1990,「충청도 지역의 구비문학 현지조사과정과 반성」『구비문학」 9.
- 한종구 ❙ 1991,「충주댐 수몰지역 전설 고찰」『예성문화』 12.
- 유재만 ❙ 1991,「골짜기에 서린 전설(1)」『생거진천』 1.
- 이로영 ❙ 1991,「충주의 구비문학」『예성문화』 12.
- 한종구 ❙ 1991,「충주댐 수몰지역 전설 고찰」『논문집』 25, 충주산업대.
- 신성수 ❙ 1991,「박달재의 사적과 전설」『내제문화』 3.
- 박하일 ❙ 1992,「신화 · 전설에 나타나는 動物考」『충북향토문화』 3.
- 유재만 ❙ 1992,「골짜기에 서린 전설(2)」『생거진천』 2.
- 유재만 ❙ 1993,「골짜기에 서린 전설(3)」『생거진천』 3.
- 이종훈 ❙ 1993,「酉年의 세시풍속과 설화」『내제문화』 5.
- 최일성 ❙ 1993,「자린고비」『예성문화』 14.
- 지명근 ❙ 1994,「암석전설의 연구-중원 · 제천 · 단양지역을 중심으로」, 경희대 교육대학원 석사학위논문.
- 이경우 ❙ 1994,「충북 청주 · 청원지역의 築城說話 고찰」『호서문화논총』 8.
- 김영진 ❙ 1994,「忠州 孝子 朴末山 小考」『충북향토문화』 5.
- 유재만 ❙ 1994,「골짜기에 서린 전설(4)」『생거진천』 4.

- 권순긍 | 1994, 「제천지역의 구비전승과 그 역사적 의미」『인문사회과학연구』 1, 세명대.
- 임동철 | 1995, 「진천의 전설」『常山文化』 창간호.
- 윤수경 | 1995, 「민담 · 전설 수집 사례」『단양문화』 2.
- 김영진 | 1995, 「청주 압각수시비 소고」『청주문화』 10.
- 김동대 | 1995, 「용산면 왜재(倭峙)의 이야기」『충북향토문화』 6.
- 유재만 | 1995, 「골짜기에 서린 전설(5)」『생거진천』 5.
- 윤용길 | 1996, 「白洞 마을의 지명과 전설」『괴향문화』 4.
- 박온섭 | 1996, 「선유동의 전설」『괴향문화』 4.
- 유운목 | 1996, 「바위 전설에 나타난 바위의 상징적 의미」『내제문화』 8.
- 이로영 | 1996, 「利柳面의 민속(전설) 조사」『예성문화』 16 · 17.
- 김동대 | 1996, 「영동의 落花臺(기생바위)가 헐린다」『충북향토문화』 7.
- 유재만 | 1996, 「골짜기에 서린 전설(6)」『생거진천』 6.
- 윤수경 | 1996, 「민담 · 전설 수집사례」『단양문화』 2.
- 윤용길 | 1996, 「白洞마을의 지명과 전설」『괴향문화』 4.
- 한종구 | 1996, 「음성군의 전설 고찰」『논문집』 31-1, 충주산업대.
- 김영진 | 1996, 「청주 鴨脚樹 전설고」『인문과학논집』 16, 청주대.
- 이영옥 | 1997, 「林衍 오누이힘내기 설화 현지 연구-籠橋說話를 중심으로」『한국문학연구』 4, 경기대.
- 윤수경 | 1997, 「단양 · 영춘지역의 지명유래와 전설에 관한 연구」『온달산성의 문화와 역사』, 단양문화원.
- 이창식 | 1997, 「온달전승의 의미와 성격」『온달산성의 문화와 역사』, 단양문화원.
- 유재만 | 1997, 「골짜기에 서린 전설(7)」『생거진천』 7.
- 한석수 | 1997, 「전설」『청주시지』 상, 청주시.
- 정은면 | 1997, 「청원 농악 진풀이에 관한 연구」, 중앙대 교육대학원 석사학위논문.
- 한종구 | 1997, 「남이장군 전설 고찰」『논문집』 32, 충주공업전문대학.
- 김영진 | 1997, 「보은처사 成運攷」『김현길교수정년기념 향토사학논총』.
- 이창식 | 1998, 「온달전승의 구비성과 기록성」『고전문학연구』 14, 한국고전문학회.
- 유재만 | 1998, 「골짜기에 서린 전설(8)」『생거진천』 8.
- 이창신 | 1998, 「충북 마수리농요의 농요연구」『淸藝論叢』 15.
- 한석수 | 1999, 「청주 · 청원의 지명유래 전설고」『중원문화논총』 2 · 3합집.
- 김근수 | 1999, 「갈은동 구곡의 지명과 주변 문화재와 전설」『괴향문화』 7.
- 강신욱 | 1999, 「보강천의 유래」『증평문화』 3.
- 김학영 | 1999, 「제천 新月洞 이야기」『충북향토문화』 10.

• 조성완 ㅣ 2000, 「백마산의 전설」『증평문화』 4.
• 연문성 ㅣ 2001, 「충주 · 중원지역 설화에 나타난 민간신앙 연구」, 건국대 교육대학원 석사학위논문.
• 안상경 ㅣ 2002, 「남석교 전설의 유형과 의미」『청주문화』 17, 청주문화원.
• 연해진 ㅣ 2003, 「물네별곡 연구」『어문논총』 18, 동서어문학회.
• 임동철 ㅣ 2003, 「충주지역 전설의 지역적 특성」『중원문화논총』 7, 충북대 중원문화연구소.
• 신용식 ㅣ 2003, 「월은정사와 홰바지고개의 전설」『증평문화』 6.
• 최명환 ㅣ 2003, 「제천지역 기자담의 유형과 특징」『제천학과 청풍명월』, 제천문화원.
• 이동근 ㅣ 2003, 「제천지역 전설의 분류와 특징」『지역문화연구』 2, 세명대 지역문화연구소.
• 김기헌 ㅣ 2003, 「영동설화(1)」『향토연구』 13, 영동향토사연구회.
• 송문영 ㅣ 2004, 「三孝傳」『향토연구』 14, 영동향토사연구회.
• 김동대 ㅣ 2004, 「소라(召羅)실의 恨」『향토연구』 14, 영동향토사연구회.
• 김기헌 ㅣ 2004, 「영동설화(2)」『향토연구』 14, 영동향토사연구회.
• 이수봉 ㅣ 2004, 「忠婢 三月說話의 재조명」 『충북향토문화』 15.
• 김예식 ㅣ 2004, 「충주시 구비문학 조사와 활용방안 모색」『충북향토문화』 15.
• 최근영 ㅣ 2004, 「경순왕과 마의태자의 관련 전설」『충북향토문화』 15.
• 김정진 ㅣ 2004, 「단양설화의 물의 상징성 연구」『지역문화연구』 3, 세명대 지역문화연구소.
• 류해춘 ㅣ 2004, 「19세기 〈기수가〉에 나타난 담론의 양상과 기능」『한민족어문학』 44, 한민족어문학회.
• 박연호 ㅣ 2005, 「〈기수가〉 담론의 사회 · 문화적 의미」『중원문화논총』 9.

13. 민요

• 윤병준 ㅣ 1974, 『음성 논매기 노래에 관한 연구』, 음성군향토문화연구소.
• 이인석 ㅣ 1975, 『大監宅 怪變 : ᄒ서암행어사 尹根壽』, 文光堂.
• 한국정신문화연구원 ㅣ 1980~84, 『한국구비문학대계 3 : 충청북도』.
• 박진 ㅣ 1981, 『단양 童謠 및 영동 雪溪里 農謠』, 예총 충북지부.
• 충청북도 ㅣ 1983, 『民談 · 民謠誌』.
• 박진 ㅣ 1983, 『忠北鄕土民謠集』, 삼일정판사.
• 박진 ㅣ 1984, 『충북의 農謠와 그 음악적 분석 연구』, 단국대 박사학위논문.
• 이소라 ㅣ 1985, 『한국의 농요(충북 중원군 마제농요)』, 현암사.
• 서복균 ㅣ 1987, 『우리 민요 : 영남 · 호남 · 호서편』, 僑文社.
• 신경림 ㅣ 1989, 『민요기행』, 한길사.

- 문화방송 ǀ 1991, 『한국민요대전 : 충청북도편(녹음자료1-6)』.
- 이소라 ǀ 1992, 『한국의 농요 5 : 강원도 고성 · 안산시 · 양산군 · 울릉군 · 보성군 · 순창군 · 청원군 · 진천군』, 민속원.
- 김각규 ǀ 1993, 『小白의 가락』, 내제문화연구회.
- 충청북도청주문화원, 1994, 『忠北民謠集』, 전광인쇄.
- 문화방송 편 ǀ 1994, 『충청북도 민요해설집(한국민요대전6)』.
- 임동철 · 서영숙 ǀ 1997, 『충북의 노동요』, 민속원.
- 이창식 ǀ 1997, 『한국구연민요(충북편)』, 한국구연민요연구회.
- 연해진 ǀ 1997, 『충북 민요에 나타난 의식 연구』, 충북대 박사학위논문.
- 단양문화원 ǀ 2001, 『단양의 노래가락과 물박장단들』.
- 진천문화원 · 세명대지역문화연구소 ǀ 2003, 『생거진천 용몽리농요 조사보고서』.
- 진천상산고적회 ǀ 2004, 『鎭川의 口碑文學』, 수서원.
- 임동철 · 이창식 편 ǀ 2004, 『중국조선족의 문화와 청주아리랑』, 집문당.
- 박재용 ǀ 1974, 「충북의 구비문학」『충청』 55.
- 박재용 ǀ 1975, 「충북의 구비문학」『충청』 59.
- 박진 ǀ 1976, 「충북지방의 민요에 관한 연구-단양지방의 童謠와 영동 雪溪里 農謠를 중심으로」『논문집』 12, 청주교대.
- 박진 ǀ 1977, 「충북지방의 민요에 관한 연구-중원지방의 농요를 중심으로」『논문집』 13, 청주교대.
- 박진 · 신경순 ǀ 1977, 「충북 청원군일원의 農謠에 관한 연구」『논문집』 14, 청주교대.
- 박진 ǀ 1978, 「충북 청원군 일원의 농요에 관한 연구」『논문집』 14, 청주교대.
- 박진 ǀ 1980, 「충북지방의 민요에 관한 연구-女性謠인 잉어謠를 중심으로」『논문집』 16, 청주교대.
- 이상덕 · 박진 ǀ 1981, 「충북지방의 女性謠에 관한 연구-제천 · 영동지역을 중심으로」『논문집』 17, 청주교대.
- 이로영 ǀ 1981, 「충주 · 중원지방의 동요」『예성문화』 3.
- 이로영 ǀ 1985, 「한글 義兵歌」『예성문화』 7.
- 이로영 ǀ 1986, 「중원의 香頭歌와 成造歌」『예성문화』 8.
- 배석호 ǀ 1987, 「유장한 가락에 실린 '홍타령'-충청도지방의 민요」『음악교육』 15.
- 이중식 ǀ 1987, 「農謠의 연구」, 청주대 석사학위논문.
- 이승희 ǀ 1987, 「충북지방의 민요 연구-미의식과 민중의식을 중심으로」, 국민대 석사학위논문.
- 조동민 ǀ 1987, 「중원권 민요의 현황과 과제」『중원지역발전연구』 1.
- 이로영 ǀ 1989, 「중원지방의 민요-女兒들의 민요를 중심으로」『중원문화』 2, 충주문화원.

- 조동민 | 1989, 「중원권 민요의 현황과 과제」 『중원지역발전연구』 창간호, 한국중원지역개발학회.
- 김각규 | 1990, 「정선아리랑과 제천 · 단양지방의 민요」 『내제문화』 2.
- 정화승 | 1990, 「중원의 농요(조사보고서)」 『충북향토문화』 2.
- 이로영 | 1990, 「중원지방의 農謠」 『예성문화』 11.
- 김각규 | 1991, 「우리고장의 민요-자장가와 뱃노래를 중심으로」 『내제문화』 3.
- 민영이 | 1993, 「영동지방 집터다지기 노래(노동요)」 『충북향토문화』 4.
- 임동철 | 1994, 「충북 민요의 수집과 분류」 『충북민요집』, 청주문화원.
- 임동철 | 1995, 「충북지역 아리랑考」 『충북향토문화』 6.
- 이정란 | 1995, 「충북 민요의 음악적 특징」 『한국민요대전-충청북도 민요해설집』, (주)문화방송.
- 김진순 | 1995, 「충청북도 민요의 분류와 분포」 『한국민요대전-충청북도 민요해설집』, (주)문화방송.
- 김영진 | 1995, 「충청 민요의 배경」 『한국민요대전-충청북도 민요해설집』, (주)문화방송.
- 이수진 | 1995, 「충북 민요의 旋律에 관한 고찰」, 영남대 석사학위논문.
- 김각규 | 1995, 「남한강 아리랑」 『내제문화』 7.
- 정휘창 | 1996, 「'창의가' 를 통해서 본 한말의병의 실태」 『충북향토문화』 7.
- 이기설 | 1996, 「충북 아리랑 연구-진천 · 청원 · 괴산군을 중심으로」 『호서문화연구』 12, 충북대 호서문화연구소.
- 김각규 | 1996, 「남한강 아리랑(續)」 『내제문화』 8.
- 임동철 | 1997, 「만주지방의 충청북도 민요 연구」 『인문학지』 15, 충북대 인문학연구소.
- 김기헌 | 1997, 「영동 雪溪里 노동요」 『충북향토문화』 8.
- 서영숙 | 1997, 「민요」 『청주시지』 상, 청주시.
- 이창식 | 1997, 「충청북도편」 『한국구연민요-연구편』, 집문당.
- 임석재 편 | 1997, 「충청북도편」 『한국구연민요-자료편』, 집문당.
- 이창식 | 1997, 「충북 민요연구 서설」 『민속문화와 전통문화』, 박이정.
- 연해진 | 1997, 「충북 민요에 나타난 의식 연구」, 충북대 석사학위논문.
- 연해진 | 1997, 「충북의 儀式謠 연구」 『개신어문연구』 14, 충북대.
- 김동식 | 1998, 「단양지방의 민요」 『충북향토문화』 9.
- 김영진 | 1998, 「단양 名妓 '杜香' 考」 『충북향토문화』 9.
- 이기설 | 1998, 「충북아리랑연구 (1)」 『호서문화논총』 12, 서원대 호서문화연구소.
- 이창신 | 1998, 「충북 마수리농요의 農謠연구」 『清藝論叢』 15.
- 김기헌 | 1999, 「영동 길쌈노래攷」 『향토연구』 9, 영동향토사연구회.
- 정수병 | 1999, 「전래 농요를 찾아서」 『옥천향토문화』 4.
- 김각규 | 2000, 「시집살이 민요와 三峰龍王祭소리」 『내제문화』 12.

- 김각규 | 2000, 「전래 놀이 동요」『내제문화』 12.
- 이경우 | 2000, 「제천시 민요 고찰」『호서문화논총』 14, 서원대 호서문화연구소.
- 이창신 | 2001, 「영동 雪溪里 농요 연구」『淸藝論叢』 19, 청주대 예술문화연구소.
- 조용철 | 2002, 「한천리 농요의 전설과 해설」『상산문화』 8.
- 안병찬 | 2002, 「慕賢臺 민요고」『향토연구』 12.
- 연해진 | 2003, 「충북의 儀式謠 연구」『중원문화논총』 7, 충북대 중원문화연구소.
- 이창식 | 2003, 「제천 구전민요의 문학세계와 활용」『내제문화』 14.
- 김각규 | 2003, 「제천 · 단양의 민요와 유적지」『내제문화』 14.
- 조순현 | 2003, 「진천 '용몽리 농요'의 음악적 특징」『지역문화연구』 2, 세명대 지역문화연구소.
- 연해진 | 2004, 「治産歌 연구」『중원문화논총』 8.
- 이영우 | 2005, 「단양 민요의 지역성연구」, 세명대 석사학위논문.
- 이승희 | 2005, 「충북지방의 민요 연구」『민속학술자료총서 511, 민요지방 11』, 우리마당터.

14. 기타

- 정영호 | 1968, 「충주 丹湖寺의 유적조사」『사학지』 2, 단국대.
- 정영호 | 1969, 「괴산지구 고적조사보유」『사학지』 3, 단국대.
- 정영호 | 1969, 「영동 寧國寺의 유적」『한국사학논총』.
- 김동현 | 1970, 「법주사 팔상전의 木部接合」『고고미술』 105.
- 신상준 | 1974, 「충북의 문화재발굴보호책에 관한 소고」『충청』 55, 월간충청사.
- 조건상 | 1974, 「청주 출토유물 언간에 대하여」『충북대논문집』 인문사회과학편.
- 한국고고학회 엮음 | 1974, 「淸原 飛下里출토 일괄유물」『고고학』 3.
- 이원근 | 1975, 「서원지방의 문화유적」『월간문화재』 5-11, 월간문화재사.
- 이원근 | 1976, 「청주 唐羨山 유적 연구-城址와 佛蹟을 중심으로」『학술논총』 1, 단국대 대학원.
- 이원근 | 1976, 「한국의 재검토-삼국시대 이전을 중심으로 報恩史의 재정립을 위한 제시」『충청』 73.
- 김윤구 | 1976, 「충북(중원군) 火田지역에 대한 법사회학적 연구」『논문집』 9, 청주대.
- 이원근 | 1978, 「청주 상당산성과 그 복원시고」『학술논총』 2, 단국대 대학원.
- 허인욱 | 1982, 「중원문화의 특성」『예성문화』 4.
- 예성문화연구회 | 1982, 「중원지방 전래 언문간찰집」『예성문화』 4.
- 김정기 | 1983, 「중원문화권 건축의 특징」『중원문화학술화의보고서』, 충주시.
- 박재륜 | 1983, 「충주를 거쳐간 여러 시인들의 謦咳」『예성문화』 5.
- 정재홍 | 1983, 「충주댐 수몰지구 문화재 발굴」『예성문화』 5.

- 최창조 ∥ 1983, 「永春勝地에 대한 지리학적 해석」『호서문화논총』 2, 서원대 호서문화연구소.
- 김현길 ∥ 1984, 「중원문화의 개관」『예성문화』 6.
- 김현길 ∥ 1984, 「충주산성의 역사적 배경」『충주산성 지표조사보고서』, 충주공전 박물관.
- 예성동호회 ∥ 1984, 「중원문화유적도보 및 도판해설」『예성문화』 6.
- 최일성 ∥ 1985, 「鷄立嶺考」『예성문화』 7.
- 장준식 ∥ 1985, 「유적을 통해 본 계립령」『예성문화』 7.
- 정재홍 ∥ 1986, 「남한강문화, 중원문화」『예성문화』 8.
- 이원근 ∥ 1986, 「남석교 이대로 놔둘 것인가」『청주문화』 1, 청주문화원.
- 권종천 · 차용걸 · 박걸순 ∥ 1987, 「청주 父母山城과 그 주변유적의 연구」『호서문화연구』 6, 충북대 호서문화연구소.
- 우종일 ∥ 1987, 「環山城과 郡北8景」『관성문화』 2.
- 김현길 ∥ 1988, 「중원문화와 중원인의 의식」『중원문화』 1, 충주문화원.
- 이철재 ∥ 1988, 「충주산성과 그 주변 문화유적」『중원문화』 1, 충주문화원.
- 이수봉 ∥ 1989, 「孝 · 烈문화의 재조명」『충북향토문화』 1.
- 신경섭 ∥ 1989, 「선현의 유적 院祀」『충북향토문화』 1.
- 김동대 ∥ 1989, 「外孫奉祀의 실화와 현대적 교훈」『충북향토문화』 1.
- 이로영 ∥ 1989, 「예성동호회 10년의 발자취」『예성문화』 10.
- 차용걸 ∥ 1989, 「마즈막재(心項峴)의 麻木峴의 가능성」『예성문화』 10.
- 최병찬 ∥ 1989, 「林湖와 于勒堂 중건 권유문고」『내제문화』 1.
- 장세한 ∥ 1989, 「忠北道界 주변의 문화재 답사」『향토사연구』 1.
- 김인제 ∥ 1990, 「중원문화에 대한 관심」『예성문화』 11.
- 김현길 ∥ 1990, 「槐山郡史序說」『괴향문화』 1.
- 신성수 ∥ 1990, 「제천지역의 문화재」『충북향토문화』 2.
- 박태우 ∥ 1991, 「청주 신봉동 유적의 문화적 성격」『충북사학』 4.
- 김동대 ∥ 1992, 「영동문화의 복합성에 대하여」『충북향토문화』 3.
- 김사진 ∥ 1992, 「향토방위문서의 연구」『충북향토문화』 3.
- 김사진 ∥ 1992, 「제천지역의 문화재」『충부향토문화』 3.
- 우세종 ∥ 1992, 「雲仙九曲」『충북향토문화』 3.
- 김건식 ∥ 1992, 「哭 恩救石」『충북향토문화』 3.
- 길경택 ∥ 1992, 「중원군 가금면의 문화유적」『중원경과 중앙탑』.
- 최몽룡 ∥ 1992, 「중원문화권과 중원문화」『예성문화』 13.
- 최영익 · 길경택 ∥ 1992, 「중원 신매리의 문화유적」『예성문화』 13.
- 김영진 ∥ 1992, 「괴산 봉학산 위치고」『박물관보』 5, 청주대박물관.
- 김예식 ∥ 1993, 「영원히 묻힐 중원문화를 위하여」『충북향토문화』 4.
- 김동대 ∥ 1993, 「임진왜란과 추풍령」『충북향토문화』 4.

- 길경택 ∥ 1993, 「문화발전 10개년계획과 그 운영의 문제」 『충북향토문화』 4.
- 박상일 ∥ 1994, 「천태산 영국사」 『청주문화』 9.
- 상산문화편집부 ∥ 1995, 「진천의 인물」 『상산문화』 창간호.
- 이원근 ∥ 1995, 「서원지방의 문화유적」 『월간문화재』 5-11, 월간문화재사.
- 서민승 ∥ 1995, 「충북 북부지역 누목식 민가의 변천과정」 『충북지리』 12.
- 김영진 ∥ 1995, 「청주 압각수시비 소고」 『청주문화』 10.
- 박상일 ∥ 1995, 「臥牛山의 불교문화와 그 유산」 『청주문화』 10.
- 신종환 ∥ 1995, 「청주 용담동 출토유물」 『년보』 4, 충북대박물관.
- 박상일 ∥ 1995, 「청주 臥牛山의 유적과 유물」 『박물관지』 4, 충청전문대 박물관.
- 신종환 ∥ 1996, 「청주 新鳳洞 출토유물의 외래적 요소에 관한 일고-90B-1號墳을 중심으로」 『영남고고학』 18.
- 김기현 ∥ 1996, 「일제의 풍수침략 혈 찌른 쇠말뚝 제거 실기」 『충북향토문화』 7.
- 이철재 ∥ 1996, 「寶蓮山의 유적과 명소」 『예성문화』 16 · 17합집.
- 김현길 ∥ 1996, 「利柳面의 역사적 변천」 『예성문화』 16 · 17합집.
- 김양규 ∥ 1996, 「충주의 향토사 관련자료 활용방안」 『예성문화』 16 · 17합집.
- 이상주 ∥ 1996, 「괴산 德峴里土城과 그 주변 문화유적」 『박물관보』 9, 청주대박물관.
- 한병삼 ∥ 1996, 「최근의 발굴성과로 본 중원문화」 『중원문화 국제학술회의 결과보고서』, 충북대 호서문화연구소.
- 신형식 ∥ 1996, 「역사지리적 관점에서 본 중원문화권의 새로운 인식」 『중원문화 국제학술회의 결과보고서』.
- 김근수 ∥ 1997, 「魂脈의 역사현장 화양구곡」 『충북향토문화』 8.
- 김영완 ∥ 1997, 「내고장의 名所 常山八景」 『상산문화』 3.
- 최영희 ∥ 1997, 「충주를 거쳐 새재(鳥嶺)으로」 『김현길교수정년기념논총』.
- 정태홍 ∥ 1997, 「청원군의 역사유적 보존과 활용」 『논문집』 13, 충청대학.
- 박상일 · 이규근 ∥ 1997, 「청주 용암사 조사보고」 『청주대학교박물관보』 10.
- 류창종 ∥ 1998, 「와당으로 본 한국문화」 『예성문화』 18.
- 김예식 · 유봉희 ∥ 1998, 「충주의 전통사찰」 『예성문화』 18.
- 남광우 ∥ 1998, 「보은의 문화재」 『보은의 향토사』 1.
- 윤주헌 ∥ 1998, 「愛鄕碑(回櫂石)」 『충북향토문화』 9.
- 박상일 ∥ 1998, 「안심사의 유적과 유물」 『청원문화』 7.
- 우종윤 ∥ 1999, 「고고유적조사」 『오창-진천간 도로확장 및 포장공사지역 문화유적 지표조사 보고서』.
- 이융조 외 ∥ 1999, 「고고유적조사」 『청주-상주간 고속도로 건설예정지역 문화유적 지표조사 보고서』.
- 김춘실 외 ∥ 1999, 「미술유적조사」 『청주-상주간 고속도로 건설예정지역 문화유적 지표조사 보고서』.

• 이재민 ∥ 1999, 「제천의 문화유산」『내제문화』 11.
• 류제헌 ∥ 1999, 「충북 정체성 탐구를 위한 인문지리학적 논의」『충북학』 창간호.
• 조용진 ∥ 1999, 「충북학과 환경학」『충북학』 창간호.
• 이석린 ∥ 1999, 「청주지역의 역사적 특성과 문화」『청주 50년, 현재 그리고 미래』, 충북학연구소.
• 김현길 ∥ 2000, 「미호천유역의 역사와 문화」『충북향토문화』 11.
• 김경수 ∥ 2000, 「堤川十景」『내제문화』 12.
• 임종국 ∥ 2001, 「장연의 유적」『괴향문화』 9.
• 정삼철 ∥ 2001, 「남한강 유역의 관광발전 전망과 개발전략」『충주댐 수몰마을사 출판기념 남한강 학술회의-우리의 젖줄 남한강』, 내제문화연구회.
• 정종진 ∥ 2003, 「충북의 문학」『충북문화론』, 충북학연구소.
• 이창신 ∥ 2003, 「충북의 음악 유산」『충북문화론』, 충북학연구소.
• 이윤석 ∥ 2003, 「새로이 지정된 진천의 문화재」『생거진천』 13.
• 이동근 ∥ 2003, 「호서의병사적의 서사문학적 일고찰」『제천학과 청풍명월』, 제천문화원.
• 이창식 ∥ 2003, 「권섭의 황강구곡가와 제천」『제천학과 청풍명월』, 제천문화원.
• 김근완 · 서대원 ∥ 2003, 「대청호 수몰지역의 신발견 유적과 유물」『고고와 민속』 6.
• 이창식 ∥ 2004, 「충북 무형문화재의 현황과 지역문화」『지역문화연구』 3, 세명대 지역문화연구소.
• 김동식 ∥ 2004, 「竹嶺의 문화적 가치의 재조명」『충북향토문화』 16.
• 여순구 ∥ 2004, 「陽山의 역사와 문화」『충북향토문화』 16.
• 이상협 ∥ 2005, 「제천시 古岩洞 (주)협성택시 신축이전예정지 문화유적 시굴조사 보고서」『중원문화재연구』 1.
• 박연서 ∥ 2005, 「진천 용화사 나한전 건립부지내 문화유적 시굴조사 보고서」『중원문화재연구』 1.

제3부
발굴 및 지표조사 보고서

1. 일반

- 단국대박물관 ∥ 1967, 『괴산지구 고적조사보고서』.
- 충북대박물관 · 한국수자원공사 ∥ 1976, 『대청댐수몰지구 종합학술조사보고서』.
- 청주대박물관 ∥ 1977, 『충주댐수몰지역 유적유물조사보고서』.
- 충북대박물관 ∥ 1977, 『박물관도록』.
- 충북대박물관 · 한국수자원공사 ∥ 1979, 『대청댐수몰지구 유적발굴보고서』.
- 충북대박물관 · 한국토지공사 ∥ 1980, 『충주댐 수몰지구 문화재 지표조사보고서』.
- 청주대박물관 · 한국수자원공사 ∥ 1980, 『충주댐 수몰지역 유물유적 조사보고서』.
- 충북대박물관 ∥ 1980, 『牛岩山지역 문화유적 지표조사보고서』.
- 충북대박물관 · 충청북도 · 중원군 ∥ 1981, 『중원문화권 유적분포도』.
- 충북대박물관 · 충청북도 · 중원군 ∥ 1981, 『중원문화권 유적분포도(색인)』.
- 충북대박물관 ∥ 1981, 『청원두루봉 제2굴 구석기문화 중간보고서』.
- 충북대박물관 ∥ 1981, 『청원 북일면 순천김씨묘 출토 簡札』.
- 청주대박물관 ∥ 1982, 『중원문화권유적 정밀조사보고서-단양군』.
- 충북대박물관 ∥ 1982, 『상당산성 지표조사보고서』.
- 충북대박물관 · 한국수자원공사 ∥ 1982, 『82충주댐수몰지구문화유적 발굴조사약보고서』.
- 충북대박물관 · 문화재연구소 ∥ 1982, 『중원문화권유적 정밀조사보고서-제천시 · 제원군』.
- 단국대박물관 ∥ 1982, 『중원문화권유적 정밀조사보고서-충주시 · 중원군』.
- 단국대박물관 ∥ 1983, 『중원문화권유적 정밀조사보고서-음성군 · 진천군』.
- 청주대박물관 ∥ 1983, 『중원문화권유적 정밀지표조사보고서-청주시 · 괴산군』.
- 충북대박물관 · 문화재연구소 ∥ 1983, 『중원문화권유적 정밀지표조사보고서-청원군』.
- 충북대박물관 · 한국수자원공사 ∥ 1983, 『83충주댐수몰지구문화유적 발굴조사약

보고서』.
• 충북대박물관 | 1983, 『월악산 지표조사보고서』.
• 충북대박물관 | 1984, 『충주댐수몰지구 문화유적 발굴조사종합보고서(민속 · 건축 분야)』.
• 충북대박물관 | 1984, 『충주댐수몰지구 문화유적 발굴조사종합보고서(역사)』.
• 충북대박물관 | 1984, 『충주댐수몰지구 문화유적 연장발굴조사보고서』.
• 청주대박물관 | 1984, 『중원문화권유적 정밀지표조사보고서-옥천군』.
• 충북대박물관 · 문화재연구소 | 1984, 『중원문화권유적 정밀조사보고서-보은군 · 영동군』.
• 충북대박물관 · 한국수자원공사 | 1984, 『충주댐 수몰지구문화유적 발굴조사종합 보고서』.
• 충북대박물관 · 한국수자원공사 | 1985, 『충주댐 수몰지구문화유적 연장발굴조사 보고서』.
• 충북대박물관 | 1985, 『충북 유적 · 유물지명표』.
• 충북대박물관 | 1985, 『김만철선생 기증품전 도록』.
• 충북대박물관 · 한국도로공사 | 1986, 『중부고속도로 문화유적 지표조사보고서』.
• 충북대박물관 | 1986, 『진천 三龍里유적 발굴조사보고서』.
• 충북대박물관 | 1987, 『중부고속도로 문화유적 발굴조사보고서』.
• 충북대박물관 | 1987, 『청주과학산업단지 문화유적 지표조사보고서』.
• 한국교원대박물관 | 1989, 『김준신공 사적조사보고서』.
• 충북대박물관 · 한국도로공사 | 1990, 『대구-춘천간 고속도로건설예정지 문화유적 지표조사보고서(예천-제원)』.
• 충북대박물관 · 충주시 | 1990, 『중원문화 사적관광개발계획 문화유적 조사보고서』.
• 충청북도 | 1990, 『충청북도 중요 석조문화재 실측조사보고서』.
• 청주대박물관 | 1991, 『청주시 문화유적』.
• 충주산업대박물관 | 1991, 『중원군 이류면 문화유적 지표조사보고서』.
• 충북대박물관 · 단양군 | 1991, 『단양 적성 지표조사보고서』.
• 충북대박물관 · (주)대륭전자 | 1991, 『진천 松斗里유적 발굴조사보고서』.
• 충북대박물관 · (주)다인 | 1991, 『진천 聖石里유적 발굴조사보고서』.
• 충북대박물관 · 한국도로공사 | 1991, 『중앙고속도로 문화유적 발굴조사보고서(충북지역)』.
• 충주공전박물관 · 충주시 | 1991, 『彈琴臺 지표조사 보고서』.
• 충북대박물관 · 충청북도 | 1991, 『중앙고속도로 문화유적 발굴조사보고서』.
• 충북대박물관 | 1992, 『경부고속도로 확장구간내 문화유적 지표조사보고서』.
• 충북대 호서문화연구소 · 보은군 | 1992, 『외속리 서원계곡 문화유적』.
• 충북대 선사문화연구소 · 한국도로공사 | 1992, 『중부내륙고속도로 문화유적 지표

조사보고서』.
• 충북대박물관 · 한국도로공사 ∥ 1992, 『경부내륙고속도로 확장구간내 문화유적발굴조사 보고서』.
• 충북대박물관 · 한국도로공사 ∥ 1992, 『중부내륙고속도로 건설예정지역 문화유적 지표조사 보고서』.
• 청주대박물관 ∥ 1992, 『영동군 문화유적』.
• 국립청주박물관 ∥ 1992, 『진천군 문화유적 지표조사보고서』.
• 진천군 · 현석종합건축사무소 ∥ 1992, 『百源書院址 지표조사보고서』.
• 국립청주박물관 ∥ 1993, 『미호천유역 지표조사보고서』.
• 국립청주박물관 ∥ 1993, 『청주 비하동유적 발굴조사보고』.
• 청주대박물관 · 한국도로공사 ∥ 1993, 『중부내륙고속도로(청주-회북간) 건설예정지역 문화재지표조사보고서』.
• 청주대박물관 ∥ 1993, 『옥천군 문화유적』.
• 충북대 호서문화연구소 · 보은군 ∥ 1993, 『보은 종곡 동학유적』.
• 충북대 호서문화연구소 · 보은군 ∥ 1993, 『보은 장내리 동학유적』.
• 충북대 호서문화연구소 · 청주시 ∥ 1993, 『청주시 문헌자료집』.
• 충북대 호서문화연구소 · 청주시 ∥ 1993, 『청주시 역사유적』.
• 한남대박물관 · 한국도로공사 ∥ 1994, 『경부고속도로(회덕-신상간) 확장예정구간 문화유적 지표조사보고서』.
• 충주산업대박물관 ∥ 1994, 『금왕-율면간 도로확장공사구간 지표조사약보고서』.
• 충주산업대박물관 · 대전지방국토관리청 ∥ 1994, 『충주-수안보간 국도확장구간 문화유적 지표조사보고서』.
• 충북대박물관 · 한국토지개발공사 ∥ 1994, 『청주하복대 · 청주산남3지구 문화유적 지표조사 보고서』.
• 충북대박물관 · 한국토지개발공사 ∥ 1994, 『청주과학산업단지 문화유적 지표조사 보고서』.
• 청주대박물관 · 청원군 ∥ 1994, 『청원군의 문화유적』.
• 국립민속박물관 ∥ 1994, 『충북지방 장승 · 솟대신앙』.
• 청주대박물관 ∥ 1994, 『괴산군의 문화유적』.
• 충북대박물관 · 한국토지개발공사 ∥ 1994, 『청주 하복대지구 · 청주산남3지구 문화유적 지표조사보고서』.
• 청주대박물관 · 진천군 ∥ 1995, 『진천군의 문화유적』.
• 충북대 호서문화연구소 · 충청북도 ∥ 1995, 『중원문화 학술회의 결과보고서』.
• 충북대박물관 · 한국토지개발공사 ∥ 1995, 『청주 하복대지구 문화유적 시굴조사보고서』.
• 청주대박물관 ∥ 1995, 『청주 가경택지개발사업지구 문화유적시굴조사보고서』.
• 국립청주박물관 · 한국토지개발공사 ∥ 1995, 『청주 용암2지구 택지개발 예정지 문

화유적 지표조사보고서』.
• 청주대박물관 | 1996, 『보은군 문화유적』.
• 한국교원대박물관 · 진천군 | 1996, 『진천 崇烈祠 지표조사보고서』.
• 충북대 호서문화연구소 · 중원군 | 1996, 『중원문화 국제학술회의 결과보고서』.
• 충주산업대박물관 · 음성군 | 1996, 『음성군의 역사와 문화유적』.
• 충북대박물관 · 한국토지공사 | 1996, 『제천 왕암지방 산업단지 문화유적지표조사보고서』.
• 충북대박물관 · 한국토지공사 | 1996, 『경부고속도로(금강2교-묘금리간) 문화유적 지표조사보고서』.
• 충북대박물관 · 한국토지개발공사 | 1996, 『청주하복대지구 문화유적 발굴조사보고서』.
• 충북대박물관 · 한국토지공사 | 1996, 『청주하복대지구유적 발굴조사약보고서』.
• 고려대 매장문화재연구소 · 한국토지공사 | 1997, 『오창지방과학산업단지내문화유적 시굴조사보고서』.
• 충북대박물관 · 대전지방국토관리청 | 1997, 『증평-괴산간 도로확장 및 포장공사지역 문화유적 지표조사보고서』.
• 충북대박물관 · 한국도로공사 | 1997, 『중부내륙선(회북-보은간) 고속도로 건설예정지역내 문화유적 지표조사보고서』.
• 충주박물관 · 한국도로공사 | 1997, 『중앙고속도로(영주-제천간) 건설공사 문화유적 지표조사보고서(충북구간)』.
• 충주박물관 · 한국도로공사 | 1997, 『중부내륙고속도로(충주-괴산간) 건설예정지역 문화유적 지표조사보고서』.
• 충북대박물관 · 한국토지공사 | 1997, 『오창과학 산업단지내 문화유적 시굴조사약보고서』.
• 한국문화재보호재단 · 한국토지공사 | 1997, 『청원 오창과학지방산업단지내(2단계) 문화유적 지표조사보고서』.
• 충북대박물관 · 한국주택공사 | 1997, 『청주 개신지구 문화유적 시굴조사보고서』.
• 충북대박물관 | 1997, 『학산-영동간 문화유적 지표조사보고서』.
• 충주시 · 충북대박물관 | 1997, 『문화유적분포지도-충주시』.
• 충청전문대박물관 · 한국도로공사 | 1998, 『경부고속도로 옥천 증약리-문정리구간 문화유적 지표조사보고서』.
• 충주산업대박물관 | 1998, 『충주 連守지구택지개발예정부지내 유적발굴조사보고서』.
• 충북대박물관 · 진천문화원 | 1998, 『진천군의 문화유적』.
• 청주시 · 충북대박물관 | 1998, 『문화유적분포지도-淸州市』.
• 충주박물관 | 1998, 『충주 호암동유적 발굴조사보고서』.
• 청주대박물관 | 1998, 『음성군 문화유적』.

- 충북대중원문화연구소 · 충북증평출장소 ∥ 1998, 『증평 지방산업단지내 문화유적 시굴조사보고서』.
- 충주대박물관 ∥ 1999, 『수안보-연풍간 3번국도 4차선 확장구간 문화유적지표조사 보고서』.
- 충북대박물관 ∥ 1999, 『청주-상주간 도로공사 건설예정지역 문화유적 지표조사보고서』.
- 충북대박물관 ∥ 1999, 『오창-진천간 도로확장 및 포장공사지역 문화유적지표조사 보고서』.
- 한국문화재보호재단 · 한국토지공사 ∥ 1999, 『청주 용암(2) 택지개발사업지구 문화유적 시굴조사보고서』.
- 충북대박물관 · 청주시 ∥ 1999, 『청주 우회도로 시굴조사보고서』.
- 충북대박물관 ∥ 1999, 『청주 봉명동 준공업개발지역 문화유적 현장설명회자료』.
- 충북대박물관(Ⅳ지구 발굴조사단) ∥ 1999, 『청주 봉명동 준공업개발지역문화유적 Ⅳ지구 현장설명회 종합』.
- 충북대박물관 ∥ 1999, 『괴산-증평간 도로공사구간내 유적 시굴조사보고서』.
- 충주대박물관 ∥ 1999, 『충주 연수동 택지개발예정지구내유적 발굴조사보고서』.
- 한국문화재보호재단 · 한국토지공사 ∥ 1999, 『청원 梧倉유적(Ⅰ-Ⅳ)』.
- 한국문화재보호재단 · 청주시 ∥ 1999, 『청주 국도대체우회도로(송절~율량간) 문화유적 시굴조사보고서』.
- 충북대박물관 ∥ 1999, 『청주 봉명동유적 발굴조사 약보고서』.
- 한국교원대박물관 · 진천군 ∥ 1999, 『진천 김유신장군사적 학술조사보고서』.
- 충주산업대박물관 ∥ 1999, 『수안보-연풍간 3번국도 4차선 확장구간 문화유적 지표조사보고서』.
- 충청북도 ∥ 1999, 『충청북도 향토지적재산 조사발굴보고서』.
- 충북대박물관 ∥ 1999, 『의림지 정밀지표조사 약보고서』.
- 청원군 · 청주대박물관 ∥ 2000, 『문화유적분포지도-청원군』.
- 충주대학교박물관 ∥ 2000, 『중원지방산업단지 조성사업지구 문화유적 지표조사 보고서』.
- 고려대 매장문화재연구소 ∥ 2000, 『南村里 유적』.
- 한국문화재보호재단 · 청주시 ∥ 2000, 『청주 송절동유적』.
- 한국문화재보호재단 ∥ 2000, 『청원 주성리유적』.
- 충북대박물관 ∥ 2000, 『청주 개신동유적 발굴조사보고서』.
- 충주박물관 ∥ 2000, 『충주 노은면의 문화유적 지표조사 보고서』.
- 한국문화재보호재단 · 한국토지공사 ∥ 2000, 『청주 龍岩유적(Ⅰ-Ⅱ)』.
- 국립청주박물관 · 청주시 ∥ 2000, 『청주 明岩洞유적(Ⅰ)-1998년도 발굴 조사보고서』.
- 국립청주박물관 · 청주시 ∥ 2001, 『청주 明岩洞유적(Ⅱ)-1998년도 발굴 조사보고서』.

• 진천군 · 중앙문화재연구원 | 2001, 『진천 문백 전기 · 전자농공단지 조성부지내 진천 思陽里유적』.
• 고려대 매장문화재연구소 | 2001, 『黃灘里 유적』.
• 충북대박물관 · 진천군 | 2001, 『문화유적분포지도-진천군』.
• 청주대박물관 · 청주시 | 2001, 『문화유적분포지도-청원군』.
• 한국자연보전협회 | 2001, 『충주 남산일대 종합학술조사연구보고서』.
• 충주박물관 | 2001, 『충주 엄정면의 문화유적 지표조사보고서』.
• 한국문화재보호재단 · 한국토지공사 | 2001, 『청원 五松 보건의료과학산업단지(2단계) 문화유적 지표조사보고서』.
• 한국문화재보호재단 · 한국도로공사 | 2001, 『중부내륙고속도로 충주구간문화유적 발굴조사 보고서』.
• 한국문화재보호재단 · 대전지방국토관리청 | 2001, 『음성 오궁리, 문촌리 유적』.
• 괴산군 · 충북대 중원문화연구소 | 2001, 『청안 사마소』.
• 국립문화재연구원 · 대전지방국토관리청 | 2001, 『국도 38호선(장호원~앙성간) 음성 文村里유적』.
• 한국문화재보호재단 · 대전지방국토관리청 | 2001, 『국도 38호선(장호원~앙성간) 확포장공사구간내 음성 梧弓里 · 文村里유적』.
• 세종대박물관 · 제천시 | 2001, 『제천 綾江里』.
• 세종대박물관 · 제천시 | 2002, 『제천 九龍里』.
• 충북대박물관 · 성신양회공업(주) | 2002, 『단양 성신양회 석회석광산개발예정지구 문화유적 지표조사』.
• 충북대박물관 · 청주시 | 2002, 『청주 鳳鳴洞유적(Ⅰ)-Ⅰ지구조사보고』.
• 충북대중원문화연구소 · 대전지방국토관리청 | 2002, 『진천 장관리 유적(Ⅰ)』.
• 충주대학교박물관 | 2002, 『새한마텍(주) 석산개발사업지역내 문화재지표조사 보고서』.
• 충북대박물관 | 2002, 『청주 가경3지구유적』.
• 충주대학교박물관 | 2002, 『금가대교 대안설계구간내 문화유적 지표조사』.
• 충주대학교박물관 | 2002, 『보은 비룡지구 문화유적 지표조사 보고서』.
• 충북대박물관 | 2002, 『충북 청원 부용리 남성골 유적』, 현장설명회 자료.
• 충주대학교박물관 | 2002, 『괴산군 사리면 사담리 사유림내 채석장 문화유적 지표조사보고서』.
• 충주대학교박물관 | 2002, 『괴산군 사리면 수암리 사유림내 채석장 문화유적 지표조사보고서』.
• 한국문화재보호재단 | 2002, 『진천-진천 I.C간 도로확장 및 포장공사구간문화유적 지표조사보고서』.
• 청주대박물관 · 음성군 | 2002, 『문화유적분포지도-음성군』.
• 충주박물관 | 2002, 『충주 산척면의 문화유적 지표조사보고서』.

- 충북대박물관 · 한국문화재보호재단 ǀ 2002, 『청원 老山里유적 시굴조사 보고서』.
- 청주대박물관 ǀ 2002, 『충주시 문화유적』.
- 충북대박물관 · 옥천군 ǀ 2002, 『옥천군의 선사유적 · 유물』.
- 중앙문화재연구원 · 한국도로공사 ǀ 2002, 『중부내륙고속도로 및 충주지사건설공사부지내 충주 水龍里 유적』.
- 중앙문화재연구원 · 한국토지공사 ǀ 2002, 『제천지방산업단지 조성부지내 제천 왕암유적』.
- 충북대박물관 ǀ 2002, 『한국문화재보호재단 청원전시장 신축공사 예정부지내 청원 老山里유적 시굴조사 보고서』.
- 충북대박물관 ǀ 2002, 『단양 성신양회 석회석광산 개발예정지구 문화유적지표조사』.
- 중앙문화재연구원 · 한국돌공사 ǀ 2002, 『경부고속도로(옥천~증약간) 확장공사구간내 옥천 玉覺里유적』.
- 충북대박물관 ǀ 2002, 『청주 聖化지구 문화유적 지표조사 보고서』.
- 충청북도 ǀ 2002, 『통일시대 대비 중원문화권 위상정립 및 발전계획-제1권 중원문화권 위상정립』.
- 충청북도 ǀ 2002, 『통일시대 대비 중원문화권 위상정립 및 발전계획-제2권 중원문화권 발전계획』.
- 중앙문화재연구원 · 대전지방국토관리청 ǀ 2003, 『진천 이월우회도로공사 구간내 문화유적 시굴조사보고서』.
- 철도청 · 연세대원주박물관 ǀ 2003, 『중앙선(원주-제천) 복선전철 예정구간내 문화유적 지표조사보고서』.
- 한국문화재보호재단 · 제천시 ǀ 2003, 『제천 新月토지구획정리사업지구 문화유적 시 · 발굴조사보고서』.
- 문화재청 ǀ 2003, 『寒碧樓 실측조사보고서』.
- 충주박물관 ǀ 2003, 『충주 산척면의 문화유적 지표조사보고서』.
- 청주대박물관 ǀ 2003, 『청원군 笏記集』.
- 충북대박물관 · 제천시 ǀ 2003, 『문화유적분포지도-제천시』.
- 충북대박물관 · 대한주택공사 충북지사 ǀ 2004, 『청주 가경동 4지구 유적(Ⅰ)』.
- 중앙문화재연구원 · 충주시 ǀ 2004, 『충주 가주동 유적』.
- 중앙문화재연구원 · 대전지방국토관리청 ǀ 2004, 『음성 하당리 유적』.
- 한국문화재보호재단 · 농업기반공사 ǀ 2004, 『음성 감곡지구 문화마을 조성사업부지 문화유적 지표조사보고서』.
- 중앙문화재연구원 · 한국도로공사 ǀ 2004, 『보은 상장리 유적』.
- 충북대박물관 ǀ 2004, 『청주 가경4지구 유적』.
- 충북대박물관 ǀ 2004, 『청주 가경4지구 유적Ⅱ』.
- 충북대박물관 ǀ 2004, 『청주 봉명동유적-Ⅳ지구 조사보고』.

• 충북대박물관 | 2004, 『청원 南城谷 고구려유적』.
• 충북대박물관 | 2004, 『충북대학교 박물관 소장 墓誌』.
• 중앙문화재연구원 | 2004, 『청주 율량2지구 택지개발사업 문화재 지표조사보고서』.
• 중앙문화재연구원 · 한국도로공사 | 2004, 『보은 上長里유적 : 보은 교암리 · 지산리 · 갈평리 · 청원 문동리유적』.
• 한국문화재보호재단 · 농업기반공사 | 2004, 『음성 甘谷지구 문화마을 조성사업부지 문화유적시굴조사 보고서』.
• 충북대박물관 · 청주시 | 2005, 『청주 봉명동유적(Ⅱ)-4지구 조사보고① : 本文篇』.
• 충북대박물관 · 청주시 | 2005, 『청주 봉명동유적(Ⅱ)-4지구 조사보고① : 사진편』.
• 충주국도유지건설사무소 · 충주대박물관 | 2005, 『동량면 대전리 도시계획시설부지 문화재 지표조사보고서』.
• 충북대중원문화연구소 | 2005, 『디지털 청주문화대전 편찬을 위한 청주지역 특별기획 · 마을항목 현지조사연구』.
• 한국지질자원연구원 | 2005, 『충주시 문화유적분포지도 보완 및 조사연구 최종보고서』.
• 중앙문화재연구원 · 대전지방국토관리청 | 2005, 『진천 이월우회도로건설구간내 진천 新月里유적』.
• 충주박물관 | 2005, 『충주국민체육센터 건립부지 1 · 2차 발굴조사보고서』.
• 한국문화재보호재단 | 2005, 『진천~진천I.C간 도로확포장공사내 송두리유적 발굴조사 보고서』.
• 청주대박물관 | 2005, 『충북의 향교와 문묘』.
• 중앙문화재연구원 · 대전지방국토관리청 | 2005, 『진천 신월리유적』.

2. 선사문화

• 연세대박물관 | 1980, 『점말용굴 발굴보고』.
• 연세대박물관 | 1980, 『점말용굴의 자연환경』.
• 충북대박물관 | 1981, 『청원 두루봉 제2굴 구석기문화 중간보고서』.
• 충북대박물관 · 충청북도 | 1983, 『청원 두루봉동굴 구석기유적 발굴조사보고서(Ⅰ)』.
• 연세대박물관 선사연구실 | 1983, 『두루봉 9굴 살림터』.
• 충북대박물관 | 1984, 『충주댐 수몰지구 문화유적 발굴조사 종합보고서-고고 · 고분분야 (Ⅰ)』.
• 손보기 | 1984, 『상시 1그늘 옛살림터』, 연세대 선사연구실.

- 충북대박물관 ‖ 1985, 『충주댐 수몰지구 문화유적 연장발굴 조사보고서』.
- 충북대박물관 · 한국도로공사 ‖ 1986, 『중부고속도로 문화유적 발굴조사보고서』.
- 충북대박물관 ‖ 1986, 『한국 구석기문화전 도록』.
- 충북대박물관 ‖ 1991, 『단양 九郎窟 발굴보고(Ⅰ)-1986 · 88년 조사』.
- 충북대박물관 ‖ 1991, 『청원 두루봉 흥수굴 발굴조사보고서』.
- 서울대 고고미술사학과 · 경기도 ‖ 1993, 『파주 주월리 · 가월리 구석기유적(附 충주시 용탄동 구석기유적 시굴조사보고)』.
- 충북대 선사문화연구소 ‖ 1994, 『청원 궁평리 청동기유적』.
- 국립청주박물관 ‖ 1993, 『청원 雙清里 주거지』.
- 충북대박물관 ‖ 1994, 『청주과학산업단지 문호유적 지표조사보고서 : 선사고고학 분야 조사보고』.
- 충북대박물관 · 한국토지공사 ‖ 1997, 『청원 오창과학지방산업단지 선사유 적 시굴조사 보고서』.
- 충북대박물관 ‖ 1998, 『선사유적 발굴도록』.
- 충북대박물관 ‖ 1998, 『단양 구낭굴유적 현장설명회 자료』.
- 충북대박물관 ‖ 1998, 『단양 구낭굴유적 약보고서』.
- 충북대박물관 ‖ 1998, 『오창과학산업단지내 청원 소로리 구석기유적 발굴조사 현장설명회자료』.
- 충북대박물관 · 단양군 ‖ 1999, 『단양 九郎窟 유적(2)』.
- 충북대박물관 · 한국토지공사 ‖ 2000, 『청원 小魯里 구석기유적』.
- 충북대박물관 · 단양군 ‖ 2000, 『단양 九郎窟 유적(2)』.
- 충북대박물관 · 옥천군 ‖ 2002, 『옥천군의 선사유적 · 유물』.
- 충북대박물관 ‖ 2001, 『충주 早洞里 선사유적(1)』.
- 충북대박물관 ‖ 2001, 『단양 수양개유적-5~7차 조사보고서』.
- 충북대 중원문화연구소 ‖ 2002, 『진천 장관리유적』.
- 충북대박물관 · 한국문화재보호재단 ‖ 2002, 『청원 老山里유적 시굴조사 보고서』.
- 충북대박물관 · 옥천군 ‖ 2002, 『옥천군의 선사유적 · 유물』.
- 한남대중앙박물관 · 한국고속철도건설공단 ‖ 2003, 『옥천 대천리 신석기유적』.
- 충북대박물관 ‖ 2003, 『수양개 3지구 구석기유적 : 선사유물전시관 건립예정지역 시굴조사』.
- 충북대박물관 ‖ 2004, 『옥천 선사공원 종합정비 기본계획수립』.
- 충북대박물관 ‖ 2005, 『청원 작은 용굴유적 : 시굴조사 보고서』.
- (재)중원문화재연구원 ‖ 2006, 『진천 송두리 구석기유적 1』.

3. 고분

- 충북대박물관 ‖ 1981, 『청주 북일면 순천김씨묘 출토간찰』.

- 백제문화개발연구원 | 1983, 『청주 신봉동 백제고분군 발굴조사보고서』.
- 한남대박물관 | 1983, 『영동 池鳳里고분 발굴조사약보고』.
- 충북대박물관 · 청주시 | 1983, 『청주 新鳳洞 백제고분군 발굴조사보고서(Ⅰ)』.
- 충북대박물관 | 1984, 『충주댐 수몰지구 문화유적 발굴조사 종합보고서-고고 · 고분분야(Ⅰ)』.
- 충주산업대박물관 · 충주시 | 1985, 『충주 直洞 廢古墳 지표조사보고서』.
- 충주산업대박물관 · 충주시 | 1986, 『충주산성 및 直洞고분군 발굴조사보고서』.
- 한남대박물관 | 1987, 『영동 池鳳里고분 발굴조사보고』.
- 한남대박물관 | 1987, 『충북 진천 덕산면 山水里 백제토기 가마터약보고』.
- 충북대박물관 · 청주시 | 1990, 『청주 신봉동 백제고분군 발굴조사보고서』.
- 충주산업대박물관 · 문화재연구소 | 1991, 『충주 龍觀洞 고분군 발굴조사보고서』.
- 국립문화재연구소 | 1991, 『중원 樓岩里 고분군 발굴조사보고서』.
- 충북대박물관 | 1991, 『진천 松斗里유적발굴조사보고서』.
- 중원군 · 충북대박물관 | 1992, 『중원 樓岩里 고분군 지표조사보고서』.
- 충주박물관 · 충주시 | 1992, 『충주 단월동 고려묘 발굴조사보고서』.
- 충북대박물관 · 충주시 | 1993, 『중원 樓岩里 고분군』.
- 충북대박물관 · 청주시 | 1994, 『청주 松節洞 고분군』.
- 충북대박물관 · 영동군 | 1994, 『영동 柯谷里 고분』.
- 건국대박물관 | 1994, 『충주 단월동 고분군 발굴조사보고서』.
- 청주시 | 1994, 『신봉동 백제고분군 정화계획보고서』.
- 문화재관리국 문화재연구소 | 1994, 『청주 松節洞고분군-1차 '92년도 발굴조사보고서』.
- 충북대박물관 · 청주시 | 1995, 『청주 新鳳洞 고분군』.
- 충북대박물관 · 백제문화개발연구원 | 1995, 『청주 松節洞고분군 발굴조사보고서-1993년도 발굴조사』.
- 건국대박물관 | 1995, 『충주 단월동 고분군 2차발굴조사보고서』.
- 국립문화재연구소 | 1995, 『청원 米川里 고분군 발굴조사보고서』.
- 충북대박물관 · 청주시 | 1996, 『청주 新鳳洞 고분군』.
- 충주박물관 · 충주시 | 1996, 『충주 단월동 고려고분군-제2차 발굴조사보고서』.
- 서울시립대박물관 · 한국도로공사 | 1997, 『단양 현곡리 고려고분군 및 가마터 발굴조사』.
- 충주박물관 · 한국도로공사, 1997, 『단양 하방리 고분군 발굴조사보고서』.
- 충주산업대박물관 | 1998, 『충주 龍觀洞고분군 발굴조사보고서』.
- 충주산업대박물관 | 1999, 『陽村權近三代墓所 정밀지표조사 보고서』.
- 충북대 중원문화연구소 · 충주시 | 2000, 『충주 下九岩里 고분군 지표조사 및 시굴조사보고서』.
- 한국문화재보호재단 · 청주시 | 2000, 『청주 송절동유적』.

- 단양군 · 한양대박물관 ∥ 2002, 『단양 斜只院里 태장이묘 제2차 발굴조사보고서』.
- 충북대박물관 ∥ 2002, 『청주 신봉동 백제고분군 : 2002년도발굴분 조사보고서』.
- 국립청주박물관 · 청주시 ∥ 2002, 『청주 龍潭洞 고분군 발굴조사보고서』.
- 중앙문화재연구원 · 한국도로공사 ∥ 2004, 『보은 富壽里 고분군 : 청원-상주간 고속도로 건설공사구간내』.
- 한국문화재보호재단 · 영동군 ∥ 2005, 『영동 楡田里 고분군 : 발굴조사 및 정밀지표조사 보고서』.
- 중앙문화재연구원 · 진천군 ∥ 2005, 『진천 三德里 고분』.

4. 성곽

- 한국문화재연구원 · 보은군 ∥ 1979, 『보은 三年山城 기초조사보고서』.
- 충청북도 · 보은군 ∥ 1981, 『三年山城 서문지조사개보-1980년도』.
- 충북대박물관 · 청주시 ∥ 1982, 『上黨山城 지표조사보고서』.
- 충북대박물관 ∥ 1983, 『三年山城-추정연못터 및 수구지 발굴조사보고서』.
- 충주공전박물관 · 충주시 · 충주문화원 ∥ 1984, 『忠州山城 종합지표조사보고서』.
- 충주산업대박물관 · 충주시 ∥ 1986, 『충주산성 및 直洞고분군 발굴조사보고서』.
- 충북대 호서문화연구소 ∥ 1989, 『온달산성 지표조사보고서』.
- 한국보이스카우트연맹 ∥ 1989, 『한국의 성곽과 봉수』 상.
- 충북대박물관 · 단양군 ∥ 1991, 『단양 적성 지표조사보고서』.
- 충주산업대박물관 · 제천군 ∥ 1992, 『德周寺 마애불과 德周山城 지표조사보고서』.
- 충북대박물관 · 중원군 ∥ 1992, 『중원 薔薇山城』.
- 충북대박물관 · 중원군 ∥ 1992, 『중원 見鶴里 土城』.
- 단국대박물관 ∥ 1992, 『망이산성 학술조사보고서』.
- 충북대 호서문화연구소 ∥ 제천군, 1994, 『청풍 망월산성 지표조사보고서』.
- 충주산업대박물관 · 충주시 ∥ 1995, 『충주산성 2차발굴조사보고서』.
- 충북대 호서문화연구소 · 진천군 ∥ 1996, 『진천 大母山城 지표조사보고서』.
- 충북대 호서문화연구소 · 괴산군 ∥ 1996, 『괴산 彌勒山城 지표조사보고서』.
- 경기도안성군 · 단국대박물관 ∥ 1996, 『망이산성 발굴보고서』.
- 충청전문대박물관 · 충청북도 증평출장소 ∥ 1997, 『증평 二城山城 지표조사보고서』.
- 충북대 중원문화연구소 ∥ 1997, 『영동읍성 지표조사보고서』.
- 충북대 호서문화연구소 · 청주시 ∥ 1997, 『上黨山城-서장대 및 남문외 유적조사보고서』.
- 단양문화원 ∥ 1997, 『온달산성의 문화와 역사』.
- 상명대학교 박물관 ∥ 1997, 『충주 大林山城 정밀지표조사보고서』.
- 충주산업대박물관 · 음성군 ∥ 1998, 『음성 水精山城 정밀지표조사보고서』.

- 충북대 중원문화연구소 ‖ 1998, 『보은 昧谷山城 지표조사 보고서』.
- 충북대 중원문화연구소 ‖ 1999, 『청주 井北洞 土城 Ⅰ-1997년도 발굴조사보고서』.
- 제천시 · 충북대중원문화연구소 ‖ 1999, 『제천의 옛성터 1-덕주산성 지표조사보고서』.
- 충북대 중원문화연구소 ‖ 1999, 『청원 猪山城 지표조사 보고서』.
- 충북대 중원문화연구소 ‖ 1999, 『충주산성 동문지 발굴조사보고서』.
- 충북대 중원문화연구소 ‖ 1999, 『청주 父母山城 지표조사 보고서』.
- 충북대 중원문화연구소 ‖ 1999, 『제천 德周山城 지표조사 보고서』.
- 충북대 중원문화연구소 ‖ 1999, 『上黨山城-종합지표조사 및 문헌자료집』.
- 청주시 ‖ 2000, 『상당산성 사적공원화사업 기본계획보고서』.
- 충북대 중원문화연구소 ‖ 2000, 『제천의 옛 성터 2』.
- 충북대 중원문화연구소 · 제천시 ‖ 2000, 『제천 城山城 · 臥龍산성 · 吾峙봉수 지표조사보고서』.
- 충북대 중원문화연구소 · 보은군 ‖ 2001, 『三年山城-기본 자료 및 종합보존 · 정비 계획안』.
- 괴산군 · 충북대중원문화연구소 ‖ 2001, 『괴산 阿城里 토성 · 多樂山城 지표조사 보고서』.
- 청주대박물관 · 청주시, 2001, 『淸州邑城 · 南石橋 복원 학술조사보고서』.
- 충북대 중원문화연구소 · 청원군 ‖ 2001, 『청원 謳羅山城』.
- 충북대 중원문화연구소 · 청원군 ‖ 2001, 『청원 壤城山城』.
- 차용걸 ‖ 2002, 『보은의 성곽』, 보은문화원.
- 충북대박물관 ‖ 2002, 『청원 南城谷(남성골) 산성 시굴조사보고서』.
- 음성군 · 충북대 중원문화연구소 ‖ 2002, 『望夷산성-충북구간 지표조사 보고서』.
- 충북대중원문화연구소 · 강화읍 ‖ 2002, 『한국의 근세산성-강화산성 · 상당산성 시굴조사 보고서』.
- 충주시 · 충북대중원문화연구소 ‖ 2002, 『충주 탄금대』.
- 충주시 · 충북대박물관 ‖ 2002, 『충주 見鶴里토성 2』.
- 충주시 · 충북대 중원문화연구소 ‖ 2003, 『장미산성-정비예정구간 시굴조사보고서』.
- 청주시 ‖ 2003, 『상당산성 성곽보수공사 수리보고서』.
- 충북대박물관 · 단양군 ‖ 2003, 『온달산성-북문지 · 북치성 · 수구시굴조사 보고서』.
- 옥천군 · 충북대중원문화연구소 ‖ 2003, 『신라 · 백제 격전지(관산성) 지표조사보고서』.
- 한국문화재보호재단 · 청주시 ‖ 2004, 『상당산성 성벽보수구간내 시발굴조사 보고서』.

- (재)중앙문화재연구원 · 제천시 | 2003, 『제천 덕주산성-북문지 · 동측 성벽기저부 시굴조사보고서』.
- 제천시 · 충북대중원문화연구소 | 2004, 『제천의 옛성터 3-黃石里山城 · 齊飛郎山城 · 大德山城1 지표조사보고서』.
- 충북대중원문화연구소 · 보은군 | 2005, 『보은 삼년산성-2003년도 발굴조사보고서』.
- 충북대중원문화연구소 · 충주시 | 2005, 『충주산성』.
- (재)중앙문화재연구원 · 진천군 | 2005, 『진천 都堂山城-지표 · 시굴조사 보고서』.
- 충북대중원문화연구소 · 청원군 | 2005, 『청원 壤城山城 圓池 발굴조사보고서』.

5. 봉수

- 서원향토사연구회 | 1991, 『충북의 봉수』.
- 청주대박물관 · 청주시 | 1995, 『청주 것대산봉수터 발굴조사약보고서』.
- 충북대 호서문화연구소 · 충주시 | 1997, 『충주 周井山 봉수대 발굴조사보고서』.
- 청원향토문화연구회 | 1998, 『문의 所伊山봉수 지표조사보고서』.
- 충북대 중원문화연구소 · 제천시 | 2000, 『제천 城山城 · 臥龍산성 · 吾峙봉수 지표조사보고서』.
- 청주대박물관 | 2001, 『청주 것대산 봉수터 발굴조사보고서』.
- 조병로 | 2002, 『韓國驛制史』, 한국마사회 마사박물관.
- 충주시 · 충북대중원문화연구소 | 2003, 『충주 馬山봉수 지표조사보고서』.

6. 사지

- 청주대박물관 · 중원군 | 1978, 『彌勒里寺址 발굴조사보고서』.
- 청주대박물관 · 중원군 | 1979, 『彌勒里寺址 2차발굴조사보고서』.
- 중원군 | 1979, 『중원군 미륵리 석굴 실측조사보고서』.
- 이화여대박물관 · 충주군 | 1982, 『미륵리사지 3차발굴조사보고서』.
- 신방웅 · 신봉호 · 김경표 외 | 1982, 『미륵사지 보전기본계획연구보고서』, 충북대 건설기술연구소.
- 충청북도 | 1982, 『寺誌』.
- 중원군 | 1983, 『미륵리사지 보존기본계획 연구보고서』.
- 태창건설 · 단양군 | 1984, 『竹嶺 輔國寺址 지표조사보고서』.
- 충북대박물관 | 1984, 『충주댐수몰지구 문화유적 발굴조사종합보고서(불적)』.
- 충주공전박물관 · 충주시 · 충주문화원 | 1984, 『충주산성 종합지표조사 보고서』.
- 청주대박물관 · 충청북도, 1985, 『청주 雲泉洞寺址 발굴조사보고서』.

- 청주대박물관 · 충청북도, 1986, 『청주 興德寺址 발굴조사보고서』.
- 청주대박물관 ǀ 1986, 『청주 興德寺址 학술회보고서』.
- 중원군 ǀ 1986, 『중원 탑평리 사지의 조사-지표조사보고서』.
- 충주산업대박물관 · 중원군 ǀ 1990, 『靑龍寺址 지표조사보고서』.
- 청주대박물관 ǀ 1992, 『중원 미륵리사지 4차발굴조사보고서』.
- 덕주사 ǀ 1992, 『월악산 국립공원 덕주사 복원 기본계획』.
- 청주대박물관 · 중원군 ǀ 1993, 『중원 미륵리사지 5차발굴조사보고서-대원사지 · 미륵대원지』.
- 한국교원대박물관 · 중원군 ǀ 1993, 『중원 塔坪里寺址 발굴조사보고서』.
- 충주산업대박물관 · 중원군 ǀ 1993, 『중원경과 중앙탑』.
- 청원향토문화연구회 ǀ 1993, 『石岩寺址 및 魯峰書院址 지표조사 보고서』.
- 청주대박물관 ǀ 1993, 『大院寺址 · 彌勒大院址』.
- 한국교원대박물관 · 중원군 ǀ 1994, 『'93 중원 탑평리유적 발굴조사보고서』.
- 충청전문대박물관 · 충청북도 증평출장소 ǀ 1994, 『증평 南下里사지 지표조사보고서』.
- 예성문화연구회 ǀ 1995, 『崇善寺址 지표조사 보고서』.
- 청원향토문화연구회 ǀ 1995, 『송천사지 지표조사 보고서』
- 한국교원대박물관 · 보은군 ǀ 1996, 『보은 속리산 비보탑 학술조사보고서』.
- 충청전문대박물관 · 상산고적회 ǀ 1996, 『진천의 사지』.
- 충주산업대박물관 ǀ 1996, 『충주 靑龍寺址 발굴조사보고서』.
- 고려대 매장문화재연구소 · 대한불교조계종 동학사 ǀ 1997, 『청량사지』.
- 충청전문대박물관 · 삼선포교원 보탑사 ǀ 1997, 『진천군 보탑사 지표조사보고서』.
- 청주대박물관 · 음성군 ǀ 1997, 『음성 中洞里사지 정밀지표조사보고서』.
- 충청전문대박물관 · 제천시 ǀ 1998, 『제천 월광사지 지표조사보고서』.
- 충청대박물관 · 영동군 ǀ 1998, 『영동 영국사』.
- 한국문화재보호재단 · 괴산군 ǀ 1999, 『槐山 覺淵寺』.
- 충청대박물관 · 충주시 ǀ 1999, 『충주 金生寺址』.
- 음성문화원 · 음성향토문화연구회 ǀ 2000, 『음성의 불교유적』.
- 충주시 ǀ 2001, 『중원미륵리사지 종합정비 기본계획보고서』.
- 충청대박물관 · 충주시 ǀ 2002, 『충주 義林寺址 지표조사보고서』.
- 충북대박물관 · (주)성신양회공업 ǀ 2002, 『단양 향산리사지 지표조사 보고서』.
- 충청대박물관 · 충주시 ǀ 2002, 『충주 義林寺址 지표조사보고서』.
- 충북대박물관 ǀ 2002, 『단양 香山里寺址 지표조사 보고서』.
- 충청대박물관 · 제천시 ǀ 2004, 『제천 長樂寺址 시굴조사보고서』.
- 충주시 · 예성문화연구회 ǀ 2005, 『정토사 홍법국사실상탑지 지표조사보고서』.
- 청주시 · 청주고인쇄박물관 · 청주대박물관 ǀ 2005, 『흥덕사지의 어제와 오늘』.
- 충청대박물관 · 제천시 ǀ 2006, 『제천 덕주사 극락전지 발굴조사 보고서』.

7. 탑과 부도

- 충주산업대박물관 · 중원군 ❙ 1993, 『中原京과 中央塔』.
- 한국교원대박물관 ❙ 1996, 『보은 속리산 비보탑 학술조사보고서』.
- 청원군 · 청주대박물관 ❙ 1999, 『桂山里 5층석탑』.
- 충청대박물관 · 대한불교조계종보탑사 ❙ 1997, 『진천 보탑사』.
- 충주시 · 예성문화연구회 ❙ 2005, 『정토사 홍법국사실상탑지 지표조사보고서』.

8. 불상

- 한국교원대박물관 · 청원군 ❙ 1991, 『비중리 一光三尊佛 지표조사 및 簡易발굴조사보고서』.
- 한국교원대박물관 · 청원군 ❙ 1992, 『북일면 비중리 一光三尊石佛 복원조사 및 원위치탐색 조사보고서』.
- 충주산업대박물관 · 제천군 ❙ 1992, 『德周寺 마애불과 德周山城 지표조사보고서』.
- 제천시 ❙ 2003, 『보물 제406호 덕주사마애불 실측조사보고서』.

9. 주거지와 건축

- 진천군 · 현석종합건축사무소 ❙ 1992, 『百源書院址 지표조사보고서』.
- 국립청주박물관 ❙ 1993, 『청원 雙淸里 거주지』.
- 충북대 선사문화연구소 ❙ 1994, 『청원 궁평리 청동기유적』.
- 한국교원대박물관 · 진천군 ❙ 1996, 『진천 崇烈祠 지표조사보고서』.
- 충북대 호서문화연구소 ❙ 1997, 『청원 栢峴里 건물지 발굴보고서』.
- 청주대박물관 · 괴산군 ❙ 1997, 『화양서원지 정밀지표조사보고서』.
- 청주대박물관 ❙ 1997, 『청주 山德里 胎室 발굴조사보고서』.
- 청원군 · 청원향토문화연구회 ❙ 1998, 『청주 東軒 실측조사 및 복원계획보고서』.
- 청주시 ❙ 1998, 『청주 望仙樓 현황조사 보고서』.
- 문화재청 ❙ 2003, 『한벽루 실측조사보고서』.
- 영동군 ❙ 2004, 『영동 金善熙가옥 수리보고서』.
- 충주시 · 예성문화연구회 ❙ 2005, 『충주 명성황후 유허지 지표조사보고서』.
- 충청대박물관 · 제천시 ❙ 2006, 『제천 덕주사 극락전지 발굴조사 보고서』.

10. 가마터와 와요지

- 충주공전박물관 · 중원군 ❙ 1986, 『중원 文周里 瓦窯地 발굴조사보고서』.
- 한남대박물관 · 백제문화개발연구원 ❙ 1987, 『진천 三龍里 백제토기 가마터 발굴

조사(1차) 약보고』.
- 한남대박물관 | 1987,『충북 진천 덕산면 山水里 백제토기 가마터 약보고』.
- 한남대박물관 · 백제문화개발연구원 | 1988,『진천 三龍里 백제토기 가마터 발굴조사(2차) 약보고』.
- 한남대박물관 · 백제문화개발연구원 | 1989,『진천 三龍里 백제토기 가마터 발굴조사(3차) 약보고』.
- 한남대박물관 · 백제문화개발연구원 | 1990,『진천 三龍里 백제토기 가마터 발굴조사(4차) 약보고』.
- 한남대박물관 · 백제문화개발연구원 | 1992,『진천 三龍里 백제토기 가마터 발굴조사(5차) 약보고』.
- 충북대박물관 · 충청북도 | 1993,『충북지방 도요지 지표조사보고서』.
- 충북대 선사문화연구소 | 1994,『청원 궁평리 청동기유적』.
- 충북대박물관 · 충주시 | 1995,『충주 미륵리 백제가마터』.
- 서울시립대박물관 · 한국도로공사 | 1997,『단양 현곡리 고려고분군 및 가마터 발굴조사』.
- 충북대박물관 | 1999,『음성 동부C.C 건설예정지역 청자요지 시굴조사보고서』.
- 한국문화재보호재단 · 단양군 | 2002,『단양 傍谷里 도요지 정밀지표조사보고서』.
- 충북대박물관 · (주)동부건설 · (주)원림개발 | 2002,『음성 笙里 청자가마터』.
- 중앙문화재연구원 · 한국도로공사 | 2003,『영동 沙夫里 · 老斤里 도요지』.
- 중앙문화재연구원 · 한국도로공사 | 2004,『보은 赤岩里 분청사기窯址 : 청원-상주간 고속도로 건설구간내』.
- 중앙문화재연구원 · 농업기반공사 | 2005,『충주 구룡지구 농업용수개발 예정지구내 충주 九龍里 백자요지』.

11. 복식

- 충북대박물관 | 1983,『임란전후 출토 복식 및 喪禮』.
- 충북대박물관 | 1987,『충북대학교박물관소장 출토 유의 및 근대복식논고』.
- 충북대박물관 | 1988,『충북대학교박물관소장 함영희여사 기증복식연구』.
- 충북대박물관 | 1988,『충북대학교박물관소장 출토 유의 및 근대복식논고 Ⅱ』.
- 충북대박물관 | 1993,『홍우협묘 출토 17세기 복식논고』.
- 충북대박물관 | 1999,『조선시대 복식연구』.
- 충주박물관 | 2002,『제8회 박물관 특별전 이응해장군묘 출토복식』.

12. 산업(철)

- 충주박물관 · 충주시 | 1996,『충주 利柳面 冶鐵유적 지표조사보고서』.

- 국립청주박물관 · 포항제철산업과학기술연구소 ǀ 1996, 『한국고대 철 생산 유적-중간결과보고』.
- 국립중앙과학관 ǀ 1997, 『충주시 完五里 야철유적 발굴조사』.
- 국립청주박물관 · 포항산업과학연구원 ǀ 1997, 『한국고대 철생산유적 발굴조사-진천 석장리 유적』.
- 충주박물관 ǀ 1998, 『충주 완오리 야철유적』.
- 세연철박물관 ǀ 2003, 『충북 음성군의 야철지』.
- 세연철박물관 ǀ 2003, 『충주 앙성면의 야철지』.
- 세연철박물관 ǀ 2003, 『고대 제철 복원실험보고서』.
- 국립청주박물관 · 포항산업과학연구원 ǀ 2004, 『진천 石帳里 철생산유적 발굴조사보고서』.

13. 금석문

- 단국대박물관 ǀ 1979, 『중원고구려비 조사보고서』.
- 충주산업대박물관 ǀ 1989, 『중원의 金石文集(1) : 고대 · 중세편』.
- 청원문화원 ǀ 1991, 『청원의 仁風』.
- 충북대 호서문화연구소 ǀ 1992, 『청주 신라사적비특집』.
- 한국고대사회연구소 편 ǀ 1992, 『역주 한국고대금석문』, (財)가락국사적개발연구원.
- 상산고적회 ǀ 1994, 『진천의 金石文(비문)集』, 대전 서진인쇄.
- 한국역사연구회편 ǀ 1996, 『역주 라말여초 금석문』 상 · 하, 혜안.
- 영동문화원 ǀ 1998, 『영동의 맥 金石編歷』.
- 남이면 ǀ 1998, 『南二의 碑石』.
- 고구려연구회 ǀ 2000, 『중원고구려비연구』.
- 진천상산고적회 · 진천문화원 ǀ 2001, 『진천의 金石文(비문)集』 2, 수서원.
- 진천군 ǀ 2001, 『진천 蓮谷里석비 실측조사보고서』.
- 괴산문화원 ǀ 2002, 『괴산군 신도비 · 묘갈 번역집』.
- 음성군 · 음성향토문화연구회 ǀ 2004, 『음성의 금석문』.
- 한국역사연구회 고대사분과 ǀ 2004, 『고대로부터의 통신』, 푸른역사.
- 청원향토문화연구회 편 ǀ 2004, 『청원군 금석문집』 1, 청원군 · 청원문화원.

제4부 선사문화

1. 구석기 문화

1) 일반

- 충북대박물관 ǀ 1979, 『대청댐 수몰지구유적발굴보고서』.
- 이융조 ǀ 1980, 『한국 선사문화의 연구』, 평민사.
- 이융조 ǀ 1981, 『한국의 선사문화 : 그 분석 연구』, 탐구당.
- 이융조 ǀ 1984, 『한국의 구석기문화(Ⅱ)』, 탐구당.
- 충북대박물관 ǀ 1985, 『충주댐 수몰지구 문화유적 연장발굴 조사보고서』.
- 충북대박물관 ǀ 1986, 『한국 구석기문화 특별전』.
- 최무장 ǀ 1986, 『한국의 구석기문화』, 예문출판사.
- 손보기 ǀ 1988, 『한국 구석기학 연구의 길잡이』, 연세대 출판부.
- 이선복 ǀ 1989, 『동북아시아 구석기연구』, 서울대 출판부.
- 이융조 · 우종윤 · 하문식 · 윤용현 ǀ 1994, 『우리의 선사문화』, 지식산업사.
- 호서고고학회 ǀ 1999, 『호서지방의 선사문화』.
- 충북대박물관 ǀ 1998, 『선사유적 발굴도록』.
- 호서고고학회 ǀ 1999, 『호서지방의 선사문화』.
- 이융조 ǀ 2000, 『청주의 선사문화』, 청주문화원.
- 충북대중원문화연구소 · 대전지방국토관리청 ǀ 2002, 『진천 장관리 유적(Ⅰ)』.
- 연세대출판부 ǀ 2002, 『우리나라의 구석기문화』.
- 충북대박물관 ǀ 2005, 『청원 작은 용굴유적 : 시굴조사 보고서』.
- 이융조 · 우종윤 편저 ǀ 2005, 『중원지역의 구석기유적』, 충북대박물관.
- 이융조 편 ǀ 2006, 『중원지역의 구석기문화』, 충북대중원문화연구소 · 한국학술진흥재단.
- 손보기 ǀ 1973, 「구석기문화」 『한국사』 1, 국사편찬위원회.
- 이융조 ǀ 1976, 「새로이 발견된 구석기 및 구석기 전통유물의 몇 예」 『백산학보』 20.
- 안춘배 ǀ 1977, 「南漢江流의 선사문화연구」 『백산학보』 23.
- 손보기 ǀ 1978, 「한국 구석기문화의 연구」 『한국사연구』 19.
- 이융조 ǀ 1978, 「구석기시대」 『한국사론』 1, 국사편찬위원회.

- 이재준 | 1978, 「충북 고고학계의 활동과 당면과제」『충청문예』 19.
- 이융조 | 1979, 「대청댐 수몰지역의 선사문화」『한국고고학년보』 7, 서울대박물관.
- 이융조 | 1980, 「대청댐 수몰지역의 구석기 유물」『한국사연구』 28.
- 이융조 | 1980, 「충북의 선사문화」『개신』 20, 충북대.
- 이융조 | 1981, 「한국 구석기문화의 이해에 대한 몇 가지 문제」『한국사연구』 35.
- 이융조 | 1983, 「구석기시대-편년」『한국사론』 12, 국사편찬위원회.
- 배기동 | 1983, 「구석기시대」『한국고고학보』 10.
- 황용훈 | 1983, 「중원지구 문화의 고고학적 고찰」『고고미술』, 160.
- 황용훈 | 1984, 「중원지구 문화의 고고학적 고찰」『중원문화논고집』 1, 충주시.
- 이융조 | 1985, 「한국선사문화에서의 선돌의 성격-충청도지방의 몇 예를 중심으로」『동방학지』 46 · 47 · 48합집.
- 정영화 | 1986, 「한국의 구석기」『한국고고학보』 19.
- 이융조 | 1987, 「구석기 · 중석기문화」『제2판 한국사연구입문』, 지식산업사.
- 최무장 | 1986, 「한국의 구석기문화」『한국구석기문화연구』, 한국정신문화연구원.
- 이융조 | 1988, 「충북의 선사문화」『청주문화』 3, 청주문화원.
- 이선복 | 1988, 「구석기시대」『한국고고학보』 21.
- 이융조 | 1989, 「중원지방의 구석기문화」『중원문화』 2, 충주문화원.
- 이융조 | 1990, 「중원지방의 구석기문화」『예성문화』 11.
- 배기동 | 1990, 「구석기시대 연구사」『국사관논총』 19.
- 이융조 | 1991, 「한강유역의 구석기문화」『선사와 고대』 1, 한국고대학회.
- 이융조 | 1992, 「중원지방의 구석기문화」『고문화』 40 · 41합집, 한국대학박물관협회.
- 이융조 | 1992, 「한국 구석기 연구의 오늘과 내일」『선사문화』 1, 충북대 선사문화연구소.
- 박영철 | 1992, 「한국의 구석기문화」『한국고고학보』 22.
- 배기동 | 1992, 「구석기시대」『한국선사고고학사』, 까치.
- 이선복 | 1992, 「구석기시대」『한강유역사』, 민음사.
- 우종윤 | 1993, 「금강유역의 선사유적 · 유물(1)」『년보』 2, 충북대 박물관.
- 이융조 | 1993, 「선사유적」『금강誌』 하, 충청남도 · 한남대 충청문화연구소.
- 이융조 | 1993, 「충북 선사시대의 정신문화」『충북 정신문화의 기둥』, 충청북도 교육청.
- 우종윤 | 1994, 「금강유역의 선사유적 · 유물(2)」『년보』 3, 충북대 박물관.
- 이융조 | 1994, 「구석기시대의 중원문화-연구의 현황과 과제」『선사문화』 2, 충북대 선사문화연구소.
- 이융조 | 1994, 「미호천유역의 선사문화」『청대사림』 5.
- 한창균 | 1994, 「구석기시대의 사회와 문화」『한국사』 1, 한길사.

• 이융조 ❙ 1995, 「중원지역의 선사문화」『중원문화권의 위상정립과 발전방향』, 충북대박물관.

• 조유전 ❙ 1995, 「고고학상으로 본 中原文化」『중원문화권의 위상정립과 발전방향』, 충북대박물관.

• 이융조 ❙ 1995, 「우리의 구석기연구 반세기」『한국학보』 81.

• 한창균 ❙ 1995, 「구석기시대와 문화」『북한선사문화 연구』, 백산자료원.

• 배기동 ❙ 1996, 「동북아 선사문화와 중원 선사문화 시원」『중원문화 국제 학술회의 결과보고서』, 충북대 호서문화연구소.

• 이융조 · 이용군 ❙ 1996, 「韓國中原地區的舊石器文化」『遼海文物學刊』 2, 중국요녕성문물고고연구소.

• 이융조 ❙ 1999, 「중원지역에서 새로 밝혀진 선사문화」『충북학』 창간호.

• 이융조 ❙ 1999, 「호서지방의 구석기 문화-최근 발굴자료를 중심으로」『호서고고학』 창간호.

• 임상택 ❙ 1999, 「호서 구석기 문화의 시공적 위치」『호서고고학』 창간호.

• 이형우 ❙ 2001, 「찍개문화와 주먹도끼문화의 비교고찰-두 문화의 동시대성에 대한 고찰」『선사와 고대』 16, 한국고대학회.

• 이융조 ❙ 2001, 「남한강의 선사문화」『충주댐 수몰 마을사 출판기념 남한강 학술회의-우리의 젖줄 남한강』, 내제문화연구회.

• 박희현 ❙ 2001, 「구석기시대의 유적분포로 본 남한강유역의 선사문화」『전농사론』 7.

• 이융조 ❙ 2002, 「한국 구석기문화 연구의 어제와 오늘」『연대박물관학술총서 1』, 연세대출판부.

• 김주용 · 양동윤 ❙ 2002, 「한국 구석기유적의 지형과 지질」『연대박물관학술총서 1』, 연세대출판부.

• 정영화 ❙ 2002, 「한국 구석기문화 연구의 과제와 전망」『연대박물관학술총서 1』, 연세대출판부.

• 손보기 ❙ 2002, 「우리의 구석기문화 연구」『연대박물관학술총서 1』, 연세대출판부.

• 이융조 ❙ 2002, 「한국 구석기학 연구와 국제교류」『연대박물관학술총서 1』, 연세대출판부.

• 이선복 ❙ 2002, 「한국 구석기연구의 발전을 위한 모색」『연대박물관학술총서 1』, 연세대출판부.

• 최삼용 ❙ 2002, 「금강유역의 구석기유적」『연대박물관학술총서 1』, 연세대출판부.

• 박희현 ❙ 2002, 「남한강유역의 구석기유적」『연대박물관학술총서 1』, 연세대출판부.

• 이융조 ❙ 2003, 「호서지역의 새로운 구석기 유적과 연구」『湖雲 최근묵교수정년

기념논총 호서지방사연구』, 경인문화사.
• 이융조 | 2003, 「충북의 선사문화」『충북문화론』, 충북학연구소.
• 이융조 | 2003, 「중원문화권안의 새로운 선사유적(1)-옥천지역 구석기유적을 중심으로」『선사와 고대』 17.
• 이융조 · 우종윤 | 2006, 「중원지역의 구석기문화」『중원지역의 구석기문화』, 충북대중원문화연구소 · 한국학술진흥재단.
• 공수진 | 2006, 「중원지역의 구석기문화의 특성-주변지역과의 비교를 중심으로」『중원지역의 구석기문화』, 충북대중원문화연구소 · 한국학술진흥재단.
• 공수진 | 2006, 「중원지역의 구석기시대 한데유적-석기문화 연구」『중원지역의 구석기문화』, 충북대중원문화연구소 · 한국학술진흥재단.
• 조태섭 | 2006, 「우리나라 구석기시대의 동굴유적 연구-성과와 의의」『중원지역의 구석기문화』, 충북대중원문화연구소 · 한국학술진흥재단.

2) 자연환경

• 손보기 | 1974, 「한국 구석기 시대의 자연-특히 점말동굴의 꽃가루분석과 기후의 측정」『한불연구』 1.
• 박희현 | 1975, 「한국 후기구석기시대의 생활환경」『백산학보』 18.
• 한창균 | 1979, 「점말 용굴의 박쥐화석 연구-한국 구석기시대의 자연환경과의 관계를 중심으로」, 연세대 석사학위논문.
• 박영철 | 1980, 「점말용굴의 자연환경」『점말용굴유적 발굴보고』, 연세대 박물관.
• 박희현 | 1983, 「구석기시대-동물상과 식물상」『한국사론』 12, 국사편찬위원회.
• 이융조 | 1983, 「한국 홍적세의 자연환경 연구-청원 두루봉 제2굴의 식물상을 중심으로」『동방학지』 38.
• 이융조 | 1985, 「한국 구석기시대의 동물상」『한국고고학보』 19.
• 박문숙 | 1986, 「한국 후기 홍적세의 자연환경 연구-수양개 · 창내유적의 꽃가루분석을 중심으로」, 충북대 석사학위논문.
• 이융조 | 1987, 「한국 구석기유적과 식물학상의 분석연구」『동방학지』 54 · 55 · 56합집.
• 한창균 | 1988, 「점말용굴 퇴적의 제4기 박쥐화석」『고무화』 33.
• 이융조 | 1988, 「청원 두루봉 새굴 · 처녀굴의 자연환경 연구-식물상의 자료를 중심으로」『손보기박사 정년기념논총』.
• 이융조 | 1992, 「단양 구낭굴출토 곰화석 연구」『박물관기요』 8, 단국대박물관.
• 박선주 | 1993, 「한국 플라이스토세 유적지에서 출토된 식육류화석-북부지역에서 출토된 하이에나과 화석과 곰과 화석을 중심으로」『선사와 고대』 5.
• 강상준 | 1994, 「선사고고학에 있어서의 고환경 복원」『선사문화』 2.
• 이융조 · 조태섭 | 2000, 「구낭굴출토 동물화석에 나타난 자른자국의 분석」『충북사학』 11 · 12합집.

- 이융조 · 조태섭 ▎2000, 「두루봉 제2굴 출토 동물상을 통해 본 자연환경 분석연구」 『실학사상연구』 14.
- 조태섭 ▎2002, 「한국 구석기시대의 동물상과 자연환경」 『우리나라의 구석기문화』, 연세대출판부.
- 김주용 ▎2003, 「소로리 구석기 유적의 제4기 지질과 식생환경」 『아세아선사농경과 소로리 볍씨』, 충북대박물관 · 청원군.
- 김주용 외 ▎2004, 「단양일대 남한강 유역의 제4기하성 퇴적층 형성환경연구-수양개 구석기 유적지를 중심으로」 『선사와 고대』 20.
- 박문숙 ▎2005, 「한국후기 홍적세의 자연환경 연구-수양개 · 창내유적의 꽃가루 분석을 중심으로」 『충북사학』 15.
- 김주용 · 이융조 · 오근창 · 류은영 · 장수범 · 류새한 ▎2006, 「중원지역 선사시대 강가 한데유적과 동굴유적의 형성환경과 시기고찰-소로리유적과 구낭굴 유적을 중심으로」 『중원지역의 구석기문화』, 충북대중원문화연구소 · 한국학술진흥재단.
- 김주용 · 이융조 · 오근창 ▎2006, 「단양 일대 남한강 유역의 제4기 하성퇴적층 형성환경 연구-수양개 구석기 유적지를 중심으로」 『중원지역의 구석기문화』, 충북대중원문화연구소 · 한국학술진흥재단.
- 김주용 · 이융조 · 양동윤 · 김종찬 · 봉필윤 ▎2006, 「청원 옥산 소로리 구석기유적 제4기 지층 형성환경, 시기 및 식생사」 『중원지역의 구석기문화』, 충북대중원문화연구소 · 한국학술진흥재단.
- 박원규 ▎2006, 「중원지역 구석기유적 식생복원」 『중원지역의 구석기문화』, 충북대중원문화연구소 · 한국학술진흥재단.
- 박원규 · 김요정 · 이융조 ▎2006, 「수양개 후기구석기유적 출토 숯의 수종분석」 『중원지역의 구석기문화』, 충북대중원문화연구소 · 한국학술진흥재단.
- 박원규 · 김요정 · 김경희 · 이융조 ▎2006, 「단양 구낭굴 출토 숯의 수종분석」 『중원지역의 구석기문화』, 충북대중원문화연구소 · 한국학술진흥재단.
- 박원규 · 김수철 · 이융조 ▎2006, 「청원 소로리 후빙기시대의 환경-출토목재의 수종분석을 중심으로」 『중원지역의 구석기문화』, 충북대중원문화연구소 · 한국학술진흥재단.
- 김종찬 · 이융조 · 조태섭 · 염종권 ▎2006, 「구낭굴유적의 방사성 탄소연대측정과 석회마루 형성 기후환경」 『중원지역의 구석기문화』, 충북대중원문화연구소 · 한국학술진흥재단.
- 염종권 · 김종찬 · 조태섭 · 김주용 · 이융조 · 김인철 ▎2006, 「구낭굴유적의 연대측정과 고환경변화」 『중원지역의 구석기문화』, 충북대중원문화연구소 · 한국학술진흥재단.
- 이융조 · 조태섭 · 우종윤 ▎2006, 「생태층위학상으로 본 중원지역 구석기유적의 편년과 동물상」 『중원지역의 구석기문화』, 충북대중원문화연구소 · 한국

학술진흥재단.

3) 연대측정

• 이융조 · 김종찬 · 조태섭 · 염종권 ∣ 2003, 「구낭굴유적의 방사성탄소 연대측정과 석회마루 형성 기후환경」『한국구석기학보』 8.
• 김종찬 · 이융조 · 조태섭 · 염종권 ∣ 2006, 「구낭굴유적의 방사성 탄소연태측정과 석회마루 형성 기후환경」『중원지역의 구석기문화』, 충북대중원문화연구소 · 한국학술진흥재단.
• 염종권 · 김종찬 · 조태섭 · 김주용 · 이융조 · 김인철 ∣ 2006, 「구낭굴유적의 연대측정과 고환경변화」『중원지역의 구석기문화』, 충북대중원문화연구소 · 한국학술진흥재단.
• 김종찬 ∣ 2006, 「구낭굴유적의 U/Th 연대측정에 대하여」『중원지역의 구석기문화』, 충북대중원문화연구소 · 한국학술진흥재단.
• 김종찬 · 이융조 ∣ 2006, 「수양개 구석기유적의 연대측정에 대하여」『중원지역의 구석기문화』, 충북대중원문화연구소 · 한국학술진흥재단.
• 김종찬 · 이융조 ∣ 2006, 「소로리 구석기유적 토탄층의 연대측정」『중원지역의 구석기문화』, 충북대중원문화연구소 · 한국학술진흥재단.
• 이융조 · 공수진 ∣ 2006, 「수양개 3지구의 구석기문화와 그 연대」『중원지역의 구석기문화』, 충북대중원문화연구소 · 한국학술진흥재단.

4) 석기와 석기제작

• 공수진 ∣ 1987, 「금굴 구석기 격지의 분석연구」, 연세대 석사학위논문.
• 박희현 ∣ 1988, 「창내 후기 구석기 문화층의 석기분석」『손보기박사 정년 기념논총』.
• 이융조 ∣ 1989, 「단양 수양개 배모양석기의 연구」『고문화』 35.
• 이융조 · 윤용현 ∣ 1993, 「한국 좀돌날 몸돌의 연구-수양개수법과의 비교를 중심으로」『선사문화』 2, 충북대 선사문화연구소.
• 이융조 · 윤용현 ∣ 1994, 「수양개 좀돌날 몸돌 제작수법을 통해 본 한국의 좀돌날 몸돌」『中 · 露 · 日 · 韓 국제학술회의-동북아 구석기문하』.
• 김성명 ∣ 1996, 「단양 수양개유적의 주먹도끼 연구」, 충북대 석사학위논문.
• 이융조 · 윤용현 ∣ 1996, 「수양개 좀돌날 몸돌과 한국의 좀돌날 몸돌의 비교연구」『동북아 구석기문화』, 충북대 선사문화연구소 · 중국 요녕성문물고고연구소.
• 이융조 · 윤용현 ∣ 1996, 「수양개유적의 후기구석기문화-좀돌날 몸돌을 중심으로」『수양개와 그 이웃들-제1회 국제학술회의 자료집』, (사)단양향토문화연구회 · 충북대박물관.
• 이융조 ∣ 1997, 「한국 단양 수양개유적 출토 좀돌날 몸돌 細石核의 성격과 위치」

『제5차 조선학국제학술회의 역사 2』, 大阪경제법과대학(일본).
• 이융조 외 ǀ 1999, 「수양개 슴베연모의 고찰」『제4회 국제학술회의 수양개와 그 이웃들』, 한국고대학회.
• 이융조 · 홍미영 ǀ 1999, 「청원 소로리 구석기유적의 석기 분석」『중원문화논총』 2 · 3합집.
• 이융조 · 공수진 ǀ 2001, 「단양 수양개 후기구석기시대 밀개의 연구」『선사와 고대』 16, 한국고대학회.
• 이형우 ǀ 2001, 「찍개문화와 주먹도끼문화의 비교고찰-두 문화의 동시대성에 대한 고찰」『선사와 고대』 16, 한국고대학회.
• 이융조 · 홍미영 ǀ 2001, 「청원 소로리 구석기유적의 출토석기」『한국구석기학보』 1.
• 이헌종 ǀ 2002, 「우리나라 구석기시대 석기제작기법의 변화」『연대박물관 학술총서 1』, 연세대출판부.
• 김환일 ǀ 2003, 「청원 소로리 구석기유적 A지구 1문화층의 격지제작수법-몸돌을 중심으로」, 충북대 석사학위논문.
• 이승원 ǀ 2005, 「진천 송두리 구석기유적 출토 여러면석기」, 충북대 석사학위논문.

5) 뼈와 동물화석

• 한창균 ǀ 1979, 「점말 용굴의 박쥐화석 연구-한국 구석기시대의 자연환경과의 관계를 중심으로」, 연세대 석사학위논문.
• 최삼용 ǀ 1984, 「점말용굴 사슴과 화석의 연구」, 연세대 석사학위논문.
• 박영철 ǀ 1984, 「두루봉 2굴 출토 뼈연모의 전자현미경 관찰」『한국의 구석기문화(2)』, 탐구당.
• 이융조 ǀ 1986, 「한국 구석기시대의 동물상」『한국고고학보』 19.
• 조태섭 ǀ 1986, 「점말 용굴의 뼈연모 연구-특히 잔손질 된 뼈연모를 중심으로」, 연세대 석사학위논문.
• 조태섭 ǀ 1988, 「점말용굴 퇴적의 제4기 박쥐화석 연구」『고문화』 33.
• 조태섭 ǀ 1989, 「화석환경학이란 무엇인가」『박물관기요』 5, 단국대 박물관.
• 박선주 ǀ 1990, 「청원 두루봉동굴에서 나온 '하이에나' 화석」『충청문화연구』 2, 한남대 충청문화연구소.
• 이융조 · 박선주 ǀ 1990, 「청원 두루봉 처녀굴에서 발굴된 하이에나과 화석연구」『고고미술사론』 1, 충북대 고고미술사학과.
• 이융조 · 박선주 ǀ 1992, 「단양 구낭굴출토 곰화석 연구」『박물관기요』 8, 단국대 박물관.
• 이융조 · 박선주 ǀ 1992, 「우리겨레의 뿌리에 관한 고인류학적 연구-청원 두루봉 '흥수아이' 와 선사인류화석을 중심으로」『선사문화』 1.

- 박선주 | 1993, 「한국 플라이스토세 유적지에서 출토된 식육류화석-북부지역에서 출토된 하이에나과 화석과 곰과 화석을 중심으로」『선사와 고대』 5.
- 박선주 | 1996, 「동북아시아 출토 플라이스토세 곰화석-동굴곰화석을 중심으로」『선사문화』 4, 충북대.
- 권학수 | 1996, 「청원 '두루봉 흥수굴' 출토 홍적세 어린아이뼈 연구」『동북아 구석기 문화』, 충북대 선사문화연구소 · 중국 요녕성 문물고고연구소.
- 이융조 · 박선주 | 1996, 「청원 두루봉 흥수굴 출토 후기홍적세의 어린아이뼈 연구」『동북아아 구석기 문화』, 충북대 선사문화연구소 · 중국 요녕성 문물고고연구소.
- 이융조 · 박선주 | 1996, 「청원 두루봉동굴 '흥수아이' 인골과 안면복원 연구」『제2회 한일미술해부학심포지움』.
- 이융조 | 1997, 「우리나라 구석기시대의 옛짐승」『자연보존』 100, 한국자연보존협회.
- 권학수 | 1998, 「두루봉 처녀굴출토 사슴뼈구성의 계량적 비교분석」『동북아 구석기 동굴유적과 문화』, 청원 두루봉동굴발굴 20주년기념 국제학술회의, 충북대박물관.
- 박선주 | 1998, 「청원 두루봉 출토 플라이스토세 큰동물화석」『고고미술사론』 6.
- 권학수 | 1998, 「구석기시대 동물뼈 해석의 방법론적 고찰」『한국고고학보』 38.
- 조태섭 | 1999, 「동물뼈화석 변형의 기원과 역사(1)」『고고와 민속』 2, 한남대박물관.
- 권학수 | 1999, 「청원 두루봉 동굴 뼈화석의 계량적 분석」『선사와 고대』 12.
- 이융조 · 조태섭 | 2000, 「구낭굴출토 동물화석에 나타난 자른자국의 분석」『충북사학』 11 · 12합집.
- 이융조 | 2000, 「두루봉 제2굴 출토 동물상을 통해 본 자연환경 분석연구」『실학사상연구』 14.
- 조태섭 | 2000, 「동물화석을 통해 본 우리나라 구석기시대의 동굴유적의 성격」『국사관논총』 91.
- 조태섭 | 2002, 「한국 구석기시대의 동물상과 자연환경」『우리나라의 구석기문화』, 연세대출판부.
- 이융조 · 조태섭 | 2006, 「우리나라 제4기 갱신세의 동물상과 구석기시대 옛사람들」『중원지역의 구석기문화』, 충북대중원문화연구소 · 한국학술진흥재단.
- 조태섭 | 2006, 「중원지역의 구석기시대 동굴유적-동물화석 연구」『중원지역의 구석기문화』, 충북대중원문화연구소 · 한국학술진흥재단.
- 이융조 · 조태섭 · 우종윤 | 2006, 「생태층위학상으로 본 중원지역 구석기유적의 편년과 동물상」『중원지역의 구석기문화』, 충북대중원문화연구소 · 한국학술진흥재단.

- 박선주 ‖ 2006, 「한국 후기 플라이스토세 호미니드의 머리뼈 변화」『중원지역의 구석기문화』, 충북대중원문화연구소 · 한국학술진흥재단.
- 박선주 ‖ 2006, 「한반도 출토 고인류화석과 동북아시아 고인류화석-용곡 7호 화석과 싼진뚱 101호 화석 및 류지앙 화석을 중심으로」『중원지역의 구석기문화』, 충북대중원문화연구소 · 한국학술진흥재단.

6) 청원 두루봉동굴 유적

- 이융조 ‖ 1981, 『한국의 선사문화 그 분석 연구』, 탐구당.
- 충북대박물관 ‖ 1981, 『청원 두루봉 제2굴 구석기문화 중간보고서』.
- 충북대박물관 · 충청북도 ‖ 1983, 『청원 두루봉동굴 구석기유적 발굴조사보고서 (1)』.
- 손보기 ‖ 1983, 『두루봉 9굴 살림터-청원 두루봉 9굴 발굴보고』, 연세대선사연구실.
- 이융조 ‖ 1984, 『청원 두루봉 제2굴 구석기문화의 연구』, 연세대 박사학위논문.
- 충북대박물관 ‖ 1991, 『청원 두루봉 흥수굴 발굴조사 보고서』.
- 이융조 ‖ 1983, 「한국 홍적세의 자연환경 연구-청원 두루봉 제2굴의 식물상을 중심으로」『동방학지』 38.
- 충북대박물관 ‖ 1991, 『청원 두루봉 흥수굴 발굴조사 보고서』.
- 충북대박물관 ‖ 1996, 『청원 두루봉동굴 발굴 20주년기념 국제학술회의논문집』.
- 조성진 ‖ 1976, 「청원 두루봉동굴의 구석기문화」『월간충청』 79.
- 강승원 ‖ 1976, 「청원 선사유적 발견시말」『충청문예』 1-4.
- 이융조 ‖ 1980, 「청원 두루봉동굴의 구석기문화-2굴의 예보적 고찰을 중심으로」『충북대논문집』 19.
- 이융조 ‖ 1981, 「청원 두루봉 제2굴 구석기문화」『개신』 22, 충북대 교지편집위원회.
- 이융조 ‖ 1983, 「청원 두루봉 제2굴 구석기사회 복원에 관한 한 연구」『한국사연구』 42.
- 박영철 ‖ 1984, 「두루봉 2굴 출토 뼈연모의 전자현미경 관찰」『한국의 구석기문화 (2)』, 탐구당.
- 이융조 ‖ 1986, 「한국 구석기문화에서의 두루봉문화」『역사학보』 109.
- 이융조 ‖ 1988, 「청원 두루봉 새굴 · 처녀굴의 자연환경 연구-식물상의 자료를 중심으로」『손보기박사 정년기념 고고인류학논총』.
- 박선주 ‖ 1990, 「청원 두루봉동굴에서 나온 '하이에나' 화석」『충청문화연구』 2, 한남대 충청문화연구소.
- 이융조 · 박선주 ‖ 1990, 「청원 두루봉 처녀굴에서 발굴된 하이에나과 화석연구」『고고미술사론』 1, 충북대 고고미술사학과.
- 이융조 ‖ 1992, 「청원 두루봉 동굴의 구석기문화」『동아시아의 구석기문화』, 문화

재연구소.
• 이융조 · 박선주 ▮ 1992, 「우리 겨레의 뿌리에 관한 고인류학적 연구-청원두루봉 '흥수아이'와 선사 인류화석을 중심으로」『선사문화』 1.
• 박선주 ▮ 1996, 「동북아시아 출토 플라이스토세 곰화석-동굴곰화석을 중심으로」『선사문화』 4, 충북대.
• 권학수 ▮ 1996, 「두루봉 처녀굴출토 사슴뼈구성의 계량적 비교분석」『동북아 구석기 동굴유적과 문화』, 청원 두루봉동굴발굴 20주년기념 국제학술회의, 충북대박물관.
• 이융조 · 우종윤 · 하문식 ▮ 1996, 「청원 두루봉 구석기문화의 고고학적고찰」『동북아 구석기 동굴유적과 문화』, 청원 두루봉동굴발굴 20주년기념 국제학술회의, 충북대박물관.
• 권학수 ▮ 1996, 「청원 '두루봉 흥수굴' 출토 홍적세 어린아이뼈 연구」『동북아 구석기 문화』, 충북대 선사문화연구소 · 중국 요녕성문물고고연구소.
• 이융조 · 박선주 ▮ 1996, 「청원 두루봉 흥수굴 출토 후기홍적세의 어린아이뼈 연구」『동북아아 구석기 문화』, 충북대 선사문화연구소 · 중국 요녕성 문물고고연구소.
• 이융조 · 박선주 ▮ 1996, 「청원 두루봉동굴 '흥수아이' 인골과 안면복원 연구」『제2회 한일미술해부학심포지움』.
• 이용군 ▮ 1998, 「청원 두루봉유적과 요동 구석기 동굴유적의 비교」, 충북대 석사학위논문.
• 박선주 ▮ 1998, 「청원 두루봉 출토 플라이스토세 큰동물화석」『고고미술사론』 6.
• 이동영 · 김주용 ▮ 1999, 「청원 두루봉 새굴 · 처녀굴의 지층과 암석분석」『선사와 고대』 12.
• 이융조 · 하문식 · 조태섭 ▮ 1999, 「청원 두루봉 새굴 · 처녀굴 출토유물의 고고학적 연구」『선사와 고대』 12.
• 권학수 ▮ 1999, 「청원 두루봉 동굴 뼈화석의 계량적 분석」『선사와 고대』 12.
• 이융조 · 조태섭 ▮ 2000, 「두루봉 제2굴 출토 동물상을 통해 본 자연환경 분석연구」『실학사상연구』 14.

7) 청원 소로리 유적

• 충북대박물관 ▮ 1994, 『청주과학산업단지 문화유적 지표조사보고서 : 선사고고학 분야 조사보고』.
• 충북대박물관 · 한국토지공사 ▮ 1997, 『청원 오창과학지방산업단지 선사유적 시굴조사 보고서』.
• 충북대박물관 ▮ 1998, 『오창과학산업단지내 청원 소로리 구석기유적 발굴조사 현장설명회자료』.
• 충북대박물관 · 한국토지공사 ▮ 2000, 『청원 小魯里 구석기유적』.

- 이융조 · 홍미영 ∥ 1999, 「청원 소로리 구석기유적의 석기 분석」『중원문화논총』 2 · 3합집.
- 한창균 · 손기언 ∥ 2000, 「청원 소로리 구석기유적(B지구)의 지층과 출토유물」『실학사상연구』 14.
- 이융조 · 홍미영 ∥ 2000, 「청원 소로리 구석기유적의 출토석기-A지구를 중심으로」『한국구석기학보』 1, 한국구석기학회.
- 이융조 · 우종윤 ∥ 2001, 「청원소로리 2차볍씨의 발굴과 의미」『한국구석기학보』 4.
- 이융조 · 우종윤 ∥ 2001, 「청원 소로리 볍씨 출토 토탄층 제2차 조사」『년보』 10, 충북대박물관.
- 이융조 ∥ 2001, 「세계 최고 소로리 볍씨의 발견과 과제」『청주문화』 16, 청주문화원.
- 이융조 ∥ 2001, 「청원 옥산 소로리 유적지 일대 유기질 니층의 화학분석에 의한 식생변천사에 관한 연구」『한국제4기학회지』 15-2, 한국제4기학회.
- 이융조 ∥ 2002, 「구석기시대의 소로리 볍씨와 土炭層」『중국 하남성 문물 고고연구소 개소50주년기념 국제학술토론회』, 중국 하남성 鄭州市.
- 이융조 ∥ 2002, 「소로리 구석기유적의 제4기 지질과 식생환경」『제1회 국제학술회의 : 아시아의 선사농경과 소로리볍씨』, 청원군 · 충북대박물관.
- 이융조 ∥ 2002, 「소로리 구석기유적 출토 볍씨의 형태적 고찰」『제1회 국제학술회의 : 아시아의 선사농경과 소로리볍씨』, 청원군 · 충북대박물관.
- 이융조 ∥ 2002, 「소로리 볍씨의 DNA 분석」『제1회 국제학술회의 : 아시아의 선사농경과 소로리볍씨』, 청원군 · 충북대박물관.
- 이융조 · 우종윤 ∥ 2002, 「소로리볍씨의 발굴과 과제」『제1회 국제학술회의 : 아시아의 선사농경과 소로리볍씨』, 청원군 · 충북대박물관.
- 김환일 ∥ 2003, 「청원 소로리 구석기유적 A지구 1문화층의 격지제작수법-몸돌을 중심으로」, 충북대 석사학위논문.
- 이융조 · 우종윤 ∥ 2003, 「세계 최고의 소로리 볍씨 발굴과 의미」『아세아선사농경과 소로리 볍씨』, 충북대박물관 · 청원군.
- 김주용 ∥ 2003, 「소로리 구석기 유적의 제4기 지질과 식생환경」『아세아선사농경과 소로리 볍씨』, 충북대박물관 · 청원군.
- 서학수 ∥ 2003, 「소로리 볍씨의 DNA 분석」『아세아 선사농경과 소로리볍씨』, 충북대박물관 · 청원군.
- 조수원 ∥ 2003, 「청원 소로리 토탄층에서 출토된 딱정벌레 화석의 동정」『아세아 선사농경과 소로리 볍씨』, 충북대박물관 · 청원군.
- 嚴文明 ∥ 2003, 「도작 농경기원과 소로리 볍씨」『아세아 선사농경과 소로리 볍씨』, 충북대박물관 · 청원군.
- 西谷正 ∥ 2003, 「일본의 선사농경과 소로리稻籾」『아세아 선사농경과 소로리 볍

씨』, 충북대박물관 · 청원군.
• 김주용 · 이융조 · 오근창 · 류은영 · 장수범 · 류새한 ❙ 2006, 「중원지역 선사시대 강가 한데유적과 동굴유적의 형성환경과 시기고찰-소로리유적과 구낭굴 유적을 중심으로」『중원지역의 구석기문화』, 충북대중원문화연구소 · 한국학술진흥재단.
• 김주용 · 이융조 · 양동윤 · 김종찬 · 봉필윤 · 박지훈 ❙ 2006, 「청원 옥산 소로리 구석기유적 제4기 지층 형성환경, 시기 및 식생사」『중원지역의 구석기문화』, 충북대중원문화연구소 · 한국학술진흥재단.
• 박원규 · 김수철 · 이융조 ❙ 2006, 「청원 소로리 후빙기시대의 환경-출토목재의 수종분석을 중심으로」『중원지역의 구석기문화』, 충북대중원문화연구소 · 한국학술진흥재단.
• 김종찬 · 이융조 ❙ 2006, 「소로리 구석기유적 토탄층의 연대측정」『중원지역의 구석기문화』, 충북대중원문화연구소 · 한국학술진흥재단.
• 이융조 · 우종윤 ❙ 2006, 「구석기시대의 소로리 볍씨와 토탄층」『중원지역의 구석기문화』, 충북대중원문화연구소 · 한국학술진흥재단.

8) 단양 수양개 유적

• 충북대박물관 ❙ 1984, 『충주댐 수몰지구 문화유적 발굴조사종합보고서-고고 · 고분분야(1)』.
• 충북대박물관 ❙ 2003, 『수양개 3지구 구석기유적 : 선사유물전시관 건립예정지역 시굴조사』.
• 박문숙 ❙ 1986, 「한국 후기 홍적세의 자연환경연구-수양개 · 창내유적의 꽃가루 분석을 중심으로」, 충북대 석사학위논문.
• (사)단양향토문화연구회 · 충북대박물관 ❙ 1996, 『수양개와 그 이웃들-제1회 국제 학술회의 자료집』.
• (사)단양향토문화연구회 · 충북대박물관 ❙ 1997, 『수양개와 그 이웃들-제2회 국제 학술회의 자료집』.
• (사)단양향토문화연구회 · 충북대박물관 ❙ 1998, 『수양개와 그 이웃들-제3회 국제 학술회의 자료집』.
• (사)단양향토문화연구회 · 충북대박물관 ❙ 1998, 『수양개유적 발굴 15주년기념 학술발표회』.
• 단양군 ❙ 2002, 『수양개와 그 이웃들』.
• 충북대박물관 ❙ 2003, 『수양개 3지구 구석기유적 : 선사유물전시관 건립예정지역 시굴조사』.
• 이융조 ❙ 1983, 「단양 수양개 구석기유적 발굴 약보고」『83 충주댐 수몰지구 문화유적 발굴조사약보고서』, 충북대박물관.
• 이융조 ❙ 1984, 「단양 수양개 구석기유적 발굴조사 보고」『충주댐 수몰지구 문화

유적 발굴조사종합보고서-고고 · 고분분야(Ⅰ)』.
• 이융조 | 1985, 「단양 수양개 구석기유적 발굴조사 보고」『충주댐 수몰지구 문화유적 연장발굴 조사보고서』.
• 박문숙 | 1986, 「한국 후기 홍적세의 자연환경 연구-수양개, 창내유적의 꽃가루 분석을 중심으로」, 충북대 석사학위논문.
• 이융조 | 1988, 「단양 수양개 후기구석기문화」『제5회 국제학술회의-세계한국학대회 : 한국학의 과제와 전망』, 한국정신문화연구원.
• 이융조 | 1988, 「단양 수양개 후기 구석기시대의 자연환경연구(Ⅰ)-숯자료를 중심으로」『又仁김용덕박사정년기념논총』.
• 이융조 | 1989, 「단양 수양개 배모양석기의 연구」『고문화』 35, 한국대학박물관협회.
• 이융조 | 1989, 「단양 수양개 후기 구석기문화」『제5회 국제학술회의-세계 한국학대회 : 한국학의 과제와 전망』, 한국정신문화연구원.
• 이융조 · 윤용현 | 1993, 「한국 좀돌날 몸돌의 연구-수양개수법과의 비교를 중심으로」『선사문화』 2, 충북대 선사문화연구소.
• 이융조 · 윤용현 | 1994, 「수양개 좀돌날 몸돌 제작수법을 통해 본 한국의 좀돌날 몸돌」『中 · 露 · 日 · 韓 국제학술회의-동북아 구석기문화』.
• 이융조 · 우종윤 | 1995, 「단양 수양개유적 발굴조사 개보」『년보』 4, 충북대 박물관.
• 이융조 | 1995, 「충주댐 수몰지역 조사와 수양개문화」『단양문화』 1, 단양문화원.
• 김성명 | 1996, 「단양 수양개유적의 주먹도끼 연구」, 충북대 석사학위논문.
• 이융조 · 우종윤 · 이재돈 | 1996, 「단양 수양개유적 발굴조사 개보」『년보』 5, 충북대 박물관.
• 이융조 · 윤용현 | 1996, 「수양개 좀돌날 몸돌과 한국의 좀돌날 몸돌의 비교연구」『동북아 구석기문화』, 충북대 선사문화연구소 · 중국 요녕성문물고고연구소.
• 이융조 · 윤용현 | 1996, 「수양개유적의 후기구석기문화-좀돌날 몸돌을 중심으로」『수양개와 그 이웃들-제1회 국제학술회의』, (사)단양향토문화연구회 · 충북대박물관.
• 이융조 · 우종윤 | 1997, 「수양개유적 발굴과 그 의미」『수양개와 그 이웃들-제2회 국제학술회의』, (사)단양향토문화연구회 · 충북대박물관.
• 이융조 | 1997, 「한국 단양 수양개유적 출토 좀돌날 몸돌 細石核의 성격과 위치」『제5차 조선학국제학술회의 역사 2』, 大阪경제법과대학(일본).
• 이융조 | 1998, 「단양 수양개유적 최근 연구성과」『수양개유적 발굴 15주년기념 학술발표회』, 단양향토문화연구회 · 충북대박물관.
• 허문회 | 1998, 「단양 수양개유적 출토 곡물」『수양개유적 발굴 15주년기념 학술발표회』, 단양향토문화연구회 · 충북대박물관.

- 이융조 · 공수진 ǀ 1999, 「수양개 슴베연모의 고찰」『제4회 국제학술회 수양개와 그 이웃들』, 단양향토문화연구회 · 한국고대학회.
- 이융조 · 우종윤 ǀ 1999, 「단양지역 구석기문화」『제1회 국제학술회의-韓 · 中 선사문화』, 중국 하남성 문물고고연구소.
- 이융조 · 우종윤 · 공수진 ǀ 2000, 「단양 수양개 1지구의 최근 발굴 성과」『제5회 국제학술회의 : 수양개와 그 이웃들』, 단양군청 · 단양향토문화연구회 · 한국고대학회.
- 이융조 · 공수진 ǀ 2001, 「단양 수양개 후기구석기시대 밀개의 연구」, 『선사와 고대』 16, 한국고대학회.
- 이융조 · 우종윤 · 공수진 ǀ 2001, 「단양 수양개 1지구 후기 구석기시대 밀개」『제6회 국제학술회의 : 수양개와 그 이웃들』, 충북대박물관.
- 이융조 · 조태섭 ǀ 2001, 「단양 수양개 3지구 시굴조사-선사유물전시관 건립예정지역내」『년보』 10, 충북대박물관.
- 이융조 · 공수진 ǀ 2002, 「수양개유적 슴베연모에 대한 새로운 연구」『한국구석기학보』 6.
- 김주용 외 ǀ 2004, 「단양일대 남한강 유역의 제4기하성 퇴적층 형성환경연구-수양개 구석기 유적지를 중심으로」『선사와 고대』 20.
- 이융조 · 조남철 · 강형태 ǀ 2004, 「단양 수양개유적의 구석기문화」『한국구석기학보』 10.
- 박문숙 ǀ 2005, 「한국후기 홍적세의 자연환경 연구-수양개 · 창내유적의 꽃가루 분석을 중심으로」『충북사학』 15.
- 김주용 · 이융조 · 양동윤 · 오근창 ǀ 2006, 「단양 일대 남한강 유역의 제4기하성 퇴적층 형성환경 연구-수양개 구석기 유적지를 중심으로」『중원지역의 구석기문화』, 충북대중원문화연구소 · 한국학술진흥재단.
- 박원규 · 김요정 · 이융조 ǀ 2006, 「수양개 후기구석기유적 출토 숯의 수종분석」『중원지역의 구석기문화』, 충북대중원문화연구소 · 한국학술진흥재단.
- 김종찬 · 이융조 ǀ 2006, 「수양개 구석기유적의 연대측정에 대하여」『중원지역의 구석기문화』, 충북대중원문화연구소 · 한국학술진흥재단.
- 이융조 · 공수진 · 천권희 ǀ 2006, 「남한강 유역의 후기구석기시대의 문화적 양태-수양개와 창내유적을 중심으로」『중원지역의 구석기문화』, 충북대중원문화연구소 · 한국학술진흥재단.
- 이융조 · 우종윤 ǀ 2006, 「수양개유적의 발굴과 그 의미」『중원지역의 구석기문화』, 충북대중원문화연구소 · 한국학술진흥재단.
- 이융조 · 공수진 ǀ 2006, 「수양개유적의 슴베연모에 대한 새로운 연구」『중원지역의 구석기문화』, 충북대중원문화연구소 · 한국학술진흥재단.
- 이융조 · 공수진 ǀ 2006, 「수양개 3지구의 구석기문화와 그 연대」『중원지역의 구석기문화』, 충북대중원문화연구소 · 한국학술진흥재단.

9) 단양 구낭굴 유적

- 충북대박물관 Ⅰ 1991, 『단양 구낭굴 발굴보고(1)-1986 · 1988년 조사』.
- 충북대박물관 Ⅰ 1998, 『단양 구낭굴유적 현장설명회 자료』.
- 충북대박물관 Ⅰ 1998, 『단양 구낭굴유적 약보고서』.
- 충북대박물관 · 단양군 Ⅰ 1999, 『단양 구낭굴 유적(1)』.
- 충북대박물관 · 단양군 Ⅰ 2000, 『단양 구낭굴 유적(2)』.
- 이융조 · 박선주 Ⅰ 1992, 「단양 구낭굴출토 곰화석 연구」『박물관기요』 8, 단국대 박물관.
- 이융조 · 조태섭 Ⅰ 1998, 「단양 구낭굴유적의 최근 발굴성과」『고고미술사론』 6, 충북대 고고미술사학과.
- 이융조 · 조태섭 · 이동성 · 박홍근 Ⅰ 1998, 「단양 구낭굴유적 발굴조사개보」『년보』 7, 충북대 박물관.
- 이융조 · 조태섭 Ⅰ 1999, 「동물상을 통해 본 구낭굴의 자연환경」『박상환박 사정년 기념사학논총』, 혜안.
- 이융조 · 조태섭 Ⅰ 1999, 「단양 구낭굴 유적 동물상의 새로운 연구」『선사와 고대』 12.
- 이융조 · 조태섭 Ⅰ 2000, 「구낭굴출토 동물화석에 나타난 자른자국의 분석」『충북사학』 11 · 12합집.
- 이융조 · 조태섭 Ⅰ 2000, 「단양구낭굴 구석기유적의 최근 연구성과」『수양개와 그 이웃들』.
- 이융조 · 김종찬 · 조태섭 · 염종권 Ⅰ 2003, 「구낭굴유적의 방사성탄소 연대측정과 석회마루 형성 기후환경」『한국구석기학보』 8.
- 김주용 · 이융조 외 Ⅰ 2005, 「한국 단양지역 구낭굴 동굴퇴적층 형성과정과 시기 고찰」『선사와 고대』 22.
- 김주용 · 이융조 · 오근창 · 류은영 · 장수범 · 류새한 Ⅰ 2006, 「중원지역 선사시대 강가 한데유적과 동굴유적의 형성환경과 시기고찰-소로리유적과 구낭굴 유적을 중심으로」『중원지역의 구석기문화』, 충북대중원문화연구소 · 한국학술진흥재단.
- 오근창 · 김주용 · 이융조 · 염종권 · 양동윤 · 남욱현 · 박일문 · 정연중 Ⅰ 2006, 「단양 구낭굴입구 퇴적층 형성에 관한 지구화학적 고찰」『중원지역의 구석기문화』, 충북대중원문화연구소 · 한국학술진흥재단.
- 김주용 · 이융조 · 양동윤 · 오근창 · 김종찬 Ⅰ 2006, 「단양 구낭굴 동굴퇴적층 형성과정과 시기 고찰」『중원지역의 구석기문화』, 충북대중원문화연구소 · 한국학술진흥재단.
- 박원규 · 김요정 · 김경희 · 이융조 Ⅰ 2006, 「단양 구낭굴 출토 숯의 수종분석」『중원지역의 구석기문화』, 충북대중원문화연구소 · 한국학술진흥재단.
- 김종찬 · 이융조 · 조태섭 · 염종권 Ⅰ 2006, 「구낭굴유적의 방사성 탄소연대측정과

석회마루 형성 기후환경」『중원지역의 구석기문화』, 충북대중원문화연구소 · 한국학술진흥재단.
- 염종권 · 김종찬 · 조태섭 · 김주용 · 이융조 · 김인철 ‖ 2006, 「구낭굴유적의 연대측정과 고환경변화」『중원지역의 구석기문화』, 충북대중원문화연구소 · 한국학술진흥재단.
- 김종찬 ‖ 2006, 「구낭굴유적의 U/Th 연대측정에 대하여」『중원지역의 구석기문화』, 충북대중원문화연구소 · 한국학술진흥재단.
- 이융조 · 조태섭 ‖ 2006, 「단양 구낭굴 구석기시대 사람들의 먹을거리 분석」『중원지역의 구석기문화』, 충북대중원문화연구소 · 한국학술진흥재단.

10) 제천 창내 유적

- 박희현 ‖ 1989, 『제원 창내 후기 구석기문화의 연구』, 연세대 박사학위논문.
- 박희현 ‖ 1983, 「충북 제원군 창내유적의 문화성격」『호서문화논총』 2, 청주사범대 호서문화연구소.
- 박희현 ‖ 1986, 「창내의 후기구석기문화」『박물관휘보』 1, 서울시립대박물관.
- 박문숙 ‖ 1986, 「한국 후기 홍적세의 자연환경연구-수양개 · 창내유적의 꽃가루분석을 중심으로」, 충북대 석사학위논문.
- 박희현 ‖ 1988, 「창내 후기 구석기 문화층의 석기분석」『손보기박사 정년기념논총』.
- 박희현 ‖ 1990, 「창내의 후기 구석기시대 막집의 구조와 복원」『박물관기요』 6, 단국대박물관.
- 박희현 ‖ 1992, 「창내유적의 구석기문화」『동아시아의 구석기문화』, 문화재연구소.
- 박문숙 ‖ 2005, 「한국후기 홍적세의 자연환경 연구-수양개 · 창내유적의 꽃가루분석을 중심으로」『충북사학』 15.
- 이융조 · 공수진 · 천권희 ‖ 2006, 「남한강 유역의 후기구석기시대의 문화적 양태-수양개와 창내유적을 중심으로」『중원지역의 구석기문화』, 충북대중원문화연구소 · 한국학술진흥재단.

11) 제천 점말동굴 유적

- 연세대박물관 ‖ 1980, 『점말용굴 발굴보고』.
- 연세대박물관 ‖ 1980, 『점말용굴 발굴보고』.
- 연세대박물관 ‖ 1980, 『점말용굴의 자연환경』.
- 손보기 ‖ 1974, 「한국 구석기 시대의 자연-특히 점말동굴의 꽃가루분석과 기후의 측정」『한불연구』 1.
- 손보기 ‖ 1975, 「제천 점말동굴 발굴 중간보고」『한국사연구』 11.
- 월간문화재편집부 ‖ 1975, 「충북 제천 점말동굴 발굴품」『월간문화재』 11월호.

- 손보기 | 1978, 「한국 구석기 문화의 연구-제천 점말 동굴 발굴조사 보고」『한국사연구』 19.
- 한창균 | 1979, 「점말 용굴의 박쥐화석 연구-한국 구석기시대의 자연환경과의 관계를 중심으로」, 연세대 석사학위논문.
- 손보기 · 박영철 · 한창균 | 1980, 「층위구분과 퇴적상황 · 퇴적물의 기원 · 퇴적물 분석」『점말용굴유적 발굴보고』, 연세대박물관.
- 손보기 · 박영철 | 1980, 「점말용굴의 자연환경」『점말용굴유적 발굴보고』, 연세대박물관.
- 손보기 | 1980, 「점말용굴 발굴」『점말용굴유적 발굴보고』, 연세대박물관.
- 손보기 | 1980, 「점말용굴 예술품의 분석연구」『점말용굴유적 발굴보고』, 연세대박물관.
- 한창균 | 1980, 「점말용굴 천장 · 벽면의 복원에 대한 연구」『점말용굴유적 발굴보고』, 연세대박물관.
- 박용철 | 1980, 「점말용굴의 자연환경」『점말용굴유적 발굴보고』, 연세대 박물관.
- 최삼용 | 1984, 「점말용굴 사슴과 화석의 연구」, 연세대 석사학위논문.
- 조태섭 | 1986, 「점말 용굴의 뼈연모 연구-특히 잔손질 된 뼈연모를 중심으로」, 연세대 석사학위논문.
- 조태섭 | 1987, 「점말동굴의 뼈연모 연구」, 연세대 석사학위논문.
- 조태섭 | 1988, 「점말용굴 퇴적의 제4기 박쥐화석 연구」『고문화』 33.
- 손보기 · 한창균 | 1989, 「점말 용굴 유적」『박물관기요』 5, 단국대박물관.
- 한창균 | 1988, 「점말용굴 퇴적의 제4기 박쥐화석」『고문화』 33.

12) 단양 금굴 유적

- 손보기 | 1985, 「단양 島潭里 금굴유적 발굴조사 보고」『충주댐 수몰지구문화유적 연장발굴 조사보고서』.
- 손보기 | 1985, 「단양 조표리 금굴유적 발굴보고서」『충주댐 수몰지구 화유적 연장발굴 조사보고서』.
- 공수진 | 1987, 「금굴 구석기 격지의 분석연구」, 연세대 석사학위논문.

13) 단양 상시동굴 유적

- 손보기 | 1984, 『상시 1그늘 옛살림터』, 연세대 선사연구실.
- 손보기 | 1981, 「단양 상시유적 발굴중간보고」『한국고대사의 조명』, 충북대 문화재연구회.
- 홍현선 | 1987, 「상시 3바위그늘의 문화연구」, 연세대 사학과 석사학위논문.

14) 충주 조동리 유적

- 충북대박물관 · 충주시 | 2001, 『충주 早洞里 선사유적(1)-1 · 2차조사보고』.

• 이융조 · 우종윤 ∥ 1996, 「충주 조동리유적 발굴조사 개보」 『년보』 5, 충북대 박물관.
• 이융조 · 우종윤 · 이승원 ∥ 2000, 「충주 조동리유적 3차 발굴조사」 『고고미술사론』 7, 충북대 고고미술사학과.
• 박정미 ∥ 2001, 「한국 선사시대 재배벼의 특징에 관한 연구」, 충북대 사학과 석사학위논문.

15) 진천 송두리 유적

• 충북대박물관 · (주)대륭전자 ∥ 1991, 『진천 松斗里유적 발굴조사보고서』.
• 한국문화재보호재단 ∥ 2005, 『진천~진천I.C간 도로확포장공사내 송두리유적 발굴조사 보고서』.
• 이융조 · 공수진 · 이승원 ∥ 2004, 「진천 송두리 구석기유적 1차발굴조사와 전망」 『상산문화』 10.
• 이융조 · 공수진 ∥ 2004, 「진천 송두리유적의 구석기문화」 『한국구석기학보』 10.
• 이승원 ∥ 2005, 「진천 송두리 구석기유적 출토 여러면석기」, 충북대 석사학위논문.
• 이융조 · 공수진 ∥ 2006, 「진천 송두리유적의 구석기문화」 『중원지역의 구석기문화』, 충북대중원문화연구소 · 한국학술진흥재단.
• (재)중원문화재연구원 ∥ 2006, 『진천 송두리 구석기유적1』.

16) 진천 장관리 유적

• 충북대중원문화연구소 · 대전지방국토관리청 ∥ 2002, 『진천 장관리 유적(Ⅰ)』.
• 이융조 ∥ 2001, 「진천 장관리 구석기유적의 발굴성과」 『상산문화』 7, 상산고적회.
• 이융조 · 공수진 ∥ 2001, 「진천 장관리 구석기유적 발굴조사 개보」 『2002년 全谷里 구석기유적기념 국제학술회의 논문집』, 한양대 문화재연구소.
• 이융조 · 공수진 ∥ 2006, 「진천 장관리 구석기유적의 발굴과 성격」 『중원지역의 구석기문화』, 충북대중원문화연구소 · 한국학술진흥재단.

17) 기타

• 김원룡 ∥ 1972, 「단양 安東里 동굴유적 보고」 『역사학보』 36.
• 이융조 ∥ 1976, 「새로이 발견된 구석기 및 구석기 전통유물의 몇 예」 『백산학보』 20.
• 이융조 ∥ 1979, 「청원 샘골 구석기유적」 『대청댐 수몰지구유적 발굴보고서-충청북도편』, 충북대박물관 · 문화재관리국 문화재연구소.
• 이융조 ∥ 1980, 「대청댐 수몰지역의 구석기 유물」 『한국사연구』 28.
• 박희현 ∥ 1984, 「제원 沙器里 후기구석기유적 발굴조사보고」 『충주댐 수몰지구 문화유적 발굴조사 종합보고서-고고 · 고분분야(Ⅰ)』.

- 손보기 | 1984, 「단양 島潭里지구 유적발굴 조사보고」『충주댐 수몰지구문화유적 발굴조사 종합보고서-고고 · 고분분야(Ⅰ)』.
- 최무장 | 1984, 「제원 명오리 B지구유적 발굴조사 보고」『충주댐 수몰지구 문화유적발굴조사 종합보고서-고고 · 고분분야(Ⅰ)』.
- 배기동 | 1984, 「제원 陽平里 A지구 유적발굴조사보고」『충주댐수몰지구문화유적 발굴조사 종합보고서(1)』.
- 윤용진 | 1984, 「중원 荷川里 F지구 유적발굴조사보고」『충주댐수몰지구문화유적 발굴조사 종합보고서(1)』.
- 최몽룡 · 이희준 · 박상진 | 1984, 「제원 桃花里지구 유적발굴조사보고」『충주댐수몰지구 문화유적 발굴조사 종합보고서(1)』.
- 황용훈 | 1984, 「중원 紙洞里 A지구 유적 발굴조사보고」『충주댐수몰지구문화유적 발굴조사 종합보고서(1)』.
- 박정근 | 1989, 「얼굴모양 예술품을 통해 본 우리나라 구석기시대 사람들 의식」『중앙사론』 6.
- 김홍주 | 1992, 「단양 下里 출토 일괄유물에 대한 고찰」『고고학지』 4.
- 하문식 | 1998, 「청주 봉명동유적 발굴조사개보」『년보』 7, 충북대 박물관.
- 이융조 · 우종윤 · 김우성 | 2002, 「중원문화권안의 새로운 선사유적(1)-옥천지역 구석기유적을 중심으로」『선사와 고대』 17.
- 이융조 · 조태섭 | 2006, 「우리나라 구석기시대 옛사람들의 사냥경제활동-중원지역 동굴유적을 중심으로」『중원지역의 구석기문화』, 충북대중원문화연구소 · 한국학술진흥재단.
- 이융조 · 조태섭 | 2006, 「단양 구낭굴 구석기시대 사람들의 먹을거리 분석」『중원지역의 구석기문화』, 충북대중원문화연구소 · 한국학술진흥재단.
- 박선주 · 이융조 · 이은경 | 2006, 「한반도 고인류의 복원과 문제-중원지역을 중심으로」『중원지역의 구석기문화』, 충북대중원문화연구소 · 한국학술진흥재단.
- 이범주 · 최은선 · 류근호 · 김홍기 | 2006, 「구석기유물 통합저장을 위한 데이터베이스 설계」『중원지역의 구석기문화』, 충북대중원문화연구소 · 한국학술진흥재단.
- 이범주 · 류근호 · 김홍기 | 2006, 「구석기복원을 위한 통합 데이터베이스 및 웹서비스 구현」『중원지역의 구석기문화』, 충북대중원문화연구소 · 한국학술진흥재단.
- 김홍기 · 류근호 · 최은선 · 이범주 | 2006, 「구석기 유물의 데이터베이스의 설계 및 구현」『중원지역의 구석기문화』, 충북대중원문화연구소 · 한국학술진흥재단.
- 김주용 · 이기길 · 양동윤 · 홍세선 · 남욱현 · 이진영 | 2006, 「남한 제4기 퇴적층 분포 및 형성과정 고찰」『중원지역의 구석기문화』, 충북대중원문화연구

소 · 한국학술진흥재단.
• 지정희 · 류근호 ▮ 2006, 「시공간지원 집계 함수 설계」『중원지역의 구석기문화』, 충북대중원문화연구소 · 한국학술진흥재단.

2. 신석기 문화

1) 일반

• 이융조 ▮ 1981, 『한국의 선사문화 : 그 분석연구』, 탐구당.
• 충북대박물관 ▮ 1984, 『충주댐 수몰지구 문화유적 발굴조사 종합보고서(1)』.
• 손보기 ▮ 1984, 『상시 1그늘 옛살림터』, 연세대 선사연구실.
• 충북대박물관 ▮ 1984, 『중원문화권 유적 정밀조사보고서 : 永同 · 報恩郡』.
• 국립청주박물관 ▮ 1993, 『청원 雙淸里 주거지』.
• 안승모 ▮ 1993, 『한강유역의 신석기문화』, 민음사.
• 호서고고학회 ▮ 1999, 『호서지방의 선사문화』.
• 이융조 ▮ 2000, 『청주지역 선사문화』, 청주문화원.
• 진천군 · 중앙문화재연구원 ▮ 2001, 『진천 사양리유적』.
• 김정기 ▮ 1968, 「한국 수혈주거지고(1)」『고고학』 1.
• 이융조 ▮ 1981, 「청원 아득이유적의 선사무덤문화」『한국의 선사문화』, 탐구당.
• 이융조 ▮ 1981, 「옥천 안터 고인돌 · 선돌문화」『한국의 선사문화-그 분석연구』, 탐구당.
• 김병모 · 최성락 ▮ 1983, 「서해안지방의 선사문화조사」『한국고고학보』 14 · 15.
• 한영희 ▮ 1983, 「지역적 비교」『한국사론』 12, 국사편찬위원회.
• 안승모 ▮ 1988, 「신석기시대」『한국고고학보』 21.
• 신숙정 ▮ 1991, 「광복 이후 남북한 신석기문화연구의 몇가지 문제」『고고 미술사론』 2, 충북대 고고미술사학과.
• 신숙정 ▮ 1992, 「한국 신석기연구의 오늘과 내일」『선사문화』 1, 충북대선사문화연구소.
• 신숙정 ▮ 1992, 「우리나라 신석기문화 연구의 어제와 오늘」『박물관휘보』 3, 서울시립대 박물관.
• 임효재 ▮ 1992, 「중원지방의 신석기 문화」『중원문하』 5, 충주문화원.
• 길경택 ▮ 1992, 「중원지방의 신석기문화 개관」『중원문화』 5, 충주문화원.
• 임효재 ▮ 1993, 「한국 중원지방의 신석기문화」『예성문화』 14.
• 길경택 ▮ 1993, 「중원지방의 신석기문화 개관」『예성문화』 14.
• 안승모 ▮ 1993, 「한강유역의 신석기문화」『한강유역사』, 민음사.
• 신숙정 ▮ 1994, 「신석기시대의 중원문화-연구현황과 과제」『선사문화』 2, 충북대 선사문화연구소.
• 배기동 ▮ 1996, 「동북아 선사문화와 중원 선사문화 시원」『중원문화 국제학술회의 결과보고서』, 충북대 호서문화연구소.

2) 빗살무늬토기 및 각종 토기

- 충북대박물관 · 충주시 ‖ 2001, 『충주 早洞里 선사유적(1)-1 · 2차조사보고』.
- 한남대중앙박물관 · 한국고속철도건설공단 ‖ 2003, 『옥천 대천리 신석기유적』.
- 이융조 · 신숙정 ‖ 1988, 「중원지방의 빗살무늬토기 고찰-금정리 유적의 빗살무늬토기를 중심으로」 『손보기박사 정년기념 고고인류학논총』.
- 임상택 ‖ 1993, 「융기문토기 연구」, 서울대 석사학위논문.
- 신숙정 ‖ 1994, 「신석기시대의 중원문화-연구현황과 과제」 『선사문화』 2, 충북대 선사문화연구소.

3) 단양 상시 유적

- 홍현선 ‖ 1987, 「상시 3바위그늘과 문화연구」, 연세대 사학과 석사학위논문.
- 길경택 ‖ 1993, 「중원지방의 신석기문화 개관」 『예성문화』 14.
- 임효재 ‖ 1993, 「한국 중원지방의 신석기문화」 『예성문화』 14.
- 신숙정 ‖ 1994, 「신석기시대의 중원문화-연구현황과 과제」 『선사문화』 2,충북대 선사문화연구소.

4) 옥천 대천리 유적

- 한남대중앙박물관 · 한국고속철도건설공단 ‖ 2003, 『옥천 대천리 신석기유적』.
- 구자진 ‖ 2004, 「대천리 신석기유적의 토기와 석기에 대한 연구」 『호서고고학보』 11.
- 구자진 ‖ 2005, 「옥천 대천리의 신석기시대 집자리 연구」 『한국상고사학보』 47.

5) 옥천 금정리 유적

- 이융조 · 신숙정 ‖ 1988, 「중원지방의 빗살무늬토기 고찰-금정리 유적의 빗살무늬토기를 중심으로」 『손보기박사 정년기념 고고인류학논총』.
- 길경택 ‖ 1993, 「중원지방의 신석기문화 개관」 『예성문화』 14.
- 임효재 ‖ 1993, 「한국 중원지방의 신석기문화」 『예성문화』 14.
- 신숙정 ‖ 1994, 「신석기시대의 중원문화-연구현황과 과제」 『선사문화』 2, 충북대 선사문화연구소.

6) 단양 도담리 유적

- 손보기 ‖ 1984, 「단양 島潭里지구 유적발굴조사보고」 『충주댐 수몰지구 문화유적 발굴조사 종합보고서 (1)』.
- 손보기 ‖ 1985, 「단양 島潭里 금굴유적 발굴조사 보고」 『충주댐 수몰지구문화유적 연장발굴 조사보고서』.
- 길경택 ‖ 1993, 「중원지방의 신석기문화 개관」 『예성문화』 14.
- 신숙정 ‖ 1994, 「신석기시대의 중원문화-연구현황과 과제」 『선사문화』 2, 충북대

선사문화연구소.

7) 제천 황석리 유적

- 이융조 | 1984, 「제원 黃石里 A지구 유적발굴조사보고」『충주댐 수몰지구문화유적 발굴조사 종합보고서(1)』.
- 이융조 외 | 1984, 「제원 黃石里 B지구 유적발굴조사보고」『충주댐 수몰지구 문화유적 발굴조사 종합보고서(1)』.
- 길경택 | 1993, 「중원지방의 신석기문화 개관」『예성문화』 14.
- 임효재 | 1993, 「한국 중원지방의 신석기문화」『예성문화』 14.
- 신숙정 | 1994, 「신석기시대의 중원문화–연구현황과 과제」『선사문화』 2, 충북대 선사문화연구소.

8) 충주 조동리 유적

- 충북대박물관 · 충주시 | 2001, 『충주 早洞里 선사유적(1)–1 · 2차조사보고』.
- 길경택 | 1990, 「중원지방의 청동기문화 개관」『예성문화』 12.
- 길경택 | 1993, 「중원지방의 신석기문화 개관」『예성문화』 14.
- 이융조 · 우종윤 | 1996, 「충주 조동리유적 발굴조사 개보」『년보』 5, 충북대 박물관.
- 이융조 · 우종윤 · 이승원 | 2000, 「충주 조동리유적 3차 발굴조사」『고고미술사론』 7, 충북대 고고미술사학과.

9) 기타

- 김병모 | 1984, 「제원 眞木里 A · B지구 유적발굴조사보고」『충주댐 수몰지구 문화유적 발굴조사 종합보고서(1)』.
- 김병모 | 1984, 「중원 荷川里 D지구 유적발굴조사보고」『충주댐 수몰지구문화유적 발굴조사 종합보고서(1)』.
- 윤용진 | 1984, 「중원 荷川里 F지구 유적발굴조사보고」『충주댐수몰지구문화유적 발굴조사 종합보고서(1)』.
- 이동복 | 1984, 「제원 咸岩里지구 유적발굴조사보고」『충주댐수몰지구 문화유석 발굴조사 종합보고서(1)』.
- 황용훈 | 1984, 「중원 紙洞里 A지구 유적 발굴조사보고」『충주댐수몰지구문화유적 발굴조사 종합보고서(1)』.
- 황용훈 | 1984, 「제원 廣儀里 A지구 지석묘 및 주거지 발굴조사보고」『충주댐수몰지구 문화유적 발굴조사 종합보고서(1)』.
- 황용훈 | 1984, 「중원 明西里지구 유적발굴조사보고」『충주댐수몰지구 문화유적 발굴조사 종합보고서(1)』.
- 박희현 | 1984, 「제원 沙器里 후기구석기 유적발굴조사보고」『충주댐수몰지구 문

화유적 발굴조사 종합보고서(1)』.

- 최몽룡 외 ǀ 1984, 「제원 桃花里지구 유적발굴조사보고」『충주댐 수몰지구문화유적 발굴조사 종합보고서(1)』.
- 최몽룡 외 ǀ 1984, 「제원 陽坪里 B지구 유적발굴조사보고」『충주댐 수몰지구 문화유적 발굴조사 종합보고서(1)』.
- 차용걸 · 노병식 · 박중균 ǀ 2000, 「청주 봉명동 · 송절동 Ⅳ지구 유적의 기본성격」『충북사학』 11 · 12합집.

3. 청동기 문화

1) 일반

- 김재원 · 윤무병 ǀ 1967, 『한국 지석묘연구』.
- 충북대박물관 ǀ 1979, 『대청댐 수몰지구유적 발굴조사보고서』.
- 충청북도 · 중원군 · 충북대박물관 ǀ 1981, 『중원문화권유적분포도색인』.
- 충북대박물관 ǀ 1983, 『중원문화권유적 정밀조사보고서(청원군)』.
- 충북대박물관 ǀ 1984, 『충주댐 수몰지구 문화유적 발굴조사 종합보고서-고고 · 고분분야(1)』.
- 충북대박물관 ǀ 1984, 『충주댐 수몰지구 문화유적 발굴조사 종합보고서-고고 · 고분분야(2)』.
- 충북대박물관 ǀ 1986, 『중부고속도로 문화유적 발굴조사 보고서』.
- 충북대박물관 ǀ 1986, 『음성 良德里유적 발굴조사보고서-중부고속도로 문화유적 발굴조사보고서』.
- 충청북도 ǀ 1990, 『중원문화사적 관광개발계획 문화유적조사보고서』.
- 국립청주박물관 ǀ 1993, 『美湖川유역 지표조사보고서』.
- 한국문화재보호재단 · 충청북도 ǀ 1997, 『청원 오창과학지방산업단지 시굴조사보고서』.
- 충북대박물관 ǀ 1998, 『청주 鳳鳴洞유적 발굴조사 약보고서』.
- 충북대박물관 ǀ 1998, 『청주 준공업개발지역 문화유적 시굴조사 약보고서』.
- 한국문화재보호재단 · 한국토지공사 ǀ 1999, 『청주 龍岩(2)택지개발사업지구 문화유적 시굴조사 보고서』.
- 한국문화재보호재단 · 한국도로공사 ǀ 1999, 『청원 梧倉里 유적(1-3)』.
- 한국문화재보호재단 · 한국토지공사 ǀ 2000, 『청주 龍岩유적(1)』.
- 한국문화재보호재단 · 한국토지공사 ǀ 2000, 『청주 龍岩유적(2)』.
- 한국문화재보호재단 ǀ 2000, 『청원 國仕里 유적』.
- 한국문화재보호재단 ǀ 2000, 『청원 梧倉유적(1)』.
- 고려대 매장문화재연구소 ǀ 2001, 『黃灘里 유적』.
- 충북대박물관 ǀ 2001, 『청주 가경4지구 택지개발지역내유적 시굴조사 약보고서』.
- 충북대박물관 ǀ 2002, 『청주 가경3지구유적』.

• 충북대학교 중원문화연구소 | 2002, 『청주 井北洞土城Ⅱ』.
• 중앙문화재연구원 | 2003, 『대율-세교간 도로공사 구간내 문화재발굴조사약보고서』.
• 충북대박물관 | 2004, 『청주 鳳鳴洞유적(Ⅲ)-Ⅳ지구 조사보고』.
• 중앙문화재연구원 | 2004, 『음성 下唐里유적』.
• 중앙문화재연구원 | 2005, 『청원 오송생명과학단지 조성사업지구내 쌍청리유적 발굴조사 · 萬水里유적 시굴조사』, 현장설명회 자료.
• 최몽룡 · 윤동석 · 이영남 | 1984, 「충북 제원 陽坪里 · 桃花里 출토 紅陶 및 철제품의 과학적 분석-남한강유역의 선사문화연구 4」『윤무병박사회갑기념논총』.
• 하문식 | 1990, 「한국 청동기시대 묘제에 관한 고찰」『박물관기요』 6, 단국대박물관.
• 길경택 | 1990, 「선사유적과 벼농사」『충북향토문화』 2.
• 길경택 | 1991, 「중원지방의 청동기문화 개관」『예성문화』 12.
• 임병태 | 1992, 「한국 청동기 연구의 오늘과 내일」『선사문화』 1, 충북대 선사문화연구소.
• 하문식 | 1994, 「청동기시대의 중원문화-연구현황과 과제」『선사문화』 2, 충북대 선사문화연구소.

2) 고인돌

• 세종대박물관 · 제천시 | 2002, 『제천 九龍里』.
• 충북대박물관 · 옥천군 | 2002, 『옥천군의 선사유적 · 유물』.
• 김원룡 | 1960, 「永同 楡田里 지석묘의 특이구조와 부장픔」『역사학보』 12.
• 김재원 · 윤무병 | 1967, 「黃石里유적」『한국지석묘연구』, 국립박물관 고분조사보고 6책.
• 이융조 | 1975, 「양평 앙덕리 고인돌 발굴보고」『한국사연구』 11.
• 이융조 | 1979, 「충북의 선사문화-대청댐 고인돌사회와 그 儀式을 중심으로」『개신』 20, 충북대 교지편집위원회.
• 이융조 | 1980, 「한국 고인돌사회와 그 의식」『동방학지』 23 · 24합집.
• 이융조 | 1981, 「청원 아득이 유적의 선사무덤문화」『한국의 선사문화』.
• 이융조 | 1981, 「옥천 안터 고인돌 · 선돌문화」『한국의 선사문화』.
• 우종윤 | 1983, 「남한강 유역의 선사문화 연구-제원 황석리 고인돌유적을 중심으로」, 충북대 석사학위논문.
• 박희현 | 1984, 「한국의 고인돌문화에 대한 한 고찰」『한국사연구』 46.
• 이융조 | 1984, 「제원 黃石里 A지구유적 발굴조사보고」『충주댐 수몰지구 문화유적 발굴조사종합보고서-고고 · 고분분야(1)』.
• 황용훈 | 1984, 「제원 鷄山里 A지구 원형적석고분 발굴조사보고」『충주댐 수몰지

구 문화유적 발굴조사종합보고서』.
• 이융조 ǀ 1984, 「제원 芳興里유적 발굴조사보고」『충주댐 수몰지구 문화유적 발굴조사종합보고서-고고 · 고분분야(1)』.
• 최몽룡 ǀ 1984, 「제원 陽坪里 D지구유적 발굴조사보고」『충주댐 수몰지구 문화유적 발굴조사종합보고서-고고 · 고분분야(2)』.
• 황용훈 ǀ 1984, 「중원 荷川里 A지구유적 발굴조사보고」『충주댐 수몰지구 문화유적 발굴조사종합보고서-고고 · 고분분야(2)』.
• 김병모 · 김명진 ǀ 1984, 「제원 眞木里 A · B지구유적 발굴조사보고」『충주댐 수몰지구 문화유적 발굴조사종합보고서-고고 · 고분분야(1)』.
• 이융조 ǀ 1984, 「제원 黃石里 A지구유적 발굴조사보고」『충주댐 수몰지구 문화유적 발굴조사종합보고서-고고 · 고분분야(1)』.
• 이융조 외 ǀ 1984, 「제원 黃石里 B지구유적 발굴조사보고」『충주댐 수몰지구 문화유적 발굴조사종합보고서-고고 · 고분분야(1)』.
• 하문식 ǀ 1986, 「우리나라 고인돌 문화의 연구-금강과 남한강 유역을 중심으로」, 연세대 석사학위논문.
• 우장문 ǀ 1987, 「제원 황석리 고인돌문화의 고찰」『백산학보』 34.
• 이융조 · 하문식 · 윤용현 ǀ 1988, 「중원지방에서 새로이 찾은 고인돌유적(1)」『호서문화연구』 7.
• 하문식 ǀ 1988, 「금강과 남한강유역의 고인돌문화 비교연구」『손보기박사 정년기념논총』.
• 이융조 · 우종윤 ǀ 1988, 「황석리 고인돌문화의 묻기방법에 관한 한 고찰」『박물관기요』 4, 단국대.
• 하문식 ǀ 1990, 「한국 청동기시대 묘제에 관한 한 고찰」『박물관기요』 6.
• 이융조 · 이윤석 ǀ 1991, 「제원 明道里 고인돌 발굴조사보고」『중앙고속도로 문화유적 발굴조사보고서(충북지역)』, 충북대박물관.
• 이융조 · 이윤석 ǀ 1991, 「제원 鶴山里 고인돌 발굴조사보고」『중앙고속도로 문화유적 발굴조사보고서(충북지역)』, 충북대박물관.
• 김동식 ǀ 1994, 「단양 적석묘 발견」『충북향토문화』 5.
• 하문식 ǀ 1998, 「고인돌의 장제에 대한 연구(1)」『백산학보』 51.
• 하문식 ǀ 2001, 「동북아세아 고인돌의 시론적 비교 연구-한반도와 중국 동북지역」『백산학보』 59.
• 김승옥 ǀ 2003, 「금강 상류 무문토기시대 무덤의 형식과 변천」『한국고고학보』 49.

3) 선돌

• 차은숙 ǀ 1980, 「청원 미원리 선돌에 대한 고찰」『월간충청』 121.
• 한규량 ǀ 1982, 「한국 선돌문화분석 연구-충청도지역 선돌을 중심으로」, 청주대

사학과 석사학위논문.
- 한규량 | 1982, 「한국 거석문화의 한 연구-충청도지방 선돌을 중심으로」, 『청대춘추』 26.
- 한규량 | 1984, 「한국선돌의 기능변천에 대한 연구-충청북도 지역 선돌을 중심으로」 『백산학보』 28.
- 손보기 | 1984, 「제원 月窟里지구유적 발굴조사보고」 『충주댐 수몰지구 문화유적 발굴조사종합보고서-고고 · 고분분야(1)』.
- 이융조 | 1984, 「제원 黃石里 A지구유적 발굴조사보고」 『충주댐 수몰지구 문화유적 발굴조사종합보고서-고고 · 고분분야(1)』.
- 이융조 외 | 1984, 「제원 黃石里 B지구유적 발굴조사보고」 『충주댐 수몰지구 문화유적 발굴조사종합보고서-고고 · 고분분야(1)』.
- 이융조 | 1985, 「한국 선사문화에서의 선돌의 성격-충청도 지방의 몇 예를중심으로(1)」 『동방학지』 47 · 48 · 49합집.
- 차관녕 | 1989, 「제원 馬谷里 선돌에 대하여」 『충북향토문화』 창간호.
- 최일성 | 1989, 「중원지역의 선돌 고찰」 『중원문화』 2, 충주문화원.
- 최일성 | 1990, 「중원지역의 선돌 고찰」 『예성문화』 11.
- 박해란 | 1992, 「옥천지역 선돌의 성격」 『충북향토문화』 3.
- 최일성 | 1992, 「異形 선돌 조사기」 『충북향토문화』 3.

4) 무문토기 및 각종 토기

- 조유전 · 홍성빈 | 1985, 「청원 內秀里 無文土器 산포지 발굴조사보고서(略)」 『문화재』 18.
- 이백규 | 1986, 「한강유역 전반기 민무늬토기의 편년에 대하여」 『영남고고학』 2.
- 임병태 | 1986, 「한국무문토기의 연구」 『한국사학』 7.
- 이융조 · 신숙정 | 1987, 「제원 황석리유적 출토의 붉은 간토기와 가지무늬 토기의 고찰」 『삼불김원룡교수 정년퇴임기념논총』.
- 이청규 | 1988, 「남한지방 무문토기문화의 전개와 孔列토기문화의 위치」 『한국상고사학보』 1.
- 이동영 · 김주용 | 1994, 「청원 궁평리유적 출토 토기분석」 『청원 궁평리 청동기유적』, 충북대 선사문화연구소.
- 송현갑 · 유영선 | 1994, 「청원 궁평리유적 가마터의 규모측정 및 총발생열량 분석」 『청원 궁평리 청동기유적』, 충북대 선사문화연구소.
- 최몽룡 외 | 1998, 「남한강유역 홍도의 과학적 분석-청동기시대 붉은간토기의 제작수법에 대하여」 『국사관논총』 82.

5) 주거지와 집터

- 국립청주박물관 | 1993, 『청원 雙淸里 주거지』.

- 김정기 ‖ 1968, 「한국 수혈주거지고(1)」『고고학』 1.
- 최몽룡 · 임영진 ‖ 1984, 「堤原郡 陽坪里의 선사주거지-남한강 유역의 선사문화연구1」『백산학보』 28.
- 황용훈 ‖ 1984, 「제원 廣儀里 A지구 지석묘 및 주거지 발굴조사보고서」『충주댐 수몰지구 문화유적 발굴조사종합보고서』.
- 황용훈 ‖ 1984, 「제원 鷄山里 B지구 주거지 문화유적 발굴조사보고서」『충주댐 수몰지구 문화유적 발굴조사종합보고서』.
- 윤기준 ‖ 1985, 「우리나라 청동기시대 집터에 관한 연구」『백산학보』 32.
- 김경표 · 류근주 ‖ 1994, 「청원 궁평리유적의 청동기시대 집터 복원에 관한 연구」『청원 궁평리 청동기유적』, 충북대 선사문화연구소.
- 이소영 ‖ 1998, 「우리나라 중남부의 청동기 집터 복원」, 충북대 석사학위논문.
- 공민규 ‖ 2000, 「청주 용암 (2)지구 용정동 유적-청동기시대 주거유적」『호서고고학』 3.
- 송만영 ‖ 2001, 「남한지방 농경문화형성기 취락의 구조와 변화」『한국농경문화의 형성』, 한국고고학회.
- 이소영 ‖ 2005, 「충북지역의 청동기시대 집터 양상」『충북사학』 15.

6) 청원 쌍청리 유적

- 국립청주박물관 ‖ 1993, 『청원 雙清里』 주거지.
- 중앙문화재연구원 ‖ 2005, 『청원 오송생명과학단지 조성사업지구내 雙清里 유적 발굴조사 · 萬水里유적 시굴조사』, 현장설명회 자료.

7) 청원 궁평리 유적

- 충북대 선사문화연구소 ‖ 1994, 『清原 宮坪里 청동기유적』.
- 박창고 ‖ 1994, 「청원 궁평리유적 가마터에 대한 고지자기 측정」『청원 궁평리 청동기유적』, 충북대 선사문화연구소.
- 박태식 ‖ 1994, 「청원 궁평리유적 가마터 출토 씨앗분석」『청원 궁평리 청동기유적』, 충북대 선사문화연구소.
- 송현갑 · 유영선 ‖ 1994, 「청원 궁평리유적 가마터의 규모측정 및 총발생열량 분석」『청원 궁평리 청동기유적』, 충북대 선사문화연구소.
- 이동영 · 김주용 ‖ 1994, 「청원 궁평리유적 출토 토기분석」『청원 궁평리 청동기유적』, 충북대 선사문화연구소.
- 강상준 · 김정희 ‖ 1994, 「청원 궁평리유적의 꽃가루분석」『청원 궁평리 청동기유적』, 충북대 선사문화연구소.
- 이융조 · 이동영 ‖ 1994, 「청원 궁평리유적의 방사성 탄소연대」『청원 궁평리 청동기유적』, 충북대 선사문화연구소.
- 김경표 · 류근주 ‖ 1994, 「청원 궁평리유적의 청동기시대 집터 복원에 관한 연구」

『청원 궁평리 청동기유적』, 충북대 선사문화연구소.
• 박원규 | 1994, 「청원 궁평리출토 청동기시대 숯 분석」『청원 궁평리 청동기유적』, 충북대 선사문화연구소.
• 박원규 · 박현정 · 이융조 | 1995, 「청원 궁평리 청동기가마터 출토 숯의 수종식별과 나이테분석」『'95 추계학술발표논문집』, 한국목재공학회.

8) 청원 아득이 유적

• 이융조 | 1979, 「청원 아득이 유적」『대청댐 수몰지구 유적 발굴보고서-충청북도편』, 충북대박물관 · 문화재관리국 문화재연구소.
• 이융조 | 1981, 「청원 아득이 유적의 선사무덤문화」『한국의 선사문화-그 분석 연구』, 탐구당.

9) 제천 황석리 유적

• 김재원 · 윤무병 | 1967, 「黃石里유적」『한국지석묘연구』, 국립박물관 고적조사보고 6책.
• 이융조 | 1982, 「제원 黃石里 A지구 유적 발굴조사보고서」『'82 충주댐 수몰지구 문화유적 발굴조사 약보고서』, 충북대박물관.
• 우종윤 | 1983, 「남한강유역의 선사문화 연구-제원 황석리 고인돌유적을 중심으로」, 충북대 석사학위논문.
• 이융조 · 신숙정 · 우종윤 | 1983, 「제원 황석리 B지구 유적 발굴약보고」『'83 충주댐 수몰지구 문화유적 발굴조사약보고서』, 충북대 박물관.
• 이융조 | 1984, 「제원 황석리 A지구 유적발굴조사보고」『충주댐 수몰지구 문화유적 발굴조사 종합보고서(1)-고고 · 고분분야』, 충북대박물관.
• 이융조 · 신숙정 · 우종윤 | 1984, 「제원 황석리 B지구 유적 발굴보고」『충주댐 수몰지구 문화유적 발굴조사 종합보고서-고고 · 고분분야』, 충북대박물관.
• 우장문 | 1987, 「제원 황석리 고인돌문화의 고찰」『백산학보』 34.
• 이융조 · 신숙정 | 1987, 「제원 황석리유적 출토의 붉은 간토기와 가지무늬토기의 고찰」『三佛김원룡교수 정년퇴임기념논총』.
• 이융조 · 우종윤 | 1988, 「황석리 고인돌문화의 묻기 방법에 관한 한 고찰」『박물관기요』 4, 단국대박물관.

10) 제천 양평리 유적

• 최몽룡 · 임영진 | 1984, 「제원 陽坪里 D지구 유적발굴조사보고」『충주댐수몰지구 문화유적 발굴조사 종합보고서 (1)』, 충북대박물관.
• 최몽룡 | 1984, 「제원 양평리 B지구 유적발굴조사보고」『충주댐 수몰지구 문화유적 발굴조사 종합보고서 (1)』, 충북대박물관.
• 최몽룡 · 윤동석 · 이영남 | 1984, 「충북 제원 陽坪里 · 桃花里 출토 紅陶 및 철제품

의 과학적 분석-남한강유역의 선사문화연구4」『윤무병박사회갑기념논총』.

- 최몽룡 · 임영진 ∥ 1984, 「堤原郡 陽坪里의 선사주거지」『백산학보』 28.

11) 충주 조동리 유적

- 충북대박물관 · 충주시 ∥ 2001, 『충주 早洞里 선사유적(Ⅰ)-1 · 2차조사보고』.
- 충북대박물관 · 충주시 ∥ 2002, 『충주 조동리 선사유적(Ⅱ)』.
- 이융조 · 우종윤 ∥ 1996, 「충주 조동리유적 발굴조사개보」『년보』 5, 충북대박물관.
- 이융조 · 우종윤 ∥ 1997, 「충주 조동리유적 발굴조사개보 2차」『년보』 6, 충북대박물관.
- 이융조 · 허문회 · 우종윤 ∥ 1997, 「한국 충주 조동리 청동기시대 주거지 출토 穀粒분석」『제2회 농업고고 국제학술토론회』, 中國南昌.
- 이융조 · 우종윤 ∥ 1997, 「충주 조동리 선사유적」『김현길교수정년기념논총』.

12) 옥천 안터 유적

- 이융조 ∥ 1979, 「沃川 안터 고인돌 · 선돌유적」『대청댐 수몰지구 유적 발굴보고서-충청북도편』, 충북대박물관 · 문화재관리국 문화재연구소.
- 이융조 ∥ 1981, 「옥천 안터 고인돌 · 선돌문화」『한국의 선사문화-그 분석연구』, 탐구당.

13) 진천 사양리 유적

- 진천군 · 중앙문화재연구원 ∥ 2001, 『진천 문백 전기 · 전자농공단지 조성부지내 진천 思陽里유적』.
- 한국고환경연구소 ∥ 2001, 「진천 사양리 고고학 시료에 대한 光勵起 루미네센스를 이용한 연대측정」『진천 문백 전기 · 전자농공단지 조성부지내 진천 思陽里유적』.
- 정광룡 · 조상기 · 조재경 ∥ 2001, 「진천 사양리 목탄요 토기의 자연과학적 분석」『진천 문백 전기 · 전자농공단지 조성부지내 진천 思陽里유적』.

14) 기타

- 김원룡 ∥ 1967, 「단양 안동리 석광묘보고」『진단학보』 31.
- 한국고고학회 엮음 ∥ 1974, 「청원 비하리출토 일괄유물」『고고학』 3.
- 황용훈 ∥ 1983, 「중원지구 문화의 고고학적 고찰」『고고미술』 160.
- 김병모 ∥ 1984, 「제원 眞木里 A · B지구 유적발굴조사 보고」『충주댐 수몰지구 문화유적 발굴조사 종합보고서(1)』.
- 김병모 ∥ 1984, 「중원 荷川里 D지구 유적발굴조사보고」『충주댐 수몰지구문화유

적 발굴조사 종합보고서(1)』.
- 윤용진 | 1984, 「중원 荷川里 F지구 유적발굴조사보고」『충주댐 수몰지구문화유적 발굴조사 종합보고서(1)』.
- 황용훈 | 1984, 「제원 廣儀里 A지구 지석묘 및 주거지 발굴조사보고」『충주댐 수몰지구 문화유적 발굴조사 종합보고서(1)』.
- 황용훈 | 1984, 「중원 明西里지구 유적발굴조사보고」『충주댐 수몰지구 문화유적 발굴조사 종합보고서(1)』.
- 황용훈 | 1984, 「중원 紙洞里 A지구 유적발굴조사보고」『충주댐 수몰지구문화유적 발굴조사 종합보고서(1)』.
- 이동복 | 1984, 「제원 咸岩里지구 유적발굴조사보고」『충주댐 수몰지구 문화유적 발굴조사 종합보고서(1)』.
- 윤무병 | 1986, 「청주 香亭 · 外北洞유적발굴조사보고」『중부고속도로 문화유적발굴조사 보고서』.
- 차용걸 | 1986, 「청주 內谷洞유적 발굴조사보고」『중부고속도로 문화유적발굴조사보고서』.
- 전영래 | 1987, 「금강유역 청동기문화권 신자료」『마한 · 백제문화』 10.
- 이융조 | 1987, 「충주댐 수몰지구 문화유적조사와 그 전개」『최영희선생화갑기념 한국사학논총』.
- 박하일 | 1989, 「금정리 암각화의 중요성」『충북향토문화』 창간호.
- 길경택 | 1990, 「중원지방의 청동기문화 개관」『중원문화』 3, 충주문화원.
- 길경택 | 1990, 「선사유적과 벼농사」『충북향토문화』 2.
- 길경택 | 1991, 「중원지방의 청동기문화 개관」『예성문화』 12.
- 임병태 | 1992, 「한국 청동기 연구의 오늘과 내일」『선사문화』 1, 충북대선사문화연구소.
- 강형태 외 | 1993, 「방사성탄소연대측정과 고정밀보정방법」『한국고고학보』 30.
- 우종윤 | 1994, 「금강유역의 선사유적 · 유물」『년보』 3, 충북대박물관.
- 조상기 | 1994, 「미호천유적 문화유적 지표조사(1)」『년보』 3.
- 이융조 · 이동성 | 1994, 「미호천유역의 선사문화」『청대사림』 6.
- 하문식 | 1994, 「청동기시대의 중원문화」『선사문화』 2, 충북대 선사문화 연구소.
- 조유전 | 1995, 「고고학상으로 본 중원문화」『중원문화권의 위상정립과 발전방향』.
- 배기동 | 1996, 「동북아 선사문화와 중원 선사문화 시원」『중원문화 국제학술회의 결과보고서』, 충북대 호서문화연구소.
- 길경택 · 이선철 | 1997, 「충주 호암동 문화유적 2차발굴조사 개보」『김현길교수 정년기념논총』.
- 이융조 · 김정희 | 1998, 「한국 선사시대 벼농사의 새로운 해석-식물 규소체 분석자료를 중심으로」『선사와 고대』 11, 한국고대학회.

• 조상기 ‖ 1999, 「청원 主城里유적 발굴조사 성과」『호서고고학』 창간호.
• 차용걸 외 ‖ 2000, 「청주 봉명동 · 송절동 Ⅳ지구 유적의 기본성격」『충북사학』 11 · 12합집.
• 공민규 ‖ 2000, 「청주 용암 2지구 龍亭洞 유적-청동기시대 주거유적」『백제문화의 고고학적 연구』, 제2회 호서고고학회 학술대회발표문, 호서고고학회.
• 하문식 · 권기윤 ‖ 2000, 「제천 능강리유적의 조사와 성과」『내제문화』 12.
• 하문식 ‖ 2001, 「동북아세아 고인돌의 시론적 비교 연구-한반도와 중국 동북지역」『백산학보』 59.
• 정광용 외 ‖ 2002, 「금강유역 세형동검의 과학분석(1)-청원 문의면 수습 세형동검」『호서고고학』 6 · 7합집.
• 庄田愼矢 ‖ 2005, 「호서지역 출토 비파형동검과 미생시대 개시연대」『호서고고학보』 12.

제5부 고대사

1. 삼한시대 일반

- 이현혜 | 1984, 『삼한사회형성과정연구』, 일조각.
- 충북대박물관 | 1984, 『충주댐 수몰지구 문화유적 발굴조사 종합보고서-고고 · 고분분야(2)』.
- 천관우 | 1989, 『고조선사 · 삼한사연구』, 일조각.
- 충북대박물관 | 1991, 『진천 聖石里유적 발굴조사보고서』.
- 충북대박물관 | 1991, 『진천 松斗里유적 발굴조사보고서』.
- 최종규 | 1995, 『삼한고고학연구』, 서경문화사.
- 한국고대사연구회편 | 1995, 『삼한의 사회와 문화』, 신서원.
- 백제문화개발연구원 · 충북대박물관 | 1995, 『청주 松節洞고분 발굴조사 보고서-1993년도 발굴조사』.
- 충북대중원문화연구소 · 청주시 | 1995, 『청주 井北洞 土城 1-1997년도 발굴조사 보고서』.
- 한국문화재보호재단 | 2000, 『청원 주성리유적』.
- 충북대박물관 | 2001, 『단양 수양개유적-5~7차 조사보고』.
- 한국문화재보호재단 · 대전지방국토관리청 | 2001, 『음성 오궁리, 문촌리유적』.
- 나경수 | 2004, 『마한신화-아름다운 남도』 1, 한얼미디어.
- 김정배 | 1968, 「삼한위치에 대한 종래설과 문화성격의 검토」 『사학연구』 20.
- 천관우 | 1975, 「삼한의 성립과정」 『사학연구』 26.
- 천관우 | 1979, 「마한 제소국의 위치시론」 『동양학』 9.
- 이병도 | 1981, 「삼한문제의 신고찰(1-8)」 『진단학보』 1-8.
- 이현혜 | 1981, 「마한 소국의 형성에 대하여」 『역사학보』 92.
- 황용훈 | 1984, 「제원 廣儀里 A지구 지석묘 및 주거지 발굴조사보고서」 『충주댐 수몰지구 문화유적 발굴조사종합보고서』.

- 김병모 | 1984, 「중원 荷川里 D지구유적 발굴조사보고」『충주댐 수몰지구 문화유적 발굴조사종합보고서-고고 · 고분분야(2)』.
- 윤용진 | 1984, 「중원 荷川里 F지구유적 발굴조사보고」『충주댐 수몰지구 문화유적 발굴조사종합보고서-고고 · 고분분야(2)』.
- 이기동 | 1987, 「마한영역에서의 백제의 성장」『마한 · 백제문화』 10.
- 박찬규 | 1989, 「마한세력의 분포와 변천」『龍巖차문섭교수화갑기념 사학논총』.
- 임영진 | 1995, 「마한의 형성과 변천에 대한 고고학적 고찰」『삼한의 사회와 문화』.
- 최병현 | 1996, 「충북 진천 三龍里 · 山水里의 원삼국 窯址와 토기」『상산문화』 2, 진천 상산고적회.
- 문창로 | 1997, 「삼한사회 연구의 성과와 과제」『한국사연구』 96.
- 박중균 | 1998, 「원삼국기 중서부지역 토광묘집단 연구-충청지역을 중심으로」『충북사학』 10.
- 차용걸 · 노병식 · 박중균 | 2000, 「청주 봉명동 · 송절동 Ⅳ지구 유적의 기본성격」『충북사학』 11 · 12합집.
- 이재돈 | 2003, 「단양 수양개2지구 삼한시대 집터 분석과 그 전개」, 충북대 석사학위논문.

2. 삼국시대 일반

- 이기백 | 1974, 『신라정치사회사연구』, 일조각.
- 이기동 | 1984, 『신라 골품제사회와 화랑도』, 일조각.
- 이기백 | 1987, 『한국상대고문서자료집성』, 일지사.
- 노중국 | 1988, 『백제정치사연구』, 일조각.
- 양기석 | 1990, 『백제 전제왕권 성립과정 연구』, 단국대 박사학위논문.
- 이도학 | 1991, 『백제 집권국가 형성과정 연구』, 한양대 박사학위논문.
- 최몽룡 · 심정보 편 | 1991, 『백제사의 이해』, 학연문화사.
- 충남대 백제연구소 | 1994, 『백제불교문화의 연구』, 서경문화사.
- 이남석 | 1995, 『백제석실분연구』, 학연문화사.
- 유원재 편 | 1996, 『백제의 역사와 문화』, 학연문화사.
- 이기동 | 1996, 『백제사연구』, 일조각.
- 김수태 | 1996, 『신라중대 정치사연구』, 일조각.
- 유원재 | 1997, 『웅진백제사연구』, 도서출판 주류성.
- 이도학 | 1997, 『새로쓰는 백제사』, 푸른역사.
- 한국상고사학회 | 1998, 『백제의 지방통치』, 학연문화사.
- 최몽룡 편저 | 1998, 『백제를 다시본다』, 도서출판 주류성.
- 충남대 백제연구소 | 2000, 『백제사상의 전쟁』, 서경문화사.

- 장인성 | 2001, 『백제의 종교와 사회』, 서경문화사.
- 서정석 | 2002, 『백제의 성곽』, 학연문화사.
- 강종원 | 2002, 『4세기 백제사연구』, 서경문화사.
- 이용빈 | 2002, 『백제지방통치제도연구-담로제를 중심으로』, 서경문화사.
- 문안식 | 2002, 『백제의 영역확장과 지방통치』, 신서원.
- 노중국 | 2003, 『백제부흥운동사』, 일조각.
- 김영관 | 2003, 『백제부흥운동연구』, 단국대 사학과 박사학위논문.
- 권대원 | 2004, 『백제의 의복과 장신구』, 주류성.
- 김창석 | 2004, 『삼국과 통일신라의 유통체계 연구』, 일조각.
- 공주대 백제문화연구소 | 2004, 『백제부흥운동사연구』, 서경문화사.
- 도수희 | 2004, 『백제의 언어와 문학』, 주류성.
- 김성구 | 2004, 『백제의 와전기술』, 주류성.
- 장경호 | 2004, 『아름다운 백제건축』, 주류성.
- 심정보 | 2004, 『백제 산성의 이해』, 주류성.
- 이형구 | 2004, 『백제의 도성』, 주류성.
- 이남석 | 2004, 『백제의 무덤 이야기』, 주류성.
- 정영호 | 2004, 『백제의 불상』, 주류성.
- 박현숙 | 2005, 『백제의 중앙과 지방』, 주류성.
- 엄기표 | 2005, 『다시찾는 백제문화』, 고래실.
- 이도학 | 2005, 『백제인물사』, 고래실.
- 신형식 | 2005, 『백제의 대외관계』, 고래실.
- 양기석 | 2005, 『백제의 경제생활』, 주류성.
- 이재운 · 이상균 | 2005, 『백제의 음식과 주거문화』, 주류성.

3. 지명과 역사지리

- 서영일 | 1999, 『신라 육상교통로 연구』, 학연문화사.
- 津田左右吉 | 1964, 「百濟戰役地理考」『津田左右吉全集』 11, 岩波書店.
- 홍사준 | 1967, 「炭峴考-계백의 三營과 김유신의 三道」『역사학보』 35 · 36합집.
- 홍사준 | 1970, 「백제지명고-대왕포와 古馬彌知縣」『백제연구』 창간호.
- 지헌영 | 1970, 「탄현에 대하여」『어문연구』 6, 충남대 어문연구회.
- 홍사준 | 1971, 「백제 성지 연구」『백제연구』 2.
- 이로영 | 1982, 「충주댐 수몰지구의 碑碣」『예성문화』 4.
- 전영래 | 1982, 「탄현에 관한 연구」『전북유적조사보고』 13.
- 최일성 | 1985, 「鷄立嶺考」『예성문화』 7.
- 장준식 | 1985, 「유적을 통해서 본 계립령」『예성문화』 7.
- 최일성 | 1986, 「역사지리적으로 본 계립령」『호서사학』 14.

• 박상일 ㅣ 1987, 「竹嶺路의 開通과 주변유적의 연구」『박물관보』 2, 청주대박물관.
• 김현길 ㅣ 1988, 「삼국시대의 충북지역 형세고」『예성문화』 8.
• 최일성 ㅣ 1988, 「충주지명의 변천고」『충주공전논문집』 22.
• 윤수경 ㅣ 1989, 「온달산성과 주변 지명에 관하여」『충북향토문화』 1.
• 차용걸 ㅣ 1989, 「마즈막재(心項峴)의 麻木峴의 가능성」『예성문화』 10.
• 차용걸 ㅣ 1990, 「죽령로와 그 부근 영로영변의 조성지 조사 연구」『국사관논총』 16.
• 정영호 ㅣ 1990, 「상주방면 및 추풍령 북방의 고대 교통로 연구-산성의 조 사를 중심으로」『국사관논총』 16.
• 박상일 ㅣ 1990, 「小白山脈지역의 交通路와 유적-忠州와 연결되는 交通路를 중심으로」『국사관논총』 16.
• 성주탁 ㅣ 1990, 「백제 탄현 소고」『백제논총』 2.
• 김현길 ㅣ 1992, 「충주지역의 역사지리적 배경」『국사관논총』 16.
• 김영완 ㅣ 1997, 「내고장의 명소 常山八景」『상산문화』 3.
• 최일성 ㅣ 1999, 「역사적으로 본 鳥嶺路와 충주」『사학연구』 58 · 59합집.
• 양기석 ㅣ 2001, 「삼년산성의 역사성과 연구성과」『三年山城』, 충북대 중원문화연구소.
• 서영일 ㅣ 2002, 「국원소경과 남한강 수로」『제16회 중원문화연구 공개강좌 발표요지문』, 충북대 중원문화연구소.
• 서정석 ㅣ 2003, 「炭峴에 대한 소고」『중원문화논총』 7, 충북대 중원문화연구소.
• 김동식 ㅣ 2004, 「죽령의 문화적 가치의 재조명」『충북향토문화』 16.

4. 삼국의 쟁패

• 서영일 ㅣ 1999, 『신라 육상 교통로 연구』, 학연문화사.
• 고구려연구회 편 ㅣ 2000, 『중원고구려비연구』, 학연문화사.
• 정연정 외 ㅣ 2000, 『충북테마기행2-삼국통일의 격전지 충북의 성곽을 찾아서』, 충북학연구소.
• 차용걸 · 박상일 · 안상경 ㅣ 2001, 『우암산 그 역사의 숨결』, 청주문화원.
• 김현숙 ㅣ 2002, 『고구려의 영역지배방식 연구』, 도서출판 모시는사람들.
• 이형구 ㅣ 2004, 『백제의 도성』, 주류성.
• 이병도 ㅣ 1970, 「백제 근초고왕 拓境考」『백제연구』 1.
• 방선주 ㅣ 1971, 「백제군의 화북진출과 그 배경」『백산학보』 11.
• 정영호 ㅣ 1972, 「김유신장군의 백제 공격로연구」『사학지』 6.
• 노태돈 ㅣ 1976, 「고구려의 한강유역의 상실의 원인에 대하여」『한국사연구』 13.
• 김재붕 ㅣ 1981, 「신라진평왕대의 娘臂城의 귀속과 芙江의 蓋蘇文山城에 대하여」『서원학보』 1, 서원학회.
• 이진희 ㅣ 1982, 「삼국의 쟁패와 그 영역변화」, 단국대 석사논문.

• 장준식 | 1982, 「고구려 국원성 治址에 관한 연구」, 단국대 사학과 석사학위논문.
• 김병주 | 1984, 「羅濟동맹에 관한 연구」『한국사연구』 46.
• 조정권 | 1984, 「옥천지구 산성을 통해 본 羅濟항쟁」, 단국대 석사학위논문.
• 성주탁 | 1984, 「백제 성곽 연구」『백제연구』 15.
• 차용걸 | 1984, 「方形土城의 二例」『윤무병박사 회갑기념논총』.
• 이도학 | 1987, 「신라의 北進經略에 관한 신고찰」『경주사학』 6.
• 권종천 외 | 1987, 「청주 부모산성과 그 주변유적의 연구」『호서문화연구』 6.
• 최일성 | 1988, 「탄금대 土城소고」『예성문화』 9.
• 이철재 | 1988, 「충주산성과 그 주변 문화유적」『중원문화』 1, 충주문화원.
• 김정배 | 1988, 「고구려와 신라의 영역문제」『한국사연구』 61 · 62합집.
• 이도학 | 1988, 「永樂 6년 광개토왕의 南征과 國原城」『손보기박사 정년 기념 한국사학논총』.
• 이도학 | 1988, 「고구려의 낙동강유역진출과 신라 · 가야 경영」『국학연구』 2.
• 정운룡 | 1989, 「5세기 고구려 세력권의 南限」『사총』 35.
• 김영진 | 1989, 「上黨山城古今事蹟記解題」『박물관지』 3, 청주대박물관.
• 이기동 | 1990, 「백제국의 성장과 마한병합」『백제논총』 2, 백제문화개발연구원.
• 성주탁 | 1990, 「백제 炭峴 소고-김유신장군의 백제 공격로를 중심으로」『백제논총』 2, 백제문화개발연구원.
• 장원섭 | 1990, 「백제초기 東界의 형성에 관한 일고찰」『청계사학』 7.
• 정영호 | 1990, 「상주방면 및 추풍령 북방의 고대교통로 연구-산성의 조사를 중심으로」『국사관논총』 16.
• 서영일 | 1991, 「5~6세기 고구려 東南境 고찰」『사학지』 24.
• 신형식 | 1992, 「신라의 발전과 한강」『한국사연구』 77.
• 김기섭 | 1994, 「백제 근초고왕대의 北境」『군사』 29.
• 양기석 | 1994, 「5~6세기 전반 신라와 백제의 관계」『신라의 대외관계사연구』, 신라문화선양회.
• 윤길원 | 1996, 「지명으로 밝혀 본 羅濟의 격전장」『충북향토문화』 7.
• 차용걸 | 1997, 「阿旦城과 온달산성 문제의 재검토」『온달산성의 문화와 역사』, 단양문화원.
• 최규성 | 1998, 「大林山城이 忠州山城일 가능성에 대한 고찰」『예성문화』 18.
• 이송호 | 1998, 「삼년산성의 역할에 대한 고찰」『보은의 향토사』 1.
• 김영관 | 1998, 「삼국쟁패기 阿旦城의 위치와 영유권」『고구려연구』 5.
• 최종택 | 1998, 「고고학상으로 본 고구려의 한강유역 진출과 백제」『백제 연구』 28, 충남대 백제연구소.
• 최근영 | 1999, 「단양지역 고대 산성의 분포와 특징-新羅北進政策의 거점을 중심으로」『백산학보』 52.
• 김갑동 | 1999, 「신라와 백제의 管山城 전투」『백산학보』 52.

• 양기석 | 1999, 「신라의 청주지역 진출」『문화사학』 11 · 12 · 13합집.
• 문안식 | 2000, 「삼국시대 영서지역 토착세력의 추이」『충북학』 2, 충북학연구소.
• 최근영 | 2000, 「충주 大林山城 考-'충주산성' 과의 관련성을 중심으로」『중원문화논총』 4, 충북대 중원문화연구소.
• 윤길원 | 2000, 「백제 성왕의 死節地에 대한 고찰」『옥천향토문화』 5.
• 박경철 | 2000, 「중원문화권의 역사적 전개-그 지정학적 · 전략적 위상 변화를 중심으로」『선사와 고대』 15.
• 서영일 | 2001, 「6~7세기 고구려 南境고찰」『고구려연구』 11.
• 山本孝文 | 2001, 「고분자료로 본 신라세력의 호서지방 진출」『호서고고학』 4 · 5합집, 호서고고학회.
• 김현숙 | 2002, 「4~6세기경 소백산맥 以東地域의 영역방향-『삼국사기』 지리지의 경북지역 '고구려군현' 을 중심으로」『한국고대사연구』 26.
• 양기석 | 2002, 「고구려의 충주지역 진출과 경영」『중원문화논총』 6.
• 서영일 | 2003, 「삼국시대 전쟁과 사회」『충북문화론』, 충북학연구소.
• 이도학 | 2003, 「고구려사에 있어서 충주(國原城)」『고구려 국제학술대회』, 충주문화원 · 백산학회.
• 서영일 | 2003, 「한성 백제의 남한강수로 개척과 경영」『문화사학』 20, 한국문화사학회.
• 김상헌 | 2004, 「신라, 백제 격전지 管山城에 대한 소고」『충북향토문화』 15.
• 차용걸 · 조순흠 | 2004, 「진천 都堂山城 지표 · 시굴조사 개보」『상산문화』 10.
• 차용걸 · 이규근 | 2004, 「충주 장미산성 발굴조사 개보」『충북향토문화』 16.
• 한병길 | 2004, 「백제 성곽 자료해석에 대한 이론적 담론」『한국상고사학보』 46.
• 장창은 | 2004, 「신라 자비~소지왕대 축성 · 교전지역의 검토와 그 의미-소백산맥 일대 신라 · 고구려의 영역향방과 관련하여」『신라사학보』 2.
• 서영일 | 2004, 「충북지역 고대전투와 관산성전투」『옥천향토문화』 8.
• 노병식 | 2005, 「청주지역 고대 성곽의 성격」『충북사학』 14.
• 양기석 | 2005, 「한성백제의 청주지역지배」『백제 지방세력의 존재양태』, 한국학중앙연구원.
• 양기석 | 2005, 「5~6세기 백제의 北界」『박물관기요』 20, 단국대 석주선기념박물관.
• 서영일 | 2005, 「5~6세기 신라의 한강유역 진출과 경영」『박물관기요』 20, 단국대 석주선기념박물관.
• 신형식 | 2005, 「고구려의 남진과 국원성(충주)」『박물관기요』 20, 단국대석주선기념박물관.
• 김기섭 | 2005, 「백제의 강역 확장과 충청지역」『충북사학』 15.
• 오순제 | 2006, 「남한지역의 고구려산성 연구」『고구려의 역사와 대외관계』, 서경문화사.

5. 성곽과 관방

- 이원근 ‖ 1975, 『三國時代 山城硏究-청주 · 청원지구를 중심으로』, 단국대박사학위논문.
- 한국보이스카우트연맹 ‖ 1989, 『한국의 성곽과 봉수』(상 · 하).
- 정연정 외 ‖ 2000, 『충북테마기행 2 : 삼국통일의 격전지 충북의 성곽을 찾아서』, 충북학연구소.
- 차용걸 ‖ 2002, 『보은의 성곽』, 보은문화원.
- 성주탁 ‖ 2002, 『백제城址연구』, 서경문화사.
- 성주탁 ‖ 2004, 『백제城址연구 : 속편』, 서경문화사.
- 심정보 ‖ 2004, 『백제 산성의 이해』, 주류성.
- 이형구 ‖ 2004, 『백제의 도성』, 주류성.
- 정영호 ‖ 1972, 「백제 助川城考」『백제연구』 3.
- 방동인 ‖ 1975, 「백제 蛇城의 위치비정에 관한 연구」, 경희대 석사학위논문.
- 신상준 ‖ 1975, 「청주소재 唐羡山 토성에 관한 조사연구-서원소경의 위치문제와 관련하여」『호서문화논총』 1, 서원대 호서문화연구소.
- 성주탁 ‖ 1976, 「신라 삼년산성 연구」『백제연구』 7.
- 이원근 ‖ 1976, 「청주 唐羡山 유적 연구-城址와 佛蹟을 중심으로」『학술논총』 1, 단국대 대학원.
- 이원근 ‖ 1976, 「백제 娘臂城考」『사학지』 10.
- 이원근 ‖ 1976, 「삼국시대 산성연구」, 단국대 사학과 석사학위논문.
- 윤무병 · 성주탁 ‖ 1977, 「백제산성의 신유형」『백제연구』 8.
- 이원근 ‖ 1978, 「청주 상당산성과 그 복원시고」『학술논총』 2, 단국대 대학원.
- 정영호 ‖ 1980, 「단양 加隱巖山城에 대한 소고」『군사』 창간호.
- 정영호 ‖ 1980, 「음성 망이성에 대한 소고」『월간 문화재』 8.
- 민덕식 ‖ 1980, 「진천 大母山城의 분석적 연구」『한국사연구』 29.
- 김재붕 ‖ 1981, 「신라 진평왕대의 娘臂城의 귀속과 부강 蓋蘇文山城에 대하여」『서원학보』 1.
- 이원근 ‖ 1982, 「大林山城」『충청북도 문화재지』.
- 성주탁 ‖ 1984, 「백제 성곽 연구」『백제연구』 15.
- 차용걸 ‖ 1984, 「삼년산성 門址유구의 검토」『충남사학』 1.
- 최일성 ‖ 1984, 「충주산성과 관방」『충주산성 종합지표조사보고서』, 충주공업전문대 박물관.
- 김현길 ‖ 1984, 「충주산성의 역사적 배경」『충주산성 종합지표조사보고서』, 충주공업전문대 박물관.
- 조정권 ‖ 1984, 「옥천지구 산성을 통해 본 羅濟항쟁」, 단국대 석사학위논문.
- 차용걸 · 양기석 ‖ 1985, 「진천의 都堂山城과 吉祥祠」『변태섭박사 화갑기념사학

논총』.
• 이원근 | 1985, 「청주 井北里 토성고」 『인문학보』 1, 강릉대.
• 성주탁 · 차용걸 | 1987, 「백제 未谷縣과 昧谷山城의 역사지리적 관견」 『삼불김원룡 정년기념논총』 2.
• 차용걸 | 1987, 「괴산의 太子城」 『호서문화논총』 4.
• 우종일 | 1987, 「環山城과 郡北 8景」 『관성문화』 2.
• 권종천 · 차용걸 · 박걸순 | 1987, 「청주 부모산성과 그 주변유적의 연구」 『호서문화연구』 6.
• 김윤우 | 1987, 「娘臂城과 娘子谷城」 『사학지』 21.
• 최일성 | 1988, 「탄금대 土城 소고」 『예성문화』 9.
• 이철재 | 1988, 「충주산성과 그 주변 문화유적」 『중원문화』 1, 충주문화원.
• 차용걸 | 1989, 「소백산맥북록식 석축산성 수구형식 시론」 『용암차문섭박사화갑기념사학논총』.
• 김영진 | 1989, 「上黨山城古今事蹟記 해제」 『박물관보』 3, 청주대박물관.
• 윤수경 | 1989, 「온달산성과 주변 지명에 관하여」 『충북향토문화』 창간호.
• 이종배 | 1990, 「삼년산성 石材 유입고찰」 『충북향토문화』 2.
• 차용걸 | 1990, 「청주지역 百濟系山城의 조사연구」 『백제논총』 2, (財)백제문화개발연구원.
• 차용걸 | 1990, 「죽령로와 그 부근 嶺路연변의 古城址 조사연구」 『국사관 논총』 16.
• 정영호 | 1990, 「상주방면 및 추풍령 북방의 고대교통로 연구-산성의 조사를 중심으로」 『국사관논총』 16.
• 차용걸 | 1992, 「문의 양성산성」 『청원문화』 창간호, 청원문화원.
• 차용걸 | 1994, 「낭비성」 『청원문화』 3, 청원문화원.
• 이춘택 | 1995, 「괴산의 산성」 『괴향문화』 3.
• 차용걸 | 1996, 「미륵산성의 축성기법과 성격」 『괴향문화』 4.
• 이상주 | 1996, 「괴산 德峴里土城과 그 주변 문화유적」 『박물관보』 9, 청주대박물관.
• 차용걸 · 노병식 | 1997, 「괴산 阿城里토성」 『중원문화논총』 1, 충북대 중원문화연구소.
• 이송호 | 1997, 「삼년산성의 역할에 대한 고찰」 『충북향토문화』 8.
• 정석영 | 1997, 「大母山城考」 『常山文化』 3.
• 라경준 | 1997, 「상당산성과 그 성돌의 고찰」 『김현길교수정년기념논총』.
• 차용걸 | 1997, 「阿旦城과 온달산성 문제의 재검토」 『온달산성의 문화와 역사』, 단양문화원.
• 최규성 | 1998, 「大林山城이 忠州山城일 가능성에 대한 고찰」 『예성문화』 18.
• 최일성 | 1998, 「수정산성에 관한 문헌기록 검토」 『음성 수정산성 정밀지표조사보

고서』, 충주산업대 박물관.
• 이송호 ‖ 1998, 「삼년산성의 역할에 대한 고찰」『보은의 향토사』 1.
• 김영관 ‖ 1998, 「삼국쟁패기 阿旦城의 위치와 영유권」『고구려연구』 5.
• 김창임 ‖ 1998, 「청주 정북동토성의 활용방안」『충북향토문화』 9.
• 최근영 ‖ 1998, 「충주 薔薇山城考」『사학연구』 55 · 56합집.
• 차용걸 ‖ 1998, 「부강 蓋蘇文山城」『청원문화』 7.
• 차용걸 ‖ 1999, 「충주지역 성곽의 역사적 성격」『제11회 중원문화 학술회의 발표요지』, 예성문화연구회.
• 최근영 ‖ 1999, 「단양지역 고대 산성의 분포와 특징-新羅北進政策의 거점을 중심으로」『백산학보』 52.
• 공석구 ‖ 2000, 「고구려 · 백제 성곽의 비교연구」『백산학보』 54.
• KBS 역사스페셜 ‖ 2001, 「삼국통일의 교두보, 삼년산성의 비밀」『역사스페셜』 2, 효형출판.
• 한병길 ‖ 2001, 「중부지방 백제토성의 축조기법」, 충북대 사학과 석사학위논문.
• 차용걸 ‖ 2001, 「청원의 구봉산성과 구룡산성」『청원문화』 10.
• 차용걸 ‖ 2003, 「충북의 성곽을 찾아서」『충북문화론』, 충북학연구소.
• 황건하 ‖ 2003, 「옥천군 산성의 현황」『옥천향토문화』 7.
• 윤수경 ‖ 2004, 「삼국시대 단양의 관방 유적」『충북향토문화』 15.
• 차용걸 · 조순흠 ‖ 2004, 「진천 都堂山城 지표 · 시굴조사 개보」『상산문화』 10.
• 차용걸 · 이규근 ‖ 2004, 「충주 장미산성 발굴조사 개보」『충북향토문화』 16.
• 한병길 ‖ 2004, 「백제 성곽 자료해석에 대한 이론적 담론」『한국상고사학보』 46.
• 노병식 ‖ 2005, 「청주지역 고대 성곽의 성격」『충북사학』 14.
• 오순제 ‖ 2006, 「남한지역의 고구려산성 연구」『고구려의 역사와 대외관계』, 서경문화사.

6. 지방통치와 西原京 · 國原京

• 장준식 ‖ 1998, 『新羅 中原京 硏究 : 위치비정을 중심으로』, 학연문화사.
• 양기석 · 강민식 · 차용걸 · 이우태 · 신호철 ‖ 2001, 『新羅 西原小京 硏究』, 서경.
• 노명호 외 ‖ 2004, 『한국 고대중세 지방제도의 제문제』, 집문당.
• 藤田亮策 ‖ 1953, 「新羅九州五小京攷」『조선학보』 5.
• 임병태 ‖ 1967, 「新羅小京考」『역사학보』 35 · 36합집.
• 신상준 ‖ 1975, 「청주소재 唐羡山 토성에 관한 조사연구-서원소경의 위치문제와 관련하여」『호서문화논총』 1, 서원대 호서문화연구소.
• 장준식 ‖ 1981, 「고구려 國原城 治址에 관한 연구」, 단국대 석사논문.
• 박태우 ‖ 1987, 「통일신라시대의 지방도시에 대한 연구」『백제연구』 18.
• 이도학 ‖ 1988, 「永樂 6년 광개토대왕의 南征과 국원성」『정년기념논총』.

• 김현길 Ⅰ 1992, 「國原京과 中原京」『중원경과 중앙탑』.
• 윤무병 · 박태우 Ⅰ 1992, 「5小京의 위치 및 도시구조에 대한 일고찰」『중원경과 중앙탑』.
• 차용걸 Ⅰ 1992, 「國原小京의 유적 · 유물」『중원경과 중앙탑』.
• 장준식 Ⅰ 1992, 「중앙탑과 中原京의 治址」『중원경과 중앙탑』.
• 이우태 Ⅰ 1992, 「신라 西原京 소고」『호서문화논총』 7, 서원대 호서문화연구소.
• 양기석 Ⅰ 1993, 「신라 5소경의 설치와 서원경」『호서문화연구』 11, 충북대호서문화연구소.
• 차용걸 Ⅰ 1993, 「서원경의 위치와 구조」『호서문화연구』 11.
• 이우태 Ⅰ 1993, 「신라 서원경 연구의 현황과 과제-촌락문서를 중심으로」『호서문화연구』 11.
• 최근영 Ⅰ 1994, 「라말5소경 지방세력의 실제와 그 동향-서원 · 북원 · 중원경을 중심으로」『중원문화』 7, 충주문화원.
• 최근영 Ⅰ 1994, 「라말 5소경 지방세력의 실제와 그 동향」『예성문화』 15.
• 田中俊明 Ⅰ 1996, 「新羅中原小京の成立」『중원문화국제학술회의 결과보고서』, 충북대 호서문화연구소.
• 강봉룡 Ⅰ 1999, 「통일신라 州郡縣制의 구조」『백산학보』 52.
• 양기석 · 강민식 Ⅰ 2000, 「신라 西原京成의 위치와 운용」『충북사학』 11 · 12합집.
• 라경준 Ⅰ 2000, 「신라 서원경 治址 연구」, 단국대 사학과 석사학위논문.
• 양기석 Ⅰ 2001, 「신라의 청주지역 진출」『신라 서원소경 연구』, 서경.
• 양기석 Ⅰ 2001, 「신라 5소경의 설치와 西原小京」『신라 서원소경 연구』, 서경.
• 강민식 Ⅰ 2001, 「신라 서원소경의 유적과 유물」『신라 서원소경 연구』, 서경.
• 차용걸 Ⅰ 2001, 「서원소경의 위치와 구조」『신라 서원소경 연구』, 서경.
• 이우태 Ⅰ 2001, 「신라촌락문서에 보이는 촌락의 위치와 성격」『신라 서원 소경 연구』, 서경.
• 서영일 Ⅰ 2002, 「國原小京과 남한강 수로」『제16회 중원문화연구 공개강좌 발표요지문』, 충북대 중원문화연구소.
• 양기석 Ⅰ 2002, 「고구려의 충주지역 진출과 경영」『중원문화논총』 6, 충북대 중원문화연구소.
• 이도학 Ⅰ 2003, 「고구려사에서의 國原城」『백산학보』 67.
• 이도학 Ⅰ 2003, 「고구려사에 있어서 충주(國原城)」『중원문화』 16, 충주문화원.
• 양기석 Ⅰ 2006, 「國原小京과 우륵」『충북사학』 16.

7. 서원경 촌락문서

• 兼若逸之 Ⅰ 1985, 『신라 均田成冊의 분석을 통해서 본 촌락지배의 실태』, 연세대 박사논문.

- 김기흥 ❙ 1991, 『삼국 및 통일신라 세제의 연구』, 역사비평사.
- 이인재 ❙ 1995, 『신라통일기 토지제도연구』, 연세대 박사학위논문.
- 이인철 ❙ 1996, 『신라촌락사회사연구』, 일지사.
- 주보돈 ❙ 1998, 『신라 지방통치체제의 정비과정과 촌락』, 신서원.
- 이희관 ❙ 1999, 『통일신라토지제도사연구』, 일조각.
- 윤선태 ❙ 2000, 『신라통일기 왕실의 촌락지배』, 서울대 국사학과 박사학위논문.
- 野村忠夫 ❙ 1953, 「正倉院より發見された新羅の民政文書について」『사학잡지』 62-4.
- 旗田巍 ❙ 1958~59, 「新羅の村落-正倉院にある新羅村落文書の研究」『역사학연구』 226-227.
- 兼若逸之 ❙ 1975, 「신라 均田成册에서의 烟人동태 복원시도」『한국사연구』 27.
- 남풍현 ❙ 1976, 「제2신라장적에 대하여」『미술자료』 10.
- 濱田耕策 ❙ 1977, 「新羅の村, 村設置と州郡制の施行」『조선학보』 84.
- 木村誠 ❙ 1976, 「신라 녹읍제와 촌락구조」『역사학연구』 431.
- 旗田巍 ❙ 1976, 「신라 · 고려의 토지장적」『동양학학술회의논문집』, 성균관대학교.
- 武田幸男 ❙ 1976, 「新羅の村落지배-正倉院소장문서の追記おめぐって」『조선학보』 81.
- 고승제 ❙ 1977, 「경제(통일신라)」『한국사론』 1, 국사편찬위원회.
- 노태돈 ❙ 1978, 「통일기 귀족의 경제기반」『한국사』 3, 국사편찬위원회.
- 이태진 ❙ 1979, 「신라통일기의 촌락지배와 孔烟-정창원소장 촌락문서 분석을 중심으로」『한국사연구』 25.
- 이종욱 ❙ 1980, 「신라장적을 통하여 본 통일신라시대의 촌락지배체제」『역사학보』 86.
- 이우태 ❙ 1981, 「신라의 村과 村主」『한국사론』 7, 서울대 국사학과.
- 이우태 ❙ 1983, 「신라촌락문서의 村域에 대한 일고찰」『김철준박사 화갑기념논총』.
- 浜中昇 ❙ 1983, 「신라촌락문서에서의 計烟에 대하여」『고대문화』 35-2.
- 최재석 ❙ 1985, 「신라시대 여자의 토지소유」『한국학보』 40.
- 이인철 ❙ 1986, 「신라통일기의 촌락지배와 計烟-정창원소장 촌락문서 분석을 중심으로」『한국사연구』 54.
- 濱田耕策 ❙ 1986, 「신라촌락문서연구의 성과와 과제」『학술원논문집 (인문사회과학편)』 11.
- 이우태 ❙ 1987, 「촌락 · 촌주」『제2판 한국사연구입문』, 지식산업사.
- 박태우 ❙ 1987, 「통일신라시대의 지방도시에 대한 연구」『백제연구』 18.
- 김기흥 ❙ 1989, 「신라 촌락문서에 대한 신고찰」『한국사연구』 64.
- 김종준 ❙ 1989, 「일본 정창원소장 신라장적의 작성년대와 그 역사적 배경」『아시아문화』 5, 한림대 아시아문화연구소.

• 김종준 | 1989, 「정창원 소장 신라장적에 나타난 노비」『역사학보』 123.
• 이희관 | 1989, 「통일신라시대의 관모전 · 답」『한국사연구』 66.
• 이인재 | 1990, 「신라통일 전후기 조세제도의 변동」『역사와 현실』 4.
• 이인철 | 1990, 「신라 중고기의 지방통치체제」『한국학보』 56.
• 이태진 | 1990, 「신라촌락문서의 牛馬」『碧史이우성교수정년퇴직기념논총 : 민족사의 전개와 그 문화(상)』.
• 김재홍 | 1991, 「신라 중고기의 村制와 지방사회구조」『한국사연구』 72.
• 김창석 | 1991, 「통일신라기 田莊에 관한 연구」『한국사론』 25.
• 김기흥 | 1992, 「8 · 9세기 통일신라의 경제」『한국고대사연구』 6.
• 이희관 | 1992, 「통일신라시대의 村主位田 · 畓과 촌주세력의 성장」『국사관논총』 39.
• 노명호 | 1992, 「나말여초 호족세력의 경제적 기반과 전시과체제의 성립」『진단학보』 74.
• 이우태 | 1993, 「신라 서원경 연구의 현황과 과제-村落文書를 중심으로」『호서문화연구』 11.
• 남재우 | 1993, 「7 · 8세기 신라토지제도에 대한 이해」『창원사학』 1.
• 浜中昇 | 1993, 「신라촌락문서를 통해서 본 토지개발과 分村」『신전외어대학기요』 5.
• 이인재 | 1993, 「신라통일기 烟戶의 토지소유」『동방학지』 77 · 78 · 79합집.
• 이인철 | 1994, 「신라통일기 조세 수취기준과 等級烟-촌락문서를 중심으로」『역사와 현실』 11.
• 안병우 | 1994, 「신라통일기의 경제제도」『역사와 현실』 14.
• 위은숙 | 1995, 「장적문서를 통해서 본 신라통일기 농가의 부업경영」『부대사학』 19.
• 田中俊明 | 1996, 「신라 中原小京의 성립」『중원문화 국제학술회의 결과보고서』, 충북대 호서문화연구소.
• 김종준 | 1997, 「신라촌락문서에 나타난 노비」『한국고대국가의 노예와 농민』, 한림대 아시아문화연구소.
• 김종준 | 1997, 「신라촌락문서의 작성연대에 관한 문제와 그 역사적 배경」『한국고대국가의 노예와 농민』, 한림대 아시아문화연구소.
• 위은숙 | 1998, 「신라 장적문서의 牛馬 · 麻田 · 桑 · 栢子木 · 秋子木」『고려 후기 농업경제연구』, 혜안.
• 백영미 | 1998, 「신라촌락문서의 형식과 戶等制의 운영」『전농사론』 4.
• 이희관 | 1999, 「신라촌락장적 전답항목의 기재방식과 성격」『통일신라 토지제도연구』, 일조각.
• 이희관 | 1999, 「신라촌락장적에 보이는 村의 성격」『통일신라 토지제도연구』, 일조각.

- 박명호 ❙ 1999, 「신라촌락문서에 보이는 內視令의 성격」 『사학연구』 58 · 59합집.
- 김창석 ❙ 2001, 「신라 촌락문서의 용도와 촌락의 성격에 관한 일고찰」 『한국고대사연구』 21.
- 김창호 ❙ 2001, 「신라 촌락(屯田)문서의 작성년대와 그 성격」 『사학연구』 62.
- 윤선태 ❙ 2001, 「신라 촌락문서의 計烟과 孔烟-중국 · 일본의 戶等制, 年齡等級制와의 비교 검토를 중심으로」 『한국고대사연구』 21.
- 이인철 ❙ 2001, 「新羅村帳籍에 대한 몇가지 논의」 『한국고대사연구』 21.
- 이우태 ❙ 2001, 「신라촌락문서에 보이는 촌락의 위치와 성격」 『신라 서원 소경 연구』, 서경.
- 김수태 ❙ 2001, 「신라 촌락장적 연구의 쟁점」 『한국고대사연구』 21.
- 이희관 ❙ 2001, 「통일신라시대의 孔烟의 구조에 대한 재론」 『한국고대사 연구』 21.
- 박찬흥 ❙ 2002, 「신라촌락문서를 보는 눈」 『내일을 여는 역사』 9.
- 강봉룡 ❙ 2002, 「금석문과 촌락문서를 통해 본 신라의 촌제」 『신라 금석문의 현황과 과제』, 동국대 신라문화연구소.
- 백영미 ❙ 2005, 「신라통일기 戶口와 戶等에 대하여」 『한국고대사연구』, 40.

8. 中原高句麗碑

- 단국대박물관 ❙ 1979, 『중원고구려비 조사보고서』.
- 이기백 ❙ 1987, 『한국상대고문서자료집성』, 일지사.
- 한국고대사회연구소 편 ❙ 1992, 『역주 한국고대금석문』, (財)가락국사적개발연구원.
- 한국역사연구회 편 ❙ 1996, 『역주 라말여초 금석문』 상 · 하, 혜안.
- 고구려연구회 ❙ 2000, 『中原高句麗碑 硏究』, 학연문화사.
- 한국역사연구회 고대사분과 ❙ 2004, 『고대로부터의 통신』, 푸른역사.
- 정영호 ❙ 1979, 「중원고구려비의 발견조사와 연구전망」 『사학지』 13, 단국대 사학회.
- 변태섭 ❙ 1979, 「중원고구려비의 내용과 연대에 대한 검토」 『사학지』 13, 단국대 사학회.
- 신형식 ❙ 1979, 「중원고구려비에 대한 일고찰」 『사학지』 13, 단국대 사학회.
- 이기백 ❙ 1979, 「중원고구려비의 몇가지 문제」 『사학지』 13, 단국대 사학회.
- 이병도 ❙ 1979, 「중원고구려비에 대하여」 『사학지』 13, 단국대 사학회.
- 이호영 ❙ 1979, 「중원고구려비 題額의 新讀-장수왕대의 연호추론」 『사학지』 13, 단국대 사학회.
- 임창순 ❙ 1979, 「중원고구려비 소고」 『사학지』 13, 단국대 사학회.
- 김정배 ❙ 1979, 「중원고구려비의 몇가지 문제점」 『사학지』 13, 단국대 사학회.

• 김예식 | 1979, 「중원고구려비 발견경위」『예성문화』 창간호.
• 田中俊明 | 1981, 「고구려의 금석문」『조선사연구회논문집』 18.
• 김영하 · 한상준 | 1983, 「중원고구려비의 건립 연대」『교육연구지』 25, 경북대 사범대.
• 신형식 | 1984, 「중원고구려비의 성격」『한국고대사의 신연구』.
• 木下禮仁 | 1984, 「중원고구려비-건립연대를 중심으로」『素軒남도영박사화갑기념 사학논총』.
• 손영종 | 1985, 「중원고구려비에 대하여」『력사과학』 1985-2, 30.
• 김창호 | 1987, 「중원고구려비의 재검토」『한국학보』 47.
• 서영대 | 1992, 「중원고구려비」『역주 한국고대금석문』 1, 가락국사적개발연구원.
• 조동원 | 1995, 「고구려 금석문의 소재와 연구현황」『阜村 신연철교수정년퇴임기념 사학논총』.
• 박성봉 | 1997, 「고구려 금석문의 연구현황과 과제-광개토호태왕비와 중원고구려비를 중심으로」『국사관논총』 78.
• 篠原啓方 | 2000, 「중원고구려비의 釋讀과 내용의 의의」『사총』 51.
• 정영호 | 2000, 「중원고구려비의 발견조사와 의의」『중원고구려비 연구』, 학연문화사.
• 서길수 | 2000, 「중원고구려비 新釋文 결과」『중원고구려비 연구』, 학연문화사.
• 이도학 | 2000, 「중원고구려비의 건립 목적」『중원고구려비 연구』, 학연문화사.
• 木村 誠 | 2000, 「중원고구려비의 건립연대에 대하여」『중원고구려비 연구』, 학연문화사.
• 박진석 | 2000, 「중원고구려비의 건립연대 고증」『중원고구려비 연구』, 학연문화사.
• 김창호 | 2000, 「중원고구려비의 건립연대」『중원고구려비 연구』, 학연문화사.
• 남풍현 | 2000, 「중원고구려비문의 해독과 吏讀的 성격」『중원고구려비연구』, 학연문화사.
• 이전복 | 2000, 「중원군의 고구려비를 통해서 본 고구려 國名의 변천」『중원고구려비 연구』, 학연문화사.
• 임기환 | 2000, 「중원고구려비를 통해 본 고구려와 신라의 관계」『중원고구려비 연구』, 학연문화사.
• 이용현 | 2000, 「중원고구려비와 新羅碑와의 비교」『중원고구려비 연구』, 학연문화사.
• 서영일 | 2000, 「중원고구려비에 나타난 고구려 城과 關防체계」『중원고구려비 연구』, 학연문화사.
• 耿鐵華 | 2000, 「冉婁墓誌와 중원고구려비」『중원고구려비 연구』, 학연문화사.
• 김양동 | 2000, 「중원고구려비와 고구려 금석문의 書體에 대하여」『중원고구려비 연구』, 학연문화사.

- 장준식 ǀ 2000, 「중원고구려비 부근의 고구려 유적과 유물」『중원고구려비 연구』, 학연문화사.
- 손환일 ǀ 2000, 「중원 고구려비의 書體」『고구려연구』 9.
- KBS 역사스페셜 ǀ 2001, 「고구려비가 중원에 서 있는 까닭은」『역사스페셜』 2, 효형출판.
- 이명식 ǀ 2002, 「5세기 신라의 對고구려관계」『대구사학』 69.
- 최장열 ǀ 2004, 「중원고구려비, 선돌에서 한반도 유일의 고구려비로」『고대로부터의 통신』, 푸른역사.
- 정운룡 ǀ 2005, 「삼국관계사에서 본 중원고구려비의 의미」『고구려의 국제관계』, 고구려연구재단.
- 임세권 ǀ 2005, 「고구려의 비」『한국 고대의 Global Pride 고구려』, 고려대박물관 · 서울특별시.
- 장창은 ǀ 2005, 「중원고구려비의 판독과 해석」『신라사학보』 5.
- 정운룡 ǀ 2005, 「중원고구려비 연구의 몇가지 문제」『국제고려학회 서울지회논문집』 6.
- 장창은 ǀ 2006, 「중원고구려비의 연구동향과 주요 쟁점」『역사학보』 189.

9. 丹陽赤城碑

- 이우태 ǀ 1991, 『新羅 中古期의 地方勢力 硏究』, 서울대 국사학과 박사학위논문.
- 김창호 ǀ 1994, 『6세기 신라 金石文의 釋讀과 그 분석』, 경북대 사학과박사학위논문.
- 노용필 ǀ 1996, 『신라진흥왕순수비연구』, 일조각.
- 정구복 ǀ 1978, 「丹陽 新羅赤城碑 내용에 대한 일고」『사학지』 12.
- 변태섭 ǀ 1978, 「단양 진흥왕척경비의 건립연대와 성격」『사학지』 12.
- 정영호 ǀ 1978, 「단양 신라적성비편의 수습발굴」『박물관신문』 85호.
- 남풍현 ǀ 1979, 「단양 新羅赤城碑의 어학적인 고찰」『논문집』 13, 단국대.
- 武田幸男 ǀ 1979, 「진흥왕대における 신라の赤城경영」『조선학보』 93.
- 주보돈 ǀ 1984, 「단양 신라적성비의 재검토-비문의 복원과 분석을 중심으로」『경북사학』 7.
- 김창호 ǀ 1985, 「단양 적성비문의 구성」『가야통신』 11 · 12, 가야통신편집부.
- 이우태 ǀ 1992, 「단양 신라적성비 건립의 배경-也介次의 공적과 恩典의 성격을 중심으로」『태동고전연구』 8.
- 조동원 ǀ 1993, 「신라 中古 금석문연구」『국사관논총』 42.
- 최영희 ǀ 1997, 「충주를 거쳐 새재(鳥嶺)로-역사기행」『김현길교수정년기념향토사학논총』.
- 손환일 ǀ 1999, 「신라 赤城碑의 書體연구」『태동고전연구』 16.

• 손환일 | 2000, 「신라 赤城碑의 書體」 『태동고전연구』 17.

10. 청주 雲泉洞寺蹟碑

• 차용걸 | 1983, 「청주 雲泉洞 古碑 조사기」 『호서문화연구』 3, 충북대 호서문화연구소.
• 이병도 | 1983, 「서원 新羅寺蹟碑에 대하여」 『호서문화연구』 3, 충북대 호서문화연구소.
• 임창순 | 1983, 「청주 운천동발견 新羅寺蹟斷碑 淺見二三」 『호서문화연구』 3, 충북대 호서문화연구소.
• 신정훈 | 2003, 「청주 雲泉洞 新羅寺蹟碑 재검토」 『백산학보』 65.

11. 기타 금석문

• 이기백 | 1987, 『한국상대고문서자료집성』, 일지사.
• 한국고대사회연구소 편 | 1992, 『역주 한국고대금석문』, (財)가락국사적개발연구원.
• 한국역사연구회편 | 1996, 『역주 라말여초 금석문』 상 · 하, 혜안.
• 고구려연구회 | 2000, 『중원고구려비연구』.
• 한국역사연구회 고대사분과 | 2004, 『고대로부터의 통신』, 푸른역사.
• 이호영 | 1981, 「청주 菩薩寺 重修碑銘」 『서원학보』 1.
• 채상식 | 1983, 「法鏡대사비음기」 『호서문화논총』 2, 서원대 호서문화연구소.
• 정세근 | 2003, 「김생의 서예와 그 집자비의 문제」 『중원문화논총』 7, 충북대 중원문화연구소.

12. 법주사 八相殿

• 한국불교연구원 | 1975, 『法住寺』, 일지사.
• 김경표 | 1988, 『捌相殿의 구조형식에 관한 연구』, 동국대 박사학위논문.
• 정각 | 1993, 『속리산 법주사』, 법주사 출판부.
• 홍윤식 | 1997, 『한국의 가람』, 민족사.
• 충북학연구소 | 2003, 『(산비이속) 국립공원 속리산』.
• 김동현 | 1968, 「법주사 팔상전 상량문」 『고고미술』 100.
• 최순우 | 1968, 「법주사 팔상전의 사리 장치」 『고고미술』 100.
• 김동현 | 1970, 「법주사 팔상전의 木部 接合」 『고고미술』 105.
• 이재기 · 최석근 · 조재호 | 1990, 「사진측량에 의한 팔산전의 精密圖化에 관한 연구」 『고고미술사론』, 충북대 고고미술사학과.

13. 청주 南石橋

- 청주대박물관 · 청주시 ❙ 2001, 『淸州邑城 · 南石橋 복원 학술조사보고서』.
- 청주시 · 청주대박물관 ❙ 2005, 『남석교 발굴조사 및 복원 기본 계획』.
- 이원근 ❙ 1986, 「南石橋 이대로 놔둘 것인가」 『청주문화』 1, 청주문화원.
- 예경희 ❙ 2001, 「청주 무심천 남석교에 대한 역사지리적 고찰」 『박물관보』 14, 청주대박물관.
- 박상일 ❙ 2001, 「南石橋의 문헌자료에 대한 검토」 『박물관보』 14, 청주대박물관.
- 박상일 ❙ 2002, 「남석교 발굴과 복원 왜 시급한가」 『청주문화』 17.
- 김태영 ❙ 2002, 「청주의 도시발달과 남석교」 『청주문화』 17.
- 류근주 ❙ 2002, 「남석교의 복원방향과 문제점」 『청주문화』 17.
- 안상경 ❙ 2002, 「남석교 전설의 유형과 의미」 『청주문화』 17.
- 박상일 ❙ 2004, 「南石橋의 문헌자료에 대한 검토」 『충북향토문화』 16, 충북향토문화연구소.

14. 제천 義林池

- 충북대박물관 ❙ 1999, 『의림지 정밀지표조사 약보고서』.
- 충북대박물관 ❙ 2000, 『義林池-정밀 기초조사』.
- 신성수 ❙ 1989, 「의림지에 대한 소고」 『충북향토문화』 창간호.
- 권순긍 ❙ 1994, 「제천지역의 구비전승과 그 역사적 의미」 『인문사회과학연구』 1, 세명대 인문사회과학연구소.
- 이창식 ❙ 1997, 「의림지의 향토사적 의미」 『충북향토문화』 8.
- 이창식 ❙ 1998, 「제천 의림지의 향토사적 의미」 『충북향토문화』 9.
- 구완회 ❙ 1998, 「제천 의림지의 농업사적 의의」 『의림지 보전 및 관리를 위한 학술세미나』, 세명대 산업기술연구소.
- 구완회 ❙ 1999, 「제천 의림지에 관한 역사적 검토」 『인문사회과학』 7, 세명대.
- 류금열 ❙ 1999, 「악성 우륵과 의림지」 『내제문화』 11.
- 충북대박물관 ❙ 2000, 「제천 柳等池 시굴조사」 『義林池-정밀 기초조사』.

15. 택견

- 황기 ❙ 1970, 『手搏道 교본』, 계당문화사.
- 김명곤 ❙ 1977, 『민중의 무술 택견』, 뿌리 깊은 나무.
- 오장환 ❙ 1982, 『택견 무형문화재 지정 의뢰서』, 문화재청.
- 송덕기 · 박종관 ❙ 1983, 『전통무예, 택견』, 서림문화사.
- 이보형 ❙ 1983, 『택견 무형문화재 실태 조사』, 문화재청.

- 이용복 | 1990, 『한국무예 택견』, 학민사.
- 오장환 | 1991, 『택견전수교본』, 영언문화사.
- 도기현 | 1995, 『우리 무예 택견의 이해』, 택견계승회.
- 이용복 | 1995, 『빛깔있는 책들 162-택견』, 대원사.
- 이용복 | 1995, 『택견연구』, 학민사.
- 송덕기 | 1999, 『전통무술, 택견』, 서림문화사.
- 전통택견연구소 | 2000, 『택견 예능보유자 및 국가전수자 택견 연구자료모음집 1』.
- 정경화 | 2002, 『택견원론』, 보경문화사.
- (사)한국전통택견회 | 2003, 『한국의 전통택견』.
- 도기현 | 2003, 『택견 그리고 나의 스승 송덕기』.
- 안영희 | 1971, 「한국 태권도의 발달과 변천」『대전공업전문대학교논문집』 8.
- 이석호 | 1972, 「고구려의 택견」『태권도』 4.
- 정찬모 | 1977, 「삼국시대의 태권도에 관한 연구」『사대논총』 14, 서울대 사범대학.
- 정찬모 | 1979, 「한국 고대택권의 발전과정에 관하여」『체육』 138.
- 윤종만 | 1979, 「고려투기(각저 · 수박)고」, 단국대 석사학위논문.
- 백원준 | 1982, 「고려시대부터 근대까지의 태권도 발달사」『체육통론』 176.
- 오장환 | 1984, 「택견의 역사」『논문집』 17, 한국외국어대학교.
- 이상봉 | 1984, 「우리나라 수박에 대한 사적 고찰」, 부산대 교육대학원 석사논문.
- 이종환 | 1984, 「한국 手搏의 발달과정」, 경희대 교육대학원 석사논문.
- 이보형 | 1984, 「택견」『문예진흥』 91, 한국문화예술진흥원.
- 안희웅 | 1984, 「택견의 유래와 술기-한국 전통무예의 재조명」『마당』 35.
- 김현길 | 1985, 「택견의 유래」『충주중원지』.
- 임동권 | 1991, 「택견」『예성문화』 12.
- 배기열 | 1992, 「전통 무예에 관한 소고-수벽치기와 택견을 중심으로」『선무학술론집』 2, 국제선무학회.
- 김재우 | 1993, 「한국택견의 시대적 발달사」『서일전문대학 서일논총』.
- 이용복 | 1993, 「씨름과 택견의 민속학적 비교」『중앙민속학』 5, 중앙대 한국민속학연구소.
- 김홍식 | 1993, 「고려 手搏考」『선무학술논집』 3, 국제선무학회.
- 도기현 | 1994, 「한국전통무예 택견에 나타난 자연동화사상에 관한 연구」『한국체육철학회지』 2(1).
- 육태안 | 1995, 「전통무예 수벽치기의 유래와 기법에 관한 연구」, 수원대 석사논문.
- 구복자 | 1996, 「생애 스포츠로서의 택견에 관한 연구-몸풀기 동작을 중심으로」『논문집』 33, 전주교육대학.

• 김재호 | 1996, 「택견의 몸짓이 지닌 민중적 요소에 관한 고찰」, 연세대교육대학원 석사논문.
• 김준래 | 1996, 「택견 공수기술의 운동학적 분석」, 경희대 대학원 석사학위논문.
• 정경화 | 1997, 「택견」『중원문화』 10, 충주문화원.
• 윤여탁 · 김재호 | 1997, 「전통무예 택견의 민중발생적 특성과 대중화 과제」『한국체육철학회지』 5(1).
• 최재인 | 1997, 「택견의 유래와 무예 기법」『한민족문화연구』 2, 한민족문화학회.
• 김상철 · 박범남 | 1997, 「택견의 무술성과 놀이성」『武道硏究所誌』 8-2, 용인대 무도연구소.
• 김동학 · 박준석 | 1997, 「태권도와 택견에 대한 경기방식 비교에 관한 연구」『논문집』 19-1, 경원전문대.
• 박재천 | 1998, 「태권도 택견의 문화관광 자원화 방안에 관한 연구」『한국여행학회』 8.
• 이병익 | 1998, 「택견의 변천과정에 관한 연구」『武道硏究所誌』 9-1, 용인대 무도연구소.
• 김연택 | 1998, 「삼국시대 수박의 발달과정에 관한 고찰」, 중앙대 교육대학원 석사논문.
• 정재성 | 1999, 「고려시대의 '手搏'에 관한 고찰」, 청주대 석사학위논문.
• 김상철 | 1999, 「택견에 내재된 문화적 성격의 이해」『99 한국체육학회 국제학술세미나 논문집』.
• 최재인 | 2000, 「택견 품밟기의 속도에 따른 운동강도」, 국민대 스포츠산업대학원 석사논문.
• 도광식 | 2000, 「택견 전수의 문제점과 해결 방안」, 서원대 교육대학원석사논문.
• 이용우 | 2000, 「택견무예의 활성화에 관한 연구」, 동아대 경영대학원 석사논문.
• 김신택 | 2000, 「택견의 실제와 원리 연구」, 안동대 대학원 석사논문.
• 심승구 | 2001, 「한국 무예의 역사와 특성-徒手무예를 중심으로」『군사』 43.
• 임영모 | 2001, 「택견의 발달과정에 관한 연구」, 연세대 교육대학원 석사논문.
• 이신영 | 2001, 「조선시대의 수박희에 관한 연구」, 단국대 교육대학원 석사논문.
• 김응석 · 선석령 | 2001, 「한국 전통무예와 태권도의 변천과정」『스포츠과학연구』 12, 조선대 스포츠과학연구소.
• 성봉주 · 최재인 · 백형훈 | 2001, 「택견 품밟기의 속도에 따른 운동강도」『한국체육학회지』 40-2, 한국체육학회.
• 최종삼 | 2002, 「택견 경기규칙 특성에 따른 통합에 대한 논의」『武道硏究所誌』 13-1, 용인대 무도연구소.
• 장경태 | 2002, 「택견 경기규칙 변천에 관한 고찰」, 용인대 체육과학대학원 석사논문.
• 김현길 | 2003, 「택견의 변천고」『중요무형문화재 제76호 한국의 전통택견』, (사)

한국전통택견회.
- 박만엽 | 2003, 「근대 택견의 전수형태」『중요무형문화재 제76호 한국의 전통택견』, (사)한국전통택견회.
- 정경화 · 정재성 | 2003, 「택견의 문화재지정」『중요무형문화재 제76호 한국의 전통택견』, (사)한국전통택견회.
- 정재성 | 2003, 「택견의 전통성 문제」『중요무형문화재 제76호 한국의 전통택견』, (사)한국전통택견회.
- 김민호 | 2003, 「동양무예로서 택견의 철학과 과학」『중요무형문화재 제76호 한국의 전통택견』, (사)한국전통택견회.
- 정경화 · 정재성 | 2003, 「결련 택견과 서기 택견」『중요무형문화재 제76호 한국의 전통택견』, (사)한국전통택견회.
- 석춘희 · 강성구 | 2003, 「전통무예 택견의 활성화 방안」『중요무형문화재 제76호 한국의 전통택견』, (사)한국전통택견회.
- 도기현 | 2003, 「故 송덕기 옹(송덕기론)」『중요무형문화재 제76호 한국의 전통택견』, (사)한국전통택견회.
- 정재성 | 2003, 「자전거 탄 도사(신한승론)」『중요무형문화재 제76호 한국의 전통택견』, (사)한국전통택견회.
- 박명규 | 2003, 「택견을 활용한 배우 신체훈련의 가능성 연구」, 동국대 문화예술대학원 석사논문.
- 천정엽 | 2003, 「전통무예 택견의 현대체육적 의의」, 충북대 대학원 석사 논문.
- 남덕현 | 2003, 「고려시대 군사무예인 수박에 관한 연구」, 고려대 대학원석사논문.

16. 고분

- 강인구 | 1977, 『백제고분연구』, 일지사.
- 백제문화개발연구원 | 1983, 『청주 新鳳洞 백제고분군 발굴조사보고서』.
- 충북대박물관 · 청주시 | 1983, 『청주 新鳳洞 백제고분군 발굴조사보고서(Ⅰ)』.
- 안승주 | 1987, 『백제고분의 구조양식에 관한 연구』, 경희대 박사학위논문.
- 한남대박물관 | 1987, 『영동 池鳳里고분 발굴조사보고』.
- 충북대박물관 · 청주시 | 1990, 『청주 신봉동 백제고분군 발굴조사보고서』.
- 충주산업대박물관 · 문화재연구소 | 1991, 『충주 龍觀洞 고분군 발굴조사보고서』.
- 국립문화재연구소 | 1991, 『중원 樓岩里 고분군 발굴조사보고서』.
- 중원군 · 충북대박물관 | 1992, 『중원 樓岩里 고분군 지표조사보고서』.
- 충북대박물관 · 충주시 | 1993, 『중원 樓岩里 고분군』.
- 충북대박물관 · 청주시 | 1994, 『청주 松節洞 고분군』.
- 문화재관리국 문화재연구소 | 1994, 『청주 松節洞고분군-1차 '92년도 발굴조사

보고서』.
- 이남석 ∥ 1995, 『백제石室墳연구』, 학연문화사.
- 충북대박물관 · 청주시 ∥ 1995, 『청주 新鳳洞 고분군』.
- 충북대박물관 · 백제문화개발연구원 ∥ 1995, 『청주 松節洞고분군 발굴조사보고서』.
- 충북대박물관 · 청주시 ∥ 1996, 『청주 新鳳洞 고분군』.
- 충북대박물관 ∥ 2002, 『청주 신봉동 백제고분군 : 2002년도발굴분 조사보고서』.
- 이남석 ∥ 2002, 『백제 墓制의 연구』, 서경문화사.
- 이남석 ∥ 2004, 『백제의 무덤 이야기』, 주류성.
- 김원룡 ∥ 1967, 「단양 안동리 석광묘보고」『진단학보』 31.
- 강인구 ∥ 1972, 「백제의 화장묘 1」『고고미술』 115.
- 강인구 ∥ 1974, 「백제의 화장묘 2」『미술자료』 17.
- 강인구 ∥ 1975, 「백제의 화장묘 3」『백제문화』 7 · 8합집.
- 안승주 · 전영래 ∥ 1981, 「백제 석실분의 연구」『한국고고학보』 10 · 11합집.
- 장준식 ∥ 1981, 「누암리 고분군」『예성문화』 3.
- 안승주 ∥ 1983, 「백제옹관묘에 대한 연구」『백제문화』 15.
- 강인구 ∥ 1984, 「백제고분의 연구방향」『백제연구』 15.
- 안승주 ∥ 1985, 「백제토광묘의 연구」『백제문화』 16.
- 차용걸 ∥ 1989, 「충북지역의 백제토기유적」『충북사학』 2.
- 차용걸 ∥ 1990, 「누암리 고분군」『중원문화』 3, 충주문화원.
- 차용걸 ∥ 1991, 「樓岩洞 고분군」『예성문화』 12.
- 권오영 ∥ 1991, 「중서부지방 백제 토광묘에 대한 시론적 검토」『백제연구』 22.
- 차용걸 ∥ 1991, 「신봉동 백제토광묘 출토 철제유물」『백제연구』 21.
- 박태우 ∥ 1991, 「청주 신봉동유적의 문화적 성격」『충북사학』 4.
- 김성명 · 신종환 · 이재열 ∥ 1993, 「청주신봉동 B지구 2차발굴조사보고」『고고학지』 5.
- 조상기 ∥ 1993, 「청주 송절동고분 A지구 발굴조사 개보」『년보』 2, 충북대박물관.
- 조상기 ∥ 1994, 「청주 송절동고분군 조사개보」『한국고고학보』 31.
- 조유전 · 정계옥, 1994, 「百濟故地의 옹관묘 연구」『백제논총』 4.
- 조상기 ∥ 1995, 「청주 신봉동 백제고분군 발굴조사 개보」『년보』 4, 충북대 박물관.
- 신종환 ∥ 1996, 「청주 신봉동 출토유물의 외래적 요소에 관한 일고-90B-1호분을 중심으로」『영남고고학』 18.
- 서정석 ∥ 1996, 「청주 신봉동1호분에 대한 검토」『백제문화』 25, 공주대백제문화연구소.
- 성정용 ∥ 1998, 「금강유역 4~5세기 분묘 및 토기의 양상과 변천」『백제연구』 28.
- 성정용 ∥ 1998, 「3~5세기 금강유역 마한 · 백제 묘제의 양상」『3-5세기 금강유역

의 고고학』.
• 조상기 | 1999, 「청주지역 백제고분의 성격」『중원문화논총』 2 · 3합집.
• 박중균 | 1999, 「청주지역의 원삼국기 묘제의 기초적 연구–토광묘를 중심으로」『호서고고학』 2.
• 차용걸 | 1999, 「청주 봉명동 · 송절동4지구 유적의 조사개요–원삼국시대 토광묘를 중심으로」『호서고고학』 2.
• 이융조 · 홍미영 | 1999, 「청주 봉명동유적 Ⅰ지구 발굴조사 개보」『년보』 충북대박물관.
• 우종윤 | 1999, 「청주 봉명동유적 Ⅲ지구 발굴조사 개보」『년보』, 충북대박물관.
• 차용걸 외 | 2000, 「청주 봉명동 · 송절동 Ⅳ지구 유적의 기본성격」『충북사학』 11 · 12합집.
• 권학수 | 2001, 「고고학자료의 공간분포에 대한 경향면분석–청주 신봉동 유적 토광묘의 분포특징 분석 사례」『선사와 고대』 16, 한국고대학회.
• 오재진 | 2001, 「충북지방 신라고분」『호서고고학』 4 · 5합집, 호서고고학회.
• 山本孝文 | 2001, 「고분자료로 본 신라세력의 호서지방 진출」『호서고고학』 4 · 5합집, 호서고고학회.
• 차용걸 | 2003, 「청주 봉명동 토광묘군」『호서고고학』 8, 호서고고학회.
• 김성남 | 2003, 「신봉동고분군 축조집단의 성격 시론」『호서고고학』 8, 호서고고학회.
• 차용걸 | 2005, 「청주 신봉동유적의 고고학적 검토」『백제 지방세력의 존재양태』, 한국학중앙연구원.
• 김수태 | 2005, 「청주 신봉동지역의 재지세력」『백제 지방세력의 존재양태』, 한국학중앙연구원.
• 서정석 | 2005, 「청주 신봉동세력과 인접세력과의 관계」『백제 지방세력의 존재양태』, 한국학중앙연구원.
• 김기섭 | 2005, 「청주 신봉동고분군 조영세력과 국제정세」『백제 지방세력의 존재양태』, 한국학중앙연구원.

17. 토기

• 김종만 | 2004, 『백제 토기 연구』, 서경문화사.
• 손영문 | 1987, 「백제토기 壺에 관한 연구」, 청주대 석사학위논문.
• 최몽룡 · 최병현 | 1988, 「충북 진천지역 백제토기요지군」『백제시대의 요지연구』.
• 최병현 | 1989, 「진천 三龍里유적과 원삼국시대 토기」『서울대한국고고학보』 23.
• 차용걸 | 1989, 「충북지역의 백제토기유적」『충북사학』 2.
• 최병현 | 1990, 「진천지역 土器窯址와 원삼국시대 토기의 문제」『昌山김정기박사화갑기념논총』.

- 박태우 ∥ 1991, 「청주 新鳳洞유적의 문화적 성격-출토 토기의 분석을 중심으로」 『충북사학』 4.
- 최병현 ∥ 1991, 「진천 山水里 백제토기요지군」 『백제사의 이해』, 학연문화사.
- 한남대박물관 ∥ 1991, 「산수리 백제토기 가마터 발굴조사 중간보고」 『생거진천』 1.
- 최병현 ∥ 1992, 「진천 산수리 백제토기 窯址群」 『한국상고사학보』, 한국상고사학회.
- 조상기 ∥ 1994, 「청주 송절동고분군 조사개보」 『한국고고학보』 31.
- 조상기 ∥ 1994, 「청주지역 원삼국시대 묘제와 토기」 『한국상고사학보』 17.
- 조상기 ∥ 1995, 「청주 신봉동 백제고분군 발굴조사 개보」 『년보』 4, 충북대 박물관.
- 최병현 ∥ 1996, 「충북 진천 三龍里 · 山水里의 원삼국 窯址와 토기」 『常山文化』 2.
- 신종환 ∥ 1997, 「충북지방 삼한 · 삼국토기의 변천-유적의 편년적 상대서열을 제시하며」 『고고학지』 8, 한국고고미술연구소.
- 성정용 ∥ 1998, 「금강유역 4-5세기 분묘 및 토기의 양상과 변천」 『백제연구』 28.
- 노미선 ∥ 1998, 「금강유역 粘土帶土器의 연구」, 전북대 석사학위논문.
- 신경철 ∥ 1998, 「영남의 자료에서 본 전기마한토기의 문제-충북 진천 삼룡리 요지토기의 연대론」 『마한사연구』, 충남대출판부.
- 박준범 ∥ 1999, 「최근 발견된 새 발자국 무늬(鳥足文) 토기에 대하여」 『박물관지』 8, 충청대학 박물관.
- 성재현 ∥ 2002, 「청주지역 출토 신라토기의 편년과 성격」 『호서고고학』 6 · 7합집, 호서고고학회.
- 양동윤 · 김주용 · 신영순 · 이승구 ∥ 2002, 「토기 제작기법과 원료산지분석-청주 봉명동유적을 중심으로」 『호서고고학』 6 · 7합집, 호서고고학회.
- 류기정 ∥ 2002, 「진천 三龍里 · 山水里窯 토기의 유통에 관한 연구」, 숭실대 석사학위논문.
- 정종태 ∥ 2003, 「호서지역 長卵形토기 변천양상」 『호서고고학』 9, 호서고고학회.
- 김근완 ∥ 2003, 「진천 三龍里 · 山水里 窯址 출토 토기의 제작기법에 관한 연구」, 숭실대 석사학위논문.
- 최종택 ∥ 2004, 「남한지역 출토 고구려 토기 연구의 몇가지 문제」 『백산학보』 69.
- 윤대식 ∥ 2004, 「청주지역 백제 把杯의 형식과 용도」 『호서고고학』 11.

18. 불상

- 한국교원대박물관 · 청원군 ∥ 1991, 『비중리 一光三尊佛 지표조사 및 簡易발굴조사보고서』.
- 한국교원대박물관 · 청원군 ∥ 1992, 『북일면 비중리 一光三尊石佛 복원조사 및 원

위치탐색 조사보고서』.
• 충주산업대박물관 · 제천군 ∥ 1992, 『德周寺 마애불과 德周山城 지표조사보고서』.
• 충북학연구소 ∥ 2000, 『충북의 석조미술』.
• 제천시 ∥ 2003, 『보물 제406호 덕주사마애불 실측조사보고서』.
• 정영호 ∥ 2004, 『백제의 불상』, 주류성.
• 정명호 ∥ 1961, 「중원군 신니면 원평리 석조미술」 『고고미술』 16.
• 정량모 ∥ 1964, 「낙영산 마애불」 『미술자료』 9.
• 이은창 ∥ 1964, 「청원군 靈下里 석상」 『고고미술』 5-4.
• 이은창 ∥ 1965, 「청원 오창면 석조불상」 『고고미술』 60.
• 정영호 ∥ 1966, 「각연사 석조비로사나불좌상」 『고고미술』 66.
• 정영호 ∥ 1967, 「음성 景湖亭의 삼층석탑과 平谷里 여래입상」 『고고미술』 89.
• 정영호 ∥ 1968, 「음성 平谷里사지와 석불좌상」 『고고미술』 93.
• 김영배 ∥ 1970, 「청주 雲泉洞 출토 금동보살입상과 銅鐘」 『고고미술』 105.
• 황수영 ∥ 1974, 「傳 청주출토 석조반가사유상」 『고고미술』 121 · 122합집.
• 정영호 ∥ 1978, 「진천 太和4年銘 마애불입상」 『고고미술』 138 · 139합집.
• 강우방 ∥ 1978, 「傳부여 출토 납석제불보살병립불고」 『고고미술』 138 · 139합집.
• 정영호 ∥ 1980, 「중원 봉황리 마애반가상과 佛 · 菩 · 群」 『고고미술』 146 · 147합집.
• 정영호 ∥ 1981, 「괴산 三訪里 마애여래좌상」 『서원학보』 2.
• 장준식 ∥ 1981, 「중원의 鐵造佛像」 『예성문화』 2.
• 김예식 ∥ 1981, 「중원지방의 석불입상에 대한 소고」 『예성문화』 3.
• 김인제 ∥ 1982, 「최근 발견 보고된 소형불상 四軀」 『서원학보』 3.
• 황수영 ∥ 1982, 「백제의 미륵반가사유상」 『백제연구』 13.
• 문명대 ∥ 1982, 「청원 飛中里 삼국시대 석불상의 연구」 『불교학보』 19, 동국대 불교문화연구소.
• 장준식 ∥ 1982, 「太古山 석불입상」 『예성문화』 4.
• 장준식 ∥ 1988, 「청주 용화사 석불입상의 배면에 부조된 羅漢像」 『예성문화』 8.
• 장준식 ∥ 1990, 「계립령과 석불사원」 『중원문화』 3, 충주문화원.
• 서영일 ∥ 1992, 「清原 飛中里 석불의 조성배경에 관한 소고」 『박물관지』 1, 충청전문대 박물관.
• 장준식 ∥ 1992, 「충북 영동 磨崖三頭佛像에 관한 고찰」 『박물관지』 1, 충청전문대 박물관.
• 서영일 ∥ 1992, 「청원 飛中里 석불의 조성배경에 관한 소고」 『박물관지』 1, 충청전문대 박물관.
• 최성은 ∥ 1992, 「백제지역의 후기조각에 대한 고찰-충청지방의 나말여초 석불을 중심으로」 『백제의 조각과 미술』.
• 김예식 ∥ 1992, 「太和4年銘 마애불 보호와 옥천 삼층석탑 보존기」 『충북향토문화』 3.
• 장준식 ∥ 1993, 「충주박물관 소장 금동여래입상에 관한 소고」 『예성문화』 14.

- 조규박 | 1994, 「寒山寺 석불」 『내제문화』 6.
- 김춘실 | 1995, 「청주지역 불교유적 · 유물의 편년 검토」 『충북사학』 8.
- 박상일 | 1995, 「청주 臥牛山의 유적과 유물」 『박물관지』 4, 충청전문대 박물관.
- 박상일 | 1996, 「진천군의 마애불상」 『常山文化』 2.
- 서영일 | 1997, 「6세기 신라의 北進路와 청원 飛中里 석불」 『사학지』 30, 단국사학회.
- 박성상 | 1998, 「영동 新項里 삼존불입상」 『문화사학』 10.
- 김춘실 | 1999, 「신라말 · 고려전기 청주지역의 불교문화」 『중원문화논총』 2 · 3합집.
- 정지혜 | 1999, 「청주 용화사 석불상군의 연구」, 동국대 미술사학과 석사학위논문.
- 류금열 | 1999, 「청풍석조여래입상과 납석제불보살 병립상」 『내제문화』 11.
- 박상일 | 2000, 「진천 마애불상」 『충북의 석조미술』, 충북학연구소.
- 라경준 | 2000, 「신라 西原京의 불교유적」 『충북향토문화』 11.
- 박성상 | 2001, 「진천 太和四年銘마애미륵불입상 소고」 『문화사학』 16.
- 서영일 | 2001, 「중원 봉황리 마애불 · 보살군상의 조성주체와 그 목적 연구」 『문화사학』 17.
- 김용환 · 임영애 · 김형래 | 2003, 「덕주사 마애불 실측조사 연구」 『박물관지』 12, 충청대학 박물관.

19. 탑과 부도

- 충주공전박물관 · 중원군 | 1993, 『中原京과 中央塔』.
- 한국교원대박물관 | 1996, 『보은 속리산 비보탑 학술조사보고서』.
- 청원군 · 청주대박물관 | 1999, 『桂山里 5층석탑』.
- 충청대박물관 · 대한불교조계종보탑사 | 1997, 『진천 보탑사』.
- 충북학연구소 | 2000, 『충북의 석조미술』.
- 정영호 | 1960, 「제천의 모전석탑 2기」 『고고미술』 1-2.
- 이은창 | 1964, 「청원군 계산리 오층석탑」 『고고미술』 44.
- 이은창 | 1966, 「백제양식계 석탑에 대하여」 『불교학보』 3 · 4합집, 동국대.
- 맹인재 | 1966, 「제원군 月岳里 삼층석탑」 『고고미술』 7-3.
- 정영호 | 1967, 「음성 景湖亭의 삼층석탑과 平谷里 여래입상」 『고고미술』 89.
- 강인구 | 1968, 「제천 長樂里 전탑기단부 조사」 『고고미술』 94.
- 진홍섭 | 1968, 「제천 장락리 모전석탑 舍利孔」 『고고미술』 9-11.
- 최순우 | 1968, 「법주사 팔상전의 사리장치」 『고고미술』 100.
- 최영익 | 1981, 「直洞 삼층석탑」 『예성문화』 2.
- 정영호 | 1981, 「영동 深源里 석조부도」 『서원학보』 1.
- 장준식 | 1983, 「중앙탑」 『예성문화』 5.

• 장준식 | 1983, 「중원지방의 석조부도」『향토사연구』 1.
• 윤관로 | 1990, 「佛頂面 三訪里 삼층석탑」『괴향문화』 1.
• 이달훈 | 1992, 「중원 塔坪里 7층석탑의 복원적 고찰」『중원경과 중앙탑』, 충주공전박물관.
• 이달훈 | 1992, 「중원 탑평리 7층석탑의 복원적 고찰」『중원경과 중앙탑』.
• 김현길 | 1992, 「중앙탑의 건탑연유에 대한 고찰」『중원경과 중앙탑』.
• 장준식 | 1992, 「중앙탑과 중원경 治址」『중원경과 중앙탑』.
• 김예식 | 1992, 「太和4年銘 마애불 보호와 옥천 삼층석탑 보존기」『충북향토문화』 3.
• 이재호 | 1992, 「月岳獅子 頻迅寺址 9층석탑에 대한 고찰」『내제문화』 4.
• 임종국 | 1996, 「송동마을 3층석탑」『괴향문화』 4.
• 최근영 | 1997, 「중원 탑평리 7층석탑 건립배경에 대한 추론」『한국사학보』 2.
• 박상일 | 2001, 「桂山里사지와 5층석탑에 대한 고찰」『청원문화』 10.

20. 기와

• 김풍식 · 이재준 | 1979, 『忠北의 기와』, 유림사.
• 충주시 · 예성동호회 | 1991, 『충주 · 중원지역 출토 와당도록』.
• 김성구 | 2004, 『백제의 와전예술』, 주류성.
• 이재준 | 1977, 「충북의 기와」『월간충청』 80.
• 이재준 | 1977, 「충북의 기와」『월간충청』 85.
• 김예식 | 1979, 「明昌三年 銘瓦를 통한 중원지방의 佛事」『예성문화』 창간호.
• 유창종 | 1979, 「충주 염밭출토 七葉 연화문 소고」『예성문화』 창간호.
• 유창종 | 1979, 「중원 탑평리 출토 無紋 암막새에 관하여」『예성문화』 창간호.
• 신영훈 | 1979, 「德山公草 銘瓦」『예성문화』 창간호.
• 이재준 | 1981, 「청주 근교사지 출토 와당연구(1)」『서원학보』 1.
• 이지훈 | 1981, 「법주사 출토 와당의 新例」『서원학보』 1.
• 유창종 | 1981, 「중원 탑평리 출토 6葉 연화문 막새」『예성문화』 2.
• 허인욱 | 1981, 「그림없는 기와」『예성문화』 2.
• 이재준 | 1982, 「沙喙部銘 平瓦에 대한 소고」『서원학보』 2.
• 최영익 | 1982, 「기와 漫筆」『예성문화』 4.
• 이성호 | 1989, 「安林洞 출토 瓦當에 대하여」『예성문화』 10.
• 송우정 | 1994, 「괴산의 銘文 기와」『괴향문화』 2.

21. 사찰과 사지

• 청주대박물관 · 중원군 | 1978, 『彌勒里寺址 발굴조사보고서』.

- 청주대박물관 · 중원군 ∥ 1979, 『彌勒里寺址 2차발굴조사보고서』.
- 이화여대박물관 · 충주군 ∥ 1982, 『미륵리사지 3차발굴조사보고서』.
- 충청대박물관 · 충주시 ∥ 1999, 『충주 金生寺址』.
- 정영호 ∥ 1962, 「제천 월악산 德周寺址의 조사」 『고고미술』 27.
- 정영호 ∥ 1967, 「괴산 外沙里寺址 조사」 『고고미술』 86.
- 정영호 ∥ 1968, 「음성 平谷里사지와 석불좌상」 『고고미술』 93.
- 장준식 ∥ 1979, 「傳金生寺址考」 『예성문화』 창간호.
- 김중기 ∥ 1979, 「고추밭 절터」 『예성문화』 창간호.
- 김예식 ∥ 1979, 「明昌三年 銘瓦를 통한 중원지방의 佛事」 『예성문화』 창간호.
- 김예식 ∥ 1981, 「중원미륵사지에 대한 소고」 『서원학보』 2.
- 김현길 ∥ 1981, 「廣濟庵寺址 발견기」 『예성문화』 2.
- 김현길 ∥ 1981, 「崇善寺址와 그 建造年代考」 『예성문화』 3.
- 최영익 ∥ 1981, 「院洞寺址에 관한 소고」 『예성문화』 3.
- 이재준 ∥ 1981, 「충북 탑평리사지」 『공간』 164.
- 신영훈 ∥ 1981, 「미륵대원의 창건」 『예성문화』 2.
- 이재준 ∥ 1982, 「영동 深妙寺址考」 『서원학보』 2.
- 이지훈 ∥ 1982, 「옥천 靑城 山桂里사지고」 『서원학보』 3.
- 정재홍 ∥ 1982, 「毘摩羅寺址考」 『예성문화』 4.
- 정영호 ∥ 1984, 「淨土寺址 A · B지구 발굴조사보고」 『'83충주댐 수몰지구 문화유적 발굴조사 약보고서』, 충북대박물관.
- 정영호 ∥ 1984, 「청풍 邑里 逸名寺址 발굴조사보고」 『충주댐 수몰지구 문화유적발굴조사 종합보고서』, 충북대박물관.
- 진홍섭 ∥ 1984, 「단양 觀音寺址 발굴조사보고」 『충주댐 수몰지구 문화유적발굴조사 종합보고서』, 충북대박물관.
- 이종춘 ∥ 1986, 「청주지역의 佛蹟」 『논문집』 23, 청주교육대학.
- 천득염 ∥ 1989, 「백제의 불사유적에 관한 연구」 『전남문화재』 1.
- 김현길 ∥ 1990, 「중원지역의 寺址 · 寺刹」 『예성문화』 11.
- 길경택 ∥ 1992, 「중원군 가금면의 문화유적」 『중원경과 중앙탑』.
- 김영진 ∥ 1993, 「증평 남하리사지의 문화지리적 고찰」 『청주대학교박물관보』 6.
- 한명철 ∥ 1994, 「外沙里 사지」 『괴향문화』 2.
- 김춘실 ∥ 1995, 「청주지역 불교유적 · 유물의 편년 검토」 『충북사학』 8.
- 박상일 ∥ 1995, 「청주 臥牛山의 유적과 유물」 『박물관지』 4, 충청전문대 박물관.
- 김동식 ∥ 1995, 「보국사지」 『단양문화』 1, 단양문화원.
- 박상일 · 이규근 ∥ 1997, 「청주 龍岩寺 조사보고」 『청주대 박물관보』 10.
- 김예식 · 유봉희 ∥ 1998, 「충주의 전통사찰」 『예성문화』 18.
- 김연호 ∥ 1998, 「제천의 절」 『내제문화』 10.
- 김연호 ∥ 1999, 「제천의 절」 『내제문화』 11.

• 배상우 | 1999, 「고찰 寧國寺」 『향토연구』 9.
• 김연호 | 1999, 「제천의 절」 『내제문화』 11.
• 김인한 | 1999, 「진천 龍亭里사지 지표조사 보고」 『박물관지』 8, 충청대학박물관.
• 박상일 | 2000, 「청주지역의 불교유적-폐사지를 중심으로」 『중원문화논총』 4, 충북대 중원문화연구소.
• 박상일 | 2001, 「桂山里사지와 5층석탑에 대한 고찰」 『청원문화』 10.
• 이윤석 | 2002, 「鎭川의 寺址」 『상산문화』 8.
• 박상일 | 2003, 「청주지역의 사지」 『충북향토문화』 14.
• 김병구 | 2003, 「寶蓮寺와 天龍寺址」 『충북향토문화』 14.
• 최규인 | 2003, 「보은의 사지」 『충북향토문화』 14.
• 안후영 | 2003, 「옥천의 사지」 『충북향토문화』 14.
• 여순구 | 2003, 「豊谷寺의 후신 資風書堂」 『충북향토문화』 14.
• 이윤석 | 2003, 「진천의 사지」 『충북향토문화』 14.
• 김영근 | 2003, 「괴산 外沙里寺址」 『충북향토문화』 14.
• 김영규 | 2003, 「음성군의 사지」 『충북향토문화』 14.
• 윤수경 | 2003, 「단양의 사지」 『충북향토문화』 14.
• 박연서 | 2005, 「진천 용화사 나한전 건립부지내 문화유적 시굴조사 보고서」 『중원문화재연구』 1.

22. 미술사 일반과 건축

• 김경표 | 1988, 『팔상전의 구조형식에 관한 연구』, 동국대 박사학위논문.
• 최현각 · 김봉렬 · 소재구 | 1994, 『빛깔있는 책들 156-법주사』, 대원사.
• 충북학연구소 | 2000, 『충북의 석조미술』.
• 장경호 | 2004, 『아름다운 백제 건축』, 주류성.
• 정명호 | 1961, 「중원군 신니면 원평리 석조미술」 『고고미술』 16.
• 김풍식 | 1979, 「藥城信防石에 관하여」 『예성문화』 창간호.
• 정영호 | 1981, 「永同 深源里 석조부도」 『서원학보』 1, 서원학회.
• 진홍섭 | 1983, 「중원문화의 불교미술」 『중원문화학술회의보고서』, 충주시.
• 맹인재 | 1984, 「백제의 공예-장식금구의 초화문에 대하여」 『마한 · 백제연구』 7.
• 진홍섭 | 1984, 「중원지방의 불교미술」 『중원문화논고집』 1, 충주시.
• 이종춘 | 1986, 「청주지역의 불적」 『청주교대논문집』 23.
• 윤용이 | 1988, 「백제유적발견의 中國陶瓷를 통해 본 남조와의 교섭」 『진단학보』 66.
• 유해철 | 1989, 「傳진천출토 瑞獸紋 金銅要帶장식」 『박물관보』 3, 청주대 박물관.
• 구자봉 | 1989, 「傳청주신봉동출토 소환두대도 소개」 『박물관보』 3, 청주대박물관.

- 이성호 | 1990, 「안림동 출토 義林寺銘 靑銅 飯子에 대하여」『예성문화』 11.
- 김홍주 | 1993, 「청주 사직동출토 思惱寺半子」『미술자료』 52.
- 장준식 | 1994, 「충주지역에서의 삼국시대 불교미술」『예성문화』 15.
- 정영호 | 1995, 「중원지역의 불교미술에 관한 소고」『중원문화권의 위상정립과 발전방향』, 중원문화학술회의.
- 충북대박물관 | 1995, 「괴산군의 도자연구」『괴향문화』 3.
- 엄기표 | 1996, 「충북지역 당간과 당간지주 고찰」『박물관지』 5, 충청전문대박물관.
- 이선철 | 1998, 「충주 虎巖洞유적 출토 청동숟가락 고찰」『예성문화』 18.
- 김춘실 | 1999, 「신라말 · 고려전기 청주지역의 불교문화」『중원문화논총』 2 · 3합집.
- 김춘실 | 1999, 「충북학과 미술사」『충북학』 창간호.
- 라경준 | 2000, 「신라 서원경의 불교유적」『충북향토문화』 11.
- 김인한 | 2003, 「청주 菩薩寺 석종형부도」『박물관지』 12, 충청대학 박물관.
- 이재돈 | 2003, 「단양 수양개2지구 삼한시대 집터 분석과 그 전개」, 충북대 석사학위논문.
- 김춘실 | 2003, 「충북의 불교문화재」『충북문화론』, 충북학연구소.

23. 기타

- 홍사준 | 1972, 「문헌에 나타난 백제산업-황칠 · 인삼 · 苧에 대해서」『백제연구』 3.
- 이원근 | 1977, 「청주초기의 불적연구」『청대사림』 2.
- 변태섭 | 1983, 「중원문화의 역사적 배경」『중원문화학술회의보고서』, 충주시.
- 우종일 | 1987, 「環山城과 郡北 8景」『관성문화』 2.
- 김현길 | 1988, 「중원문화와 중원인의 의식」『중원문화』 1.
- 이철재 | 1988, 「충주산성과 그 주변 문화유적」『중원문화』 1.
- 김현길 | 1988, 「삼국시대 충북지역 형세고」『예성문화』 9.
- 이종배 | 1990, 「삼년산성의 석재유입지에 관한 고찰」『삼년산휘보』 1.
- 장준식 | 1991, 「荷谷 마을의 불교유적에 관하여」『예성문화』 12.
- 신형식 | 1992, 「한국 고대사에 있어서 충주」『예성문화』 13.
- 최몽룡 | 1992, 「중원문화권과 중원문화」『예성문화』 13.
- 장준식 | 1993, 「충주지역에서의 삼국시대 불교」『중원문화』 6, 충주문화원.
- 최몽룡 | 1994, 「백제의 祭祀유적」『한국상고사학보』 17.
- 조상기 | 1994, 「미호천유역 문화유적 지표조사(1)」『년보』 3, 충북대 박물관.
- 예성문화연구회 | 1994, 「충주관련 문헌자료집-삼국사기 · 고려사 · 고려사절요」『예성문화』 15.

- 김동식 | 1994, 「신라불교 전래과정과 단양지방」 『충북향협 회원연수대회발표문』.
- 박상일 | 1995, 「청주 와우산의 유적과 유물」 『박물관지』 4, 충청대박물관.
- 신종환 | 1995, 「청주 용담동 출토유물」 『년보』 4, 충북대 박물관.
- 정영호 | 1996, 「불교문화에 있어서의 중원지역 불교유적의 위상」 『중원문화 국제학술회의 결과보고서』, 충북대 호서문화연구소.
- 이호영 | 1996, 「신라 중심사상의 성립과정」 『예성문화』 16 · 17합집.
- 이상규 외 | 1997, 「진천 석장리 철생산유적에 대한 발굴전후 물리탐사반응 비교연구」 『한국고고학보』 37.
- 이상주 | 1997, 「괴산군 사리면 소재 신발굴 문화유적」 『괴향문화』 5.
- 최일성 | 1997, 「충주의 역사와 문화유적」 『중원문화』 10, 충주문화원.
- 김창임 | 1998, 「청주 정북동토성의 활용방안」 『충북향토문화』 9.
- 신형식 | 1999, 「충주의 역사적 위상」 『중화』 12, 충주문화원.
- 길경택 | 1999, 「삼국문화의 중심지, 충주」 『중원문화』 12, 충주문화원.
- 김현준 | 1999, 「중부지방 원삼국시대 취락에 대한 일고찰-생업양상을 중심으로」 『호서고고학』 2, 호서고고학회.
- 차용걸 | 2003, 「충청지역 고구려계 유물 출토유적에 대한 소고-남성골 유적을 중심으로」 『湖雲 최근묵교수정년기념논총 호서지방사연구』, 경인문화사.
- 이도학 | 2003, 「고구려사에 있어서 충주(國原城)」 『중원문화』 16, 충주문화원.
- 김기섭 | 2003, 「백제인의 식생활시론-재료와 조리를 중심으로」 『백제연구』 37.
- 신종국 | 2005, 「백제 지하저장시설의 구조와 기능에 대한 검토」 『문화재』 38.

24. 인물

1) 强首 - 충주

- 충주시 · 예성문화연구회 | 2001, 『충주의 인물(Ⅰ)-강수 · 신립』.
- 이용범 | 2004, 『인생의 참스승 선비』 1, 바움.
- 이명구 | 1965, 「强首-경세의 문장」 『인물한국사』 1, 박우사.
- 이기백 | 1969, 「强首와 그의 사상」 『문화비평』 3.
- 이기백 | 1971, 「신라 6두품연구」 『성곡논총』 2.
- 이기백 | 1986, 「신라골품체제하의 유교적 정치이념」 『신라사상사연구』, 일조각.
- 김현길 | 2001, 「강수의 연구」 『충주의 인물(Ⅰ)-강수 · 신립』, 충주시 · 예성문화연구회.
- 김복순 | 2004, 「신라의 유학자-삼국사기 열전을 통해서 본 신라의 인물」, 『신라문화제학술논문집』 25, 경주시 · 신라문화선양회 · 경주문화원.
- 김창겸 | 2006, 「강수와 신라 사회」 『진단학보』 101, 진단학회.

2) 金生 - 충주

- 김기승 ǀ 1966, 『한국서예사』, 박영사.
- 충청대박물관 · 충주시 ǀ 1999, 『忠州 金生寺址』.
- 김생연구회 ǀ 2000, 『金生書集成』 1.
- 서동형 편 ǀ 2001, 『集金生書1-趙榮墓碑』, 이화문화출판사.
- 오세창 ǀ 1928, 「김생」 『槿域書畵徵』, 啓明俱樂部.
- 황의돈 ǀ 1948, 「김생」 『朝鮮名人傳』 하, 朝光社.
- 양주동 ǀ 1965, 「김생-毛筆에 결정된 秘境」 『한국의 인간상』 5, 신구문화사.
- 손경주 ǀ 1996, 「서생 김생 연구」 『중원문화』 9, 충주문화원.
- 이호영 ǀ 1998, 「金生의 墨痕과 足跡에 대하여」 『선사와 고대』 11, 한국고대학회.
- 이완우 ǀ 1998, 「통일신라 김생의 필적」 『선사와 고대』 11, 한국고대학회.
- 서동형 ǀ 1998, 「김생 서체의 변천과정」 『선사와 고대』 11, 한국고대학회.
- 이완우 ǀ 1998, 「김생과 太子寺郎空大師白月栖雲塔」 『옛탁본의 아름다움』, 예술의 전당.
- 김현길 ǀ 2000, 「김생의 遺墨을 찾아서」 『문예연구』 25, 2000년 여름호.
- 조수호 ǀ 2002, 「金生書藝節 창설을 제창한다」 『중원문화』 15, 충주문화원.
- 서동형 ǀ 2002, 「김생의 서법-백월서운비와 田遊巖山家序의 서체미 비교」 『성신한문학』 6, 성신한문학회.
- 정세근 ǀ 2003, 「김생의 서예와 집자비의 문제」 『중원문화논총』 7, 충북대 중원문화연구소.
- 김현길 ǀ 2003, 「書聖 金生」 『충주의 인물 (Ⅱ)-우륵 · 김생 · 임경업』, 충주시 · 예성문화연구회.
- 서동형 ǀ 2003, 「김생 筆法의 특징」 『충주의 인물 (Ⅱ)-우륵 · 김생 · 임경업』, 충주시 · 예성문화연구회.

3) 金庾信 – 진천

- 한국교원대박물관 · 진천군 ǀ 1999, 『진천 김유신장군사적 학술조사보고서』.
- 김용덕 ǀ 1965, 「김유신」 『인물한국사』 1, 박우사.
- 이홍직 ǀ 1965, 「김유신-화랑정신의 정수」 『한국의 인간상』 2, 신구문화사.
- 홍사준 ǀ 1967, 「炭峴考-계백의 三營과 김유신의 三道」 『역사학보』 35 · 36합집.
- 박일훈 ǀ 1968, 「김유신묘와 김인문묘」 『고고미술』 100, 한국미술사학회.
- 이병도 ǀ 1969, 「김유신 墓考」 『김재원박사회갑기념논총』.
- 김상기 ǀ 1969, 「김유신묘의 異說에 대하여」 『고고미술』 101, 한국미술사학회.
- 정영호 ǀ 1972, 「김유신 장군의 백제 공격로연구」 『사학지』 6.
- 윤영옥 ǀ 1974, 「삼국사기 열전(김유신)고」 『동양문화』 14 · 15합집, 영남대.
- 김열규 ǀ 1977, 「무속적 英雄考-김유신전을 중심으로 하여」 『진단학보』 43.
- 허만성 ǀ 1980, 「김유신 연구」, 동아대 석사학위논문.
- 문경현 ǀ 1981, 「삼국통일과 新金氏 家門-김유신 祖孫四代의 공헌」, 『군사』 2, 국

방부 전사편찬위원회.
• 신형식 | 1983, 「김유신 가문의 성립과 활동」『이화사학연구』 13 · 14합집.
• 정중환 | 1984, 「김유신(595~673)론」『역사와 인간의 대응-고병익선생 회갑기념사학논총』.
• 정선영 | 1985, 「태종 무열왕계와 김유신가의 嫡庶문제」『부산사학』 9, 부산사학회.
• 차용걸 · 양기석 | 1985, 「진천의 都堂산성과 吉祥祠」『변태섭박사화갑기념사학논총』.
• 김영화 | 1986, 「고대 史籍을 통한 김유신설화 연구-삼국사기 · 삼국유사 所載를 중심으로」『호서대학교 논문집』 5, 호서대학교.
• 성주탁 | 1990, 「백제 炭峴 소고-김유신장군의 백제 공격로를 중심으로」『백제논총』 2, 백제문화개발연구원.
• 강봉룡 | 1993, 「김유신-사대주의자인가 통일공신인가」『역사비평』 계간 22호.
• 김영진 | 1996, 「김유신장군의 신격화-진천의 옛 舒發翰祠와 관련하여」『常山文化』 2.
• 김종명 | 1996, 「김유신과 吉祥祠」『常山文化』 2.
• 이용현 | 1998, 「가야의 성씨와 '金官' 國」『사총』 48.
• 봉원용 | 1999, 「진천과 화랑」『常山文化』 5.
• 봉원용 | 2000, 「진천의 김유신 관련 유적」『충북향토문화』 11.
• 조익현 | 2000, 「진천지역의 김유신 사적에 대한 재검토」『고문화』 55, 豪佛鄭永鎬교수정년퇴임기념특집.
• 정영호 | 2000, 「진천과 김유신 장군」『진천과 興武大王 金庾信』, 진천군문화원.
• 김현길 | 2000, 「흥무대왕 김유신 장군의 생애」『진천과 興武大王 金庾信』, 진천군문화원.
• 신형식 | 2000, 「김유신 장군과 花郎」『진천과 興武大王 金庾信』, 진천군문화원.
• 차용걸 | 2000, 「진천의 김유신 장군 관련유적에 대한 검토」『진천과 興武大王 金庾信』, 진천군문화원.
• 양기석 | 2000, 「김유신 장군과 吉祥祠」『진천과 興武大王 金庾信』, 진천군문화원.
• 안영훈 | 2000, 「김유신설화의 전승양상」『한국문화연구』 3, 경기대 한국문화연구소.
• 김현길 | 2000, 「흥무대왕 김유신장군의 생애」『생거진천』 10, 진천문화원.
• 정영호 | 2001, 「진천과 흥무대왕 김유신」『생거진천』 11.
• 이기동 | 2002, 「김유신-지성으로 이룩한 삼국통일의 위업」『한국사시민강좌』 30.
• 김현길 | 2002, 「흥무대왕 김유신의 생애」『상산문화』 8.
• 정구복 | 2002, 「김유신(595~673)의 정신세계」『청계사학』 16 · 17합집.

- 차용걸 ∥ 2002, 「진천의 김유신 관련유적에 대한 검토」『생거진천』 12.
- 서의식 ∥ 2003, 「김유신」『63인의 역사학자가 쓴 한국사인물열전』, 돌베개.
- 김갑동 ∥ 2003, 「명백히 불가능한 상황에서 어떻게 해야 할까-계백과 김유신」『옛사람 72인에게 지혜를 구하다』, 푸른역사.
- 황원갑 ∥ 2004, 「김유신」『민족사를 바꾼 무인들』, 인디북.
- 차용걸 ∥ 2003, 「진천의 김유신 관계유적에 대한 검토」『상산문화』 9.
- 강경구 ∥ 2004, 「신라 김유신 가문의 평양 진출」『한국고대사연구』 33.
- 박문옥 ∥ 2004, 「화랑세기로 본 김유신의 세계, 婚統과 婚姻-신라 골품제하에서의 지위」『한국상고사학보』 43.
- 김태식 ∥ 2004, 「月經과 暴巫, 두 키워드로 본 모략가 김유신」『백산학보』 70.

4) 溫達 – 단양

- 충북대 호서문화연구소 ∥ 1989, 『온달산성 지표조사보고서』.
- 구리시 ∥ 1994, 『아차산의 역사와 문화유산』.
- 단양문화원 ∥ 1997, 『온달산성의 문화와 역사』.
- 이창식 ∥ 1999, 『온달과 단양』, 단양문화원.
- 이창식 편저 ∥ 2004, 『온달문학의 설화성과 역사성』, 도서출판 박이정.
- 임기환 ∥ 2004, 『온달, 바보가 된 고구려 귀족』, 푸른역사.
- 문일평 ∥ 1939, 「平岡公主」『朝鮮名人傳』 상, 조선일보사 출판부.
- 문일평 ∥ 1948, 「평강공주」『조선명인전』 상, 조광사.
- 김용덕 ∥ 1963, 「史話에서 본 여인상 중 평강공주」『新世界』 1963년 3월 호.
- 이희덕 ∥ 1965, 「溫達」『한국의 인물상』 2, 신구문화사.
- 김의정 ∥ 1965, 「평강공주」『한국인물사』, 박우사.
- 이기백 ∥ 1967, 「온달전의 검토-고구려 귀족사회의 신분질서에 대한 瞥見」『백산학보』 3.
- 김현길 ∥ 1979, 「사랑으로 수놓은 평강공주」『한국여성』 11, 한국여성사.
- 임재해 ∥ 1982, 「온달설화의 유형적 성격과 부녀의 갈등」『여성문제연구』 11.
- 임동철 ∥ 1984, 「충북 북분포와 전승을 중심으로」『충북대 논문집』 27.
- 윤수경 ∥ 1989, 「온달산성과 주변 지명에 관하여」『충북향토문화』 창간호.
- 김현룡 ∥ 1990, 「온달설화고찰」『학산조종업박사회갑기념논총』.
- 김현길 ∥ 1991, 「온달장군과 평강공주」『중원문화산책』, 청지사.
- 김영상 ∥ 1992, 「아단성과 長漢城에 대한 고찰」『향토서울』 51.
- 민덕식 ∥ 1994, 「백제 阿旦城 연구」『한국상고사학보』 17.
- 김현길 ∥ 1997, 「온달에 관한 연구」『온달산성의 문화와 역사』, 단양문화원.
- 차용걸 ∥ 1997, 「阿旦城과 온달산성 문제의 재검토」『온달산성의 문화와 역사』, 단양문화원.
- 김영관 ∥ 1998, 「삼국쟁패기 阿旦城의 위치와 영유권」『고구려연구』 5.

• 김현길 | 1999, 「온달에 관한 연구」『중원문화논총』 2 · 3합집.
• 이이화 | 2000, 「바보 아닌 온달, 비보가 된 내력」『이이화의 못다한 한국사이야기』, 푸른역사.
• 이기백 | 2002, 「평강공주-신분의 벽을 넘은 여성 선구자」『한국사시민강좌』 30.
• KBS 역사스페셜 | 2003, 「바보 온달, 그는 고구려의 전쟁영웅이었다」『역사스페셜』 6, 효형출판.
• 황원갑 | 2004, 「온달」『민족사를 바꾼 무인들』, 인디북.

5) 于勒 - 충주

• 송방송 | 1992, 『한국 고대음악사 연구』, 일지사.
• 김동욱 | 1965, 「우륵-위대한 악장」『인물한국사』 1, 박우사.
• 김동욱 | 1965, 「〈우륵 12곡〉에 대하여」『신라가야문화』 1.
• 이혜구 | 1965, 「우륵-가야금으로 더듬은 선경」『한국의 인간상』 5, 신구 문화사.
• 이상진 · 이종춘 | 1982, 「우륵 · 蘭溪에 관한 연구」『호서문화연구』 2.
• 장사훈 | 1984, 「우륵」『민족문화를 빛낸 선현』, 문화공보부.
• 김현길 | 1985, 「于勒에 대한 연구」『예성문화』 7.
• 최병찬 | 1989, 「林湖와 우륵당 중건 권유문고」『내제문화』 1.
• 문성렵 | 1990, 「가야금의 전신악기와 우륵의 음악활동」『력사과학』 133.
• 백승충 | 1992, 「우륵십이곡의 해석문제」『한국고대사논총』 3.
• 내제문화 편집부 | 1992, 「악성 우륵과 淸風昇平契」『내제문화』 4.
• 신형식 | 1994, 「충주와 우륵」『예성문화』 15.
• 한명희 | 1995, 「우륵과 가얏고에 관한 삼국사기 기록의 재음미」『예성문화』 15.
• 김예식 | 1995, 「우륵 인물고」『예성문화』 15.
• 백승충 | 1995, 「가라국과 우륵12곡」『부대사학』 19.
• 김동욱 | 1996, 「우륵 · 가야금 1천 5백년의 내력」『한국인물탐사』, 오늘.
• 류금열 | 1999, 「악성 우륵과 의림지」『내제문화』 11.
• 권주현 | 2000, 「우륵을 통해 본 대가야의 문화」『한국고대사연구』 18.
• 이창식 | 2003, 「충주 우륵문화제의 성격과 축제콘텐츠 개발」『중원문화』 16, 충주문화원.
• 이상기 | 2003, 「우륵의 삶과 음악」『충주의 인물(Ⅱ)-우륵 · 김생 · 임경업』, 충주시 · 예성문화연구회.
• 이정숙 | 2003, 「진흥왕대 우륵 망명의 사회 정치적 의미」『이화사학연구』 30.
• 김현길 | 2004, 「진흥왕과 우륵의 新歌」『충북향토문화』 16.
• 주보돈 | 2005, 「우륵의 삶과 가야금」『제4회 대가야사 학술회의 발표요지』, 고령군 · 계명대학교 한국학연구원.
• 주운화 | 2005, 「樂을 통해서 본 신라인의 복속 · 통합 관념-가야금과 현금의 정치적 상징」『한국고대사연구』 38.

• 주보돈 | 2006, 「우륵의 삶과 가야금」 『악성 우륵의 생애와 대가야의 문화』, 고령군 대가야박물관 · 계명대한국학연구소.
• 이영호 | 2006, 「우륵 12曲을 통해 본 대가야의 정치체제」 『악성 우륵의 생애와 대가야의 문화』, 고령군 대가야박물관 · 계명대한국학연구소.
• 양기석 | 2006, 「國原小京과 우륵」 『충북사학』 16.

6) 眞表 – 보은

• 김영태 | 1972, 「신라 占察法會와 진표의 敎法연구」 『불교학보』 9, 동국대 불교문화연구소.
• 김영태 | 1975, 「占察法會와 眞表의 敎法사상」 『崇山박길진박사화갑기념 한국불교사상사』.
• 김남윤 | 1984, 「신라 중대 법상종의 성립과 그 신앙」 『한국사론』 11.
• 이기백 | 1986, 「眞表의 미륵신앙」 『신라사상사연구』, 일조각.
• 채인환 | 1986, 「신라 진표율사 연구 (1)」 『불교학보』 23, 동국대 불교문화 연구소.
• 김두진 | 1987, 「신라 중고시대의 미륵신앙」 『한국학논총』 9, 국민대 한국학연구소.
• 채인환 | 1987, 「신라 진표율사 연구 (2)」 『불교학보』 24.
• 채인환 | 1988, 「신라 진표율사 연구 (3)」 『불교학보』 25.
• 김혜완 | 1988, 「신라중대의 미륵신앙」 『계촌민병하교수정년기념 사학논총』.
• 윤여성 | 1989, 「신라 眞表의 불교신앙과 금산사」 『전북사학』 11 · 12.
• 김종명 | 1990, 「전북 불교에 있어서의 진표율사의 위치」 『전라문화연구』 4, 전북향토문화연구회.
• 김혜원 | 1992, 「신라하대의 미륵신앙」 『성대사림』 8.
• 한상길 | 1992, 「신라 미륵하생신앙의 연구」 『가산이지관스님 화갑기념논총』 상.
• 김남윤 | 1993, 「신라미륵신앙의 전개와 성격」 『역사연구』 2, 역사학연구소.
• 조용헌 | 1994, 「진표율사 미륵사상의 특징」 『한국사상사학』 6, 한국사상 사학회.
• 조인성 | 1996, 「미륵신앙과 신라사회-眞表의 미륵신앙과 신라말 농민봉기 와의 관련성을 중심으로」 『진단학209보』 82.
• 김남윤 | 1997, 「진표의 전기자료 검토」 『국사관논총』 78.
• 홍윤식 | 1997, 「신라시대 진표의 지장신앙과 그 전개」 『불교학보』 34, 동국대 불교문화연구소.
• 정미숙 | 2000, 「진표의 미륵신앙과 이상사회론」 『지역과 역사』 7, 부산경남역사연구소.
• 윤여성 | 2000, 「신라 진표의 미륵신앙 중흥기반」 『蓮史홍윤식교수정년퇴 임기념논총』.

제6부 고려시대사

1. 신라말 · 고려초 정치세력

• 변태섭 ❙ 1971, 『고려정치제도사연구』, 일조각.
• 하현강 ❙ 1977, 『고려 지방제도의 연구』, 한국연구원.
• 조인성 ❙ 1990, 『泰封의 弓裔정권 연구』, 서강대 박사학위논문.
• 최근영 ❙ 1990, 『통일신라시대의 지방세력연구』, 신서원.
• 정청주 ❙ 1991, 『신라말 고려초 豪族연구』, 전북대 박사학위논문.
• 이재범 ❙ 1992, 『후삼국시대 弓裔政權의 연구』, 성균관대 박사학위논문.
• 이순근 ❙ 1992, 『신라말 地方勢力의 구성에 관한 연구』, 서울대 박사학위 논문.
• 문수진 ❙ 1992, 『고려의 건국과 후삼국통일과정연구』, 성균관대 박사학위 논문.
• 신호철 ❙ 1993, 『후백제 甄萱政權 연구』, 일조각.
• 김현정 ❙ 1996, 『고려 太祖의 국가경영』, 서울대출판부.
• 전기웅 ❙ 1996, 『나말려초의 정치사회와 문인지식층』, 혜안.
• 백제연구소 편 ❙ 2000, 『후백제와 견훤』, 서경문화사.
• 박경자 ❙ 2001, 『고려시대 향리연구』, 국학자료원.
• 신호철 ❙ 2002, 『후삼국시대 豪族연구』, 도서출판 개신.
• 황선영 ❙ 2002, 『나말여초 정치제도사연구』, 국학자료원.
• 김창현 ❙ 2003, 『5백년 리더십, 광종의 제국』, 푸른역사.
• 류영철 ❙ 2004, 『고려의 후삼국 통일과정 연구』, 경인문화사.
• 최규성 ❙ 2005, 『고려 태조왕건연구』, 주류성.
• 김철준 ❙ 1965, 「후삼국시대의 지배세력의 성격에 대하여」 『이상백기념논총』.
• 신호철 ❙ 1982, 「궁예의 정치적 성격」 『한국학보』 29.
• 채상식 ❙ 1982, 「淨土寺址 法鏡大師碑의 陰記분석」 『한국사연구』 36.
• 이정신 ❙ 1984, 「궁예정권의 성립과 변천」 『남사정재각박사 고희기념 동양학논총』.
• 박창희 ❙ 1984, 「고려초기 '호족연합정권' 설에 대한 검토」 『한국사의 시각』, 영신

문화사.

- 오영숙 | 1985, 「태봉국 형성과 궁예의 지지기반」, 숙명여대 석사학위논문.
- 신호철 | 1985, 「후백제 견훤연구(1)-견훤관계 문헌의 예비적 검토」『백제 논총』 1.
- 김갑동 | 1985, 「고려 건국기의 청주세력과 왕건」『한국사연구』 48.
- 정청주 | 1986, 「궁예와 호족세력」『전북사학』 10.
- 김현길 | 1986, 「나말여초의 중원지방형세고」『예성문화』 8.
- 박경자 | 1986, 「청주호족의 吏族化」『원우논총』 4, 숙명여대.
- 최규성 | 1986, 「궁예정권의 지지세력」『동국사학』 19 · 20합집.
- 조인성 | 1986, 「궁예정권의 중앙정치조직」『백산학보』 33.
- 엄성용 | 1986, 「고려초기 왕권과 지방호족의 신분변화」『고려사의 제문제』, 삼영사.
- 최규성 | 1987, 「궁예정권의 성격과 국호의 변경」『상명여자대학교 논문집』 19.
- 신호철 | 1987, 「후백제의 지배세력에 대한 분석-특히 후백제의 멸망과 관련하여」『두계이병도구순기념한국사학논총』.
- 정청주 | 1988, 「신라말 · 고려초 호족의 형성과 변화에 대한 일고찰-평산 박씨의 일가문의 사례연구」『역사학보』 118.
- 김주성 | 1988, 「고려초 청주지방의 호족」『한국사연구』 61 · 62.
- 김수태 | 1989, 「고려초 충주지방의 호족-충주 劉氏를 중심으로」『충청문화연구』 1, 한남대 충청문화연구소.
- 김현길 | 1989, 「숭선사지와 忠州劉氏」『斗山김택규박사화갑기념논총』.
- 김갑동 | 1990, 「호족연합정권설의 검토」『나말여초 호족과 사회변동연구』, 고대출판부.
- 신호철 | 1991, 「후백제와 관련된 여러 異說들의 종합적 검토」『국사관논총』 29.
- 안영근 | 1992, 「나말여초 청주세력의 동향」『水邨박영석화갑기념논총』.
- 신호철 | 1992, 「신라말 고려초 昧谷城(회인)장군 龔直」『호서문화연구』 10.
- 신호철 | 1993, 「후삼국 건국세력과 청주지방세력」『호서문화연구』 11.
- 신호철 | 1993, 「견훤정권의 지방지배와 호족연합정책」『후백제견훤정권연구』, 일조각.
- 조익래 | 1993, 「고려초 청주호족세력의 존립형태」『북악사론』 3.
- 조인성 | 1993, 「궁예의 세력형성과 건국」『진단학보』 75.
- 최규성 | 1993, 「고려초기 忠州劉門세력」『중원문화』 6, 충주문화원.
- 최근영 | 1994, 「라말 5소경 지방세력의 실제와 그 동향」『예성문화』 15.
- 최규성 | 1994, 「고려초기 忠州劉門 세력」『예성문화』 15.
- 정청주 | 1995, 「신라말 · 고려초 지배세력의 사회적 성격」『전남사학』 9.
- 채상식 | 1996, 「라말여초 충주지역의 호족과 禪宗」『예성문화』 16 · 17합집.
- 최일성 | 1996, 「고려시대의 충주-지방제도 및 성씨와 관련하여」『예성문화』

16 · 17합집.
- 이혜선 ∥ 1996, 「龍頭寺址 철당기에 보이는 고려초 청주호족」 『호서문화연구』 14.
- 신호철 ∥ 1997, 「고려의 건국과 鎭州 林氏의 역할」 『중원문화논총』 1.
- 김수태 ∥ 1997, 「신라말 · 고려전기 청주김씨와 法相宗」 『중원문화논총』 1.
- 신호철 ∥ 1997, 「후삼국기 충북지방의 호족세력」 『김현길교수정년기념논총』.
- 최규성 ∥ 1997, 「호족연합정권설에 대한 연구사적 검토」 『국사관논총』 78.
- 신호철 ∥ 1998, 「매곡산성과 城主 龔直의 활동」 『보은 매곡산성 지표조사 보고서』, 충북대 중원문화연구소.
- 신호철 ∥ 1999, 「궁예와 왕건과 청주호족」 『중원문화논총』 2 · 3합집.
- 신호철 ∥ 2001, 「후삼국 건국세력과 청주 지방세력」 『신라 서원소경 연구』, 서경.
- 신호철 ∥ 2001, 「고려 건국기 청주호족의 정치적 성격」 『신라 서원소경연구』, 서경.
- 신호철 ∥ 2001, 「고려 태조 왕건과 청주」 『청주문화』 16, 청주문화원.
- 이경복 ∥ 2003, 「궁예와 망루도★崛山門」 『백산학보』 66.
- 강문석 ∥ 2005, 「철원환도 이전의 궁예정권 연구」 『역사와 현실』 57.

2. 사원세력

- 김현길 ∥ 1989, 「숭선사지와 忠州劉氏」 『斗山김택규박사화갑기념논총』.
- 김현길 ∥ 1995, 「숭선사의 연혁과 충주유씨」 『숭선사지 지표조사보고서』, 예성동호회.
- 채상식 ∥ 1996, 「라말여초 충주지역의 호족과 禪宗」 『예성문화』 16 · 17합 집.
- 조인성 ∥ 1996, 「미륵신앙과 신라사회-眞表의 미륵신앙과 신라말 농민봉기 와의 관련성을 중심으로」 『진단학보』 82.
- 김수태 ∥ 1997, 「신라말 · 고려전기 청주김씨와 法相宗」 『중원문화논총』 1.

3. 무인정권

- 국사편찬위원회 ∥ 1977, 『한국사 7 : 고려무신정권과 대몽항쟁』.
- 김당택 ∥ 1987, 『고려무인정권연구』, 새문사.
- 민병하 ∥ 1990, 『고려무신정권연구』, 성균관대출판부.
- 윤용혁 ∥ 1991, 『고려 대몽항쟁사 연구』, 일지사.
- 국사편찬위원회 ∥ 1993, 『한국사 18 : 고려무신정권』.
- 신호철 편 ∥ 1997, 『林衍 · 林衍政權연구』, 충북대 인문학연구소.
- 이승한 ∥ 2001, 『고려 무인이야기』 1 · 2 · 3, 푸른역사.
- 성봉현 ∥ 1988, 「임연정권에 관한 연구」 『호서사학』 16.
- 김당택 ∥ 1994, 「임연정권과 고려의 개경환도」 『이기백고희기념논총』.

• 변해종 | 1994, 「임연장군에 대한 소고」『충북향토문화』 5.
• 최원영 | 1995, 「임씨무인정권의 성립과 붕괴」『고려무인정권연구』, 서강대출판부.
• 신호철 | 1996, 「임연」『常山文化』 2.
• 신호철 | 1997, 「임연의 출신과 그 사회적 지위」『염연 · 염인정권연구』.
• 신호철 | 1997, 「임연의 생애와 정치활동」『염연 · 염인정권연구』.
• 신호철 | 1997, 「임연 관련 유물 · 유적」『염연 · 염인정권연구』.
• 신호철 | 2003, 「고려 무인정권 경대승」『청주문화』 18, 청주문화원.

4. 대몽항쟁

• 이승한 | 2001, 『고려 무인이야기』 1 · 2 · 3, 푸른역사.
• 충주시 · 충주대박물관 | 2003, 『충주의 인물 (Ⅲ) : 김윤후 · 이수일 · 조웅』.
• 손홍렬 | 1981, 「忠州 奴軍의 亂과 대몽항쟁」『호서문화연구』 1.
• 윤용혁 | 1984, 「13세기 몽고의 침략에 대한 호서지방민의 항전-고려의 대몽항전의 지역별 검토(1)」『호서문화연구』 4.
• 김현길 | 1984, 「충주산성의 역사적 배경」『충주산성 종합지표조사보고서』, 충주공전박물관 · 충주시 · 충주문화원.
• 윤용혁 | 1991, 「몽고의 침략에 대한 고려 지방민의 항전-1254년 鎭州(鎭 川)民과 충주 多仁鐵所民의 경우」『국사관논총』 24.
• 차용걸 | 1993, 「충주지역의 항몽과 그 위치」『대몽항쟁 승전비 건립을 위한 학술세미나』.
• 김현길 | 1994, 「외침과 충주지역(고려시대)」『중원문화』 7, 충주문화원.
• 윤용혁 | 1996, 「충주민의 대몽항전과 몇가지 관련문제」『예성문화』 16 · 17합집.
• 최규성 | 1998, 「大林山城이 忠州山城일 가능성에 대한 고찰」『예성문화』 18.
• 최규성 | 1998, 「제5차 려몽전쟁과 충주산성의 위치비정」『상명사학』 6.
• 차용걸 | 1999, 「충주지역 성곽의 역사적 성격」『제11회 중원문화 학술의 발표요지』, 예성문화연구회.
• 최규성 | 1999, 「대몽항쟁의 전승지, 충주성은 어디인가?」『제11회 중원문화 학술회의 발표요지』, 예성문화연구회.
• 최근영 | 2000, 「충주 大林山城考-'충주산성' 과의 관련성을 중심으로」『중원문화논총』 4, 충북대 중원문화연구소.
• 손홍렬 | 2003, 「金允侯 장군」『충주의 인물(Ⅲ)-김윤후 · 이수일 · 조웅』, 충주시 · 충주대박물관.
• 윤용혁 | 2003, 「충주민의 대몽항전, 그 역사적 의미와 과제」『예성문화』 23.
• 최근영 | 2003, 「대몽항전지 충주산성의 위치비정」『예성문화』 23.
• 최일성 | 2003, 「다인철소민의 항전과 유학산성」『예성문화』 23.

• 스. 철몽 | 2003, 「몽골 정복자들의 충주시 원정에 대하여」『예성문화』 23.

5. 부곡제

• 김현길 | 1995, 「다인철소에 대하여」『중원문화』 8, 충주문화원.
• 차용걸 | 2000, 「충북의 향 · 소 · 부곡」『충북향토문화』 11.
• 윤길원 | 2000, 「옥천의 철산지 於毛所 연구」『충북향토문화』 11.
• 이선철 | 2000, 「충주지역의 부곡제」『충북향토문화』 11.
• 김상의 | 2000, 「음성의 향 · 부곡 · 처」『충북향토문화』 11.
• 이윤석 | 2000, 「진천군의 향 · 소 · 부곡」『충북향토문화』 11.
• 이선철 | 2000, 「충주지역의 부곡제」『충북향토문화』 11.
• 김현길 | 2000, 「多仁鐵所考」『충북향토문화』 11.
• 조규석 | 2003, 「고려시대 부곡제의 존재양상-충북지역을 중심으로」, 충북대 석사학위논문.

6. 충주 多仁鐵所

• 충주박물관 · 충주시 | 1996, 『충주 利柳面 冶鐵유적 지표조사보고서』.
• 국립청주박물관 · 포항제철산업과학기술연구소 | 1996, 『한국고대 철 생산 유적-중간결과보고』.
• 국립중앙과학관 | 1997, 『충주시 완오리 야철유적 발굴조사』.
• 충주박물관 | 1998, 『충주 완오리 야철유적』.
• 손홍렬 | 1981, 「忠州 奴軍의 亂과 대몽항쟁」『호서문화연구』 1.
• 윤용혁 | 1991, 「몽고의 침략에 대한 고려 지방민의 항전-1254년 鎭州(鎭 川)民과 충주 多仁鐵所民의 경우」『국사관논총』 24.
• 김현길 | 1994, 「외침과 충주지역(고려시대)」『중원문화』 7, 충주문화원.
• 김현길 | 1995, 「다인철소에 대하여」『중원문화』 8, 충주문화원.
• 윤용혁 | 1996, 「충주민의 대몽항전과 몇가지 관련문제」『예성문화』 16 · 17.
• 차용걸 | 2000, 「충북의 향 · 소 · 부곡」『충북향토문화』 11.
• 이선철 | 2000, 「충주지역의 부곡제」『충북향토문화』 11.
• 김현길 | 2000, 「多仁鐵所考」『충북향토문화』 11.
• 최일성 | 2003, 「다인철소민의 항전과 유학산성」『예성문화』 23.

7. 고인쇄문화와 直指心體要節

• 문화재관리국 | 1973, 『直指』 下(영인본).
• 천혜봉 | 1976, 『한국고인쇄사』, 한국도서관연구회.

• 손보기 ❙ 1977, 『금속활자와 인쇄술』(교양국사총서 21), 세종대왕기념사업회.
• 김두종 ❙ 1980, 『한국 고인쇄 문화사』, 삼성미술문화재단.
• 장민 ❙ 1980, 『한국의 고인쇄』, 국립중앙도서관.
• 천혜봉 ❙ 1980, 『나려인쇄술의 연구』, 경인문화사.
• 윤병태 ❙ 1985, 『한국서지학개론』, 한국서지정보학회.
• 청주대박물관 · 충청북도 ❙ 1986, 『淸州 興德寺址 : 학술회의 보고서』.
• 윤병태 ❙ 1987, 『한국의 고활자』, 한국출판판매.
• 김두종 ❙ 1987, 『한국고인쇄기술사』, 탐구당.
• 충청북도 교육연구원 ❙ 1988, 『청주 흥덕사지 : 인쇄문화의 성지』.
• 충청북도 ❙ 1991, 『주해 直指(下)』, 문봉출판사.
• 천혜봉 ❙ 1993, 『고인쇄 : 빛깔있는 책들』, 대원사.
• 오국진 ❙ 1994, 『한국의 고인쇄문화』, 일산.
• 조형진 ❙ 1995, 『한국초기 금속활자의 주조 · 조판 · 인출기술에 대한 실험적 연구』, 중앙대 박사학위논문.
• 오국진 ❙ 1996, 『직지활자 복원연구보고서 : 현재세계최고금속활자본』, 청주고인쇄박물관.
• 박문열 역 ❙ 1996, 『역주 佛祖直指心體要節』, 청주고인쇄박물관.
• 景閑 편 ❙ 1996, 『白雲和尙抄錄佛祖直指心體要節』, 청주고인쇄박물관.
• 박문열 역 ❙ 1997, 『불조직지심체요절』, 범우사.
• 이세열 ❙ 1997, 『직지』, 보경문화사.
• 청주민예총 문화예술연구소 편 ❙ 1997, 『충북의 민족문화와 直指 고인쇄문화』.
• 박문열 역 ❙ 1998, 『역주 白雲和尙語錄』, 청주고인쇄박물관.
• 백운화상 ❙ 1998, 『佛祖直指心體要節』, 청주고인쇄박물관.
• 천혜봉 ❙ 1998, 『한국금속활자본』, 범우사.
• 서원대 호서문화연구소 ❙ 1998, 『직지의 세계』.
• 白雲景閑 ❙ 1999, 『활자의 혼을 찾아서-불조직지심체요절 번역서』, 도서출판 직지.
• 김창옥 ❙ 1999, 『인쇄문화의 새로운 이해』, 학연문화사.
• 圓照覺性 역 ❙ 1999, 『불조직지심체요절』, 현음사.
• 청주고인쇄박물관 · (사)충북향토문화연구소 ❙ 1999, 『직지와 한국고인쇄문화』.
• 용학 역주 ❙ 1999, 『활자의 혼을 찾아서-불조직지심체요절』, 서원대 호서문화연구소.
• 박문열 ❙ 1999, 『고인쇄출판문화사론』, 피아이인쇄문화.
• 청주고인쇄박물관 ❙ 2000, 『청주고인쇄박물관』.
• 이세열 ❙ 2000, 『직지 디제라티』, 직지.
• 남권희 ❙ 2001, 『고려시대 기록문화연구』, 청주고인쇄박물관.
• 오국진 · 박문열 ❙ 2001, 『직지 상권 복원연구 결과보고서』, 직지이매지네이션.
• 반길성 ❙ 2001, 『중국금속활자인쇄기술사』, 요녕과학기술출판사.

- 파라미타청소년협회 충북지부 ‖ 2002, 『불조직지심체요절-직지 깨달음의 향기』, 파라미타 출판부.
- 청주고인쇄박물관 ‖ 2002, 『한국 고활자 학술회의』, (주)돋움.
- 남권희 ‖ 2002, 『고려시대 기록문화 연구』, 청주고인쇄박물관.
- 박병선 ‖ 2002, 『한국의 인쇄-기원에서부터 1910년』, 청주고인쇄박물관.
- 백린 ‖ 1965, 「한국고활자본에 대한 연구」『서울대학교 도서관보』 3.
- 천혜봉 ‖ 1972, 「국립중앙도서관 소장 백운화상초록불조직지심경요절」『문화재』 6.
- 손보기 ‖ 1972, 「세계최고의 금속활자본 『직지심경』」『출판문화』 81.
- 손보기 ‖ 1973, 「직지심경, 금속활자 고증의 경위와 그 의의」『圖協月報』 14-3.
- 윤병태 ‖ 1973, 「고려금속활자본과 그 기원」『圖協月報』 14-10.
- 윤병태 ‖ 1973, 「고려활자인출과 불서 3종」『불교사상』 2.
- 안춘근 ‖ 1973, 「직지심경 활자의 자료고증」『출판학』 15.
- 천혜봉 ‖ 1973, 「고려주자본 백운화상초록불조직지심경요절」『圖協月報』 14-3.
- 천혜봉 ‖ 1973, 「금속활자의 예지」『세대』 11.
- 천혜봉 ‖ 1974, 「한국인쇄술의 남상」『성균관대논문집』 19.
- 천혜봉 ‖ 1976, 「고려주자인쇄술의 연구」『성균관대논문집』 22.
- 임창순 ‖ 1976, 「고려시대의 인쇄술」『동양학』 6, 단국대.
- 김기태 ‖ 1978, 「고려 금속활자발달의 배경 고찰-특히 직지심경의 존속경위를 중심으로」『도서관』 33.
- 김기태 ‖ 1978, 「고려 직지심경의 존속경위」『국회도서관보』 15.
- 천혜봉 ‖ 1979, 「국립중앙도서관 소장 백운화상초록불조직지심경요절」『문화재』 6.
- 다니엘 부셰 ‖ 1979, 「모리스 꾸랑과 한국학」『한국학 국제회의 논문집』 1.
- 김종천 ‖ 1980, 「한국의 고인쇄」『도서관』 35.
- 김기태 ‖ 1982, 「직지심경의 보존경위에 대한 고찰」『규장각』 6.
- 김기태 ‖ 1982, 「직지심경의 보존방법에 대한 고찰」『규장각』 6.
- 천혜봉 ‖ 1984, 「세계 초유의 창안인 고려주자인쇄」『규장각』 8.
- 김기태 ‖ 1984, 「재불 한국 전적의 보존경위-특히 직지심경을 중심으로」『국회도서관보』 21.
- 김학주 ‖ 1984, 「한국고활자본 문선 연구」『중국어문학』 8, 영남중국어문학회.
- 허흥식 ‖ 1985, 「1349년 淸州牧官의 吏讀文書」『한국학보』 38.
- 천혜봉 ‖ 1986, 「흥덕사 鑄字印施의 직지심체요절」『문화재』 19.
- 천혜봉 ‖ 1986, 「고려금속활자와 직지심체요절」『흥덕사지학술회의보고서』, 청주대박물관.
- 다니엘 부셰 ‖ 1986, 「한국학의 선구자 모리스꾸랑 (상)」『동방학지』 51.
- 다니엘 부셰 ‖ 1986, 「한국학의 선구자 모리스꾸랑 (하)」『동방학지』 52.
- 김영진 ‖ 1987, 「청주 운천동사지의 재발굴조사 전말-직지의 鑄字所 시비」『박물관보』 2, 청주대박물관.

- 천혜봉 | 1993, 「활자인쇄」 『고인쇄문화』 1, 청주고인쇄박물관.
- 김영진 · 박상일 | 1990, 「충북지역의 고인쇄」 『청주대학교박물관보』 4.
- 남권희 | 1990, 「홍덕사자로 찍은 慈悲道場懺法集解'의 覆刻本에 관한 고찰」 『문헌정보학보』 4.
- 남권희 | 1991, 「홍덕사자로 찍은 '慈悲道場懺法集解'의 撰者와 간행에 관한 고찰」 『서지학연구』 7.
- 안춘근 | 1991, 「직지심경의 활자자료」 『고서연구』 8.
- 김기태 | 1992, 「직지심경의 서지학적 고찰」 『午山유동렬정년기념 도서관 논총』.
- 천혜봉 | 1993, 「활자인쇄」 『고인쇄문화』 1, 청주고인쇄박물관.
- 조형진 | 1994, 「금속활자 인쇄의 조판기술」 『서지학보』 13.
- 김기태 | 1995, 「직지심경의 존속경위에 대한 연구」 『인천교대 논문집』 29.
- 남권희 | 1995, 「홍덕사자로 찍은 '慈悲道場懺法集解'의 覆刻本에 관한 연구」 『고인쇄문화』 2, 청주고인쇄박물관.
- 천혜봉 | 1995, 「홍덕사지본 직지심체의 인쇄문화적 의의」 『세계속의 한국 인쇄출판문화 논문집』, (사)한국출판학회 · 청주고인쇄박물관.
- 윤병태 | 1996, 「고려 · 조선 활판인쇄 출판문화 연구」 『인쇄출판문화의 기원과 발달에 관한 연구논문집』, 청주고인쇄박물관.
- 황선주 | 1997, 「直旨의 각주와 그 公案」 『호서문화논총』 11, 서원대 호서문화연구소.
- 이세열 | 1997, 「직지의 역사적 성격」 『충북의 민족문화와 직지 고인쇄문화』, 충북민예총 문화예술연구소.
- 박문열 | 1997, 「청주지역의 출판문화에 관한 연구」 『국제문화연구』 15, 청주대 국제문제연구원.
- 박문열 | 1997, 「백운화상에 관한 연구」 『인문과학논집』 17, 청주대 인문 과학연구소.
- 김광식 | 1998, 「홍덕사지 발굴과 직지심체」 『충북향토문화』 9.
- 황정하 | 1998, 「백운직지심체 간행고」 『松谷손홍열박사화갑기념논총』.
- 황선주 | 1998, 「직지 원문의 출전에 대하여」 『고인쇄문화』 5.
- 김기태 | 1998, 「직지심경의 역사적 배경에 관한 연구」 『인천교대 교육논총』 15.
- 박문열 | 1998, 「충북 고인쇄문화의 개관」 『청주대 박물관보』 11.
- 정제규 | 1998, 「백운 景閑의 在家佛敎 신앙관」 『고인쇄문화』 5.
- 이세열 | 1998, 「직지의 내용 출전 및 이체자 교감」 『제2회 호서문화학술 대회발표논문집』, 서원대학교 호서문화연구소.
- 남권희 | 1999, 「필사본 직지심체요절 2종의 서지적 고찰」 『충북향토문화』 10.
- 김광식 | 1999, 「원본 『직지』를 보고」 『충북향토문화』 10.
- 이세열 | 1999, 「직지의 이체자 교감-금속활자본 직지 하권을 중심으로」 『호서문화논총』 13.

• 박병선 | 1999, 「직지심경의 명명사유」『직지와 한국고인쇄문화』, 청주고인쇄박물관 · (사)충북향토문화연구소.

• 황정하 | 1999, 「직지찾기운동의 성과와 전망」『직지와 한국고인쇄문화』, 청주고인쇄박물관 · (사)충북향토문화연구소.

• 박문열 | 1999, 「불조직지심체요절의 書名 통일방안」『직지와 한국고인쇄문화』, 청주고인쇄박물관 · (사)충북향토문화연구소.

• 김동환 | 1999, 「불조직지심체요절의 내용과 유통」『직지와 한국고인쇄문화』, 청주고인쇄박물관 · (사)충북향토문화연구소.

• 윤병태 | 1999, 「고려 인쇄문화상의 직지심체요절의 위치」『직지와 한국고인쇄문화』, 청주고인쇄박물관 · (사)충북향토문화연구소.

• 박문열 | 1999, 「고려 금속활자본 불조직지심체요절의 현대적 의미」『서지학연구』 17.

• 오국진 | 1999, 「금속활자 주조술의 복원적 고찰」『직지와 한국고인쇄문화』, 청주고인쇄박물관 · (사)충북향토문화연구소.

• 박문열 | 1999, 「충북서지학 서설」『충북학』 창간호.

• 황선주 | 1999, 「흥덕사본 직지의 결함과 그 원인들」『고인쇄문화』 6, 청주고인쇄박물관.

• 박문열 | 1999, 「인쇄술 기원설과 고려시대 금속활자본에 관한 연구」『고인쇄문화』 6, 청주고인쇄박물관.

• 김성수 | 1999, 「백운화상초록불조직지심체요절 略書名에 관한 연구」『고인쇄문화』 6, 청주고인쇄박물관.

• 남권희 | 1999, 「청주목 元興社 간행의 금강반야바라밀경과 고려시대의 금강경 간행」『고인쇄문화』 6, 청주고인쇄박물관.

• 이세열 | 2000, 「직지와 비구니 묘덕에 관한 연구」『중원문화논총』 4, 충북대 중원문화연구소.

• 천혜봉 | 2000, 「백운화상초록불조직지심체요절의 금속활자 인쇄술」『제3회 청주국제인쇄출판문화 학술회의』.

• 남권희 | 2000, 「백운화상초록불조직지심체요절 연구의 성과와 과제」『제3회 청주국제인쇄출판문화 학술회의』.

• 김승환 | 2000, 「새로운 '직지' 문화의 창조」『제3회 청주국제인쇄출판문화 학술회의』.

• 김용환 | 2000, 「『직지심체요절』의 祖師禪 연구」『국민윤리연구』 44, 한국국민윤리학회.

• 김복옥 | 2000, 「백운경한의 선사상 연구」, 동국대 석사학위논문.

• 성기서 | 2000, 「『불조직지심체요절』과 위빠사나 수행법 비교」『호서문화논총』 14, 서원대 호서문화연구소.

• 남권희 | 2000, 「려말선초의 출판문화사 일고찰-金秉九 소장자료를 중심으로」

『고인쇄문화』 7.
- 황정하 ǀ 2000, 「『白雲直指心體』의 간행 배경」『고인쇄문화』 7.
- 이세열 ǀ 2000, 「직지의 어원 및 책이름에 관한 연구」『고인쇄문화』 7.
- 황선주 ǀ 2001, 「직지 初校」『호서문화논총』 15, 서원대 호서문화연구소.
- 황선주 ǀ 2001, 「직지는 금속활자본인가」『고인쇄문화』 8.
- 김동원 · 홍영관 · 류해일 ǀ 2002, 「금속활자 직지에 사용된 먹물의 성분」『과학교육연구』 33.
- 김동원 · 홍영관 · 류해일 ǀ 2002, 「전자현미경으로 관찰한 직지 금속활자본과 목판본」『과학교육연구』 33.
- 박문열 ǀ 2002, 「중국 목판인쇄술의 기원」『고인쇄문화』 9.
- 이상주 ǀ 2002, 「13세기 중엽 14세기초 금속 印章鑄造와 불경의 강론 · 번역」『고인쇄문화』 9.
- 김종명 ǀ 2003, 「『直指』의 禪사상과 그 의의」『역사학보』 177.
- 박문열 ǀ 2003, 「교니활자인쇄술의 기원」『고인쇄문화』 10.
- 박문열 ǀ 2003, 「고려시대 인쇄출판문화」『충북문화론』, 충북학연구소.
- 박문열 ǀ 2003, 「고려시대 충북의 인쇄출판문화정책」『충북의 고인쇄문화와 사료조사 · 정리』, 청주시 · (사)충북향토문화연구소 · 국사편찬위원회.
- 박병선 ǀ 2004, 「프랑스 소재 직지심경, 외규장각문서 발굴기」『역사비평』 통권 66호(봄호).
- 강순애 ǀ 2004, 「직지와 불교문화」『서지학연구』 28.
- 김성수 ǀ 2004, 「직지와 금속활자 인쇄의 가치와 중요성을 규명하기 위한 조선초기 금속활자 간행도서의 주제 분석」『서지학연구』 28.
- 박문열 ǀ 2004, 「새로운 직지문화의 창출에 관한 서설」『서지학연구』 28.
- 옥영정 ǀ 2004, 「직지와 금속활자의 아름다움」『서지학연구』 28.
- 이희재 ǀ 2004, 「『백운화상초록직지심체요절』과 조선초기 활자 인쇄문화」『서지학연구』 28.
- 김승환 ǀ 2004, 「직지의 문화자본적 성격에 대한 논고」『고인쇄문화』 11.
- 남윤성 ǀ 2005, 「금속활자 발명국 고려와 유네스코 세계기록유산 直指의 인류문화사적 의미」『중원문화논총』 9.
- 박문열 ǀ 2005, 「한국 금속활자인쇄술의 발명과 여말선초의 인쇄출판기관에 관한 연구」『고인쇄문화』 12, 청주고인쇄박물관.
- 라경준 ǀ 2006, 「직지 금속활자 복원과 그 문제점」『역사에서의 중앙과 지방』, 제49회 전국역사학대회 발표문.

8. 금석문

- 조동원 편저 ǀ 1981, 『한국 금석문대계-충청남북도편』, 원광대출판부.

- 한국역사연구회편 ‖ 1996, 『역주 라말여초 금석문』 상 · 하, 혜안.
- 이로영 ‖ 1979, 「淨土寺 法鏡大師 慈燈塔碑와 九成宮醴泉銘의 書體 비교」 『예성문화』 창간호.
- 채상식 ‖ 1982, 「淨土寺址 法鏡大師碑의 陰記분석」 『한국사연구』 36.
- 채상식 ‖ 1983, 「자료-法鏡大師碑陰記」 『호서문화논총』 3, 서원대.
- 이로영 ‖ 1983, 「충주 億政寺址 大智國師碑」 『예성문화』 5.
- 정제규 ‖ 2003, 「제천 松溪里大佛頂呪梵字碑와 불교사적 의미」 『박물관지』 12, 충청대학 박물관.

9. 고분

- 충주산업대박물관 · 충주시 ‖ 『충주산성 및 直洞고분군 발굴조사보고서』.
- 충주박물관 · 충주시 ‖ 1992, 『충주 丹月洞 高麗墓 발굴조사보고서』.
- 건국대박물관 ‖ 1994, 『충주 단월동 고분군 발굴조사보고서』.
- 건국대박물관 ‖ 1995, 『충주 단월동 고분군 2차발굴조사보고서』.
- 충주박물관 · 충주시 ‖ 1996, 『충주 단월동 고려고분군』.
- 서울시립대박물관 · 한국도로공사 ‖ 1997, 『단양현곡리 고려고분군 및 가마터발굴조사』.
- 조재경 ‖ 2000, 「청주 용암(2)지구 금천동 유적-고려시대 분묘를 중심으로」 『호서고고학』 3, 호서고고학회.
- 우은진 ‖ 2002, 「단양 현곡리 고려 고분 출토 사람뼈 연구」, 충북대 석사 학위논문.
- 이희인 ‖ 2004, 「중부지방 고려고분의 유형과 계층」 『한국상고사학보』 45.

10. 사찰과 사지

- 윤병준 ‖ 1969, 『白雲寺址』.
- 윤병준 ‖ 1973, 『迦葉寺誌』.
- 청주대박물관 · 중원군 ‖ 1978, 『彌勒里寺址 발굴조사보고서』.
- 청주대박물관 · 중원군 ‖ 1979, 『彌勒里寺址 2차발굴조사보고서』.
- 이화여대박물관 · 충주군 ‖ 1982, 『彌勒里寺址 3차발굴조사보고서』.
- 신방웅 · 신봉호 · 김경표 외 ‖ 1982, 『미륵사지 보전기본계획연구보고서』, 충북대 건설기술연구소.
- 충청북도 ‖ 1982, 『寺誌』.
- 태창건설 · 단양군 ‖ 1984, 『竹嶺 輔國寺址 지표조사보고서』.
- 청주대박물관 · 충청북도 ‖ 1985, 『청주 雲泉洞寺址 발굴조사보고서』.
- 청주대박물관 · 충청북도 ‖ 1986, 『청주 興德寺址 발굴조사보고서』.

- 중원군 Ⅰ 1986, 『중원 탑평리 사지의 조사-지표조사보고서』.
- 충주산업대박물관 · 중원군 Ⅰ 1990, 『청룡사지 지표조사 보고서』.
- 한종구 Ⅰ 1990, 『青龍寺에 얽힌 전설』, 충주공업전문대박물관 · 중원군.
- 청원향토문화연구회 Ⅰ 1993, 『石岩寺址 및 魯峰書院址 지표조사보고서』.
- 예성문화연구회 Ⅰ 1995, 『崇善寺址 지표조사 보고서』.
- 충주산업대박물관 Ⅰ 1996, 『충주 청룡사지 발굴조사보고서』.
- 충청전문대박물관 · 상산고적회 Ⅰ 1996, 『진천의 사지』.
- 한국문화재보호재단 Ⅰ 1998, 『槐山 覺淵寺』.
- 충청대박물관 · 충주시 Ⅰ 1999, 『충주 金生寺址』.
- 충청대박물관 · 충주시 Ⅰ 2002, 『충주 義林寺址 지표조사보고서』.
- 충주시 · 예성문화연구회 Ⅰ 2005, 『정토사 홍법국사실상탑지 지표조사보고서』.
- 청주시 · 청주고인쇄박물관 · 청주대박물관 Ⅰ 2005, 『흥덕사지의 어제와 오늘』.
- 정영호 Ⅰ 1962, 「제천 월악산 德周寺址의 조사」『고고미술』 27.
- 이은창 Ⅰ 1964, 「진천 蓮谷里사지 조사」『고고미술』 46.
- 홍사준 Ⅰ 1965, 「옥천읍 兩水里사지 출토 일괄유물」『고고미술』 55.
- 정영호 Ⅰ 1967, 「괴산 外沙里사지 조사」『고고미술』 66.
- 정영호 Ⅰ 1968, 「중원 青龍寺址의 조사」『사총』 12 · 13합집.
- 정영호 Ⅰ 1968, 「음성 平谷里寺址와 석불좌상」『고고미술』 93.
- 김중기 Ⅰ 1979, 「고추밭 절터」『예성문화』 창간호.
- 장준식 Ⅰ 1979, 「傳金生寺址考」『예성문화』 창간호.
- 김현길 Ⅰ 1981, 「廣濟庵寺址 발견기」『예성문화』 2.
- 김현길 Ⅰ 1981, 「崇善寺址와 그 建造年代考」『예성문화』 3.
- 최영익 Ⅰ 1981, 「院洞寺址에 관한 소고」『예성문화』 3.
- 신영훈 Ⅰ 1981, 「영동 深妙寺址考」『서원학보』 2.
- 김예식 Ⅰ 1981, 「중원 미륵사지에 대한 소고」『서원학보』 2.
- 이재준 Ⅰ 1981, 「충북 탑평리사지」『공간』 164.
- 정재홍 Ⅰ 1982, 「毘摩羅寺址考」『예성문화』 4.
- 이지훈 Ⅰ 1982, 「옥천 青城 山桂里 寺址考」『서원학보』 3.
- 진홍섭 Ⅰ 1984, 「단양 觀音寺址 발굴조사 보고」『충주댐 수몰지구 문화유적발굴조사 종합보고서』, 충북대박물관.
- 이용범 Ⅰ 1984, 「단양 逸名寺址지구 발굴조사약보고」『'83충주댐 수몰지구 문화유적 발굴조사 약보고서』, 충북대박물관.
- 김영진 Ⅰ 1986, 「청주흥덕사지 발굴과 그 의의」『청주문화』 1.
- 김영진 Ⅰ 1987, 「흥덕사지의 보호와 발전의 방향」『청주문화』 2.
- 김현길 Ⅰ 1989, 「숭선사지와 忠州劉氏」『斗山김택규박사화갑기념논총』.
- 임용식 Ⅰ 1989, 「寒山寺考」『내제문화』 1.
- 김현길 Ⅰ 1990, 「중원지역의 사지 · 사찰」『예성문화』 11.

- 김영진 | 1993, 「증평 南下里사지의 문화지리적 고찰」『박물관보』 6, 청주대박물관.
- 김영진 외 | 1993, 「大院寺址 · 彌勒大院址」『중원미륵사지 5차발굴조사보고서』, 청주대박물관.
- 이종훈 | 1993, 「淨芳寺의 유래」『내제문화』 5.
- 한명철 | 1994, 「外沙里 寺址」『충북향토문화』 5.
- 김동식 | 1994, 「輔國寺址의 시대적 의미」『丹丘의 脈』 창간호, 단양향토 문화연구회.
- 김현길 | 1995, 「숭선사의 연혁과 충주유씨」『숭선사지 지표조사보고서』, 예성동호회.
- 박상일 · 이규근 | 1997, 「청주 龍岩寺 조사보고」『박물관보』 10, 청주대박 물관.
- 김예식 · 유봉희 | 1998, 「충주의 전통사찰」『예성문화』 18.
- 박상일 | 1999, 「직지를 찍어낸 흥덕사지의 발굴」『직지와 한국고인쇄문화』, 청주고인쇄박물관 · (사)충북향토문화연구소.
- 김인한 | 1999, 「진천 龍亭里사지 지표조사 보고」『박물관지』 8, 충청대학 박물관.
- 박상일 | 1999, 「진천 백련암지」『상산문화』 5.
- 박상일 | 2000, 「청주지역의 불교유적-폐사지를 중심으로」『중원문화논총』 4, 충북대 중원문화연구소.
- 박상일 | 2000, 「玉山 松泉寺址」『청원문화』 9, 청원문화원.
- 장준식 | 2001, 「충주 숭선사지」『중원문화』 14, 충주문화원.
- 박상일 | 2001, 「桂山里사지와 5층석탑에 대한 고찰」『청원문화』 10.
- 이윤석 | 2002, 「鎭川의 寺址」『상산문화』 8.
- 김병구 | 2003, 「寶蓮寺와 天龍寺址」『충북향토문화』 14.
- 김영규 | 2003, 「음성군의 사지」『충북향토문화』 14.
- 김영근 | 2003, 「괴산 外沙里 사지」『충북향토문화』 14.
- 박상일 | 2003, 「청주지역의 사지」『충북향토문화』 14.
- 윤수경 | 2003, 「단양의 사지」『충북향토문화』 14.
- 안후영 | 2003, 「옥천의 사지」『충북향토문화』 14.
- 이윤석 | 2003, 「진천의 사지」『충북향토문화』 14.
- 최규인 | 2003, 「보은의 사지」『충북향토문화』 14.

11. 불상

- 충북학연구소 | 2000, 『충북의 석조미술』.
- 진홍섭 | 1963, 「영동 新項里 삼존불석상」『고고미술』 4.
- 정량모 | 1964, 「낙영산 마애불」『미술자료』 9.
- 이은창 | 1964, 「청원군 靈下里 석상」『고고미술』 4 · 5합집.
- 이은창 | 1965, 「청원 오창면 석조불상」『고고미술』 60.

- 정영호 | 1966, 「각연사 석조비로사나불좌상」『고고미술』 66.
- 정영호 | 1967, 「음성 景湖亭의 삼층석탑과 平谷里 여래입상」『고고미술』 89.
- 정영호 | 1968, 「음성 平谷里寺址와 석불좌상」『고고미술』 93.
- 정영호 | 1968, 「충주 丹湖寺의 유적조사-철조여래좌상과 삼층탑을 중심으로」『사학지』 2, 단국사학회.
- 김영배 | 1970, 「청주 운천동 출토 금동보살입상과 銅鐘」『고고미술』 105.
- 황수영 | 1974, 「傳 청주출토 석조반가사유상」『고고미술』 121 · 122합집.
- 최영익 | 1979, 「補國寺址 石造丈六佛」『예성문화』 1.
- 장준식 | 1981, 「중원의 철조불상」『예성문화』 2.
- 정영호 | 1981, 「괴산 三訪里 마애여래좌상」『서원학보』 2.
- 김예식 | 1981, 「중원지방의 석불입상에 대한 소고」『예성문화』 3.
- 장준식 | 1982, 「太古山 석불입상」『예성문화』 4.
- 김인제 | 1982, 「최근 발견 보고된 소형불상 四軀」『서원학보』 3.
- 장준식 | 1987, 「청주 龍華寺 석조여래입상의 背面에 부각된 나한상」『논문집』 2, 충청전문대.
- 장준식 | 1992, 「충북 영동군 磨崖三頭佛像에 관한 고찰」『박물관지』 1, 충청전문대 박물관.
- 장준식 | 1993, 「충주박물관 소장 金銅如來立像에 관한 소고」『예성문화』 14.
- 임광훈 | 1995, 「청주지역의 고려시대 불상 연구」, 한국교원대 석사학위논문.
- 정명호 | 1996, 「중원의 고려시대 불교미술」『예성문화』 16 · 17합집.
- 박상일 | 1996, 「진천군의 마애불상」『상산문화』 2.
- 장준식 | 1997, 「大圓寺 철불좌상」『박물관지』 6, 충청전문대 박물관.
- 류금열 | 1999, 「청풍 석조여래입상과 납석제불보살병립상」『내제문화』 11.
- 정지혜 | 1999, 「청주 용화사 석불상군의 연구」, 동국대 미술사학과 석사학위논문.
- 김춘실 | 1999, 「신라말 · 고려전기 청주지역의 불교문화」『중원문화논총』 2 · 3합집.
- 김춘실 | 1999, 「고려시대 청주의 불교문화」『고려공예전』, 국립청주박물관.
- 박상일 | 2000, 「진천 마애불상」『충북의 석조미술』, 충북학연구소.
- 이광희 | 2001, 「충주지역의 고려시대 석불 연구」『실학사상연구』 21.
- 최성은 | 2002, 「나말려초 중부지역 석불조각에 대한 고찰」『역사와 현실』 44.
- 김용환 · 임영애 · 김형래 | 2003, 「덕주사 마애불 실측조사 연구」『박물관지』 12, 충청대학 박물관.
- 신병숙 | 2003, 「고려시대 충주지역 석불입상 연구」, 홍익대 석사학위논문.

12. 탑과 부도

- 청원군 · 청주대박물관 | 1999, 『桂山里 5층석탑』.

• 충주시 · 예성문화연구회 | 2005,『정토사 홍법국사실상탑지 지표조사보고서』.
• 정명호 | 1960,「중원군 倉東里 오층석탑에 대하여」『고고미술』 5.
• 정영호 | 1963,「단양 香山里 삼층석탑」『고고미술』 4.
• 정영호 | 1963,「진천 玉城里 塔像」『고고미술』 4-10.
• 이은창 | 1964,「청원군 桂山里 오층석탑」『고고미술』 5.
• 맹인재 | 1966,「제원군 월악리 삼층석탑」『고고미술』 7-3.
• 이은창 | 1967,「괴산 江坪里 삼층석탑」『고고미술』 8-8.
• 정영호 | 1967,「음성 景湖亭의 삼층석탑과 平谷里 여래입상」『고고미술』 89.
• 정영호 | 1967,「음성 文化洞 오층석탑」『고고미술』 88.
• 정영호 | 1968,「중원 청룡사지의 조사-각원국사정혜원융탑과 탑비 및 석등을 중심으로」『사총』 12 · 13합집.
• 정영호 | 1968,「충주 丹湖寺의 유적조사-철조여래좌상과 삼층탑을 중심으로」『사학지』 2, 단국사학회.
• 허인욱 | 1979,「보각국사 定慧圓融塔」『예성문화』 1.
• 정영호 | 1981,「영동 深源里 석조부도」『서원학보』 1, 서원학회.
• 최영익 | 1981,「直洞 삼충석탑」『예성문화』 2.
• 김승남 | 1988,「충북지방 고려탑의 양식사 연구」, 이화여대 석사학위논문.
• 장준식 | 1989,「중원지방의 석조부도」『향토사연구』 1.
• 정명호 | 1990,「중원의 고려시대 불교미술」『예성문화』 16 · 17합집.
• 윤관로 | 1990,「佛頂面 三訪里 삼층석탑」『괴향문화』 1.
• 이재호 | 1992,「月岳獅子 頻迅寺址 9층석탑에 대한 고찰」『내제문화』 4.
• 김인한 | 2003,「청주 菩薩寺 석종형부도」『박물관지』 12, 충청대학 박물관.

13. 기타 불교미술

• 송민구 | 1980,『중원군 미륵리 석굴 실측조사보고서에 대하여』, 건축사.
• 국립청주박물관 | 1999,『고려공예전』.
• 정명호 | 1961,「중원군 薪泥面 院坪里 석조유물」『고고미술』 16.
• 홍사준 | 1965,「옥천읍 兩水里사지 출토 일괄유물」『고고미술』 55.
• 최순우 | 1968,「제천 발견 乙巳銘 동종」『고고미술』 97.
• 맹인재 | 1969,「법주사 대웅보전 중수 상량문」『고고미술』 103.
• 이재준 | 1977,「충북의 기와」『월간충청』 85.
• 이성호 | 1990,「안림동 출토 義林寺銘 청동 飯子에 대하여」『예성문화』 11.
• 국립청주박물관 | 1992,「한국의 동종」.
• 김연호 | 1992,「月光寺址 梵字碑에 대한 고찰」『내제문화』 4.
• 김홍주 | 1993,「청주 사직동출토 思惱寺銘半子」『미술자료』 52.
• 정명호 | 1996,「중원의 고려시대 불교미술」『예성문화』 16 · 17합집.

- 엄기표 | 1996, 「충북지역 당간과 당간지주 고찰」『박물관지』 5, 충청전문대박물관.
- 윤관로 | 1997, 「불정면의 불교유적」『괴향문화』 5.
- 김춘실 | 1999, 「신라말 · 고려전기 청주지역의 불교문화」『중원문화논총』 2 · 3합집.
- 김춘실 | 1999, 「고려시대 청주의 불교문화」『99 청주국제공예비엔날레기념 고려공예전』, 국립청주박물관.
- 김홍주 | 1999, 「청주 思惱寺 유물의 발견경위」『99 청주국제공예비엔날레기념 고려공예전』, 국립청주박물관.
- 최응천 | 1999, 「청주 思惱寺 유물의 성격과 의의」『99 청주국제공예비엔날레기념 고려공예전』, 국립청주박물관.
- 안변찬 | 1999, 「청주 思惱寺 유물의 보존처리」『99 청주국제공예비엔날레기념 고려공예전』, 국립청주박물관.
- 김인한 | 2003, 「청주 菩薩寺 석종형부도」『박물관지』 12, 충청대학 박물관.
- 김춘실 | 2003, 「충북의 불교 문화재」『충북문화론』, 충북학연구소.
- 유재은 · 고형순 · 이재성 | 2003, 「충주 숭선사지 출토 철제유물의 미세조직 분석」『보존과학연구』 24.
- 이상주 | 2004, 「청주 '龍頭寺 鐵幢記' 명문을 올바로 보는 시각」『고인쇄문화』 11.

14. 청자와 가마터

- 충북대박물관 | 1993, 『충북지방 陶窯址 지표조사보고서』.
- 충북대박물관 | 1999, 『음성 동부 C.C 건설예정지역 청자요지 시굴조사 보고서』.
- 충북대박물관 · (주)동부건선 · (주)원림개발 | 2002, 『음성 笙里 청자가마터』.
- 최영익 · 길경택 | 1993, 「제천 송계리 청자가마터」『예성문화』 14.
- 강경숙 · 남진주 | 1995, 「월악산일대 가마터 조사보고」『년보』 4, 충북대박물관.
- 박준범 | 1997, 「충주 청룡사지 출토 자기류에 대한 고찰」『만승김현길교 수정년기념 향토사학논총』.
- 강경숙 외 | 1999, 「음성 생리 청자가마터 발굴조사 개보」『년보』 8, 충북대박물관.
- 강경숙 · 남진주 | 2003, 「충주지역 도자의 역사와 문화」『중원문화논총』 7, 충북대 중원문화연구소.

15. 성곽과 관방

- 상명대학교 박물관 | 1997, 『충주 大林山城 정밀지표 조사보고서』.
- 충북대 중원문화연구소 · 제천시 | 『제천 덕주산성 지표조사 보고서』.

- 최일성 ‖ 1984, 「충주산성과 관방」『충주산성 종합지표조사보고서』, 충주 공업전문대 박물관.
- 김현길 ‖ 1984, 「충주산성의 역사적 배경」『충주산성 종합지표조사보고서』, 충주 공업전문대 박물관.
- 이철재 ‖ 1988, 「충주산성과 그 주변 문화유적」『중원문화』 1, 충주문화원.
- 차용걸 ‖ 1996, 「미륵산성의 축성기법과 성격」『괴향문화』 4.
- 차용걸 ‖ 1997, 「고려말 1290년의 청주산성에 대한 예비적 고찰」『김현길 교수정년기념 향토사학논총』.
- 최규성 ‖ 1998, 「大林山城이 忠州山城일 가능성에 대한 고찰」『예성문화』 18.
- 차용걸 ‖ 1999, 「충주지역 성곽의 역사적 성격」『제11회 중원문화 학술회의 발표요지』, 예성문화연구회.
- 최규성 ‖ 1999, 「대몽항쟁의 전승지, 충주성은 어디인가?」『제11회 중원문화 학술회의 발표요지』, 예성문화연구회.
- 최근영 ‖ 2000, 「충주 大林山城 考- '충주산성' 과의 관련성을 중심으로」『중원문화논총』 4, 충북대 중원문화연구소.
- 최근영 ‖ 2003, 「대몽항전지 충주산성의 위치비정」『예성문화』 23.
- 최일성 ‖ 2003, 「다인철소민의 항전과 유학산성」『예성문화』 23.

16. 龍頭寺址 鐵幢竿

- 충청북도 ‖ 1982, 『寺址』.
- 한국역사연구회편 ‖ 1996, 『역주 羅末麗初 金石文』 상 · 하, 혜안.
- 김광수 ‖ 1972, 「라말여초의 지방학교 문제」『한국사연구』 7.
- 김갑동 ‖ 1985, 「고려 건국기의 淸州勢力과 왕건」『한국사연구』 48.
- 박경자 ‖ 1986, 「淸州豪族의 吏族化」『원우논총』 4, 숙명여대.
- 김주성 ‖ 1988, 「고려초 淸州地方의 豪族」『한국사연구』 61 · 62합집.
- 김승근 ‖ 1989, 「문화재 보존지역의 도시환경개선에 관한 연구-청주시 龍頭寺址 鐵幢竿광장을 중심으로」, 청주대 석사학위논문.
- 안영근 ‖ 1992, 「나말여초 청주세력의 동향」『水邨박영석교수화갑기념논총』.
- 신호철 ‖ 1993, 「후삼국 건국세력과 청주지방세력」『호서문화연구』 11.
- 조익래 ‖ 1993, 「고려초 청주호족세력의 존립형태」『북악사론』 3.
- 최효승 ‖ 1994, 「鐵幢竿 보존을 위한 시민문화운동 과정과 앞으로의 과제」『대한건축학회충북지부 학술발표회논문집』.
- 이혜선 ‖ 1996, 「龍頭寺址 철당기에 보이는 고려초 청주호족」『호서문화연구』 14.
- 신호철 ‖ 2001, 「후삼국 건국세력과 청주 지방세력」『신라 서원소경 연구』, 서경.
- 신호철 ‖ 2001, 「고려 건국기 청주호족의 정치적 성격」『신라 서원소경연구』, 서경.

17. 진천 농다리(籠橋)

- 진천군 문화공보실 | 1992, 『생거진천』 제18호.
- 충북대수자원 · 수질연구센터 | 1996, 『진천 농교 피해방지대책 학술조사보고서』.
- 구곡향우회 · 농다리청년회 | 2003, 『농다리 籠橋』.
- 최진연 | 2004, 『옛 다리 내 마음속의 풍경』, 한길사.
- 이영옥 | 1997, 「林衍 오누이힘내기 설화 현지 연구-籠橋說話를 중심으로」 『한국문학연구』 4, 경기대 한국문학연구소.
- 중원문화재연구원 | 2005, 「진천 농다리 전시관 신축부지 문화재 시굴조사 보고서」 『상산문화』 11, 상산고적회.

18. 기타

- 한국불교연구원 | 1975, 『法住寺』, 일지사.
- 김풍식 · 이재준 | 1980, 『忠北의 기와』, 유림사.
- 청주한씨충성공파종친회 | 1989, 『柳巷韓先生集』.
- 정각 | 1993, 『속리산 법주사』, 법주사출판부.
- 곽한봉 | 1997, 『고려시대 淸州郭氏文獻錄』, 새청주약국
- 정영호 | 1969, 「영동 영국사의 유적」 『이홍식박사회갑기념 한국사학논총』.
- 이원근 | 1977, 「청주 초기의 불적 연구」 『청대사림』 2.
- 이재준 | 1977, 「충북의 기와」 『월간충청』 80.
- 이재준 | 1977, 「충북의 기와」 『월간충청』 85.
- 김예식 | 1979, 「明昌三年 銘瓦를 통한 중원지방의 佛事」 『예성문화』 창간호.
- 유창종 | 1979, 「충주 염밭출토 七葉 연화문 소고」 『예성문화』 창간호.
- 허인욱 | 1981, 「그림없는 기와」 『예성문화』 2.
- 이재준 | 1981, 「청주 근교 사지 출토 와당연구(1)」 『서원학보』 1.
- 이재준 | 1982, 「미륵대원의 창건」 『예성문화』 2.
- 김경호 | 1984, 「彌勒里寺址 보존에 관한 연구」 『건설기술연구』 3, 충북대 기술연구소.
- 손광제 · 장석하 | 1985, 「한국전통건축의 造形義匠에 나타난 數理개념에 대한 고찰-중원 미륵사지를 중심으로」 『기초과학연구』 2, 대구대.
- 이종춘 | 1986, 「청주지역의 佛蹟」 『청주교대논문집』 23.
- 허흥식 | 1985, 「1349년 淸州牧官의 吏讀文書」 『한국학보』 38.
- 김영진 | 1987, 「흥덕사지의 보호와 발전의 방향」 『청주문화』 2.
- 이성호 | 1989, 「安林洞 출토 瓦當에 대하여」 『예성문화』 10.
- 장준식 | 1991, 「荷谷 마을의 불교유적에 관하여」 『예성문화』 12.
- 최일성 | 1992, 「덕주사의 위치와 주변 경승」 『덕주사 마애불과 덕주산성 지표조

사보고서』, 충주공전박물관.
• 김영진 | 1993, 「증평 南下里寺址의 문화지리적 고찰」『박물관보』 6, 청주대박물관.
• 박상일 | 1994, 「천태산 영국사」『청주문화』 9.
• 송우정 | 1994, 「괴산의 銘文 기와」『괴향문화』 2.
• 최일성 | 1996, 「고려시대의 충주-지방제도 및 성씨와 관련하여」『예성문화』 16 · 17합집.
• 김용곤 | 1996, 「려말 주자 성리학의 수용과 忠州」『예성문화』 16 · 17합집.
• 박상일 · 이규근 | 1997, 「청주 龍岩寺 조사보고」『박물관보』 10, 청주대박물관.
• 김태우 | 1998, 「고려시대 巫覡의 신분과 세습화과정에 대하여」『예성문화』 18.
• 박상일 | 1998, 「안심사의 유적과 유물」『청원문화』 7.
• 이선철 | 1998, 「충주 虎巖洞유적 출토 청동숟가락 고찰」『예성문화』 18.
• 신호철 | 1999, 「고려시대 충북의 역사와 문화」『 99 청주국제공예비엔날레기념 고려공예전』, 국립청주박물관.
• 이상주 | 2001, 「13세기 중엽 14세기초 금속 印章 주조와 佛經의 강론 · 번역」『서지학보』 25.
• 우은진 | 2002, 「단양 현곡리 고려 고분 출토 사람뼈 연구」, 충북대 석사학위논문.
• 이원규 | 2003, 「고려 충절학자 李種學」『상산문화』 9.
• 김귀래 | 2003, 「충절공 金斯革」『상산문화』 9.
• 이병희 | 2006, 「고려후기 청주곽씨 가문의 동향」『역사에서의 중앙과 지방』, 제49회 전국역사학대회 발표문.

19. 인물

1) 慶大升 - 청주

• 국사편찬위원회 | 1977, 『한국사 7 : 고려무신정권과 대몽항쟁』.
• 김당택 | 1987, 『고려무인정권연구』, 새문사.
• 박용운 | 1987, 『고려시대사(下)』, 일지사.
• 민병하 | 1990, 『고려무신정권연구』, 성균관대출판부.
• 김광식 | 1992, 『고려 최씨무인정권의 불교계 운용에 관한 연구』, 건국대 박사학위논문.
• 국사편찬위원회 | 1993, 『한국사 18 : 고려무신정권』.
• 변태섭 | 1973, 「농민 · 천민의 난」『한국사7-무신정권과 대몽항쟁』, 국사편찬위원회.
• 강유수 | 1992, 「경대승 정권에 대한 일고찰」, 경남대 교육대학원 석사학위논문.
• 김당택 | 1993, 「경대승의 집권을 통해 본 무신란」『한국사 전환기의 문제들』, 지식산업사.
• 김당택 | 1993, 「무신란과 초기의 무신정권」『한국사 : 고려 무신정권 18』, 국사편

찬위원회.
- 김낙진 | 1995, 「牽龍軍과 武臣亂」 『고려무인정권연구』, 서강대출판부.
- 신안식 | 1997, 「고려 명종대 무인정권의 대민정책」 『역사와 현실』 24.
- 김낙진 | 2000, 「고려시대 牽龍軍의 설치와 임무」 『역사학보』 165.
- 이승한 | 2001, 「무신정변을 부정한 청년장군 경대승」 『고려 무인이야기 1-4인의 실력자』, 푸른역사.
- 신호철 | 2003, 「고려무인정권 경대승」 『청주문화』 18, 청주문화원.

2) 郭預 – 청주

- 김종무 편 | 1979, 『고려청주 郭門名賢錄』, 郭漢鳳刊.
- 곽한봉 | 1997, 『고려시대 淸州郭氏文獻錄』, 새청주약국.
- 이수봉 | 1981, 「청주 郭門 삼현의 문학사적 공헌 1」 『호서문화연구』 1, 충북대 호서문화연구소.
- 이수봉 | 1982, 「청주 郭門 三寶의 문학사적 공헌 2」 『호서문화연구』 2, 충북대 호서문화연구소.
- 임찬순 | 2002, 「고려 충신 연담 곽예」 『청주문화』 17, 청주문화원.
- 이병희 | 2006, 「고려시대 청주곽씨 가문」 『역사에서의 중앙과 지방-제49회 전국역사학대회 발표문』.

3) 弓裔 – 청주

- 조인성 | 1990, 『泰封의 弓裔政權 硏究』, 서강대 박사학위논문.
- 이재범 | 1992, 『후삼국시대 弓裔政權의 연구』, 성균관대 박사학위논문.
- 신호철 | 1993, 『후백제견훤정권연구』, 일조각.
- 이재범 | 2000, 『슬픈 궁예』, 푸른역사.
- 김두진 | 1981, 「고려초 법상종과 그 사상」 『한우근박사정년기념사학논총』.
- 신호철 | 1982, 「궁예의 정치적 성격-특히 불교와의 관계를 중심으로」 『한국학보』 29.
- 이정신 | 1984, 「궁예정권의 성립과 변천」 『남사정재각박사 고희기념 동양학논총』.
- 오영숙 | 1985, 「태봉국 형성과 궁예의 지지기반」, 숙명여대 석사학위논문.
- 정청주 | 1986, 「궁예와 호족세력」 『전북사학』 10.
- 최규성 | 1986, 「궁예정권의 지지세력」 『동국사학』 19 · 20합집.
- 조인성 | 1986, 「궁예정권의 중앙정치조직」 『백산학보』 33.
- 최규성 | 1987, 「궁예정권의 성격과 국호의 변경」 『상명여자대학교 논문집』 19.
- 이재범 | 1988, 「궁예정권의 정치적 성격에 관한 고찰」 『민병하정년기념사학논총』.
- 홍승기 | 1992, 「궁예왕의 전제적 왕권의 추이」 『택와허선도교수정년기념논총』.

- 조인성 | 1993, 「궁예의 세력형성과 건국」『진단학보』 75.
- 신호철 | 1993, 「후삼국 건국세력과 청주 지방세력」『호서문화연구』 11.
- 양경숙 | 1993, 「궁예와 그의 미륵불사상」『북악사론』 3.
- 정청주 | 1995, 「신라말 · 고려초 지배세력의 사회적 성격」『전남사학』 9.
- 정선용 | 1997, 「궁예의 세력형성 과정과 도읍선정」『한국사연구』 97.
- 신호철 | 1999, 「궁예와 왕건과 청주호족」『중원문화논총』 2 · 3합집.
- 이재범 | 2002, 「궁예정권의 성격」『홍경만교수정년기념 한국사학논총』.
- 이경복 | 2003, 「궁예와 闍崛山門」『백산학보』 66.
- 김택균 | 2004, 「궁예와 世達寺」『사학연구』 75.
- 강문석 | 2005, 「철원환도 이전의 궁예정권 연구」『역사와 현실』 57.

4) 金允侯 - 충주

- 충주공업전문대학 박물관 | 1986, 『충주산성 및 직동고분군 발굴조사보고서』.
- 윤용혁 | 1987, 『고려대몽항쟁사연구』, 고려대 사학과 박사학위논문.
- 용인시 · 충북대 중원문화연구소 | 1998, 『용인 처인성 시굴조사보고서』.
- 용인시 · 충북대 중원문화연구소 | 1999, 『용인 처인성 주변 지표조사보고서』.
- 송은명 | 2003, 『인물로 보는 고려사』, 시아출판사.
- 강진철 | 1977, 「무신정권과 대몽항쟁」『한국사』 7, 국사편찬위원회.
- 최주호 | 1979, 「몽고 침략과 민족의 저항-김윤후」『역사의 인물』 2, 日新閣.
- 윤용혁 | 1980, 「몽고의 2차 침구와 처인성승첩」『한국사연구』 29.
- 손홍열 | 1981, 「忠州奴軍의 난과 대몽항쟁」『호서문화연구』 1, 충북대호서문화연구소.
- 이인녕 | 1992, 「몽고 침입과 처인성대첩 소고」『기전문화』 10, 기전향토문화연구회.
- 차용걸 | 1993, 「충주지역의 항몽과 그 위치」『대몽항쟁 승전비 건립을 위한 세미나 발표자료집』, 충주시민모임.
- 윤용혁 | 1996, 「충주민의 대몽항전과 몇가지 관련 문제」『예성문화』 16 · 17합집.
- 최규성 | 1999, 「제5차 려몽항쟁과 충주산성의 위치비정」『상명사학』 6.
- 최근영 | 2000, 「충주 大林山城考-충주산성과의 관련성을 중심으로」『중원문화논총』 4, 충북대 중원문화연구소.
- 손홍열 | 2003, 「김윤후 장군」『충주의 인물(Ⅲ)-김윤후 · 이수일 · 조웅』, 충주시 · 충주대학교 박물관.

5) 大智國師 - 충주

- 박윤진 | 2005, 『고려시대 王師 · 國師 연구』, 고려대 박사학위논문.
- 최순우 | 1965, 「三角山 三川寺 大智國師碑」『미술자료』 10, 국립박물관.
- 허흥식 | 1975, 「고려시대의 國師 · 王師제도와 그 기능」『역사학보』 67.

- 이로영 ǀ 1983, 「충주 億政寺址 大智國師碑」『예성문화』 5.
- 박윤진 ǀ 2005, 「고려후기 王師 · 國師의 사례와 기능의 변화」『한국중세사연구』 19.

6) 白雲景閑(和尙) - 청주

- 한기두 ǀ 1992, 『한국선사상연구』, 일지사.
- 무비 역주 ǀ 1996, 『백운화상어록』, 민족사.
- 허흥식 ǀ 1997, 『고려로 옮긴 인도의 등불 : 指空禪賢』, 일조각.
- 박문열 역 ǀ 1998, 『역주 白雲和尙語錄』, 청주고인쇄박물관.
- 박문열 ǀ 1998, 『백운화상어록』, 범우사.
- 조명제 ǀ 2000, 『고려후기 간화선의 수용과 전개』, 부산대 사학과 박사학 위논문.
- 천혜봉 ǀ 1972, 「국립중앙도서관 소장 백운화상초록불조직지심경요절」『문화재』 6.
- 김동화 ǀ 1972, 「백운화상어록 해설」『한국의 사상대전집』 4, 동화출판공사.
- 경인문화사 ǀ 1974, 「백운화상어록 해제」『한국고승집-고려시대 3』.
- 한기두 ǀ 1975, 「고려후기의 선사상」『숭산박길진박사화갑기념논총』, 원광대학교.
- 정병조 ǀ 1977, 「백운의 無心禪에 관하여」『한국불교학』 3.
- 김상영 ǀ 1990, 「백운화상-無心無念禪 강조한 려말의 禪僧」『한국불교인물 사상사』, 민족사.
- 이병욱 ǀ 1996, 「指空和尙 선사상의 특색」『삼대화상 연구 논문집』, 도서출판 佛泉.
- 박문열 ǀ 1997, 「백운화상에 관한 연구」『인문과학논집』 17.
- 정제규 ǀ 1998, 「백운경한의 在家佛敎信仰觀」『고인쇄문화』 5, 청주고인쇄 박물관.
- 조명제 ǀ 1999, 「고려후기 선요의 수용과 간화선의 전개」『한국중세사연구』 9.
- 조명제 ǀ 2000, 「여말선초 선승들의 현실인식과 성리학에 대한 대응」『한국중세사연구』 9.
- 정제규 ǀ 2000, 「백운 景閑의 無心禪과 사상사적 의미」『제3회 청주국제인쇄출판문화 학술회의』.
- 김복옥 ǀ 2000, 「백운경한의 선사상 연구」, 동국대 석사학위논문.
- 조명화 ǀ 2000, 「『백운화상어록』의 금속활자본 간행 가능성」『호서문화논총』 14, 서원대 호서문화연구소.
- 이세열 ǀ 2000, 「직지와 비구니 묘덕에 관한 연구」『중원문화논총』 4, 충북대 중원문화연구소.
- 조명제 ǀ 2001, 「고려말 사대부의 간화선 이해와 실천」『한국사상사학』 16.
- 천혜봉 ǀ 2003, 「景閑 撰書의 輯錄과 刊印」『고인쇄문화』 10.

7) 法鏡大師 - 충주

- 충주시 · 예성문화연구회 | 2005, 『정토사 홍법국사실상탑지 지표조사보고서』.
- 이로영 | 1979, 「淨土寺 法鏡大師 慈燈塔碑와 九成宮醴泉銘의 書體 비교」『예성문화』 창간호.
- 채상식 | 1982, 「淨土寺址 法鏡大師碑 陰記의 분석-고려초 지방 사회와 禪門의 구조와 관련하여」『한국사연구』 36.
- 채상식 | 1983, 「자료-法鏡大師碑陰記」『호서문화논총』 3, 서원대 호서문화연구소.
- 채상식 | 1982, 「라말여초 충주지역의 호족과 선종-淨土寺址 法鏡大師碑 陰記의 분석」『예성문화』 16 · 17합집.
- 채상식 | 2000, 「충주 정토사지 法鏡大師碑의 陰記」『충북의 석조미술』, 충북학연구소.
- 박윤진 | 2005, 「고려후기 王師 · 國師의 사례와 기능의 변화」『한국중세사연구』 19.

8) 普覺國師 – 충주

- 충주공업전문대박물관 · 중원군 편 | 1990, 『青龍寺址 지표조사보고서』.
- 한종구 | 1990, 『青龍寺에 얽힌 전설』, 충주공업전문대박물관 · 중원군.
- 박윤진 | 2005, 『고려시대 王師 · 國師 연구』, 고려대 박사학위논문.
- 정명호 | 1964, 「청룡사 보각국사탑비와 석등」『고고미술』 53, 고고미술동인회.
- 정영호 | 1968, 「중원 청룡사지의 조사-보각국사정혜원융탑과 탑비 및 석등을 중심으로」『사총』 12 · 13합집.
- 허흥식 | 1975, 「고려시대의 國師 · 王師제도와 그 기능」『역사학보』 67.
- 허인욱 | 1979, 「보각국사 定慧圓融塔」『예성문화』 1.
- 박현규 | 2001, 「明末抄本 普覺國師碑銘과 비문 해석상의 문제점」『서지학보』 25.
- 박윤진 | 2005, 「고려후기 王師 · 國師의 사례와 기능의 변화」『한국중세사연구』 19.

9) 王建 – 청주 · 보은

- 최근영 | 1990, 『통일신라시대의 지방세력연구』, 신서원.
- 정청주 | 1991, 『신라말 고려초 豪族연구』, 전북대 박사학위논문.
- 이재범 | 1992, 『후삼국시대 弓裔政權의 연구』, 성균관대 박사학위논문.
- 이순근 | 1992, 『신라말 地方勢力의 구성에 관한 연구』, 서울대 박사학위 논문.
- 문수진 | 1992, 『고려의 건국과 후삼국통일과정연구』, 성균관대 박사학위 논문.
- 신호철 | 1993, 『후백제 甄萱政權 연구』, 일조각.
- 김현정 | 1996, 『고려 太祖의 국가경영』, 서울대출판부.
- 김갑동 | 2000, 『김갑동 교수의 태조 왕건』, 일빛.
- 신호철 | 2002, 『후삼국시대 豪族研究』, 도서출판 개신.

- 최규성 | 2005,『고려 태조 왕건 연구』, 주류성.
- 신호철 | 1982,「궁예의 정치적 성격」『한국학보』 29.
- 이정신 | 1984,「궁예정권의 성립과 변천」『정재각고희기념논총』.
- 김갑동 | 1985,「고려 건국기의 청주세력과 왕건」『한국사연구』 48.
- 정청주 | 1986,「궁예와 호족세력」『전북사학』 10.
- 김현길 | 1986,「나말여초의 중원지방형세고」『예성문화』 8.
- 박경자 | 1986,「청주호족의 吏族化」『원우논총』 4, 숙명여대.
- 최규성 | 1986,「궁예정권의 지지세력」『동국사학』 19 · 20합집.
- 김주성 | 1988,「고려초 청주지방의 호족」『한국사연구』 61 · 62.
- 김수태 | 1989,「고려초 충주지방의 호족-충주 劉氏를 중심으로」『충청 문화연구』 1, 한남대 충청문화연구소.
- 안영근 | 1992,「나말여초 청주세력의 동향」『水邨박영석화갑기념논총』.
- 신호철 | 1992,「신라말 고려초 昧谷城(회인)장군 龔直」『호서문화연구』 10.
- 신호철 | 1993,「후삼국 건국세력과 청주지방세력」『호서문화연구』 11.
- 조익래 | 1993,「고려초 청주호족세력의 존립형태」『북악사론』 3.
- 조인성 | 1993,「궁예의 세력형성과 건국」『진단학보』 75.
- 최규성 | 1994,「고려초기 忠州劉門 세력」『예성문화』 15.
- 채상식 | 1996,「라말여초 충주지역의 호족과 禪宗」『예성문화』 16 · 17.
- 이혜선 | 1996,「龍頭寺址 철당기에 보이는 고려초 청주호족」『호서문화연구』 14.
- 신호철 | 1997,「고려의 건국과 鎭州 林氏의 역할」『중원문화논총』 1.
- 김수태 | 1997,「신라말 · 고려전기 청주김씨와 法相宗」『중원문화논총』 1.
- 신호철 | 1997,「후삼국기 충북지방의 호족세력」『김현길교수정년기념논총』.
- 신호철 | 1998,「매곡산성과 城主 龔直의 활동」『보은 매곡산성 지표조사 보고서』, 충북대 중원문화연구소.
- 신호철 | 1999,「궁예와 왕건과 청주호족」『중원문화논총』 2 · 3합집.
- 이재운 | 1999,「고려 태조의 정치사상-최치원 사상과 관련하여」『백산학보』 52.
- 신호철 | 2001,「후삼국 건국세력과 청주 지방세력」『신라 서원소경 연구』, 서경.
- 백남혁 | 2001,「왕건의 통치사상과 국가개혁방향- '民' 과 관련하여」『백산학보』 58.
- 신호철 | 2001,「고려 건국기 청주호족의 정치적 성격」『신라 서원소경연구』, 서경.
- 신호철 | 2003,「고려 태조의 후백제 유민정책과 '훈요제8조' 」『이화사학연구』 30.

10) 禹倬 - 단양

- 오석원 | 2005,『한국 도학파의 의리사상』, 성균관대출판부.
- 오석원 | 1984,「易東 禹倬사상의 연구」『안동문화』 5, 안동대 안동문화연 구소.

- 김동욱 | 1987, 「고려후기 映湖樓詩의 두 모습」『수선논집』 11, 성균관대 대학원.
- 김종렬 | 1989, 「영남시조문학의 형성배경과 사상에 관한 연구-우탁 · 이현보 · 이황을 중심으로」『퇴계학』 1, 안동대 퇴계학연구소.
- 우쾌제 | 1990, 「역동 우탁의 사상과 문학」『대동문화연구』 25.
- 윤천근 | 1990, 「역동 우탁의 생애와 사상」『안동문화연구』 4, 안동문화연구회.
- 김익수 | 1992, 「역동역학의 동양역학 사상사적 위치」『우탁선생의 사상과 역동서원의 역사』, 안동대 안동문화연구소.
- 김세한 | 1992, 「역동서원 창건의 의의와 역사」『우탁선생의 사상과 역동 서원의 역사』, 안동대 안동문화연구소.
- 오석원 | 1992, 「역동 우탁사상의 연구」『우탁선생의 사상과 역동서원의 역사』, 안동대 안동문화연구소.
- 윤천근 | 1992, 「역동 우탁의 철학사상」『우탁선생의 사상과 역동서원』, 안동대 안동문화연구소.
- 정순목 | 1992, 「역동서원의 교육문화사적 의의」『우탁선생의 사상과 역동 서원』, 안동대 안동문화연구소.
- 정진영 | 1992, 「예안 역동서원 연구」『우탁선생의 사상과 역동서원』, 안동대 안동문화연구소.
- 이종호 | 1992, 「우탁의 형상과 예안의 퇴계학단」『퇴계학』 4, 안동대 퇴계학연구소.
- 조준하 | 2001, 「역동 우탁의 생애와 사상」『한국사상과 문화』 13, 한국사상문화학회.

11) 李穡 – 청주

- 『牧隱集』.
- 이훈구 | 1958, 『牧隱李穡先生略傳』, 규장각.
- 손문호 | 1989, 『고려말 신흥사대부들의 정치사상연구』, 서울대 박사학위논문.
- 이영복 | 1990, 『牧隱 李穡선생의 생애와 사상 연구』.
- 고혜령 | 1992, 『14세기 고려사대부의 성리학 수용과 稼亭 李穀』, 이화여대 사학과 박사학위논문.
- 여운필 | 1995, 『이색의 시문학 연구』, 태학사.
- 목은연구회 | 1996, 『목은 이색의 생애와 사상』, 일조각.
- 신천식 | 1998, 『牧隱 李穡의 학문과 학맥』, 일조각.
- 도현철 | 1999, 『고려말 사대부의 정치사상연구』, 일조각.
- 정재철 | 2002, 『이색 시의 사상적 조명』, 집문당.
- 여운필 외 역 | 2003, 『목은시고』, 월인.
- 유호진 | 2004, 『이색 시의 예술경계와 그 정신적 의미』, 경인문화사.
- 김남일 | 2005, 『고려말 조선초기의 세계관과 역사의식 : 이색과 권근을 중심으

로』, 경인문화사.
- 이은순 | 1962, 「이색연구」『이대사원』 4.
- 안계현 | 1965, 「이색의 불교관」『효성조명기박사화갑기념논총』.
- 이상은 | 1965, 「이색」『한국의 인간상』 4, 신구문화사.
- 이현희 | 1965, 「이색」『인물한국사』 2, 박우사.
- 손락범 | 1975, 「목은 연구」『국제대논문집』 3.
- 이현희 | 1979, 「전환기의 경세가-이색」『역사의 인물』 2, 일신각.
- 황재국 | 1980, 「목은집 해제」『국학자료』 38.
- 서경보 | 1981, 「한국 한문학작가론(3)-李穡論」『영남대논문집』 14.
- 박주 | 1982, 「목은 이색과 그의 정치사상에 관한 연구」『효성여대논문집』 25.
- 강대철 | 1983, 「이색의 정치활동에 대한 일고찰」, 전남대 석사논문.
- 김종진 | 1984, 「李穀의 對元 의식」『태동고전연구』 1, 한림대 태동고전연구소.
- 황재국 | 1984, 「李穀의 산문에 나타난 작가의식」『인문학연구』 20, 강원대 인문학편집위원회.
- 이혜순 | 1987, 「목은 이색의 題畵詩 試考」『이화여대논총』 25.
- 곽진 | 1990, 「목은 이색의 풍속시 소고」『민족문화』 13.
- 도현철 | 1990, 「목은 이색의 정치사상연구」『한국사상사학』 3.
- 김홍식 | 1991, 「양주 회암사지의 전각배치에 대한 연구-목은 이색의 천보산 회암사수조기를 중심으로」『문화재』 24.
- 이은순 | 1992, 「이색의 사상과 사회개혁론」『외대사학』 4.
- 고혜령 | 1992, 「稼亭 李穀의 불교관과 성리학」『水邨박영석화갑논총 한국사학논총(상)』.
- 조명제 | 1993, 「목은 이색의 불교인식-성리학의 이해와 관련하여」『한국 문화연구』 6, 부산대.
- 김남일 | 1994, 「이색의 역사인식」『청계사학』 11.
- 도현철 | 1997, 「고려말기의 禮인식과 정치체제론-이색과 정도전계열 사대 부의 사상 비교를 중심으로」『동방학지』 97.
- 유인희 | 1998, 「이곡 · 이색의 윤리철학과 고려유학의 성격」『동방학지』 101.
- 정재철 | 1998, 「목은의 불교성향 한시의 사상적 특질」『동양학』 28.
- 도현철 | 1999, 「개혁론자가 절의론자가 된 까닭-이색」『역사의 길목에선 31인의 선택』, 푸른역사.
- 신천식 | 2000, 「목은의 생애와 사상」『명지사론』 11 · 12합집.
- 권정안 | 2000, 「여말선초 주자학 도입기의 경전이해(1)-목은 이색의 경전 이해를 중심으로」『동양철학연구』 22, 동양철학연구회.
- 마종락 | 2001, 「려말 登科儒臣의 사상적 동향-목은 이색을 중심으로」『한국중세사회의 제문제』.
- 고혜령 | 2003, 「목은 이색과 나옹선사의 사상적 만남」『조선시대 양반사회와 문

화 4 : 조선시대의 사상과 문화』, 집문당.
• 천병식 | 2004, 「목은 이색」『역사 속의 우리 다인-고운에서 효당까지』, 이른아침.
• 정채철 | 2004, 「서평 : 유호진, 『이색 詩의 예술경계와 그 정신적 의미」『한국인물사연구』 2, 한국인물사연구소.
• 도현철 | 2004, 「이색과 정도전」『한국사시민강좌』 35.
• 도현철 | 2005, 「이색의 성리학적 역사관과 公羊春秋論」『역사학보』 185.
• 이익주 | 2006, 「牧隱集의 간행과 사료적 가치」『牧隱集의 종합적 검토』, 진단학회.
• 마종락 | 2006, 「이색의 생애와 역사의식」『牧隱集의 종합적 검토』, 진단학회.
• 도현철 | 2006, 「이색의 경학체계와 그 지향」『牧隱集의 종합적 검토』, 진단학회.
• 여운필 | 2006, 「이색詩의 다양한 지향과 면모」『牧隱集의 종합적 검토』, 진단학회.
• 고혜령 | 2006, 「牧隱集을 통해 본 이색의 佛敎와의 관계」『牧隱集의 종합적 검토』, 진단학회.
• 도현철 | 2006, 「이색의 隱仕觀」『한국사연구』 133.

12) 李齊賢 - 청주

• 손문호 | 1989, 『고려말 신흥사대부들의 정치사상연구』, 서울대 박사학위 논문.
• 김성기 | 1990, 『이제현의 시문학 연구』, 서울대 박사학위논문.
• 박윤규 | 1999, 『우리역사를 움직인 20인의 재상』, 미래M&B.
• 김상기 | 1964, 「李益齋의 在元 생애에 대하여」『대동문화연구』 1, 성균관대 대동문화연구소.
• 고병익 | 1965, 「이제현」『인물한국사』 2, 박우사.
• 이석래 | 1965, 「이제현」『한국의 인간상』 5, 신구문화사.
• 김철준 | 1967, 「익재 이제현의 사학」『동방학지』 8, 연세대 국학연구원.
• 장덕순 | 1979, 「익제집」『민족문화』 5.
• 정구복 | 1981, 「이제현의 역사인식」『진단학보』 51.
• 김태영 | 1981, 「益齊 이제현의 사회개혁안의 의의」『진단학보』 51.
• 민현구 | 1981, 「益齊 이제현의 정치활동-공민왕대를 중심으로」『진단학보』 51.
• 정옥자 | 1981, 「주자학의 한국전파고(1)-이제현을 중심으로」『진단학보』 51.
• 이병혁 | 1983, 「益齊의 사상과 문학」『인문논총』 24, 부산대.
• 민현구 | 1987, 「민지와 이제현」『두계이병도박사구순기념논총』.
• 탁봉심 | 1988, 「이제현의 역사관」『이화사학연구』 17 · 18합집.
• 이숙경 | 1989, 「이제현세력의 형성과 그 역할-공민왕 전기(1351~1365) 개혁정치의 추진과 관련하여」『한국사연구』 64.
• 김혈조 | 1990, 「익제의 古文창도와 그 역사적 의의」『碧史이우성정년기념 민족사

의 전개와 그 문화(상)』.
• 김성기 ❙ 1990, 「이제현 문학에 나타난 유 · 불사상」『개신어문연구』 7, 충북대.
• 김성기 ❙ 1991, 「이제현의 시세계」『현대문학』 440, 현대문학사.
• 이익주 ❙ 1995, 「공민왕대 개혁의 추이와 신흥 유신의 성장」『역사와 현실』 15, 한국역사연구회.
• 문철영 ❙ 1999, 「고려후기 신유학의 수용과 사대부의 의식세계」『한국사론』 41 · 42합집, 서울대 국사학과.
• 이익주 ❙ 1999, 「시대의 과제를 인식한 자와 시대의 변화를 읽은 자-이승휴와 이제현」『역사의 길목에 선 31인의 선택』, 푸른역사.
• 이익주 ❙ 2000, 「14세기 전반 고려-원 관계와 정치세력 동향」『한국중세사연구』 9.
• 마종락 ❙ 2000, 「원 간섭기 익재 이제현의 유학사상」『한국중세사연구』 8.
• 이익주 ❙ 2001, 「14세기 전반 성리학 수용과 이제현의 정치활동『전농사론』 7, 서울시립대 국사학과.
• 마종락 ❙ 2002, 「고려시대 경주와 유교-최승로 · 김부식 · 이제현을 중심으로」『신라학연구』 6, 위덕대 신라학연구소.
• 채웅석 ❙ 2003, 「원 간섭기 성리학자들의 화이관과 국가관」『역사와 현실』 49, 한국역사연구회.
• 이익주 ❙ 2003, 「이제현」『63인의 역사학자가 쓴 한국사인물열전』 1, 돌베개.
• 윤상림 ❙ 2003, 「익재 이제현의 장편 古詩의 표현 기법」『동양고전연구』 19.

13) 林衍 – 진천

• 국사편찬위원회 ❙ 1977, 『한국사 7 : 고려 무신정권과 대몽항쟁』.
• 김당택 ❙ 1987, 『고려무인정권 연구』, 새문사.
• 민병하 ❙ 1990, 『고려무신정권 연구』, 성균관대출판부.
• 국사편찬위원회 ❙ 1993, 『한국사 18 : 고려무신정권』.
• 신호철 편 ❙ 1997, 『林衍 · 林衍政權硏究』, 충북대 인문학연구소.
• 이승한 ❙ 2001, 『고려 무인이야기』 1 · 2 · 3, 푸른역사.
• 성봉현 ❙ 1988, 「임연정권에 관한 연구」『호서사학』 16.
• 신광철 ❙ 1993, 「고려 무인정권자 염연과 그의 사적」, 공주대 교육대학원 석사학위논문.
• 변해종 ❙ 1994, 「林衍장군에 대한 소고」『충북향토문화』 5.
• 김당택 ❙ 1994, 「임연정권과 고려의 開京還都」『이기백선생고희기념 한국 사학논총 (상)』, 일조각.
• 이영옥 ❙ 1995, 「籠橋說話 현지연구-‘염연의 오누이힘내기’를 중심으로」『한국문학연구』 4, 경기대 한국문학연구소.
• 신호철 ❙ 1996, 「임연」『常山文化』 2.

• 신호철 ❙ 1997, 「임연의 출신과 그 사회적 지위」『염연 · 염인정권연구』.
• 신호철 ❙ 1997, 「임연의 생애와 정치활동」『염연 · 염인정권연구』.
• 신호철 ❙ 1997, 「임연 관련 유물 · 유적」『염연 · 염인정권연구』.

14) 弘法國師 - 충주

• 충주시 · 예성문화연구회 ❙ 2005, 『정토사 홍법국사실상탑지 지표조사보고서』.
• 박윤진 ❙ 2005, 『고려시대 王師 · 國師 연구』, 고려대 박사학위논문.
• 허흥식 ❙ 1975, 「고려시대의 國師 · 王師제도와 그 기능」『역사학보』 67.
• 박윤진 ❙ 2005, 「고려후기 王師 · 國師의 사례와 기능의 변화」『한국중세사연구』 19.

제7부
조선시대사

1. 사족의 동향과 성씨

• 한천택 ǀ 1984, 『청주한씨의 연원과 역사 : 한국최고의 성』, 청주한씨제주문중회.
• 이상률 ǀ 1991, 『괴산의 인물 · 성씨』, 괴산문화원.
• 진천군 ǀ 1992, 『百源書院址 지표조사보고서』.
• 棣華書院 ǀ 1994, 『棣華書院誌』.
• 전용우 ǀ 1994, 『호서사림 형성에 대한 연구』, 충남대 박사학위논문.
• 김세봉 ǀ 1995, 『17세기 호서산림세력 연구』, 단국대 박사학위논문.
• 정만조 ǀ 1998, 『조선시대 서원연구』, 집문당.
• 이수환 ǀ 2001, 『조선후기 서원연구』, 일조각.
• 안동김씨종친회 ǀ 2001, 『忠翼公 荷潭先生 遺稿』.
• 차용걸 · 전호수 ǀ 2001, 『淸安 司馬所』, 충북대 중원문화연구소.
• 이해준 ǀ 2002, 『말마리와 지천서원』, 지천서원.
• 이정우 ǀ 2002, 『조선시대 호서사족연구』, 중앙인문사.
• 이정우 ǀ 2002, 『한국근세 향촌사회사연구』, 중앙인문사.
• 성주탁 ǀ 2002, 『조선후기 사회와 문화』, 서경문화사.
• 김예식 ǀ 2005, 『충주골 이야기 姓氏의 故鄕』 1, 수서원.
• 조동세 ǀ 1969, 「충북 世居姓氏考-충북사회경제사의 측면으로서」 『청대춘추』 15.
• 이병갑 ǀ 1983, 「정책과정에 있어서 이익갈등-17 · 18세기 안동유림과 청주 유림의 관계를 중심으로」 『안동문화』 4.
• 조상희 ǀ 1984, 「조선후기 萬東廟의 건립과 변천연구」, 청주대 석사논문.
• 이병갑 ǀ 1985, 「정책과정에 있어서 이익갈등의 양상-17 · 18세기 안동유림과 청주유림간의 관계를 중심으로」 『안동문화』 6.
• 전용우 ǀ 1985, 「조선조 書院 祠宇에 대한 일고찰」 『호서사학』 13.
• 송인협 ǀ 1987, 「옥천의 三溪 · 三陽서원 연구」, 충남대 석사학위논문.
• 전용우 ǀ 1988, 「遂巖 權尙夏와 호서사림」 『호서사학』 16.

- 이정우 | 1989, 「조선후기 옥천지방의 사족과 향권의 추이」 『호서사학』 17.
- 전용우 | 1990, 「華陽書院과 萬東廟에 대한 일연구」 『호서사학』 18.
- 김우기 | 1990, 「조선 중종 후반기의 척신과 정국동향」 『대구사학』 40.
- 이피찬 | 1991, 「뿌리를 찾아서-상산임씨 이야기」 『생거진천』 1.
- 최일성 · 이철재 | 1992, 「충주시 宗民 · 木伐洞 世居姓氏」 『예성문화』 13.
- 최일성 · 이철재 | 1992, 「중원군 乶味面 신매리 世居姓氏」 『예성문화』 13.
- 이수봉 | 1992, 「충북 鄕校記文 조사 연구」 『호서문화연구』 10.
- 이피찬 | 1992, 「뿌리를 찾아서-진천송씨 이야기」 『생거진천』 2.
- 송문영 | 1993, 「黃澗지역 世居姓氏에 대한 고찰(上)」 『충북향토문화』 4.
- 이피찬 | 1993, 「뿌리를 찾아서-청주이씨 이야기」 『생거진천』 3.
- 김신웅 | 1993, 「조선전기의 충청북도의 인구변화-성씨의 분포」 『清州商議月報』 193.
- 김신웅 | 1993, 「조선후기 일제하의 성씨변화」 『清州商議月報』 194.
- 김신웅 | 1993, 「조선후기 文義縣의 戸口와 姓氏」 『清州商議月報』 197.
- 김신웅 | 1993, 「조선후기 永同縣의 戸口와 姓氏變化」 『清州商議月報』 198.
- 전용우 | 1994, 「호서사림의 연원소고」 『권태원교수정년기념논총』.
- 전용우 | 1994, 「16~17세기 호서지방의 사족성향에 대하여」 『박병국교수 정년논총』.
- 전용우 | 1994, 「호서서원 소고 (1)」 『호서사학』 21 · 22합집.
- 이피찬 | 1994, 「뿌리를 찾아서-한산이씨 이야기」 『생거진천』 4.
- 김세봉 | 1995, 「조선후기 忠淸山林의 동향」 『호서문화연구』 13.
- 전용우 | 1995, 「호서사림 연구의 제문제」 『호서문화연구』 13.
- 최근묵 | 1995, 「湖西士林 연구의 현황과 과제」 『호서문화연구』 13.
- 한충희 | 1995, 「조선초기 청주한씨 영정계(~1417이전, 知郡事贈領議政) 가계 연구-歷官경향과 통혼권을 중심으로」 『계명사학』 6.
- 이피찬 | 1995, 「뿌리를 찾아서-강릉김씨 이야기」 『생거진천』 5.
- 전용우 | 1996, 「호서서원 소고(2)」 『정덕기교수화갑기념논총』.
- 이피찬 | 1996, 「뿌리를 찾아서-고성이씨 이야기」 『생거진천』 6.
- 지성용 | 1996, 「丹岩書院 사적에 대한 고찰」 『단양문화』 2.
- 김영진 | 1997, 「화양서원고」 『청주대학교 박물관보』 10.
- 이해준 | 1997, 「중원지역 인물 · 성씨 연구현황과 과제」 『중원문화논총』 1, 충북대 중원문화연구소.
- 이영춘 | 1997, 「호서 사족사회에서의 光山金氏 문벌」 『중원문화논총』 1.
- 이피찬 | 1997, 「뿌리를 찾아서-전주최씨 이야기」 『생거진천』 7.
- 박홍갑 | 1998, 「조선조 충주지역 사림의 진출과 활동」 『예성문화』 18.
- 한춘순 | 1998, 「명종대 을사사화 연구」 『인문학연구』 2, 경희대 인문학연구소.
- 박홍갑 | 1998, 「중종조 충주사림의 진출과 활동-己卯名賢을 중심으로」 『사학연

구』 55 · 56합집.
• 이피찬 | 1998, 「뿌리를 찾아서-함안조씨 이야기」『생거진천』 8.
• 김양규 | 1998, 「중원지역 인물 · 성씨 연구현황과 과제」『역사교육』 68.
• 이정우 | 1999, 「17~18세기초 청주지방 사족동향과 書院鄕戰」『조선시대 사학보』 11.
• 이피찬 | 1999, 「뿌리를 찾아서-밀양박씨 이야기」『생거진천』 9.
• 이정우 | 2000, 「17~18세기 충주지방 서원과 사족의 당파적 성격」『한국사연구』 109.
• 음재승 | 2000, 「포은 정몽주 선생과 임고서원」『괴향문화』 8.
• 이피찬 | 2000, 「뿌리를 찾아서-평강채씨 이야기」『생거진천』 10.
• 박홍갑 | 2001, 「조선 명종조 忠州獄의 전개와 충주사림」『조선시대사학보』 17.
• 이윤석 | 2001, 「기록으로 본 진천의 성씨」『상산문화』 7.
• 이피찬 | 2001, 「뿌리를 찾아서-영양 · 의령 · 고성남씨 이야기」『생거진천』11.
• 이정우 | 2001, 「조선전기 호서사림의 구성과 성격」『조선시대사학보』 18.
• 배성 | 2001, 「숙종조 萬東廟 건립논쟁에 관한 일연구」『청계사학』 15.
• 이재학 | 2001, 「조선시대 청주 莘巷書院」『실학사상연구』 21.
• 김의환 | 2001, 「도안이 간직한 역사와 문화-도안의 성씨와 인물」『도안면지』, 충북학연구소.
• 이기순 | 2001, 「조선후기 高靈申氏의 가족규모-昭安公 · 江原伯派의 사례 분석」『백산학보』 58.
• 전순표 | 2001, 「옥천의 토성에 관한 고찰」『옥천향토문화』 6.
• 전용우 | 2002, 「16~17세기 충북지역의 사림과 서원」『조선시대 충북지역의 학맥과 학풍』, 충북학연구소.
• 김문준 | 2002, 「우암의 학맥, 학풍과 화양서원」『조선시대 충북지역의 학맥과 학풍』, 충북학연구소.
• 장승구 | 2002, 「수암의 학맥, 학풍과 황강서원」『조선시대 충북지역의 학맥과 학풍』, 충북학연구소.
• 장승구 | 2002, 「수암의 황강학파와 그 사상」『지역문화연구』 1, 세명대 지역문화연구소.
• 박인호 | 2002, 「조선중기 제천지역 사족의 형성」『지역문화연구』 1, 세명대 지역문화연구소.
• 최일성 | 2002, 「충청북도의 성씨 고찰」『충북향토문화』 13.
• 김건식 | 2002, 「보은군의 土姓 고찰」『충북향토문화』 13.
• 이윤석 | 2002, 「기록으로 본 진천의 성씨」『충북향토문화』 13.
• 이피찬 | 2002, 「뿌리를 찾아서-양성이씨 이야기」『생거진천』 12.
• 박상우 | 2002, 「황간 甄氏의 世居史」『충북향토문화』 13.
• 전순표 | 2002, 「옥천의 土姓에 관한 고찰」『충북향토문화』 13.

• 김현영 | 2002, 「훈구에서 사림으로」 『조선의 정치와 사회』, 집문당.
• 박우상 | 2002, 「충주박씨(황간파) 세거 조사」 『향토연구』 12.
• 전종한 | 2002, 「충북지방 유교 문화지역의 형성과정과 영역성-서원 건립 의 확산과정과 분포패턴을 중심으로」 『중원문화논총』 6.
• 임상설 | 2003, 「萬賴祠와 趙瑊」 『상산문화』 9.
• 이피찬 | 2003, 「뿌리를 찾아서-경주정씨 이야기」 『생거진천』 13.
• 김장규 | 2003, 「영동세거성씨 정착사-김녕김씨」 『향토연구』 13, 영동향토사연구회.
• 김기헌 | 2003, 「영동세거성씨 정착사-김해김씨」 『향토연구』 13, 영동향토사연구회.
• 송진하 | 2003, 「영동세거성씨 정착사-신평송씨」 『향토연구』 13, 영동향토사연구회.
• 박로일 | 2003, 「영동세거성씨 정착사-순천박씨」 『향토연구』 13, 영동향토사연구회.
• 여순구 | 2003, 「영동세거성씨 정착사-덕수이씨」 『향토연구』 13, 영동향토사연구회.
• 이병진 | 2003, 「영동세거성씨 정착사-진위이씨」 『향토연구』 13, 영동향토사연구회.
• 정승래 | 2003, 「영동세거성씨 정착사-하동정씨」 『향토연구』 13, 영동향토사연구회.
• 정제빈 | 2003, 「영동세거성씨 정착사-진주정씨」 『향토연구』 13, 영동향토사연구회.
• 김문준 | 2003, 「조선중기 충북지역의 유학」 『충북문화론』, 충북학연구소.
• 전용우 | 2003, 「16~17세기 충북지역의 사림과 서원」 『湖雲 최근묵교수 정년기념논총 호서지방사연구』, 경인문화사.
• 남구 | 2004, 「영동세거성씨 정착사-고성남씨(參奉公派)편」 『향토연구』 14, 영동향토사연구회.
• 박래식 | 2004, 「영동세거성씨 정착사-밀양박씨(僕射公派)편」 『향토연구』 14, 영동향토사연구회.
• 배정렬 | 2004, 「영동세거성씨 정착사-성산배씨(靑山公派)편」 『향토연구』 14, 영동향토사연구회.
• 안병찬 | 2004, 「영동세거성씨 정착사-순흥안씨(黃澗派)편」 『향토연구』 14, 영동향토사연구회.
• 이경현 | 2004, 「영동세거성씨 정착사-여주이씨(貞淑公派)편」 『향토연구』 14, 영동향토사연구회.
• 최근묵 | 2004, 「호서와 호서명현」 『충청학연구』 5, 한남대 충청학연구소.
• 이진경 | 2004, 「영동 세거성씨 정착사-인천이씨편」 『향토연구』 14.

• 김건식 ∥ 2004, 「보은지역의 儒敎遺蹟 연혁고찰」 『충북향토문화』 15.
• 이석린 ∥ 2004, 「滄菴 朴魯重의 생애와 학맥-19~20세기 초반 淸州儒林의 동향에 대한 시론」 『중원문화논총』 8.
• 박홍갑 ∥ 2005, 「16세기 전반기 정국 추이와 충주사림의 피화-광주이씨 克 堪系를 중심으로」 『사학연구』 79.

2. 향교

• 제천향교 ∥ 1979, 『제천향교지』.
• 청풍향교 ∥ 1980, 『청풍향교지』.
• 유도회단양지부 ∥ 1982, 『단양향교지』.
• 연풍향교지발간위원회 ∥ 1986, 『연풍향교지』.
• 진천향교지발간추진위원회 ∥ 1986, 『진천향교지』.
• 괴산향교지발간추진위원회 ∥ 1986, 『괴산향교지』.
• 음성향교 ∥ 1988, 『음성향교지』.
• 영춘향교 ∥ 1989, 『영춘향교지』.
• 영동향교 ∥ 1990, 『영동향교지』.
• 문의향교지편찬위원회 ∥ 1991, 『문의향교지』.
• 충주향교지편찬위원회 ∥ 1992, 『충주향교지』.
• 청주향교 ∥ 1995, 『청주향교지』 상 · 하.
• 김양식 ∥ 2002, 『충북지역 향교 실태와 활성화방안』, 충북개발연구원.
• 보은향교 ∥ 2003, 『보은향교지』.
• 제천향교지편찬위원회 ∥ 2003, 『제천향교지』.
• 청원군 ∥ 2003, 『청원군 홀기집』.
• 박종대 편 ∥ 2003, 『음성향교 고문서』, 음성향토사연구회.
• 김영진 · 박문열 · 임승빈 ∥ 2005, 『충북의 향교와 문묘』, 청주대박물관.
• 김호일 ∥ 1985, 「조선후기 향교조사연구-충청남북도 및 강원도편」 『중앙사론』 4.
• 손정석 ∥ 1992, 「충주향교」 『예성문화』 13.
• 경석준 ∥ 1994, 「연풍 향교사」 『괴향문화』 2.
• 이춘진 ∥ 2000, 「19세기 후반 호서지역 향교 흥학절목의 성격」 『호서사학』 28.

3. 서원과 서당

• 李王職 ∥ 1920, 『萬東廟重建史料抄』.(장서각 소장)
• 김상학 ∥ 1940, 『知川書院誌』.
• 하강서원 ∥ 1977, 『荷江書院誌』.
• 진천군 · 현석종합건축사무소 ∥ 1992, 『百源書院址 지표조사보고서』.

- 棣華書院편찬위원회 ∥ 1994, 『棣華書院誌』.
- 죽계서원지편찬위원회 ∥ 1997, 『竹溪書院誌』.
- 괴산군 · 청주대박물관 ∥ 1997, 『화양서원지 정밀지표조사보고서』.
- 정만조 ∥ 1998, 『朝鮮時代 書院硏究』, 집문당.
- 음성문화원 · 음성향토사연구회 ∥ 1999, 『음성의 유교유적』.
- 김건식, 2000, 『보은의 원사(유교유적)』, 보은문화원.
- 이수환 ∥ 2001, 『朝鮮後期書院硏究』, 일조각.
- 이해준 ∥ 2002, 『말마리와 지천서원』, 지천서원.
- 이정우 ∥ 2002, 『조선시대 호서사족연구』, 중앙인문사.
- (사)충북향토문화연구소 ∥ 2002, 『雲谷書院誌』.
- 신항서원 ∥ 2003, 『莘巷書院誌』.
- 조상희 ∥ 1984, 「조선후기 萬東廟의 건립과 변천연구」, 청주대 석사논문.
- 전용우 ∥ 1985, 「조선조 書院 祠宇에 대한 일고찰」『호서사학』 13.
- 송인협 ∥ 1987, 「옥천의 三溪 · 三陽서원 연구」, 충남대 석사학위논문.
- 이정우 ∥ 1989, 「조선후기 옥천지방의 사족과 향권의 추이」『호서사학』 17.
- 전용우 ∥ 1990, 「華陽書院과 萬東廟에 대한 일연구」『호서사학』 18.
- 길경택 ∥ 1993, 「충북의 서원」『훼철서원조사보고』, 한국향토사연구 전국 협의회.
- 여순구 ∥ 1993, 「資風書堂」『충북향토문화』 4.
- 김근수 ∥ 1994, 「괴산의 서원」『괴향문화』 2.
- 전용우 ∥ 1994, 「호서서원 소고(1)」『호서사학』 21 · 22합집.
- 지성룡 ∥ 1995, 「丹岩書院 사적에 대한 고찰」『단양문화』 2.
- 전용우 ∥ 1996, 「호서서원 소고(2)」『정덕기교수화갑기념논총』.
- 김영진 ∥ 1997, 「화양서원고」『청주대학교 박물관보』 10.
- 송찬호 ∥ 1998, 「孤峰精舍 小考」『보은의 향토사』 1.
- 이정우 ∥ 1998, 「조선시대 옥천지방 사족의 司馬案 작성과 서원건립의 성격」『옥천향토문화』 3.
- 이정우 ∥ 1999, 「17~18세기초 청주지방 사족동향과 書院鄕戰」『조선시대사학보』 11.
- 송인협 ∥ 1999, 「17~18세기 옥천지방 재지사족의 동향」『옥천향토문화』 4.
- 이정우 ∥ 2000, 「17~18세기 충주지방 서원과 사족의 당파적 성격」『한국사연구』 109.
- 배성 ∥ 2001, 「숙종조 萬東廟 건립논쟁에 관한 일연구」『청계사학』 15.
- 이재학 ∥ 2001, 「조선시대 청주 莘巷書院」『실학사상연구』 21.
- 임상설 ∥ 2003, 「萬賴祠와 趙瑊」『상산문화』 9.
- 여순구 ∥ 2003, 「豊谷寺의 후신 資風書堂」『충북향토문화』 14.
- 박우상 ∥ 2003, 「松溪書院」『향토연구』 13, 영동향토사연구회.
- 전용우 ∥ 2003, 「16~17세기 충북지역의 사림과 서원」『湖雲 최근묵교수 정년기념

논총 호서지방사연구』, 경인문화사.
- 이원명 ∥ 2004, 「문과 급제자의 거주지 분석-주요성관의 문과방목을 중심으로」『백산학보』 70.
- 이상순 ∥ 2005, 「조선후기 회인현 재지사족의 동향」, 연세대 사학과 석사학위논문.
- 김의환 ∥ 2005, 「慕溪 趙綱의 향촌사회 활동과 청주사족의 동향」『조선시대사학보』 32.

4. 향약과 동계

- 충북향토문화연구소 ∥ 1998, 『충청북도의 鄕約』 상.
- 충북향토문화연구소 ∥ 1999, 『충청북도의 鄕約』 중.
- 충북향토문화연구소 ∥ 2000, 『충청북도의 鄕約』 하.
- 성주탁 ∥ 2002, 『조선후기 사회와 문화』, 서경문화사.
- 충북향토문화연구소 ∥ 2002, 『충청북도의 鄕約(追補)』.
- 김영돈 ∥ 1974, 「율곡향약의 정신과 그 영향에 대한 고찰」『명지대논문집』 7.
- 성주탁 ∥ 1978, 「懷德鄕約考」『백제연구』 9.
- 성주탁 ∥ 1980, 「菁川 사창좌목해제」『호서사학』 8 · 9합집.
- 김예식 ∥ 1981, 「조선시대 洞規에 대한 소고」『예성문화』 2.
- 조건상 ∥ 1982, 「竹林甲稧攷」『호서문화연구』 2.
- 김경식 ∥ 1982, 「율곡의 향약과 사회교육사상」『한국교육사학』 4.
- 김무진 ∥ 1983, 「율곡향약의 사회적 성격」『학림』 5.
- 최재우 ∥ 1984, 「조선후기 湖西鄕約 資料 의 성격에 대한 일고찰-율곡향약의 영향성을 전제로 한 지역적 변용과 시대변모적 입장에서」『호서문화연구』 4.1
- 김승태 ∥ 1984, 「율곡 이이의 향약 변용-서원향약과 해주향약을 중심으로」『홍익사학』 1.
- 김준석 ∥ 1986, 「畏齋 李端夏의 시국관과 社倉論」『한남대 논문집』 16.
- 김현길 ∥ 1988, 「民弊禁斷節目과 洞規節目」『예성문화』 9.
- 최재우 ∥ 1988, 「荷谷洞約」『예성문화』 9.
- 최재우 ∥ 1990, 「『忠州七十稧』 해제」『예성문화』 11.
- 박종구 ∥ 1990, 「청천향약과 五間洞約에 대한 소고」『괴향문화』 1.
- 어경선 ∥ 1992, 「충주 · 제천지방의 향약류에 대한 고찰」『향토사연구』 4.
- 성주탁 ∥ 1994, 「우암의 「青川社倉」 연구」『괴향문화』 2.
- 김건식 ∥ 1995, 「金弘得의 보은향약」『충북향토문화』 6.
- 손홍열 ∥ 1995, 「서원향약 해제」『청주문화』 10.
- 김근수 ∥ 1995, 「괴산의 社倉 지명고」『괴향문화』 3.

• 윤길원 ǀ 1997, 「옥천 향약소고」『충북향토문화』 7.
• 윤길원 ǀ 1997, 「옥천향약」『옥천향토문화』 2.
• 최병찬 ǀ 1998, 「제천향약소고」『내제문화』 10.
• 성봉현 ǀ 2002, 「조선후기 친족 결합 양상-충청도지역 族契를 중심으로」『고문서연구』 21.
• 어경선 ǀ 2004, 「충주 · 제천지방의 향약류에 대한 고찰」『민속학술자료총서 469, 향약 6』, 우리마당터.
• 최문형 ǀ 2004, 「율곡향약의 현대적 조명」『민속학술자료총서 469, 향약 6』, 우리마당터.
• 윤사순 ǀ 2004, 「율곡향약의 사상적 성향」『민속학술자료총서 469, 향약 6』, 우리마당터.
• 김규철 ǀ 2004, 「율곡향약의 성격에 관한 연구」『민속학술자료총서 469, 향약 6』, 우리마당터.
• 오환일 ǀ 2004, 「율곡 이이의 향약관」『민속학술자료총서 469, 향약 6』, 우리마당터.

5. 임진왜란과 의병활동

• 이영환 ǀ 1984, 『李英男장군전기』, 진천문화원.
• 이석린 ǀ 1993, 『壬亂義兵將 趙憲研究』, 신구문화사.
• 참의공박이룡선생숭모사업회 ǀ 1998, 『임란공신 黃義將 參議公 朴以龍先生 遺事誌』.
• 곽호제 ǀ 1999, 『임진왜란기 호서의병의 연구』, 충남대 박사학위논문.
• 김시약장군추모사업준비위원회 ǀ 2000, 『괴산에서 태어나 忠 · 孝로 생을 마친 의병장 金時若』, 영지문화사.
• 충북대인문과학연구소 편 ǀ 2001, 『泉谷先生集』, 청주시.
• 임동철 편역 ǀ 2002, 『慕溪集』, 청원향토문화연구회.
• 이석린 ǀ 2003, 『임란의병장 愍襄公 朴春茂』, 청주문화원.
• 예성문화연구회 ǀ 2003, 『임진왜란과 충주』.
• 이석린 ǀ 2005, 『조선왕조 왜란 · 호란기 의병장 朴春茂 一家의 三代倡義 錄』, 청주향교.
• 강만길 ǀ 1965, 「조헌-근왕의 의병장」『인물한국사』 3, 박우사.
• 차문섭 ǀ 1965, 「신립-탄금대에 뿌린 피」『한국의 인간상』 5, 신구문화사.
• 최근묵 ǀ 1970, 「임란 때의 호서의병에 대하여」『충남대논문집』 9.
• 최근묵 ǀ 1974, 「임진왜란 때의 호서지방의 민간반란」『백제연구』 5.
• 김현길 ǀ 1981, 「임진왜란과 의병장 趙熊」『호서문화연구』 1.
• 김진봉 ǀ 1982, 「임진왜란 중 호서지방의 의병활동과 地方士民의 동태에 관한 연

구-조헌의 의병활동을 중심으로」『사학연구』 34.
• 윤병준 | 1983, 「임진왜란시 충주전투의 소고」『예성문화』 5.
• 윤병준 | 1985, 「임진왜란시 충주전투의 소고(其二)」『예성문화』 7.
• 이석린 | 1985, 「임란초기 義旅의 구성 및 성분분석-중봉의려를 중심으로」『호서문화연구』 5.
• 권종천 외 | 1985, 「碧梧 李時發소고」『호서문화연구』 5.
• 최일성 | 1986, 「충무공 李守一장군에 대한 소고」『예성문화』 8.
• 이석린 | 1988, 「조헌을 중심으로 한 임란초기의 의병분석」『又仁김용덕교 수정년논총』.
• 송재충 | 1988, 「장지현 의병장의 인물과 순절경위」『영동문화』 2 · 3합집.
• 유대준 | 1990, 「權吉의 충절」『충북향토문화』 2.
• 어경선 | 1993, 「임진왜란과 충주전투」『충북향토문화』 4.
• 장세한 | 1993, 「임진왜란과 영규대사」『충북향토문화』 4.
• 이영환 | 1993, 「助防將 李英男장군」『충북향토문화』 4.
• 김동대 | 1993, 「임진왜란과 추풍령」『충북향토문화』 4.
• 여순구 | 1995, 「임진왜란 당시 황간현감 朴夢說선생」『충북향토문화』 6.
• 이석린 | 1995, 「趙憲의 개혁사상과 학문의 실천」『호서문화연구』 13.
• 김현길 | 1995, 「외침과 충주지역」『예성문화』 15.
• 윤관로 | 1996, 「충장공 李光岳 戰功記」『괴향문화』 4.
• 어경선 | 1996, 「임진왜란과 충주전투」『향토사와 향토문화』, 도서출판날빛.
• 곽호제 | 1998, 「임진왜란기 청주성전투의 의병장 연구」『충남사학』 10.
• 박우상 | 1998, 「임란공신 黃義將 鶴村 朴以龍선생 창의유사 抄」『향토연구』 8, 영동향토사연구회.
• 이석린 | 1999, 「임진왜란기 花遷堂 朴春茂의 의병활동에 대한 예비적 고찰」『중원문화논총』 2 · 3합집, 충북대 중원문화연구소.
• 이석린 | 1999, 「임진왜란기 李光輪의 향병창의와 활동」『인문학지』 18, 충북대.
• 이석린 · 전호수 | 2000, 「화천당 박춘무의 임진왜란 의병활동」『중원문화논총』 4, 충북대 중원문화연구소.
• 이석린 | 2000, 「임진왜란기 청주성전투와 의병활동」『충북사학』 11 · 12합집.
• 곽호제 | 2003, 「옥천지역에서의 조헌의 위치」『湖雲 최근묵교수정년기념논총 호서지방사연구』, 경인문화사.
• 최호균 | 2003, 「충무공 이수일 장군의 연구」『충주의 인물(Ⅲ)』, 충주시 · 충주대박물관.
• 김현길 | 2003, 「의병장 조웅」『충주의 인물(Ⅲ)』, 충주시 · 충주대박물관.
• 이석린 | 2003, 「임란기 순천박씨 三代 倡義 연구」『중원문화논총』 7, 충북대 중원문화연구소.
• 이헌종 | 2003, 「임진왜란 초기의 방어전략과 탄금대 전투의 재조명」『예성문화』

23.
• 김의환 | 2005, 「慕溪 趙綱의 향촌사회 활동과 청주사족의 동향」『조선시대사학보』 32.
• 이석린 · 김의환 | 2006, 「임진왜란기 淸州 義兵과 趙綱의 의병활동」『호서사학』 43.

6. 읍성과 관방시설

• 충북대박물관 · 청주시 | 1982, 『上黨山城 지표조사보고서』.
• 장기덕 | 1983, 『忠州邑城 및 관아유적 조사보고서』, 예총충주지부.
• 한국보이스카우트연맹 | 1989, 『한국의 성곽과 봉수(상 · 하)』.
• 최영준 | 1990, 『영남대로』, 고려대 민족문화연구소.
• 단국대박물관 | 1992, 『망이산성 학술조사보고서』.
• 경기도안성군 · 단국대박물관 | 1996, 『망이산성 발굴보고서』.
• 충북대 호서문화연구소 · 청주시 | 1997, 『상당산성』.
• 최일성 | 1997, 『忠州牧연구』, 상명대 사학과 박사학위논문.
• 충북대 중원문화연구소 · 제천시 | 1999, 『제천 덕주산성 지표조사 보고서』.
• 충북대 중원문화연구소 · 제천시 | 2000, 『제천 城山城 · 臥龍산성 · 吾峙봉수 지표조사보고서』.
• 김종혁 | 2001, 『조선후기 한강유역의 교통로와 장시』, 고려대 박사학위논문.
• 청주대박물관 · 청주시, 2001, 『淸州邑城 · 南石橋 복원 학술조사보고서』.
• 김기덕 | 2002, 『조선후기 충청도 官衙建築의 配置體系』, 청주대 박사학위논문.
• 조병로 | 2002, 『韓國驛制史』, 한국마사회 마사박물관.
• 차용걸 | 1977, 「세종조 하삼도 연해읍성 축조에 대하여」『사학연구』 27.
• 이원근 | 1981, 「청주읍성고」『호서학보』 창간호.
• 차용걸 | 1981, 「鳥嶺관방시설에 대한 연구(1)」『사학연구』 32.
• 허인욱 | 1981, 「중원지방의 관방과 통신」『예성문화』 3.
• 예성문화연구회 | 1981, 「忠州邑城圖」『예성문화』 3.
• 이원근 | 1981, 「청주읍성고」『서원학보』 1.
• 장기덕 | 1985, 「충주관찰부의 이전」『예성문화』 7.
• 박살일 | 1987, 「竹嶺路의 개통과 주변유적의 연구」『청주대박물관보』 2.
• 박상일 | 1989, 「청주 병영문考」『청주대학교 박물관보』 3.
• 신성수 | 1989, 「加隱城을 찾아서」『내제문화』 1.
• 차용걸 | 1990, 「청주 栗峯驛에 소속된 諸驛과 교통로」『충북향토문화』 2.
• 박상일 | 1990, 「소백산맥 지역의 교통로와 유적-충주와 연결되는 교통로를 중심으로」『국사관논총』 16.
• 허인욱 | 1993, 「忠州邑城考」『예성문화』 14.

- 심정보 | 1994, 「고려말 조선초의 하삼도 읍성 축조기사 검토」『석당논총』 20.
- 김진희 | 1994, 「조선시대 淸州邑城의 특성분석-도시구조적 측면에서」, 충북대 건축과 석사학위논문.
- 차용걸 | 1994, 「청주읍성의 복원문제」『청주문화』 9.
- 경석준 | 1995, 「연풍의 관아」『괴향문화』 3.
- 심정보 | 1996, 「조선시대 호서지방 연해읍성의 기능에 관한 고찰」『호서문화연구』 14.
- 허인욱 | 1996, 「충주읍성의 변모고」『예성문화』 16 · 17합집.
- 경석준 | 1997, 「조선시대 괴산-연풍로의 성립과 발달」『괴향문화』 5.
- 최일성 | 1997, 「조선시대 충주목 고찰-坊里와 戶口를 중심으로」『김현길 교수정년기념논총』.
- 최일성 | 1998, 「충주읍성의 연혁적 고찰」『松谷손홍열박사화갑기념논총』.
- 한주성 | 2002, 「청주지역의 옛 도로망에 관한 일고찰」『중원문화논총』 6, 충북대 중원문화연구소.
- 박상일 | 2003, 「청주읍성의 변천과 복원방안」『청주문화』 18.
- 박상일 | 2004, 「충북지역의 邑城에 대한 소고」『예성문화』 24.
- 라경준 | 2004, 「충주읍성 훼철 연구」『예성문화』 24.
- 길경택 | 2004, 「충주목지도에 나타난 충주읍성 연구」『예성문화』 24.
- 조병로 | 2005, 「조선시대 충주지역의 교통체계-역 · 원과 주막을 중심으로」『물류경제의 중심지, 충주-옛 물길과 뭍길』, 충주시 · 예성문화연구회.
- 이영희 | 2005, 「조선시대 安富驛 추정복원」『물류경제의 중심지, 충주-옛 물길과 뭍길』, 충주시 · 예성문화연구회.

7. 봉수

- 한국보이스카우트연맹 | 1989, 『한국의 성곽과 봉수(상 · 하)』.
- 서원향토사연구회 | 1991, 『忠北의 烽燧』.
- 청주대박물관 · 청주시 | 1995, 『청주 것대산봉수터 발굴조사약보고서』.
- 충북대 호서문화연구소 · 충주시 | 1997, 『忠州 周井山 봉수대 발굴조사보고서』.
- 청원향토문화연구회 | 1998, 『문의 所伊山봉수 지표조사보고서』.
- 충북대 중원문화연구소 · 제천시 | 2000, 『제천 城山城 · 臥龍산성 · 吾峙봉수 지표조사보고서』.
- 청주대박물관 · 청주시 | 2001, 『청주 것대산 봉수터 발굴조사보고서』.
- 조병로 | 2002, 『韓國驛制史』, 한국마사회 마사박물관.
- 충주시 · 충북대중원문화연구소 | 2003, 『충주 馬山봉수 지표조사보고서』.
- 조병로 · 김주홍 | 2003, 『한국의 봉수』, 눈빛.
- 허인욱 | 1981, 「중원지방의 관방과 통신」『예성문화』 3.

- 차용걸 ∥ 1981, 「鳥嶺관방시설에 대한 연구(1)-교통로로서의 조령과 관방 시설로서의 鳥嶺關에 대한 기초적 정리」『사학연구』 32.
- 차용걸 ∥ 1987, 「鳥嶺관방시설에 대한 연구(2)」『최영희선생화갑기념 한국 사학논총』.
- 이원근 ∥ 1987, 「한국의 봉수제도고」『인문학보』 4, 강릉대.
- 편집실 ∥ 1995, 「영동의 봉수」『향토연구』 5, 영동향토문화연구회.
- 최용규 · 박상일 ∥ 1996, 「청주 것대산 봉수터 발굴조사 약보고서」『청주대박물관보』 9.
- 봉원용 ∥ 1997, 「봉수에 대한 고찰」『常山文化』 3.
- 안후영 ∥ 2001, 「월이산 봉수대」『옥천향토문화』 6.
- 전순표 ∥ 2003, 「環山 봉수」『옥천향토문화』 7.

8. 경제와 부세수취

- 『忠州救荒節要』.
- 김종혁 ∥ 2001, 『조선후기 한강유역의 교통로와 장시』, 고려대 박사학위논문.
- 한영국 ∥ 1960, 「湖西에 실시된 대동법 (상)」『역사학보』 13.
- 한영국 ∥ 1961, 「湖西에 실시된 대동법 (하)」『역사학보』 14.
- 김용섭 ∥ 1960, 「量案의 연구」『사학연구』 7 · 8합집.
- 김옥근 ∥ 1974, 「대동법연구 (1)-대동법 성립의 배경 및 경기 · 강원 · 충청도에 실시된 대동법」『부산수산대 논문집』 13.
- 전경숙 ∥ 1982, 「한국 충청북도지역에 있어서 생활권 정기시의 變容에 관한 연구」『지리학평론』 55권 5호.
- 김진봉 · 차용걸 · 양기석 ∥ 1983, 「조선시대 軍役資源의 변동에 대한 연구- 호서지방의 경우를 중심으로」『호서문화연구』 3.
- 최영준 ∥ 1987, 「남한강 수운 연구」『지리학』 35.
- 최일성 ∥ 1989, 「德興倉考」『중원문화』 2, 충주문화원.
- 김근수 ∥ 1989, 「유창마을과 남한강 조운」『괴산문화』 1.
- 吉田光男 ∥ 1990, 「조선후기 세곡운송선의 운항양상에 관한 분량분석시도-19세기 삼남지방의 경우」『碧史이우성정년기념논총』 상.
- 이헌창 ∥ 1994, 「조선후기 충청도지방의 장시망과 그 변동」『경제사학』 18.
- 김근수 ∥ 1995, 「괴산의 社倉 지명고」『괴향문화』 3.
- 최일성 ∥ 1995, 「덕흥창과 경원창 고찰」『중원문화』 8, 충주문화원.
- 최일성 ∥ 1997, 「조선시대 충주목 고찰-坊里와 戶口를 중심으로」『김현길 교수 정년기념논총』.
- 성준용 외 ∥ 1998, 「금강유역의 정기시 체계변화」『대한지리학회지』 33권 2호.
- 한주성 · 서주선 ∥ 1998, 「충북 단양군 정기시 出市者의 공간적 특성」『사회과학연

구』 14권 2호.
- 이헌창 ❙ 2000, 「충청북도에서의 定期市 변천에 관한 기초적 연구」『중원 문화논총』 4, 충북대 중원문화연구소.
- 김재완 ❙ 2000, 「경부선 철도 개통 이전의 충청지방의 소금유통 연구」『중원문화논총』 4, 충북대 중원문화연구소.
- 김현길 ❙ 2000, 「남한강유역의 驛站과 漕運」『중원문화』 13, 충주문화원.
- 왕현종 ❙ 2001, 「18세기 후반 量田의 변화와 '時主'의 성격-충청도 회인현 사례를 중심으로」『역사와 현실』 41.
- 김현길 ❙ 2001, 「남한강 유역의 역참과 조운」『충북향토문화』 12.
- 김예식 ❙ 2001, 「남한강과 수운」『충주댐 수몰 마을사 출판기념 남한강학술회의-우리의 젖줄 남한강』, 내제문화연구회.
- 김소은 ❙ 2003, 「이문건가의 경제운용과 지출-槐山入鄕과 관련하여」『고문서연구』 21.
- 이영훈 ❙ 2004, 「'淸州牧 主戶成冊'과 主戶의 성격」『고문서연구』 23.
- 정기범 ❙ 2004, 「조선후기 음성지역 수리시설의 일고찰」『음성향토사학』, 음성문화원.
- 정기범 ❙ 2004, 「조선후기 음성지역 장시연구」『음성향토사학』, 음성문화원.
- 이상순 ❙ 2005, 「조선후기 회인현 재지사족의 동향」, 연세대 사학과 석사학위논문.

9. 유통경제와 장시

- 나도승 ❙ 1980, 『금강수운의 변천에 관한 지리학적 연구』, 금강권연구소.
- 김종혁 ❙ 2001, 『조선후기 한강유역의 교통로와 장시』, 고려대 박사학위논문.
- 전경숙 ❙ 1982, 「한국 충청북도지역에 있어서 생활권 정기시의 變容에 관한 연구」『지리학평론』 55권 5호.
- 최영준 ❙ 1987, 「남한강 수운 연구」『지리학』 35, 대한지리학회.
- 최일성 ❙ 1989, 「德興倉考」『중원문화』 2, 충주문화원.
- 김근수 ❙ 1989, 「유창마을과 남한강 조운」『괴산문화』 1.
- 吉田光男 ❙ 1990, 「조선후기 세곡운송선의 운항양상에 관한 분량분석시도-19세기 삼남지방의 경우」『碧史이우성정년기념논총』 상.
- 임승규 ❙ 1992, 「조선후기 '槐山-延豊路'의 성립과 교통취락의 경관」 공주대 석사학위논문.
- 이헌창 ❙ 1994, 「조선후기 충청도지방의 장시망과 그 변동」『경제사학』 18.
- 최일성 ❙ 1995, 「덕흥창과 경원창 고찰」『중원문화』 8, 충주문화원.
- 이종환 ❙ 1997, 「제천의 남한강유역 江上교통과 육로」『내제문화』 9.
- 성준용 외 ❙ 1998, 「금강유역의 정기시 체계변화」『대한지리학회지』 33권 2호.

- 한주성 · 서주선 | 1998, 「충북 단양군 정기시 出市者의 공간적 특성」『사회과학연구』 14권 2호.
- 김덕진 | 1998, 「18~19세기 지방장시에 관한 연구-장시 상업의 특징을 중심으로」『국사관논총』 81.
- 최동일 | 1998, 「달천의 수운」『괴향문화』 6.
- 이헌창 | 2000, 「충청북도에서의 定期市 변천에 관한 기초적 연구」『중원문화논총』 4, 충북대 중원문화연구소.
- 김재완 | 2000, 「경부선 철도 개통 이전의 충청지방의 소금유통 연구」『중원문화논총』 4, 충북대 중원문화연구소.
- 김현길 | 2000, 「남한강유역의 驛站과 漕運」『중원문화』 13, 충주문화원.
- 김현길 | 2001, 「남한강 유역의 역참과 조운」『충북향토문화』 12.
- 김예식 | 2001, 「남한강과 수운」『충주댐 수몰 마을사 출판기념 남한강학술회의-우리의 젖줄 남한강』, 내제문화연구회.
- 박경룡 | 2002, 「한강의 조운 연구」『홍경만교수정년기념 한국사학논총』.
- 정기범 | 2004, 「조선후기 음성지역 장시연구」『음성향토사학』, 음성문화원.
- 정기범 | 2004, 「조선시대 충북음성지역의 교통로 연구」『음성향토사학』, 음성문화원.
- 홍순두 | 2005, 「남한강 유역의 場市 성립과 발달」『충북사학』 14.
- 이상배 | 2005, 「조선시대 남한강 수운과 가흥창」『물류경제의 중심지, 충주-옛 물길과 뭍길』, 충주시 · 예성문화연구회.
- 이상기 | 2005, 「충주지역 倉의 복원가능성에 대한 연구」『물류경제의 중심지, 충주-옛 물길과 뭍길』, 충주시 · 예성문화연구회.
- 고동환 | 2006, 「조선후기 금강수운과 浦口시장권」『호서사학』 43.

10. 읍지와 지리지 편찬

- 『琅城誌』.
- 『淸州邑誌』.
- 『湖西邑誌』.
- 『忠淸道邑誌』, 아세아문화사.
- 『제천 · 청풍읍지도』(규장각).
- 이병연 | 1934, 『朝鮮寰輿勝覽』, 보문사.
- 충북향토문화연구소 | 1994, 『忠淸北道 輿地集成』.
- 김현길 편 | 1994, 『진천군읍지』, 상산고적회.
- 충북향토문화연구소 | 1997, 『충청북도 各郡邑誌』.
- 단양군 | 1997, 『단양군 향토지리지 집성록』.
- 서울대규장각 | 1998, 『조선후기 지방지도(충청도편)』.

• 서울대규장각 ǀ 1998,『조선후기 지방지도(충청도편 색인)』.
• 제천문화원 ǀ 1999,『국역 朝鮮寰輿勝覽 제천』.
• 음성문화원 · 음성향토문화연구회 ǀ 2000,『음성문헌자료집』.
• 충북향토문화연구소 ǀ 2001,『忠淸北道 輿地集成』 하.
• 이두희 · 김미선 · 김의환 · 신범식 · 이제원 역 ǀ 2002,『國譯 常山誌』, 진천 상산 고적회.
• 차용걸 · 이상주 · 전호수 · 고수연 ǀ 2003,『淸州邑誌』, 청주시 · 충북대 중원문화 연구소.
• 예성문화연구회 ǀ 1981,「湖西勝覽」(영인),『예성문화』 2.
• 예성문화연구회 ǀ 1981,「충주읍지」(영인),『예성문화』 3.
• 예성문화연구회 ǀ 1985,「『朝鮮寰輿勝覽』(충주군편)」(영인)『예성문화』 7.
• 예성문화연구회 ǀ 1986,「세종실록지리지(충청도편)」(영인)『예성문화』 8.
• 예성문화연구회 ǀ 1986,「大東地志 (충청도편)」(영인)『예성문화』 8.
• 양보경 ǀ 1990,「충청도 읍지 해제」『읍지』 7, 아세아문화사.
• 김현길 ǀ 1992,「충주군읍지」(영인)『예성문화』 13.
• 충북향토문화연구소 ǀ 1997,「『朝鮮寰輿勝覽』(제천군편)」(영인)『충북향 토문화』 8.
• 박인호 ǀ 1998,「堤川誌 해제」『내제문화』 10.
• 박인호 ǀ 1999,「청풍 읍지류에 대한 소고」『내제문화』 11.
• 내제문화연구회 ǀ 1999,「부록-청풍부읍지」『내제문화』 11.
• 이세열 ǀ 2000,「충청도『天下總圖』」『청원문화』 9, 청원문화원.
• 이문종 ǀ 2001,「擇里志로 본 충청도」『문화역사지리』 15.

11. 군현제와 부곡

• 최일성 ǀ 1997,『충주목 연구』, 상명대 박사학위논문.
• 규장각 ǀ 1998,『조선후기 지방지도 : 충청도편』.
• 장기덕 ǀ 1985,「충주관찰부의 이전」『예성문화』 7.
• 이우태 ǀ 1987,「괴산군의 面里制에 대한 일고찰」『호서문화논총』 4, 청주 사대.
• 황정하 ǀ 1994,「조선시대 지방관에 대한 연구-淸塘縣先生案을 중심으로」『괴향 문화』 2.
• 김현길 ǀ 1995,「진천군 面里制의 변천」『상산문화』 창간호.
• 최일성 ǀ 1997,「조선시대 충주목 고찰-坊里와 戶口를 중심으로」『김현길 교수정 년기념논총』.
• 차용걸 ǀ 2000,「충북의 향 · 소 · 부곡」『충북향토문화』 11.
• 윤길원 ǀ 2000,「옥천의 철산지 於毛所 연구」『충북향토문화』 11.
• 이선철 ǀ 2000,「충주지역의 부곡제」『충북향토문화』 11.

• 김상의 | 2000, 「음성의 향 · 부곡 · 처」『충북향토문화』 11.
• 이윤석 | 2000, 「진천군의 향 · 소 · 부곡」『충북향토문화』 11.
• 김현길 | 2000, 「多仁鐵所考」『충북향토문화』 11.
• 이홍두 | 2000, 「조선시대 부곡의 제성격」『백산학보』 56.
• 구완회 | 2001, 「『百六案』을 통해 본 조선 순조대의 충주목사」『조선사연구』 10.
• 박종기 | 2006, 「조선초기 부곡의 규모와 존재형태」『동방학지』 133.

12. 인쇄문화와 고문서

• 조건상 편 | 1981, 『淸原 北一面 順天金氏墓出土 簡札』, 충북대박물관.
• 김두종 | 1981, 『한국고인쇄기술사』, 탐구당.
• 조건상 | 1982, 『순천김씨묘 출토 간찰(판독문 및 주해판)』, 수서원.
• 천혜봉 | 1990, 『한국전적인쇄사』, 범우사.
• 范立本 편저 | 1990, 『淸州版 明心寶鑑』, 아세아문화사.
• 청주시 | 1995, 『세계속의 한국인쇄출판문화』.
• 청주고인쇄박물관 | 1995, 『한국의 옛 인쇄문화』.
• 한국출판학회 · 청주고인쇄박물관 | 1996, 『인쇄출판문화의 기원과 발달에 관한 연구논문집』.
• 충북향토사연구협의회 | 1997, 『충청북도의 古書』 1 (총괄 · 진천군편).
• 천혜봉 | 1997, 『한국 서지학』, 민음사.
• 청주고인쇄박물관 | 1997, 『동서 고인쇄문화 국제학술회의』.
• 조항범 역 | 1998, 『순천김씨묘 출토 간찰』, 태학사.
• 최진섭 · 김현길 · 차용걸 · 김양식 · 김의환 | 1998, 『충북도내 고서 및 판목 특별전』, 청주고인쇄박물관.
• 김현길 · 차용걸 · 김광식 · 김경수 · 김의환 | 1999, 『충청북도의 古書』 2 (보은군편), (사)충북향토문화연구소.
• 박문열 | 1999, 『고인쇄출판문화사론』, 피아이인쇄문화.
• 김현길 · 차용걸 · 김경수 · 김의환 | 2000, 『충청북도의 古書』 3 (영동군편), (사)충북향토문화연구소.
• 이철재 · 김병구 · 서동형 · 길경택 · 이명희 · 이선철 · 민경창 | 2001, 『충청 북도의 古書』 4 (충주시편), (사)충북향토문화연구소.
• 김현길 · 차용걸 · 김광식 · 이규근 | 2001, 『충청북도의 古書』 5 (옥천군편), (사)충북향토문화연구소.
• 충주박물관 | 2001, 『충주의 고문서 4 : 기탁유물을 중심으로』.
• 김현길 · 차용걸 · 김광식 · 이규근 | 2002, 『충청북도의 古書』 6 (음성군편), (사)충북향토문화연구소.
• 김현길 · 차용걸 · 김광식 · 이규근 | 2002, 『충청북도의 古書』 7 (괴산군편), (사)

충북향토문화연구소.
• 한국정신문화연구원 ‖ 2002, 『고문서집성 55 : 제천 寒水 연안이씨편』.
• 박인호 · 김연호 · 김의환 · 리진호 ‖ 2003, 『충청북도의 古書』 8 (제천시편), (사)충북향토문화연구소.
• 박종대 편 ‖ 2003, 『음성향교 고문서』, 음성향토사연구회.
• 김예식 · 김현길 · 김병구 · 김재호 · 윤수경 · 유병태 ‖ 2003, 『충청북도의 古書』 9 (단양군편), (사)충북향토문화연구소.
• 진천군 · 청주대박물관 ‖ 2003, 『진천 宛委閣 학술조사보고서』.
• 박인호 ‖ 2004, 『堤川 文獻 解題集』, 내제문화연구회.
• 박문열 ‖ 2004, 『충청북도의 古書』 10 (청주시편), 충청북도 · (사)충북향토문화연구소.
• 박문열 ‖ 2004, 『충청북도의 古書』 11 (청원군편), 충청북도 · (사)충북향토문화연구소.
• 박문열 · 민경록 ‖ 2004, 「申景禛 '扈聖原從功臣錄券'」 『청주대박물관보』 17.
• (사)충북향토문화연구소 ‖ 2005, 『다량 소장처 실태 조사보고서 : 충주시 · 진천군 · 음성군』.
• 박문열 ‖ 2006, 『충북의 冊版』, 청주대박물관.
• 中村榮孝 ‖ 1929, 「충북사료탐방기」 『朝鮮』 21.
• 김연창 ‖ 1963, 「東國厚生錄의 주자제조법」 『고고미술』 36.
• 田川孝三 ‖ 1968, 「清州刊本『경국대전』註解について」 『조선학보』 48, 조선학회.
• 윤병석 ‖ 1974, 「충북 제천지구 사료조사보고」 『지방사료조사보고서』, 한국사학회.
• 김영진 ‖ 1979, 「충주의 刊本」 『예성문화』 창간호.
• 조건상 ‖ 1979, 「청주 출토유물 諺簡에 대한 연구(1)」 『논문집』 17, 충북대.
• 조건상 ‖ 1980, 「청주 출토유물 諺簡에 대한 연구(2)」 『논문집』 18, 충북대.
• 조건상 ‖ 1981, 「趙氏讓宗事文錄攷」 『호서문화연구』 1, 충북대 호서문화연구소.
• 예성문화연구회 ‖ 1982, 「중원지방 전래 언문간찰집」 『예성문화』 4.
• 윤병태 ‖ 1984, 「충청지방의 인쇄문화-16세기까지」 『백제연구』 15.
• 김영선 ‖ 1984, 「충청지방의 목판인쇄문화」 『도서관정보학논집』 창간호, 충남대.
• 호서문화연구소 ‖ 1987, 「자료-管城司馬案 Ⅰ · Ⅱ」 『호서문화연구』 6.
• 맹택영 ‖ 1986, 「충북의 刊本-충북 古印刷史試考」 『어문논총』 5, 청주대.
• 차용걸 ‖ 1988, 「충북지역 典籍조사의 현황」 『호서문화연구』 7.
• 김인제 ‖ 1989, 「『光國志慶錄』의 내용고」 『충북향토문화』 창간호.
• 이세열 ‖ 1989, 「충청지역 전적문화에 관한 연구」, 청주대 석사학위논문.
• 김영진 ‖ 1990, 「충북지역의 고인쇄」 『박물관보』 4, 청주대박물관.
• 조만식 ‖ 1990, 「송우암선생 戒女書」 『괴향문화』 1.
• 김사진 ‖ 1990, 「향토방위문서의 연구」 『괴향문화』 1.

• 이상률 ‖ 1990, 「宋徽宗의 草千字文」『괴향문화』 1.
• 최재우 ‖ 1990, 「『忠州七十稧』해제」『예성문화』 11.
• 김예식 · 이철재 ‖ 1991, 「荷谷 마을의 典籍」『예성문화』 12.
• 최재우 ‖ 1992, 「梅南마을의 고문서와 典籍」『예성문화』 13.
• 허인욱 ‖ 1992, 「淸風 先生案」『예성문화』 13.
• 김예식 ‖ 1992, 「淸塘 先生案」『예성문화』 13.
• 차용걸 ‖ 1993, 「역대도에 대하여」『고인쇄문화』 창간호, 청주고인쇄박물관.
• 이세열 ‖ 1993, 「충청지역 官板考」『청주대대학원 도서관학과 창립10주년 기념논문집』.
• 안종운 ‖ 1994, 「동몽선습에 대한 고찰」『괴향문화』 2.
• 김영진 ‖ 1994, 「訥齋江叟遺考」『박물관보』 7, 청주대박물관.
• 최순희 ‖ 1994, 「行호조판서 金通吉의 좌리공신녹권」『년보』 3, 충북대 박물관.
• 전철웅 ‖ 1994, 「청주 북일면 順天金氏墓 出土 簡札의 자료적 성격에 관하여」『전영우박사화갑기념 국어국문학논총』.
• 조항범 · 전철웅 ‖ 1995, 「청주 북일면 順天金氏墓 出土 簡札의 판독문」『호서문화연구』 13.
• 이은주 ‖ 1995, 「청주 북일면 順天金氏墓 出土 簡札의 연구」, 숙명여대 석사학위논문.
• 이상주 ‖ 1995, 「아동용 어휘학습교재 「兒學編」에 대하여」『괴향문화』 3.
• 서태룡 ‖ 1996, 「16세기 청주 簡札의 종결어미형태」『정신문화연구』 64.
• 황정하 · 라경준 ‖ 1997, 「충청북도의 고서」『충청북도의 고서』 1, 충북향토문화연구소.
• 김양식 ‖ 1997, 「진천군의 고서」『충청북도의 고서』 1.
• 차용걸 ‖ 1997, 「충청북도의 고서 조사현황」『충청북도의 고서』 1.
• 박문열 ‖ 1997, 「活齋先生文集에 관한 연구」『박물관보』 10, 청주대박물관.
• 박준석 ‖ 1997, 「16세기 청주 북일면 김씨묘 간찰의 先語末語尾」, 동국대 석사학위논문.
• 최명옥 ‖ 1997, 「16세기 한국어의 尊卑法연구-청주 북일면 순천김씨묘출토 간찰」『조선학보』 164.
• 김영진 ‖ 1997, 「충북지역의 현존판목고」『고인쇄문화』 4.
• 박문열 ‖ 1998, 「충북 고인쇄문화의 개관」『청주대 박물관보』 11.
• 김영진 ‖ 1998, 「괴산『三綱錄』해제」『청주대 박물관보』 11.
• 조항범 ‖ 1998, 「순천김씨묘 출토 간찰에 대한 몇가지 문제」『개신어문』 15, 충북대.
• 박문열 ‖ 1999, 「충북 고인쇄문화의 특성」『충북향토문화』 10.
• 이해준 ‖ 1999, 「조선시대 충북의 인쇄문화-출판의 성격과 자료활용을 중심으로」『충북향토문화』 10.

- 김경수 · 김의환 ∥ 2000, 「報恩地域 古書調査의 의미와 그 성격」 『충북사학』 11 · 12합집.
- 이정희 ∥ 2001, 「宛委閣 소장 고서목록」 『상산문화』 7.
- 김경수 · 김의환 ∥ 2001, 「永同地域의 典籍調査와 그 성격」 『충북학』 3.
- 황정하 ∥ 2002, 「『厚生錄』의 철활자 만드는 방법」 『고인쇄문화』 9.
- 박종대 ∥ 2002, 「충북 향교의 고문서와 鄕儒의 발자취」 『충북향토문화』 13.
- 이해준 ∥ 2002, 「조선시대 지방인쇄문화의 성격-충북지역의 사례를 중심으로」 『호서고고학』 6 · 7합집.
- 황정하 ∥ 2002, 「『厚生錄』의 철활자 만드는 방법」 『고인쇄문화』 9.
- 신용식 · 유병택 ∥ 2003, 「증평군의 고서적 연구조사」 『증평문화』 6.
- 박인호 ∥ 2003, 「제천 병산영당 소장 고문헌의 성격과 내용」 『내제문화』 14.
- 김연호 ∥ 2003, 「문암영당의 고서 정리」 『내제문화』 14.
- 김학영 ∥ 2003, 「제천의 고인쇄문화」 『내제문화』 14.
- 이규근 ∥ 2003, 「음성군 지역의 고서조사」 『충북향토문화』 14.
- 이규근 ∥ 2003, 「괴산군 지역의 고서조사」 『충북향토문화』 14.
- 김학영 ∥ 2003, 「제천에서 간행된 고서조사」 『충북의 고인쇄문화와 사료 조사 · 정리』, 청주시 · (사)충북향토문화연구소 · 국사편찬위원회.
- 정기범 ∥ 2003, 「南忠壯公詩稿 판목에 대하여」 『충북의 고인쇄문화와 사료조사 · 정리』, 청주시 · (사)충북향토문화연구소 · 국사편찬위원회.
- 이상주 ∥ 2003, 「괴산지역의 역사 刊本과 『活齋集』」 『충북의 고인쇄문화와 사료조사 · 정리』, 청주시 · (사)충북향토문화연구소 · 국사편찬위원회.
- 김윤호 ∥ 2004, 「영동의 고인쇄문화」 『향토연구』 14, 영동문화원.
- 이희재 ∥ 2004, 「『백운화상초록직지심체요절』과 조선초기 활자 인쇄문화」 『서지학연구』 28.
- 김윤호 ∥ 2004, 「영동의 역사와 고인쇄문화」 『충북향토문화』 15.
- 박인호 ∥ 2004, 「제천시 지역의 전적 조사」 『충북향토문화』 15.
- 박인호 ∥ 2004, 「제천 의병전시관 소장 고문헌의 성격과 내용」 『내제문화』 15.
- 박문열 ∥ 2004, 「忠翼公 辛景行 〈淸難功臣錄券〉에 관한 연구」 『서지학연구』 27, 서지학회.
- 설석규 ∥ 2005, 「조선시대 유교목판 제작 배경과 그 의미」 『국학연구』 6, 한국국학진흥원.

13. 이인좌난

- 『英祖戊申別謄錄』(각사등록).
- 『推案及鞫案』(규장각 소장).
- 『芝村倡義日記』.

- 박윤하 ∥ 1933, 『淸州戊申奮武錄』(국립중앙도서관 소장).
- 청주고인쇄박물관 ∥ 1993, 『表忠祠志』.
- 표충사 ∥ 1994, 『戊申奮武錄』.
- 仁同張氏 淸安宗中 ∥ 2001, 『청안지역 영조무신란 토역일기』.
- 조찬용 ∥ 2003, 『1728년 무신사태 고찰』, iolive.
- 이우성 ∥ 1959, 「지방토호 대 중앙권력층의 투쟁」 『경상남도지』 상.
- 이상옥 ∥ 1969, 「영조 무신란의 연구」 『우석사학』 2.
- 성락훈 ∥ 1970, 「한국당쟁사」 『한국문화사대개』 Ⅱ.
- 이원균 ∥ 1971, 「영조 무신란에 대하여-영남의 정희량 난을 중심으로」 『부대사학』 2.
- 오갑균 ∥ 1977, 「영조조 무신란에 관한 고찰」 『역사교육』 21.
- 정만조 ∥ 1983, 「영조대 초반의 정국과 蕩平策의 추진」 『진단학보』 56.
- 오갑균 ∥ 1984, 「奮武功臣에 대한 분석적 연구」 『청주교대논문집』 21.
- 오갑균 ∥ 1985, 「奮武功臣으로 인한 신분변동」 『변태섭박사 화갑기념 사학논총』, 삼영사.
- 이종범 ∥ 1985, 「1728년 무신란의 성격」 『조선시대 정치사의 재조명』, 범조사.
- 이재철 ∥ 1986, 「18세기 경상우도 사림과 정희량난」 『대구사학』 31.
- 어경선 ∥ 1994, 「이인좌난에 대한 소고」 『충북향토문화』 5.
- 정석종 ∥ 1995, 「영조 무신란의 진행과 그 성격」 『조선후기의 정치와 사상』, 한길사.
- 이상주 ∥ 2000, 「토역일기에 대한 고찰」 『서지학보』 24.
- 김영진 ∥ 2001, 「충청병사 李鳳祥의 충절론」 『청주문화』 16, 청주문화원.
- 고수연 ∥ 2004, 「영조대 무신란 연구의 현황과 과제」 『호서사학』 39.

14. 예학과 유학사상

- 이동인 외 ∥ 2001, 『조선시대 충청지역의 예학과 교육』, 백산서당.
- 곽신환 ∥ 1983, 「송시열의 禮사상과 비판정신」 『사회과학논총』 (숭전대).
- 서수생 ∥ 1985, 「한강 정구의 예학」 『한국의 철학』 13.
- 남달우 ∥ 1987, 「송준길의 예론에 관한 연구」, 인하대 석사학위논문.
- 이영춘 ∥ 1990, 「潛冶 朴之誠의 예학과 元宗追崇論」 『청계사학』 7.
- 배상현 ∥ 1992, 「우암 송시열의 예학고」 『우암사상연구논총』.
- 고영진 ∥ 1992, 「17세기초 예학의 새로운 흐름-한백겸과 정구의 예설을 중심으로」 『한국학보』 68.
- 배상현 ∥ 1992, 「우암 송시열의 예학고」 『우암사상연구논총』.
- 이범직 ∥ 1997, 「한강 정구의 학문과 예학」 『도산학보』 6.
- 설석규 ∥ 1998, 「活齋 李榘의 이기심성론 辨說과 정치적 입장」 『조선시대 사학보』 4.

• 한기범 ‖ 1998,「17세기 호서예학파의 자기문화인식-예문답서의 '俗禮'를 중심으로」『조선사연구』 7.
• 한기범 ‖ 2000,「17세기 호서예학파의 예학사상」『제43회 전국역사학대회 발표문』.
• 황의동 ‖ 2003,「호서유학의 전개양상과 특성」『湖雲 최근묵교수정년기념 논총 호서지방사연구』, 경인문화사.
• 최근덕 ‖ 2004,「한국유학사에 있어서 호서유학의 특성」『충청학연구』 5, 한남대 충청학연구소.
• 황의동 ‖ 2004,「호서유학의 흐름과 학문적 특성」『충청학연구』 5, 한남대 충청학연구소.
• 한기범 ‖ 2004,「호서유학의 성격과 현대적 의미」『충청학연구』 5, 한남대 충청학연구소.
• 임선빈 ‖ 2004,「호서지역 유교문화의 특징과 개발방향」『충청학연구』 5, 한남대 충청학연구소.
• 윤사순 ‖ 2005,「동춘당 예의식의 사상적 기반」『충청학연구』 6, 한남대 충청학연구소.
• 한기범 ‖ 2005,「동춘당 송준길의 예학과 학술적 과제」『충청학연구』 6, 한남대 충청학연구소.
• 김문준 ‖ 2005,「동춘당의 기해예송과 예송인식」『충청학연구』 6, 한남대 충청학연구소.

15. 忠州史庫

• 宮內府 ‖ 1909,『五臺山史庫 조사보고서』.
• 국사편찬위원회 ‖ 1986,『史庫址 조사보고서』.
• 이성무 ‖ 1999,『조선왕조실록 어떤 책인가』, 동방미디어.
• 배현숙 ‖ 2002,『조선왕조실록연구서설』, 태일사.
• 신석호 ‖ 1960,「조선왕조실록의 편찬과 보관」『사총』 5.
• 末松保和 ‖ 1966,「李朝實錄考略」,『青丘史草』 2.
• 이현종 ‖ 1970,「개항후 사고보존상황」『백산학보』 8.
• 이현종 ‖ 1970,「구한말 사고보존과 수호사찰」『도협월보』 11-12, 12-1.
• 백린 ‖ 1971,「太白山史庫 소장본에 대하여」『도서관보』 8-1.
• 백린 ‖ 1972,「全州史庫와 同藏書의 疏開경위에 대하여」『한국비브리오』 1.
• 이상은 ‖ 1978,「이조실록 소재의 이동에 대하여」『도서관』 33-4, 국립중앙박물관.
• 배현숙 ‖ 1978,「조선사고의 藏書관리」『규장각』 2.
• 배현숙 ‖ 1979,「강화부사고 수장본考」『규장각』 3.

- 배현숙 ∥ 1986, 「오대산사고와 수장서적에 대하여」『서지학보』 창간호.
- 양만정 ∥ 1988, 「전주사고본 조선왕조실록의 보존에 관한 고찰」『전라문화연구』 2, 전북향토문화연구소.
- 한우근 ∥ 1988, 「조선전기 史官과 실록편찬에 관한 연구」『진단학보』 66.
- 최일성 ∥ 1989, 「忠州史庫에 관한 고찰」『예성문화』 10.
- 김용곤 ∥ 1991, 「역사와 함께 부침한 4대사고」『역사산책』 9월호.
- 허인욱 ∥ 1997, 「忠州史庫의 위치비정」『김현길교수정년기념논총』.
- 김용곤 ∥ 2000, 「忠州史庫의 역사적 의의」『충주사고의 역사적 조명』, 예성문화연구회.
- 최일성 ∥ 2000, 「忠州史庫의 변천과 위치문제」『충주사고의 역사적 조명』, 예성문화연구회.
- 신병주 ∥ 2001, 「조선왕조실록의 봉안의식과 관리」『한국사연구』 115.
- 김기태 ∥ 2003, 「조선 사고의 역사적 변천에 관한 연구」『기전문화연구』 29 · 30 합집.
- 신병주 ∥ 2003, 「실록형지안의 자료적 가치에 관한 연구」『국사관논총』 102.
- 신병주 ∥ 2006, 「오대산본 조선왕조실록의 간행과 보관」『역사와 현실』 61.

16. 경종 · 영조 胎室

- 청주대박물관 ∥ 1997, 『청주 山德里 胎室 발굴조사보고서』.
- 차용걸 ∥ 1982, 「영조대왕 胎室加封儀軌에 대하여」『호서문화연구』 2.
- 김현길 ∥ 1983, 「중원군 엄정면 소재 胎室碑에 대하여」『예성문화』 5.
- 이규상 ∥ 1989, 「영조대왕 태실 加封儀」『충북향토문화』 창간호.
- 김예식 ∥ 1990, 「경종대왕 胎室 복원기」『예성문화』 11.
- 김영진 ∥ 1993, 「청원 산덕리태실에 대하여」『청주대학교박물관보』 6.
- 김영진 ∥ 1995, 「충주 경종 태실 소고」『충북향토문화』 6.
- 김영진 · 박상일 ∥ 1997, 「청원 산덕리 태실 발굴조사보고」『청주대학교 박물관보』 10.

17. 건축

- 이왕직 ∥ 1920, 『萬東廟重建史料抄』(장서각 소장).
- 충북대박물관 · 충청북도 ∥ 1984, 『충주댐 수몰지구 문화유적 발굴조사종합 보고서(민속 · 건축분야)』.
- 괴산군 · 청주대박물관 ∥ 1997, 『화양서원지 정밀지표조사보고서』.
- 청원군 · 청원향토문화연구회 ∥ 1998, 『淸州東軒 실측조사 및 복원계획 보고서』.
- 문화재청 ∥ 2003, 『寒碧樓 실측조사보고서』.

- 김기덕 | 2002, 『조선후기 충청도 官衙建築의 配置體系』, 청주대 박사학위논문.
- 영동군 | 2004, 『영동 金善熙가옥 수리보고서』.
- 맹인재 | 1969, 「법주사 대웅보전 중수 상량문」『고고미술』 103.
- 박석현 | 1976, 「충주향교의 외부공간에 관한 고찰」『논문집』 12-1, 충주공업전문대학.
- 이재헌 · 도용호 | 1987, 「충청지역 전통주거건축의 공간구성에 관한 연구」『산업과학연구』 5, 청주대.
- 차용걸 | 1982, 「淸風 南倉址 발굴조사 약보고」『충주댐 수몰지구 문화유적발굴조사 종합보고서』, 충북대박물관.
- 이달훈 · 최생길 | 1983, 「향교건축의 양식에 관한 연구(2)-충북지방의 향교를 중심으로」『호서문화연구』 3.
- 이달훈 | 1983, 「보은 東軒의 건축양식학적 고찰」『예성문화』 5.
- 신영훈 | 1983, 「淸寧軒」『예성문화』 5.
- 박영복 | 1984, 「淸風府 官衙 건물지 발굴조사 보고」『충주댐 수몰지구문화유적발굴조사 종합보고서』, 충북대박물관.
- 윤세영 | 1984, 「堤原 安陰驛址 발굴조사 보고」『충주댐 수몰지구 문화유적발굴조사 종합보고서』, 충북대박물관.
- 윤세영 | 1984, 「淸風 北倉址 발굴조사 보고」『충주댐 수몰지구 문화유적발굴조사 종합보고서』, 충북대박물관.
- 차용걸 | 1984, 「淸風 西倉址 발굴조사 보고」『충주댐 수몰지구 문화유적발굴조사 종합보고서』(역사분야), 충북대박물관.
- 차용걸 | 1984, 「淸風邑倉址 발굴조사 보고」『충주댐 수몰지구 문화유적발굴조사 종합보고서』(역사분야), 충북대박물관.
- 차용걸 | 1984, 「淸風神壇 발굴조사 보고」『충주댐 수몰지구 문화유적발굴조사 종합보고서』(역사분야), 충북대박물관.
- 장현석 | 1985, 「조선시대 鄕校건축의 배치에 관한 연구-충북의 향교를 중심으로」, 청주대 석사학위논문.
- 이달훈 | 1985, 「충주 관아의 건축양식학적 고찰」『논문집』 18-2, 충주공업전문대.
- 이상주 | 1987, 「현존 淸寧閣의 진위에 대하여」『충청문예』 1987년 6월호.
- 이달훈 | 1987, 「淸風 관아의 건축양식학적 고찰」『논문집』 6-2, 대전대.
- 김종영 | 1988, 「조선시대 관아건축에 관한 연구」, 단국대 석사학위논문.
- 최병찬 | 1989, 「林湖와 우륵당 중건 권유문고」『내제문화』 1.
- 유영수 | 1989, 「조선시대 客舍건축에 관한 연구」, 고려대 석사학위논문.
- 도용호 | 1989, 「충북지역 鄕校의 건축계획에 관한 연구2-충북지방을 중심으로」『논문집』 18, 중경공업전문대.
- 신상섭 | 1989, 「전통주거공간의 경관인식 특성에 관한 연구-충북지방을 중심으

로」『논문집』 11, 전주우석대.
- 신상섭 | 1989, 「전통주택 외부공간의 시각적 특성에 관한 연구-충북지방을 중심으로」『한국정원학회지』 7, 한국정원학회.
- 장현석 | 1990, 「청주 官衙門의 고찰」『충북향토문화』 2.
- 박상일 편 | 1990, 「괴산 萬東廟址 발굴조사 개보」『청주대 박물관보』 4.
- 김인제 | 1990, 「近民軒 중건 상량문(국역)」『충북향토문화』 2.
- 송우정 | 1990, 「중요민속자료 城山里 古家를 찾아」『괴향문화』 1.
- 김성우 | 1990, 「조선조 상류주택의 공간구성에 관한 연구-괴산 金幾應 가옥을 중심으로」『연세논총』 26, 연세대.
- 여순구 1993, 「資風書堂」『충북향토문화』 4.
- 김건식 | 1993, 「보은군 政事堂 중수상량문」『충북향토문화』 4.
- 박상일 | 1993, 「석암사지 및 노봉서원지 지표조사 개요」『청주대 박물관보』 6.
- 허인욱 | 1993, 「충주읍성 考」『예성문화』 14.
- 이형규 | 1993, 「조선시대 東軒건축의 구성형식에 관한 연구」, 홍익대 석사학위논문.
- 박석현 | 1994, 「명륜당 · 대성전의 평면형식에 관한 연구」『논문집』 29, 충주산업대.
- 조원섭 | 1994, 「충북지방의 향교건축 양식에 관한 연구」, 대전대 석사학위논문.
- 장세한 | 1994, 「百源書院址 지표조사」『충북향토문화』 5.
- 장현석 | 1994, 「청주 官衙門의 고찰」『충북향토문화』 5.
- 경석준 | 1995, 「연풍의 관아」『괴향문화』 3.
- 양부홍 외 | 1995, 「향교건축의 공포형식에 관한 연구」『논문집』 3, 충주산업대 산업과학기술연구소.
- 박석현 | 1995, 「보은 · 회인의 향교건축 비교 연구」『논문집』 3, 충주산업대 산업과학기술연구소.
- 양부홍 외 | 1996, 「지천서원의 건축양식에 관한 연구」『논문집』 4, 충주산업대 산업과학기술연구소.
- 김성집 | 1996, 「百源亭 이전기」『상산문화』 2.
- 전상국 | 1996, 「충북지방의 조선 상류주택 양식에 관한 연구」, 대전대 석사학위논문.
- 장기덕 | 1998, 「八峰書院의 복원」『예성문화』 18.
- 이철재 | 1998, 「충청감영문(中原樓)」『예성문화』 18.
- 안준호 · 이달훈 | 1998, 「조선시대 관아의 건축양식학적 고찰-충청지방을 중심으로」『대학원논문집』 1, 대전대.
- 박석현 | 1998, 「조선시대 삼묘건축에 나타난 영역통과에 관한 연구」『논문집』 6, 충주산업대 산업과학기술연구소.
- 김동식 | 1998, 「청주읍성 官衙公廨의 규모와 위치에 관한 연구」, 청주대 석사학

위논문.
- 전상국 · 이달훈 ‖ 1998, 「충북지방 조선 상류주택 양식에 관한 연구 2」『논문집』 16, 대전대 산업기술연구소.
- 김태영 · 김동식 ‖ 1999, 「청주읍성 官衙公廨考」『건축역사연구』.
- 김연호 ‖ 2000, 「무암사 극락전과 못(釘)」『내제문화』 12.
- 박상수 ‖ 2000, 「寒碧樓 大廳상량문」『내제문화』 12.
- 이창희 ‖ 2000, 「宛委閣(萬券樓) 복원에 대한 소고」『상산문화』 6.
- 황태주 · 한욱 ‖ 2001, 「충청지방 서원의 배치계획에 관한 연구」『호서문화논총』 15, 서원대 호서문화연구소.
- 이철재 ‖ 2002, 「우리고장 旌門의 실태」『중원문화』 15, 충주문화원.
- 박정수 ‖ 2002, 「충북 영동군 彌勒驛 官舍의 건축적 특성에 관한 연구」, 목원대 산업정보대학원 석사학위논문.
- 박순발 ‖ 2002, 「永同 계산리 건물지의 성격-중세고고학의 一例」『호서고고학』 6 · 7합집.
- 김용환 · 김형래 ‖ 2003, 「안동권씨 有懷堂 宗家의 조영특성」『박물관지』 12, 충청대학 박물관.
- 김기덕 ‖ 2003, 「조선후기 충청도 관아건축의 공간구성에 관한 연구」『충북학』 5.
- 김태영 ‖ 2003, 「청주읍성내 관아건물 고찰」『청주문화』 18.
- 이재헌 외 ‖ 2003, 「완위각의 복원적 고찰」『진천 완위각』.
- 신현숙 ‖ 2005, 「충북 청원 果必軒 古家 광채의 治木기법」, 충북대 석사학위논문.
- 김용수 ‖ 2005, 「청주읍성 南門 복원계획」, 충북대 석사학위논문.

18. 望仙樓

- 전순동 · 최동준 ‖ 2003, 『기독교와 충북근대교육-일제강점기 청주지방을 중심으로』, 동해출판사.
- 청주예총 ‖ 2003, 『望仙樓題詠詩 : 한글시조 및 한시』, 한국예술문화단체 총연합회 청주지부.
- 최동준 ‖ 1995, 「望仙樓 이건 복원의 당위성」『청주문화』 10, 청주문화원.
- 김경표 ‖ 1995, 「망선루의 건축사적 의의와 문화재로서의 가치」『청주문화』 10, 청주문화원.
- 임병무 ‖ 1995, 「망선루 이전 복원해야 한다」『청주문화』 10, 청주문화원.
- 전순동 · 최동준 ‖ 1999, 「일제기 청주지방의 민족교육운동-淸南學校를 중심으로」『중원문화논총』 2 · 3합집, 충북대 중원문화연구소.
- 전순동 ‖ 2000, 「望仙樓 상량문에 대한 일고」『중원문화논총』 4, 충북대 중원문화연구소.

19. 宛委閣

- 청주대학교 박물관 ǀ 2003, 『鎭川 宛委閣 학술조사 보고서』.
- 이창희 ǀ 2000, 「宛委閣(萬劵樓) 복원에 대한 소고」 『상산문화』 6.
- 박용만 ǀ 2001, 「완위각과 李夏坤의 문학활동」 『상산문화』 7.
- 박철상 ǀ 2002, 「장서인 이야기6-만권루와 李夏坤의 장서인」 『문헌과 해석』 20, 문헌과 해석사.
- 박문열 ǀ 2003, 「담헌 이하곤의 생애와 저술에 관한 연구」 『서지학연구』 25, 서지학회.
- 이재헌 외 ǀ 2003, 「완위각의 복원적 고찰」 『진천 완위각 학술조사 보고서』, 청주대학교 박물관.

20. 樓亭과 記文 및 題詠

- 영동향토사연구회 ǀ 1992, 『永同樓亭板文』.
- 이종훈 편역 ǀ 1996, 『堤詠』, 내제문화연구회.
- 임동철 편저 ǀ 1997, 『淸原의 樓亭』, 청원문화원.
- 정민 ǀ 1998, 『한국역대 山水遊記聚編 5 : 충청도편』, 한국인문과학원.
- 임동철 ǀ 1999, 『충청북도 樓亭 記文과 題詠』, 전국문화원연합회 충청북도지회.
- 임동철 · 박용만 ǀ 1999, 『淸州吟 : 청주를 노래한 漢詩』, 청주문화원.
- 이두희 · 김미선 · 김의환 · 신범식 · 이제원 역 ǀ 2002, 『國譯 常山誌』, 진천상산고적회.
- 청주예총 ǀ 2003, 『望仙樓題詠詩 : 한글시조 및 한시』, 한국예술문화단체 총연합회 청주지부.
- 김건곤 · 안대회 · 이종묵 · 정민 ǀ 2005, 『한국 명승고적 기문 사전』, 이회.
- 조남두 ǀ 1959, 「속리산 紀行詩抄」 『자유문학』 4.
- 장기덕 ǀ 1983, 「중원지방의 異色 懸板名 소고」 『예성문화』 5.
- 황정하 ǀ 1994, 「충주 · 중원지방의 樓亭」 『충북향토문화』 5.
- 김근수 ǀ 1990, 「충북의 亭子」 『충북향토문화』 2.
- 김근수 ǀ 1990, 「괴산의 亭子」 『괴향문화』 1.
- 김인제 ǀ 1990, 「近民軒 중건 상량문(국역)」 『충북향토문화』 2.
- 안종운 ǀ 1990, 「만동묘 편액발견」 『괴향문화』 1.
- 이수봉 ǀ 1992, 「충북 '鄕校記文' 조사 연구」 『호서문화연구』 10.
- 신성수 ǀ 1992, 「제천지방 루정에 대한 소고」 『내제문화』 4.
- 김건식 ǀ 1993, 「보은군 政事堂 중수상량문」 『충북향토문화』 4.
- 황정하 ǀ 1994, 「충주 · 중원지방의 루정」 『충북향토문화』 5.
- 김정호 ǀ 1995, 「청유명현 김일손과 二樂樓記文에 비친 단구협 명명고찰」 『단양문

화』1, 단양문화원.
- 김영진 Ⅰ 1996, 「진천의 옛 蓮亭에 대하여」『생거진천』6.
- 김성집 Ⅰ 1996, 「百源亭 이전기」『상산문화』2.
- 이종훈 Ⅰ 1996, 「八詠樓의 역사를 찾아서」『내제문화』8.
- 임동철, 1996, 「청원지역 樓亭의 성격」『개신어문연구』13, 충북대.
- 최병찬 Ⅰ 1997, 「鏡湖樓」『내제문화』9.
- 남치규 Ⅰ 1997, 「남한강유역 정자의 장소적 의미에 관한 연구」, 한국교원대 석사학위논문.
- 송찬호 Ⅰ 1998, 「孤峰精舍 소고」『보은의 향토사』1.
- 이상주 Ⅰ 1998, 「괴산 청안팔경과 청안팔경시」『괴향문화』6.
- 박상수 Ⅰ 2000, 「寒碧樓 大廳상량문」『내제문화』12.
- 전순동 Ⅰ 2000, 「望仙樓 상량문에 대한 일고」『중원문화논총』4, 충북대중원문화연구소.
- 유금렬 Ⅰ 2000, 「明聖王后와 淸風府院君」『내제문화』12.
- 이상주 Ⅰ 2001, 「盧性度와 煙霞九曲歌」『괴향문화』9.
- 경석준 Ⅰ 2001, 「풍계구곡」『괴향문화』9.
- 이상주 Ⅰ 2001, 「玉華九曲과 玉華九曲歌」『충북학』3.
- 배정렬 Ⅰ 2001, 「龜祕臺 山庄 雜詠」『향토연구』11, 영동향토사연구회.
- 김미선 Ⅰ 2002, 「常山題詠詩攷」『충북학』4.
- 이상주 Ⅰ 2002, 「仙遊八景의 '화양구곡 · 선유구곡' 으로의 분화변천 과정과 기타 관련문제」『중원문화논총』6.
- 김귀래 Ⅰ 2002, 「百源亭記」『상산문화』8.
- 이상주 Ⅰ 2002, 「보은군 鳳凰臺八景과 李弘有의 鳳凰臺八詠」『충북향토문화』13.
- 이창식 Ⅰ 2003, 「권섭의 황강구곡가와 제천」『제천학과 청풍명월』, 제천문화원.
- 양태순 Ⅰ 2003, 「三灘 李承召의 충북 題詠」『호서문화논총』17, 서원대호서문화연구소.
- 남치규 Ⅰ 2004, 「충북 중북부지역 정자에 나타난 장소적 의미」『충북학』6.
- 권기윤 Ⅰ 2004, 「청풍 응청각 상량문 보고」『내제문화』15.
- 이상주 Ⅰ 2005, 「盧性度와 煙霞九曲歌」『충북학』7,
- 김미선 Ⅰ 2005, 「常山의 漁隱八景 題詠詩攷」『충북학』7.

21. 청원 초정약수

- 청원청년회의소 Ⅰ 1993, 『초정약수』.
- 충북개발연구원 · 청원군 Ⅰ 1997, 『초정지구 관광지개발 기본계획』.
- 이세열 Ⅰ 1999, 『역사속에 椒井藥水』, 도서출판 산과들.
- 이세열 Ⅰ 1999, 『초정약수의 세종 · 세조행차 사료집』, 청원군.

22. 보은 정이품송

• 이미재 ▮ 1994, 『한국 민속문양을 응용한 생활섬유제품 및 정이품송을 이용한 장신구개발』, 충청북도.
• 보은문화원 ▮ 1997, 『보은 토속신앙의 흔적을 찾아서』.
• 김영진 · 임동철 · 이창식 ▮ 1999, 『속리산의 민속과 축제』, 민속원.
• 충청북도 ▮ 1999, 『21세기, 문화가 충북을 바꾼다』.
• 고제호 ▮ 1977, 「정이품송의 보호문제」 『산림』 139, 산림조합중앙회.
• 임경빈 ▮ 1989, 「正二品松 樹勢 및 향후보호대책」 『문화재』 22, 문화재관리국.
• 이미재 ▮ 1997, 「섬유미술을 이용한 장신구개발-정이품송을 주제로 하여」 『청예논총』 12, 청주대 예술문화연구소.
• 김승환 ▮ 2000, 「중원 지역문화사 서술의 방법론에 대하여」 『중원문화논총』 4, 충북대 중원문화연구소.

23. 복식

• 충북대박물관 ▮ 1983, 『임란전후 출토 복식 및 喪禮』.
• 충북대박물관 ▮ 1988, 『충북대학교박물관 소장 함영희여사 기증복식연구』.
• 충북대박물관 ▮ 1987, 『충북대학교박물관 소장 출토遺衣 및 近代服飾論攷 (Ⅰ)』.
• 충북대박물관 ▮ 1988, 『충북대학교박물관 소장 출토遺衣 및 近代服飾論攷 (Ⅱ)』.
• 충북대박물관 ▮ 1993, 『洪禹協墓 출토 17세기 服飾論攷』.
• 충북대박물관 ▮ 1995, 『우리나라 16 · 17세기 출토 복식』.
• 충북대박물관 ▮ 1999, 『충북대학교 박물관 소장 조선시대 服飾硏究』.
• 충주박물관 ▮ 2002, 『제8회 박물관 특별전 이응해장군묘 출토복식』.
• 김명숙 ▮ 1992, 「충북 중원 仰城출토 복식의 시론적 고찰」 『박물관지』 1, 충청전문대 박물관.
• 김명숙 ▮ 1993, 「槐山 출토 조선시대 16~17세기 복식-저고리를 중심으로」 『박물관지』 2, 충청전문대 박물관.
• 김명숙 ▮ 1997, 「조선 중기 權誠부인묘 출토 목곽과 복식」 『박물관지』 6, 충청전문대 박물관.
• 김영숙 ▮ 1997, 「측색을 통한 출토복식의 색채연구-충북대 소장 16 · 17세기 유물을 대상으로」 『청예논총』 13, 청주대 예술문화연구소.
• 장인우 ▮ 1998, 「임경백 · 임계백묘 출토복식」 『년보』 7, 충북대 박물관.
• 이상은 외 ▮ 1998, 「중원지방의 深衣와 道袍에 관한 연구」 『한국생활과학회지』 7-2.
• 이수봉 ▮ 1999, 「임란전후 출토 遺衣와 상례」 『충북대박물관소장 조선시대 복식연구』.
• 김은영 ▮ 2001, 「청주대학교 박물관 소장 활옷에 대해서」 『淸藝論叢』 19, 청주대

예술문화연구소.
• 이양순 | 2002, 「『순천김씨묘간찰』에 나타나는 복식 관련어 연구」『반교어문학회』 14, 반교어문학회.
• 김영재 외 | 2003, 「충북 옥천 출토복식 고찰」『생활문물연구』 8, 국립민속박물관.
• 오준석 외 | 2003, 「충북 옥천 출토복식의 보존처리」『생활문물연구』 8, 국립민속박물관.
• 유혜선 외 | 2003, 「충북 옥천 출토복식 부착 흰색 고형물질에 대한 잔존지방분석」『생활문물연구』 8, 국립민속박물관.
• 길경택 | 2004, 「이응해 장군묘 출토 유물연구」『충북향토문화』 15.
• 김영재 | 2005, 「충북 옥천 출토복식 고찰」『민속학술자료총서 528, 전통 복식 8』, 우리마당터.

24. 금석문

• 조동원 편저 | 1981, 『한국 금석문대계 2 : 충청남북도편』, 원광대출판부.
• 청원군 | 1991, 『淸原의 仁風』.
• 상산고적회 | 1994, 『진천의 금석문』.
• 영동문화원 | 1998, 『영동의 맥 金石編歷』.
• 남이면 | 1998, 『南二의 碑石』.
• 음성군 · 음성향토문화연구회 | 2004, 『음성의 금석문』.
• 청원향토문화연구회 편 | 2004, 『淸原郡 金石文集』 1, 청원군 · 청원문화원.
• 김예식 | 1982, 「정부인 천안김씨 묘비명」『서원학보』 3.
• 이로영 | 1982, 「충주댐 수몰지구의 碑碣」『예성문화』 4.
• 최일성 | 1983, 「충주 · 중원지방의 神道碑」『예성문화』 5.
• 김풍식 | 1985, 「순천박씨 묘비명」『예성문화』 7.
• 이종익 | 1990, 「경주김씨 孝烈碑文(국역)」『충북향토문화』 2.
• 이덕우 | 1992, 「牧使 李益著 永世不忘碑 발굴기」『충북향토문화』 3.
• 삼년산성동호회 | 1992, 「象賢書院 廟庭碑(국역)」『충북향토문화』 3.
• 이덕우 | 1992, 「목사 李益著 永世不忘碑 발굴기」『충북향토문화』 3.
• 박희천 | 1999, 「효열부 은진송씨비의 유래」『괴향문화』 7.
• 김동대 | 2003, 「稽北詩社碑」『향토연구』 13, 영동향토사연구회.
• 이상주 | 2005, 「괴산 도촌리 洪義墓碑에 대한 고찰」『고인쇄문화』 12, 청주고인쇄박물관.

25. 墓誌

• 충북대박물관 | 2002, 『순천김씨묘 출토 간찰』.

• 충북대박물관 ❙ 2004, 『충북대학교 박물관 소장 墓誌』.
• 김용남 ❙ 1994, 「박물관소장 墓誌의 성격과 내용」 『년보』 3, 충북대 박물관.
• 기호인 ❙ 1995, 「蘭坡公 墓表銘과 行狀」 『향토연구』 5, 영동향토문화연구회.
• 전철웅 ❙ 2002, 「순천김씨묘 출토 간찰의 판독과 주해」 『순천김씨묘 출토 간찰』, 충북대박물관.
• 신호철 ❙ 2004, 「충북대박물관 소장 墓誌 연구」 『호서사학』 39.

26. 미술사 일반

• 김풍식 · 이재준 ❙ 1980, 『충북의 기와』, 유림사.
• 정명호 ❙ 1971, 「호성공신 申礏의 영정에 대하여」 『문화재』 6.
• 이재준 ❙ 1977, 「충북의 기와」 『월간충청』 85.
• 김기철 ❙ 1982, 「보은 綾城具氏 石譜匣」 『서원학보』 3.
• 이원복 ❙ 1990, 「金淨의 山椒白頭圖考」 『충청문화연구』 2.
• 이덕우 ❙ 1992, 「益齋先生 影幀에 대한 고찰」 『충북향토문화』 3.
• 한명철 ❙ 1995, 「之又齋 鄭遂榮의 '林下閑談圖'」 『괴향문화』 3.

27. 도자기

• 충주공전박물관 ❙ 1986, 『충주 文周里瓦窯址 발굴조사보고서』.
• 국립청주박물관 ❙ 1992, 『진천군 문화유적 지표조사보고서』.
• 충북대박물관 · 충청북도 ❙ 1993, 『충북지방 陶窯址 지표조사보고서』.
• 충북대박물관 ❙ 1995, 『충주 미륵리 백자가마터』.
• 한국문화재보호재단 · 단양군 ❙ 2002, 『단양 傍谷里 도요지 정밀지표조사 보고서』.
• 중앙문화재연구원 · 한국도로공사 ❙ 2003, 『영동 沙夫里 · 老斤里 도요지』.
• 중앙문화재연구원 · 한국도로공사 ❙ 2004, 『보은 赤岩里 분청사기窯址 : 청 원-상주간 고속도로 건설구간내』.
• 중앙문화재연구원 · 농업기반공사 ❙ 2005, 『충주 구룡지구 농업용수개발 예정지구내 충주 九龍里 백자요지』.
• 정재홍 ❙ 1985, 「傍谷窯」 『예성문화』 7.
• 김연호 ❙ 1990, 「堤川地方과 분청사기 鐵畵文에 대한 고찰」 『내제문화』 2.
• 김연호 ❙ 1993, 「제천지방과 분청사기 鐵畵文에 대한 고찰」 『충북향토문화』 4.
• 강경숙 ❙ 1994, 「세종실록지리지 磁器所 · 陶器所 연구-충청도를 중심으로」 『미술사학연구』 202.
• 김근수 ❙ 1995, 「괴산의 옹기」 『괴향문화』 3.
• 충북대박물관 ❙ 1995, 「괴산군의 도자연구」 『괴향문화』 3.

- 강경숙 · 남진주 ǀ 1995, 「월악산 일대 가마터 조사보고」 『년보』 4, 충북대 박물관.
- 박창고 ǀ 1996, 「중원군 미륵리 백자 가마터에 대한 고고지자기 측정 및 국내 가마터에 대한 고고지자기 측정 결과」 『지질학회지』 32-3.
- 이상주 ǀ 1996, 「괴산군 청천면 삼송리 백자도요지」 『괴향문화』 4.
- 강경숙 ǀ 1997, 「『세종실록』지리지 기록에 있는 자기소 도편의 특징-경기도와 충청도 5곳 가마터를 중심으로」 『고고미술사론』 5, 충북대 고고미술사학과.
- 이윤석 ǀ 1998, 「충북의 粉靑沙器 가마터의 실태와 보존방안」 『충북향토문화』 9.
- 이상주 ǀ 2000, 「괴산군 칠성면 쌍곡리 백자도요지 고찰」 『괴향문화』 8.
- 박경자 ǀ 2006, 「공납용 분청사기의 지역적 특징과 운송방법 고찰-경상도 및 충청 · 전라도를 중심으로」 『역사에서의 중앙과 지방』, 제49회 전국역사학대회 발표문.

28. 지방행정과 수령 · 관찰사

- 이수건 ǀ 1989, 『조선시대 지방행정사』, 민음사.
- 임선빈 ǀ 2002, 『충청도 관찰사 기초연구』, 충남발전연구원.
- 이원균 ǀ 1981, 「조선시대의 관찰사와 都事의 교체실태」 『부산수대논문집』 27.
- 장태용 ǀ 1989, 「18세기 중엽 제천의 행정과 인구-여지도서를 중심으로」 『내제문화』 1.
- 윤여헌 ǀ 1990, 「조선조 공주(충청)감영고-위치 · 기구를 중심으로」 『백제 문화』 20.
- 장태용 ǀ 1990, 「18세기 중엽 제천의 행정과 인구-여지도서를 중심으로」 『내제문화』 2.
- 허인욱 ǀ 1992, 「淸風 先生案」 『예성문화』 13.
- 김예식 ǀ 1992, 「淸塘 先生案」 『예성문화』 13.
- 황정하 ǀ 1994, 「조선시대 지방관에 대한 연구-淸塘縣先生案을 중심으로」 『괴향문화』 2.
- 김양수 ǀ 1997, 「조선후기 中人의 지방관 진출-경기와 충청도 守令先生案을 중심으로」 『국사관논총』 76.
- 구완회 ǀ 2001, 「『百六案』을 통해 본 조선 순조대의 충주목사」 『조선사연구』 10.
- 임선빈 ǀ 2002, 「충청감사의 재임실태와 업적」 『충청감영 공주개영 400주년기념 학술심포지움』, 충청남도 공주시.
- 임선빈 ǀ 2003, 「충청도 관찰사와 공주감영」 『충청도관찰사전』, 공주시 · 충남발전연구원.
- 김양수 · 김양식 ǀ 2004, 「조선후기 충청감사와 청주수령의 출신성분과 재임실태」 『한국사연구』 125.

- 이강길 ▮ 2004, 「조선후기의 충청병영」 『실학사상연구』 27.
- 서태원 ▮ 2005, 「조선후기 淸州鎭營研究」 『호서사학』 42.

29. 충절과 효행

- 충주문화원 ▮ 2002, 『충주의 향토사(충효열편)』.
- 이수봉 ▮ 1989, 「孝 · 烈문화의 재조명」 『충북향토문화』 1.
- 유대준 ▮ 1990, 「權吉의 충절」 『충북향토문화』 2.
- 이종익 ▮ 1990, 「경주김씨 孝烈碑文(국역)」 『충북향토문화』 2.
- 윤길원 ▮ 1992, 「孫大昌의 효도」 『충북향토문화』 3.
- 김영진 ▮ 1994, 「충주효자 朴末山 소고」 『충북향토문화』 5.
- 김영진 ▮ 1994, 「慶延의 효행사실과 變異 攷」 『호서문화연구』 12.
- 여순구 ▮ 1994, 「德水李氏 九世 九孝 소고」 『충북향토문화』 5.
- 박희천 ▮ 1999, 「효열부 은진송씨비의 유래」 『괴향문화』 7.
- 김영진 ▮ 2001, 「충청병사 李鳳祥의 충절론」 『청주문화』 16, 청주문화원.
- 유병태 ▮ 2003, 「소년 효자 洪此奇」 『예성문화』 23.
- 유병태 ▮ 2004, 「문화유씨 효행 三世傳」 『충북향토문화』 16.
- 이수봉 ▮ 2004, 「忠婢 三月說話의 재조명」 『충북향토문화』 15.
- 김영진 ▮ 2004, 「'三綱行實圖'에 수록된 충북의 三綱」 『충북향토문화』 15.

30. 종교

- 한국교회사연구소 ▮ 1966, 『황사영백서』, 카톨릭출판사.
- 최석우 ▮ 1968, 『병인박해자료연구』, 한국교회사연구소.
- 주재용 ▮ 1975, 『배론(舟論)성지』, 카톨릭출판사.
- 달레 저, 안응렬 · 최석우 역주 ▮ 1979, 『한국천주교회사』 상 · 중 · 하, 분도출판사.
- 유홍렬 ▮ 1981, 『한국천주교회사』 상 · 하, 가톨릭출판사.
- 이은순 ▮ 1986, 『조선서학사연구』, 일지사.
- 뮈델 · 閔德孝 주교 ▮ 1986, 『致命日記』, 성 · 황석두루가서원.
- 조광 ▮ 1988, 『조선후기 천주교회사 연구』, 고대민족문화연구소.
- 메디나 저, 박철 역 ▮ 1989, 『한국천주교회의 기원(1566~1784)』, 서강대출판부.
- 배은하 ▮ 1992, 『역사의 땅, 배움의 땅 배론』, 성바오로출판사.
- 여진천 ▮ 1994, 『황사영백서논문선집』, 기쁜소식.
- 정진석 옮김 ▮ 1995, 『너는 주추 놓고 나는 세우고 : 최양업 신부의 편지 모음』, 바오로딸.
- 이정린 ▮ 1999, 『황사영백서연구』, 일조각.

• 여진천 ▮ 1999, 『황사영 백서 해제 : 누가 저희를 위로해 주겠습니까』, 기쁜소식.
• 장영돈 ▮ 2000, 『천주교 성지순례 한국초기 천주교회의 여정』, 천주교원 주교구 배론성지, 한결출판사.
• 최석우 ▮ 1965, 「황사영」 『인물한국사』 4, 박우사.
• 조광 ▮ 1977, 「황사영백서의 사회사상적 배경」 『사총』 21 · 22합집.
• 주명준 · 유병기 ▮ 1982, 「충청도의 천주교 전래」 『최석우신부회갑기념논총』.
• 안재명 ▮ 1984, 「충북지방의 선교활동에 관한 고찰」 『논문집』 2, 일신여고.
• 문형만 ▮ 1985, 「한국근대학교 발달과 배론 성요셉신학당」 『신학전망』 68, 대건신학대학 전망편집부.
• 김학영 ▮ 1989, 「배론에 대하여」 『내제문화』 1.
• 김학영 ▮ 1992, 「배론(舟論)에 대하여」 『충북향토문화』 3.
• 봉원용 ▮ 1992, 「진천 梨峙(배티) 성지와 崔良業신부」 『충북향토문화』 3.
• 봉원용 ▮ 1993, 「천주교와 진천」 『충북향토문화』 4.
• 음재승 ▮ 1995, 「연풍의 순교성지」 『괴향문화』 3.
• Rhodes, Harry A ▮ 1995, 「미국장로교의 청주지역 선교사1(1884~1934)」 『신학사상』 89.
• 봉원용 ▮ 1995, 「진천 梨峙(배티) 聖地 고찰」 『충북향토문화』 6.
• 최석우 ▮ 1999, 「최양업 신부의 선교 활동과 영성」 『교회사연구』 14, 한국교회사연구소.
• 차기진 ▮ 1999, 「최양업 신부의 생애와 선교활동의 배경」 『교회사연구』 14, 한국교회사연구소.
• 박금옥 ▮ 1999, 「최양업 신부의 선교 활동과 그 의미」 『교회사연구』 14, 한국교회사연구소.
• 이종환 ▮ 2004, 「煙波 南鍾三의 생애」 『내제문화』 15.

31. 기타

• 고령신씨문헌통고편찬위원회 ▮ 1978, 『高靈申氏文獻通考』 상 · 하.
• 이재붕 ▮ 1990, 『梅南李先生宅 행실록』.
• 차용걸 외 ▮ 1993, 『清州市 文獻資料集』, 충북대 호서문화연구소.
• 단양군 · 단양문화원 ▮ 1997, 『조선시대 단양의 역사와 문화 : 조선왕조실 록을 통하여』.
• 단양군 · 단양향토문화연구회 ▮ 1997, 『조선시대 단양의 이모저모 : 각사등록(초)』.
• 상산고적회 · 진천문화원 ▮ 1999, 『조선왕조실록의 鎭川』.
• 예성문화연구회 ▮ 1999, 『사료를 통해 본 忠州』.
• 상산고적회 ▮ 2000, 『조선시대 각사등록 : 진천군편』.

• 충주문화원 | 2002, 『충주의 향토사(충효열편)』.
• 충북학연구소 | 2002, 『충북테마기행 5 : 충북의 유교유적을 찾아서』.
• 국립문화재연구소 | 2003, 『종가의 제례와 음식 3 : 월성손씨 양민공 손소 종가 · 청주한씨 서평부원군 한준겸 종가』, 김영사.
• 충주박물관 | 2005, 『제11회 박물관 특별전 충주 호암동 민묘 출토복식』.
• 장기덕 | 1985, 「충주 觀察府의 이전」 『예성문화』 7.
• 이수봉 | 1985, 「白石亭 申濩의 가사와 시조」 『覓南 김일근박사 화갑기념 어문학논총』.
• 최병찬 | 1989, 「林湖와 于勒堂 중건 권유문고」 『내제문화』 1.
• 김연호 | 1989, 「고문헌에 나타난 제천지방의 사료소개」 『내제문화』 1.
• 장태용 | 1990, 「18세기 중엽 제천의 행정과 인구-여지도서를 중심으로」 『내제문화』 2.
• 채홍병 | 1990, 「우암선생과 화양동일원의 사적」 『괴향문화』 1.
• 이원복 | 1990, 「金淨의 山椒白頭圖考」 『충청문화연구』 2.
• 황정하 | 1992, 「조선중기 畵員집안의 활동 연구」 『예성문화』 13.
• 최일성 | 1993, 「자린고비」 『예성문화』 14.
• 윤수경 | 1994, 「16세기를 전후한 단양군」 『충북향토문화』 5.
• 임용식 | 1994, 「제천의 역사가」 『충북향토문화』 5.
• 김동대 | 1994, 「세종조의 문화발전과 永同人의 역할」 『충북향토문화』 5.
• 윤수경 | 1994, 「1400년대를 전후한 단양군의 실태」 『丹丘의 맥』 1, 단양향토문화연구회.
• 정상훈 | 1995, 「百源書院 사액경위탐구동기」 『상산문화』 창간호.
• 여순구 | 1995, 「황간현감 朴夢說 선생기」 『향토연구』 5, 영동향토사연구회.
• 송문영 | 1995, 「문장공 梅溪 曺偉先生 行狀」 『단양문화』 2.
• 한명철 | 1995, 「之又齋 鄭遂榮의 '林下閑談圖'」 『괴향문화』 3.
• 음재승 | 1997, 「국어학 발전에 빛을 남긴 대학자 崔世珍」 『괴향문화』 5.
• 고제희 | 1997, 「한국의 묘지기행 (괴산편)」 『괴향문화』 5.
• 김근수 | 1997, 「魂脈의 역사현장 화양구곡」 『충북향토문화』 8.
• 김양수 | 1997, 「조선후기 中人의 지방관 진출-경기와 충청도 守令先生案을 중심으로」 『국사관논총』 76.
• 서종학 | 1999, 「충주구황촬요의 이두」 『동양학』 29.
• 여순구 | 1999, 「孺人丹陽禹氏 烈行錄」 『향토연구』 9, 영동향토사연구회.
• 임나혁 | 2001, 「조선후기 중부지역 주민의 체질인류학적 분석」, 충북대 사학과 석사학위논문.
• 김용환 · 김형래 | 2001, 「시묘살이 廬幕의 복원적 고찰」 『박물관지』 10, 충청대학 박물관.
• 박문열 | 2002, 「南忠壯公詩稿 考」 『청주대 박물관보』 15.

• 윤종균 ∥ 2002, 「법주사 대웅보전 三身佛 복장조사」『국립박물관 東垣학술논문집』 5.
• 박문열 · 민경록 ∥ 2003, 「김씨부인경계전」『청주대박물관보』 16.
• 배광식 ∥ 2003, 「慕義堂 八景」『향토연구』 13, 영동향토사연구회.
• 임선빈 ∥ 2004, 「조선후기 충청도명의 改號와 錦營」『호서사학』 37.
• 김영진 ∥ 2004, 「'三綱行實圖' 에 수록된 충북의 三綱」『충북향토문화』 15.
• 김현길 ∥ 2004, 「淸明酒의 참된 가치」『충북향토문화』 15.
• 정기범 ∥ 2004, 「조선시대 충북 음성지역의 교통로 연구」『음성향토사학』, 음성문화원.
• 정기범 ∥ 2004, 「조선후기 음성지역 수리시설의 일고찰」『음성향토사학』, 음성문화원.
• 이강길 ∥ 2004, 「조선후기의 충청병영」『실학사상연구』 27.
• 정수병 ∥ 2004, 「옥천 석빙고 소론-석탄리 오봉산」『옥천향토문화』 8.
• 민덕식 · 이성배 ∥ 2004, 「閔鎭遠의 생애와 서예」『청주대박물관보』17.
• 서태원 ∥ 2005, 「갑오개혁 이후 충북지역 지방군연구-진천과 관련하여」『진천군 옛 모습의 복원과 사회변화』, 한국학술진흥재단 기초학문 연구지원사업 2005년도 3차 학술발표회, 충북대 중원문화연구소.
• 이상주 ∥ 2005, 「구곡문화관광특구와 그 구곡 설정자들의 학맥」『중원문화논총』 9.

32. 인물

1) 姜世晃 - 진천

• 강세황 ∥ 1979, 『豹菴遺稿』, 한국정신문화연구원.
• 안휘준 ∥ 1980, 『한국회화사』, 일지사.
• 변영섭 ∥ 1986, 『표암 강세황의 회화 연구』, 이화여대 박사학위논문.
• 이동연 ∥ 1987, 『한국회화사론』, 열화당.
• 변영섭 ∥ 1988, 『豹菴 姜世晃의 회화연구』, 일지사.
• 김은희 ∥ 1991, 『표암 강세황의 예술철학사상 연구』, 성균관대 박사학위 논문.
• 김은희 ∥ 1994, 『강세황의 예술철학과 동양화론』, 도서출판 현명.
• 서동형 ∥ 1996, 『조선후기 書 · 畵詩 연구-豹菴 · 紫霞 · 秋史의 작품을 중심으로』, 성신여대 한문학과 박사학위논문.
• 최완수 외 ∥ 1998, 『우리문화의 황금기-진경시대』 1 · 2, 돌베개.
• 조정육 ∥ 2002, 『표암 강세황, 가을 풀잎에서 메뚜기가 떨고 있구나』, 고래실.
• 최순우 ∥ 1971, 「姜豹菴」『고고미술』 10.
• 배정룡 ∥ 1978, 「표암 강세황의 산수화연구」『고고미술』 138 · 139합집.
• 서동형 ∥ 1988, 「표암 강세황의 시문학연구」, 청주대 석사학위논문.
• 변영섭 ∥ 1989, 「강세황의 '知樂窩圖' 」『고고미술』 181.

• 서동형 ∥ 1989, 「표암 강세황의 시연구」『청대한림』 4, 청주대.
• 박은순 ∥ 1991, 「호생관 최북의 산수화」『미술사연구』 5.
• 문영오 ∥ 1994, 「표암 강세황의 學書軌跡 1」『書通』 1994년 9월호, 東方研書會.
• 문영오 ∥ 1994, 「표암 강세황의 學書軌跡 2」『書通』 1994년 10월호, 東方研書會.
• 변영섭 ∥ 1995, 「강세황론」『미술사논단』 1.
• 문영오 ∥ 1994, 「표암 강세황의 學書軌跡-조선조의 서예가를 중심으로」『동대논총』 25, 동덕여대.
• 권영필 ∥ 1997, 「조선왕조 畵員에 있어서 전통과 창조의 개념」『한국학연구』 9, 고려대.
• 김건리 ∥ 2003, 「표암 강세황의 '송도기행첩' 연구-제작 경위와 화첩의 순서를 중심으로」『미술사학연구』 238 · 239합집.
• 유천형 ∥ 2004, 「단원 김홍도의 생거지 조사연구」『경기향토사학』 9.
• 김근수 ∥ 2004, 「연풍현감 단원 김홍도」『충북향토문화』 16.
• 이성구 ∥ 2005, 「표암 강세황」『상산문화』 11.
• 백인산 ∥ 2006, 「표암 강세황의 墨竹畵」『역사에서의 중앙과 지방』, 제49회 전국역사학대회 발표문.

2) 姜靜一堂 - 충주 · 제천

• 『靜一堂遺稿』.
• 이영춘 ∥ 2002, 『강정일당 : 한 조선 여성지식인의 삶과 학문』, 가람기획.
• 이혜순 외 ∥ 2003, 『한국 고전 여성문학의 세계-산문편』, 이화여대출판부.
• 박은봉 ∥ 2003, 『사진과 그림으로 보는 한국사편지 4-조선후기부터 대한제국성립까지』, 웅진닷컴.
• 김명희 외 ∥ 2003, 『조선시대 여성문학과 사상』, 이회문화사.
• 김경미 · 박무영 · 조혜란 ∥ 2004, 『조선의 여성들, 부자유한 시대에 너무나 비범했던』, 돌베개.
• 이혜순 ∥ 2005, 『한국 고전여성작가의 시세계-우리 문화의 뿌리를 찾아서 9』, 이화여대출판부.
• 전승길 ∥ 1974, 「靜一堂遺稿」『국학자료』 3-1.
• 김미란 ∥ 1979, 「조선후기 여류문학의 실학적 특질-특히 18세기를 중심으로」『동방학지』 84.
• 이영자 ∥ 1989, 「靜一堂의 문학연구」, 홍익대 교육대학원 석사논문.
• 이종훈 ∥ 1999, 「제천이 낳은 조선조 여인의 꽃 姜靜一堂」『내제문화』 11.
• 조혜란 ∥ 1999, 「조선시대 여성의 글에 나타난 여성 인식」『문헌과 해석』 8.
• 이영춘 ∥ 2000, 「강정일당의 생애와 학문」『조선시대사학보』 13.
• 박현숙 ∥ 2002, 「임윤지당과 강정일당 문학의 사상적 기반」『한중인문학연구』 9.
• 이영춘 ∥ 2003, 「조선후기 여성지식인들의 자아의식-임윤지당과 강정일당을 중

심으로」『조선시대 양반사회와 문화 3 : 조선시대사회의 모습』, 집문당.

3) 慶延 - 청주

- 이병휴 ǀ 1999, 『조선전기 사림파의 현실인식과 대응』, 일조각.
- 김영진 ǀ 1994, 「慶延의 효행사실과 變異 攷」『호서문화연구』 12.
- 이재학 ǀ 2001, 「조선시대 청주지역의 서원-신항서원을 중심으로」, 청주대 교육대학원 학위논문.
- 김의환 ǀ 2005, 「慕溪 趙綱의 향촌사회 활동과 청주사족의 동향」『조선시대사학보』 32.

4) 權近 - 음성

- 『陽村集』.
- 『入學圖說』.
- 『禮記淺見錄』.
- 도광순 외 ǀ 1985, 『권근의 생애와 사상』, 한국인문과학연구소.
- 도광순 편 ǀ 1989, 『권양촌 사상의 연구』, 교문사.
- 도현철 ǀ 1996, 『려말선초 신 · 구법파 사대부의 정치개혁사상연구』, 연세대 박사학위논문.
- 이정주 ǀ 1997, 『려말선초 유학자의 불교관-정도전과 권근을 중심으로』, 고려대 박사학위논문.
- 안동권씨정간공실기편찬위원회 ǀ 1998, 『안동권씨 靖簡公實記』.
- 권근 ǀ 1999, 『응제시집주』, 해돋이.
- 충주대박물관 · 안동권씨文忠公宗中 ǀ 1999, 『양촌권근三代묘소 정밀지표조 사보고서』.
- 김남일 ǀ 2005, 『고려말 조선초기의 세계관과 역사의식 : 이색과 권근을 중심으로』, 경인문화사.
- 이병도 ǀ 1929, 「권양촌의 입학도설에 취하여(상)」『동양학보』 17-4.
- 이병도 ǀ 1929, 「권양촌의 입학도설에 취하여(하)」『동양학보』 18-1.
- 박천규 ǀ 1964, 「陽村 權近 연구」『사총』 9.
- 윤병석 ǀ 1965, 「권근-이조성리학의 제1장」『한국의 인간상』 4, 신구문화사.
- 千炳其 ǀ 1969, 「권근의 『입학도설』에 관한 연구」『영남대논문집』 3.
- 박천식 ǀ 1976, 「조선 개국원종공신의 책봉과정과 대우」『군산교대논문집』 9-하.
- 박천식 ǀ 1976, 「개국원종공신의 연구」『군산교대논문집』 10.
- 정두희 ǀ 1977, 「조선초기 三功臣 연구-그 사회적 배경과 정치적 역할을 중심으로」『역사학보』 75 · 76합집.
- 이강수 ǀ 1978, 「양촌문집」『국회도서관보』 1978년 6월호.
- 박천규 ǀ 1979, 「양촌집」『민족문화』 5.

• 한영우 | 1981, 「태종대의 왕권강화와 역사서술-권근의 『東國史略』」『조선전기사학사연구』, 서울대학교출판부.
• 김호종 | 1982, 「양촌 권근의 정치사상에 관한 고찰」『안동문화』 3.
• 유정동 | 1982, 「천명도설에 관한 연구-陽村 · 秋巒 · 河西 · 退溪의 천명관의 맥락을 중심으로」『동양학』 12.
• 채정수 | 1984, 「권근의 불교관」『대학원논문집(인문사회과학편)』 7, 동아대대학원.
• 이애희 | 1984, 「권근의 사상」『한국의 사상』, 열음사.
• 지두환 | 1985, 「조선전기 문묘종사논의-정몽주 · 권근을 중심으로」『부대 사학』 9.
• 문철영 | 1986, 「권근의 동국사략」『사학지』 20, 단국대사학회.
• 권정안 | 1986, 「권양촌의 '禮記淺見錄' 연구」『한국철학사상논구』 1, 동양철학연구회.
• 김승현 | 1986, 「五經淺見錄을 통해 본 양촌의 경학사상」『한국철학사상논구』 1, 동양철학연구회.
• 이은성 | 1986, 「천상열차분야지도의 분석」『세종학연구』 1, 세종대왕기념사업회.
• 이정주 | 1988, 「권근의 대불교관계와 그 인식」, 고려대 석사학위논문.
• 高橋 進 | 1989, 「權陽村 사상의 역사적 의의」『권양촌 사상의 연구』, 교문사.
• 배종호 | 1989, 「권양촌의 철학」『권양촌 사상의 연구』, 교문사.
• 도광순 | 1989, 「권양촌의 학문과 사상」『권양촌 사상의 연구』, 교문사.
• 유인희 | 1989, 「권양촌의 성리학사상」『권양촌 사상의 연구』, 교문사.
• 黃湘陽 | 1989, 「권양촌의 학문의 特格」『권양촌 사상의 연구』, 교문사.
• 유정동 | 1989, 「권양촌의 『入學圖說』 고찰」『권양촌 사상의 연구』, 교문사.
• 韋日春 | 1989, 「권양촌 성리학의 기본구조」『권양촌 사상의 연구』, 교문사.
• 酒井忠夫 | 1989, 「려말선초의 신유교와 권양촌의 학문」『권양촌 사상의 연구』, 교문사.
• 유성숙 | 1990, 「권근의 정치사상연구」, 이화여대 석사학위논문.
• 송준호 | 1991, 「권양촌의 文觀」『인문과학』 65, 연세대.
• 이정주 | 1991, 「권근의 불교관에 대한 재검토」『역사학보』 131.
• 김종진 | 1991, 「권근의 詩 · 書淺見錄에 대하여」『서지학보』 5.
• 丁大丸 | 1992, 「권근 성리학의 구조와 특성」『中天金忠烈화갑기념논문집』.
• 금장태 | 1992, 「양촌의 예학사상」『동방철학사상연구-道原 유승국박사고희기념논총』, 동방문화연구원 출판부.
• 금장태 | 1993, 「양촌 권근의 경학사상」『양촌회보』 통권 5-7호, 양촌선생기념사업회.
• 최영성 | 1993, 「周易淺見錄을 통해 본 권근의 경학사상」『한국철학논집』 3, 한국철학사연구회.

- 최석기 | 1995, 「양촌 권근의 詩經해설」『한문학연구』 10, 계명한문학회.
- 허종은 | 1995, 「양촌 권근의 禮論에 관한 연구」『한국철학논집』 3, 한국철학사연구회.
- 최석기 | 1996, 「양촌 권근의 國風次序論」『한국의 경학과 한문학』, 태학사.
- 이정주 | 2000, 「고려후기 불교계의 체용론적 전통과 권근의 성리학」『동방학지』 100.
- 장숙필 | 2000, 「권근의 『입학도설』과 그 영향」『도설로 보는 한국유학』, 예문서원.
- 강문식 | 2001, 「권근의 생애와 교유인물」『한국학보』 102.
- 이기훈 | 2002, 「권근 易學의 河洛論과 주희의 하락론」『중국철학』 9, 중국철학회.
- 양태순 | 2002, 「양촌 권근과 충북」『호서문화논총』 16, 서원대 호서문화연구소.
- 최기석 | 2002, 「양촌 文忠公의 거주지와 가족생활」 1-6 『안동권씨대종보 陵洞春秋』 38-43, 안동권씨대종회.
- 서근식 | 2003, 「양촌 권근의 易學사상에 관한 연구」『동양고전연구』 19.
- 최석기 | 2003, 「양촌 권근의 『大學』 해석과 그 의미」『한문학보』 8, 우리한문학회.
- 강문식 | 2003, 「『周易淺見錄』의 형성 배경과 권근의 易學」『한국학보』 110.
- 엄경흠 | 2004, 「정몽주와 권근의 使行詩에 표현된 국제관계」『한국중세사연구』 16.
- 최석기 | 2004, 「양촌 권근의 『中庸』 해석과 그 의미」『남명학연구』 17.
- 이정호 | 2005, 「고려후기 안동권씨 가문의 경제적 기반-權仲時 · 權守平 계열을 중심으로」『한국사학보』 21, 고려사학회.

5) 權擥 – 음성

- 『所閑堂集』.
- 이병휴 | 1999, 『조선전기 사림파의 현실인식과 대응』, 일조각.
- 한영우 | 1981, 「세조대의 전제군주적 역사서술-권람의 『應制詩註』」『조선전기사학사연구』, 서울대학교출판부.

6) 權尙夏 – 제천 · 충주

- 『寒水齋集』.
- 『寒水齋先生年譜』.
- 민족문화추진회 | 1991, 『국역 한수재집』.
- 전인식 | 1999, 『이간과 한원진의 미발 · 오상 논변 연구』, 한국정신문화 연구원 한국학대학원 박사학위논문.
- 전용우 | 1988, 「수암 권상하와 호서사림」『호서사학』 16.

- 김준석 | 1990, 「한원진의 주자학인식과 호락논쟁」『이재룡박사환력기념한국사학논총』.
- 김연호 | 1991, 「수암 권상하의 생애와 사상에 대한 소고」『내제문화』 3.
- 김연호 | 1994, 「遂庵과 玉所의 문답 소개」『충북향토문화』 5.
- 차용주 | 1996, 「권상하 연구」『호서문화논총』 9 · 10합집, 서원대 호서문화연구소.
- 이경구 | 1996, 「金昌翕의 학풍과 호락논쟁」『한국사론』 36, 서울대 국사학과.
- 권오영 | 1998, 「18세기 호락논변의 쟁점과 그 성격」『조선시대의 사회와 사상』, 조선사회연구회.
- 조성산 | 2000, 「18세기 후반 낙론계 경세사상의 심성론적 기반」『조선시대사학보』 12.
- 이정우 | 2000, 「17~18세기 충주지방 서원과 사족의 당파적 성격」『한국사연구』 109.
- 김문식 | 2000, 「송시열이 권상하에게 남긴 유언」『문헌과 해석』 11.
- 장승구 | 2002, 「수암의 학맥, 학풍과 황강서원」『조선시대 충북지역의 학맥과 학풍』, 충북학연구소.
- 장숭구 | 2002, 「수암의 황강학파와 그 사상」『지역문화연구』 1, 세명대 지역문화연구소.

7) 權燮 – 제천

- 『玉所集』.
- 『옥소장계』.
- 조동일 | 1984, 『한국문학통사』 3, 지식산업사.
- 박요순 | 1987, 『玉所 權燮의 시가 연구』, 탐구당.
- 제천시문화원 | 1994, 『의림문화8-奈鄕別曲』.
- 정흥모 | 2001, 『조선후기 사대부 시조의 세계인식』, 월인.
- 이창희 역 | 2002, 『옥소 권섭의 꿈세계 내 사는 곳이 마치 그림같은데』, 도서출판 다운샘.
- 김연호 | 2004, 『제천의 역사인물-옥소 권섭』, 제천예총지부.
- 권성민 | 1991, 「옥소 권섭의 국문시가 연구」, 서울대 석사학위논문.
- 신한철 | 1994, 「옥소 권섭의 시조연구」『의림문화』 8, 제천시문화원.
- 이창식 | 1996, 「권섭의 가사 영삼별곡과 도통가 연구」『인문사회과학연구』 4, 세명대 인문사회과학연구소.
- 강호갑 | 1997, 「옥소 권섭의 시가 연구」, 한국교원대 석사학위논문.
- 이경원 | 1997, 「옥소 권섭의 시조 연구」, 한국교원대 석사학위논문.
- 이창식 | 2003, 「권섭의 황강구곡가와 제천」『제천학과 청풍명월』, 제천문화원.
- 김연호 | 2004, 「옥소 권섭의 생애와 문학 · 예술에 대한 소고」『충북향토문화』 16.

8) 金貴榮 – 충주

• 장준식 ∥ 1994, 「東園 金貴榮의 폐정개혁안」『박물관지』 3, 충청전문대 박물관.

9) 金得臣 – 괴산

• 『栢谷集』.
• 이가원 편 ∥ 1985, 『백곡문집』, 태학사.
• 정약용 저, 박석무 · 정해렴 편역 ∥ 1996, 『茶山論說選集』, 현대실학사.
• 이재복 ∥ 1999, 『백곡 김득신의 시문학 연구』, 세종대 박사학위논문.
• 임동철 외 ∥ 2002, 『청풍명월을 노래한 金得臣의 詩』, 김득신기념사업회.
• 정민 ∥ 2004, 『미쳐야 미친다-조선 지식인의 내면세계』, 푸른역사.
• 김동욱 역 ∥ 2004, 『국역 청야담수』 3, 보고사.
• 주영하 ∥ 2005, 『그림 속의 음식 음식 속의 역사』, 사계절.
• 정대림 ∥ 1983, 「김득신의 詩論」『이조후기 한문학의 재조명』, 창비사.
• 김창룡 ∥ 1986, 「한 · 중 仮傳의 소재적 원천탐구-술 의인가전을 중심으로」『논문집』 10, 한성대.
• 김창룡 ∥ 1987, 「김득신의 仮傳 〈歡伯將軍傳〉」『한성어문학』 6.
• 김창룡 ∥ 1987, 「백곡 김득신의 인간과 문학」『淵民이가원선생 七秩頌壽기념논총』.
• 김현룡 ∥ 1987, 「실학문학과 神仙사상」『淵民이가원선생 七秩頌壽기념논총』.
• 이미정 ∥ 1991, 「백곡 김득신의 詩世界 연구」, 고려대 석사학위논문.
• 이영미 ∥ 1991, 「백곡 김득신의 儷文 연구」『어문연구』21.
• 김창룡 ∥ 1992, 「백곡 김득신의 인간과 문학」『충격과 조화』, 동방문학비교연구총서 2.
• 신범식 ∥ 1996, 「백곡 김득신 연구」, 청주대 석사학위논문.
• 배다니엘 ∥ 1998, 「김득신의 『終南叢志』에 나타난 嚴羽 시론의 수용」『중국학논총』 7.
• 이종묵 ∥ 1998, 「백곡 김득신론」『조선후기한시작가론』 2, 이회.
• 구장서 ∥ 1999, 「백곡 김득신선생의 삶과 배경」『증평문화』 3.
• 안대회 ∥ 1999, 「시의 正宗論 김득신의 비평산문 두 편」『문헌과 해석』 9.
• 안대회 ∥ 2000, 「김득신의 구안론」『조선후기시화사』, 소명.
• 김근수 ∥ 2000, 「栢谷 金得臣의 문학세계」『충북향토문화』 11.
• 신범식 ∥ 2001, 「백곡 김득신의 그 생애와 문학」『증평문화』 5.
• 김길자 ∥ 2001, 「시문의 대가 백곡 김득신」『증평문화』 5.
• 차용주 ∥ 2001, 「김득신 연구」『한국한문학작가연구』 3.
• 이종묵 ∥ 2002, 「김득신 한시의 창작방법과 淸新의 미학」『한국한시의 전통과 문예미』, 태학사.
• 신범식 ∥ 2003, 「백곡 김득신선생의 서문을 곁들인 묘갈명」『증평문화』 6.

• 임동철 ‖ 2004, 「김득신의 생애와 문학적 배경」『중원문화논총』 8, 충북대 중원문화연구소.
• 성범중 ‖ 2004, 「김득신의 한시에 나타난 귀거래 의식과 취묵당」『중원문화논총』 8.
• 김창룡 ‖ 2004, 「백곡 김득신의 산문 문학에 대해서」『중원문화논총』 8.
• 신범식 ‖ 2004, 「김득신의 '終南叢志'에 나타난 시론-비평관을 중심으로」『중원문화논총』 8.
• 임동철 ‖ 2004, 「백곡 김득신의 인간과 시」『증평문화』 7.
• 신범식 ‖ 2004, 「백곡 김득신의 오언절구선」『증평문화』 7.

10) 金文起 – 옥천

• 경주김씨백촌공파종친회 ‖ 1979, 『白村公遺事錄』.
• 梨村김진우헌법재판관회갑기념논총간행위원회 ‖ 1995, 『백촌 김문기연구』, 동방도서.
• 옥천문화원 ‖ 1998, 『白村 金文起』.
• 홍기원 ‖ 2001, 『육신론』, 민속원.
• 류영박 ‖ 2003, 『김문기 연구의 기초』, 푸른사상.
• 이현희 ‖ 1981, 『사육신 白村 金文起의 忠義論』, 백촌 김문기선생 사상연 구소.
• 류영박 ‖ 2003, 『김문기 연구의 기초』, 푸른세상.
• 이재호 ‖ 1978, 「사육신 訂正論의 허점」『부산대논문집』 26.
• 서수생 · 김문기 ‖ 1979, 「사육신의 사상과 문학연구」『동방문화연구』 6, 경북대.
• 이현희 ‖ 1981, 「白村 金文起의 忠義연구」『백촌 김문기 연구』, 동방도서.
• 이현희 ‖ 1982, 「백촌 김문기의 忠義연구-新사육신론의 검토」『성신여대 연구논문집』 15.
• 조종업 ‖ 1995, 「백촌의 충절정신」『백촌 김문기 연구』.
• 김창수 ‖ 1995, 「백촌 김문기의 생애와 사상」『백촌 김문기 연구』.
• 김진우 ‖ 1995, 「백촌선생 사육신론」『백촌 김문기 연구』.
• 김정규 ‖ 1995, 「백촌 김문기의 친족관계」『백촌 김문기 연구』.
• 유영박 ‖ 1995, 「백촌 김문기 유적지기행」『백촌 김문기 연구』.
• 노평규 ‖ 1996, 「백촌 김문기의 충효와 의리사상」『유교사상연구』 8, 한국유교학회.
• 김진우 ‖ 1999, 「사육신 백촌 김문기」『옥천향토문화』 4.
• 김진우 ‖ 2000, 「옥천인 사육신 김문기선생」『옥천향토문화』 5.
• 김진우 ‖ 2003, 「국사편찬위원회의 백촌 김문기 사육신판정의 이론적 배경-사육신의 선정기준과 사육신」『한국사학논총』, 푸른사상.
• 이명수 ‖ 2003, 「동두천 三忠壇과 백촌 김문기의 연구」『경기향토사학』 8.

11) 金世濂 – 충주

• 『東溟集』.

- 『海槎錄』.
- 이혜순 | 1996, 『조선 통신사의 문학』, 이대출판부.
- 정호훈 | 2004, 『조선후기 정치사상 연구-17세기 북인계남인을 중심으로』, 혜안.
- 천관우 | 1979, 「반계 유형원연구」 『근세조선사연구』, 일조각.
- 정홍준 | 1986, 「북인정권의 성립과 대민정책의 성격」, 고려대 석사학위논문.
- 한명기 | 1988, 「광해군대 대북세력과 정국의 동향」 『한국사론』 20.
- 이기남 | 1990, 「광해군 정치세력의 구조와 변동」 『북악사론』 2.
- 신병주 | 1992, 「17세기전반 北人관료의 사상-김신국 · 남이공 · 김세렴을 중심으로」 『역사와 현실』 8.
- 강전섭 | 2000, 「동명 김세렴의 樂府 二首에 대하여」 『서지학보』 24, 한국서지학회.
- 정도상 | 2002, 「東溟 김세렴의 사상록 고찰-택당 이식의 비평을 중심으로」 『한문학논집』 20, 근역한문학회.

12) 金世弼 - 음성 · 충주

- 『十淸軒集』.
- 이병휴 | 1999, 『조선전기 사림파의 현실인식과 대응』, 일조각.
- 이해준 | 2002, 『말마리와 지천서원』, 지천서원.
- 홍순석 | 2002, 『김세필의 생애와 시』, 경주김씨문간공십청헌파종회.
- 정만조 · 이근수 · 정옥자 · 이성규 | 2004, 『음애 이자와 기묘사림』, 지식산업사.
- 오종일 | 1978, 「陽明傳習錄 전래고」 『철학연구』 5, 고려대.
- 송석준 | 1998, 「양명학의 전래와 연구」 『한국사』 31, 국사편찬위원회.
- 조규박 | 1998, 「도덕암과 백운 구로회」 『내제문화』 10.
- 이정우 | 2000, 「17~18세기 충주지방 서원과 사족의 당파적 성격」 『한국사연구』 109.
- 김용곤 | 2001, 「김세필의 도학정치사상」 『전농사론』 7, 서울시립대 국사학과.
- 이영춘 | 2001, 「16세기 사림파와 김저의 정치활동」 『한국사상과 문화』 12, 한국사상문화학회.
- 김현영 | 2002, 「훈구에서 사림으로」 『조선의 정치와 사회』, 집문당.
- 박한남 | 2002, 「고려말 조선초 김자수의 정치활동과 사상」 『조선의 정치와 사회』, 집문당.
- 류주희 | 2003, 「김영유의 생애와 정치사상」 『조선시대 양반사회와 문화 4 : 조선시대의 사상과 문화』, 집문당.
- 이상태 | 2003, 「기호사림파의 일연구」 『조선시대 양반사회와 문화 4 : 조선시대의 사상과 문화』, 집문당.
- 이상태 | 2003, 「김세필의 생애와 사상」 『상촌 김자수와 그 후예』, 상촌사상연구회.

- 김돈 ▮ 2003, 「을사사화와 피화인 김저의 대응」『상촌 김자수와 그 후예』, 상촌사상연구회.
- 이영춘 ▮ 2003, 「16세기 사림파와 김저의 정치활동」『상촌 김자수와 그 후예』, 상촌사상연구회.
- 고성훈 ▮ 2003, 「김홍욱의 민생론과 정치활동」『상촌 김자수와 그 후예』, 상촌사상연구회.
- 김용곤 ▮ 2003, 「김세필의 도학정치사상」『상촌 김자수와 그 후예』, 상촌사상연구회.
- 박홍갑 ▮ 2005, 「16세기 전반기 정국 추이와 충주사림의 피화-광주이씨 克 堪系를 중심으로」『사학연구』 79.

13) 金守溫 - 영동

- 영동문화원 ▮ 2001, 『拭疣集』.
- 김종윤 ▮ 2004, 『인물로 본 한반도 조선사의 허구』 하, 여명.
- 박병채 ▮ 1962, 「月印千江之曲의 편찬경위에 대하여」『문리논집』 6, 고려대.
- 이호영 ▮ 1976, 「乖崖 金守溫의 文名과 崇佛 성격」『단국대 논문집』 10.
- 구석봉 ▮ 1986, 「乖崖 金守溫선생의 생애와 문학」『영동문화』 2 · 3합집.
- 김경수 ▮ 1987, 「세종조 치평요람에 대한 연구」, 충남대 석사학위논문.
- 김용조 ▮ 1988, 「조선 전기 儒佛會通論」『경상대 논문집』 27-1.
- 김동대 ▮ 1994, 「세종조의 문화발전과 永同人의 역할」『충북향토문화』 5.
- 김경수 ▮ 1994, 「治平要覽에 대한 연구」『호서사학』 21 · 22합집.
- 김윤호 ▮ 2002, 「好佛儒臣 김수온과 월인천강지곡」『향토연구』 12, 영동향토사연구회.
- 김동대 ▮ 2002, 「조선초 국어와 월인천강지곡」『향토연구』 12, 영동향토사연구회.
- 김윤호 ▮ 2003, 「乖崖 金守溫선생의 업적」『향토연구』 13, 영동향토사연구회.
- 영동향토사연구회편집실 ▮ 2004, 「乖崖 金守溫의 文名과 崇佛성격」『향토 연구』 14, 영동향토사연구회.

14) 金時敏 - 괴산

- 박성식 ▮ 1986, 『임진왜란의 연구-임진 · 계사년 진주성전투를 중심으로』, 영남대 박사학위논문.
- 김시약장군추모사업준비위원회 ▮ 2000, 『괴산에서 태어나 忠 · 孝로 생을 마친 의병장 金時若』, 영지문화사.
- 김시민장군사당건립추진위원회 ▮ 2003, 『충무공김시민장군 사료집』.
- 이해준 · 김경수 편저 ▮ 2004, 『호국의 영웅 김시민장군』, 천안문화원 · 충무공 김시민장군기념사업회.
- 박성식 ▮ 1982, 「癸巳 진주성 전투 소고」『경북사학』 4.

- 장문평 | 1986, 「진주성의 수호신 김시민」『군사』 13.
- 박성식 | 1992, 「진주성 전투」『경남문화연구』 14, 경상대.
- 박익환 | 1996, 「임란시 1차진주대첩에서의 학봉과 김시민의 功業」『아시아문화』 12, 한림대.
- 박익환 | 1996, 「임란시 1차진주대첩에서의 학봉과 김시민의 功業」『동국사학』 30.
- 이춘택 | 2001, 「충무공 김시민」『괴향문화』 9.
- 강성문 | 2004, 「진주대첩에서의 김시민의 전략과 전술」『군사』 51.

15) 金藎國 - 충주

- 『後瘳集』.
- 『大東奇聞』.
- 정호훈 | 2004, 『조선후기 정치사상 연구-17세기 북인계남인을 중심으로』, 혜안.
- 정홍준 | 1986, 「북인정권의 성립과 대민정책의 성격」, 고려대 석사학위논문.
- 한명기 | 1988, 「광해군대 대북세력과 정국의 동향」『한국사론』 20.
- 원유한 | 1989, 「관료학자 金藎國의 화폐경제론」『龍巖차문섭교수화갑기념논총 조선시대사연구』.
- 이기남 | 1990, 「광해군 정치세력의 구조와 변동」『북악사론』 2.
- 신병주 | 1992, 「17세기전반 北人관료의 사상-김신국 · 남이공 · 김세렴을 중심으로」『역사와 현실』 8.
- 백승철 | 1996, 「16세기말~17세기초 상업관의 변화와 상업정책론」『국사관논총』 68.
- 차은주 | 1999, 「16~17세기 김신국의 사회경제정책 연구」『실학사상연구』 12.

16) 金宇顒 - 청주

- 『東岡先生文集』.
- 이이화 | 1993, 『이야기 인물한국사 5-역사상의 라이벌과 동반자』, 한길사.
- 이병휴 | 1999, 『조선전기 사림파의 현실인식과 대응』, 일조각.
- 이재곤 | 1979, 「東崗선생문집」『국회도서관보』 143.
- 이상필 | 1992, 「임란시 在朝 남명문인의 활동-藥圃 · 東崗 · 寒岡을 중심으로」『남명학연구』 2, 남명학연구소.
- 권인호 | 1994, 「동강 김우옹의 학문과 사상연구-생애와 경세사상을 중심으로」『남명학연구논총』 2, 남명학연구원.
- 한상규 | 1995, 「金東崗의 교육사상」『남명학연구논총』 3, 남명학연구원.
- 김홍영 | 1997, 「동강 김우옹의 讀書論과 학문적 성향」『남명학연구』 6, 남명학연구소.

17) 金堉 - 청주 · 제천

- 민족문화추진회 역 | 1976, 『국역 연행록선집』 2, 민족문화추진회.
- 유원동 | 1983, 『한국실학개론』, 정음문화사.
- 한국정신문화연구원 | 1995, 『한국학기초자료선집 : 근세2편』.
- 김형광 | 1998, 『조선인물실록(한권으로 읽는)』, 시아출판사.
- 이덕일 | 2005, 『성공한 개혁 실패한 개혁-한국사로 읽는』, 마리서사.
- 김두종 | 1955, 「이씨조선의 후기 활자의 改鑄와 潛谷 김육선생의 삼대공헌」 『백낙준기념국학논총』.
- 김경탁 | 1963, 「이조 실학파의 성리학설」 『문리논총-문학부편7』, 고려대.
- 원유한 | 1965, 「김육과 銅鐵」 『사학회지』 8, 연세대 사학연구회.
- 한영국 | 1965, 「김육-민족번영의 경세가」 『인물한국사』 4, 박우사.
- 정형우 | 1965, 「김육-경국제민의 실천가」 『한국의 인간상』 1, 신구문화사.
- 김윤곤 | 1971, 「대동법의 시행을 둘러싼 찬반 양론과 그 배경」 『대동문화연구』 8, 성균관대 대동문화연구원.
- 원유한 | 1974, 「潛谷 金堉(1580~1658)의 화폐사상」 『편사』 5, 국사편찬위 원회 편사회.
- 김호일 | 1979, 「경륜가로서의 잠곡」 『한국학』 21, 중앙대 한국학연구소.
- 심우준 | 1979, 「김육의 『朝京日錄』-특히 병자호란시의 조명관계를 중심으로」 『한국학』 21, 영신아카데미 한국학연구소.
- 김근수 | 1979, 「잠곡의 인간과 저서」 『한국학』 21, 영신아카데미 한국학연구소.
- 한영국 | 1979, 「김육-민족번영의 경세가」 『역대인물한국사』 6, 신화출판사.
- 원유한 | 1980, 「잠곡 김육의 화폐경제사상」 『홍대논총』 11.
- 이남복 | 1980, 「김육의 사상과 그 역사적 위치」 『사학지』 14.
- 강세구 | 1985, 「잠곡 김육의 생애와 사상」, 홍익대 석사학위논문.
- 김현목 | 1986, 「잠곡 김육의 정치경제사상」, 인하대 석사학위논문.
- 김상홍 | 1987, 「한국의 集句詩 연구」 『단국대학교 한문학논집』 5.
- 김세봉 | 1988, 「김육의 사회경제정책 연구」 『사학지』 21.
- 정홍준 | 1995, 「17세기 大臣과 儒賢의 역학관계」 『국사관논총』 65.
- 정만조 | 1999, 「17세기 중반 한당의 정치활동과 국정운영론」 『한국문화』 23.
- 김준석 | 2001, 「김육의 安民經濟論과 大同法」 『민족문화』 24, 민족문화추진회.
- 천혜봉 | 2001, 「潛谷 김육의 著 · 編書와 활자인쇄」 『민족문화』 24, 민족문화추진회.
- 배우성 | 2001, 「17세기 정책논의구조와 김육의 사회경제정책관」 『민족문화』 24, 민족문화추진회.
- 정만조 | 2001, 「조선중후기 경기북부지역의 사족변천과 集姓村의 발달」 『북악사론』 8.
- 이헌창 | 2002, 「김육의 경제사상과 경제적 업적」 『문헌과 해석』 18, 문헌과해석사.

• 이종묵 | 2002, 「17세기 문화공간-남산 회현동 김육의 집」『문헌과 해석』 18.
• 정연식 | 2003, 「김육」『63인의 역사학자가 쓴 한국사인물열전』 2, 돌베개.
• 우경섭 | 2004, 「잠곡 김육(1580~1658)의 學風과 時勢 인식」『한국문화』 33.
• 조성산 | 2005, 「17세기 중 · 후반 서울 · 경기지역 西人의 경세학과 정책이 념」『한국사학보』 21, 고려사학회.
• 이영춘 | 2006, 「병자호란 전후의 조선 · 명 · 청 관계와 김육의 『朝京日錄』」『조선시대사학보』 38.

18) 金自粹 – 음성

• 『桑村先生年譜』.
• 이해준 | 2002, 『말마리와 지천서원』, 지천서원.
• 유경아 | 1997, 『정몽주의 정치활동 연구』, 이화여대 박사학위논문.
• 신천식 | 2003, 『桑村선생의 생애와 사상』, 상촌사상연구회.
• 상촌사상연구회 | 2003, 『상촌 김자수와 그 후예』.
• 장득진 | 1984, 「趙浚의 정치활동과 그 사상」『사학연구』 38.
• 송창한 | 1990, 「김자수의 斥佛論에 대하여-공양왕 3년 5월의 상소문을 중심으로」『역사교육논집』 13 · 14합집.
• 김정자 | 1992, 「두문동 72현의 정치성향」『부대사학』 15 · 16.
• 이종호 | 1993, 「상촌 김자수의 생애와 사상」『안동문화』 14.
• 김정자 | 1998, 「두문동 72현의 선정인물에 대한 검토」『부대사학』 22.
• 김영수 | 1998, 「여말선초 정치운영론의 변화」『역사와 현실』 29.
• 이정주 | 2001, 「조선 건국을 둘러싼 정통과 이단의 격돌-고려 공민왕3년 斥佛論爭 참가자 분석」『한국사학보』 10, 고려사학회.
• 김현영 | 2002, 「훈구에서 사림으로」『조선의 정치와 사회』, 집문당.
• 박한남 | 2002, 「고려말 조선초 김자수의 정치활동과 사상」『조선의 정치와 사회』, 집문당.
• 류주희 | 2003, 「김영유의 생애와 정치사상」『조선시대 양반사회와 문화 4 : 조선시대의 사상과 문화』, 집문당.
• 신천식 | 2003, 「조선시대 상촌선생의 행록」『상촌 김자수와 그 후예』, 상촌사상연구회.
• 우영란 | 2003, 「상촌 김자수의 생애」『상촌 김자수와 그 후예』, 상촌사상연구회.
• 김돈 | 2003, 「을사사화와 피화인 김저의 대응」『상촌 김자수와 그 후예』, 상촌사상연구회.
• 박한남 | 2003, 「고려말 상촌 김자수의 생애와 정치활동」『상촌 김자수와 그 후예』, 상촌사상연구회.
• 이영춘 | 2003, 「16세기 사림파와 김저의 정치활동」『상촌 김자수와 그 후예』, 상촌사상연구회.

• 고성훈 ‖ 2003, 「金弘郁의 민생론과 정치활동」『상촌 김자수와 그 후예』, 상촌사상연구회.
• 김용곤 ‖ 2003, 「김세필의 도학정치사상」『상촌 김자수와 그 후예』, 상촌사상연구회.
• 김현영 ‖ 2003, 「훈구에서 사림으로-15 · 16세기 경주김씨 상촌가문을 중심으로」『상촌 김자수와 그 후예』, 상촌사상연구회.

19) 金淨 - 보은 · 청주

• 『忠庵集』.
• 『忠庵先生年譜』.
• 이병휴 ‖ 1984, 『조선전기 기호사림파연구』, 일조각.
• 이병휴 ‖ 1999, 『조선전기 사림파의 현실인식과 대응』, 일조각.
• 정두희 ‖ 2000, 『조광조』, 아카넷.
• 이상은 ‖ 1973, 「조선조 국론에 반영된 의리정신-朴祥 · 金淨 상소시비를 중심으로」『사문논총』 1, 사문학회.
• 장순범 ‖ 1978, 「충암선생집」『국회도서관보』 135.
• 홍순필 ‖ 1981, 「충암의 '濟州風土錄' 小考」『어문논집』 21, 고려대.
• 김종진 ‖ 1985, 「충암 김정의 문학세계」, 성균관대 석사학위논문.
• 이원복 ‖ 1990, 「金淨의 山椒白頭圖考」『충청문화연구』 2, 한남대.
• 이범직 ‖ 1993, 「눌재 박상의 愼氏復位疏에 나타난 의리사상」『한국사상사학』 4 · 5합집.
• 金泰泳 ‖ 1995, 「沖庵 金淨의 생애와 사상」『호서문화연구』 13.
• 김홍철 ‖ 1998, 「충암선생 연보소개」『보은의 향토사』 1.
• 이종찬 ‖ 1998, 「충암의 시문학」『보은의 향토사』 1.
• 金泰泳 ‖ 1995, 「沖庵 金淨의 生涯와 思想」『보은의 향토사』 1.
• 정두희 ‖ 2000, 「폐비신씨의 복위문제에 대한 논쟁과 조광조」『조광조』, 아카넷.

20) 金悌甲 - 괴산

• 김소은 ‖ 2002, 「이문건가의 경제 운영과 지출 - 괴산입향을 관련하여」『고문서연구』 21.
• 김호길 ‖ 2005, 「김제갑 목사와 영원산성 전투」『운곡학회연구논총』 1, 운곡학회.

21) 金振九 - 괴산

• 김진구 ‖ 1936, 『國癌切開』, 名古屋出版社.
• 觀相者 ‖ 1930, 「京城名流, 人物白話集」『別乾坤』 총27호.
• 慧星 편집부 ‖ 1932, 「街頭에서 본 인물(其三)-김진구씨」『慧星』 총12호.
• 김진구 ‖ 1934, 「김옥균의 재인식」『조선중앙일보』.

- 임형택 | 1996, 「야담의 근대적 변모-일제하에서 야담전통의 계승양상」『한국한문학회 창립 20주년 기념호』, 한국한문학회.
- 김태웅 | 2003, 「김진구-김옥균 숭배자의 혼미와 허망」『63인의 역사학자가 쓴 한국사인물열전』 3, 돌베개.
- 김태웅 | 2003, 「일제 강점기 김진구의 활동과 내선일체론」『역사연구』 13, 역사학연구소.

22) 金弘道 - 괴산

- 이동주 편 | 1975, 『우리나라의 옛 그림』, 박영사.
- 오주석 외 | 1996, 『단원절세보화첩』, 삼성문화재단.
- 최완수 외 | 1998, 『우리문화의 황금기-진경시대』 1 · 2, 돌베개.
- 오주석 | 1998, 『단원 김홍도』, 열화당.
- 최정훈 · 장용경 | 1998, 『금강산 그 든든한 힘』, 이토.
- 진준현 | 1999, 『단원 김홍도 연구』, 일지사.
- 오주석 | 1999, 『옛그림 읽기의 즐거움』, 솔출판사.
- 유홍준 | 2001, 『화인열전』 1, 역사비평사.
- 유홍준 | 2001, 『화인열전』 2, 역사비평사.
- 김용준 | 2001, 『조선시대 회화와 화가들-근원 김용준 전집 3』, 열화당.
- 오주석 | 2003, 『한국의 미 특강』, 솔.
- 이태호 | 2003, 『풍속화-둘-』, 대원사.
- 주영하 | 2005, 『그림속의 음식 음식속의 역사』, 사계절.
- 이은직 | 2005, 『조선명인전』 2, 일빛.
- 김용준 | 1955, 「18세기의 선진적 사실주의화가 단원 김홍도」『력사과학』1955-4.
- 김용준 | 1960, 「단원 김홍도의 창작활동에 관한 약간의 고찰」『문화유산』 1960-6.
- 최순우 | 1965, 「김홍도-國風 세운 위대한 눈」『인물한국사』, 박우사.
- 최순우 | 1965, 「김홍도-풍속과 세태의 증인」『한국의 인간상』 5, 신구문화사.
- 최순우 | 1966, 「단원 김홍도의 在世年代考」『미술자료』 11, 국립중앙박물관.
- 이인실 | 1971, 「단원 김홍도의 풍속도 고찰」『문화인류학』 4, 한국문화인류학회.
- 이동주 | 1973, 「단원 김홍도-그의 생애와 작품」『간송문화』 4, 한국민족 미술연구소.
- 맹인재 | 1973, 「김홍도筆 단원도」『고고미술』 118.
- 선학균 | 1978, 「단원 김홍도의 작품세계 고찰」『관동대논문집』 6.
- 이윤영 | 1981, 「김홍도의 회화세계-그의 풍속도를 중심으로」『동대논총』 11, 동덕여자대학.
- 손경자 · 임영자 · 전혜숙 | 1983, 「단원 김홍도의 平生圖 병풍에 나타난 인물들의 관모에 관한 고찰-세종박물관의 소장품을 중심으로」『복식』 7, 한국복식

학회.
- 하선용 ǀ 1983, 「수원 용주사 後佛畵에 대한 고찰-김홍도의 회화를 중심으로」 『청주사대논문집』 12.
- 손경자 · 임영자 ǀ 1985, 「단원 김홍도의 平生圖 병풍에 나타난 인물들의 복식에 관한 고찰-세종박물관의 소장품을 중심으로」 『복식』 9, 한국복식학회.
- 리정춘 ǀ 1985, 「18세기 사실주의 화가 김홍도의 창작활동」 『력사과학』 1985-3.
- 유준영 ǀ 1986, 「회화에서 감정 표현의 문제-김홍도의 衣褶紋묘사를 중심으로」 『한국문화연구원논총』 51, 이화여대.
- 이원복 ǀ 1988, 「김홍도 虎圖의 一定型」 『미술자료』 42, 국립중앙박물관.
- 유홍준 ǀ 1993, 「단원 김홍도-가장 조선적인 불세출의 화가」 『역사비평』 계간22호(가을호).
- 오주석 ǀ 1995, 「김홍도의 몰년과 생애에 관한 소고」 『공간』 1995년 2월호.
- 오주석 ǀ 1995, 「김홍도의 〈朱夫子詩意圖〉-어람용 회화의 성리학적 성격과 관련하여」 『미술자료』 56, 국립중앙박물관.
- 오주석 ǀ 1995, 「金弘道의 연풍현감생활」 『괴향문화』 3.
- 경석준 ǀ 1995, 「연풍현감 단원 김홍도 소고」 『괴향문화』 6.
- 오주석 ǀ 1995, 「김홍도의 용주사 〈三世如來軆幀〉과 〈七星如來四方七星 幀〉」 『미술자료』 55, 국립중앙박물관.
- 진준현 ǀ 1996, 「김홍도의 金剛山圖에 대한 고찰」 『서울대학교박물관년보』 8.
- 권영필 ǀ 1997, 「조선왕조 회화에 있어서 전통과 創意의 개념」 『한국학연구』 9, 고려대.
- 오주석 ǀ 1998, 「단원 김홍도의 생애와 예술」 『우리문화의 황금기-진경시대』 2, 돌베개.
- 오주석 ǀ 1998, 「김홍도의 삶과 예술」 『미술사논단』 7, 한국미술연구소.
- 오주석 ǀ 1999, 「단원 김홍도의 생애와 예술」 『우리 문화의 황금기 진경시대』 2, 돌베개.
- 김경섭 ǀ 1999, 「용주사 三佛會幀의 연구-김홍도作說에 대한 재고」 『강좌 미술사』 12, 한국미술사연구소.
- 안종운 ǀ 2001, 「연풍현감 김홍도」 『괴향문화』 9.
- 오주석 ǀ 2002, 「김홍도-흔들림 없는 주체성」 『한국사시민강좌』 30.
- 이은직 지음, 정홍준 옮김 ǀ 2003, 「풍속화의 양대거장 김홍도와 신윤복」 『인물로 보는 한국사 2』, 일빛.
- 김갑동 ǀ 2003, 「전문가의 고집과 열정의 길-김홍도와 신윤복」 『옛사람 72인에게 지혜를 구하다』, 푸른역사.
- 김근수 ǀ 2003, 「연풍현감 단원 김홍도」 『괴향문화』 11.
- 진준현 ǀ 2003, 「단원 김홍도의 풍속화」 『과향문화』 11.
- 허남오 ǀ 2003, 「단원 김홍도 환쟁이 새 전설」 『괴향문화』 11.

- 오주석 ‖ 2003, 「부록 : 그림으로 본 김홍도의 삶과 예술」『한국의 미 특강』, 솔.
- 유천형 ‖ 2004, 「단원 김홍도의 生居地 조사연구」『경기향토사학』 9.
- 김근수 ‖ 2004, 「연풍현감 단원 김홍도」『충북향토문화』 16.
- 조지윤 ‖ 2005, 「傳 김홍도 〈풍속도 4폭〉 연구」『삼성미술관 Leeum 연구논문집』 1, 삼성문화재단.

23) 南九萬 – 청주 · 청원

- 『藥泉集』.
- 한영우 ‖ 1999, 『우리 옛지도와 그 아름다움』, 효형출판.
- 박인호 ‖ 2003, 『조선시기 역사가와 역사지리인식』, 이회.
- 조해숙 ‖ 2005, 『조선후기 시조한역과 시조사』, 보고사.
- 강신엽 ‖ 1991, 「남구만의 국방사상」『민족문화』 14, 민족문화추진회.
- 이종호 ‖ 1991, 「選集의 역사와 敬山의 『東文集成』에 대하여」『蒼谷金世漢교수정년퇴직기념논총』.
- 박인호 ‖ 1993, 「남구만과 이세구의 역사지리연구–남구만의 「東史辨證」· 이세구의 「東國三韓四郡古今疆域說」을 중심으로」『역사학보』 138.
- 강신엽 ‖ 1993, 「남구만의 정치사상」『소헌남도영박사고희기념 역사학논총』.
- 장정룡 ‖ 1995, 「동해시 望祥洞 유적과 藥泉 남구만 시조작품」『강원민속학』 11, 강원민속학회.
- 이재철 ‖ 2001, 「사림정치기 남구만의 현실인식과 정국운영론」『역사교육논집』 26, 역사교육학회.
- 이수미 ‖ 2002, 「〈咸興內外十景圖〉에 보이는 17세기 實景山水畵의 구도」『미술사학연구』 233 · 234합집, 한국미술사학회.
- 김영주 ‖ 2003, 「약천 남구만의 문학론 연구」『퇴계학과 한국문화』 33, 경북대 퇴계학연구소.
- 양인석 ‖ 2005, 「약천 남구만의 문학세계」『강원학예연구』 1, 강원학예연구회.
- 박도식 ‖ 2005, 「약천 남구만과 동해시와의 관계」『강원학예연구』 1, 강원학예연구회.
- 성당제 ‖ 2005, 「약천 상소문에 나타난 문예미와 현실대응」『인문과학』 36, 성균관대 인문과학연구소.
- 박영민 ‖ 2005, 「약천 남구만 한시의 연구」『한국인물사연구』 3, 한국인물사연구소.
- 유권종 ‖ 2005, 「약천 남구만의 유학사상」『한국인물사연구』 3, 한국인물사연구소.
- 송양섭 ‖ 2005, 「약천 남구만의 왕실재정개혁론」『한국인물사연구』 3, 한국인물사연구소.

24) 南秀文 – 영동

- 여순구 ‖ 2004, 「세종조의 최년소 석학 南秀文선생」『충북향토문화』 15.

25) 盧性度 – 괴산

- 『謏集要訣』.
- 이상주 ∥ 2001, 「盧性度와 煙霞九曲歌」 『한문학보』 4, 우리한문학회.
- 이상주 ∥ 2001, 「盧性度와 煙霞九曲歌」 『괴향문화』 9.
- 이상주 ∥ 2005, 「신 발굴 가사, 노성도의 「與民樂」」 『충북학』 7.

26) 盧守愼 – 충주 · 괴산

- 『蘇齋集』.
- 국립대구박물관 편 ∥ 1994, 『영남의 名儒와 임진왜란』.
- 정만조 · 이근수 · 정옥자 · 이성규 ∥ 2004, 『음애 이자와 기묘사림』, 지식산업사.
- 이병주 ∥ 1971, 「한국 한문학상의 杜少陵」 『无涯 양주동박사화탄기념논문집』.
- 유명종 ∥ 1971, 「羅整菴의 氣철학과 이조유학」 『인문과학』 3 · 4합집, 성균관대.
- 김광순 ∥ 1989, 「蘇齋 盧守愼 연구–문학 · 정치 · 사상을 중심으로」 『한국의 철학』 17, 경북대 퇴계학연구소.
- 채룡복 ∥ 1992, 「蘇齋 盧守愼의 사상과 학문태도」 『한국의 철학』 20, 경북대 퇴계학연구소.
- 조성을 ∥ 1993, 「蘇齋 盧守愼의 학문과 정치활동」 『남명학연구』 3, 경상대 남명학연구소.
- 정병연 ∥ 1995, 「고봉의 생장과정과 그 행적」 『전통과 현실』 6, 재단법인 고봉학원.
- 김락진 ∥ 1996, 「기대승의 인심도심설과 주리론적 경향성」 『전통과 현실』 8, 재단법인 고봉학원.
- 유명종 ∥ 1997, 「영남사림파의 학통과 사상적 발전」 『현대와 종교』 20-1, 현대종교문화연구소.
- 조남호 ∥ 1999, 「퇴계학파와 율곡학파의 人心道心論辯」 『퇴계학보』 101, 퇴계학연구원.
- 이정우 ∥ 2000, 「17~18세기 충주지방 서원과 사족의 동향」 『한국사연구』 109.
- 신향림 ∥ 2005, 「노수신의 인심도심설에 내포된 심성수양론」 『한국 한문학 연구의 새 지평』, 소명.
- 박홍갑 ∥ 2005, 「16세기 전반기 정국 추이와 충주사림의 피화–광주이씨 克 堪系를 중심으로」 『사학연구』 79.
- 신향림 ∥ 2005, 「소재 노수신의 공부론에 나타난 陽明學」 『한국사상사학』 24.

27) 閔鼎重 – 충주

- 이정우 ∥ 2000, 「17~18세기 충주지방 서원과 사족의 당파적 성격」 『한국사연구』 109.
- 민덕식 · 이성배 ∥ 2004, 「閔鎭遠의 생애와 서예」 『청주대박물관보』 17.

28) 朴光佑 – 청주 · 청원

- 『畢齋先生文集』.
- 『畢齋事蹟』.
- 『畢齋先生家狀』.
- 이병휴 ∥ 1999, 『조선전기 사림파의 현실인식과 대응』, 일조각.

29) 朴文秀 – 청원

- 김종성 ∥ 2004, 『조선후기 문화의 중흥과 사회의 변동』, 문예마당.
- 이연자 ∥ 2005, 『명문종가의 사람들』, 램덤하우스중앙.
- 예종복 ∥ 1988, 「耆隱 박문수의 전황대책론」, 부산대 석사논문.
- 박순호 ∥ 1988, 「익산군 금마면의 설화」 『전라문화연구』 2, 전묵향토문화 연구회.
- 원유한 ∥ 1995, 「耆隱 박문수의 화폐경제론-실학자의 화폐경제론과 비교 검토」 『실학사상연구』 5 · 6합집, 무악실학회.
- 최래옥 ∥ 2000, 「민담의 사료적 성격과 사회사적 의미」 『설화와 역사』 2000-11, 집문당.
- 조성산 ∥ 2003, 「박문수, 전설적인 암행어사 혹은 뛰어난 소론 경세관료」 『내일을 여는 역사』 14.

30) 朴祥 – 충주 · 음성

- 『訥齋集』.
- 이병휴 ∥ 1984, 『조선전기 기호사림파연구』, 일조각.
- 이병휴 ∥ 1999, 『조선전기 사림파의 현실인식과 대응』, 일조각.
- 향토문화개발협의회 ∥ 1992, 『조선조 도학사상과 訥齋의 의리사상』, 학술대회발표문.
- 이해준 ∥ 2002, 『말마리와 지천서원』, 지천서원.
- 박은숙 ∥ 2004, 『16세기 호남 한시 연구』, 월인.
- 이상은 ∥ 1973, 「조선조 국론에 반영된 의리정신-朴祥 · 金淨 상소시비를 중심으로」 『사문논총』 1.
- 정구복 ∥ 1977, 「16~17세기 사찬사서에 대하여」 『전북사학』 1, 전북대.
- 오종일 ∥ 1978, 「陽明傳習錄 전래고」 『철학연구』 5, 고려대.
- 길원식 ∥ 1981, 「訥齋 박상 연구」 『金香文化』 1.
- 한영우 ∥ 1980, 「16세기 사림의 역사서술과 역사인식」 『동양학』 10, 단국대.
- 한영우 ∥ 1981, 「16세기 사림의 도학적 역사서술-박상의 『東國史略』」 『조선전기 사학사연구』, 서울대학교출판부.
- 오종일 ∥ 1986, 「눌재 박상의 학문과 사상」 『금호문화』 1986-1 · 2.
- 박익환 ∥ 1993, 「박상의 생애와 『東國史略』의 역사인식」 『소헌남도영고희 기념논총』.

• 이범직 ‖ 1993, 「눌재 박상의 愼氏復位疏에 나타난 의리사상」『한국사상사학』 4 · 5 합집, 한국사상사학회.
• 정두희 ‖ 2000, 「폐비신씨의 복위문제에 대한 논쟁과 조광조」『조광조』, 아카넷.
• 박은숙 ‖ 2002, 「16세기 호남 사대부 한시의 특성에 대한 일고찰-박상 · 임억령 · 고경명을 중심으로」『한국한문학연구』 29, 한국한 문학회.
• 박홍갑 ‖ 2005, 「16세기 전반기 정국 추이와 충주사림의 피화-광주이씨 克 堪系를 중심으로」『사학연구』 79.

31) 朴世茂 – 괴산

• 『童蒙先習』.
• 한영우 ‖ 1980, 「16세기 사림의 역사서술과 역사인식」『동양학』 10, 단국대.
• 한영우 ‖ 1981, 「16세기 사림의 도학적 역사서술-朴世茂의 『童蒙先習』」『조선전기사학사연구』, 서울대학교출판부.
• 채룡복 ‖ 1992, 「蘇齋 盧守愼의 사상과 학문태도」『한국의 철학』 20, 경북대 퇴계학연구소.

32) 朴堧 – 영동

• 손태룡 ‖ 2003, 『한국의 음악가』, 영남대출판부.
• 이한우 ‖ 2003, 『세종, 그가 바로 조선이다』, 동방미디어.
• 전지영 ‖ 2005, 『우리 앞의 화용도 전지영의 국악평론』, 민속원.
• 이인영 ‖ 1935, 「南蠻 朴燕考」『사학회지』 7, 경성제대.
• 함화진 ‖ 1959, 「악성 박연선생약전」『韓國音樂小史』, 통문관.
• 이혜구 ‖ 1965, 「박연-국악의 완성자」『한국의 인간상』 5, 신구문화사.
• 최정녀 ‖ 1968, 「세종대왕의 문화사업중 樂整理考(상)」『논문집』 2, 청주대.
• 최정녀 ‖ 1969, 「세종대왕의 문화사업중 樂整理考(중)」『논문집』 2, 청주대.
• 성경린 ‖ 1979, 「박연-불세출의 악성」『역대인물한국사』 5, 신화출판사.
• 김종수 ‖ 1988, 「세종조 雅樂정비가 與民樂 · 保太平 · 定大業에 끼친 영향-제도적 측면」『한국문화』 9, 서울대 한국문화연구소.
• 남상숙 ‖ 1990, 「한국 전통음악의 기본음에 대한 사적 고찰」『국악원논문집』 2, 국립국악원.
• 이범직 ‖ 1993, 「조선초기 禮樂論」『산운사학』 7, 고여학술문화재단.
• 김동대 ‖ 1994, 「세종조의 문화발전과 永同人의 역할」『충북향토문화』 5.
• 김동대 ‖ 1994, 「난계의 생애」『樂聖 난계 박연(1)』, 난계기념사업회.
• 한명희 ‖ 1994, 「난계의 업적」『樂聖 난계 박연(1)』, 난계기념사업회.
• 최근덕 ‖ 1994, 「유교적 입장에서 본 난계」『樂聖 난계 박연(1)』, 난계기념 사업회.
• 영동문화원편집실 ‖ 2001, 「난계에 관한 연구(2)」『향토연구』 11, 영동문화원.

33) 朴以龍 – 영동

• 참의공박이룡선생숭모사업회 ❙ 1998, 『임란공신 黃義將 參議公 朴以龍先生 遺事誌』.
• 박우상 ❙ 1998, 「임란공신 黃義將 鶴村 朴以龍선생 창의유사抄」『향토연구』 8, 영동향토사연구회.

34) 朴枝華 – 증평 · 괴산

• 『守庵集』.
• 『四禮集說』.
• 신병주 ❙ 1998, 「華潭門人의 학풍과 처세」『한국학보』 90, 일지사.
• 이상주 ❙ 1999, 「역주 「西溪先生年譜」」『어문논총』 14, 동서어문학회.
• 이재학 ❙ 2001, 「조선시대 청주지역의 書院-莘巷書院을 중심으로」, 청주대 교육대학원 석사학위논문.
• 김의환 ❙ 2005, 「慕溪 趙綱의 향촌사회 활동과 청주사족의 동향」『조선시대사학보』 32.

35) 朴春茂 – 청주

• 『花遷堂集』.
• 순천박씨민양공파보편찬위원회 ❙ 1991, 『순천박씨 愍襄公派譜』.
• 이석린 ❙ 2003, 『임란의병장 愍襄公 朴春茂』, 청주향교.
• 이석린 ❙ 2005, 『조선왕조 왜란 · 호란기 의병장 朴春茂 一家의 三代倡義 錄』, 청주향교.
• 곽호제 ❙ 1998, 「임진왜란기 청주성전투의 의병장 연구」『충남사학』 10.
• 김경수 ❙ 1999, 「朴彭年의 생애와 현실 인식」『조선시대사학보』 11.
• 이석린 ❙ 1999, 「임진왜란기 花遷堂 朴春茂의 의병활동에 대한 예비적 고찰」『중원문화논총』 2 · 3합집.
• 이석린 ❙ 2000, 「임진왜란기 청주성전투와 의병활동」『충북사학』 11 · 12합집.
• 이석린 · 전호수 ❙ 2000, 「화천당 박춘무의 임진왜란 의병활동」『중원문화논총』 4, 충북대 중원문화연구소.
• 이석린 ❙ 2003, 「임란기 순천박씨 三代 倡義 연구」『중원문화논총』 7, 충북대 중원문화연구소.

36) 朴彭年 – 충주 · 청주

• 순천박씨민양공파보편찬위원회 ❙ 1991, 『순천박씨 愍襄公派譜』.
• 최완수 ❙ 1998, 『조선왕조 충의열전-실록에 기록되지 않은 역사의 진실』, 돌베개.
• 이연자 ❙ 2004, 『천년의 전통과 맥을 이어가는 명문 종가 이야기』, 컬처 라인.
• 이재호 ❙ 1978, 「사육신 訂正論의 허점」『부산대논문집』 26.

• 이정탁 | 1989, 「時調史 연구(2)」『논문집』 11, 안동대.
• 한기범 | 1992, 「박팽년」『대전문화』 1.
• 성주탁 | 1993, 「박팽년」『한밭인물지』 대전지.
• 유영박 | 1994, 「조선왕조실록 세조2년 6월조 기사분석-단종복위 모의에 관한 연구(1)」『金鎭佑헌법재판관화갑논총』, 동방도서.
• 유영박 | 1994, 「단종복위 모의자들의 사법처리-단종복위 모의에 관한 연구(2)」『진단학보』 78.
• 김태영 | 1995, 「조선초기 世祖왕권의 전제성에 대한 일고찰」『한국사연구』 87.
• 박종관 | 1997, 「충정공 朴彭年 세거지 연구」『향토사연구활성화강좌』, 전국문화원연합회 충청남도지회.
• 김경수 | 1999, 「朴彭年의 생애와 현실 인식」『조선시대사학보』 11.
• 이석린 · 전호수 | 2000, 「화천당 박춘무의 임진왜란 의병활동」『중원문화논총』 4, 충북대 중원문화연구소.
• 김경수 | 2006, 「세조대 단종복위운동과 정치세력의 재편」『사학연구』 83.
• 이근호 | 2006, 「16~18세기 '단종복위운동' 참여자의 복권과정 연구」『사학연구』 83.

37) 朴薰 - 청주

• 이병휴 | 1984, 『조선전기 기호사림파연구』, 일조각.
• 밀양박씨문도공파종친회 | 1996, 『국역 訥齋江叟先生遺稿』.
• 이병휴 | 1999, 『조선전기 사림파의 현실인식과 대응』, 일조각.
• 박영록 편 | 2000, 『默齋實紀』, 密陽朴氏糾正公派大宗會.
• 임동철 | 2002, 「낭성 8현의 생애」『조선시대 충북지역의 학맥과 학풍』, 제5회 충북학심포지움 발표문.
• 김의환 | 2005, 「慕溪 趙綱의 향촌사회 활동과 청주사족의 동향」『조선시대사학보』 32.

38) 成運 - 보은

• 『大谷集』.
• 신병주 | 2000, 『남명학파와 화담학파 연구』, 일지사.
• 정구선 | 2005, 『조선시대 처사열전』, 서경.
• 소재영 | 1974, 「白湖 林悌論」『민족문화연구』 8, 고려대 민족문화연구소.
• 강정화 | 1994, 「大谷 成運 연구」, 경상대 석사학위논문.
• 김영진 | 1997, 「보은처사 '成運' 考」『김현길교수정년기념향토사학논총』.
• 신병주 | 1999, 「대곡 성운의 학풍과 처세」『남명학연구논총』 7, 남명학연구원.
• 신병주 | 2002, 「성운의 학문과 교유관계」『충북학』 4, 충북학연구소.
• 장원철 | 2002, 「隱逸과 自適의 미학-남명과 대곡」『남명학연구』 13.

- 강정화 ㅣ 2004, 「東洲 成悌元의 학문성향과 처세관」『남명학연구』 17.
- 강정화 ㅣ 2004, 「『東洲集』 해제」『남명학연구』 18.

39) 成悌元 – 보은

- 『東洲集』.
- 남효온 외 ㅣ 1998, 『조선시대 선비들의 금강산 답사기』, 혜안.
- 김동주 ㅣ 1999, 『금강산 유람기』, 전통문화연구회.
- 신병주 ㅣ 2000, 『남명학파와 화담학파 연구』, 일지사.
- 세종대왕기념사업회 ㅣ 2002, 『역주 국조인물고』 11.
- 정구선 ㅣ 2005, 『조선시대 처사열전』, 서경.
- 성하주 ㅣ 1980, 『梅竹軒集(附 東洲集)』, 미화옵셋인쇄사.
- 강정화 ㅣ 2004, 「東洲 成悌元의 학문성향과 처세관」『남명학연구』 17, 남명학연구소.
- 강정화 ㅣ 2004, 「『東洲集』해제」『남명학연구』 18, 남명학연구소.
- 김의환 ㅣ 2005, 「慕溪 趙綱의 향촌사회 활동과 청주사족의 동향」『조선시대사학보』 32.

40) 宋象賢 – 청주

- 『泉谷集』.
- 최영희 ㅣ 1974, 『임진왜란 (교양국사총서 7)』, 세종대왕기념사업회.
- 국방부 전사편찬위원회 ㅣ 1987, 『임진왜란사』.
- 충북대 인문학연구소 ㅣ 2001, 『泉谷先生集』, 청주시.
- 이순신역사연구회 ㅣ 2005, 『신에게는 아직도 열두 척의 배가 남아 있나이다-이순신과 임진왜란 2』, 비봉출판사.
- 정중환 ㅣ 2005, 「임진란과 부산事蹟」『박원표선생회갑기념 부산사연구논총』.
- 최효식 ㅣ 2005, 「임란 초기 동래성의 항전에 대하여」『신라문화』 26, 동국대 신라문화연구소.

41) 宋時烈 – 괴산 · 옥천 · 영동 · 보은

- 『宋子大全』.
- 『朱子大全箚疑』.
- 松田甲 ㅣ 1923, 『朝鮮鴻儒송시열의 유적 화양동』.
- 최근묵 ㅣ 1987, 『우암 송시열의 文廟 및 院 · 祠從祀에 관한 연구』, 전북대 박사학위논문.
- 사문학회 ㅣ 1992, 『우암사상연구논총』.
- 전용우 ㅣ 1994, 『湖西士林의 형성에 대한 연구』, 충남대 박사학위논문.
- 김세봉 ㅣ 1995, 『17세기 湖西山林세력 연구』, 단국대 박사학위논문.

- 김문준 ❙ 1996, 『우암 송시열의 철학사상에 관한 연구』, 성균관대 박사학위논문.
- 이봉규 ❙ 1996, 『송시열의 성리학설 연구』, 서울대 철학과 박사학위논문.
- 남간사유회 ❙ 1998, 『남간사지』, 이화출판사.
- 우인수 ❙ 1999, 『조선후기 山林勢力연구』, 일조각.
- 이종호 ❙ 2000, 『우암 송시열』, 일지사.
- 이덕일 ❙ 2000, 『송시열과 그들의 나라』, 김영사.
- 정옥자 ❙ 2002, 『우리가 정말 알아야 할 우리선비』, 현암사.
- 이연숙 ❙ 2003, 『우암학파연구』, 충남대 박사학위논문.
- 조종업 역 ❙ 2004, 『완역 우암송선생시집』, 경인문화사.
- 우경섭 ❙ 2005, 『송시열의 世道政治思想 연구』, 서울대 국사학과 박사학위논문.
- 권오순 ❙ 1965, 「송시열」 『한국의 인간상』 4, 신구문화사.
- 김규성 ❙ 1965, 「송시열」 『인물한국사』 4, 박우사.
- 권오순 ❙ 1973, 「北伐大義-우암 송시열선생을 중심으로」 『사문논총』 1.
- 이창교 ❙ 1973, 「우암 송시열선생의 춘추사상(1)」 『국회도서관보』 10-9.
- 이창교 ❙ 1973, 「우암 송시열선생의 춘추사상(2)」 『국회도서관보』 10-10.
- 채무송 ❙ 1973, 「우암철학사상연구」 『사문학보』 1.
- 박경자 ❙ 1975, 「우암선생 계서녀에 대한 현대여성의 의식에 관한 연구」 『성신여자사범대학연구논문집』 7.
- 곽신환 ❙ 1979, 「송우암의 철학사상연구」 『국제대논문집』 7.
- 유남상 ❙ 1979, 「우암 송시열의 철학사상」 『논문집』 6-1, 충남대 인문과학 연구소.
- 조종업 ❙ 1979, 「북벌과 춘추대의」 『백제연구』 10.
- 최창규 ❙ 1979, 「尤菴學의 민족사적 재정립-조선조 도학과 한국학의 정맥」 『백제연구』 10.
- 三浦國雄 ❙ 1982, 「17세기 조선에 있어서의 정통과 이단-송시열과 윤휴」 『조선학보』 102.
- 곽신환 ❙ 1983, 「송시열의 이기심성관」 『유승국박사회갑논문집』.
- 곽신환 ❙ 1983, 「송시열의 禮사상과 비판정신」 『사회과학논총』(숭전대).
- 유남상 ❙ 1983, 「송우암의 의리사상에 관한 연구」 『인문과학연구소논문집』 10-2, 충남대.
- 우인수 ❙ 1983, 「17세기 山林의 진출과 기능」 『역사교육논집』 5, 경북대 역사교육과.
- 배상현 ❙ 1984, 「우암 송시열의 인물과 사상」 『소헌남도영회갑기념논총』.
- 최근묵 ❙ 1984, 「우암 송시열의 문묘 및 서원종사」 『백제연구』 15.
- 김영진 ❙ 1984, 「우암 송시열의 전설고」 『인문과학논집』 3, 청주대.
- 유근호 ❙ 1985, 「조선조 중화사상의 성격과 의미-송시열의 소중화사상을 중심으로」 『제3회 국제학술회의논문집』, 한국정신문화연구원.

- 이영춘 | 1985, 「우암 송시열의 尊周思想」 『청계사학』 2.
- 이은순 | 1985, 「懷尼是非의 논점과 명분론」 『한국사연구』 48.
- 최근묵 | 1985, 「송시열 연구 (1)」 『백제연구』 16.
- 송준호 | 1985, 「우암 송시열과 그의 저술」 『송자대전』 해제, 보경문화사.
- 김준석 | 1986, 「艮齋 李端夏의 시국관과 사창론」 『한남대 논문집』 16.
- 손문호 | 1987, 「송시열의 정치사상 연구」 『호서문화논총』 4, 서원대 호서문화연구소.
- 지두환 | 1987, 「조선 후기 예송 연구」 『부대사학』 11, 부산대 사학회.
- 김준석 | 1988, 「17세기 기호주자학의 동향-송시열의 道統계승운동」 『손보 기박사정년기념 한국사학논총』.
- 이경찬 | 1988, 「조선 효종조의 북벌운동」 『청계사학』 5.
- 김준석 | 1990, 「17세기 정통주자학파의 정치사회사상」 『동방학지』 67.
- 우인수 | 1990, 「조선 孝宗代 北伐政策과 山林」 『역사교육논집』 15.
- 유남상 | 1990, 「우암의 이기심성론과 춘추대일통 사상」 『여산유병덕화갑 기념논총』.
- 배상현 | 1992, 「우암 송시열의 禮學考」 『우암사상연구논총』, 사문학회.
- 이장희 | 1992, 「우암 송시열사상에 관한 일고」 『우암사상연구논총』, 사문학회.
- 우인수 | 1992, 「조선 현종대 정국의 동향과 山林의 역할」 『대구사학』 41.
- 이종은 | 1992, 「사문대의록을 통해 본 우암의 대의정신」 『우암사상연구논총』, 사문학회.
- 유남상 | 1992, 「우암의 심성이기론과 의리사상에 관한 연구」 『우암사상연구논총』, 사문학회.
- 권오순 | 1992, 「우암선생과 北伐大義」 『우암사상연구논총』, 사문학회.
- 금장태 | 1992, 「우암의 성리설과 수양론」 『우암사상연구논총』, 사문학회.
- 김학주 | 1992, 「우암의 시관과 詩」 『우암사상연구논총』, 사문학회.
- 송준호 | 1992, 「우암 송시열과 그의 저술」 『우암사상연구논총』, 사문학회.
- 신형식 | 1992, 「우암선생의 주체사상과 의리정신」 『우암사상연구논총』, 사문학회.
- 안진오 | 1992, 「송웅암의 철학사상」 『우암사상연구논총』, 사문학회.
- 최근덕 | 1992, 「우암선생의 경학사상」 『우암사상연구논총』, 사문학회.
- 錢穆 | 1992, 「주자학의 한국전파와 송우암」 『우암사상연구논총』, 사문학회.
- 최근덕 | 1992, 「우암 송시열의 경학사상」 『水邨박영석화갑기념논총』 (하).
- 양순필 | 1992, 「우암 송시열의 제주유배시 소고」 『백록어문』 9, 제주대 국어교육과.
- 성주탁 | 1992, 「우암 송시열과 懷德鄕案」 『한국사론』 8, 국사편찬위원회.
- 이봉규 | 1992, 「조선 성리학의 전통에서 본 송시열의 성리학사상」 『한국문화』 13, 서울대.

• 이수봉 ∥ 1992, 「우암선생의 遺訓과 그 의미」『우암사상연구논총』.
• 최창규 ∥ 1992, 「우암학의 민족사적 재정립」『우암사상연구논총』.
• 홍순창 ∥ 1992, 「송자의 北伐論과 민족의식」『우암사상연구논총』.
• 정만조 ∥ 1992, 「17세기 중엽 산림세력(山黨)의 국정운영론」『擇窩허선도 교수화갑기념 한국사학논총』.
• 곽신환 ∥ 1993, 「송시열의 자주의식」『유학연구』 1, 충남대 유학연구소.
• 우인수 ∥ 1993, 「조선 숙종대 정국과 山林의 기능」『국사관논총』 43.
• 김문준 ∥ 1993, 「우암 춘추대의 정신의 이론과 실천」『유학연구』 1.
• 조준하 ∥ 1993, 「우암 송시열의 주체의식」『유학연구』 1.
• 서정기 ∥ 1993, 「송우암선생의 학문과 사업」『연원휘편』 2, 우암송자사상 선양사업회.
• 조종업 ∥ 1993, 「우암선생의 시대와 그 의리」『연원휘편』 2.
• 정구선 ∥ 1993, 「조선후기 薦擧制와 山林의 정계진출」『국사관논총』 43.
• 성주탁 ∥ 1994, 「우암의 青川社倉 연구」『괴향문화』 2.
• 김세봉 ∥ 1994, 「17세기 후반 山人세력의 동향-송시열의 활동을 중심으로」『사학지』 27.
• 김세봉 ∥ 1994, 「인조 · 효종대 山人세력의 형성과 진출」『동양학』 24.
• 이경무 ∥ 1994, 「우암 송시열의 윤리사상」『우강권태원정년기념논총』.
• 정재훈 ∥ 1994, 「17세기 후반 老論학자의 사상-송시열 · 김수항을 중심으로」『역사와 현실』 13.
• 최근묵 ∥ 1994, 「우암 송시열의 서원 · 사우 享祀」『于江권태원정년기념논총』.
• 황의동 ∥ 1995, 「우암의 성리학과 의리사상」『송자학논총』 2.
• 황의동 ∥ 1995, 「송시열의 의리사상」『한국유학사상』, 서광사.
• 정두희 ∥ 1996, 「송시열의 숭명배청론 재평가」『역사비평』 계간35호.
• 김정규 ∥ 1998, 「17세기초 동북아정세와 우암의 북벌론」『남간사 준공기념 발표요지문』.
• 송일근 ∥ 1998, 「회덕향안과 우암 송시열의 사회개혁사상」『옥천향토문화』 3.
• 지두환 ∥ 1999, 「우암 송시열의 사회경제사상」『한국학논총』 21, 국민대한국학연구소.
• 이종환 ∥ 1999, 「병산영당」『내제문화』 11.
• 이정우 ∥ 1999, 「17~18세기초 청주지방 사족동향과 書院鄉戰」『조선시대 사학보』 11.
• 김연수 ∥ 2000, 「우암의 流配詩 고찰」『옥천향토문화』 5.
• 이영춘 ∥ 2001, 「우암 송시열의 사회 · 경제 사상」『도산학보』 8.
• 이연숙 ∥ 2001, 「17~18세기 우암학파의 형성-道統계승을 중심으로」『호서사학』 31.
• 지두환 ∥ 2001, 「우암 송시열의 정치사상-효종대를 중심으로」『한국학논총』 23,

국민대 한국학연구소.

- 정호훈 ǀ 2001, 「조선후기 '異端' 論爭과 그 정치사상적 의미-17세기 윤휴의 經書 해석과 송시열의 비판」『한국사학보』 10.
- 이연숙 ǀ 2001, 「우암학파의 형성」『조선시대 충청지역의 사회와 문화』, 2002년도 한국고문서학회 · 한국사학회 · 호서사학 공동학술회의 발표요지문.
- 우인수 ǀ 2001, 「우암의 생애와 산림 활동」『충청학연구』 2, 한남대 충청학연구소.
- 황의동 ǀ 2001, 「우암 철학사상의 현대적 의미」『충청학연구』 2.
- 한기범 ǀ 2001, 「우암의 예학사상과 현대사회」『한국사상과 문화』 14.
- 지두환 ǀ 2001, 「우암 사회경제사상의 재조명」『충청학연구』 2, 한남대충청학연구소.
- 김문준 ǀ 2002, 「우암의 학맥, 학풍과 화양서원」『조선시대 충북지역의 학맥과 학풍』, 충북학연구소.
- 조준호 ǀ 2002, 「송시열의 道峯書院 入享論爭과 그 정치적 성격」『조선시대사학보』 23.
- 정수병 ǀ 2002, 「우암 송시열과 곽문안 선생」『옥천향토문화』 7.
- 이연숙 ǀ 2003, 「우암학파의 춘추대의론」『湖雲 최근묵교수정년기념논총 호서지방사연구』, 경인문화사.
- 김갑동 ǀ 2003, 「독단적 학문추구의 종착지는 어디인가-송시열과 윤증」『옛사람 72인에게 지혜를 구하다』, 푸른역사.
- 지두환 ǀ 2003, 「송시열」『63인의 역사학자가 쓴 한국사인물열전』 2, 돌베개.
- 조성산 ǀ 2003, 「17세기 말~18세기 초 洛論系 文風의 형성과 주자학적 의리론」『한국사상사학』 21.
- 고영진 ǀ 2003, 「송시열의 사회개혁사상」『역사문화연구』 18, 한국외국어대학교.
- 정수병 ǀ 2003, 「우암 송시열과 곽문안 선생」『옥천향토문화』 7.
- 유예근 ǀ 2003, 「우암 송시열의 戒女書 연구」『도산학보』 9.
- 유승국 ǀ 2003, 「한국유학사에서의 우암과 우암학」『충청학연구』 4, 한남대 충청학연구소.
- 황의동 ǀ 2003, 「우암의 의리사상과 현대적 의미」『충청학연구』 4, 한남대 충청학연구소.
- 지두환 ǀ 2003, 「우암 송시열의 정치적 활동과 경세사상」『충청학연구』 4, 한남대 충청학연구소.
- 洪軍 ǀ 2003, 「우암 송시열의 성리학사상-주자 · 율곡 · 우암 성리학 사상의 비교」『충청학연구』 4, 한남대 충청학연구소.
- 廉松心 ǀ 2003, 「우암 송시열의 戒女書와 여성윤리관」『충청학연구』 4, 한남대 충청학연구소.
- 정경훈 ǀ 2003, 「우암 碑誌文의 미학적 검토」『충청학연구』 4, 한남대 충청학연구소.

- 이성배 ǀ 2003, 「17세기 우암의 書藝」『충청학연구』 4, 한남대 충청학연구소.
- 김사진 ǀ 2003, 「인간 송시열」『괴향문화』 11.
- 이주영 ǀ 2003, 「우암 송시열 전설의 의미」『호서문화논총』 17, 서원대호서문화연구소.
- 김충열 ǀ 2004, 「華陽洞天과 우암선생」『우암 송시열의 사상과 학문』 , 괴산문화원.
- 곽신환 ǀ 2004, 「송시열의 報怨論과 비판사상」『우암 송시열의 사상과학문』, 괴산문화원.
- 김문준 ǀ 2004, 「우암 송시열의 춘추의리정신에 내재한 정신적 기초와 의의」『우암 송시열의 사상과 학문』, 괴산문화원.
- 남명진 ǀ 2004, 「우암의 格致論에 관한 고찰」『우암 송시열의 사상과 학문』, 괴산문화원.
- 황의동 ǀ 2004, 「우암의 세계인식과 그 현대적 의미」『우암 송시열의 사상과 학문』, 괴산문화원.
- 송인창 ǀ 2004, 「우암 철학의 인간학적 이해-直사상을 중심으로」『우암송시열의 사상과 학문』, 괴산문화원.
- 이완형 ǀ 2004, 「우암 전설의 민중적 수용과 그 평가」『우암 송시열의 사상과 학문』, 괴산문화원.
- 이상주 ǀ 2004, 「'華陽九曲'의 성립 과정」『우암 송시열의 사상과 학문』, 괴산문화원.
- 천병식 ǀ 2004, 「우암 송시열」『역사 속의 우리 다인-고운에서 효당까지』, 이른아침.
- 정세근 ǀ 2004, 「우암학 연구개황」『우암 송시열의 사상과 학문』, 괴산문화원.
- 조성산 ǀ 2004, 「송시열의 성리학 이해와 現實觀」『한국사학보』 17, 고려사학회.
- 정재훈 ǀ 2004, 「우암 송시열의 정치사상-주희와의 비교를 중심으로」『한국사상과 문화』 23.
- 이현진 ǀ 2005, 「송시열의 묘제론에 대하여-주자 묘제론의 영향과 관련하여」『역사와 현실』 55.
- 우경섭 ǀ 2006, 「송시열의 華夷論과 조선중화주의의 성립」『진단학보』 101, 진단학회.

42) 宋麟壽 – 청주 · 청원

- 『圭菴集』.
- 송경호 역 ǀ 1975, 『睡雄日記』, 사문학회.
- 이병휴 ǀ 1999, 『조선전기 사림파의 현실인식과 대응』, 일조각.
- 한국고간찰연구회 편 ǀ 2003, 『옛 문인들의 草書 簡札』.
- 최이돈 ǀ 1997, 「圭菴 宋麟壽의 정치개혁사상」『대전문화』 6, 대전광역시사편찬위

원회.
• 임동철 | 2002, 「낭성 8현의 생애」『조선시대 충북지역의 학맥과 학풍』, 제5회 충북학심포지움 발표문.
• 김의환 | 2005, 「慕溪 趙綱의 향촌사회 활동과 청주사족의 동향」『조선시대사학보』 32.

43) 宋浚吉 – 보은 · 옥천 · 청원

• 전용우 | 1994, 『호서사림의 형성에 대한 연구』, 충남대 박사학위논문.
• 김세봉 | 1995, 『17세기 호서산림세력 연구』, 단국대 박사학위논문.
• 남달우 | 1987, 「宋浚吉의 禮論에 관한 연구」, 인하대 석사학위논문.
• 우인수 | 1990, 「조선 효종대 北伐政策과 山林」『역사교육논집』 15.
• 우인수 | 1992, 「조선 현종대 정국의 동향과 산림의 역할」『조선사연구』 1.
• 김세봉 | 1992, 「同春堂 宋浚吉의 생애와 정치사상」『中齋장충식화갑기념논총』.
• 정만조 | 1992, 「17세기 중엽 산림세력(山黨)의 국정운영론」『擇窩허선도 교수화갑기념 한국사학논총』.
• 송인창 | 1993, 「동춘당 송준길 유학사상의 자주정신」『유학연구』 1, 충남대 유학연구소.
• 오항녕 | 1993, 「조선효종대 정국의 변동과 그 성격」『태동고전연구』 9.
• 우인수 | 1993, 「조선 숙종대 정국과 산림의 기능」『국사관논총』 43.
• 정구선 | 1993, 「조선후기 천거제와 산림의 정계진출」『국사관논총』 43.
• 김세봉 | 1994, 「인조 · 효종대 山人세력의 형성과 진출」『동양학』 24.
• 송인창 | 1995, 「동춘당 송준길의 인품과 철학사상」『백제연구』 25.
• 송인창 | 1996, 「炭翁과 동춘당 도의사상의 비교연구」『도산학보』 5.
• 한기범 | 1999, 「조선중기 懷德士林의 향촌활동과 사회사상-동춘당 송준 길의 사례」『논문집(인문과학)』 29, 한남대 인문과학연구소.
• 우인수 | 2001, 「동춘당 송준길의 정치활동과 國政運營論」『조선사연구』 10, 조선사연구회.
• 송용재 | 2002, 「『동춘당일기』를 통해서 본 동춘당의 생애」『충청학연구』 3, 한남대 충청학연구소.
• 송인창 | 2002, 「동춘당 송준길의 교육사상」『충청학연구』 3, 한남대 충청학연구소.
• 송인창 | 2002, 「동춘당 철학에 있어서 '禮'의 문제」『충청학연구』 3, 한남대 충청학연구소.
• 우인수 | 2002, 「동춘당 송준길의 산림활동과 정치사상」『충청학연구』 3, 한남대 충청학연구소.
• 한기범 | 2002, 「동춘당 송준길의 향촌활동과 사회사상」『충청학연구』 3, 한남대 충청학연구소.

- 한기범 | 2002, 「동춘당 송준길의 예학사상」 『충청학연구』 3, 한남대 충청학연구소.
- 황의동 | 2002, 「동춘당 철학의 현대화와 유교박물관」 『충청학연구』 3, 한남대 충청학연구소.
- 최근묵 | 2005, 「동춘당 송준길의 문묘종사와 서원향사」 『충청학연구』 6, 한남대 충청학연구소.
- 지두환 | 2005, 「동춘당 송준길의 경세사상과 학술적 과제」 『충청학연구』 6, 한남대 충청학연구소.
- 윤사순 | 2005, 「동춘당(송준길) 禮의식의 사상적 기반」 『충청학연구』 6, 한남대 충청학연구소.
- 한기범 | 2005, 「동춘당 송준길의 예학과 학술적 과제」 『충청학연구』 6, 한남대 충청학연구소.
- 최근덕 | 2005, 「동춘당의 유학사적 위치」 『충청학연구』 6, 한남대 충청학연구소.
- 지두환 | 2005, 「동춘당 송준길의 北伐運動과 정치사상」 『충청학연구』 6, 한남대 충청학연구소.
- 김문준 | 2005, 「동춘당의 己亥禮訟과 예송의식」 『충청학연구』 6, 한남대 충청학연구소.
- 정경훈 | 2005, 「동춘당 송준길의 묘지문 연구」 『충청학연구』 6, 한남대 충청학연구소.
- 정태희 | 2005, 「동춘당 송준길의 서예세계」 『충청학연구』 6, 한남대 충청학연구소.
- 성봉현 | 2005, 「동춘당 송준길가의 가계와 혼인」 『충청학연구』 6, 한남대 충청학연구소.
- 한기범 | 2005, 「기호학맥과 동춘당의 학문연원」 『충청학연구』 6, 한남대 충청학연구소.
- 우인수 | 2005, 「동춘당 송준길의 영남인과의 접촉과 그 추이」 『충청학연구』 6, 한남대 충청학연구소.
- 지두환 | 2005, 「동춘당 송준길의 사회경제사상」 『한국사상과 문화』 22.
- 한기범 | 2005, 「송준길의 禮說과 예사상」 『대전문화』 12.
- 고영진 | 2005, 「송시열의 사회개혁사상」 『역사문화연구』 18, 한국외국어대학교 역사문화연구소.

44) 申砬 - 충주

- 『平山申氏忠憲公系譜』.
- 최영희 | 1974, 『임진왜란』, 교양국사총서 편찬위원회.
- 이형석 | 1976, 『임진전란사』(상 · 중 · 하), 임진전란사간행위원회.
- 최영희 | 1977, 『임진왜란』, 세종대왕 기념사업회.

• 국방부전사편찬위원회 ‖ 1987, 『임진왜란사』.
• 충주시 · 예성문화연구회 ‖ 2001, 『충주의 인물(Ⅰ)-강수 · 신립』.
• 이덕일 외 ‖ 2004, 『우리 역사의 수수께끼』 3, 김영일.
• 차문섭 ‖ 1965, 「신립-탄금대에 뿌린 피」 『한국의 인간상』 5, 신구문화사.
• 김재갑 ‖ 1995, 「平山申氏武弁考-申砬장군을 중심으로」 『학예지』 4, 육군 사관학교 박물관.
• 이헌종 ‖ 1996, 「신립에 대한 수정적 비판-탄금대 전투를 중심으로」 『동의사학』 9 · 10합집, 동의대.
• 어경선 ‖ 1996, 「임진왜란과 충주전투」 『향토사와 향토문화』, 한국향토사연구전국협의회.
• 권태효 ‖ 1998, 「호국여산신 설화의 상반된 신격 인식 양상 연구」 『한국민속학』 30, 민속학회.
• 최일성 ‖ 2001, 「충장공 신립 장군」 『충주의 인물(Ⅰ)-강수 · 신립』, 충주시 · 예성문화연구회.
• 김현길 ‖ 2001, 「탄금대의 싸움과 忠臣義士壇」 『예성문화』 21.

45) 申礫- 진천

• 『平山申氏忠憲公系譜』.
• 장세한 ‖ 1994, 「百源書院址 지표조사」 『충북향토문화』 5.
• 김재갑 ‖ 1995, 「平山申氏武弁考-申砬장군을 중심으로」 『학예지』 4, 육군사관학교 박물관.
• 정상훈 ‖ 1995, 「百源書院 사액경위탐구동기」 『상산문화』 창간호.
• 박상일 ‖ 2004, 「진천군의 역사문화자원 현황과 활용방안」 『충북학』 6.

46) 申叔舟 - 청원 · 청주

• 『보한재집』.
• 『國朝五禮儀』.
• 강주진 역 ‖ 1988, 『보한재 신숙주正傳』, 세광출판문화사.
• 이이화 ‖ 1993, 『이야기 인물한국사 5-역사상의 라이벌과 동반자』, 한길사.
• 박덕규 ‖ 1995, 『신숙주평전』, 둥지.
• 박윤규 ‖ 1999, 『우리역사를 움직인 20인의 재상』, 미래M&B.
• 김갑동 ‖ 2003, 『옛 사람 72인에게 지혜를 구하다』, 푸른역사.
• 신숙주 저, 신용호 역 ‖ 2004, 『海東諸國記』, 범우사.
• 김태완 ‖ 2004, 『책문, 시대의 물음에 답하다』, 소나무.
• 정병현 · 이지영 ‖ 2004, 『우리 선비들은 역사와 전통을 어떻게 이해했을까-고구려의 흥망론』, 사군자.
• 박선식 ‖ 2005, 『처세에 붓을 들고 난세에 칼을 차니』, 연경미디어.

- 櫻井義之 ∥ 1943, 「신숙주」『국민문학』 3-4, 人文社.
- 이현종 ∥ 1965, 「현실주의 타협 신숙주」『인물한국사』 3, 박우사.
- 한영우 ∥ 1979, 「〈東國通鑑〉의 역사서술과 역사인식(상)」『한국학보』 15.
- 정두희 ∥ 1980, 「집현전학사 연구」『전북사학』 4.
- 박경희 ∥ 1984, 「『海東諸國記』에 나타난 신숙주의 대일인식」, 이화여대 석사학위논문.
- 권재선 ∥ 1985, 「세종의 御製東國正音과 신숙주 등의 反切)」『인문과학연구』 3, 대구대 인문과학연구소.
- 홍선표 ∥ 1988, 「신숙주의 회화관(1)」『강좌미술사』 1, 한국미술사연구회.
- 하우봉 ∥ 1990, 「조선초기 對日使行員의 일본인식」『국사관논총』 14.
- 이동희 ∥ 1994, 「이시애난에 있어서 한명회 · 신숙주의 역모 연루설」『전라문화논총』 7, 전북대 전라문화연구소.
- 村井章介 ∥ 1998, 「임진왜란의 역사적 전제-日朝관계사를 중심으로」『남명 학연구』 7, 경상대 남명학연구소.
- 村井章介 ∥ 1998, 「중세 한일양국인의 상호인식」『한일양국의 상호인식』, 국학자료원.
- 김주창 ∥ 1999, 「신숙주의 대일인식 연구」, 강원대 석사학위논문.
- 최이돈 ∥ 2002, 「조선중기 신용개의 정치활동과 정치인식」『조선의 정치와 사회』, 집문당.
- 김태성 ∥ 2002, 「조선 신숙주의 중국어관」『중국언어연구』 14, 중국언어연구회.
- 김남이 ∥ 2002, 「신숙주 題畵詩의 성격과 의미」『동양고전연구』 17, 동양고전연구회.
- 오종록 ∥ 2003, 「신숙주의 군사정책과 재상으로서의 經論」『역사학논총』 3 · 4합집, 동선사학회.
- 임종욱 ∥ 2003, 「여말선초 두 지식인의 일본 체험」『일본학』 22, 동국대일본학연구소.
- 편집부 ∥ 2003, 「자료 소개-신숙주, 『海東諸國記』」『장서각』 10, 한국정신문화연구원.
- 임동철 ∥ 2004, 「보한재 신숙주의 생애와 업적」『충북향토문화』 16.

47) 安鼎福 - 제천

- 『東史綱目』.
- 최동희 ∥ 1976, 『愼後聃 · 안정복의 서학비판에 관한 연구』, 고려대 박사논문.
- 심우준 ∥ 1985, 『순암 안정복 연구』, 일지사.
- 강세구 ∥ 1994, 『동사강목연구』, 민족문화사.
- 강세구 ∥ 1996, 『순암 안정복의 학문과 사상 연구』, 혜안.
- 田花爲雄 ∥ 1944, 「안순암의 敎民法과 교민정신」『학총』 3, 경성제대문학부.

- 유명종 ❙ 1958, 「丁愚潭 연구-성리설에 관한 율곡 비판을 중심으로」『경북대학교 논문집』 3, 경북대.
- 황원구 ❙ 1965, 「안정복-한국사의 새 발견」『한국의 인간상』 4, 신구문화사.
- 최석우 ❙ 1965, 「황사영-백서에 얼룩진 피」『인물한국사』 4.
- 김사억 ❙ 1965, 「안정복의 력사관과 그의 조국력사 편사에 대하여(1)」『력사과학』 1965-5.
- 김사억 ❙ 1965, 「안정복의 력사관과 그의 조국력사 편사에 대하여(2)」『력사과학』 1965-6.
- 이우성 ❙ 1970, 「순암총서 해제」『순암총서』, 성균관대 대동문화연구원.
- 이원순 ❙ 1970, 「안정복의 天學論考」『이해남화갑기념 사학논총』.
- 황원구 ❙ 1970, 「실학파의 사학이론」『연세논총』 7.
- 이구용 ❙ 1972, 「순암 안정복의 생애와 사상」『강원대논문집』 6.
- 변원림 ❙ 1973, 「안정복의 역사인식」『사총』 17 · 18합집.
- 심우준 ❙ 1973, 「순암 안정복의 지방행정개혁론-순암 연구의 일단면」『중앙대논문집』 18.
- 윤남한 ❙ 1973, 「안정복의 下學指南考」『문교부연구보고서』(인문과학7-8).
- 심우준 · 정필모 ❙ 1974, 「순암 안정복연구서설」『인문학연구』 1, 중앙대 인문학연구소.
- 황원구 ❙ 1974, 「안정복-한국사의 새 발견」『조선실학의 개척자 10인』, 신구문화사.
- 심우준 ❙ 1975, 「순암 안정복」『이을호정년기념 실학논총』, 전남대 호남문화연구소.
- 최동희 ❙ 1976, 「안정복의 서학비판에 관한 연구」『아세아연구』 19-2, 고려대 아세아문제연구소.
- 강주진 ❙ 1977, 「안정복 『동사강목』 해제」『한국학』 14, 중앙대 한국학연구소.
- 윤남한 ❙ 1977, 「동사강목 해제」『동사강목』, 고전국역총서 127.
- 금장태 ❙ 1978, 「안정복의 서학비판론」『한국학』 24, 중앙대 한국학연구소.
- 심우준 ❙ 1981, 「순암 안정복의 사관」『논문집』 25, 중앙대.
- 심우준 ❙ 1981, 「순암의 井田制와 公田制」『한국학』 25, 중앙대 한국학연구소.
- 황원구 ❙ 1981, 「실학파의 역사인식」『한국사론』 6.
- 심우준 ❙ 1982, 「순암의 사서삼경에 대한 석의」『인문학연구』 10. 중앙대.
- 심우준 ❙ 1982, 「순암 안정복의 洞約」『중앙대논문집』 26.
- 반윤홍 ❙ 1982, 「순암 안정복의 향촌자위론 연구」『군사』 5.
- 김세윤 ❙ 1985, 「안정복의 열조통기에 대한 일고찰」『부산여대사학』 3.
- 강세구 ❙ 1986, 「순암 안정복의 동사강목 지리고에 관한 일고찰」『역사학보』 112.
- 김세윤 ❙ 1986, 「순암 안정복의 조선시대인식-열조통기의 사론을 중심으로」『부산여대사학』 4.

• 김수태 | 1987, 「안정복의 大麓志」『백제연구』 18, 충남대.
• 정구복 | 1987, 「안정복의 사학사상」『한국근세사회의 정치와 문화』, 한국 정신문화연구원.
• 한상권 | 1987, 「순암 안정복의 사회사상-民에 대한 인식을 중심으로」『한국사론』 17, 서울대 국사학과.
• 한영우 | 1988, 「안정복의 사상과 동사강목」『한국학보』 53.
• 강세구 | 1989, 「동사강목의 저술 배경」『七里 이광린교수 퇴직기념 한국사논문집』.
• 강세구 | 1990, 「안정복의 역사고증방법-동사강목 考異를 중심으로」『실학사상연구』 1.
• 황원구 | 1990, 「안정복」『한국사시민강좌』 6, 일조각.
• 차장섭 | 1992, 「안정복의 역사관과 東史綱目」『조선사연구』 1, 복현조선사연구회.
• 강세구 | 1992, 「순암 안정복의 忠節論에 관한 일고찰-동사강목의 史論을 중심으로」『국사관논총』 34.
• 강병수 | 1992, 「순암 안정복의 사상연구-그의 理氣論을 중심으로」『향토서울』 51.
• 강세구 | 1993, 「동사강목의 國史體系와 馬韓正統論에 관한 고찰」『실학사상연구』 4, 무악실학회.
• 임용식 | 1993, 「제천의 역사가-순암 안정복과 후석 천관우」『내제문화』 5.
• 배우성 | 1994, 「안정복」『한국의 역사가와 역사학』 상, 창작과 비평사.
• 강경훈 | 1995, 「순암 안정복의 乞册 書札에 대하여」『고서연구』 12, 보경문화사.
• 강세구 | 1995, 「유형원 · 이익과 안정복의 학문적 전승관계」『실학사상연구』 5 · 6합집.
• 지두환 | 1997, 「동사강목과 해동역사에 나타난 역사인식의 차이」『우송조동걸교수정년기념논총』.
• 강세구 | 1999, 「성호 사후 순암안정복계열 성호학통의 전개」『실학사상연구』 10 · 11합집.
• 강세구 | 2000, 「안정복의 역사이론 전개와 그 성격」『국사관논총』 93.
• 강세구 | 2000, 「순암 안정복의 고려인식」『실학사상연구』 14.
• 김문식 | 2001, 「18세기 후반 순암 안정복의 箕子 인식」『한국실학연구』 2.
• 이봉규 | 2001, 「순암 안정복의 儒敎觀과 경학사상」『한국실학연구』 2.
• 최윤오 | 2002, 「순암 안정복의 토지론」『한국실학연구』 4.
• 임용식 | 2003, 「제천의 역사가 안정복과 천관우」『제천학과 청풍명월』, 제천문화원.
• 최성환 | 2003, 「영 · 정조대 안정복의 학문과 『동사강목』 편찬」『한국학보』110.
• 배우성 | 2004, 「조선후기 蝦夷인식과 서구적 세계지도의 신뢰도에 관한 연구」

『조선시대사학보』 28.

- 조성을 ∥ 2004, 「실학자의 역대 수도 · 천도론-기호남인계를 중심으로」 『한국사연구』 127.
- 원재린 ∥ 2004, 「순암 안정복(1712~1791)의 刑法觀과 鄕政論」 『한국사상사학』 23.
- 노혜경 ∥ 2004, 「안정복과 황윤석의 대민정책-木川縣을 중심으로」 『한국사상사학』 23.
- 김인규 ∥ 2005, 「순암 안정복의 학문경향과 그 특성」 『한국사상사와 문화』 29.
- 김영숙 ∥ 2006, 「안정복의 詠史詩에 나타난 역사 · 문학성과 역사의식」 『퇴계학과 한국문화』 38, 경북대 퇴계학연구소.

48) 靈圭大師 - 청주

- 양은용 · 김덕수 ∥ 1992, 『임진왜란과 불교의승군』, 경서원.
- 이석린 ∥ 1993, 『임란의병장 조헌연구』, 신구문화사.
- 곽호제 ∥ 1999, 『임진왜란기 湖西義兵의 연구』, 충남대 국사학과 박사학위논문.
- 강만길 ∥ 1965, 「조헌-근왕의 의병장」 『인물한국사』 3, 박우사.
- 김용덕 ∥ 1965, 「중봉 조헌연구」 『아세아학보』 1.
- 이장희 ∥ 1969, 「임진왜란 승군고」 『이홍직회갑기념 한국사논총』.
- 김진봉 ∥ 1982, 「임진왜란 중 호서지방의 의병활동과 지방사민의 동태에 관한 연구-조헌의 의병활동을 중심으로」 『사학연구』 34.
- 이석린 ∥ 1988, 「조헌을 중심으로 한 임란초기의 의병분석」 『又仁김용덕정년논총』.
- 장세한 ∥ 1993, 「임진왜란과 영규대사」 『충북향토문화』 4.
- 곽호제 ∥ 1998, 「임진왜란기 청주성전투의 의병장 연구」 『충남사학』 10.
- 이석린 · 전호수 ∥ 2000, 「花遷堂 朴春茂의 임진왜란 의병활동」 『중원문화논총』 4.
- 편집부 ∥ 2001, 「호국도량 沃川 佳山寺-정밀 지표조사 보고」 『문화사학』 15, 한국문화사학회.
- 이지관 역 ∥ 2003, 「校勘 譯註 금산 寶石寺 騎虛堂 영규대사비문」 『가산학보』 11, 가산불교문화연구원.

49) 柳根 - 괴산

- 『西坰集』.
- 이종묵 ∥ 2000, 「17세기 문화를 빛낸 인물-西坰 柳根」 『문헌과 해석』 10, 문헌과 해석사.
- 김근수 ∥ 2001, 「西坰 柳根 선생과 詩話」 『괴향문화』 9.
- 이상주 ∥ 2003, 「괴산지역의 역사 刊本과 活齋集 판본」 『괴향문화』 11.

50) 柳成龍 - 청주

- 『西厓集』.
- 이가원 편 ❙ 1979, 『실학총서 1 : 유성룡, 이수광』, 탐구당.
- 조정기 ❙ 1990, 『서애 유성룡의 국방정책 연구』, 단국대 박사학위논문.
- 이원승 ❙ 1992, 『류성룡의 군사분야 업적 재조명』, 청문각.
- 김호종 ❙ 1994, 『西厓 柳成龍 硏究』, 새누리.
- 김호종 ❙ 2006, 『퇴계학파의 인물시리즈 2 : 서애 유성룡의 생각과 삶』, 한국국학진흥원.
- 박윤규 ❙ 1999, 『우리역사를 움직인 20인의 재상』, 미래M&B.
- 이재호 ❙ 1965, 「유성룡-전란을 극복한 명상」『인물한국사』 3, 박우사.
- 최영희 ❙ 1965, 「유성룡-전란속의 기둥」『한국의 인간상』 3, 신구문화사.
- 정하명 ❙ 1966, 「유성룡의 군사관의 일반-그의 산성설」『육군사관학교논문집』 4.
- 허선도 ❙ 1974, 「진관체제 복구론-유성룡의 군정개혁의 기본시책」『국민대논문집』 5.
- 이수건 ❙ 1977, 「서애 유성룡의 사회경제관」『대구사학』 12 · 13합집.
- 송긍섭 ❙ 1979, 「서애선생의 양명학비판」『서애연구』 2, 서애유성룡기념사업회.
- 이가원 ❙ 1979, 「서애 유성룡선생 소전」『서애연구』 2, 서애유성룡기념사업회.
- 이진갑 ❙ 1984, 「1590년대 이조鎭管관병의 신장 및 근력에 관한 연구-서애 선생 유고 '군문등록' · '관병편오책' 및 '관병용모책'」『안동문화』 5, 안동대 안동문화연구소.
- 이재호 ❙ 1985, 「선조수정실록 기사의 의점에 대한 변석-특히 이율곡의 '십만양병설'과 유서애의 '양병불가론'에 대하여」『대동문화연구』 19, 성균관대 대동문화연구원.
- 이재호 ❙ 1987, 「임진왜란과 유서애의 자주국방책」『역사교육논집』 11, 경북대 역사교육학과.
- 조정기 ❙ 1988, 「서애 유성룡의 군정사상 (1)」『부산사학』 14 · 15합집.
- 조정기 ❙ 1989, 「서애 유성룡의 군정사상 (2)」『논문집』 11-1, 창원대.
- 조정기 ❙ 1989, 「서애 유성룡의 城墩論」『龍巖車文燮화갑기념 사학논총』.
- 김호종 ❙ 1990, 「서애 유성룡의 국방사상」『퇴계학』 2, 안동대 퇴계학연구소.
- 조정기 ❙ 1991, 「서애 유성룡과 충무공 이순신-유성룡을 중심으로」『조성도화갑기념 충무공이순신연구논총』, 해사박물관.
- 조정기 ❙ 1993, 「서애 유성룡과 충무공 이순신」『임란수군활동연구논총』, 해군군사연구실.
- 김호종 ❙ 1994, 「서애 유성룡의 인재등용관」『안동사학』 1, 안동대사학회.
- 김호종 ❙ 2004, 「서애 유성룡의 醫藥 분야에 대한 인식」『역사교육논집』 33.
- 김호종 ❙ 2005, 「서애 유성룡의 일본에 대한 인식과 그 대응책」『대구사학』 78.

51) 尹鳳九 – 제천 · 충주

- 『屛溪集』.
- 유미림 외 역 ‖ 2005, 『빈 방에 달빛 들면-조선 선비 아내 잃고 애통한 심사를 적다』, 학고재.
- 이애희 ‖ 1990, 『조선후기 人性과 物性에 대한 논쟁의 연구』, 고려대 박사학위논문.
- 김준석 ‖ 1990, 「한원진의 주자학인식과 호락논쟁」『이재룡박사환력기념한국사학논총』.
- 이애희 ‖ 1994, 「병계 윤봉구의 인물성이론」『인성물성론』, 한길사.
- 이경구 ‖ 1996, 「金昌翕의 학풍과 호락논쟁」『한국사론』 36.
- 김상곤 ‖ 1996, 「인물성동이론과 호락논쟁」『유교사상연구』 8, 한국유교학회.
- 조성산 ‖ 1997, 「18세기 호락논쟁과 노론사상계의 분화」『한국사상사학』 8.
- 한계전 ‖ 1997, 「湖學의 형성과 강문팔학사」『진단학보』 83.
- 이경구 ‖ 1998, 「영조~순조연간 호락논쟁의 전개」『한국학보』 93.
- 권오영 ‖ 1998, 「18세기 호락논변의 쟁점과 그 성격」『조선시대의 사회와 성격』, 조선사회연구회.

52) 尹宣擧 – 단양

- 이은순 ‖ 1988, 『조선후기 당쟁사연구』, 일조각.
- 정구선 ‖ 2005, 『조선시대 처사열전』, 서경.
- 강상운 ‖ 1968, 「노소론의 분당 연구」『芝陽신기석박사화갑기념 학술논문집』.
- 김상오 ‖ 1974, 「懷尼師生論의 시비와 丙申處分에 대하여」『전북대 문리과대학 논문집』 1, 전북대.
- 이은순 ‖ 1985, 「회니시비의 논점과 명분론」『한국사연구』 48.
- 이은순 ‖ 1995, 「明齋 尹拯의 학문과 政論」『백제연구』 25, 충남대 백제연구소.

53) 李家煥 – 충주

- 『錦帶集』.
- 심경호 ‖ 1998, 『大東韻府群玉』, 태학사.
- 정호훈 ‖ 2004, 『조선후기 정치사상 연구-17세기 북인계남인을 중심으로』, 혜안.
- 홍이섭 ‖ 1956, 「貞軒 이가환의 詩對拾遺-조선 카톨릭사의 일과제」『이병도박사화갑기념논총』.
- 김윤곤 ‖ 1975, 「淸潭 이중환」『이을호정년기념 실학논총』, 전남대 호남문화연구소.
- 최상천 ‖ 1982, 「貞軒 이가환 소고-'錦帶殿策'의 분석을 중심으로」, 고려대 석사학위논문.
- 정두희 ‖ 1988, 「한국의 역사가-이중환」『한국사시민강좌』 3.

• 박광용 ‖ 1991, 「이중환의 정치적 위치와 택리지 저술」 『진단학보』 69.
• 하성래 ‖ 2001, 「이가환과 서학과의 관계」 『한국학논집』 35, 한양대 한국학연구소.
• 문중양 ‖ 2003, 「18세기말 천문역산 전문가의 과학활동과 담론의 역사적 성격-徐浩修와 李家煥을 중심으로」 『동방학지』 121.
• 이덕일 외 ‖ 2006, 「이가환」 『한국사의 천재들』, 생각의 나무.

54) 李居易 – 진천

• 청주이씨문헌록편찬위원회 ‖ 1992, 『淸州李氏文獻錄』.
• 최승희 ‖ 2002, 『조선초기 정치사연구』, 지식산업사.
• 최승희 ‖ 1991, 「태종조의 왕권과 국정운영체제」 『국사관논총』 30.
• 구현주 ‖ 1997, 「조선 태종의 왕권강화책에 대하여」, 계명대 교육대학원 석사학위논문.
• 김의환 · 이근호 ‖ 2005, 「이위의 생애와 卑牧齋日記의 사료적 가치」 『한국사학보』 19, 고려대 한국사학회.

55) 李榘 – 충주 · 괴산

• 『活齋集』.
• 유명종 ‖ 1962, 「主理派 형성의 논거-活齋 李榘를 중심으로」 『경북대학교 논문집』 5.
• 설석규 ‖ 1995, 「현종 7년 영남유림의 議禮疏 捧入 전말」 『사학연구』 50.
• 박문열 ‖ 1997, 「活齋先生文集에 관한 연구」 『청주대학교 박물관보』 10.
• 설석규 ‖ 1998, 「活齋 李榘의 이기심성론 辨說과 정치적 입장」 『조선시대사학보』 4.
• 이상주 ‖ 2003, 「괴산지역의 역사 刊本과 活齋集 판본」 『괴향문화』 11.

56) 李圭景 – 충주

• 이규경 1982, 『五洲衍文長箋散稿』, 명문당.
• 『五洲書種博物攷辨』.
• 최상수 ‖ 1981, 『한국 부채의 연구』, 정동출판사.
• 유봉학 ‖ 1995, 『연암일파 북학사상 연구』, 일지사.
• 정병현 · 이지영 ‖ 2004, 『우리 선비들은 역사와 전통을 어떻게 이해했을까-고구려의 흥망론』, 사군자.
• 주영하 외 ‖ 2005, 『19세기 조선생활과 사유를 엿보다』, 돌베개.
• 이성무 ‖ 1967, 「이덕무의 실학사상-그의 교육사상을 중심으로」 『향토서울』 31.
• 최영진 ‖ 1969, 「이조축산에 관한 연구-『연암집』과 『오주연문장전산고』를 중심으로」 『논문집』 4, 인천교대.
• 전상운 ‖ 1972, 「李圭景과 그의 박물학」 『연구논문집』 4 · 5합집, 성신여자대.

- 윤사순 ∥ 1973, 「이규경 실학에 있어서의 전통사상-그의 도불관을 중심으로」『아세아연구』 16-2, 고려대 아세아문제연구소.
- 윤사순 ∥ 1974, 「李圭景 실학에 있어서의 전통사상」『실학사상의 탐구』, 현암사.
- 이현종 ∥ 1975, 「이규경의 생애와 사상」『이을호박사정년기념 실학논총』, 전남대 호남문화연구소.
- 강신항 ∥ 1982, 「李圭景의 언어 · 문자 연구」『대동문화연구』 16, 성균관대대동문화연구원.
- 최경숙 ∥ 1984, 「五洲 李圭景 연구」『동의사학』 1, 동의대학교 사학회.
- 하우봉 ∥ 1985, 「이덕무의 '蜻蛉國誌' 에 대하여」『전북사학』 11 · 12합집.
- 이혜순 ∥ 1987, 「이덕무의 入燕記 소고」『연민이가원七秩송수기념논총』.
- 원유한 ∥ 1991, 「五洲 이규경의 화폐경제론」『동양학』 21, 단국대 동양학 연구소.
- 원유한 ∥ 1992, 「五洲 이규경의 상업론」『실학사상연구』 3, 무악실학회.
- 신병주 ∥ 1994, 「19세기 중엽 이규경의 학풍과 사상」『한국학보』 75.
- 최주 · 김유형 · 김수철 · 배종현 · 김종원 · 김성도 ∥ 1994, 「오주연문장전산고에 따른 製鐵 복원실험」『한국전통과학기술학회지』 1-1.
- 장남원 ∥ 1998, 「조선후기 이규경의 陶磁인식-『五洲衍文長箋散稿』의 古 今瓷窯辨證說과 華東陶瓷辨證說을 중심으로」『미술사논단』 6, 한국미술연구소.
- 허룬 ∥ 2000, 「『五洲衍文長箋散稿』는 1860년 초에 나온 미완성유고」『력사과학』 174.
- 허룬 ∥ 2000, 「『오주연문장전산고』에서 새롭게 보이는 『리조실록』 및 근대음악 관계자료에 대한 고찰」『력사과학』 175.
- 양은용 ∥ 2000, 「五洲 이규경의 道教觀」『한국 도교문화의 초점』, 아세아문화사.
- 원재연 ∥ 2001, 「『海國圖志』 수용 전후의 禦洋論과 서양인식-이규경과 尹宗儀를 중심으로」『한국사상사학』 17.

57) 李德洙 – 청주 · 청원

- 이유경 ∥ 1998, 「崔孝一逸話의 전승과 변이양상」『서지학보』 22, 한국서지학회.
- 이재학 ∥ 2001, 「조선시대 청주지역의 書院-莘巷書院을 중심으로」, 청주대 교육대학원 석사학위논문.
- 임동철 ∥ 2002, 「낭성 8현의 생애」『조선시대 충북지역의 학맥과 학풍』, 제5회 충북학심포지움 발표문.
- 임동철 ∥ 2003, 「낭성 8현과 이유당 이덕수」『낭성8현과 怡愉堂 李德洙』, 서원향토문화연구회.
- 이해준 ∥ 2003, 「이유당 이덕수의 생애와 활동」『낭성8현과 怡愉堂 李德洙』, 서원향토문화연구회.
- 박상일 ∥ 2003, 「청주지역의 한산이씨 유적」『낭성8현과 怡愉堂 李德洙』, 서원향토문화연구회.

58) 李得胤 – 괴산 · 청원

- 『西溪集』
- 『西溪先生年譜』.
- 『玄琴東文類記』.
- 『西溪家藏訣』.
- 『慶州李氏先世實錄』 上 · 下.
- 『慶州李氏世蹟補遺』 天 · 地 · 人.
- 이병기 | 1975, 「歌樂史草」 『가람文選』, 삼중당.
- 임형택 | 1994, 「17세기 전후 육가형식의 발전과 시조문학」 『민족문학사연구』 6, 민족문학사연구소.
- 이상주 | 1996, 「李得胤과 서계육가 · 옥화육가의 창작연대」 『괴향문화』 4.
- 이상주 | 1998, 「西溪先生年譜와 西溪六歌 · 玉華六歌의 창작년대」 『서지학보』 21, 한국서지학회.
- 이상주 | 2000, 「역주 西溪先生年譜」 『어문논총』 14.
- 이상주 | 2001, 「玉華九曲과 玉華九曲詩」 『충북학』 3.
- 임동철 | 2002, 「낭성 8현의 생애」 『조선시대 충북지역의 학맥과 학풍』, 제5회 충북학심포지움 발표문.
- 김의환 | 2005, 「慕溪 趙綱의 향촌사회 활동과 청주사족의 동향」 『조선시대사학보』 32.

59) 李文楗 – 괴산

- 『默齋集』.
- 『默齋日記』 上 · 下.
- 『養兒錄』.
- 이상주 역주 | 1997, 『養兒錄-16세기 한 사대부의 체험적 육아일기』, 태학사.
- 이복규 | 1999, 『묵재일기에 나타난 조선전기의 민속』, 민속원.
- 한국고문서학회 | 2000, 『조선시대 생활사』 2, 역사비평사.
- 김소은 | 2001, 『16세기 양반사족의 생활상 연구』, 숭실대 박사학위논문.
- 김인규 | 2002, 『16세기 경북 성주지역의 匠人 연구-이문건의 『묵재일기』를 중심으로』, 서강대 사학과 박사학위논문.
- 이성임 | 2003, 『16세기 양반관료의 경제생활 연구』, 인하대 사학과 박사학위논문.
- 이종서 | 2003, 『14~16세기 한국의 친족용어와 일상 친족관계』, 서울대 박사학위논문.
- 김근수 | 1996, 「默齋 李文楗의 默休唱酬에 대한 고찰」 『괴향문화』 4.
- 정구복 | 1996, 「조선조 일기의 자료적 성격」 『정신문화연구』 19권 4호.
- 염정섭 | 1997, 「조선시대 일기류 자료의 성격과 분류」 『역사와 현실』 24.

• 이상주 | 1997, 「李文楗의 『養兒錄』-16세기 사대부의 자손양육의 체험적 詩篇」 『괴향문화』 5.

• 이상필 | 1997, 「『묵재집』 해제」 『남명학연구』 7.

• 김현영 | 1998, 「『묵재일기』 해제」 『묵재일기』 상, 국사편찬위원회.

• 김경숙 | 1998, 「조선시대 유배형의 집행과 그 사례」 『사학연구』 55 · 56합집.

• 이복규 | 1998, 「조선전기의 出産 · 生育관련 민속-묵재 이문건의 『默齋日記』 · 『養兒錄』을 중심으로」 『한국민속학보』 8.

• 김현영 | 1998, 「醫 · 占 · 巫-16세기 질병 치유의 여러 양상」 『제41회 전국역사학대회 발표요지』.

• 김현영 | 1999, 「조선시기 사족지배체제론의 새로운 전망-16세기 경상도 성주지방을 소재로 하여」 『한국문화』 23, 서울대 한국문화연구소.

• 이복규 | 1999, 「조선전기 사대부가의 점복과 독경」 『한국민속학보』 10.

• 정긍식 | 1999, 「묵재일기에 나타난 家祭祀의 실태」 『법제연구』 16, 한국법제원.

• 김경숙 | 1999, 「16세기 사대부 집안의 제사설행과 그 성격-이문건의 『묵재일기』를 중심으로」 『한국학보』 98.

• 안승준 | 2000, 「16세기 이문건가의 奴婢使喚과 身貢수취-묵재일기를 중심으로」 『고문서연구』 16 · 17.

• 심희기 | 2001, 「16세기 이문건가의 노비에 대한 체벌의 실태 분석」 『국사관논총』 97.

• 이성임 | 2001, 「16세기 이문건가의 수입과 경제생활」 『국사관논총』 97.

• 이성임 | 2001, 「조선 중기 양반관료의 경제생활과 재부관」 『한국사시민강좌』 29, 일조각.

• 김경숙 | 2001, 「16세기 사대부가의 喪祭禮와 廬墓생활-이문건의 『묵재일기』를 중심으로」 『국사관논총』 97.

• 김소은 | 2001, 「16세기 양반가의 혼인과 가족관계-이문건의 『묵재일기』를 중심으로」 『국사관논총』 97.

• 김현영 | 2001, 「16세기 한 양반의 일상과 재지사족-『묵재일기』를 중심으로」 『조선시대사학보』 18.

• 김성우 | 2001, 「16세기 중반 국가의 軍役 동원방식과 성주 사족층의 대응」 『조선시대사학보』 18.

• 김성수 | 2001, 「16세기 향촌의료실태와 사족의 대응」 『한국사연구』 113.

• 김동진 | 2001, 「16세기 성주와 임천지역의 官屯沓 경영-이문건가와 오희문가를 중심으로」, 한국교원대 석사학위논문.

• 김동진 | 2001, 「16세기 중엽 성주지방 이문건가의 水田農業」 『지방사와 지방문화』 4권 1호.

• 안승준 | 2002, 「16세기 이문건가의 노비사환과 신공수취」 『고문서연구』 16 · 17합집.

- 김소은 | 2002, 「이문건의 생애와 묵재일기의 구성」『홍경만교수정년기념 한국사학논총』.
- 김소은 | 2002, 「16세기 양반 사족의 수입과 경제생활-『묵재일기』를 중심으로」『숭실사학』 15.
- 김소은 | 2003, 「16세기 성주지역 사족의 교유와 서원 건립계획-『묵재일기』를 중심으로」『한국정신문화연구』 26-2.
- 권기중 | 2003, 「16세기 성주목 향리의 조직구조와 사회적 위상-『묵재일기』를 중심으로」『역사와 현실』 49.
- 남미혜 | 2003, 「16세기 사대부 이문건가의 양잠업 경영에 대한 일연구」『조선시대사학보』 26.
- 김경숙 | 2003, 「이문건」『63인의 역사학자가 쓴 한국사인물열전』 1, 돌베개.
- 김소은 | 2003, 「이문건가의 경제운용과 지출-槐山入鄕과 관련하여」『고문서연구』 21.
- 이성임 | 2003, 「조선 중기 양반의 성관념과 그 표출 양상」『조선시대사회의 모습』, 집문당.
- 김소은 | 2003, 「16세기 양반 사족의 교유와 그 형태」『인하사학』 10.
- 최선혜 | 2004, 「조선전기 재지품관의 제사와 기복 민속의식」『조선시대사학보』 29.
- 이성임 | 2004, 「조선 중기 양반관료의 '稱念'에 대하여」『조선시대사학보』 29.

60) 李守一 - 충주

- 최일성 | 1986, 「충무공 李守一장군에 대한 소고」『예성문화』 8.
- 예성문화연구회 | 1995, 「李守一장군 諡狀」『예성문화』 15.
- 최일성 | 1996, 「충무공 이수일 장군」『重山鄭德基박사화갑기념한국사논총』, 경인문화사.
- 최호균 | 2003, 「충무공 이수일 장군의 연구」『충주의 인물 (Ⅲ)-김윤후 · 이수일 · 조웅』, 충주시 · 충주대학교 박물관.

61) 李時發 - 진천

- 『碧吾集』.
- 유미림 외 역 | 2005, 『빈 방에 달빛 들면-조선 선비 아내 잃고 애통한 심사를 적다』, 학고재.
- 권종천 · 차용걸 | 1985, 「碧梧 李時發소고」『호서문화연구』 5.
- 임동철 | 1998, 「벽오 이시발의 생애와 '碧梧遺稿'」『청원문화』 7.
- 곽호제 | 1998, 「임진왜란기 청주성전투의 의병장 연구」『충남사학』 10.
- 이상주 | 1999, 「역주 西溪先生年譜」『어문논총』 14, 동서어문학회.
- 이석린 · 전호수 | 2000, 「花遷堂 朴春茂의 임진왜란 의병활동」『중원문화논총』

4, 충북대 중원문화연구소.

62) 李栻 – 충주

- 유명종 | 1958, 「丁愚潭 연구–성리설에 관한 율곡 비판을 중심으로」 『경북대학교 논문집』 3, 경북대.
- 배종호 | 1975, 「韓南塘과 李畏菴의 인물성동이론의 비판」 『연세논총』 인문사회과학 12, 연세대대학원.

63) 李植 – 충주

- 『澤堂集』.
- 나상근 | 1984, 「澤堂 李植의 문학연구」, 국문대 국어국문학과 석사학위논문.
- 渡部學 | 1966, 「택당 이식の교육관」 『조선학보』 37 · 38합집, 39 · 40합집.
- 渡部學 | 1967, 「택당 이식の 『示兒代筆』–이조양반 유학자の家訓書」 『武藏大學紀要』 5, 武藏大學.
- 渡部學 | 1968, 「이식の唯名論的經驗論思想と異端論」 『조선학보』 49.
- 渡部學 | 1968, 「택당の이식 '文' 論」 『武藏大學紀要』 6.
- 우응순 | 1989, 「이식의 문학론 연구」 『한국한문학연구』 12, 한국한문학연구회.
- 정도상 | 2002, 「동명 김세렴의 사상록 고찰–택당 이식의 비평을 중심으로」 『한문학논집』 20, 근역한문학회.
- 오항녕 | 2002, 「역사가 이식」 『문헌과 해석』 20, 문헌과해석사.
- 이종묵 | 2002, 「지평 백아곡의 澤風堂과 이식」 『문헌과 해석』 20, 문헌과 해석사.
- 이한우 | 2004, 「택당 이식 古文 연구」 『한국사상과 문화』 24, 한국사상문화학회.

64) 李延慶 – 충주

- 이병휴 | 1984, 『조선전기 기호사림파연구』, 일조각.
- 이병휴 | 1999, 『조선전기 사림파의 현실인식과 대응』, 일조각.
- 김돈 | 1984, 「중종대 언관의 성격변화와 사림」 『한국사론』 10, 서울대 국사학과.
- 김돈 | 1992, 「중종조 기묘사화피화인의 疏通문제와 정치세력의 대응」 『국사관논총』 34.
- 장기덕 | 1998, 「八峰書院의 복원」 『예성문화』 18.
- 이정우 | 2000, 「17~18세기 충주지방 서원과 사족의 당파적 성격」 『한국사연구』 109.
- 박홍갑 | 2005, 「16세기 전반기 정국 추이와 충주사림의 피화–광주이씨 克堪系를 중심으로」 『사학연구』 79.

65) 李英男 – 진천

- 이영환 | 1984, 『李英男장군전기』, 진천문화원.
- 이영환 | 1993, 「助防將 李英男장군」『충북향토문화』 4.

66) 李珥 – 청주

- 『栗谷全書』.
- 유자후 | 1947, 『율곡선생전』, 동방문화사.
- 김경탁 | 1960, 『율곡의 연구』, 한국연구원.
- 이병도 | 1973, 『율곡의 생애와 사상』, 서문당.
- 이준호 편 | 1973, 『율곡의 사상』, 현암사.
- 조남국 | 1983, 『율곡의 사회사상』, 양영각.
- 채무송 | 1985, 『퇴계, 율곡 철학의 비교 연구』, 성균관대출판부.
- 황준연 | 1989, 『이이철학연구』, 전남대출판부.
- 이종호 | 1994, 『율곡-인간과 사상』, 지식산업사.
- 황준연 | 1995, 『율곡철학의 이해』, 서광사.
- 한국정신문화연구원 | 1995, 『율곡의 사상과 그 현대적 의미』.
- 손인수 | 1995, 『율곡사상의 이해-교육사상을 중심으로』, 교육과학사.
- 황의동 | 1998, 『율곡사상의 체계적 이해』, 서광사.
- 정옥자 | 2002, 『우리가 정말 알아야 할 우리선비』, 현암사.
- 황의동 | 2002, 『율곡 이이』, 예문서원.
- 김익수 | 2004, 『율곡의 사상과 한국문화』, 수덕문화사.
- 김용흠 | 2005, 『조선후기 인조대 정치론의 분화와 변통론』, 연세대 사학과 박사학위논문.
- 전세영 | 2005, 『율곡의 군주론』, 집문당.
- 이병도 | 1926, 「李栗谷の入山の動機に就いて」『조선학보』 1-1, 朝鮮史學同攷會.
- 리형일 | 1956, 「리률곡의 사상에 대한 연구」『력사과학』 1956-2.
- 임상은 | 1959, 「이이의 성리학연구」, 동국대 석사학위논문.
- 리창화 | 1961, 「리율곡의 교육사상」『력사과학』 1961-2.
- 손인주 | 1961, 「이이의 교육사상」『인문과학』 6, 연세대 인문과학연구소.
- 리창화 | 1962, 「리이의 사회정치사상」『력사과학』 1962-1.
- 최동희 | 1964, 「율곡의 인사관」『법률행정논집』 6, 고려대 행정문제연구소.
- 성교진 | 1965, 「율곡의 교육사상에 대한 연구」, 성균관대 석사학위논문.
- 이병도 | 1968, 「經世家としての李栗谷について」『조선학보』 48.
- 정용두 | 1969, 「율곡사상의 교육철학적인 고찰」『철학연구』 4, 철학연구회.
- 이인제 | 1969, 「이율곡의 교육사상연구」『논문집』 1, 제주대.
- 이병도 | 1969, 「이율곡과 그의 경세사상」『행정논총』 7-2, 서울대 행정대학원.
- 이동준 | 1971, 「화담과 율곡철학의 異同에 관한 고찰-氣論을 중심으로」『철학』 5.

• 김길환 | 1972, 「율곡성리학에 있어서 실학개념과 체계-성리구현을 위한 실학으로서」『아세아연구』 15-2, 고려대 아세아문제연구소.
• 황준연 | 1973, 「율곡의 정치철학에 관한 연구」, 성균관대 석사학위논문.
• 김영돈 | 1974, 「율곡향약의 정신과 그 영향에 대한 고찰」『명지대논문집』 7.
• 도광순 | 1974, 「이율곡 사상의 교육방법론적 본질원리」『논문집』 6, 국민대.
• 손인주 | 1974, 「율곡 교육사상의 '立志' 와 '誠論'」『인문과학』 32, 연세대 인문과학연구소.
• 윤사순 | 1974, 「율곡사상의 실학적 성격 (상)」『한국사상』 11, 한국사상연구회.
• 윤사순 | 1975, 「율곡사상의 실학적 성격 (하)」『한국사상』 13, 한국사상연구회.
• 유명종 | 1975, 「율곡철학과 羅整菴의 기철학」『한국철학연구』 5, 해동철학회.
• 윤노빈 | 1975, 「퇴계와 율곡의 皇極觀과 심성론」『한국철학연구』 5, 해동철학회.
• 김경희 | 1976, 「이이의 교육사상」『연구논문집』 9, 성신여사대 인문과학연구소.
• 최성북 | 1976, 「율곡도덕론의 사상적 배경」『논문집』 9-2, 안동교대.
• 도광순 | 1976, 「율곡사상의 교육인간학적 연구」『한국학보』 5, 일지사.
• 김길환 | 1976, 「율곡의 노자관-傳栗谷作『醇言』을 중심으로」『한국학보』 5, 일지사.
• 김유혁 | 1977, 「이이의 時弊匡正論-그의 소 · 차 · 계를 중심으로」『논문집』 11(인문과학편), 단국대.
• 최승순 | 1977, 「율곡의 불교관에 대한 연구」『강원대학논문집』 11.
• 김승동 | 1978, 「율곡의 異學과 이단관에 관한 연구」『부산대문리대논문집』 17.
• 배종호 | 1978, 「이이의 철학사상」『한국철학연구』 중, 동명사.
• 박익환 | 1978, 「율곡 이이의 교육사상」『역사교육』 23.
• 배종호 | 1978, 「율곡의 未發之中」『동방학지』 19, 연세대 국학연구원.
• 배종호 | 1978, 「율곡의 사단칠정론과 인심도심설」『동방학지』 19, 연세대 국학연구원.
• 조동일 | 1979, 「16세기 사림파의 문학사상-서경덕 · 이황 · 이이의 경우를 중심으로」『대동문화연구』 13, 성균관대 대동문화연구원.
• 김영돈 | 1979, 「율곡의 교육진흥책 소고」『관동대논문집』 7.
• 김춘현 | 1979, 「율곡교육사상의 일연구」『공주교대논문집』 17.
• 박선목 | 1979, 「율곡의 도덕사상에 관한 고찰」『동아논총』 16(인문, 사회과학편), 동아대.
• 酒井忠夫 | 1979, 「李栗谷の鄕約」『韓』 85, 한국연구원(동경).
• 이민태 | 1979, 「율곡의 교육사상」『공주교대논문집』 15.
• 손인주 | 1980, 「율곡의 입지와 성의 교육철학적 조명」『한국사상논총』 2, 율곡사상연구원.
• 황준연 | 1980, 「율곡의 사회사상에 대한 연구」『동대논총』 10, 동덕여대.
• 안병주 | 1980, 「율곡의 천재적 자질과 율곡사상의 自得之味」『한국사상논총』 2,

율곡사상연구원.

- 유정동 | 1980, 「한국유학의 실리성에 관한 고찰-퇴계 · 율곡 · 반계 · 다산을 중심으로」『인문과학』 9, 성균관대 인문과학연구소.
- 윤성범 | 1980, 「퇴계와 율곡의 천사상 이해」『제1회 한국학국제학술회의 논문집』, 한국정신문화연구원.
- 이동준 | 1980, 「율곡철학의 理」『제2회 동양문화국제학술회의논문집-주자학과 한국유학』, 성균관대 대동문화연구원.
- 松田弘 | 1980, 「栗谷理氣論をめぐる문제점」『韓』 96, 한국연구원(동경).
- 林尹 | 1980, 「栗谷の學術思想」『한국사상논총』 2, 율곡사상연구원.
- 전낙희 | 1980, 「율곡정치사상의 理論結構」『단국대논문집』 14, 단국대.
- 도광순 | 1981, 「이율곡의 誠사상」『한국학보』 22, 일지사.
- 배종호 | 1981, 「율곡의 理通氣局說-화엄사상의 理事와 비교」『동방학지』 27, 연세대 국학연구원.
- 송창한 | 1981, 「이율곡의 禪觀에 대하여-風嶽贈小菴老僧 병서를 중심으로」『경북사학』 3, 경북대사학과.
- 임능빈 | 1981, 「율곡의 도덕심리학적 연구」『부산대사회과학논문집』 20, 부산대.
- 도광순 | 1982, 「율곡선생의 교육사상-書院學規를 통하여 본 측면관」『한국사상논총』 2, 율곡사상연구원.
- 임능빈 | 1982, 「율곡의 정신위생에 관한 일연구」『사회과학논총』 1-1, 부산대 사회과학대.
- 송창한 | 1982, 「이율곡의 척불론에 대하여-佛者夷狄之一法을 중심으로」『경북사학』 5, 경북대 사학과.
- 김경식 | 1982, 「율곡의 향약과 사회교육사상」『한국교육사학』 4, 교육사연구회.
- 김경식 | 1982, 「율곡의 향약에 나타난 사회교육사상연구」『학위논총』 8, 원광대 대학원.
- 김영주 | 1982, 「율곡 이이의 국방사상」『군사』 5, 국방부 전사편찬위원회.
- 유명종 | 1982, 「율곡 성리학의 특징」『대학원논문집』 4, 동아대 대학원.
- 김무진 | 1983, 「율곡향약의 사회적 성격」『學林』 5.
- 조남국 | 1983, 「율곡철학 형성의 연원에 관한 연구」『인문학연구』 17, 강원대.
- 김세한 | 1983, 「율곡의 학문과 퇴계-학적 영향과 성리학설을 중심으로」『안동문화』 4, 안동대 안동문화연구소.
- 박광성 | 1983, 「율곡 성리학의 실학적 성격에 관한 일고찰」, 건국대 석사학위논문.
- 조휘각 | 1983, 「율곡사상에 있어서의 실학적 시원」『논문집』 16, 건국대 대학원.
- 황준연 | 1983, 「율곡의 경세철학에 대한 고찰-聖學輯要를 중심으로」『동방사상논고』 5.
- 최재우 | 1984, 「조선후기 湖西鄕約資料의 성격에 대한 일고찰-율곡향약의 영향

성을 전제로 한 지역적 변용과 시대변모적 입장에서」『호서문화연구』 4.
• 김승태 | 1984, 「율곡 이이의 향약 변용-서원향약과 해주향약을 중심으로」『홍익사학』 1.
• 김익수 | 1984, 「율곡의 윤리사상-효경을 중심으로」『국민윤리연구』 19, 국민윤리학회.
• 윤웅림 | 1984, 「율곡사상의 현대적 이해」『논문집』 22(사회과학), 공주사대.
• 이영춘 | 1984, 「율곡성리학의 심성론에 관한 고찰」『논문집』 19(인문사회과학), 인천교대.
• 정세화 | 1984, 「동서교육사상 비교연구」『한국문화연구원논총』 45, 이화여대.
• 송석구 | 1984, 「이율곡의 理氣論」『한국의 사상』, 열음사.
• 김한식 | 1984, 「민본주의의 현대적 이해-율곡의 경우를 중심으로」『정신문화연구』 22, 한국정신문화연구원.
• 이해영 | 1984, 「율곡 이기론의 氣重視的 특성-주자의 이기관과 관련하여」『동양철학연구』 5, 동양철학연구회.
• 황준연 | 1985, 「율곡사상에 나타난 '憂患의식' -聖學輯要와 상소문을 중심으로」『정신문화연구』 25, 한국정신문화연구원.
• 高橋進 | 1985, 「李栗谷思想の特徵と韓國文化」『제3회 국제학술회의논문집』, 한국정신문화연구원.
• 김응현 | 1985, 「율곡의 예술관」『제3회 국제학술회의논문집』, 한국정신문화연구원.
• 조동일 | 1985, 「이이 문학사상의 근본문제」『제3회 국제학술회의논문집』, 한국정신문화연구원.
• 정순목 | 1985, 「퇴 · 율 심성론에 있어서 관심의 지향성」『제3회 국제학술회의논문집』, 한국정신문화연구원.
• 손인주 | 1985, 「율곡의 입지론과 평생교육」『제3회 국제학술회의논문집』, 한국정신문화연구원.
• 이동준 | 1985, 「율곡철학의 개명적 정신에 대하여」『제3회 국제학술회의 논문집』, 한국정신문화연구원.
• 김형효 | 1985, 「도학자로서의 율곡과 철학자로서의 율곡- '答成浩原' 을 분석하면서」『제3회 국제학술회의논문집』, 한국정신문화연구원.
• 蔡茂松 | 1985, 「栗谷の역사철학」『제3회 국제학술회의논문집』, 한국정신문화연구원.
• 배종호 | 1985, 「율곡의 윤리사상」『제3회 국제학술회의논문집』, 한국정신문화연구원.
• 서길수 | 1985, 「율곡의 사회 · 경제사상연구」『제3회 국제학술회의논문집』, 한국정신문화연구원.
• 최홍기 | 1985, 「율곡의 경세관에 있어서의 民사상」『제3회 국제학술회의 논문

집』, 한국정신문화연구원.
• 이종항 ❙ 1985, 「율곡의 정치사상-그의 민본주의를 중심으로」『제3회 국제학술회의논문집』.
• 황의동 ❙ 1985, 「율곡의 태극음양론과 理氣之妙」『인문과학논집』 4, 청주대 인문과학연구소.
• 황의동 ❙ 1985, 「율곡철학의 근본문제와 理氣之妙의 연원적 고찰」『논문집』 18(인문사회편), 청주대.
• 최영진 ❙ 1985, 「율곡 이기론에 있어서의 依樣과 自得」『동서철학연구』 2, 한국동서철학연구회.
• 김재문 ❙ 1985, 「율곡의 개정법사상」『玄岩신국주박사화갑기념 한국학논총』, 동국대.
• 김대연 ❙ 1986, 「퇴계 · 율곡의 효사상과 경로교육」『홍대논총』 17(인문사회과학), 홍익대.
• 황의동 ❙ 1986, 「율곡의 이기설에 관한 고찰-理氣之妙를 중심으로」『동서철학연구』 3, 한국동서철학연구회.
• 박균섭 ❙ 1986, 「율곡의 사회교육사상연구」, 한국정신문화연구원 석사학위논문.
• 조남국 ❙ 1986, 「율곡 학교모범의 구조와 철학적 성격」『국민윤리연구』 22, 한국국민윤리학회.
• 金泰泳 ❙ 1987, 「한국유학에서의 誠敬사상 (3)-이율곡의 誠사상」『호서문화연구』 6, 충북대 호서문화연구소.
• 송석준 ❙ 1987, 「율곡의 사회경장론에 대한 철학적 고찰」『논문집』 15(인문사회편), 공주사대.
• 전해종 ❙ 1987, 「율곡의 실학사상-특히 중국의 실학과의 비교의 관점에서」『동양학』 17.
• 전해종 ❙ 1987, 「율곡의 실학관-특히 중국의 실학과의 비교의 관점에서」『두계이병도박사구순기념 한국사학논총』.
• 정태현 ❙ 1987, 「율곡의 정치사상」『조선조정치사상연구』, 한국정치외교사학회.
• 이상순 ❙ 1987, 「율곡의 교육사상에 관한 연구」『윤리교육연구』 3.
• 노승윤 ❙ 1987, 「율곡 이이의 교육사상」『논문집』 10, 한양여전.
• 김유혁 ❙ 1988, 「퇴계와 율곡의 인간관계 연구」『퇴계학연구』 2, 단국대퇴계학연구소.
• 송석구 ❙ 1988, 「율곡 · 우계 성리학의 비교연구」『성우계사상연구논총』, 우계문화재단.
• 이의수 ❙ 1988, 「이율곡의 인식론과 교육론」『논문집』 18, 강남사회복지학교.
• 이원주 ❙ 1988, 「율곡선생 신도비명과 그 刪改사실에 대하여」『한국학논문집』 15, 계명대 한국학연구소.
• 김영돈 ❙ 1989, 「율곡의 교육사상에 대한 고찰」『율곡학』 2, 율곡사상연구원.

• 김용환 | 1989, 「율곡의 사회경장과 국방정책」『율곡학』 2, 율곡사상연구원.
• 酒井忠夫 | 1989, 「율곡사상과 한국유학(각서)」『율곡학』 2, 율곡사상연구원.
• 최근덕 | 1989, 「율곡의 사화사상과 경세론」『율곡학』 2, 율곡사상연구원.
• 윤사순 | 1989, 「율곡의 도학적 인간관」『율곡학』 2, 율곡사상연구원.
• 오환일 | 1989, 「율곡의 향약관과 社倉契 약속의 성격」『중앙사론』 6, 중앙대사학회.
• 小川晴久 | 1989, 「自警文과 聖學輯要-율곡에 있어서의 修己」『율곡학』 2, 율곡사상연구원.
• 배종호 | 1989, 「율곡의 철학사상」『율곡학』 2, 율곡사상연구원.
• 송석구 | 1989, 「율곡의 理通氣局과 원효의 一心二門-그 실천적 수행면에서의 유사성비교」『율곡학』 2, 율곡사상연구원.
• 김용호 | 1990, 「한국의 전통윤리사상 연구-이율곡사상을 중심으로」『논문집』 9, 경찰대.
• 정필용 | 1990, 「율곡의 경세론에 대한 일고찰」『민족문화』 13, 민족문화추진회.
• 황준연 | 1990, 「퇴계의 聖學十圖와 율곡의 聖學輯要에 관한 비교연구」『성곡논총』 21.
• 默明哲 | 1990, 「율곡의 경세사상에 관한 시론」『碧史李佑成정년기념 민족사의 전개와 그 문화(상)』.
• 張立文 | 1990, 「퇴계와 율곡의 윤리학설의 비교」『碧史李佑成정년기념민족사의 전개와 그 문화(상)』.
• 이민홍 | 1990, 「사림파의 鄕樂에 대한 견해-퇴계 · 율곡의 俗樂인식을 중심으로」『碧史李佑成정년기념 민족사의 전개와 그 문화(상)』.
• 송하경 | 1990, 「이율곡의 도통론에 관한 고찰」『대동문화연구』 24, 성균관대 대동문화연구원.
• 이민태 | 1990, 「율곡과 Max Scheler의 인간론 비교」『공주교대논총』 26, 공주교육대.
• 이동준 | 1990, 「율곡철학의 理氣渾一의 철학과 이율곡의 理氣之妙 철학과 의 비교연구」『한국학논집』 16, 계명대 한국학연구원.
• 윤용남 | 1990, 「퇴계 · 율곡과 경세치용학파의 사유체계」『정신문화연구』 40, 한국정신문화연구원.
• 이홍순 · 임현구 | 1990, 「율곡과 민족전통문화」『퇴계학연구』 4, 단국대 퇴계학연구소.
• 송석구 | 1991, 「율곡철학의 특성과 그 전개」『한국사상사대계』 4, 한국정신문화연구원.
• 김교빈 | 1991, 「16세기 주자학-퇴계와 율곡의 진보성과 반동성」『역사비평』 계간 14호(1991년 가을호).
• 邊英浩 | 1991, 「李栗谷の향촌 · 지역편성론」『조선사연구회논문집』 29.

- 곽신환 | 1992, 「이율곡의 자연관-策文을 중심으로」『논문집』 22, 숭실대.
- 김동원 | 1992, 「退 · 栗의 理氣」『호서문화연구』 10, 충북대 호서문화연구소.
- 윤사순 | 1992, 「율곡(이이)의 자연관」『민족문화연구』 25, 고려대 민족문화연구소.
- 황의동 | 1992, 「율곡의 格物致知論」『정신문화연구』 46, 한국정신문화연구원.
- 이민태 | 1992, 「율곡 聖學과 도덕실천」『공주교대논총』 28, 공주교대.
- 김양용 | 1992, 「율곡의 윤리사상 소고」『논문집』 9, 원광대 대학원.
- 김경진 | 1993, 「이이 誠철학과 그에 대한 現代反思」『震山한기두화갑기념 한국종교사상의 재조명(하)』, 원광대.
- 김익수 | 1993, 「율곡 '同居戒辭' 의 윤리교육관 연구」『한국사상사학』 4 · 5합집.
- 남달우 | 1993, 「선조 초기(1567~1581)의 정국과 사림-이이의 『經筵日記』를 중심으로」『인하사학』 1, 인하역사학회.
- 송석구 | 1993, 「이이의 근대의식」『유학연구』 1, 충남대 유학연구소.
- 이동인 | 1994, 「율곡의 신분관과 신분제도개혁론」『한국학보』 76, 일지사.
- 이원술 | 1994, 「이율곡의 정치사상연구」『사회과학연구』 14-1, 영남대사회과학연구소.
- 최병철 | 1994, 「율곡의 실천철학 탐구-개혁사상을 중심으로」『강원문화연구』 13, 강원대 강원문화연구소.
- 이동인 | 1994, 「율곡의 정치사상과 정치개혁론」『한국학보』 77, 일지사.
- 손홍열 | 1995, 「서원향약 해제」『청주문화』 10.
- 김병국 | 1995, 「精言妙選의 문헌적 검토와 율곡의 詩觀」『서지학보』 15, 한국서지학회.
- 송석구 | 1995, 「이이와 성혼의 성리학 비교」『기호학파의 유학사상』, 충남대 유학연구소.
- 최영진 | 1998, 「조선조 효사상의 이론적 기반-율곡의 성학집요 孝敬章을 중심으로」『한국사상사학』 10.
- 박희병 편역 | 1998, 「공부를 하지 않으면 사람다운 사람이 될 수 없다-이이」『선인들의 공부법』, 창작과 비평사.
- 박성종 | 2000, 「율곡의 토지매매문기에 대하여」『고문서연구』 16 · 17합집.
- 정원재 | 2001, 「이이 · 임성주 · 기정진의 본체론」『철학연구』 57, 철학연구회.
- 정만조 | 2002, 「이이-시대의 변화를 읽은 점진적 개혁론자」『한국사시민강좌』 30.
- 정만호 | 2002, 「『사서 율곡선생언해』 연구」『한문학논집』 20, 근역한문학회.
- 홍학희 | 2002, 「율곡의 고문관과 그 표현 특성」『한국한문학연구』 30, 한국한문학회.
- 김갑동 | 2003, 「학자로서 참된 자세는 무엇인가-이황과 이이」『옛사람 72인에게 지혜를 구하다』, 푸른역사.

- 김항수 | 2003, 「이이」『63인의 역사학자가 쓴 한국사 인물열전』 2, 돌베개.
- 장숙필 | 2004, 「율곡과 율곡학파연구의 현황과 과제」『한국인물사연구』 1, 한국인물사연구소.
- 천병식 | 2004, 「율곡 이이」『역사 속의 우리 다인-고운에서 효당까지』, 이른아침.
- 이영경 | 2004, 「율곡의 심성론에 있어서 情과 善惡」『한국민족문화』 23.
- 이두찬 | 2004, 「율곡 심성론에 있어서 心의 主宰와 의의」『유교문화연구』 8.
- 김익수 | 2004, 「율곡의 도학사상과 수양론」『백산학보』 70.
- 최문형 | 2004, 「율곡향약의 현대적 조명」『민속학술자료총서 469, 향약 6』, 우리마당터.
- 윤사순 | 2004, 「율곡 향약의 사상적 성향」『민속학술자료총서 469, 향약 6』, 우리마당터.
- 김규철 | 2004, 「율곡향약의 성격에 관한 연구」『민속학술자료총서 469, 향약 6』, 우리마당터.
- 오환일 | 2004, 「율곡 이이의 향약관」『민속학술자료총서 469, 향약 6』, 우리마당터.
- 유연석 | 2005, 「이이의 人性論」『한국문화』 35, 서울대 한국문화연구소.
- 김남기 | 2005, 「율곡 이이의 문학세계」『역사문화논총』 창간호, 역사문화연구소.
- 정재훈 | 2005, 「조선중기 율곡학파의 형성」『역사문화논총』 창간호, 역사문화연구소.
- 노영구 | 2005, 「율곡 이이의 군제개혁론과 그 계승」『역사문화논총』 창간호, 역사문화연구소.
- 유연석 | 2005, 「율곡 이이의 心性情意論 연구」『한국학보』 118.
- 유연석 | 2005, 「이이의 인성론-「중용」에 입각한 맹자의 재정립」『한국문화』 35, 서울대 한국문화연구소.
- 장리원 | 2005, 「율곡사상에 있어서 禮의 本義와 효능」『율곡학연구』 1, 한림대 한림과학원 율곡학연구소.
- 노영찬 | 2005, 「현대의 사회적 가치와 율곡의 사고 구조」『율곡학연구』 1, 한림대 한림과학원 율곡학연구소.
- 류승국 | 2005, 「율곡철학의 응답 : 가치관의 전환과 대동세계의 창조」『율곡학연구』 1, 한림대 한림과학원 율곡학연구소.
- 이상익 | 2005, 「聖學輯要를 통해 본 율곡의 정치학적 기획」『율곡학연구』 1, 한림대 한림과학원 율곡학연구소.
- 엄연석 | 2005, 「율곡의 易學사상과 문화적 다원성 문제」『율곡학연구』 1, 한림대 한림과학원 율곡학연구소.
- 강정인 | 2005, 「율곡 이이의 경장론과 개념의 혁신 : 大同 · 小康 개념을 중심으로」『율곡학연구』 1, 한림대 한림과학원 율곡학연구소.

• 김문준 ∥ 2005, 「율곡의 中和사상과 현대사회의 리더십」 『율곡학연구』 1, 한림대 한림과학원 율곡학연구소.
• 이동인 ∥ 2005, 「율곡의 인권사상」 『율곡학연구』 1, 한림대 한림과학원 율곡학연구소.
• 정호훈 ∥ 2005, 「16세기말 율곡 이이의 교육론」 『한국사상사학』, 25.
• 이두찬 ∥ 2005, 「율곡 修己論의 사회철학적 의미」 『한국사상사학』, 24.
• 이덕일 외 ∥ 2006, 「이이」 『한국사의 천재들』, 생각의 나무.

67) 李麟佐 - 괴산 · 청주

• 전북향토문화연구회 편 ∥ 1990, 『전북의병사』 상, 전북향토문화연구회.
• 김현묵 ∥ 1994, 『반역의 한국사』, 계백.
• 仁同張氏 淸安宗中 ∥ 2001, 『청안지역 영조무신란 토역일기』.
• 조찬용 ∥ 2003, 『1728년 무신사태 고찰』, iolive.
• 정광호 ∥ 2003, 『선비 : 소신과 처신의 삶』, 눌와.
• 이상옥 ∥ 1969, 「영조 무신란의 연구」 『우석사학』 2.
• 이원균 ∥ 1971, 「영조 무신란에 대하여-영남의 정희량 난을 중심으로」 『부대사학』 2.
• 오갑균 ∥ 1977, 「영조조 무신란에 관한 고찰」 『역사교육』 21.
• 정만조 ∥ 1983, 「영조대 초반의 정국과 蕩平策의 추진」 『진단학보』 56.
• 이종범 ∥ 1985, 「1728년 무신란의 성격」 『조선시대 정치사의 재조명』, 범조사.
• 어경선 ∥ 1994, 「이인좌난에 대한 소고」 『충북향토문화』 5.
• 정석종 ∥ 1995, 「영조 무신란의 진행과 그 성격」 『조선후기의 정치와 사상』, 한길사.
• 박희천 ∥ 1998, 「이인좌의 난」 『괴향문화』 6.
• 이상주 ∥ 2000, 「토역일기에 대한 고찰」 『서지학보』 24.
• 김영진 ∥ 2001, 「충청병사 李鳳祥의 충절론」 『청주문화』 16, 청주문화원.
• 고수연 ∥ 2004, 「영조대 무신란 연구의 현황과 과제」 『호서사학』 39.
• 조윤선 ∥ 2006, 「조선후기 청주지역의 반역 · 모반사건에 대하여 - 영조대무신년, 경술년 역옥사건을 중심으로」 『중원의 율령과 사회 · 문화』, 충북대 중원문화연구소.

68) 李耔 - 음성 · 충주

• 『陰崖集』.
• 『陰崖日記』.
• 이병휴 ∥ 1982, 『조선전기 기호사림파연구』, 일조각.
• 이병휴 ∥ 1999, 『조선전기 사림파의 현실인식과 대응』, 일조각.
• 정만조 ∥ 1997, 「李源順의 華海彙編」 『우송조동걸선생정년기념논총 한국사학사연구』.

• 장기덕 ‖ 1998, 「八峰書院의 복원」『예성문화』 18.
• 이정우 ‖ 2000, 「17~18세기 충주지방 서원과 사족의 당파적 성격」『한국사연구』 109.
• 전수병 · 김경수 ‖ 2003, 「조선중기 李耔의 『日錄』」『湖雲 최근묵교수 정년기념논총 호서지방사연구』, 경인문화사.
• 정만조 ‖ 2004, 「음애 이자와 기묘사림」『음애 이자와 기묘사림』, 지식산업사.
• 이근수 ‖ 2004, 「『陰崖日記』와 기묘사림의 개혁정치」『음애 이자와 기묘사림』, 지식산업사.
• 정옥자 ‖ 2004, 「음애 이자의 시문학」『음애 이자와 기묘사림』, 지식산업사.
• 이성규 ‖ 2004, 「음애 이자의 對中國 외교」『음애 이자와 기묘사림』, 지식산업사.

69) 李楨 - 청주

• 『龜巖集』.
• 이원복 ‖ 1984, 「李楨의 傳稱畵帖에 대한 시고(1)」『미술자료』 34, 국립중앙박물관.
• 이원복 ‖ 1984, 「李楨의 傳稱畵帖에 대한 시고(2)」『미술자료』 35, 국립중앙박물관.
• 최영성 ‖ 2004, 「龜巖 李楨의 학문과 조선유학사상의 공헌」『유교문화연구』 7, 성균관대 유교문화연구소.
• 김의환 ‖ 2005, 「慕溪 趙綱의 향촌사회 활동과 청주사족의 동향」『조선시대사학보』 32.
• 설석규 ‖ 2006, 「영남사림의 분화와 구암 이정의 역할」『역사교육논집』 36.

70) 李浚慶 - 괴산 · 충주

• 『東皐遺稿』.
• 민동근 ‖ 1982, 「한국윤리사상사(하)」『논문집』 9-1, 충남대 인문과학연구소.
• 이석린 ‖ 1988, 「東皐 이준경의 생애와 국방정책연구」『호서사학』 16.
• 이석린 ‖ 1989, 「東皐 이준경의 대외정책」『인문학지』 4, 충북대 인문학연구소.
• 이병주 ‖ 1990, 「東皐 이준경의 시문학」『皐雲이종욱박사고희기념학술논문집』.
• 이종건 ‖ 1990, 「東皐 이준경의 문학사상 고찰」『皐雲이종욱박사고희기념 학술논문집』.
• 김성준 ‖ 1990, 「東皐 이준경과 그 가계-정치세력을 중심으로」『碧史이우성정년기념 민족사의 전개와 그 문화 (상)』.
• 고대혁 ‖ 1997, 「東皐 이준경의 교육관 연구-16세기 사림파 학풍과의 관계를 중심으로」『동양고전연구』 9, 동양고전학회.
• 이종건 ‖ 2002, 「남명 조식과 동고 이준경의 비교 고찰」『남명학연구』 13, 경상대 남명학연구소.

- 박홍갑 | 2005, 「16세기 전반기 정국 추이와 충주사림의 피화-광주이씨 克 堪系를 중심으로」 『사학연구』 79.

71) 李夏坤 – 진천

- 이하곤 | 1992, 『頭陀草』, 여강출판사.
- 이상주 | 2003, 『澹軒 李夏坤문학의 연구』, (주)이화문화출판사.
- 진천군 · 청주대박물관 | 2003, 『진천 宛委閣 학술조사보고서』.
- 이하곤 저, 이상주 편역 | 2003, 『18세기초 호남기행-남유록과 남행집』, (주)이화문화출판사.
- 이선옥 | 1987, 「담헌 이하곤의 회화관」 『三佛김원룡교수 정년퇴임기념논총』.
- 이상주 | 1990, 「春眠曲과 그의 작자- '南遊錄' 의 기록을 통해서」 『又峯 鄭 鍾復박사 화갑기념논문집』.
- 이상주 | 1991, 「담헌 이하곤의 '康津雜詩' 考」 『우암논총』 7, 청주대 원우회.
- 임형택 | 1992, 「頭陀草敍傳」 『頭陀草』, 여강출판사.
- 이상주 | 1992, 「담헌 이하곤의 詩論」 『淸大漢林』 5, 청주대 한문교육과.
- 이상주 | 1992, 「담헌 이하곤의 『南遊錄』에 대한 고찰-그 호남 풍속지적성격을 중심으로」 『한국한문학연구』 15, 한국한문학연구회.
- 이상주 | 1993, 「담헌 이하곤의 생애와 그 지향」 『교육과학연구』 7, 청주대 교육문제연구소.
- 이상주 | 1993, 「담헌 이하곤의 文論」 『한국한문학연구』 16.
- 이상주 | 2000, 「담헌 이하곤-진천 만권루 주인공의 문학예술사적 위상」 『충북학』 2, 충북학연구소.
- 김현길 | 2001, 「진천의 萬卷樓 宛委閣」 『상산문화』 7.
- 박용만 | 2001, 「宛委閣과 李夏坤의 문학활동」 『상산문화』 7.
- 이정희 | 2001, 「宛委閣 소장 고서목록」 『상산문화』 7.
- 박철상 | 2002, 「장서인 이야기 6-만권루와 이하곤의 장서인」 『문헌과해석』 20, 문헌과해석사.
- 박문열 | 2003, 「담헌 이하곤의 생애와 저술에 관한 연구」 『서지학연구』 25.

72) 李滉 – 충주 · 제천 · 단양

- 『退溪集』.
- 『聖學十圖』.
- 대구여자고등보통학교 | 1935, 『이퇴계선생전』.
- 퇴계선생400주기기념사업회 | 1972, 『이퇴계선생400주기기념논문집 퇴계학 연구』.
- 이상은 | 1973, 『퇴계의 생애와 사상』, 서문당.
- 유정동 | 1974, 『퇴계의 생애와 사상』, 박영사.

- 전두하 ∥ 1974, 『퇴계사상연구』, 일지사.
- 정순목 ∥ 1977, 『퇴계교육사상연구』, 중앙대 박사학위논문.
- 정순목 ∥ 1978, 『퇴계교육사상연구』, 정익사.
- 윤사순 ∥ 1980, 『퇴계철학의 연구』, 고려대 출판부.
- 윤사순 역 ∥ 1982, 『退溪選集』, 현암사.
- 채무송 ∥ 1985, 『퇴계, 율곡 철학의 비교 연구』, 성균관대출판부.
- 高橋進 · 안병주 · 이기동 역 ∥ 1985, 『李退溪와 敬의 철학』, 신구문화사.
- 김병규 ∥ 1986, 『퇴계 사상과 正義』(박영문고 271), 박영사.
- 정순목 ∥ 1986, 『퇴계평전 : 그는 누구인가』, 지식산업사.
- 단국대 퇴계기념중앙도서관 ∥ 1987, 『퇴계학의 현대적 조명』, 단국대 출판부.
- 전두하 ∥ 1987, 『퇴계 철학-그 심층연구 및 이론』, 국민대.
- 윤천근 ∥ 1987, 『퇴계 철학을 어떻게 볼 것인가』, 온누리.
- 유명종 ∥ 1987, 『퇴계와 율곡의 철학』, 동아대.
- 단국대 퇴계학연구소 ∥ 1988, 『퇴계학연구휘보』.
- 김유혁 ∥ 1989, 『이퇴계의 인간상』, 청탑서림.
- 이가원 ∥ 1989, 『退溪學及其系譜的研究』(퇴계학연구총서 1), 퇴계학연구원.
- 권오봉 ∥ 1989, 『퇴계가년표』(퇴계학연구총서 2), 퇴계학연구원.
- 권오봉 ∥ 1989, 『퇴계의 燕居와 사상 형성』, 포항공대.
- 張立文 · 이윤희 역 ∥ 1990, 『퇴계철학입문』, 퇴계학연구원.
- 정순목 ∥ 1992, 『퇴계정전 : 입조사실과 연보』, 지식산업사.
- 장승구 ∥ 1994, 『퇴계의 向內的 철학과 다산의 向外的 철학 비교』, 한국 정신문화연구원 박사학위논문.
- 유덕준 ∥ 1997, 『퇴계교육사상연구』, 단국대 박사학위논문.
- 이상은 ∥ 1999, 『퇴계의 생애와 사상』, 예문서원.
- 윤천근 ∥ 1999, 『퇴계선생과 도산서원』, 지식산업사.
- (사)국제퇴계학회 ∥ 2001, 『퇴계의 삶과 철학, 그리고 세계와 미래』.
- 정옥자 ∥ 2002, 『우리가 정말 알아야 할 우리선비』, 현암사.
- 윤사순 ∥ 2002, 『퇴계 이황』, 예문서원.
- 채무송 ∥ 2002, 『퇴계 율곡철학의 비교연구』, 성균관대 출판부.
- 금장태 ∥ 2002, 『퇴계서 분류색인』, 서울대출판부.
- 한국국학진흥원 교육연구부 ∥ 2002, 『퇴계학맥도』.
- 김영두 역 ∥ 2003, 『퇴계와 고봉, 편지를 쓰다』, 소나무.
- 명문당 편집부 ∥ 2003, 『퇴계집』, 명문당.
- 이정화 ∥ 2003, 『퇴계 이황의 시문학 연구』, 삼우사.
- 퇴계연구소 ∥ 2004, 『퇴계학맥의 지역적 전개』, 보고사.
- 김종석 ∥ 2006, 『퇴계학파의 인물시리즈 1 : 청년을 위한 퇴계 평전』, 한국국학진흥원.

- 정종복 ‖ 1958, 「이퇴계선생 연구」, 성균관대 석사학위논문.
- 유명종 ‖ 1960, 「퇴계의 理學觀과 그 영향」 『논문집』 4, 경북대.
- 박종홍 ‖ 1965, 「이황-성리학의 진수」 『한국의 인간상 4』, 신구문화사.
- 장찬익 ‖ 1965, 「퇴계의 교육사상에 대한 일연구」, 성균관대 석사학위논문.
- 송욱 ‖ 1970, 「이황 自筆校正本 『朱子語類』의 가치와 그의 학문방법론(수양법)」 『역사학보』 47.
- 윤사순 ‖ 1971, 「퇴계의 心性觀에 관한 연구-사단칠정론을 중심으로」 『아세아연구』 14-1, 고려대 아세아문제연구소.
- 박종홍 ‖ 1972, 「퇴계의 시대적 배경」 『퇴계학연구』 1, 퇴계선생탄생400주년기념사업회.
- 윤사순 ‖ 1972, 「퇴계의 가치관-당위와 필연의 일치문제를 중심으로」 『퇴계학연구』 1, 퇴계선생탄생400주년기념사업회.
- 유정동 ‖ 1972, 「퇴계선생의 敬에 관한 윤리적 고찰」 『퇴계학연구』 1, 퇴계선생탄생400주년기념사업회.
- 이완재 ‖ 1972, 「퇴계선생의 학문적 방법」 『퇴계학연구』 1, 퇴계선생탄생400주년기념사업회.
- 이상은 ‖ 1972, 「퇴계의 학문과 사상」 『퇴계학연구』 1, 퇴계선생탄생400주년기념사업회.
- 강주진 ‖ 1972, 「이조사에 있어서의 퇴계」 『퇴계학연구』 1, 퇴계선생탄생400주년기념사업회.
- 전두하 ‖ 1972, 「퇴계의 존재론-헤겔철학적 입장에서 본 해석」 『퇴계학연구』 1, 퇴계선생탄생 400주년기념사업회.
- 송긍섭 ‖ 1972, 「이퇴계의 교학사상-백운동서원 賜號請求의 의의」 『동양문화』 13, 영남대 동양문화연구소.
- 阿部吉雄 ‖ 1972, 「일본유학의 발달과 이퇴계」 『아세아학보』 10, 아세아학술연구회.
- 최승호 ‖ 1972, 「퇴계의 인간학」 『동아논총』 9, 동아대.
- 이을호 ‖ 1972, 「퇴계선생과 奇高峯」 『퇴계학연구』 1, 퇴계선생탄생400주년기념사업회.
- 김영달 ‖ 1972, 「서경덕의 氣一元論과 이황의 理一元論과의 비교연구」 『문교부연구보고서 (인문과학 7-15)』.
- 정순목 ‖ 1973, 「퇴계 심학론」 『홍대논총』 5, 홍익대.
- 김인제 ‖ 1973, 「퇴계사상의 형성과정과 특색」 『문교부연구보고서(인문과학)』.
- 장기근 ‖ 1973, 「퇴계의 인간관」 『문교부연구보고서(어문학 2-9)』.
- 송긍섭 ‖ 1973, 「이퇴계의 사단칠정설 고찰」 『한국의 철학』 1, 경북대 퇴계학연구소.
- 이완재 ‖ 1973, 「퇴계선생년보(초록)」 『퇴계학보』 1, 퇴계학연구원.

• 김종문 | 1973, 「퇴계의 도덕철학원리에 대한 연구」 『철학연구』 17, 한국철학연구회.
• 전두하 | 1973, 「퇴계와 관련시켜서 본 고봉의 인생론-서양철학의 조명이 가능한 부분의 색출을 겸해서」 『아세아연구』 49, 고려대아세아문제연구소.
• 이병휴 | 1973, 「퇴계 이황의 가계와 생애」 『한국의 철학』 1, 경북대 퇴계학연구소.
• 한영국 | 1973, 「퇴계 이황의 時政論考」 『한국의 철학』 1, 경북대 퇴계학연구소.
• 한명수 | 1973, 「퇴계의 敬에 관한 연구」 『한국의 철학』 1, 경북대 퇴계학연구소.
• 이가원 | 1973~76, 「退陶제자열전 (1-10)」 『퇴계학보』 1 · 7 · 9~12, 퇴계학연구원.
• 정순목 | 1974, 「퇴계 理學의 존재론적 구명-퇴계교육사상연구(4)」 『홍대논총』 6, 홍익대.
• 송긍섭 | 1974, 「이퇴계의 서원교육론 고찰」 『한국의 철학』 2, 경북대 퇴계학연구소.
• 송긍섭 | 1974, 「이퇴계의 理氣互發說 연구」 『한국의 철학』 2, 경북대 퇴계학연구소.
• 이상은 | 1974, 「戊辰六條疏」 『퇴계학보』 2, 퇴계학연구원.
• 이상은 | 1974, 「퇴계의 格物 · 物格說辯疑 역해」 『퇴계학보』 3, 퇴계학연구원.
• 한명수 | 1974, 「퇴계학의 현대적 의의」 『퇴계학보』 3, 퇴계학연구원.
• 이종술 | 1974, 「퇴계선생의 理治소고-대학장구를 중심으로」 『퇴계학보』 4, 퇴계학연구원.
• 정순목 | 1975, 「퇴계의 교학가치실현에 대한 고찰-퇴계교육사상연구(7)」 『홍대논총』 7, 홍익대.
• 윤노빈 | 1975, 「퇴계와 율곡의 皇極觀과 심성론」 『한국철학연구』 5, 해동철학회.
• 김두헌 | 1975, 「퇴계의 성학십도」 『동양학』 5, 단국대 동양학연구소.
• 서용화 | 1975, 「이퇴계의 윤리관 연구」, 연세대 석사학위논문.
• 한명수 | 1975, 「퇴계철학의 근본문제」 『퇴계학연구』 2, 경상북도 문화공보실.
• 송긍섭 | 1975, 「퇴계철학에 있어서의 理氣공존의 원칙」 『퇴계학연구』 3, 경상북도 문화공보실.
• 유명종 | 1975, 「退高四七논변과 高峯의 논거」 『퇴계학보』 8, 퇴계학연구원.
• 유정동 | 1975, 「퇴계의 철학사상 연구-窮理와 居敬을 중심으로」 『퇴계학보』 9, 퇴계학연구원.
• 윤사순 | 1975, 「퇴계의 가치관에 관한 연구」 『아세아연구』 19-2, 고려대아세아문제연구소.
• 윤사순 | 1975, 「퇴계의 인간관과 사상」 『퇴계학보』 5 · 6합집, 퇴계학연구원.
• 최성묵 | 1975, 「퇴계의 도덕론에 관한 고찰」 『한국의 철학』 3, 경북대퇴계학연구소.

• 한명수 ❙ 1975, 「續 퇴계철학의 근본문제」 『한국의 철학』 3, 경북대 퇴계학연구소.
• 김종문 ❙ 1976, 「퇴계의 이기철학체계와 윤리사상」 『퇴계학연구』 4, 경상북도 문화공보실.
• 한명수 ❙ 1976, 「퇴계의 세계관-윤리적이원론」 『퇴계학연구』 4, 경상북도문화공보실.
• 서원섭 ❙ 1976, 「퇴계의 勸學指路辭 연구」 『퇴계학연구』 4, 경상북도 문화공보실.
• 윤병태 ❙ 1976, 「퇴계 書誌의 연구」 『퇴계학연구』 4, 경상북도 문화공보실.
• 송긍섭 ❙ 1977, 「퇴계철학에서의 理氣관계와 理先문제」 『한국의 철학』 5, 경북대 퇴계학연구소.
• 송긍섭 ❙ 1977, 「이퇴계철학에 있어서의 理氣불가분의 의미」 『한국의 철학』 6, 경북대 퇴계학연구소.
• 배종호 ❙ 1977, 「이퇴계의 한 · 중 · 일에 있어서의 지위」 『한국의 철학』 6, 경북대 퇴계학연구소.
• 阿部吉雄 ❙ 1977, 「이퇴계의 史的지위와 일본유학과의 이질성」 『한국의 철학』 6, 경북대 퇴계학연구소.
• 한명수 ❙ 1977, 「이기철학과 이퇴계의 세계관」 『한국의 철학』 6, 경북대퇴계학연구소.
• 최승호 ❙ 1977, 「퇴계철학의 연구-태극론을 중심으로」 『동아논총』 13(인문자연과학편), 동아대.
• 유명종 ❙ 1977, 「이퇴계의 이단비판을 통해 본 이기설」 『한국의 철학』 6, 경북대 퇴계학연구소.
• 황금횡 ❙ 1977, 「주자와 퇴계의 실천함양에 대한 노력」 『한국의 철학』 6, 경북대 퇴계학연구소.
• 전두하 ❙ 1977, 「이퇴계철학에 있어서의 성과 장의 의의」 『인문과학』 38, 연세대 인문과학연구소.
• 황구연 ❙ 1977, 「퇴계의 무진육조소에 대한 고찰」 『진주교대논문집』 15.
• 이규호 ❙ 1977, 「이성의 개념에 대한 연구-퇴계의 주리설을 되새기며」 『세림한국학논총』 1, 세림장학회.
• 정순목 ❙ 1977 · 1978, 「퇴게교학사상연구(상 · 중 · 하)」 『퇴계학보』 16 · 17 · 18, 퇴계학연구원.
• 송긍섭 ❙ 1978, 「퇴계철학에서의 理의 개념-주자설과의 비교」 『퇴계학연구』 5, 경상북도 문화공보실.
• 윤병태 ❙ 1978, 「퇴계의 저서와 그 간행-朱子書節要를 중심으로」 『퇴계학 연구』 5, 경상북도 문화공보실.
• 한명수 ❙ 1978, 「퇴계의 충효사상」 『퇴계학연구』 5, 경상북도 문화공보실.
• 전두하 ❙ 1978, 「이퇴계철학에 있어서의 실재관」 『한국학논총』 1, 국민대 한국학연구소.

• 이완재 | 1978, 「안동지역 일원에 끼친 퇴계의 영향」『신라가야문화』 9 · 10합집, 영남대 신라가야문화연구소.
• 홍순창 | 1978, 「퇴계선생과 도산서원」『신라가야문화』 9 · 10합집, 영남대 신라가야문화연구소.
• 이남영 | 1978, 「李星湖의 퇴계학적 정신」『퇴계학보』 17, 퇴계학연구소.
• 손인주 | 1978, 「서평 : 퇴계교학사상연구(정순목 저)」『한국학보』 11.
• 서원섭 | 1979, 「퇴계의 相杵歌 연구」『퇴계학연구』 6, 경상북도 문화공보실.
• 송긍섭 | 1979, 「퇴계사상에서의 학의 개념」『퇴계학연구』 6, 경상북도 문화공보실.
• 윤병태 | 1979, 「퇴계와 心經附註-퇴계서지의 연구 其 3」『퇴계학연구』 6, 경상북도 문화공보실.
• 윤병태 | 1979, 「心經附註 有後論本의 판본-퇴계서지의 연구 其4」『퇴계학연구』 6, 경상북도 문화공보실.
• 한명수 | 1979, 「현대사회에서의 전통윤리와 이퇴계」『퇴계학연구』 6, 경상북도 문화공보실.
• 전두하 | 1979, 「이퇴계철학의 핵심」『아시아공론』 9월호, 한국국제문화협회.
• 최근덕 | 1979, 「퇴계사상의 시적 조명」『한국학보』 16.
• 조동일 | 1979, 「16세기 사림파의 문학사상-서경덕 · 이황 · 이이를 중심으로」『대동문화연구』 13, 성균관대 대동문화연구원.
• 전병재 | 1979, 「퇴계 · 고봉의 四七 논변고」『동방학지』 21.
• 전두하 | 1980, 「이퇴계선생의 存養성찰론」『한국학논총』 2, 국민대 한국학연구소.
• 금장태 | 1980, 「송 · 명 이학의 두 주류와 퇴계의 양명학 비판」『동대논총』 10, 동덕여대.
• 김춘현 | 1980, 「퇴계 교육사상의 일연구」『공주교육대학논문집』 16, 공주교대.
• 하영석 | 1980, 「정주학 정통에서 본 퇴계, 고봉 논쟁 검토」『한국의 철학』 9, 경북대 퇴계학연구소.
• 윤성범 | 1980, 「퇴계와 율곡의 천사상 이해」『제1회 한국학국제학술회의 논문집』, 한국정신문화연구원.
• 유정동 | 1980, 「한국유학의 실리성에 관한 고찰-퇴계 · 율곡 · 반계 · 다산을 중심으로」『인문과학』 9, 성균관대 인문과학연구소.
• 정만조 | 1981, 「퇴계 이황의 書院論-그의 교화론과 관련하여」『한우근박사정년기념 사학논총』, 지식산업사.
• 이완재 | 1981, 「영남출신 陶山及門諸子考」『신라가야문화』 12, 영남대 신라가야문화연구소.
• 임능빈 | 1981, 「퇴계의 도덕심리학적 일연구」『성곡논총』 12, 성곡학술문화재단.
• 渡部學 | 1981, 「퇴계 이황의 교육사상」『법사학연구』 6, 한국법사학회.

- 이호형 | 1981, 「서평 : 퇴계철학의 연구(윤사순 저)」『아세아연구』 24-2.
- 이운구 | 1982, 「퇴계의 斥異論 소고」『퇴계학보』 33, 퇴계학연구원.
- 王甦 | 1982, 「퇴계의 憂患철학」『퇴계학보』 36, 퇴계학연구원.
- 전두하 | 1982, 「이퇴계철학의 현대적 의의」『한국학논총』 4, 국민대 한국학연구소.
- 유정동 | 1982, 「천명도설에 관한 연구-陽村 · 秋巒 · 河西 · 退溪의 천명관의 맥락을 중심으로」『동양학』 12.
- 홍순창 | 1982, 「퇴계학의 역사적 위치와 그 의의」『인문연구』 1, 영남대 인문과학연구소.
- 배종호 | 1983, 「이퇴계 철학의 방법론」『동양문화연구』 10, 경북대 동양학연구소.
- 송창한 | 1983, 「이퇴계의 척불론에 대하여-答李叔獻(무오년)을 중심으로」『대구사학』 24.
- 김태영 | 1983, 「한국유학에서의 誠敬사상 (2)」『호서문화연구』 3, 충북대 호서문화연구소.
- 김세한 | 1983, 「율곡의 학문과 퇴계-학적 영향과 성리학설을 중심으로」『안동문화』 4, 안동대 안동문화연구소.
- 조남욱 | 1983, 「이퇴계의 治道觀 연구」『교육논집』 10, 부산대사대.
- 이가원 | 1983, 「퇴계학의 계보적 연구」『퇴계학보』 37, 퇴계학연구원.
- 이동준 | 1983, 「퇴계사상에 있어서 본연지성의 현존적 의미」『道原유승국회갑기념논문집 동방사상논고』.
- 박익환 | 1984, 「퇴계의 교육이론 연구」『퇴계학보』 70, 퇴계학연구원.
- 윤사순 | 1984, 「이퇴계의 심성론」『한국의 사상』, 열음사.
- 정순목 | 1985, 「퇴 · 율 심성론에 있어서 관심의 지향성」『제3회 국제학술회의논문집』, 한국정신문화연구원.
- 정순목 | 1985, 「퇴계 교학방법론의 철학」『인문연구』 7-4, 영남대 인문과학연구소.
- 신구현 | 1985, 「『自省錄』을 통해 본 퇴계의 爲學방법론」『인문연구』 7-4, 영남대 인문과학연구소.
- 배종호 | 1985, 「퇴계와 고봉의 사단칠정론」『한국유학의 철학적 전개』 상, 연세대출판부.
- 윤사순 | 1985, 「퇴계에서의 종교적 경향」『천관우선생환력기념 한국사학 논총』, 정음문화사.
- 윤웅림 | 1985, 「퇴계사상의 현대적 이해」『논문집』 23, 공주사대.
- 김대연 | 1986, 「퇴계 · 율곡의 효사상과 경로교육」『홍대논총(인문사회과학)』 17, 홍익대.
- 하영석 | 1986, 「퇴계의 성리학과 칸트철학의 비교연구」『한국의 철학』 14, 경북

대 퇴계학연구소.
• 이민호 | 1986, 「일본 江戶시대의 퇴계학소고」『사학지』 20, 단국대.
• 전두하 | 1986, 「이퇴계철학의 독자성과 세계성」『한국학논총』 8, 국민대 한국학연구소.
• 임옥진 | 1986, 「퇴계 이황의 교육사상연구-성학십도를 중심으로」, 인하대 석사학위논문.
• 정순목 | 1987, 「주회암과 이퇴계의 서원교육론 비교」『인문연구』 8, 영남대 인문과학연구소.
• 배종호 | 1987, 「퇴계의 우주관-理氣論을 중심으로」『퇴계학연구』 1, 단국대 퇴계학연구소.
• 윤사순 | 1987, 「퇴계의 생애와 인간상」『퇴계학연구』 1, 단국대 퇴계학연구소.
• 김유혁 | 1987, 「퇴계의 향약과 사회관」『퇴계학연구』 1, 단국대 퇴계학연구소.
• 금장태 | 1987, 「퇴계의 가정관」『퇴계학연구』 1, 단국대 퇴계학연구소.
• 정순목 | 1987, 「퇴계의 육영활동」『퇴계학연구』 1, 단국대 퇴계학연구소.
• 전두하 | 1987, 「세계속의 퇴계사상-서양철학과의 연결점을 찾아서」『퇴계학연구』 1, 단국대 퇴계학연구소.
• 권오봉 | 1987, 「퇴계의 자제관-도문의 자제와 퇴계의 가인교육」『퇴계학연구』 1, 단국대 퇴계학연구소.
• 박문옥 | 1987, 「퇴계의 관료관」『퇴계학연구』 1, 단국대.
• 이상로 | 1987, 「퇴계 이황선생의 교육학설 연구」『한국의 철학』 15, 경북대 퇴계학연구소.
• 최승호 | 1987, 「퇴계의 본체론의 대한 재조명」『한국의 철학』 15, 경북대 퇴계학연구소.
• 신구현 | 1987, 「퇴계 이황의 心經附註 연구와 그의 심학적 특징」『민족문화논총』 8, 영남대.
• 금종우 | 1987, 「퇴계선생의 戊辰六條疏와 성학십도 및 同箚子의 정치사상에 관한 연구」『한국의 철학』 15, 경북대 퇴계학연구소.
• 안병주 | 1987, 「퇴계의 학문관-심경후론을 중심으로」『퇴계학연구』 1, 단국대 퇴계학연구소.
• 천병기 | 1987, 「퇴계의 시각교수방법론」『인문연구』 8, 영남대 인문과학연구소.
• 금장태 | 1988, 「퇴계와 남명의 위학체계」『제5회 국제학술회의논문집2』, 한국정신문화연구원.
• 전두하 | 1988, 「이퇴계 및 헤에겔 철학에 있어서의 변증법적 사고방식의 동이점」『한국학논총』 10, 국민대 한국학연구소.
• 박충석 | 1988, 「퇴계정치사상의 특질」『퇴계학연구』 2, 단국대.
• 김유혁 | 1988, 「퇴계와 율곡의 인간관계 연구」『퇴계학연구』 2, 단국대.
• 유탁일 | 1988, 「퇴계의 문헌관과 문헌학적 학풍의 전개-학봉계파를 중심으로」

『퇴계학연구』 2, 단국대.
- 이광호 ‖ 1988, 「이퇴계의 성학십도 연구」 『태동고전연구』 4, 한림대 태동고전연구소.
- 이동영 ‖ 1988, 「퇴계학연구의 한일간 업적」 『일본연구』 6, 부산대 일본문제연구소.
- 정순목 ‖ 1989, 「東賢學則에 나타난 퇴계의 교육관」 『민족문화논총』 10, 영남대 민족문화연구소.
- 김익수 ‖ 1989, 「퇴계의 역학관-圖 · 書論을 중심으로」 『퇴계학연구』 3, 단국대.
- 이원술 ‖ 1989, 「퇴계의 정치사상연구」 『사회과학연구』 9-1, 영남대 사회과학연구소.
- 윤천근 ‖ 1989, 「퇴계철학에 있어서 도덕과 수양의 문제」 『퇴계학』 1, 안동대 퇴계학연구소.
- 유명종 ‖ 1989, 「퇴계학의 기본체계」 『퇴계학연구』 3, 단국대 퇴계학연구소.
- 이혜순 ‖ 1989, 「퇴계시에 나타난 역사의식」 『퇴계학연구』 3, 단국대 퇴계학연구소.
- 이종호 ‖ 1989, 「퇴계미학의 기본성격(상 · 하)」 『퇴계학』 1, 안동대 퇴계학연구소.
- 김태영 ‖ 1989, 「퇴계학의 의리학적 특징의 배경」 『호서문화연구』 8, 충북대 호서문화연구소.
- 윤사순 ‖ 1989, 「퇴계의 인간관」 『철학, 종교사상의 제문제』 5, 한국정신문화연구원.
- 김충실 · 최문식 ‖ 1990, 「퇴계의 예안향약에 표현된 孝와 현대교육」 『퇴계학연구』 4, 단국대.
- 전두하 ‖ 1990, 「퇴계철학과 독일철학」 『한국학논총』 12, 국민대 한국학연구소.
- 양재혁 ‖ 1990, 「이황의 '敬철학' 의 연원과 그 변화-중국 고대에서 송대까지의 忘我的 초월사상을 중심으로」 『대동문화연구』 25, 성균관대.
- 윤용남 ‖ 1990, 「퇴계 · 율곡과 경세치용학파의 사유체계」 『정신문화연구』 40.
- 이광호 ‖ 1990, 「理의 자발성과 인간의 수양문제」 『대동문화연구』 25, 성균관대.
- 이종호 ‖ 1990, 「퇴계의 碑誌文字論 연구서설」 『퇴계학』 2, 안동대 퇴계학연구소.
- 이해명 ‖ 1990, 「퇴계의 통합교육사상 연구」 『퇴계학연구』 4, 단국대 퇴계학연구소.
- 황준연 ‖ 1990, 「퇴계의 聖學十圖와 율곡의 聖學輯要에 관한 비교연구」 『성곡논총』 21.
- 배영기 ‖ 1990, 「퇴계 이황의 교육사상연구」 『우봉정종복회갑논문집』.
- 김세한 ‖ 1990, 「송대 신유학과 퇴계의 철학사상-周 · 張 · 程 · 朱와 연계하여」 『퇴계학』 2, 안동대 퇴계학연구소.
- 갈영진 ‖ 1990, 「이퇴계의 朱子理氣說의 수용과 발전」 『碧史이우성정년기념 민족사의 전개와 그 문화(상)』.

- 이민홍 ǀ 1990, 「사림파의 鄕樂에 대한 견해-퇴계 · 율곡의 俗樂인식을 중심으로」 『碧史이우성정년기념 민족사의 전개와 그 문화(상)』.
- 장입문 ǀ 1990, 「퇴계와 율곡의 윤리학설의 비교」 『碧史이우성정년기념 민족사의 전개와 그 문화(상)』.
- 김유혁 ǀ 1990, 「퇴계의 인간상이 오늘에 주는 교훈」 『퇴계학연구』 4, 단국대.
- 목영해 ǀ 1990, 「퇴계와 Kant 도덕관의 교육론적 탐색」 『퇴계학보』 66, 퇴계학연구원.
- 周月琴 ǀ 1990, 「주희의 인생론으로부터 이퇴계의 심성론에 이르기까지」 『퇴계학보』 66, 퇴계학연구원.
- 朱七星 ǀ 1990, 「퇴계철학의 형성과 특점에 관하여」 『퇴계학연구』 4, 단국대 퇴계학연구소.
- 蒙培元 ǀ 1990, 「이퇴계와 陳白沙의 심학사상 비교」 『퇴계학보』 65, 퇴계학연구원.
- 장입문 ǀ 1990, 「이퇴계의 理數사유 약론」 『퇴계학보』 67, 퇴계학연구원.
- 오석원 ǀ 1990, 「퇴계의 聖學에 관한 고찰-성학십도를 중심으로」 『대동문화연구』 24, 성균관대.
- 민주식 ǀ 1990, 「퇴계의 미적 인간학」 『미학』 15, 한국미학회.
- 송인창 ǀ 1990, 「퇴계의 철학과 현실인식」 『如山유병덕화갑기념 한국철학 종교사상사』.
- 유명종 ǀ 1990, 「조선 五賢의 철학사상」 『如山유병덕화갑기념 한국철학종교사상사』.
- 배종호 ǀ 1991, 「퇴계의 철학과 그 전개」 『전통과 사상』 4, 한국정신문화연구원.
- 전두하 ǀ 1991, 「이퇴계 및 퇴계집」 『한국학논총』 14, 국민대 한국학연구소.
- 김교빈 ǀ 1991, 「16세기 주자학-퇴계와 율곡의 진보성과 반동성」 『역사비평』 계간 14호(1991년 가을호).
- 김동원 ǀ 1991, 「현대물리학과 퇴계사상」 『퇴계학보』 69, 퇴계학연구원.
- 步近智 ǀ 1991, 「이퇴계의 天人之學」 『퇴계학보』 69, 퇴계학연구원.
- 서용화 ǀ 1991, 「퇴계의 인간관 연구」 『퇴계학보』 70, 퇴계학연구원.
- 여증동 ǀ 1991, 「퇴계선생撰 婚禮笏記 연구 (1-4)」 『퇴계학보』 65 · 66 · 67 · 69, 퇴계학연구원.
- 권오봉 ǀ 1991, 「癸巳南行錄이 갖는 퇴계의 平生事的 의의」 『퇴계학연구』 5, 단국대 퇴계학연구소.
- 정순목 ǀ 1991, 「퇴계학의 一經三義說」 『퇴계학연구』 5, 단국대 퇴계학연구소.
- 陳來 ǀ 1991, 「퇴계 심학의 재연구」 『퇴계학보』 70, 퇴계학연구원.
- 배영기 ǀ 1991, 「퇴계 이황의 교육사상」 『崇義論叢』 15.
- 김동원 ǀ 1992, 「退 · 栗의 理氣」 『호서문화연구』 10, 충북대 호서문화연구소.
- 蔡茂松 ǀ 1992, 「李大山的朱子退溪學」 『水邨박영석화갑논총 한국사학논총(하)』.

- 박문옥 ∥ 1992, 「이퇴계의 행정철학」 『퇴계학연구』 6, 단국대.
- 趙宗正 ∥ 1992, 「退溪與王柏理氣 '不離不染' 說論要」 『퇴계학연구』 6, 단국대.
- 장승구 ∥ 1992, 「퇴계의 자연성의 세계관 연구」 『퇴계학연구』 6, 단국대.
- 김춘식 ∥ 1992, 「퇴계의 행정사상-조선왕조실록에 비친 安民사상을 중심으로」 『퇴계학연구』 6, 단국대.
- 이광호 ∥ 1992, 「도학적 문제의식의 전개를 통해서 본 퇴계의 생애」 『동양학』 22, 단국대.
- 김춘식 ∥ 1992, 「퇴계의 행정사상에 관한 연구-조선왕조실록에 비친 安民 사상을 중심으로」 『안동문화연구』 6, 안동문화연구회.
- 권오봉 ∥ 1993, 「퇴계의 循明과 확충」 『퇴계학보』 75 · 76합집, 퇴계학연구원.
- 佐藤仁 ∥ 1993, 「이퇴계의 자연존중의 정신」 『퇴계학보』 75 · 76합집, 퇴계학연구원.
- 蔡茂松 ∥ 1993, 「이퇴계의 天人合一思想」 『퇴계학보』 75 · 76합집, 퇴계학연구원.
- 유명종 ∥ 1993, 「퇴계의 자연관」 『퇴계학보』 75 · 76합집, 퇴계학연구원.
- 최용수 ∥ 1993, 「퇴계학 중의 변증법사상을 논함」 『퇴계학보』 75 · 76합집, 퇴계학연구원.
- 정순목 ∥ 1993, 「輓祭銀에 나타난 퇴계상」 『퇴계학보』 75 · 76합집, 퇴계학연구원.
- 이애희 ∥ 1993, 「퇴계의 인성 · 물성론에 대한 연구」 『퇴계학보』 75 · 76합집, 퇴계학연구원.
- 이윤화 ∥ 1993, 「퇴계의 理學的 역사인식」 『퇴계학보』 75 · 76합집, 퇴계학연구원.
- 박양자 ∥ 1993, 「퇴계의 자연관-특히 出處進退觀을 중심으로」 『퇴계학보』 75 · 76합집, 퇴계학연구원.
- 金泰泳 ∥ 1993, 「퇴계의 성학십도에 나타난 도덕적 인간관」 『퇴계학보』 75 · 76합집, 퇴계학연구원.
- 신구현 ∥ 1993, 「이퇴계의 자연철학」 『퇴계학보』 75 · 76합집, 퇴계학연구원.
- 전두하 ∥ 1993, 「이퇴계의 존재론과 인성론에 투영시켜본 동서철학의 자연관과 인간관의 연결점」 『퇴계학보』 75 · 76합집, 퇴계학연구원.
- 이완재 ∥ 1993, 「퇴계의 인간관」 『퇴계학보』 75 · 76합집, 퇴계학연구원.
- 김유혁 ∥ 1993, 「퇴계 언행록과 그 제자와의 관계 고찰」 『퇴계학보』 75 · 76합집.
- 송석구 ∥ 1993, 「퇴계의 인간관」 『퇴계학보』 75 · 76합집, 퇴계학연구원.
- 윤사순 ∥ 1993, 「퇴계에서의 자연과 인간-그의 자연관과 인간관」 『퇴계학보』 75 · 76합집, 퇴계학연구원.
- 이동한 ∥ 1993, 「퇴계의 山林詩에 나타난 자연관」 『퇴계학보』 75 · 76합집, 퇴계학연구원.
- 장입문 ∥ 1993, 「이퇴계의 인간과 자연과의 관계론」 『퇴계학보』 75 · 76합집, 퇴

계학연구원.
• 陳來 ‖ 1993, 「퇴계철학편론」 『퇴계학보』 75 · 76합집, 퇴계학연구원.
• 한덕웅 ‖ 1993, 「퇴계의 성리학에 관한 성격 및 사회심리학적 접근(10)」 『퇴계학보』 78, 퇴계학연구원.
• 이동희 ‖ 1993, 「퇴계학의 심학적 특성과 理의 의미」 『현대와 종교』 16, 현대종교문제연구소.
• 부로프 V. G ‖ 1993, 「중국의 철학적 전통과 이퇴계의 가르침」 『퇴계학보』 75 · 76합집.
• 小川晴久 ‖ 1993, 「이퇴계에 있어서의 산림생활의 의미」 『퇴계학보』 75 · 76합집.
• 謝寶森 ‖ 1993, 「이퇴계 應變의 道」 『퇴계학보』 75 · 76합집.
• 고영진 ‖ 1993, 「이황-반동적 관념론자인가」 『역사비평』 계간22호.
• 권오봉 ‖ 1993, 「퇴계선생의 日記 總錄(1)」 『퇴계학보』 78.
• 김광순 ‖ 1994, 「陶山十二曲에 나타난 자연관과 인간관」 『한국의 철학』 22, 경북대 퇴계학연구소.
• 배영기 ‖ 1994, 「퇴계 이황의 교육사상에 관한 연구」 『배달문화』 12, 민족사바로찾기국민회의.
• 김종석 ‖ 1994, 「마음의 철학-퇴계心學의 구조분석」 『민족문화논총』 15, 영남대 민족문화연구소.
• 유인희 ‖ 1994, 「퇴계 철학의 근대적 의미와 동아세아의 미래사회」 『동방학지』 84.
• 장승구 ‖ 1994, 「퇴계의 존재론과 진리관의 특성」 『정신문화연구』 57, 한국정신문화연구원.
• 김병규 ‖ 1995, 「서양의 正義論과 퇴계의 正義論」 『퇴계학논총』 1, 퇴계학부산연구원.
• 福田殖 ‖ 1995, 「이퇴계의 학문과 일본문화에 끼친 영향」 『퇴계학논총』 1, 퇴계학부산연구원.
• 이완재 ‖ 1995, 「퇴계철학의 현대적 의미」 『퇴계학논총』 1, 퇴계학부산연구원.
• 朱七星 ‖ 1995, 「퇴계철학의 성격과 그의 사회적 역할에 관하여」 『퇴계학 논총』 1, 퇴계학부산연구원.
• 윤사순 ‖ 1995, 「퇴계의 인간관」 『퇴계학논총』 1, 퇴계학부산연구원.
• 海老田輝之 ‖ 1995, 「三宅尙齋學派와 이퇴계」 『퇴계학논총』 1, 퇴계학부산연구원.
• 칼튼 마이클 ‖ 1995, 「퇴계선생이 서양정신에 준 藥」 『퇴계학논총』 1, 퇴계학부산연구원.
• 猪城博之 ‖ 1995, 「퇴계학 수용의 두 길」 『퇴계학논총』 1, 퇴계학부산연구원.
• 이우성 ‖ 1995, 「퇴계선생의 현실인식과 '末世' 극복의 이념」 『퇴계학논총』 1, 퇴계학부산연구원.
• 유명종 ‖ 1995, 「퇴계의 자연관」 『퇴계학논총』 1, 퇴계학부산연구원.

- 이홍순 | 1995, 「이퇴계와 동방전통문화」『퇴계학논총』 1, 퇴계학부산연구원.
- 배종호 | 1995, 「퇴계학문의 방법론」『퇴계학논총』 1, 퇴계학부산연구원.
- 김호길 | 1995, 「퇴계학과 현대사회」『퇴계학논총』 1, 퇴계학부산연구원.
- 김준표 | 1995, 「이퇴계와 奇高峰의 理氣觀」『퇴계학논총』 1, 퇴계학부산연구원.
- 김성범 | 1995, 「퇴계이기론의 존재론적 접근」『퇴계학논총』 1, 퇴계학부산연구원.
- 難波征男 | 1995, 「이퇴계와 일본의 유학」『퇴계학논총』 1, 퇴계학부산연구원.
- 곽신환 | 1995, 「易學과 퇴계의 天命사상-자연과 인간에 대한 '敬'」『퇴계학논총』 1, 퇴계학부산연구원.
- 권오봉 | 1995, 「퇴계선생에 관한 傳言說話考論」『퇴계학논총』 1, 퇴계학부산연구원.
- 이동영 | 1995, 「이퇴계의 詩歌와 도학」『퇴계학논총』 1, 퇴계학부산연구원.
- 허대열 | 1996, 「퇴계 이황의 성학십도에 나타난 교육사상」, 경성대 석사학위논문.
- 최일광 | 1997, 「퇴계의 경사상과 그리스도교 외경사상 비교연구」, 카톨릭대 석사학위논문.
- 박희병 편역 | 1998, 「학문하는 것은 거울을 닦는데 비유할 수 있다-이황」『선인들의 공부법』, 창작과 비평사.
- 강희복 | 1998, 「퇴계의 詩와 心學」『한국사상사학』 10.
- 이동환 | 1999, 「남명, 퇴계 양학파의 사상 특성에 관한 몇가지 문제 제기」『남명학연구』 9.
- 이장우 | 2000, 「퇴계 與子書 視考」『동양학』 30.
- 김태영 | 2001, 「퇴계의 개별 인간 自我論」『퇴계학보』 109.
- 김호종 | 2001, 「퇴계 이황의 대일본외교관」『역사교육논집』 26.
- 문석윤 | 2001, 「퇴계의 리발(理發)과 리동(理動), 리도(理到) 의미에 대하여-리(理)의 능동성 문제」『퇴계학보』 110.
- 서원화 | 2001, 「퇴계 철학의 범주와 미래 유학의 주제」『퇴계학보』 110.
- 小川晴久 | 2001, 「퇴계의 理의 현대적 번역과 실천」『퇴계학보』 110.
- 신구현 | 2001, 「퇴계의 聖君과 플라톤의 哲人王에 관한 비교 고찰」『퇴계학보』 110.
- 유권종 | 2001, 「퇴계 예학 연구의 과제와 전망」『퇴계학보』 109.
- 유권종 | 2001, 「禮治에 관한 퇴계의 사고」『퇴계학보』 110.
- 윤사순 | 2001, 「퇴계의 이기철학에 대한 현대적 해석」『퇴계학보』 110.
- 이상익 | 2001, 「퇴계와 율곡의 정치에 대한 인식」『퇴계학보』 110.
- 이상해 | 2001, 「도산서당과 도산서원에 반영된 퇴계의 건축관」『퇴계학보』 110.
- 이우성 | 2001, 「퇴계선생의 당시 시대관과 경세이념」『퇴계학보』 110.
- 장승구 | 2001, 「퇴계사상의 생태철학적 조명」『퇴계학보』 110.

- 윤사순 | 2002, 「이황-진리탐구와 자기성찰에 철저했던 참다운 인간」『한국사시민강좌』30.
- 이홍군 | 2002, 「주희와 퇴계의 인생론의 비교」『한국동서철학』 25, 한국동서철학회.
- 정도원 | 2002, 「퇴계 수양론의 '理' 중심적 특성에 관한 소고」『동양철학연구』 31, 동양철학연구회.
- 이완재 | 2003, 「퇴계선생의 학통과 竹川선생의 위상」『퇴계학과 한국문화』 32, 경북대 퇴계학연구소.
- 고영진 | 2003, 「이황학맥의 호남 전파와 유학사적 의의」『퇴계학과 한국문화』 32, 경북대 퇴계학연구소.
- 김기선 | 2003, 「퇴계선생 태생풍수 연구」『퇴계학과 한국문화』 32, 경북대 퇴계학연구소.
- 황위주 | 2003, 「서울 경기지역의 퇴계문인과 그 성격」『퇴계학과 한국문화』 33, 경북대 퇴계학연구소.
- 심경호 | 2003, 「퇴계와 다산-문헌학의 연속성과 차별성」『퇴계학과 한국문화』 33, 경북대 퇴계학연구소.
- 김갑동 | 2003, 「학자로서 참된 자세는 무엇인가-이황과 이이」『옛사람 72인에게 지혜를 구하다』, 푸른역사.
- 유권종 | 2003, 「퇴계와 다산의 심성론 비교」『퇴계학과 한국문화』 33, 경북대 퇴계학연구소.
- 설수태 | 2003, 「퇴계의 '敬'과 블레이크의 '상상력' 비교」『인문학연구』 3, 상지대 인문학연구소.
- 문석윤 | 2003, 「퇴계의 '未發'論」『퇴계학보』 114, 퇴계학연구원.
- 유권종 | 2003, 「퇴계의 心學과 禮」『한국사상사학』 21.
- 이윤희 | 2003, 「連載物 : 퇴계선생 관계자료 5-퇴계선생의 학문과 인간에 대한 논평」『퇴계학보』 114, 퇴계학연구원.
- 이연세 | 2003, 「퇴계의 審美의식과 溫柔敦厚의 미학」『퇴계학연구』 17, 단국대 퇴계학연구소.
- 윤천근 | 2004, 「이황의 조목, 조목의 이황」『퇴계학』 14, 안동대 퇴계학연구소.
- 이동희 | 2004, 「조선전기 성리학자 · 퇴계학파 연구의 현황과 과제」『한국인물사연구』 1, 한국인물사연구소.
- 이윤희 | 2004, 「連載物-퇴계선생 관련자료 6」『퇴계학보』 115, 퇴계학연구원.
- 김기현 | 2004, 「퇴계의 '소유와 존재' 의식-淸貧의 인간학」『퇴계학보』 115.
- 정병석 | 2004, 「주역에 대한 퇴계의 의리적 관점」『퇴계학보』 115.
- 엄연석 | 2004, 「퇴계의 사단칠정론과 公私의 문제」『퇴계학보』 115.
- 김기현 | 2004, 「퇴계의 理 철학에 내재된 세계관의 함의」『퇴계학보』 116.
- 이승환 | 2004, 「퇴계 未發說 이청」『퇴계학보』 116.

• 이동희 | 2004, 「회이트헤드의 형이상학적 神觀에서 본 퇴계의 독특한 理 관념 '尊理說'」『퇴계학보』 116.
• 홍원식 | 2004, 「퇴계 심학과 『심경부주』」『민족문화논총』 30.
• 陳炎趙玉 | 2004, 「퇴계 사상 중의 내재적 모순」『민족문화논총』 30.
• 이수건 | 2004, 「명종말 선조초 퇴계 이황의 정치적 위상」『민족문화논총』 30.
• 설석규 | 2004, 「퇴계학 연구방법론의 도학적 모색」『민족문화논총』 30.
• 변정암 | 2004, 「리황의 철학사상에 대하여」『퇴계학과 한국문화』 35-2, 경북대 퇴계학연구소.
• 신연우 | 2004, 「이황 및 당대 사림 農村詩의 양상과 의의」『동방학지』 127.
• 유권종 | 2004, 「퇴계의 心學과 禮」『한국인물사연구』 2, 한국인물사연구소.
• 이상하 | 2004, 「寒洲 李震相과 退溪定說」『한국인물사연구』 2.
• 이명수 | 2004, 「퇴계적 지향의 암축으로서 「屛銘」의 우환의식과 그 의의」『유교문화연구』 8.
• 손홍렬 | 2004, 「조선시대 선비의 養生觀과 퇴계 『活人心方』」『백산학보』 70.
• 김유혁 | 2004, 「퇴계의 향약과 사회관」『민속학술자료총서 469, 향약6』, 우리마당터.
• 박익환 | 2005, 「이퇴계의 교육이념논고」『사학연구』 79.
• 김종석 | 2005, 「『퇴계선생언행록』 분석을 통해 본 及門제자의 수학 경향」『퇴계학』 15, 안동대 퇴계학연구소.
• 안영상 | 2005, 「퇴계가 도산에 은거하며 연평을 이었던 길」『퇴계학』 15, 안동대 퇴계학연구소.
• 김인철 | 2005, 「퇴계와 芝山의 周易 해석」『퇴계학과 한국문화』 36, 경북대 퇴계연구소.
• 심경호 | 2005, 「퇴계의 詩經 해석과 그 특징」『퇴계학과 한국문화』 36, 경북대 퇴계연구소.
• 유권종 | 2005, 「퇴계학파의 禮記 해석에 대한 고찰」『퇴계학과 한국문화』 36, 경북대 퇴계연구소.
• 최석기 | 2005, 「퇴계의 大學 해석과 그 의미」『퇴계학과 한국문화』 36, 경북대 퇴계연구소.
• 엄연석 | 2005, 「퇴계의 中庸 해석과 그 특징」『퇴계학과 한국문화』 36, 경북대 퇴계연구소.
• 이영호 | 2005, 「퇴계 論語 해석의 경학적 특징과 그 계승양상」『퇴계학과 한국문화』 36, 경북대 퇴계연구소.
• 홍원식 | 2005, 「퇴계학과 『孟子』, 그리고 孟子」『퇴계학과 한국문화』 36, 경북대 퇴계연구소.
• 조기호 | 2005, 「이황 聖學十圖 太極圖의 이해와 응용」『퇴계학과 한국문화』 36, 경북대 퇴계연구소.

- 정도원 ∥ 2005, 「퇴계 理철학의 주자학적 근거와 특징에 대하여」 『한국사상사학』 24.
- 안영상 ∥ 2005, 「퇴계가 도산에 은거하여 연평을 이었던 길」 『퇴계학』 15.
- 천병준 ∥ 2006, 「퇴계의 聖學十圖에 나타난 主敬의 진의」 『퇴계학과 한국문화』 38, 경북대 퇴계연구소.

73) 林慶業 – 충주

- 김인성 ∥ 1954, 『임경업장군』, 공동문화사.
- 충민공 임경업장군기념사업회 ∥ 1977, 『忠愍公 林將軍 要覽』.
- 이윤석 ∥ 1984, 『임경업전 연구』, 연세대 박사학위논문.
- 평택임씨 대종회관 ∥ 1985, 『林忠愍公實紀』.
- 평택임씨대종회 ∥ 1985, 『국역 충민공실기 임경업장군』.
- 이윤석 ∥ 1985, 『임경업전 연구』, 정음사.
- 이복규 ∥ 1992, 『임경업전 연구』, 경희대 박사학위논문.
- 이복규 ∥ 1993, 『임경업전 연구』, 집문당.
- 外務省藏版 ∥ 1995, 『임경업전』.
- 김윤세 편 ∥ 1995, 『임경업전』, 한국문화사.
- 제국지방행정학회조선지부 ∥ 1928, 「조선위인전 임경업」 『조선지방행정』 7-5.
- 장덕순 ∥ 1959, 「병자호란을 전후한 전쟁소설」 『인문과학』 5, 연세대.
- 장덕순 ∥ 1965, 「임경업-전설을 낳은 고독의 장군」 『한국의 인간상』 2, 신구문화사.
- 이상옥 ∥ 1965, 「임경업-북벌의 효장」 『인물한국사』 4, 박우사.
- 윤영옥 ∥ 1973, 「임경업전연구」 『국어국문학연구』 15, 영남대.
- 서대석 ∥ 1974, 「임경업전연구」 『하성이선근박사 고희기념한국학논총』.
- 이상옥 ∥ 1974, 「임경업」 『한국인물사』, 새한서적공사.
- 이상옥 ∥ 1977, 「임경업 실록 전기」 『한국인물전집』 4, 삼조사.
- 김문수 ∥ 1978, 「임경업」 『한국인물전기전집』 6, 국민서관.
- 이경선 ∥ 1979, 「임경업의 인물 · 유적 · 전설의 조사연구」 『한양대학교논문집』 제13집 1호.
- 변병선 ∥ 1983, 「壬 · 丙양란과 역사소설-임진록 · 임경업전 · 박씨전을 중심으로 한 역사소설의 유형분석과 그 소설사적 의의」, 고려대 석사학위논문.
- 이윤석 ∥ 1985, 「임경업 전설의 연구」 『효대논문집』 제31집 1호.
- 김분숙 ∥ 1991, 「한 · 일 영웅상의 비교-임경업과 源義仲을 중심으로」 『석당논총』 17, 동아대.
- 주강현 ∥ 1991, 「서해안 조기잡이와 어업생산풍습-어업생산력과 임경업 신격화 문제를 중심으로」 『역사민속학』 1.
- 김정녀 ∥ 1999, 「17세기 임경업을 보는 두 시각과 그 의미」 『어문논집』 제40집 1

호.
• 한종구 | 2001, 「임경업 장군 탄생전설 고찰」 『충주대논문집』 제36집 1호.
• 이정우 | 2000, 「17~18세기 충주지방 서원과 사족의 당파적 성격」 『한국사연구』 109.
• 최일성 | 2003, 「충민공 임경업 장군」 『충주의 인물(Ⅱ)-우륵 · 김생 · 임경업』, 충주시 · 예성문화연구회.
• 황원갑 | 2004, 「임경업」 『민족사를 바꾼 무인들』, 인디북.
• 강현모 | 2004, 「임경업설화의 소설적 변이 양상」 『한국 설화의 전승양상과 소설적 변용』, 역락.
• 정병설 | 2005, 「18 · 19세기 일본인 조선소설 공부와 조선관-최충전과 임경업전을 중심으로」 『한국문화』 35, 서울대 한국문화연구소.

74) 張智賢 - 영동

• 송재충 | 1988, 「장지현 의병장의 인물과 순절경위」 『영동문화』 2 · 3합집.
• 이석린 | 1999, 「임진왜란기 李光輪의 향병창의와 활동」 『인문학지』 18, 충북대.

75) 鄭逑 - 충주 · 음성

• 『寒岡集』.
• 윤천근 | 2006, 『퇴계학파의 인물시리즈 4 : 남인 예학의 선구 정구』, 한국국학진흥원.
• 김광순 | 1985, 「寒岡의 생애와 사상」 『한국의 철학』 13, 경북대 퇴계학연구소.
• 서수생 | 1985, 「한강 정구의 예학」 『한국의 철학』 13, 경북대 퇴계학연구소.
• 정순목 | 1985, 「한강 정구의 교학사상」 『한국의 철학』 13.
• 최승호 | 1985, 「한강의 持敬論」 『한국의 철학』 13.
• 금종우 | 1985, 「한강의 정치사상에 관한 연구」 『한국의 철학』 13.
• 김항수 | 1986, 「한강 정구의 학문과 『歷代紀年』」 『한국학보』 45.
• 이상필 | 1991, 「한강의 학문성향과 문학」 『남명학연구』 1.
• 고영진 | 1992, 「17세기초 예학의 새로운 흐름-한백겸과 정구의 예설을 중심으로」 『한국학보』 68.
• 김경수 | 1994, 「정구의 『咸州志』 연구」 『于江권태원정년논총 민족문화의 제문제』.
• 한상규 | 1995, 「鄭寒岡의 교육사상」 『남명학연구』 3.
• 이범직 | 1997, 「한강 정구의 학문과 예학」 『도산학보』 6.
• 금장태 | 1997, 「한강 정구의 예학사상」 『조선전기 유학사상』, 서울대 출판부.
• 최영성 | 1997, 「한강 정구의 학문방법과 유학사적 위치」 『남명학연구논총』 5.
• 이정우 | 2000, 「17~18세기 충주지방 서원과 사족의 당파적 성격」 『한국사연구』 109.

- 彭林 ‖ 2001, 「寒岡 정구의 五先生禮說 初探」『남명학연구』 11.

76) 鄭道傳 – 단양 · 충주

- 『三峰集』.
- 한영우 ‖ 1973, 『정도전 사상의 연구』, 서울대 한국문화연구소.
- 김원동 ‖ 1979, 『정도전의 통치이념과 제도에 관한 연구』, 경희대 박사학위논문.
- 한영우 ‖ 1983, 『조선전기 사회경제연구』, 을유문화사.
- 박천식 ‖ 1986, 『조선건국공신의 연구』, 전남대 박사학위논문.
- 한영우 ‖ 1990, 『왕조의 설계자 정도전』, 지식산업사.
- 삼봉선생기념사업회 ‖ 1992, 『삼봉 정도전 연구』, 기념사업회.
- 도현철 ‖ 1996, 『려말선초 신 · 구법파 사대부의 정치개혁사상연구–이색 · 정도전의 정치사상의 비교연구를 중심으로』, 연세대 사학과 박사학위논문.
- 조유식 ‖ 1997, 『정도전을 위한 변명』, 푸른역사.
- 민족문화추진회 편 ‖ 1997, 『국역 삼봉집』, 솔.
- 이정주 ‖ 1997, 『려말선초 유학자의 불교관–정도전과 권근을 중심으로』, 고려대 박사학위논문.
- 한영우 ‖ 1999, 『왕조의 설계자 정도전』, 지식산업사.
- 박윤규 ‖ 1999, 『우리역사를 움직인 20인의 재상』, 미래M&B.
- 김용옥 ‖ 2004, 『삼봉 정도전의 건국철학』, 통나무.
- 삼봉정도전선생기념사업회 ‖ 2004, 『정치가 정도전의 재조명』, 경세원.
- 이상백 ‖ 1935, 「삼봉인물고(1)」『진단학보』 2.
- 이상백 ‖ 1935, 「삼봉인물고(2)」『진단학보』 3.
- 이상백 ‖ 1947, 「정도전론」『한국문화사논고』, 을유문화사.
- 末松保和 ‖ 1951, 「三峰集編刊考」『조선학보』 1.
- 이병도 ‖ 1959, 「정삼봉의 유불관」『白性郁박사 송수기념불교학논문집』.
- 이상백 ‖ 1965, 「정도전–비명의 이조산파」『한국의 인간상』 3, 신구문화사.
- 윤병석 ‖ 1965, 「정도전」『인물한국사』 3, 박우사.
- 이현희 ‖ 1970, 「정도전과 그의 사회사상」『서울여대논문집』 2.
- 이종익 ‖ 1971, 「정도전의 벽불론비판」『불교학보』 8, 동국대 불교문화연구원.
- 江原謙 ‖ 1972, 「삼봉 정도전의 개혁사상」『조선사연구회논문집』 9.
- 김삼수 ‖ 1972, 「이조경제사상연구(1)–정도전의 경제사상」『논문집』 2, 숙명여대 한국정치경제연구소.
- 금장태 ‖ 1972, 「정도전의 벽불사상과 그 논리적 성격」『민태식박사고희기념논총』.
- 한영우 ‖ 1973, 「정도전의 사회 · 정치사상」『한국사론』 1.
- 최종고 ‖ 1975, 「정도전의 법사상」『문학과 지성』 6–3.
- 박천식 ‖ 1976, 「조선 개국원종공신의 책봉과정과 대우」『군산교대논문집』 9–하.

- 박천식 ‖ 1976, 「개국원종공신의 연구」 『군산교대논문집』 10.
- 한영우 ‖ 1977, 「삼봉집」 『민족문화』 3.
- 정두희 ‖ 1977, 「조선초기 三功臣 연구-그 사회적 배경과 정치적 역할을 중심으로」 『역사학보』 75 · 76합집.
- 박천식 ‖ 1977, 「조선 개국공신에 대한 일고찰」 『전북사학』 1.
- 배상현 ‖ 1978, 「정도전의 배불사상에 대한 고찰」, 동국대 석사논문.
- 송창한 ‖ 1978, 「정도전의 척불론에 대하여」 『대구사학』 15 · 16합집.
- 변태섭 ‖ 1979, 「고려국사의 편찬내용과 사론」 『학술논총』 3, 단국대 대학원.
- 최종고 ‖ 1979, 「정도전의 법사상」 『한국사상대계』 3, 대동문화연구원.
- 한영우 ‖ 1980, 「정도전의 인간과 사회사상」 『진단학보』 50.
- 윤사순 ‖ 1980, 「정도전 성리학의 특성과 그 평가문제」 『진단학보』 50.
- 정두희 ‖ 1980, 「삼봉집에 나타난 정도전의 병제개혁안의 성격」 『진단학보』 50.
- 박성규 ‖ 1981, 「정도전연구」 『어문논집』 22, 고려대.
- 이석영 ‖ 1981, 「정삼봉의 불씨심성론 비판론」 『철학회지』 8, 영남대철학과 연구실.
- 한영우 ‖ 1981, 「태조대의 사대부 중심 역사서술-정도전의 『高麗國史』」 『조선전기사학사연구』, 서울대학교출판부.
- 유순주 ‖ 1982, 「정도전의 사상에 관한 고찰」 『유학연구』 7, 성균관대 유학과.
- 조남국 ‖ 1982, 「여말선초 유불교섭에 관한 연구-포은과 삼봉의 불교관을 중심으로」 『강원대논문집(인문계)』 15.
- 한영우 ‖ 1983, 「조선 開國功臣의 출신에 대한 연구」 『조선전기 사회경제 연구』, 을유문화사.
- 금장태 ‖ 1984, 「정도전의 사상」 『한국의 사상』, 열음사.
- 김해영 ‖ 1984, 「정도전의 배불사상」 『청계사학』 1.
- 박천식 ‖ 1984, 「조선 건국의 정치세력 연구」 『전북사학』 8.
- 박천식 ‖ 1984, 「개국원종공신의 검토」 『사학연구』 38.
- 문철영 ‖ 1986, 「詩 · 文을 통해 본 정도전의 內面世界」 『한국학보』 42, 일지사.
- 김종진 ‖ 1987, 「정도전 시관의 한 국면 2」 『태동고전연구』 3.
- 조흥욱 ‖ 1987, 「정도전의 문학관과 그의 한시에 대한 소론」 『한신논문집』 4.
- 김두만 ‖ 1989, 「고려말 정도전의 정치활동과 그 배경」, 고려대 석사논문.
- 이석규 ‖ 1990, 「정도전의 정치사상에 대한 연구」 『한국학논총』 18, 한양대 한국학연구소.
- 이재룡 ‖ 1990, 「삼봉 정도전의 법사상」 『민족문화연구』 23, 고려대 민족문화연구소.
- 손문호 ‖ 1991, 「조선초기의 정치사상연구-정도전을 중심으로」 『호서문화논총』 6.
- 김대용 ‖ 1992, 「정도전의 정치이념과 배불론」 『호서문화연구』 10.

- 이홍순 | 1992, 「정도전의 배불사상」『애산학보』 12.
- 유창규 | 1993, 「고려말 조준과 정도전의 개혁방안」『국사관논총』 46.
- 도현철 | 1996, 「고려말기 사대부의 불교인식과 대응」『역사와 현실』 3.
- 도현철 | 1997, 「고려말기의 禮인식과 정치체제론-이색과 정도전계열 사대부의 사상비교를 중심으로」『동방학지』 97.
- 김당택 | 1998, 「고려 우왕대 이성계와 정몽주 · 정도전의 정치적 결합」『역사학보』 158.
- 차용주 | 1998, 「정도전 연구」『호서문화논총』 12, 서원대 호서문화연구소.
- 임용한 | 1999, 「선택하지 않은 삶, 5백년 역적-정도전」『역사의 길목에선 31인의 선택』, 푸른역사.
- 정성식 | 1999, 「삼봉 성리학의 구조와 특성」『한국사상사학』 13.
- 김갑동 | 2003, 「지도자를 선택하는 기준을 어디에 두었는가-정도전과 하륜」『옛사람 72인에게 지혜를 구하다』, 푸른역사.
- 문철영 | 2003, 「정도전」『63인의 역사학자가 쓴 한국사인물열전』 1, 돌베개.
- 최상용 | 2003, 「정치가 정도전 연구」『아세아연구』 46-1, 고려대 아세아문제연구소.
- 도현철 | 2003, 「정도전의 사공학 수용과 정치사상」『한국사상사학』 21.
- 김영수 | 2003, 「정도전 樂章문학 연구」『동양학』 34.
- 이원명 | 2003, 「여말선초 정도전의 성리학 이해 연구」『서울문화』 7, 서울문화사학회.
- 문철영 | 2004, 「청년 정도전의 自我 정체성 위기와 극복과정」『동양학』 35, 단국대.
- 도현철 | 2004, 「이색과 정도전」『한국사시민강좌』 35.
- 김인호 | 2005, 「정도전의 역사인식과 군주론의 기반-〈經濟文鑑〉의 분석을 중심으로」『한국사연구』 131.
- 도현철 | 2005, 「여선교체기 사상계의 변화와 정도전의 정치사상」『중세사회의 변화와 조선건국』 혜안.

77) 丁若銓 - 충주

- 『玆山魚譜』.
- 정약전 저, 정문기 역 | 1992, 『자산어보-흑산도의 물고기들』, 지식산업사.
- 이태원 | 2002, 『현산어보를 찾아서1-2002년 전의 박물학자 정약전』, 청어람미디어.
- 이덕일 | 2004, 『정약용과 그의 형제들』, 김영사.
- 정약전 · 이강희 | 2005, 『柳菴叢書』, 신안문화원.
- 조광 | 1977, 「신유박해의 분석적 고찰」『교회사연구』 1, 한국교회사연구소.
- 정옥자 | 1982, 「정조의 抄啓文臣교육과 문체정책」『규장각』 6, 서울대도서관.

• 정석종 ∥ 1984, 「정약용과 정조 · 순조년간의 정국」『고병익선생회갑기념논총 역사와 인간의 대응』.
• 주명준 ∥ 1984, 「정약용형제들의 천주신앙활동」『전주사학』1.
• 김상홍 ∥ 1987, 「다산의 천주교 신봉여부-여유당전서 기사를 중심으로」『연민이가원七秩송수기념논총』.
• 서종태 ∥ 1992, 「巽菴 정약전의 실학사상」『동아연구』 24, 서강대 동아연구소.
• 안대회 ∥ 2002, 「정약전의 松政私議」『문헌과 해석』 20.
• 정약전 ∥ 2003, 「玆山易柬」『다산학』 4.
• 김호 ∥ 2003, 「조선 최고의 어류연구가-정약전」『조선과학인물열전』, humanist.
• 허태용 ∥ 2005, 「정약전의 자산어보연구」『한국인물사연구』 4.

78) 鄭麟趾 – 괴산

• 『學易齋集』.
• 『龍飛御天歌』.
• 정인지 ∥ 1978, 『訓民正音解例』, 한국연구원.
• 김두규 ∥ 2000, 『조선 풍수학인의 생애와 논쟁』, 궁리.
• 이한우 ∥ 2003, 『세종, 그가 바로 조선이다』, 동방미디어.
• 신석호 ∥ 1964, 「고려사 편찬 시말」『한국사료해설집』, 한국사학회.
• 정두희 ∥ 1980, 「집현전학사 연구」『전북사학』 4.
• 한영우 ∥ 1981, 「세종 · 문종대의 역사서술과 군신의 갈등-정인지의 『高麗全史』」『조선전기사학사연구』, 서울대학교출판부.
• 김경수 ∥ 1987, 「세종조 치평요람에 대한 연구」, 충남대 석사논문.
• 배현숙 ∥ 1988, 「'七政算' 內外篇의 字句異同」『서지학연구』 3.
• 김경수 ∥ 1994, 「治平要覽에 대한 연구」『호서사학』 21 · 22합집.

79) 鄭澈 – 진천

• 『松江集』.
• 방종현 ∥ 1948, 『송강가사주해』, 정음사.
• 김사엽 ∥ 1950, 『鄭松江 연구』, 계몽사.
• 통문관 편 ∥ 1954, 『송강가사』.
• 성균관대 대동문화연구소 ∥ 1964, 『송강전집』.
• 정운한 역 ∥ 1974, 『국역 송강집』, 삼안출판사.
• 김갑기 ∥ 1985, 『松江 鄭澈 연구』, 이우출판사.
• 김갑기 ∥ 1986, 『松江 鄭澈 연구』, 반도출판사.
• 최태호 ∥ 1987, 『정송강 문학 연구』, 인하대 박사학위논문.
• 이종국 ∥ 1990, 『송강의 국문시가 연구』, 전북대 박사학위논문.

- 신용대 ǀ 1990, 『정철 시조의 성격 연구』, 고려대 박사학위논문.
- 신경림 · 이은봉 · 조규익 ǀ 1993, 『송강문학연구논총』, 국학자료원.
- 권용주 ǀ 1994, 『송강 정철의 시문학연구』, 세종대 박사학위논문.
- 허경진 ǀ 1995, 『선조독살전말기』, 한양출판.
- 김갑기 ǀ 1997, 『송강 정철의 시문학』, 이화문화출판사.
- 박영주 ǀ 1999, 『松江 鄭澈 평전』, 중앙 M&B.
- 황원갑 ǀ 2000, 『한국 풍류사(인물로 읽는)』, 청아.
- 고정희 ǀ 2001, 『윤선도와 정철 시가의 문체학적 연구』, 서울대 박사학위논문.
- 최규수 ǀ 2002, 『송강 정철 시가의 수용사적 탐색』, 월인.
- 박영주 ǀ 2003, 『고집 불통 송강평전』, 고요아침.
- 김진욱 ǀ 2004, 『송강 정철 문학의 재인식』, 역락.
- 김창원 ǀ 2004, 『강호시가의 미학적 탐구』, 보고사.
- 정한모 ǀ 1965, 「정철」 『한국의 인간상』 5, 신구문화사.
- 김동욱 ǀ 1964, 「임란 전후 가사 연구-특히 俛仰亭歌에 대하여」 『진단학보』 25 · 26 · 27합집.
- 박로춘 ǀ 1965, 「정철-당쟁속에 꽃핀 가사문학」 『인물한국사』 3, 박우사.
- 김용덕 ǀ 1976, 「정여립연구」 『한국학보』 4.
- 김갑기 ǀ 1984, 「송강 정철문학의 원류론-한시를 중심으로 본 비교문학적 수용론」 『인문과학논집』 3, 청주대.
- 강홍기 ǀ 1986, 「송강 端歌의 시적 품격」 『시문학』 176 · 177합집, 시문학사.
- 강일생 ǀ 1986, 「송강 시조의 서사적 요소에 관한 연구」, 부산대 석사학위논문.
- 박인수 ǀ 1986, 「정철의 한시에 나타난 사상 연구」, 부산대 석사학위논문.
- 유예근 ǀ 1986, 「송강 시문학에 나타난 정의」 『낭청박재규학장 정년기념문집』.
- 정상균 ǀ 1986, 「정철 시가 연구」 『국어교육』 57 · 58합집.
- 두창구 ǀ 1986, 「송강의 생애와 문학」 『관동어문학』 5, 관동대,
- 김승곤 ǀ 1987, 「송강의 전후 미인곡에 나타난 아니마」 『한성어문학』 6.
- 정병헌 ǀ 1987, 「문청공유사에 나타난 송강시의 한역 양상」 『도남학보』 10.
- 전현기 ǀ 1987, 「송강문학에 表白된 자연의 의미」 『논문집』 10, 군산실업 전문대학.
- 유예근 ǀ 1987, 「송강 산문고(2)」 『논문집』 30, 충남대.
- 박승재 ǀ 1987, 「송강문학 연구」, 성균관대 석사학위논문.
- 이봉철 ǀ 1987, 「송강문학에 나타난 道敎사상」, 고려대 석사학위논문.
- 최진원 ǀ 1988, 「송강 詩歌의 풍류와 그 표상」 『대동문화연구』 22, 성균관대.
- 최태호 ǀ 1988, 「송강 시조 재고」 『목원문예』 1.
- 박영주 ǀ 1988, 「서포가 송강가사를 〈아동지이소〉라고 한 것에 대하여」 『반교어문연구』 1.
- 우인수 ǀ 1988, 「정여립 모역사건의 진상과 기축옥의 성격」 『역사교육논집』 12.

- 김주곤 ∥ 1988, 「송강문학에 나타난 자연관연구」『논문집』 6, 대구한의대.
- 신용대 ∥ 1989, 「송강 정철 시조의 연구」『인문학지』 4, 충북대.
- 고정우 ∥ 1989, 「정철의 유배 한시 연구」『탐라문화』 8, 제주대.
- 정익섭 ∥ 1990, 「성산별곡 재고」『학산조종업박사 화갑기념논총』.
- 신용대 ∥ 1990, 「송강 시조의 비판적 현실인식」『인문학지』 5, 충북대 인문과학연구소.
- 김주곤 ∥ 1990, 「송강가사에 나타난 도 · 불사상 연구」『대구어문논총』 8.
- 최한선 ∥ 1990, 「성산별곡과 송강 정철」『목원어문학』 9.
- 조세형 ∥ 1990, 「송강가사의 대화 전개방식 연구」, 서울대 석사학위논문.
- 신용대 ∥ 1990, 「송강 시조의 시정신」『충북어문학』 1, 충북어문학회.
- 조연숙 ∥ 1991, 「송강의 시가문학 연구」, 숙명여대 석사학위논문.
- 김갑기 ∥ 1992, 「송강 시조의 用事攷」『충청어문학』 1.
- 송정헌 ∥ 1992, 「송강 漢詩의 神仙思想에 대하여」『충청어문학』 1.
- 조건상 ∥ 1992, 「송강의 생애 · 사상 · 문학」『충청어문학』 1.
- 박준규 ∥ 1992, 「송강 정철과 詩歌文學의 현장-潭陽圈을 중심으로」『충청어문학』 1.
- 김성기 ∥ 1993, 「송강의 한시에 나타난 자연관」『인문학지』 8, 충북대.
- 양희철 ∥ 1993, 「송강 문학의 재조명」『송강정철선생서거 400주년 추모학술회의』, 충북대 인문과학연구소.
- 김성기 ∥ 1995, 「정철의 한시에 나타난 삶의 문제」『한국한시연구』 3, 한국한시학회.
- 신연우 ∥ 1998, 「주세붕에서 정철로 訓民時調의 변이와 그 의의」『溫知論叢』 4, 온지학회.
- 이종건 ∥ 1999, 「백사 이항복의 '記己丑獄事' 考」『溫知論叢』 5, 온지학회.
- 우상열 ∥ 2004, 「이백과 정철 비교 散論」『퇴계학과 한국문화』 35-1, 경북대 퇴계학연구소.
- 이덕일 외 ∥ 2006, 「정철」『한국사의 천재들』, 생각의 나무.

80) 鄭澔 – 충주 · 괴산

- 『丈巖集』.
- 예성문화연구회 · 충주시 ∥ 2004, 『충주의 인물(Ⅳ)-허적 · 정호』.
- 이정우 ∥ 2000, 「17~18세기 충주지방 서원과 사족의 당파적 성격」『한국사 연구』 109.
- 조준호 ∥ 2002, 「송시열의 道峯書院 入享論爭과 그 정치적 성격」『조선시대사학보』 23.
- 최윤오 · 우대형 ∥ 2003, 「조선후기 유통망의 발달과 지주제-개인 양안사례 분석을 중심으로」『사회와 역사』 63, 한국사회사학회.

- 이상기 ❙ 2004, 「예와 의를 행동으로 보여준 정치가 장암 정호」『충주의 인물(Ⅳ)-허적 · 정호』, 예성문화연구회 · 충주시.

81) 趙綱 – 청원

- 임동철 편역 ❙ 2002, 『慕溪集』, 청원향토문화연구회.
- 이재학 ❙ 2001, 「조선시대 청주지역의 書院-莘巷書院을 중심으로」, 청주대 교육대학원 석사학위논문.
- 임동철 ❙ 2002, 「낭성 8현의 생애」『조선시대 충북지역의 학맥과 학풍』, 제5회 충북학심포지움 발표문.
- 김현길 ❙ 2003, 「의병장 趙熊」『충주의 인물 (Ⅲ)-김윤후 · 이수일 · 조웅』, 충주시 · 충주대학교 박물관.
- 김의환 ❙ 2005, 「慕溪 趙綱의 향촌사회 활동과 청주사족의 동향」『조선시대사학보』 32.
- 이석린 · 김의환 ❙ 2006, 「임진왜란기 淸州義兵과 趙綱의 의병활동」『호서 사학』 43.

82) 趙功– 음성 · 충주

- 최일성 ❙ 1993, 「자린고비」『예성문화』 14.
- 김영진 ❙ 1999, 「충주 '자린고비' 考-충주 자린고비 趙功에 대한 반론」『충북향토문화』 10.

83) 趙熊 – 충주

- 『白旗堂行狀』.
- 김현길 ❙ 1980, 「조웅장군의 旌門 건립에 붙여」『충청일보』 1980년 4월 2일자.
- 김현길 ❙ 1981, 「임진왜란과 의병장 趙熊」『호서문화연구』 1, 충북대 호서문화연구소.
- 김현길 ❙ 1982, 「충주 의병장 조웅」『군사』 5.
- 윤병준 ❙ 1983, 「임진왜란시 충주전투의 소고」『예성문화』 5.
- 서울시사편찬위원회 ❙ 1985, 「3편 2장 2절 전설-靑龍寺와 趙將軍」『漢江史』.
- 윤병준 ❙ 1985, 「임진왜란시 충주전투의 소고 (其二)」『예성문화』 7.
- 어경선 ❙ 1996, 「임진왜란과 충주전투」『향토사와 향토문화』, 한국향토사연구전국협의회.
- 김현길 ❙ 2003, 「의병장 趙熊」『충주의 인물 (Ⅲ)-김윤후 · 이수일 · 조웅』, 충주시 · 충주대학교 박물관.

84) 趙憲 – 옥천 · 보은 · 청주

- 『重峰全書』.

- 이석린 | 1993, 『임란의병장 趙憲연구』, 신구문화사.
- 곽호제 | 1999, 『임진왜란기 湖西義兵의 연구』, 충남대 국사학과 박사학위논문.
- 강만길 | 1965, 「조헌-근왕의 의병장」『인물한국사』 3, 박우사.
- 김용덕 | 1965, 「중봉 조헌연구」『아세아학보』 1.
- 오세창 | 1973, 「조헌의 사회경제사상」『대구사학』 7 · 8합집.
- 이석린 | 1974, 「중봉 조헌의 군제개혁에 대한 연구」, 중앙대 석사논문.
- 김정진 | 1975, 「조헌사상 연구」, 고려대 석사논문.
- 김진봉 | 1982, 「임진왜란 중 호서지방의 의병활동과 지방사민의 동태에 관한 연구-조헌의 의병활동을 중심으로」『사학연구』 34.
- 이석린 | 1985, 「임란초기 義旅의 구성 및 성분분석-중봉의려를 중심으로」『호서문화연구』 5.
- 이석린 | 1987, 「조헌의 개혁론연구」『경희사학』 14.
- 이석린 | 1988, 「조헌을 중심으로 한 임란초기의 의병분석」『又仁김용덕정년논총』.
- 오종일 | 1988, 「우계사상의 영향-문인 重峯 · 隱峯의 의리사상을 중심으로」『성우계사상연구논총』, 우계문화재단.
- 이석린 | 1995, 「趙憲의 개혁사상과 학문의 실천」『호서문화연구』 13.
- 이석린 · 전호수 | 2000, 「花遷堂 朴春茂의 임진왜란 의병활동」『중원문화논총』4.
- 문화사학 편집실 | 2001, 「호국도량 옥천 佳山寺-정밀 지표조사 보고」『문화사학』 15.
- 곽호제 | 2003, 「옥천지역에서의 조헌의 위치」『湖雲 최근묵교수정년기념 논총 호서지방사연구』, 경인문화사.
- 황원갑 | 2004, 「조헌」『민족사를 바꾼 무인들』, 인디북.

85) 蔡之洪 – 진천

- 곽신환 | 2005, 『조선조 유학자의 지향과 갈등』, 철학과 현실사.
- 배종호 | 1975, 「한남당과 李畏菴의 인물성동이론의 비판」『연세논총』 7, 연세대 대학원.
- 배종호 | 1978, 「호락학맥의 인물성동이론」『한국철학연구』 중, 동명사.
- 이남영 | 1980, 「호락논쟁의 철학사적 의의」『제2회동양문화국제학술회의 논문집』, 성균관대 대동문화연구원.
- 김준석 | 1990, 「한원진의 주자학 인식과 호락논쟁」『이재룡박사환력기념 한국사학논총』.
- 문석윤 | 1995, 「巍巖과 남당의 '未發' 논변」『태동고전연구』 11.
- 이경구 | 1996, 「김창흡의 학풍과 호락논쟁」『한국사론』 36.
- 김상곤 | 1996, 「인물성동이론과 호락논쟁」『유학사상연구』 8, 한국유교학회.
- 조성산 | 1997, 「18세기 호락논쟁과 노론사상계의 분화」『한국사상사학』 7.

- 한계전 | 1997, 「湖學의 형성과 江門八學士」 『진단학보』 83.
- 권오영 | 1998, 「18세기 호락논변의 쟁점과 그 성격」 『조선시대의 사회와 사상』.
- 이경구 | 1998, 「영조-순조연간 호락논쟁의 전개」 『한국학보』 93.
- 권오영 | 2003, 「호락논변의 쟁점과 그 성격」 『조선후기 유림의 사상과 활동』, 돌베개.

86) 崔鳴吉 - 청원

- 『遲川集』.
- 김옥근 | 1977, 『조선후기 경제사연구』, 서문당.
- 윤남한 | 1982, 『朝鮮時代의 陽明學 硏究』, 집문당.
- 최만식 편저 | 1999, 『全州崔氏 효행록-敬節公陰城派』, 삼일사.
- 최병무 | 1999, 『지천 최명길선생의 인간과 사적』, 세원사.
- 박윤규 | 1999, 『우리역사를 움직인 20인의 재상』, 미래M&B.
- 김용흠 | 2005, 『조선후기 仁祖代 政治論의 分化와 變通論』, 연세대 사학과 박사학위논문.
- 윤남한 | 1965, 「최명길」 『인물한국사』 4, 박우사.
- 김윤곤 | 1971, 「大同法의 시행을 둘러싼 찬반 양론과 그 배경」 『대동문화연구』 8, 성균관대 대동문화연구원.
- 이재곤 | 1980, 「遲川先生集」 『국학자료』 35, 장서각.
- 오수창 | 1985, 「인조대 정치세력의 동향」 『한국사론』 13, 서울대 국사학과.
- 이기남 | 1992, 「최명길의 정치활동과 권력구조 개편론」 『擇窩허선도교수 정년기념논총』.
- 조성을 | 1992, 「17세기 전반 서인관료의 사상-김류 · 최명길 · 조익을 중심으로」 『역사와 현실』 8.
- 이재철 | 1992, 「遲川 崔鳴吉의 경세관과 관제변통론」 『조선사연구』 1, 복현조선사연구회.
- 송석준 | 1992, 「한국 양명학과 실학의 사상적 관련성에 관한 일고찰」 『동양철학연구』 13.
- 오수창 | 1998, 「역사 속의 라이벌-최명길과 김상헌」 『역사비평』 통권42호.
- 오수창 | 1999, 「일관된 주장과 투명한 행적이 올바른 선택을 낳는다-최명길과 김상헌」 『역사의 길목에 선 31인의 선택』, 푸른역사.
- 이은주 | 2000, 「조선후기 최명길의 양명학 이해」 『최숙경교수정년기념사학논총』.
- 金泰永 | 2003, 「지천 최명길의 현실변통론」 『도산학보』 9, 도산학연구원.
- 조성산 | 2005, 「17세기 중 · 후반 서울 · 경기지역 西人의 경세학과 정책이념」 『한국사학보』 21, 고려사학회.
- 김용흠 | 2006, 「지천 최명길의 責務意識과 관제변통론」 『조선시대사학보』 37.

• 김용흠 ∥ 2006, 「17세기 전반 경세론의 두 경향」『역사문화연구』 24.

87) 崔錫鼎 – 청원

• 『明谷集』.
• 최만식 편저 ∥ 1999, 『전주최씨 효행록–敬節公陰城派』, 삼일사.
• 유창균 ∥ 1962, 「'經世正韻' 考」『청주대논문집』 5.
• 김석득 ∥ 1973, 「한국어 연구사에 나타난 동양철학–18세기를 중심으로」『성곡논총』 4.
• 김용운 ∥ 1974, 「최석정의 魔法陣」『한양대논문집』 8.
• 김상오 ∥ 1974, 「懷尼師生論의 시비와 병신처분에 대하여」『전북대 문리과 대학논문집』 1.
• 김용운 ∥ 1975, 「서양 수학 한국상륙기」『월간중앙』 1975년 12월호.
• 김석득 ∥ 1975, 「실학과 국어학의 전개–최석정과 신경준과의 학문적 거리」『동방학지』 16.
• 배윤덕 ∥ 1991, 「최석정의 '經世正韻' 연구」『동방학지』 71 · 72합집.
• 강신엽 ∥ 1994, 「최석정의 생애와 사상」『芝村김갑주교수 화갑기념 사학논총』.
• 강신엽 ∥ 1994, 「최석정의 정치사상」『동국사학』 28.
• 신병주 ∥ 1994, 「17세기 후반 소론 학자의 사상–윤증 · 최석정을 중심으로」『역사와 현실』 13.
• 김성규 ∥ 1997, 「최석정의 경세정운도설 1」『문헌과 해석』 1.
• 김성규 ∥ 1998, 「최석정의 경세정운도설 2」『문헌과 해석』 2.
• 이재철 ∥ 2000, 「조선후기 明谷 崔錫鼎의 현실인식과 정국운영 방안」『이수건교수정년기념 한국중세사논총』.
• 김석득 ∥ 2003, 「실학과 국어학의 전개–최석정과 신경준과의 학문적 거리」『연세실학강좌–실학공개강좌』 2, 혜안.
• 김호 ∥ 2003, 「신비한 숫자놀음–최석정과 황정하」『조선과학인물열전』, humanist.
• 조성산 ∥ 2005, 「17세기 중 · 후반 서울 · 경기지역 西人의 경세학과 정책이념」『한국사학보』 21, 고려사학회.

88) 崔世珍 – 괴산

• 이병주 ∥ 1966, 『老朴集覽考』, 진수당.
• 유창균 ∥ 1969, 『新稿國語學史』, 형설출판사.
• 이기문 ∥ 1971, 『訓蒙字會研究』, 서울대 한국문화연구소.
• 강신항 ∥ 1973, 『四聲通解研究』, 신아사.
• 박태권 ∥ 1974, 『老乞大諺解 연구–최세진의 聲調說을 중심으로』, 문교부.
• 이기문 ∥ 1965, 「최세진–역관이 남긴 언어」『한국의 인간상』 4, 신구문화사.

- 남광우 ∥ 1965,「國學의 개척자 최세진」『인물한국사』 3, 박우사.
- 서병국 ∥ 1965,「훈민정음 해례본 이후의 이조 국어학사 시비-훈몽자회에서 언문지까지를 중심으로」『경북대학교 논문집』 9.
- 이숭녕 ∥ 1965,「최세진 연구-특히 이조에서의 중인출신학자의 위치의 고찰」『아세아학보』 1, 영남대 아세아학술연구회.
- 강신항 ∥ 1966,「『四聲通解』 卷頭의 字母表에 대하여」『가람이병준박사송수논문집』.
- 김완진 ∥ 1966,「續添洪武正韻에 대하여」『진단학보』 29 · 30합집.
- 유창균 ∥ 1967,「飜譯朴通事의 中國音에 대한 고찰」『영남대학교논문집』 1.
- 강신항 ∥ 1967,「한국어학사」『한국문화사대계5-언어 · 문학사』, 고려대 민족문화연구소.
- 유탁일 ∥ 1969,「실록에 나타난 최세진의 생애」『국어국문학』 9, 부산대 국어국문학회.
- 박병채 ∥ 1971,「조선조 초기 國語漢字音 聲調考-훈몽자회의 전승자음을 중심으로」『아세아연구』 14-1, 고려대.
- 박태권 ∥ 1974,「최세진 연구」, 부산대 석사학위논문.
- 유창균 ∥ 1974,「四聲通解音의 본질에 대하여」『霞城 이선근박사 고희기념 논문집』.
- 박태권 ∥ 1974,「老乞大諺解 연구」『부산대학교 논문집』 18, 부산대.
- 박태권 ∥ 1974,「최세진의 생애와 인간상」『국어국문학』 11, 부산대 국어국문학회.
- 윤인현 ∥ 1987,「『韻會玉篇』考」『서지학연구』 2, 서지학회.
- 안병희 ∥ 1988,「최세진의 吏文諸書輯覽에 대하여」『주시경학보』 1, 주시경연구소.
- 김완진 ∥ 1994,「中人과 언어생활-최세진을 중심으로」『진단학보』 77.
- 박태권 ∥ 1996,「최세진의 『노걸대언해』 연구」『세종학연구』 10, 세종대왕기념사업회.
- 정순우 ∥ 1998,「訓蒙字會의 교육사적 의미」『문헌과 해석』 5, 문헌과 해석사.
- 안병희 ∥ 1999,「최세진의 생애와 년보」『규장각』 22.
- 강식진 ∥ 1999,「최세진의 번역활동」『새국어 생활』 9-3, 국립국어연구원.
- 강신항 ∥ 1999,「최세진의 음운연구」『새국어 생활』 9-3, 국립국어연구원.
- 김희진 ∥ 1999,「최세진의 저서 해설」『새국어 생활』 9-3, 국립국어연구원.
- 안병희 ∥ 2000,「최세진의 생애와 학문」『괴향문화』 8.
- 안병희 ∥ 2000,「문헌자료의 올바른 이용-최세진 관계 자료를 중심으로」『문헌과 해석』 11, 문헌과 해석사.

89) 崔良業 – 진천 · 제천

- 유홍렬 ∥ 1949,『한국천주교회사』, 조선천주교회 순교자현양회.

- 유홍렬 | 1976, 『한국의 천주교』, 세종대왕기념사업회.
- 김옥희 | 1983, 『최양업 신부와 교우촌』, 학문사.
- 안철구 | 1983, 『한국천주교 200년』, 새문사.
- 임충신 · 최석우 역주 | 1984, 『崔良業신부서한집』, 한국교회사연구소.
- 김시준 | 1984, 『천주교전교박해사-벽위 편』, 국제고전교육협회.
- 배은하 | 1992, 『역사의 땅, 배움의 땅 배론』, 성바오로출판사.
- 정진석 옮김 | 1995, 『너는 주추 놓고 나는 세우고-최양업신부의 편지모음』, 바오로딸.
- 이훈상 · 손숙경 | 1999, 『조선후기 언양의 창녕성씨가문과 천주교 수용자 들 그리고 이에 관한 고문서』, 부산교회사연구소.
- 장영돈 | 2000, 『천주교 성지순례 한국초기 천주교회의 여정』, 천주교 원주교구 배론성지, 한결.
- 유영근 | 1949, 「최도마 신부 전기」『경향잡지』 1949년 5월호.
- 방윤석 | 1982, 「최양업 신부의 탄생지 다락골과 새터」『교회와 역사』 91, 한국교회사연구소.
- 이재순 | 1984, 「최양업 신부의 宣教官」『崇山박길진박사고희기념 한국근대종교사상사』, 원광대출판부.
- 정종득 | 1990, 「최양업 신부의 영성-겸손을 중심으로」, 수원가톨릭대학원 석사논문.
- 최석우 | 1990, 「김대건 신부와 최양업 신부」『교회와 역사』 184, 한국교회사연구소.
- 정양모 | 1991, 「최양업 신부를 생각한다」『생활성서』 1991년 1월호, 생활성서사.
- 봉원용 | 1992, 「진천 梨峙(배티) 성지와 崔良業신부」『충북향토문화』 3.
- 봉원용 | 1993, 「천주교와 진천」『충북향토문화』 4.
- 최석우 | 1999, 「최양업 신부의 선교 활동과 영성」『교회사연구』 14, 한국교회사연구소.
- 최석우 | 1999, 「최양업 신부의 선교 활동과 諡福 추진의 의미」『교회사연구』 14, 한국교회사연구소.
- 차기진 | 1999, 「최양업 신부의 생애와 선교활동의 배경」『교회사연구』 14, 한국교회사연구소.
- 박금옥 | 1999, 「최양업 신부의 선교 활동과 그 의미」『교회사연구』 14, 한국교회사연구소.
- 유한영 | 1999, 「최양업 신부의 서한에 대한 교의 신학적 고찰」『교회사연구』 14, 한국교회사연구소.
- 조규식 | 1999, 「최양업 신부의 영성」『교회사연구』 14, 한국교회사연구소.

90) 崔昌大 - 청원

- 『崑崙集』.
- 최만식 편저 ‖ 1999, 『전주최씨 효행록-敬節公陰城派』, 삼일사.
- 고고학회 ‖ 1905, 「北關大捷碑の輸送」『考古界』 5-2, 고고학회, 동경.
- KF ‖ 1906, 「北關大捷碑」『考古界』 6-2, 고고학회, 동경.
- 이장희 ‖ 1977, 「鄭文孚의 의병활동」『사총』 21 · 22합집, 고려대사학회.
- 강신엽 ‖ 1994, 「최석정의 생애와 사상」『芝村김갑주교수 화갑기념 사학논총』.
- 김영주 ‖ 2003, 「곤륜 최창대의 修辭論연구」『동방한문학』 24.

91) 韓明澮 - 청주 · 청원

- 정두희 ‖ 1994, 『조선시대의 臺諫연구』, 일조각.
- 신연우 외 ‖ 2001, 『제왕들의 책사-조선시대편』, 생각하는백성.
- 최승희 ‖ 2002, 『조선초기 정치사연구』, 지식산업사.
- 송은명 ‖ 2003, 『역사를 바꾼 이인자들』, 예술시대.
- 신정일 ‖ 2006, 『다시쓰는 택리지』 5, 휴머니스트.
- 이수광 ‖ 2006, 『책사 한명회』, 작은씨앗.
- 정두희 ‖ 1981, 「조선 세조-성종조의 공신연구」『진단학보』 51.
- 이동희 ‖ 1994, 「이시애난에 있어서 한명회 · 신숙주의 역모 연루설」『전라문화논총』 7, 전북대 전라문화연구소.
- 김태영 ‖ 1994, 「조선초기 세조 왕권의 전제성에 대한 일고찰」『한국사연구』 87.
- 최승희 ‖ 1997, 「세조대 왕권의 위약성과 왕권강화책」『조선시대사학보』 1.
- 김순남 ‖ 2006, 「조선 세조대 體察使 한명회에 대하여」『한국사학보』 23, 고려사학회

92) 韓忠 - 청주

- 『松齋集』.
- 이병휴 ‖ 1984, 『조선전기 기호사림파연구』, 일조각.
- 이병휴 ‖ 1999, 『조선전기 사림파의 현실인식과 대응』, 일조각.
- 이재학 ‖ 2001, 「조선시대 청주지역의 書院-莘巷書院을 중심으로」, 청주대 교육대학원 석사학위논문.
- 임동철 ‖ 2002, 「낭성 8현의 생애」『조선시대 충북지역의 학맥과 학풍』, 제5회 충북학심포지움 발표문.
- 김의환 ‖ 2005, 「慕溪 趙綱의 향촌사회 활동과 청주사족의 동향」『조선시대사학보』 32.

93) 許積 - 충주

- 김종대 ‖ 2004, 『도깨비를 둘러싼 민간신앙과 설화』, 인디북.
- 예성문화연구회 · 충주시 ‖ 2004, 『충주의 인물(Ⅳ)-허적 · 정호』.

- 고영진 | 1994, 「17세기 후반 근기남인학자의 사상-윤휴 · 허목 · 허적을 중심으로」『역사와 현실』 13.
- 정홍준 | 1995, 「17세기 大臣과 儒賢의 역학관계」『국사관논총』 65.
- 원유한 | 1998, 「17세기 고급관료 허적의 화폐경제론-실학자의 화폐경제론과 비교 검토」『동국사학』 32.
- 이정우 | 2000, 「17~18세기 충주지방 서원과 사족의 당파적 성격」『한국사연구』 109.
- 이성호 | 2004, 「실용론적 정치가 묵재 허적」『충주의 인물(Ⅳ)-허적 · 정호』, 예성문화연구회 · 충주시.

94) 洪錫箕 - 청주 · 청원

- 임동철 | 2002, 「낭성 8현의 생애」『조선시대 충북지역의 학맥과 학풍』, 제5회 충북학심포지움 발표문.

95) 洪重聖 - 진천

- 『芸窩集』.
- 진재교 | 1999, 『耳溪 洪良浩문학연구』, 성균관대학교 대동문화연구원.
- 이상주 | 2003, 『澹軒 李夏坤 문학연구』, 이화문화출판사.
- 이윤선 | 2003, 『冠巖 洪敬謨의 시문과 그 성격』, 성균관대 박사학위논문.
- 최신호 | 1989, 「이계 홍양호문학에 있어서의 道氣의 문제」『한국한문학연구』12, 한국한문학회.
- 이상주 | 1999, 「18세기초 문인들의 友道論과 문예취향-김창흡과 이하곤 등을 중심으로」『한국한문학연구』 23, 한국한문학회.
- 신영주 | 2001, 「18 · 19세기 洪良浩家의 예술향유와 서예비평」, 성균관대 석사학위논문.
- 이상주 | 2005, 「芸窩 洪重聖의 문학론에 대한 고찰」『남명학연구』 19, 경상대 남명학연구소.

96) 黃嗣永 - 제천

- 山口正之 | 1946, 『黃嗣永帛書の硏究』, 全因書房.
- 한국교회사연구소 | 1966, 『황사영백서』, 카톨릭출판사.
- 최석우 | 1968, 『병인박해자료연구』, 한국교회사연구소.
- 윤재영 역 | 1975, 『황사영백서』, 정음사.
- 주재용 | 1975, 『배론(舟論)성지』, 카톨릭출판사.
- 유홍렬 | 1976, 『한국의 천주교』, 세종대왕기념사업회.
- 이원순 | 1986, 『한국천주교회사연구』, 한국교회사연구소.
- 이원순 | 1986, 『조선서학사연구』, 일지사.

- 한국교회사연구소 ∥ 1987, 『병인박해순교자증언록』.
- 조광 ∥ 1988, 『조선후기 천주교사연구』, 고려대 민족문화연구소.
- 배은하 ∥ 1992, 『역사의 땅, 배움의 땅 배론』, 성바오로출판사.
- 여진천 ∥ 1994, 『황사영 백서 논문 선집』, 기쁜소식.
- 이정린 ∥ 1999, 『황사영백서연구』, 일조각.
- 이훈상 · 손숙경 ∥ 1999, 『조선후기 언양의 鄕班 창녕성씨가문과 천주교 수용자들 그리고 이에 대한 고문서』, 부산교회사연구소.
- 여진천 ∥ 1999, 『황사영백서 해제-누가 저희를 위로해 주겠습니까』, 기쁜 소식.
- 장영돈 ∥ 2000, 『천주교 성지순례-한국초기 천주교회의 여정』, 천주교 원주교구 배론성지, 한결출판사.
- 呂珍千 엮음 ∥ 2003, 『황사영백서와 異本』, 국학자료원.
- 최완기 ∥ 2004, 『역사의 갈림길에서 고뇌하는 조선 사람들』, 이화여대출판부.
- 정규량 ∥ 1929, 「군란시대를 감상케 하는 배론」 『경향잡지』 23.
- 山口正之 ∥ 1951, 「黃嗣永帛書」 『조선학보』 2, 조선학회.
- 최석우 ∥ 1965, 「황사영-帛書에 얼룩진 피」 『인물한국사』 4, 박우사.
- 가톨릭대학 교회사연구소 ∥ 1966, 「황사영백서」 『한국교회사 연구자료』 1.
- 조광 ∥ 1977, 「황사영백서의 사회사상적 배경」 『사총』 21 · 22합집, 고려대 사학회.
- 주명준 · 유병기, 1982, 「충청도의 천주교 전래」 『최석우신부회갑기념논총』.
- 문형만 ∥ 1985, 「한국근대학교 발달과 배론 성요셉신학당」 『신학전망』 68, 대건신학대학 전망편집부.
- 김신아 ∥ 1989, 「자유를 향한 신앙의 은신처 배론을 찾아」 『교회와 역사』 173호, 한국교회사연구소.
- 김학영 ∥ 1989, 「배론에 대하여」 『내제문화』 1.
- 이원순 ∥ 1990, 「황사영백서의 제문제」 『교회와 역사』 182호, 한국교회사연구소.
- 김학영 ∥ 1992, 「배론(舟論)에 대하여」 『충북향토문화』 3.
- 정석종 ∥ 1993, 「순조년간의 정국변화와 茶山解配運動」 『국사관논총』 47.
- 방상근 ∥ 1998, 「황사영 〈백서〉의 분석적 이해」 『교회사연구』 13.
- 하성래 ∥ 1998, 「황사영의 교회활동과 순교에 대한 연구」 『교회사연구』 13.
- 여진천 ∥ 1999, 「황사영 백서와 그 이본의 연구」, 카톨릭대 석사학위논문.
- 여진천 ∥ 2000, 「황사영(백서)의 異本 연구」 『민족사와 교회사-최석우신부 수품 50주년기념논총』 1, 한국교회사연구소.
- 허동현 ∥ 2001, 「근현대 학계의 황사영 帛書觀」 『한국민족운동사연구』 28.
- 원재연 ∥ 2002, 「황사영 백서의 인권론적 고찰」 『법사학연구』 25, 한국법사학회.
- 김원모 ∥ 2004, 「19세기 韓英 항해문화교류와 조선의 海禁政策」 『문화사학』 21, 한국문화사학회.
- 박현모 ∥ 2004, 「세도정치기 조선 지식인의 정체성 위기-『황사영백서』를 중심으

로」『동방학지』123.

97) 기타 인물

• 孫舜孝,『勿齋先生文集』, 평해손씨중앙종친회 운암서원.
• 변상희 | 1985,『一節先生文集』.
• 상산고적회 | 1990,『진천인맥지』.
• 평강전씨충주종당문중 | 1990,『鶴松集』.
• 김시약장군추모사업준비위원회 | 2000,『괴산에서 태어나 忠·孝로 생을 마친 의병장 金時若』, 영지문화사.
• 柳永吉 | 2001,『月篷柳先生文集』, 전주유씨월봉공종회.
• 柳恒 | 2001,『九峰柳先生文集』, 전주유씨월봉공종회.
• 안동김씨종친회 | 2001,『忠翼公 荷潭先生 遺稿』.
• 영동문화원 | 2002,『국역 敬齋先生 遺稿』.
• 연해진 역저 | 2003,『癡堂遺稿集』, 도서출판 고두미.
• 전상운 | 1965,「장영실-이조의 갈릴레오」『한국의 인강상』3, 신구문화사.
• 최영호 | 1984,「南怡의 獄(1441~1468) 재고」『고병익선생회갑기념논총』.
• 송재충 | 1988,「장지현 의병장의 인물과 순절경위」『영동문화』2·3.
• 신경섭 | 1992,「權趾(止齋 文敬公) 考」『충북향토문화』3.
• 조성을 | 1994,「17세기 후반 노론 훈척의 사상-김석주·김만기를 중심으로」『역사와 현실』13.
• 최병찬 | 1996,「林湖와 絕韋餘編」『奈堤文化』8.
• 윤관로 | 1996,「충장공 李光岳 전공기」『괴향문화』4.
• 유무현 | 1997,「유사부공」『옥천향토문화』2.
• 김영진 | 1998,「단양 名妓 杜香 考」『충북향토문화』9.
• 오갑균 | 1998,「금암 오숙선생의 생애와 행적」『청원문화』7.
• 이상주 | 2001,「괴산군 선유동의 전설적·仙趣的 인물 李寧의 가계와 생애」『중원문화논총』7, 충북대 중원문화연구소.
• 박우훈 | 2001,「고암 鄭雲의 삶」『옥천향토문화』6.
• 이상주 | 2002,「보은군의 봉황대팔경과 李弘有의 鳳凰臺八詠」『충북향토문화』13.
• 임채명 | 2002,「企齋 申光漢 우거지 시의 연구-사유 양상을 중심으로」『한문학논집』20, 근역한문학회.
• 양태순 | 2003,「三灘 李承召의 충북 題詠」『호서문화논총』17, 서원대 호서문화연구소.
• 김왕기 | 2003,「청백리 金時讓 연구」『예성문화』23.
• 박문열 | 2004,「忠翼公 辛景行 〈淸難功臣錄券〉에 관한 연구」『서지학연구』27, 서지학회.

• 김윤호 ǀ 2004,「훈민정음 창제를 자문한 信眉大師」『충북향토문화』16.
• 이종환 ǀ 2004,「煙波 南鍾三의 생애」『내제문화』15.

제8부 근대사

1. 동학농민전쟁

- 모충사 ❙ 1991, 『慕忠祠錄』.
- 충북대 호서문화연구소, 1992, 『외속리 서원계곡 문화유적』.
- 충북대 호서문화연구소 ❙ 1993, 『보은 종곡 동학유적』.
- 충북대 호서문화연구소 ❙ 1993, 『보은 장내리 동학유적』.
- 이이화 외 ❙ 1994, 『발굴동학농민전쟁인물열전』.
- 충청북도 ❙ 1997, 『충북 100년 : 제1장 충북의 얼(충북의 산하에 피어난 녹두꽃)』.
- 역사문제연구소 동학농민전쟁백주년기념사업추진위원회 ❙ 1997, 『전봉준과 그의 동지들』, 역사비평사.
- 김양식 ❙ 2001, 『새야 새야 파랑새야 : 충북동학농민전쟁사』, 충북학연구소.
- 윤석산 ❙ 2001, 『용담에서 고부까지』, 신서원.
- 이영호 ❙ 2004, 『동학과 농민전쟁』, 혜안.
- 金義煥 ❙ 1970, 「1892~3년의 동학농민운동과 그 성격-삼례취회 · 복합상소 · 보은집회를 중심으로」『한국사연구』 5.
- 정창규 ❙ 1984, 「1893년 보은집회투쟁의 성격에 대하여」『력사과학』 1984~ 3.
- 신영우 ❙ 1992, 「보은과 동학집회」『외속리 서원계곡 문화유적』, 호서문화연구소.
- 신영우 ❙ 1993, 「동학농민전쟁기 보은일대와 북실전투」『보은 종곡 동학유적』.
- 이희근 ❙ 1993, 「동학교문의 報恩 · 金溝集會」『백산학보』 42.
- 역사문제연구소 ❙ 1993, 「경기도 · 충청도 내륙지방 농민전쟁의 흐름」『동학농민전쟁 역사기행』, 여강.
- 신영우 ❙ 1993, 「교조신원운동과 동학혁명의 발단」『동학혁명의 현대적 조명과 평가』, 동학혁명100주년기념사업회.
- 신영우 ❙ 1994, 「충청도의 동학교단과 농민전쟁」『백제문화』 23.
- 신영우 ❙ 1994, 「충청지역 동학농민전쟁의 성격」『호서문화연구』 12.
- 채길순 ❙ 1994, 「충청지역의 동학혁명 전개과정-현장조사를 중심으로」『호서문화연구』 12.

• 박걸순 ∥ 1994, 「동학농민전쟁 이후 음성지방 향촌사회의 동향과 갈등상」『호서문화연구』 12.
• 양진석 ∥ 1994, 「충청지역 농민전쟁의 전개양상」『백제문화』 23.
• 배항섭 ∥ 1994, 「충청지역 동학농민군의 동향과 동학교단」『백제문화』 23.
• 충북대 호서문화연구소 ∥ 1994, 「자료-李郭抱寃錄」『호서문화연구』 12.
• 신영우 ∥ 1994, 「동학농민전쟁 연구와 일기자료」『역사와 현실』 12.
• 김정기 ∥ 1994, 「1893년 보은 장안의 취회」『호서문화논총』 8, 서원대.
• 리택권 ∥ 1995, 「동학운동과 삼례 · 보은 집회투쟁」『갑오농민전쟁100돌 기념논문집』, 집문당.
• 신영우 ∥ 1995, 「충청도지역 동학농민전쟁의 전개과정」『동학농민혁명의 지역적 전개와 사회변동』, 동학농민혁명기념사업회.
• 신영우 ∥ 1995, 「1894년 충청도 진천의 동학농민전쟁」『常山文化』 창간호.
• 양진석 ∥ 1995, 「1894년 충청도지역의 농민전쟁」『1894년 농민전쟁연구』 4.
• 장기평 ∥ 1996, 「세상을 내다보신 淸隱선생과 갑오동학란」『충북향토문화』 7.
• 박걸순 ∥ 1996, 「동학농민전쟁과 괴산」『괴산지방 항일독립운동사』, 괴산문화원.
• 배항섭 ∥ 1997, 「충청도지역 동학농민전쟁과 농민군지도부의 성격」『동학 농민혁명과 농민군 지도부의 성격』, 서경문화사.
• 충청북도 ∥ 1997, 「충북의 산하에 피어난 녹두꽃」『충북 100년』.
• 김정기 ∥ 1997, 「청주지선의 전선가설과 충청도 동학농민전쟁」『호서문화 논총』 11, 서원대, 호서문화연구소.
• 이재하 ∥ 1997, 「동학혁명군 재기포기념비 건수-옥천군 청산면 한곡리 문바위골」『옥천향토문화』 2.
• 신영우 ∥ 1998, 「1893년 보은집회와 동학교단의 역할」『실학사상연구』 10 · 11합집.
• 신영우 ∥ 2001, 「충북지역의 동학농민운동」『충북지역 근현대사 연구와 전망』, 예성문화연구회 · 한국사학회.
• 신영우 ∥ 2002, 「1894년 동학농민군의 淸州城 점거시도」『충북사학』 13.
• 김양식 ∥ 2003, 「근현대 격변기 충북의 의로운 함성」『충북문화론』, 충북학연구소.
• 이이화 ∥ 2003, 「동학농민혁명과 충북, 그리고 그 정신」『충북학』 5.
• 우윤 ∥ 2003, 「1892~93년 동학농민운동의 전개양상과 성격」『충북학』 5.
• 신영우 ∥ 2003, 「1893년 보은 장내리의 동학집회와 그 성격」『충북학』 5.
• 신순철 ∥ 2003, 「보은 동학농민혁명 기념공원 조성사업의 문제점」『충북학』 5.
• 채길순 ∥ 2003, 「동학혁명의 전개과정과 보은」『동학연구』 13, 한국동학학회.
• 전순표 ∥ 2004, 「옥천 · 청산 동학농민전쟁에 관한 고찰」『옥천향토문화』 8.

2. 한말 의병전쟁

• 이구영 편역 ∥ 1994, 『湖西義兵事蹟』, 제천군문화원.

- 제천문화원 ∥ 1995, 『六義士列傳』.
- 구완회 · 이창식 편 ∥ 1996, 『제천의병의 종합적 이해』, 백산출판사.
- 유한철 ∥ 1997, 『유인석 의병 연구』, 국민대 박사학위논문.
- 김상기 ∥ 1997, 『한말의병연구』, 일조각.
- 구완회 ∥ 1997, 『韓末의 堤川義兵』, 집문당.
- 강대덕 ∥ 1997, 『화서 이항로의 민족주의사상 연구』, 강원대 박사학위논문.
- 충청북도 ∥ 1997, 『충북 100년 : 제1장 충북의 얼(팔도 열읍에 떨친 충북 의병의 함성』.
- 제천문화원 ∥ 1998, 『제천의병과 전통문화』.
- 박걸순 ∥ 1999, 『구한말 의병장 한봉수의 항일투쟁』, 괴산문화원.
- 오영섭 ∥ 1999, 『화서학파의 사상과 민족운동』, 국학자료원.
- 정성원 외 ∥ 2002, 『제천의병의 이념적 기반과 전개』, 이회, 세명대 인문사회과학 학술총서 4.
- 이종훈 편 ∥ 2002, 『의병시가초』, 제천문화원.
- 이구영 편역 ∥ 2002, 『의병운동사적 2』, 현대실학사.
- 박성순 ∥ 2003, 『조선후기 화서 이항로의 위정척사사상』, 경인문화사.
- 단양문화원 ∥ 2004, 『단양독립운동사자료집』.
- 구완회 ∥ 2005, 『한말 제천의병 연구』, 도서출판 선인.
- 이창식 외, 2005, 『제천의병의 정통성 연구』, 대유출판사.
- 윤병석 ∥ 1975, 「昭義新編」 『한국사료총서』 21, 국사편찬위원회.
- 이동우 ∥ 1977, 「의병장 柳麟錫의 의병운동고」 『성대사림』 2.
- 윤병석 ∥ 1979, 「이강년」 『현대인물한국사』 7, 신화출판사.
- 홍순각 ∥ 1982, 「의병 이강년부대 전투고(1907~1908)」 『군사』 5.
- 문성혜 ∥ 1985, 「의암 유인석의 의병항쟁」 『청주사학』 1.
- 김상기 ∥ 1985, 「충청지방 의병전쟁의 성격」 『충청지방의 독립운동과 독립운동가』, 충청일보사.
- 오길보 ∥ 1985, 「1896년 제천 반일의병의 활동에 대하여」 『력사과학』.
- 배형식 ∥ 1986, 「의암 유인석의 학통과 의병활동」, 인하대 석사논문.
- 김진봉 ∥ 1986, 「충북지방의 의병전쟁」 『청주문화』 1.
- 유병용 ∥ 1987, 「유인석 제천의병항쟁의 제한적 성격과 역사적 의의」 『강원의병운동사』.
- 윤한상 ∥ 1987, 「한말 의병항쟁에 관한 연구-충청지방을 중심으로」, 단국대 교육대학원 석사학위논문.
- 최재우 ∥ 1988, 「의병 李起振 연구」 『예성문화』 9.
- 김도형 ∥ 1988, 「유생의병장 무엇 때문에 싸웠나」 『역사비평』 계간2호(1988년 가을호).
- 최재우 ∥ 1989, 「한말 제천지방 鄕約의 위정척사적 성격-화서 이항로 문인의 경

우」『충북사학』 2.

- 이종훈 ❙ 1989, 「제천의병 略史抄」『내제문화』 1.
- 장태용 ❙ 1989, 「松雲 鄭雲慶에 대한 소고」『내제문화』 1.
- 최재우 ❙ 1989, 「충주 을미의병에 대한 재검토」『예성문화』 10.
- 이종훈 ❙ 1989, 「의병항쟁과 念修齋」『충북향토문화』 창간호.
- 김건식 ❙ 1989, 「보은군의 정미의병고」『충북향토문화』 창간호.
- 박문영 ❙ 1989, 「의암 유인석의 의병활동에 대한 일연구-그의 위정척사론을 중심으로」『성신사학』 7.
- 최재우 ❙ 1990, 「한말 충주 荷谷의 위정척사적 향촌운동」『향토사연구』 2, 한국향토사연구 전국협의회.
- 김도형 ❙ 1990, 「척사론의 '애국' 어떻게 보고 있나」『역사비평』 계간11호(1990년 겨울호).
- 최재우 ❙ 1990, 「朴世和의 殉節日誌」『충북향토문화』 2.
- 오세창 ❙ 1990, 「碧濤 梁濟安의 항일구국운동」『윤병석교수화갑기념논총』.
- 김상기 ❙ 1991, 「1895~1896년 제천의병의 사상적 연원」『박성수화갑기념논총』
- 이동우 ❙ 1991, 「乙未年 충청지방의 의병운동연구」『국사관논총』 28.
- 정상훈 ❙ 1993, 「한봉수 의병장 행적」『충북향토문화』 4.
- 이종훈 ❙ 1993, 「충목공 姜瑜선생의 斥和疏를 중심으로 한 정신세계 연구」『충북향토문화』 4.
- 이상주 ❙ 1994, 「유생 宋柱衡의 괴산갈읍 의병산성 축조와 의병장 이강년의 칠성전투 현장」『괴향문화』 2.
- 이종훈 ❙ 1994, 「창의100주년에 즈음한 을미의병항쟁의 역사적 고찰」『내제문화』 6.
- 김학영 ❙ 1994, 「의병의 후예-제천 중심의 을미 을사 정미의병」『내제문화』 6.
- 최병찬 ❙ 1994, 「한말의 민족수난과 의병항쟁」『내제문화』 6.
- 임용식 ❙ 1994, 「의병장 이강년에 관한 단상」『내제문화』 6.
- 이원조 ❙ 1994, 「沈文澤 의병」『내제문화』 6.
- 김상기 ❙ 1995, 「충청지역 의병전쟁의 성격」『대전문화』 4.
- 이창식 ❙ 1995, 「제천의병사적의 국문학적 연구」『인문사회과학연구』 2, 세명대.
- 구완회 ❙ 1995, 「1896년 제천의병의 可興전투와 金伯善」『조선사연구』 4.
- 이원조 ❙ 1995, 「沈文澤 의병」『충북향토문화』 6.
- 임용식 ❙ 1995, 「의병장 이강년에 관한 단상」『충북향토문화』 6.
- 김현길 ❙ 1995, 「항일의병장 한봉수고」『청주문화』 10.
- 현촌 ❙ 1995, 「항일의병대장 金顯權」『향토연구』 5, 영동향토문화연구회.
- 김상기 ❙ 1995, 「충청지역 전기의병의 전개와 성격」『오세창교수화갑기념총』.
- 전문진 ❙ 1995, 「한말 이강년 의병부대의 조직과 활동」『부대사학』 19.
- 임용식 ❙ 1995, 「의병장 이강년에 관한 단상」『충북향토문화』 6.

- 정봉렬 | 1995, 「정미의병의 선봉장 청은 權用佾」『내제문화』 7.
- 이종훈 | 1995, 「의병100주년을 맞는 제천의 회고」『내제문화』 7.
- 장태용 | 1995, 「의병을 바라보는 시각」『내제문화』 7.
- 이종훈 | 1995, 「한말의병의 독립운동사상 위치」『내제문화』 7.
- 구완회 | 1996, 「제천의병에 관한 문헌자료의 검토」『조선사연구』 5.
- 윤병석 | 1996, 「湖左義兵 항전의 역사적 의의」『충북향토문화』 7.
- 구완회 | 1996, 「제천의 七義士塚 비문에 대한 검토」『奈堤文化』 8.
- 정봉렬 | 1996, 「제천의병의 후원자 보발 원서방 元道常」『내제문화』 8.
- 조규박 | 1996, 「유인석과 제천의병」『내제문화』 8.
- 박걸순 | 1996, 「의병전쟁과 괴산」『괴산지방 항일독립운동사』, 괴산문화원.
- 윤병석 | 1996, 「湖左義兵抗戰의 역사적 의의」『향토사연구』 8.
- 이종환 | 1996, 「錦繡山 주변 의병격전지 · 고찰 · 명승지 답사」『내제문화』 8.
- 김상기 | 1996, 「제천 을미의병의 전개와 성격」『제천을미의병100돌 기념 학술논문집』.
- 유한철 | 1996, 「유인석 의병활동의 인적기반과 그 성격」『제천 을미의병 100돌 기념학술논문집』.
- 구완회 | 1996, 「제천 을미의병의 경제적 기반과 수성장체제」『제천 을미의병 100돌 기념학술논문집』.
- 이재석 | 1996, 「제천의병운동의 사상사적 조명」『제천 을미의병 100돌 기념학술논문집』.
- 유한철 | 1996, 「유인석의 연해주망명과 국권회복운동의 전개」『한국근현대사연구』 4.
- 김학영 | 1996, 「의병의 후예」『충북향토문화』 7.
- 권영배 | 1997, 「구한말 元容八의 의병항쟁」『于松조동걸교수정년논총』.
- 충청북도 | 1997, 「팔도 열읍에 떨친 충북의병의 함성」『충북 100년』.
- 구완회 | 1997, 「원주의 安昌마을에 전하는 의병이야기」『내제문화』 9.
- 김상기 | 1997, 「한말 충청지방에서의 의병투쟁과 그 성격」『청계사학』 13.
- 구완회 | 1997, 「을미의병기 호좌의진(제천의병)의 편제」『조선사연구』 6, 복현조선사연구회.
- 박민영 | 1998, 「제천의병의 북상과 유인석의 항일투쟁」『대한제국기 의병 연구』, 한울.
- 구완회 | 1998, 「제천의병에 관한 문헌자료의 검토」『제천의병과 전통문화』, 제천문화원.
- 오영섭 | 1998, 「화서학파와 華東綱目」『제천의병과 전통문화』, 제천문화원.
- 장승구 | 1998, 「을미의병항쟁의 사상적 배경-『長潭講錄』 분석을 중심으로」『제천의병과 전통문화』, 제천문화원.
- 이창식 | 1998, 「제천지역 의병문화제의 성격과 방향」『제천의병과 전통문화』, 제

천문화원.
- 김학영 | 1998, 「의병의 후예」『제천의병과 전통문화』, 제천문화원.
- 구완회 | 1998, 「湖左義陣을 통해 본 한말의 제천의병」『제천의병과 전통문화』, 제천문화원.
- 이창식 | 1998, 「제천의병 문화유산의 실상과 현대적 계승」『제천의병과 전통문화』, 제천문화원.
- 권순긍 | 1998, 「제천의병제」『제천의병과 전통문화』, 제천문화원.
- 정봉렬 | 1998, 「정미의병의 선봉장 권용일」『제천의병과 전통문화』, 제천문화원.
- 이원조 | 1998, 「沈文澤의병-후손 증언 위주 현지답사」『제천의병과 전통문화』, 제천문화원.
- 이상찬 | 1998, 「1896년 의병운동 통설에 대한 비판적 검토」『역사비평』 계간43호.
- 정봉렬 | 1998, 「양백대장군 김상태 의병장」『내제문화』 10.
- 오영섭 | 1999, 「제천의병의 을미의병운동」『화서학파의 사상과 민족운동』, 국학자료원.
- 정봉렬 | 1999, 「한말 제천의 의병장 (1)」『내제문화』 11.
- 구완회 | 1999, 「한말의 호좌의진(제천의병)과 밀지」『내제문화』 11.
- 박민영 | 1999, 「화서학파의 형성과 위정척사운동」『한국근현대사연구』 10.
- 김상기 | 1999, 「호서지역 화서학파의 형성과 민족운동」『대동문화연구』 35.
- 오영섭 | 2000, 「을미제천의병의 참여세력 분석」『한국독립운동사연구』 14.
- 권대웅 | 2000, 「을미의병기 의병부대 내부의 갈등 요인」『국사관논총』 90.
- 김학영 | 2000, 「일본인이 재평가한 한말 제천의병」『내제문화』 12.
- 박인호 | 2000, 「朴貞洙의 의병사 저술과 역사의식」『충북학』 2.
- 박민영 | 2001, 「유인석의 국외 항일투쟁 路程(1896~1915)-러시아 연해주를 중심으로」『한국근현대사연구』 19.
- 오영섭 | 2001, 「을미의병의 결성과정과 군사활동-제천의병을 중심으로」『군사』 43.
- 박성순 | 2001, 「유인석의 華夷論에 대한 비판적 검토」『한국독립운동사연구』 16.
- 박성순 | 2001, 「이항로의 學統과 학문목표」『조선시대사학보』 19.
- 정성원 | 2002, 「제천의병의 이념적 무기」『제천의병의 이념적 기반과 전개』, 이회.
- 권오영 | 2002, 「朴世和의 사상과 현실인식」『제천의병의 이념적 기반과 전개』, 이회.
- 김경수 | 2002, 「화서학파의 역사인식-『華東綱目』의 서론을 중심으로」『제천의병의 이념적 기반과 전개』, 이회.
- 박인호 | 2002, 「東鑑綱目前編의 편찬과 편사정신」『제천의병의 이념적 기반과 전개』, 이회.

- 박민영 | 2002, 「제천 · 강릉 · 춘천의병의 상호관계에 대한 검토, 1895~6」『제천의병의 이념적 기반과 전개』, 이회.
- 강대덕 | 2002, 「전기 춘천의병과 제천 湖左義陣」『제천의병의 이념적 기반과 전개』, 이회.
- 구완회 | 2002, 「정미의병기 의병부대의 연합과 갈등」『제천의병의 이념적 기반과 전개』, 이회.
- 최장근 | 2002, 「일제의 항일운동근거지 탄압과 間島정책」『제천의병의 이념적 기반과 전개』, 이회.
- 강대덕 | 2002, 「전기 춘천의병과 제천의진」『강원사학』 17 · 18합집.
- 김상기 | 2003, 「한말 의병연구의 동향과 새로운 모색」『청계사학』 18.
- 박인호 | 2003, 「자료소개-의병사시말」『내제문화』 14.
- 김성근 | 2003, 「원주창의소와 이강년 격문을 통해 본 제천 의병운동사」『지역문화연구』 2, 세명대 지역문화연구소.
- 박민영 | 2003, 「입암 주용규의 생애와 학문」『지역문화연구』 2, 세명대 지역문화연구소.
- 박인호 | 2003, 「서상열의 저술과 의병활동」『지역문화연구』 2, 세명대 지역문화연구소.
- 이창식 | 2003, 「제천의병과 향음례문화」『지역문화연구』 2, 세명대 지역문화연구소.
- 김상기 | 2003, 「한말 의병연구의 동향과 새로운 모색」『의병항쟁과 국권 회복운동』, 경인문화사.
- 장현근 | 2003, 「중화질서의 재구축과 문명국가 건설-최익현 · 유인석의 위정척사사상」『정치사상연구』 9, 한국정치사상학회.
- 이구영 | 2004, 「제천 을미의병과 그 역사적 의의」『지역문화연구』 3, 세명대 지역문화연구소.
- 박인호 | 2004, 「안승우의 저술과 의병활동」『지역문화연구』 3, 세명대 지역문화연구소.
- 구완회 | 2004, 「張忠植의 삶과 의병활동」『지역문화연구』 3, 세명대 지역문화연구소.
- 심철기 | 2004, 「제천을미의병의 砲軍과 농민」『지역문화연구』 3, 세명대 지역문화연구소.
- 구완회 | 2004, 「한말 을미의병기 장충식의 생애와 의병노선」『조선사연구』 13.
- 최재우 | 2004, 「제천 을미의병의 충주읍성 전투 고찰」『예성문화』 24.
- 구완회 | 2004, 「이주승의 삶과 『徽菴集』」『내제문화』 15.
- 오영섭 | 2005, 「심상훈과 제천의병」『지역문화연구』 4, 세명대 지역문화연구소.
- 구완회 | 2005, 「의병장 정운경의 생애」『지역문화연구』 4, 세명대 지역문화연구소.

• 권영배 ▮ 2005, 「한말 의장 원용팔의 현실인식과 거병논리」『지역문화연구』 4, 세명대 지역문화연구소.
• 강석근 ▮ 2005, 「제천의 의병 한시-의암 유인석을 중심으로」『지역문화연구』 4, 세명대 지역문화연구소.
• 박연호 ▮ 2005, 「제천의병과 의병가사-윤희순의 의병가사를 중심으로」『지역문화연구』 4, 세명대 지역문화연구소.
• 정봉렬 ▮ 2005, 「한말 제천의병 참여자 분석」, 한국교원대 석사학위논문.
• 오영섭 ▮ 2005, 「고종 측근 심상훈과 제천지역 의병운동과의 연관관계」『한국근현대사연구』 35.

3. 3·1독립만세운동과 항일운동

• 의암손병희선생기념사업회 ▮ 1967, 『의암손병희선생전기』, 대한교과서주식회사.
• 김진봉 ▮ 2000, 『3·1운동사연구』, 국학자료원.
• 영동문화원 ▮ 2000, 『내고장의 빛난 얼(독립유공자편)』.
• 광복회 충청북도지부 ▮ 2001, 『충청북도 독립유공자 공훈록』.
• 윤병석 ▮ 2004, 『증보 3·1운동사』, 국학자료원.
• 충북학연구소·김대길 편 ▮ 2004, 『영동 애국지사 이건석 자료집』, 충북학연구소.
• 한국독립운동사연구소 ▮ 2004, 『한국독립운동사사전(운동·단체편)3 : 삼둔자전투-음성삼일운동』.
• 조재복 ▮ 1984, 「3·1운동에 나타난 만해 한용운의 구국사상」, 원광대 석사논문.
• 김상현 ▮ 1986, 「한용운과 공약3장」『동국사학』 19·20합집.
• 김진봉 ▮ 1987, 「호서지방 3·1운동의 성격」『한국독립운동사연구』 1.
• 황부연 ▮ 1987, 「충북지방의 3·1운동」『충북사학』 1.
• 김근수 ▮ 1989, 「괴산 출생 독립운동 민족대표 權東鎭선생」『충북향토문화』 창간호.
• 박걸순 ▮ 1991, 「독립운동사에 있어서 호서지방의 위치」『충청일보사 주최 광복46주년기념 학술발표회 발표문』.
• 김상현 ▮ 1991, 「3·1운동에서의 한용운의 역할」『이기영고희기념논총』.
• 전보삼 ▮ 1992, 「한용운의 3·1독립정신에 대한 일고찰」『가산이지관화갑논총』.
• 강영주 ▮ 1994, 「벽초 홍명희(2)-3·1운동에서 신간회운동까지」『역사비평』 24.
• 이춘택 ▮ 1994, 「괴산군 3·1운동의 고찰」『괴향문화』 2.
• 박걸순 ▮ 1995, 「일제하 청주지방의 독립운동」『청주문화』 10.
• 김기헌 ▮ 1995, 「영동지역 항일운동 략사」『충북향토문화』 6.
• 박걸순 ▮ 1995, 「충청지방 독립운동의 성격」『대전매일신문사 주최 광복 50주년기념 학술발표회 발표문』.

• 박걸순 ‖ 1995, 「옥파 이종일의 사상과 민족운동」『한국독립운동사연구』 9.
• 박걸순 ‖ 1996, 「3 · 1운동과 괴산」『괴산지방 항일독립운동사』, 괴산문화원.
• 박걸순 ‖ 1997, 「충청지방의 독립운동과 그 성격」『김현길교수정년기념논총』.
• 심상기 ‖ 1997, 「독립지사 7인열사의 3 · 1운동사」『괴향문화』 5.
• 윤길원 ‖ 1999, 「옥천지역의 3 · 1운동」『옥천향토문화』 4.
• 이춘택 ‖ 2001, 「憂堂 권동진」『충북향토문화』 12.
• 정제우 ‖ 2001, 「진천 3 · 1운동」『상산문화』 7.
• 박걸순 ‖ 2001, 「일제하 충북지방의 학생운동」『충북지역 근현대사 연구와 전망』, 예성문화연구회 · 한국사학회.
• 김기헌 ‖ 2003, 「일제하 영동지역 항일 민족운동 小史」『영동문화』 19, 영동문화원.
• 김대길 ‖ 2003, 「醒石 李建奭의 생애와 국권수호운동」『충북학』 5.
• 김진봉 ‖ 2003, 「충주지역의 독립운동가」『예성문화』 23.
• 임용식 ‖ 2004, 「애국지사 이용준과 아나키즘」『내제문화』 15.
• 유명상 ‖ 2004, 「권영석 열사의 항일투쟁 사건보고」『내제문화』 15.
• 박걸순 ‖ 2005, 「일제하 충북지역의 항일운동과 그 유산」『충북학』 7.

4. 농민 · 청년운동

• 강호출 ‖ 1991, 「식민지시대 충북 영동지역 농민운동연구」『사총』 39.
• 박병해 ‖ 1995, 「괴산의 청년독립운동」『괴향문화』 3.
• 안건호 ‖ 1995, 「조선청년회연합회 조직과 활동」『한국사연구』 88.
• 박걸순 ‖ 1996, 「학생운동과 괴산지방」『괴산지방 항일독립운동사』, 괴산문화원.
• 박걸순 ‖ 1996, 「청년운동과 괴산지방」『괴산지방 항일독립운동사』, 괴산문화원.
• 박걸순 ‖ 2001, 「일제하 충북지방의 학생운동」『한국독립운동사연구』 17.
• 박걸순 ‖ 2001, 「일제하 충북지방의 학생운동」『충북지역 근현대사 연구와 전망』, 예성문화연구회 · 한국사학회.
• 전순동 ‖ 2004, 「일제 강점기 청주청년회의 설립과 그 배경」『인문학지』 28, 충북대 인문학연구소.
• 전순동 ‖ 2004, 「일제 강점기 청주청년회의 활동과 그 의의」『인문학지』 29, 충북대 인문학연구소.

5. 사회 · 교육운동

• 박달재수련원 ‖ 1997, 『애국지사 李容兌선생 文稿』, 동화서관.
• 강신욱 ‖ 2001, 『증평 · 괴산 근현대사』, 도서출판 푸른나라.
• 전순동 · 최동준 ‖ 2003, 『기독교와 충북근대교육 : 일제 강점기 청주지방을 중심

으로」, 동해출판사.
- 임춘수 | 1990, 「신규식 · 신채호 등의 山東門中 개화사례」『윤병석교수화갑기념논총』.
- 김기헌 | 1995, 「영동지역 항일운동 략사」『충북향토문화』 6.
- 김학영 | 1995, 「東明국민학교의 항일동맹 휴학(애국청년 鄭雲禎)」『내제 문화』 7.
- 강영주 | 1997, 「벽초 홍명희와 조선학운동」『괴향문화』 5.
- 한관일 | 1998, 「한국 개화기 민족사학의 교육구국운동에 관한 연구-1900년대 충북을 중심으로」『松谷손홍열박사화갑기념논총』.
- 전순동 · 최동준 | 1999, 「일제기 청주지방의 민족교육운동-淸南學校를 중심으로」『중원문화논총』 2 · 3합집.
- 전순동 외 | 1999, 「일제기 청주지역 기독교와 교육활동」『인문학지』 18.
- 이성우 | 2000, 「대한광복회 충청도지부의 결성과 활동」『한국근현대사연구』 12.
- 강신욱 | 2000, 「1920년대 괴산지역」『괴향문화』 8.
- 김동환 | 2001, 「제천의 근대 교육운동과 주도세력」『인문사회과학연구』 9, 세명대 인문사회과학연구소.
- 김형목 | 2002, 「한말 충청도 야학운동의 주체와 이념」『한국독립운동사연구』 18.
- 박걸순 | 2002, 「일제하 제천의 항일운동」『제천시지』, 제천시.
- 김형목 | 2002, 「한말 충북지방의 사립학교설립운동」『한국근현대사연구』 23.
- 이춘택 | 2003, 「괴산의 브나르드 운동」『괴향문화』 11.
- 현종순 | 2004, 「전밀라의 생애와 사상」『내제문화』 15.
- 전순동 | 2004, 「일제 강점기 청주청년회의 성립과 그 배경」『인문학지』 28, 충북대 인문학연구소.
- 최숙영 | 2004, 「일제시대 여성교육에 대한 고찰-제천공립실과 여학교를 중심으로」, 세명대 석사학위논문.
- 전순표 | 2005, 「한말 옥천 사립학교 설립운동」『중원문화논총』 9.

6. 경제문제와 일제의 이권침탈

- 日本農商務省 | 1906, 『한국토지농산조사보고』(경기도 · 충청도 · 강원도).
- 조선총독부 철도국 | 1912, 『조선철도 沿線市場一班』.
- 조선총독부 | 1916, 『忠北種苗場 報告書』.
- 조선총독부 | 1917, 『忠北模範場報告書』.
- 조선총독부 | 1918, 『黃色葉煙草耕作事業報告 제5호(度支部專賣課 忠州出 張所 제5보)』.
- 天野行武 | 1923, 『忠北産業誌』, 호남일보 충북총지사.
- 조선총독부 | 1925, 『忠北農事試驗場事業報告』.
- 충청북도 | 1925, 『忠淸北道農産統計(忠北産業の統計)』.

- 충청북도 ‖ 1925, 『忠淸北道農業統計(忠北産業の槪況)』.
- 조선총독부 ‖ 1926, 『忠北種苗場 事業報告 및 成績槪要』.
- 조선총독부 ‖ 1928, 『忠淸北道 아담水利組合 설치인가서』.
- 충청북도 산업과 ‖ 1928, 『忠淸北道の林業』.
- 충청북도 산업과 ‖ 1928, 『忠淸北道殖林計劃』.
- 安齋霞堂 ‖ 1930, 『忠北の農業附穀物商の現勢』, 충청북도 곡물상조합연합회.
- 충청북도 내무부 산업과 ‖ 1930, 『1930년대 조사 소작관행조사서 : 충청북도』.
- 조선총독부 ‖ 1931~1933, 『忠北農事試驗場事業報告』.
- 충청북도 금융조합 ‖ 1932, 『金融組合關係 法規問答集』.
- 조선총독부 ‖ 1932, 『忠州水利組合 區域擴張工事 補助書類』.
- 조선총독부 ‖ 1932, 『忠州水利組合 區域擴張工事 補助書類 및 出去來竣工』.
- 한흥 ‖ 1932, 『忠北北部五郡産業紹介誌』.
- 충청북도 원잠종제조소 ‖ 1934, 『忠淸北道原蠶種製造所調査彙報』.
- 충청북도 ‖ 1934, 『本道金融組合ノ槪況(금융통계)』.
- 조선총독부 ‖ 1936, 『충주 임천수리조합 인가보고』.
- 酒井修一 ‖ 1936, 『黃色種煙草耕沿革史』, 충주 연초경작조합.
- 충청북도 내무부 산업과 ‖ 1937, 『忠北の産業』.
- 충청북도 농무과 ‖ 1938, 『忠淸北道農業統計表』.
- 철도청 ‖ 1938, 『土地買受下調書(淸州)』.
- 조선총독부 ‖ 1939, 『忠北農事試驗場事業報告』.
- 조선총독부 ‖ 1941, 『忠淸北道 蘇伊水利組合 事業計劃書』.
- 한국농촌경제연구원 편 ‖ 1985, 『농지개혁시 被分配地主 및 일제하 대지주 名簿』, 한국농촌경제연구원.
- 오흥수 ‖ 1988, 『일제하 농업구조의 변화와 농민층분해에 관한 연구』, 청주대 박사학위논문.
- 홍성찬 ‖ 1992, 『근대농촌사회의 변동과 지주층』, 지식산업사.
- 정연태 ‖ 1994, 『일제의 한국 농지정책』, 서울대 국사학과 박사학위논문.
- 유진채 ‖ 1994, 『일제하 사찰토지의 소유관계 연구 : 충북 법주사 사례를 중심으로』, 고려대 박사학위논문.
- 충청북도 ‖ 1997, 『충북 100년 : 제2장 문화의 향기(산업의 변천)』.
- 김신웅 ‖ 1998, 『통계로 본 충청북도의 사회경제 : 일제시대를 중심으로』, 한국동서경제학회 부설 동서경제연구소.
- 김양식 ‖ 2000, 『근대 권력과 토지 : 역둔토 조사에서 불하까지』, 도서출판 해남.
- 정삼철 편역 ‖ 2000, 『100년 전 충북의 옛 모습 : 충주시편』, 충북학연구소.
- 정삼철 편역 ‖ 2000, 『100년 전 충북의 옛 모습 : 제천시편』, 충북학연구소.
- 정삼철 편역 ‖ 2001, 『100년 전 충북의 옛 모습 : 괴산군편』, 충북학연구소.
- 정삼철 편역 ‖ 2004, 『100년 전 충북의 옛 모습 : 진천군편』, 충북학연구소.

- 정삼철 편역 | 2005, 『100년 전 충북의 옛 모습 : 청주 · 청원군편』, 충북학연구소.
- 今村陃 | 1910, 「忠淸北道産業一班(상)」 『朝鮮』 32.
- 今村陃 | 1911, 「忠淸北道産業一班(하)」 『朝鮮』 36.
- 조선총독부 | 1912, 「忠淸北道 製紙狀況」 『月報』 2-7.
- 今西龍 | 1930, 「忠北北部五郡産業紹介誌」 『朝鮮』 184.
- 吉田猶藏 | 1931, 「忠州郡の農林計劃」 『朝鮮』 199.
- 松室重正 | 1933, 「忠淸北道の養蠶經營に就て」 『朝鮮』 214.
- 竹山稔 | 1943, 「忠淸一農村の土瓦燒」 『地理科』 11-5.
- 김신웅 | 1987, 「한국 지방의 금융발달사-충청북도를 중심으로(1907~1937)」 『經濟學論硏』 10, 청주대 경제학회.
- 이헌창 | 1989, 「구한말 충청북도의 시장구조」 『근대조선의 경제구조』, 비봉출판사.
- 김용철 | 1994, 「일제시대 충청지역 기업의 생성과 발전에 관한 연구」 『청주경제연구』 5.
- 변해종 | 1996, 「일제약탈에서 벗어난 土地의 일례」 『충북향토문화』 7.
- 성준용 외 | 1998, 「금강유역의 정기시 체계변화」 『대한지리학회지』 33권 2호.
- 한주성 · 서주선 | 1998, 「충북 단양군 정기시 出市者의 공간적 특성」 『사회과학연구』 14권 2호.
- 강신욱 | 1999, 「괴산지역 5일장」 『괴향문화』 7.
- 강신욱 | 1999, 「증평 5일장」 『증평문화』 3.
- 이헌창 | 2000, 「충청북도에서의 定期市 변천에 관한 기초적 연구」 『중원 문화논총』 4, 충북대 중원문화연구소.
- 김재완 | 2000, 「경부선 철도 개통 이전의 충청지방의 소금유통 연구」 『중원문화논총』 4, 충북대 중원문화연구소.
- 전순표 | 2001, 「옥천의 광산과 지명에 대한 연구」 『옥천향토문화』 6.
- 최윤오 | 2003, 「대한제국기 진천군의 토지소유와 농민층의 동향」 『상산문화』 9.
- 최윤오 | 2003, 「진천군의 토지소유와 농민층의 동향」 『量案을 통해 본 100년 전의 鎭川』, 한국학술진흥재단 기초학문 연구지원사업 2003년도 1회 학술발표회 발표문(충북대 중원문화연구소).
- 최윤오 | 2003, 「대한제국기 광무양안의 토지소유 구조와 농민층의 동향-충북 진천군 양안을 중심으로」 『역사교육』 86.
- 최윤오 · 우대형 | 2003, 「조선후기 유통망의 발달과 지주제-개인 양안사례 분석을 중심으로」 『사회와 역사』 63, 한국사회사학회.
- 최윤오 | 2004, 「대한제국기 진천군의 토지소유구조와 농민층 분해」 『충북 진천의 근현대 사회경제사』, 한국학술진흥재단 기초학문 연구지원사업 2004년도 2회 학술발표회 발표문(충북대 중원문화연구소).
- 최윤오 | 2004, 「대한제국기 忠州郡 양안의 지주제와 부농경영」 『동방학지』 128.

- 서태원 ∥ 2004, 「한말 진천군의 교통로와 역토」『상산문화』 10.
- 서태원 ∥ 2004, 「한말 진천군 역토의 구조와 운용」『호서사학』39.
- 임용한 ∥ 2004, 「양안을 통해 본 진천군의 행정구역」『중원문화논총』 8.
- 이상순 ∥ 2005, 「조선후기 회인현 재지사족의 동향」, 연세대 사학과 석사학위논문.
- 최윤오 ∥ 2005, 「대한제국기 진천 양안의 자작농과 경영지주」『진천군 옛 모습의 복원과 사회변화』, 한국학술진흥재단 기초학문연구지원사업 2004년도 3차 학술발표회 발표문.
- 신영우 ∥ 2005, 「한말, 일제하 진천군 지사들과 경제배경-정인표 · 홍승헌을 중심으로」『진천군 옛 모습의 복원과 사회변화』, 한국학술진흥재단 기초학문연구지원사업 2004년도 3차 학술발표회 발표문.
- 김성보 ∥ 2005, 「1900~50년대 진천군 梨月面의 토지소유와 사회 변화」『한국사연구』 130.
- 전일현 ∥ 2005, 「1900~45년 진천군 草坪面의 지주층 동향-광무양안과 토지대장을 중심으로」, 충북대 사학과 석사학위논문.
- 최윤오 ∥ 2005, 「대한제국기 광무양안의 토지소유와 농업경영에 관한 연구-충북 진천군양안 전체분석을 중심으로」『역사와 현실』 58.
- 김양식 ∥ 2005, 「충북선 부설의 지역사적 성격」『한국근현대사연구』 33.
- 최윤오 ∥ 2006, 「대한제국기 진천군 양안의 자작농과 경영지주」『한국사연구』 132.
- 서문석 ∥ 2005, 「일제하 충북지역의 경제변동과 그 유산」『충북학』 7.

7. 유통경제와 장시

- 이헌창 ∥ 1989, 「구한말 충청북도의 시장구조」『근대조선의 경제구조』, 비봉출판사.
- 이헌주 ∥ 1992, 「군산개항과 금강지역 시장구조의 식민지적 재편」, 고려대 석사학위논문.
- 김용철 ∥ 1996, 「금강 수운경제권역의 사적 연구」『논문집』 7-1, 중부대.
- 성준용 외 ∥ 1998, 「금강유역의 정기시 체계변화」『대한지리학회지』 33권 2호.
- 한주성 · 서주선 ∥ 1998, 「충북 단양군 정기시 出市者의 공간적 특성」『사회과학연구』 14권 2호.
- 강신욱 ∥ 1999, 「괴산지역 5일장」『괴향문화』 7.
- 강신욱 ∥ 1999, 「증평 5일장」『증평문화』 3.
- 이헌창 ∥ 2000, 「충청북도에서의 定期市 변천에 관한 기초적 연구」『중원 문화논총』 4, 충북대 중원문화연구소.
- 김재완 ∥ 2000, 「경부선 철도 개통 이전의 충청지방의 소금유통 연구」『중원문화

논총』 4, 충북대 중원문화연구소.
• 최윤오 · 우대형 ❙ 2003, 「조선후기 유통망의 발달과 지주제-개인 양안사례 분석을 중심으로」 『사회와 역사』 63, 한국사회사학회.
• 서태원 ❙ 2004, 「한말 진천군의 교통로와 역토」 『상산문화』 10.
• 김양식 ❙ 2005, 「충북선 부설의 지역사적 성격」 『한국근현대사연구』 33.

8. 군현제와 촌락사회

• 나도승 ❙ 1968, 「지형변화와 교통로 변천에 따른 芙江里 河港취락의 성쇠 과정에 대한 연구」 『공주교대논문집』 5.
• 나도승 ❙ 1979, 「개항기 금강내륙수운 河岸취락의 지리학적 연구」 『공주교대 논문집』 15.
• 강신욱 ❙ 1998, 「일제시대 괴산군의 행정구역」 『괴향문화』 6.
• 임용한 ❙ 2004, 「한말 진천군의 행정구역 복원」 『상산문화』 10.
• 임용한 ❙ 2004, 「양안을 통해 본 진천군의 행정구역」 『중원문화논총』 8.
• 이세호 ❙ 2004, 「자연부락의 공간구성에 관한 조사연구-충청북도 진천군 梨月面 老院里 老谷부락을 중심으로」, 청주대 석사학위논문.
• 임용한 ❙ 2004, 「한말 진천군의 면리구조」 『호서사학』 39.
• 김성보 ❙ 2004, 「1910~50년대 진천의 농촌사회 변동 : 이월면 사례」 『충북 진천의 근현대 사회경제사』, 한국학술진흥재단 기초학문 연구지원사업 2004년도 2회 학술발표회 발표문.
• 임용한 ❙ 2005, 「진천군의 옛 모습-행정구역, 시설, 유적, 촌락의 위치와 형태」 『진천군 옛 모습의 복원과 사회변화』, 한국학술진흥재단 기초학문연구지원사업 2004년도 3차 학술발표회 발표문.

9. 신간회운동

• 강신욱 ❙ 2001, 『증평 · 괴산 근현대사』, 푸른나라.
• 강영주 ❙ 1994, 「벽초 홍명희 (2)-3 · 1운동에서 신간회운동까지」 『역사비평』 24.
• 강신욱 ❙ 1994, 「신간회 괴산지회에 대하여」 『괴향문화』 2.
• 강영주 ❙ 1995, 「벽초 홍명희와 신간회 운동」 『괴향문화』 3.
• 박걸순 ❙ 1996, 「신간회운동과 괴산지방」 『괴산지방 항일독립운동사』, 괴산문화원.
• 강영주 ❙ 1997, 「벽초 홍명희와 조선학운동」 『괴향문화』 5.
• 최동일 ❙ 2005, 「신간회 槐山支會의 조직과 활동」 『충북사학』 15.

10. 宋元華東史合編綱目

- 구완회 · 이창식 편 | 1996, 『제천의병의 종합적 이해』, 백산출판사.
- 구완회 | 1997, 『韓末의 堤川義兵』, 집문당.
- 내제문화연구회 | 1998, 『宋元華東史合編綱目(상 · 하)』.
- 제천문화원 | 1998, 『제천의병과 전통문화』, 제천문화원.
- 오영섭 | 1999, 『화서학파의 사상과 민족운동』, 국학자료원.
- 정성원 외 | 2002, 『제천의병의 이념적 기반과 전개』, 이회, 세명대 인문사회과학 학술총서4.
- 오영섭 | 1990, 「19세기 중엽 위정척사파의 역사서술」『한국학보』 60.
- 오영섭 | 1998, 「화서학파와 華東綱目」『제천의병과 전통문화』, 제천문화원.
- 박인호 | 1998, 「『송원화동사합편강목』의 편찬과 편사정신」『송원화동사합편강목』, 내제문화연구회.
- 박성순 | 2001, 「유인석의 華夷論에 대한 비판적 검토」『한국독립운동사연구』 16.
- 정성원 | 2002, 「제천의병의 이념적 무기」『제천의병의 이념적 기반과 전개』, 이회.
- 김경수 | 2002, 「화서학파의 역사인식-『華東綱目』의 서론을 중심으로」『제천의병의 이념적 기반과 전개』, 이회.
- 박인호 | 2002, 「東鑑綱目前編의 편찬과 편사정신」『제천의병의 이념적 기반과 전개』, 이회.
- 박인호 | 2003, 「『송원화동사합편강목』에 나타난 화서학파의 역사인식」『조선시대사학보』 27.

11. 고인쇄문화와 고문서

- 『淸州高靈申氏所藏文書』(국사편찬위원회 소장).
- 『鎭川月城李氏文書』(국사편찬위원회 소장).
- 이왕직 | 1920, 『萬東廟重建史料抄』.
- 조선사편수회 | 1925, 『忠淸南北道 史料採訪復命書』.
- 조선사편수회 | 1927, 『史料蒐集調查簿 제2책 : 忠淸北道』.
- 조선사편수회 | 1927, 『忠淸北道 史料採訪復命書』.
- 이병두 | 1928, 『朝鮮靑襟錄』.
- 송종호 | 1932, 『恩津宋氏世譜通編』, 청주재실.
- 옥천향교 | 1934, 『沃川文廟直員名案』.
- 이병연 | 1934~, 『朝鮮寰輿勝覽』, 선문사.
- 김상학 외 | 1940, 『知川書院誌』.
- 이두희 · 김미선 · 김의환 · 신범식 · 이제원 역 | 2002, 『국역 常山誌』, 진천 상산고적회.
- 박인호 | 2004, 『堤川 文獻 解題集』, 내제문화연구회.

- 김현길 ｜ 1989, 「한말 名士書簡 해설 및 목록」 『예성문화』 10.
- 최재우 ｜ 1989, 「檄告內外百官 해제」 『예성문화』 10.
- 김용숙 ｜ 1989, 「한말 名士書簡(영인)」 『예성문화』 10.
- 김용숙 ｜ 1989, 「檄告內外百官」(영인) 『예성문화』 10.
- 김영진 ｜ 1993, 「충북지역 일제 강점기 刊本」 『고인쇄문화』 창간호.
- 오영섭 ｜ 1998, 「화서학파와 화동강목」 『제천의병과 전통문화』, 제천문화원.
- 박인호 ｜ 1998, 「『송원화동사합편강목』의 편찬과 편사정신」 『송원화동사합편강목』, 내제문화연구회.
- 박인호 ｜ 2002, 「東鑑綱目前編의 편찬과 편사정신」 『제천의병의 이념적기반과 전개』, 이회.
- 박인호 ｜ 2003, 「제천 병산영당 소장 고문헌의 성격과 내용」 『내제문화』 14.
- 김연호 ｜ 2003, 「문암영당의 고서 정리」 『내제문화』 14.

12. 건축

- 청주대학교 건축계획연구실 ｜ 1992, 『근대도시주택 연구보고』 1.
- 청주대학교 건축계획연구실 ｜ 1992, 『근대도시주택 : 실측조사보고서-淸州邑』.
- 청주대학교 건축계획연구실 ｜ 1993, 『근대도시주택 : 실측조사보고서-忠州邑』.
- 김태영 · 이훈 ｜ 1994, 『청주근대도시주택』, 청주대 건축계획연구실 .
- 청주대학교 건축계획연구실 ｜ 1997, 『근대도시주택 : 실측조사보고서-금강 배후도시 · 내륙지방도시』.
- 청주대학교 건축계획연구실 ｜ 1998, 『근대도시주택 및 농촌자연마을- '98하계 실측조사보고서』.
- 김태영 ｜ 2003, 『충북 근대도시 주택』, 청주대출판부.
- 충주시 · 예성문화연구회 ｜ 2005, 『충주 명성황후 유허지 지표조사보고서』.
- 황희연 · 이진숙 ｜ 1983, 「충주댐 수몰지역 민가유형에 관한 고찰-淸風面을 중심으로」 『대한공업교육학회지』 8-2.
- 권혁거 ｜ 1984, 「九屛山 산세 모은 I자형 韓屋-충북 보은군 宣炳國씨댁」 『현대주택』 98.
- 손광제 · 장석하 ｜ 1985, 「한국전통건축의 造形意匠에 나타난 數理概念에 대한 고찰-중원 미륵사지를 중심으로」 『기초과학연구』 2, 대구대.
- 이융조 · 신영우 ｜ 1989, 「손병희 생가 복원에 대한 고찰」 『인문학지』 4, 충북대 인문학연구소.
- 이융조 · 김경표 ｜ 1990, 「이상설 생가의 복원에 대한 고찰」 『호서문화연구』 9.
- 최성렬 ｜ 1990, 「근대기 청주지역 주거건축의 변천」, 충북대 석사학위논문.
- 이훈 외 ｜ 1990, 「근대 청주지역의 주거건축 조사 연구」 『건설기술논문집』 8, 충북대 건설기술연구소.

- 원세용 ∥ 1993, 「淸州洋館 1호 연구」, 청주대 석사학위논문.
- 김태영 ∥ 1993, 「일제강점기 지방도시의 외인관 연구-조치원 및 청주지역을 중심으로」『논문집』 13, 대한건축학회.
- 조태환 ∥ 1994, 「聖公會 청주성당 건축에 관한 연구」, 청주대 석사학위논문.
- 김태영 · 조태환 ∥ 1994, 「聖公會 淸州聖堂 연구」『대한건축학회 학술발표 논문집』 14-1.
- 김태영 · 최윤필 ∥ 1994, 「근대기 청주지역 주거지구조 연구」『학술발표논문집』 14-1, 대한건축학회.
- 김태영 · 최윤필 ∥ 1994, 「근대기 청주지역 주거지구조 유형에 따른 주거형 태별 연구」『학술발표논문집』14-2, 대한건축학회.
- 김태영 · 이훈 ∥ 1995, 「한국 근대도시주택의 건축요소별 변화특성에 관한 연구-청주지역의 남문로 1街洞과 문화동의 사례를 중심으로」『대한건축학회논문집』 11-4.
- 최윤필 ∥ 1995, 「근대 도시주거지에 나타난 주거평면형의 변천에 관한 연구-청주지역 남문로 1街洞 · 南周洞 · 文化洞의 사례분석」, 청주대 석사학위논문.
- 변연수 ∥ 1996, 「보은 회북 高石里 돌너와집의 특성 고찰」, 충북대 석사학위논문.
- 이춘택 ∥ 1997, 「홍범식 · 홍명희 생가 보전의 의의」『괴향문화』 5.
- 박석현 외 ∥ 1997, 「宣敎初期 한국 敎會건축의 형성과정에 대한 연구」『산업과학논문집』 5, 충주산업대.
- 양부홍 외 ∥ 1997, 「초기 기독교시대 교회건축의 형성과 발전에 대한 연구」『논문집』 5, 충주산업대 산업과학기술연구소.
- 장세윤 ∥ 1999, 「대전 · 충청지역 독립운동 유적지의 복원과 활용방안」『인문논총』 15, 배제대 인문과학연구소.
- 신경희 ∥ 2002, 「청주교구 가톨릭성당의 시대별 건축특성」, 충북대 석사학위논문.
- 정현석 ∥ 2003, 「1910~1945년에 조영된 충북지역 전통한옥의 공간적 특성에 관한 연구」『충북학』 5.
- 최종원 ∥ 2003, 「충북지역 전통주거건축의 收藏공간에 관한 연구」, 충주대 석사학위논문.
- 이주옥 ∥ 2003, 「문화재지정 한옥의 생활공간-충청지역 중요민속자료를 대상으로」, 한남대 석사학위논문.
- 유성호 ∥ 2003, 「충북지역 문인들의 문학과 생가 보존 상태 연구-정지용 · 오장환 · 홍명희를 대상으로」『인문논총』 6, 한국교원대 인문과학연구소.
- 김응호 ∥ 2004, 「옥천성당 건축의 변천과정과 복원기준설정에 관한 연구」, 목원대 석사학위논문.
- 신현숙 ∥ 2005, 「충북 청원 果必軒 古家 광채의 治木기법」, 충북대 석사학위논문.

13. 교육

• 제천공립보통학교 교우회 ∥ 1923, 『교우회보』.
• 西村綠也 ∥ 1932, 『조선교육대관』.
• 청주농고 ∥ 1971, 『청농 60년사』.
• 충청북도 교육위원회 ∥ 1979, 『충북교육사』.
• 대학서원 ∥ 1990, 『식민지조선교육정책사료집성 40 : 各學校施設經營의 大要 충청북도』.
• 충주농고 · 충주농고동창회 ∥ 1990, 『충주농업고등학교 60년사』.
• 청주농고 · 청주농고동문회 ∥ 1991, 『청농 80년사 (1911~1991)』.
• 송학국민학교총동문회 ∥ 1991, 『松鶴國民學校 60년사』.
• 제천농업중 · 고등학교 총동문회 ∥ 1993, 『제농 50년사』.
• 충청북도 ∥ 1997, 『충북 100년 : 제2장 문화의 향기(교육과 인재 육성)』.
• 박달재수련원 ∥ 1997, 『애국지사 李容兌선생 文稿』, 동화서관.
• 정삼철 편역 ∥ 2000, 『100년 전 충북의 옛 모습-충주시편』, 충북학연구소.
• 정삼철 편역 ∥ 2000, 『100년 전 충북의 옛 모습-제천시편』, 충북학연구소.
• 정삼철 편역 ∥ 2001, 『100년 전 충북의 옛 모습-괴산군편』, 충북학연구소.
• 전순동 · 최동준 ∥ 2003, 『기독교와 충북근대교육 : 일제 강점기 청주지방을 중심으로』, 동해출판사.
• 정삼철 편역 ∥ 2004, 『100년 전 충북의 옛 모습-진천군편』, 충북학연구소.
• 정삼철 편역 ∥ 2005, 『100년 전 충북의 옛 모습-청주 · 청원군편』, 충북학연구소.
• 문형만 ∥ 1985, 「한국근대학교 발달과 배론 성요셉신학당」 『신학전망』 68, 대건신학대학 전망편집부.
• 노영택 ∥ 1990, 「民立大學 설립운동 연구」 『국사관논총』 11.
• 이영기 ∥ 1999, 「일제시대 충북지역의 초등교육연구」, 세명대 교육대학원 석사학위논문.
• 전순동 ∥ 1999, 「일제기 청주지역 기독교와 교육활동」 『인문학지』 18, 충북대 인문학연구소.
• 전순동 · 최동준 ∥ 1999, 「일제기 청주지방의 민족교육운동」 『중원문화논총』 2 · 3합집, 충북대 중원문화연구소.
• 김동환 ∥ 2001, 「제천의 근대 교육운동과 주도세력」 『인문사회과학연구』 9, 세명대 인문사회과학연구소.
• 김동환 ∥ 2002, 「제천공립보통학교 초기 졸업생의 취업 및 사회활동의 지역사회에서의 교육적 함의」 『교육사회학연구』 12권 2호, 한국교육사회학회.
• 김형목 ∥ 2002, 「한말 충북지방의 사립학교설립운동」 『한국근현대사연구』 23.
• 김동환 ∥ 2003, 「근대 지역교육운동의 주도세력에 대한 일고찰-제천지역을 중심으로」 『제천학과 청풍명월』, 제천문화원.
• 현종순 ∥ 2004, 「전밀라의 생애와 사상」 『내제문화』 15.
• 최숙영 ∥ 2004, 「일제시대 여성교육에 대한 고찰-제천공립실과 여학교를 중심으

로」, 세명대 석사학위논문.
- 최숙영 · 김동환 ∥ 2004, 「일제시대 여성교육에 대한 고찰-제천공립실과 여학교를 중심으로」『지역문화연구』 3, 세명대 지역문화연구소.
- 전순표 ∥ 2005, 「한말 옥천 사립학교 설립운동」『광복60주년기념 제17회충청북도 향토문화연구소 학술발표 및 회원연수회 발표문』, (사)충북향토문화연구소.
- 강신욱 ∥ 2005, 「일제강점기 창씨개명 실태-증평지역 초등학교 졸업대장을 중심으로」『광복60주년기념 제17회 충청북도 향토문화연구소 학술발표 및 회원연수회 발표문』, (사)충북향토문화연구소.
- 전순동 ∥ 2005, 「일제하 충북인의 근대문화와 유산」『충북학』 7.
- 전순표 ∥ 2005, 「한말 옥천 사립학교 설립운동」『중원문화논총』 9.

14. 종교

- 한국교회사연구소 ∥ 1966, 『황사영백서』, 카톨릭출판사.
- 최석우 ∥ 1968, 『병인박해자료연구』, 한국교회사연구소.
- 주재용 ∥ 1975, 『배론(舟論)성지』, 카톨릭출판사.
- 기독교대한감리회 제천제일교회 ∥ 1977, 『제천제일교회 창립 70년사』.
- 달레 저, 안응렬 · 최석우 역주 ∥ 1979, 『한국천주교회사』 상 · 중 · 하, 분도출판사.
- 대한예수교장로회 충북노회 ∥ 1980, 『충북老會 80년사』.
- 유홍렬 ∥ 1981, 『한국천주교회사』 상 · 하, 가톨릭출판사.
- 천주교 청주교구 감곡교회 ∥ 1986, 『甘谷본당 90년사 (옛 장호원본당)』.
- 이은순 ∥ 1986, 『조선서학사연구』, 일지사.
- 뮈델 · 閔德孝 주교 ∥ 1986, 『致命日記』, 성 · 황석두루가서원.
- 기독교대한감리회 제천제일교회 ∥ 1987, 『제천제일교회 80년사』.
- 조광 ∥ 1988, 『조선후기 천주교회사 연구』, 고대민족문화연구소.
- 김재황 ∥ 1988, 『巨星 殷哉 申錫九목사 일대기』, 은재신석구목사기념사업회.
- 메디나 저, 박철 역 ∥ 1989, 『한국천주교회의 기원(1566~1784)』, 서강대 출판부.
- 이재정 ∥ 1990, 『대한 성공회 백년사(1890~1990)』, 대한성공회 출판부.
- 천주교 청주교구 옥천교회 ∥ 1991, 『옥천본당사』 상 · 하.
- 배은하 ∥ 1992, 『역사의 땅, 배움의 땅 배론』, 성바오로출판사.
- 기독교 대한감리회 ∥ 1993, 『단양교회 80년사』.
- 여진천 ∥ 1994, 『황사영백서논문선집』, 기쁜소식.
- 이종은 외 ∥ 1994, 『우리문화의 뿌리를 찾는 李能和 연구』, 집문당.
- 이현희 ∥ 1995, 『손병희 : 민족 없이는 구도도 없다』, 동아일보사.
- 신현우 ∥ 1995, 『은재 신석구 목사의 생애와 사상』, 감리교신학대학교 신학대학원.

- 정진석 옮김 ǀ 1995, 『너는 주추 놓고 나는 세우고 : 최양업 신부의 편지 모음』, 바오로딸.
- 허돈 ǀ 1998, 『은재 신석구 목사의 민족의식 재고찰』, 협성대학교 신학대학원.
- 최우익 편 ǀ 1998, 『탁사 최병헌 목사 대표 저서 전집 · 약전 · 전5권, 정동삼문출판사.
- 이덕주 역 ǀ 1998, 『최병헌 선생약전』, 정동삼문출판사.
- 한국기독교장로회 충북노회 ǀ 1998, 『충북노회 사료집』.
- 이정린 ǀ 1999, 『황사영백서연구』, 일조각.
- 이주익 편역 ǀ 1999, 『탁사 최병헌목사 강연집 蒙養園』, 도서출판 탁사.
- 김요나 ǀ 1999, 『순교자 신석구 목사』, 대한예수교장로회 순교자기념사업부.
- 여진천 ǀ 1999, 『황사영 백서 해제 : 누가 저희를 위로해 주겠습니까』, 기쁜소식.
- 안재명 ǀ 1999, 『충청지역에 복음이 들어온 이야기 : 장로교 초대선교사들과 초대교회를 중심으로』.
- 정삼철 편역 ǀ 2000, 『100년 전 충북의 옛 모습-충주시편』, 충북학연구소.
- 정삼철 편역 ǀ 2000, 『100년 전 충북의 옛 모습-제천시편』, 충북학연구소.
- 장영돈 ǀ 2000, 『천주교 성지순례 한국초기 천주교회의 여정』, 천주교 원주교구 배론성지, 한결출판사.
- 이덕주 ǀ 2000, 『한국 토착교회 형성사 연구』, 한국기독교역사연구소.
- 기독교 청주방송 ǀ 2000, 『충북기독교 선교 100주년 총람』.
- 정삼철 편역 ǀ 2001, 『100년 전 충북의 옛 모습-괴산군편』, 충북학연구소.
- 리진호 ǀ 2001, 『제천 개신교 전래와 양화교회 삼십년사』, 도서풀판 우물.
- 윤선자 ǀ 2001, 『일제의 종교정책과 천주교회』, 경인문화사.
- 충북기독교선교100주년 기념사업회 ǀ 2002, 『충북기독교백년사』.
- 윤민구 ǀ 2003, 『한국천주교회의 기원』, 국학자료원.
- 전순동 · 최동준 ǀ 2003, 『기독교와 충북근대교육 : 일제 강점기 청주지방을 중심으로』, 동해출판사.
- 최석우 ǀ 1965, 「황사영」『인물한국사』 4.
- 조광 ǀ 1977, 「황사영백서의 사회사상적 배경」『사총』 21 · 22합집.
- 김옥희 ǀ 1981, 「한국 천주교 박해시대 教友村 형성에 관한 사적 고찰 1-진천 · 배티(梨)지방을 중심으로」『신학전망』 54.
- 김옥희 ǀ 1981, 「한국 천주교 박해시대 教友村 형성에 관한 사적 고찰 2-진천 · 배티(梨)지방을 중심으로」『신학전망』 56.
- 주명준 · 유병기 ǀ 1982, 「충청도의 천주교 전래」『최석우신부회갑기념논총』.
- 안재명 ǀ 1984, 「충북지방의 선교활동에 관한 고찰」『논문집』 2, 일신여고.
- 김수태 ǀ 1984, 「이능화와 그의 사학-특히 조선기독교 및 외교사를 중심으로」『동아연구』 4, 서강대.
- 문형만 ǀ 1985, 「한국근대학교 발달과 배론 성요셉신학당」『신학전망』 68, 대건신

학대학 전망편집부.
- 봉원용 | 1992, 「진천 梨峙(배티) 성지와 崔良業신부」『충북향토문화』 3.
- 김학영 | 1992, 「배론(舟論)에 대하여」『충북향토문화』 3.
- 봉원용 | 1993, 「천주교와 진천」『충북향토문화』 4.
- 김광한 | 1993, 「제천지역의 천주교 전래」『내제문화』 5.
- 전순동 | 1994, 「한국의 기독교 전래와 기독교가 한국문화에 끼친 영향」『청원문화』 3.
- 음재승 | 1995, 「연풍의 순교성지」『괴향문화』 3.
- Rhodes, Harry A, 1995 | 「미국장로교의 청주지역 선교사1(1884~1934)」『신학사상』 89.
- 봉원용 | 1995, 「진천 梨峙(배티) 聖地 고찰」『충북향토문화』 6.
- 신광철 | 1995, 「이능화의 종교사학과 한국기독교사연구」『한국기독교의 역사』 4.
- 이덕주 | 1997, 「한국 기독교 문화유적을 찾아서-충청도 선비들의 믿음이야기 2」『기독교사상』 10월호.
- 이쾌재 | 1998, 「충청지역의 교회 발자취」『충북노회 사료집』, 한국기독교장로회 충북노회.
- 음재승 | 1999, 「한 선교사가 피신했던 갈은동」『괴향문화』 7.
- 전순동 | 1999, 「일제기 청주지역 기독교와 교육활동」『인문학지』 18, 충북대 인문학연구소.
- 전순동 | 2001, 「일제시대 충북기독교의 의료선교 활동-청주 소민병원(蘇民病院)을 중심으로」『중원문화논총』 5, 충북대 중원문화연구소.
- 강신욱 | 2001, 「일제식민지시대 신사참배」『괴향문화』 9.
- 전순동 | 2002, 「일제 강점기 충북북부 지방의 기독교 보급과 영향」『중원문화논총』 6, 충북대 중원문화연구소.
- 이명호 | 2003, 「단양지역 감리교회 성장에 관한 연구」, 목원대 석사학위논문.
- 이종환 | 2004, 「煙波 南鍾三의 생애」『내제문화』 15.
- 현종순 | 2004, 「전밀라의 생애와 사상」『내제문화』 15.

15. 기타

- 『丹陽地圖』.(영남대박물관 소장)
- 『槐山郡東下面五可里山圖』.(규장각 소장)
- 충청북도관찰도 | 1909, 『韓國忠淸北道一般』.
- 조선총독부 | 1910, 『忠淸北道調査材料』.
- 조선총독부 | 1910, 『庶務記錄保存簿(청주지검)』.
- 金谷雅城 | 1916, 『忠州發展誌』, 충청북도.
- 육지측량부 편 | 1916, 『忠州地形圖』.

- 육지측량부 편 | 1917~1938, 『五萬分の一地圖 : 전라북도 · 전라남도 · 충청북도 · 충청남도』.
- 육지측량부 편 | 1918, 『清州地形圖』.
- 충청북도 | 1922, 『忠清北道例規集』.
- 大熊彌三郎 | 1923, 『清州沿革誌』.
- 충청북도 | 1923, 『忠清北道例規集』.
- 松田甲 | 1923, 『朝鮮鴻儒宋時烈の遺跡 : 華陽洞』.
- 충청북도 | 1925, 『忠清北道道勢一斑』.
- 충청북도 | 1926, 『忠清北道道勢要覽(清州面)』.
- 충청북도 | 1926, 『忠清北道道勢一斑』.
- 충청북도 위생과 | 1927, 『忠清北道 衛生概要』.
- 충청북도 | 1928, 『忠清北道道勢一斑』.
- 충청북도 경찰부 | 1928, 『忠清北道警察例規聚』.
- 이완규 | 1929, 『忠州郡의 연혁과 名所古蹟』, 조선총독부.
- 홍용한 | 1930, 『丹陽原州元氏金石集』.
- 청주군 | 1930, 『清州郡勢要覽』.
- 충청북도 | 1930, 『忠清北道要覽』.
- 奧土居天 외 | 1931, 『忠州觀察誌』, 행정학회인쇄소.
- 조선총독부 | 1932~1939, 『朝鮮國勢調查報告 道編 2 : 충청북도』.
- 이영 | 1933, 『忠州發展史』, 발전사간행소.
- 충청북도 | 1934, 『忠清北道要覽』.
- 琪野千太郎 | 1936, 『清州邑』.
- 충청북도 | 1936, 『忠清北道例規集』.
- 충청북도 | 1936, 『忠清北道道勢一斑』.
- 김동훈 | 1938, 『道知事訓示及講演集』.
- 충청북도교육청 | 1938, 『內鮮同源史話』.
- 충청북도 | 1942, 『忠清北道道勢一斑』.
- 윤병준 | 1976, 『春雜記』.
- 조일환 | 1986, 『水安堡溫泉史研究』, 중원군청.
- 단양군 | 1995, 『구한말 · 한일합방 직전(1909년) 우리 단양지역의 일반개황』.
- 충청북도 | 1996, 『충청북도요람(1928년도)』.
- 충청북도 | 1996, 『한국충청북도일반(1909)』.
- 충청북도 | 1997, 『충북 100년』.
- 김윤식 | 1988, 『너 어디 있느냐 : 在北 · 越北 · 解禁시인 99작품 선집』, 나남.
- 동양일보 출판국 | 1995, 『문학기행 : 한국 근대문학의 선각자 충북출신 12인』, 동양일보사.
- 중원문학회 | 1996, 『다시 보이는 숲 : 忠州 · 作故 在北 문인 작품선집』, 정문사.

- 청주시 | 1999, 『청주연혁지(1923년도)』.
- 제천문화원 | 1999, 『국역 조선환여승람 제천』.
- 충북학연구소 | 2000, 『충북100년 신문기사집성』.
- 영동문화원 | 2000, 『내고장의 빛난 얼(독립유공자편)』.
- 김양식 | 2001, 『충북지역 근현대 문화유산 기초조사 : 역사기념물 및 건조물을 중심으로』, 충북개발연구원.
- 충북학연구소 | 2003, 『충북100년 신문기사집성Ⅱ(1911~1919)』.
- 이세영 | 2003, 『방죽안 인물지』.
- 노형석 | 2004, 『모던의 유혹, 모던의 눈물 : 근대 한국을 거닐다』, 생각의 나무.
- 충북학연구소 | 2004, 『20세기 전반 충북지역 인구통계』.
- 충북학연구소 | 2004, 『忠北 100年 연표 : 1896~2002』.
- 김양식 · 강민식 | 2005, 『충북선의 역사와 활용가치 증대방안』, 충북개발 연구원.
- 和田雄治 | 1912, 「忠淸北道淸州の鐵幢」 『역사지리』 20-1, 일본 역사지리학회.
- 本間孝義 | 1915, 「남한강답사」 『조선휘보』 5월호.
- 豊田操 | 1926, 「忠北の三勝」 『文敎の朝鮮』.
- 豊田重一 | 1926, 「華陽洞と宋尤庵」 『조선지방행정』 5-11 · 12.
- 豊田重一 | 1927, 「忠北の中樞槐山郡」 『조선지방행정』 6-10.
- 豊田重一 | 1927, 「我觀淸州」 『조선지방행정』 6-4.
- 豊田重一 | 1927, 「華陽洞と宋尤庵」 『조선지방행정』 6-1.
- 和田雄治 | 1927, 「忠北の半旬(상)」 『朝鮮』 140.
- 和田雄治 | 1927, 「忠北の半旬(중)」 『朝鮮』 141.
- 和田雄治 | 1927, 「忠北の半旬(하)」 『朝鮮』 142.
- 전준한 | 1929, 「명승지 화양동 안내기」 『조선지방행정』 8-2.
- 조선공론사 | 1930, 「忠淸北道の名勝と古蹟」 『조선공론』 18-6.
- 磯野千太郎 | 1931, 「淸州邑」 『朝鮮』 254.
- Y生 | 1932, 「忠北の二名勝 彈琴台と華陽洞」 『朝鮮』 204.
- 中井猛之進, 1935, 「忠北俗離山の一瞥」 『朝鮮山林會報』 127.
- 秋山文雄 | 1936, 「忠州邑」 『朝鮮』 254.
- 조선총독부 국세조사과 | 1938, 「조선소화10년 국세조사결과の개요(충청북도)」 『朝鮮』 275.
- 榧本龜次郎 | 1938, 「속리산 법주사」 『고고학』 9-8.
- 김진기 | 1986, 「이무영 소설에 나타난 농촌적 색조」 『호서문화논총』 3, 서원대 호서문화연구소.
- 민영규 | 1987, 「江華學 최후의 광경」 『回歸』 3.
- 최재우 | 1990, 「『忠州七十稧』 해제」 『예성문화』 11.
- 임용식 | 1992, 「근대의 사법제도로 본 제천」 『내제문화』 4.
- 김학영 | 1992, 「F.A맥켄지의 '조선의 비극' 중 폐허가 된 제천」 『내제문화』 4.

- 이종훈 ▮ 1993, 「忠穆公 姜瑜선생과 척화소」 『충북향토문화』 4.
- 임용식 ▮ 1996, 「광무년간 문서로 본 제천의 사회상」 『내제문화』 8.
- 박은화 ▮ 1996, 「충북대학교박물관 소장 故김만철선생 기증 한국근대회화」 『년보』 5, 충북대 박물관.
- 임종국 ▮ 1997, 「曺公鳳선생 약전 및 공적」 『괴향문화』 5.
- 신용철 ▮ 1988, 「일제하 인구 증감에 관한 연구」 『논문집』 21, 서원대.
- 서순화 ▮ 1999, 「충청지역 주민의식의 사회사적 일고찰-『독립신문』을 중심으로」 『호서사학』 26.
- 이종환 ▮ 1999, 「병산영당」 『내제문화』 11.
- 안후영 ▮ 1999, 「구읍에 살았던 거부 김기태」 『옥천향토문화』 4.
- 이안재 ▮ 1999, 「민족정기 지키기 어디까지-옥천군내 혈 끊기 · 쇠말뚝박기 사례」 『옥천향토문화』 4.
- 이상주 ▮ 1999, 「갈은구곡과 갈은구곡시 연구」 『괴향문화』 7.
- 이종환 ▮ 1999, 「병산영당」 『내제문화』 11.
- 장세윤 ▮ 1999, 「대전 · 충청지역 독립운동 유적지의 복원과 활용방안」 『인문논총』 15, 배제대 인문과학연구소.
- 이안재 ▮ 2001, 「86년전 측량된 옥천의 지도-1914년 일제행정구역 개편 후 첫 근대적 지도로 가치 지녀」 『옥천향토문화』 6.
- 김태영 ▮ 2002, 「호락학파 유학자들의 문인계열에 관한 개관」 『중원문화논총』 6, 충북대 중원문화연구소.
- 황교익 ▮ 2002, 「지역리포트 : 충북 옥천군 하계리-정지용이 차마 잊지 못한 그곳」 『지방행정』 51권 590호, 대한지방행정공제회.
- 박용만 ▮ 2002, 「한말 진천의 지식인에 나타난 의식세계」 『중원문화논총』 6, 충북대 중원문화연구소.
- 정현석 ▮ 2003, 「1910~1945년에 조영된 충북지역 전통한옥의 공간적 특성에 관한 연구」 『충북학』 5.
- 신순철 ▮ 2003, 「보은 동학농민혁명 기념공원 조성사업의 문제점」 『충북학』 5.
- 김재영 ▮ 2003, 「일제시기 제천지역 구황음식의 식용 양상」, 고려대 석사학위논문.
- 이동근 ▮ 2003, 「『호서의병사적』의 서사문학적 일고찰」 『제천학과 청풍명월』, 제천문화원.
- 서태원 ▮ 2005, 「갑오개혁 이후 충북 지방군 연구-진천군과 관련하여」 『진천군 옛 모습의 복원과 사회변화』, 한국학술진흥재단 기초학문 연구지원사업 2004년도 3차 학술발표회 발표문.
- 김양식 ▮ 2005, 「충북선 부설의 지역사적 성격」 『한국근현대사연구』 33.
- 리진호 ▮ 2005, 「제천 근대 지적 사료에 관한 고찰」 『중원문화논총』 9.
- 전순동 ▮ 2005, 「일제하 충북인의 근대문화와 유산」 『충북학』 7.

• 김양식 | 2006, 「한말 · 일제하 청주지역 개화지식인들의 외부세계 소통과 지역활동」『역사에서의 중앙과 지방』, 제49회 전국역사학대회 발표문.

16. 인물

1) 姜瑜 - 제천

• 『商谷集』.
• 이종훈 | 1993, 「忠穆公 姜瑜선생과 척화소」『충북향토문화』 4, 충북향토문화연구소.

2) 權九玄 - 영동

• 권구현 | 1927, 『黑房의 선물』, 영창서관.
• 김경복 | 1998, 『한국 아나키즘 시문학 연구』, 부산대 박사학위논문.
• 김경복 | 1999, 『한국 아나키즘시와 생태학적 유토피아』, 다운샘.
• 조두섭 | 1999, 『한국 근대시의 이념과 형식』, 다운샘.
• 권구현 | 1927, 「계급문학과 그 비판적 요소-김기진군 대 박영희의 論戰을 읽고」『동광』 10.
• 권구현 | 1982, 「내 혼이 불탈 때」『한국 현대시사자료집성』 3, 태학사.
• 조두섭 | 1989, 「權九玄 시 연구」『대구어문논총』 7, 대구어문학회.
• 고현철 | 1990, 「권구현 시조 연구」『국어국문학』 27, 문창어문학회.
• 고현철 | 1991, 「白刃의 시학-권구현론」『한국문학논총』 12.
• 김덕근 | 1992, 「黑星 권구현론」『우암논총』 8, 청주대 대학원.
• 박명용 | 1992, 「민족적 저항, 아나키스트 시의 고뇌-권구현론」『홍익어문』 10 · 11합집.
• 김덕근 | 1994, 「한국문학의 아나키즘 수용 연구-권구현 · 김화산을 중심으로」『인문과학논집』 13, 청주대 인문과학연구소.
• 조두섭 | 1994, 「권구현의 아나키즘문학론 연구」『대구어문논총』 12, 대구어문학회
• 김경복 | 1995, 「권구현 시에 나타난 아나키즘론」『국어국문학』 32, 부산대.
• 김석환 | 2001, 「권구현 시의 기호학적 연구-아나키즘과 현실 극복을 중심으로」『한국문예비평연구』 8, 한국현대문예비평학회.
• 정민 | 2005, 「권구현의 삶과 초기시의 양상-시집 『黑房의 선물』을 중심으로」『충북학』 7.

3) 權東鎭 - 괴산

• 김진봉 | 2000, 『3 · 1운동사연구』, 국학자료원.
• 황부연 | 1987, 「충북지방의 3 · 1운동」『충북사학』 1.
• 김근수 | 1989, 「괴산 출생 독립운동 민족대표 權東鎭선생」『충북향토문화』 창간호.

- 이춘택 ǀ 1994, 「괴산군 3 · 1운동의 고찰」 『괴향문화』 2.
- 박걸순 ǀ 1996, 「3 · 1운동과 괴산」 『괴산지방 항일독립운동사』, 괴산문화원.
- 이춘택 ǀ 2000, 「우당 권동진의 생애」 『괴향문화』 8.
- 이춘택 ǀ 2001, 「憂堂 권동진」 『충북향토문화』 12.

4) 權泰應 – 충주

- 원종찬 ǀ 1996, 「권태응 저 「사랑과 나무」, 김구연 저 〈서평〉」 『황해문화』 10.
- 주명자 ǀ 1996, 「아동작가 권태응론」, 단국대 교육대학원 석사학위논문.
- 임기현 ǀ 2004, 「충북 문학인 기념사업의 현황과 전망–충북지역의 문학제를 중심으로」 『충북학』 6.

5) 金伯善 – 제천 · 충주

- 宋相燾 ǀ 『騎驢隨筆』.
- 이구영 편역 ǀ 1994, 『호서의병사적』, 제천군문화원.
- 구완회 · 이창식 편 ǀ 1996, 『제천의병의 종합적 이해』, 백산출판사.
- 유한철 ǀ 1997, 『유인석 의병 연구』, 국민대 박사학위논문.
- 구완회 ǀ 1997, 『韓末의 堤川義兵』, 집문당.
- 충청북도 ǀ 1997, 『충북 100년–제1장 충북의 얼(팔도 열읍에 떨친 충북의 병의 함성 : 선봉장 김백선과 소년 의병 홍사구)』.
- 제천문화원 ǀ 1998, 『제천의병과 전통문화』.
- 오영섭 ǀ 1999, 『화서학파의 사상과 민족운동』, 국학자료원.
- 정성원 외 ǀ 2002, 『제천의병의 이념적 기반과 전개』, 이회, 세명대 인문 사회과학 학술총서 4.
- 유병용 ǀ 1987, 「유인석 제천의병항쟁의 제한적 성격과 역사적 의의」 『강원의병운동사』.
- 구완회 ǀ 1995, 「1896년 제천의병의 可興전투와 金伯善」 『조선사연구』 4.
- 오영섭 ǀ 1995, 「을미의병의 정치 사회적 배경」 『국사관논총』 65.
- 이상찬 ǀ 1995, 「을미의병 지도부의 1894년 反동학군 활동」 『규장각』 18.
- 이상찬 ǀ 1998, 「1896년 의병운동 통설에 대한 비판적 검토」 『역사비평』 1998년 겨울호, 역사비평사.
- 이상찬 ǀ 1998, 「1896년 의병과 명성왕후 지지세력의 동향」 『한국문화』 20, 서울대 한국문화연구소.
- 권대웅 ǀ 2000, 「을미의병기 의병부대 내부의 갈등 요인」 『국사관논총』 90.
- 이상찬 ǀ 2002, 「1896년 還宮 의병운동의 전개 양상」 『한국문화』 30, 서울대 한국문화연구소.
- 이상찬 ǀ 2003, 「김백선」 『63인의 역사학자가 쓴 한국사인물열전』 3, 돌베개.
- 김상기 ǀ 2004, 「한말 양평에서의 의병항쟁과 의병장」 『호서사학』 37.

6) 金復鎭 – 청원 · 영동

- 이구열 | 1973, 『조각가 김복진』, 공간.
- 김윤식 | 1976, 『한국근대문예비평사연구』, 일지사.
- 김준엽 · 김창순 | 1986, 『한국공산주의운동사』, 청계연구소.
- 정창훈 | 1990, 『조각가 井觀 김복진』, 뒷목.
- 최열 | 1995, 『김복진』, 재원.
- 윤범모 · 최열 엮음 | 1995, 『김복진전집』, 청년사.
- 김인덕 | 2002, 『일제시대 민족해방운동가 연구』, 국학자료원.
- 이구열 | 2005, 『우리 근대미술 뒷이야기』, 돌베개.
- 김기진 | 1941, 「고 김복진 반생기」『春秋』 1941년 9월호.
- 박팔양 | 1957, 「김복진 동무에 대한 나의 회상」『조선미술』 1957년 5월호.
- 이경성 | 1971, 「근대조각의 선각-정관 김복진」『예술원논문집』 10.
- 이구열 | 1982, 「김복진 조각생활 20년기(하) 동생 팔봉옹의 회고」『계간미술』 24.
- 문명대 | 1988, 「김복진의 조각세계」『한국현대미술의 흐름』, 일지사.
- 조은정 | 1992, 「백제조각의 현대적 계승」『백제조각과 미술』, 공주대박물관 · 충청남도.
- 정창훈 | 1993, 「한국 근대조각의 대부 金復鎭」『충북예총30년사』, 충북예총.
- 최태만 | 1995, 「김복진에 있어서 근대성문제」『가나아트』 1995년 1 · 2월호.
- 최열 | 1995, 「김복진과 그의 제자」『가나아트』 1995년 1 · 2월호.
- 윤범모 | 1995, 「반세기 동안의 망각, 김복진의 자취를 찾아서」『가나아트』 1995년 1 · 2월호.
- 김기현 | 1997, 「김복진의 미술세계 연구」, 경희대 교육대학원 석사학위 논문.
- 김인덕 | 1998, 「김복진 소고-1920년대 민족해방운동과 미술론을 중심으로」『근현대사강좌』 10, 한국현대사연구회.
- 최열 | 1998, 「조선미술론의 형성과 성장과정 연구-1930년대 비평을 중심으로」『한국근대미술사학』 6.
- 김승환 | 1999, 「정관 김복진과 한국근대문예운동사」『한국학보』 1999년 9월호.
- 조은정 | 1999, 「김복진의 비평과 근대미술」『한국근대미술사학』 7.

7) 柳子明 – 충주

- 박태원 | 1947, 『若山과 義烈團』, 백양당.
- 이종범 | 1970, 『의열단부장李種岩傳』, 광복회.
- 이강훈 | 1974, 『항일독립운동사』, 정음사.
- 김창숙 | 1979, 『국역 心山遺稿』, 성균관대 대동문화연구원 편.
- 이현희 | 1982, 『대한민국임시정부사』, 집문당.
- 류자명 | 1983, 『나의 회억』, 요녕인민출판사.
- 염인호 | 1993, 『김원봉 연구』, 창작과 비평사.

- 무정부주의운동사편찬위원회 편 ∣ 1994, 『한국아나키즘운동사』, 형설출판사.
- 김학철 ∣ 1995, 『최후의 분대장』, 문학과 지성사.
- 유자명 ∣ 1999, 『한 혁명자의 회억록』, 독립기념관 한국독립운동사연구소.
- 김산 · 님 웨일즈 ∣ 1999, 『아리랑』, 동녘(개정증보판).
- 이호룡 ∣ 2001, 『한국의 아나키즘-사상편』, 지식산업사.
- 이덕일 ∣ 2001, 『아나키스트 이회영과 젊은 그들』, 웅진닷컴.
- 김명섭 ∣ 2001, 『재일 한인아나키즘운동연구』, 단국대 사학과 박사학위논문.
- 류연산 ∣ 2004, 『행동하는 지식인 류자명 평전』, 충주시 · 예성문화연구회.
- 김희곤 ∣ 2004, 『대한민국 임시정부 연구』, 지식산업사.
- 구승희 외 ∣ 2004, 『한국 아나키즘 100년』, 이학사.
- 김창수 ∣ 1969, 「민족운동으로서의 의열단의 활동」『삼일운동50주년기념논집』, 동아일보사.
- 김창수 ∣ 1972, 「1920년대에 있어서의 민족운동의 일양상-민족운동으로서의 의열단의 활동보유」『아세아학보』 12.
- 박성수 ∣ 1987, 「의열단연구」『논문집』 2, 한국정신문화연구원 한국학대학원.
- 김승곤 ∣ 1982, 「조선의열단의 창립과 투쟁」『군사』 5, 국방부 전사편찬위원회.
- 김영범 ∣ 1989, 「1930년대 의열단의 항일청년투사 양성에 관한 연구-의열단 간부학교를 중심으로」『한국독립운동사연구』 3.
- 염인호 ∣ 1991, 「후기 의열단의 국내 대중운동(1926~1935)」『이원순정년기념 역사학논총』.
- 염인호 ∣ 1992, 「상해시기 의열단(1922~1925)의 활동과 노선-진보적 민족주의노선의 성립」『택와허선도정년기념 한국사학논총』.
- 김영범 ∣ 1992, 「1920년대중반 민족혁명운동의 한 · 중 연대와 의열단-의열단의 동향과 조직 · 이념변천을 중심으로」『한국학보』 78.
- 한상도 ∣ 1992, 「1920년대 의열단의 노선 재정비과정」『하석김창수화갑논총 한국민족독립운동사의 제문제』.
- 이호룡 ∣ 2003, 「신채호의 아나키즘」『역사학보』 177.
- 김성국 ∣ 2003, 「유자명과 한국 아나키즘의 형성」『한국사회사상사연구』, 나남.
- 김병민 ∣ 2003, 「류자명의 생애와 의식세계」『예성문화』 23.
- 한상도 ∣ 2003, 「류자명의 중국관과 협동전선론」『예성문화』 23.
- 이호룡 ∣ 2003, 「류자명과 재중국 한국인 아나키스트운동」『예성문화』 23.
- 이호룡 ∣ 2004, 「류자명의 아나키스트 활동」『역사와 현실』 53.
- 류자명 ∣ 2005, 「자료소개-일본 군국주의의 부활을 건성으로 보아서는 아니된다」『한국근현대사연구』 33.

8) 朴魯重 – 청주

- 『滄菴集』.

- 朴翼東, 『小近齋集』.
- 이석린 | 2005, 『조선왕조 왜란 · 호란기 의병장 朴春茂 一家의 三代倡義 錄』, 청주향교.
- 이석린 | 2004, 「滄菴 朴魯重의 생애와 학맥-19~20세기 초반 淸州儒林의 동향에 대한 시론」『중원문화논총』 8, 충북대 중원문화연구소.

9) 朴文鎬 - 보은

- 『壺山集』.
- 『壺山年譜』.
- 渡部學 | 1971, 『근세조선교육사연구』, 雄山閣.
- 호산전집편찬위원회 | 1987, 『壺山全集』, 아세아문화사.
- 한국정신문화연구원 | 1993, 『한국사상가의 새로운 발견-瓶窩 李衡祥 · 壺山 朴文鎬 연구』.
- 한관일 | 2005, 『충북교육사』, 문음사.
- 유정기 | 1936, 「壺山 박문호선생의 인물고」『월간 동양문화』 1월-5월호, 일본.
- 이상은 | 1955, 「박문호의 人物性考」『고려대 문리논집』 1, 고려대.
- 渡部學 | 1978, 「구한말정황하에 있어서 在鄕 지식인의 사상동향-특히 호산 박문호선생을 중심으로」『국제학술발표회 발표문』, 청주대.
- 지교헌 | 1982, 「호산 박문호의 생애와 사상」『호서문화연구』 2, 충북대 호서문화연구소.
- 渡部學 | 1985, 「호산 박문호론-19세기조선 在鄕處士の 인간형성상」『魯山 유원동박사 화갑기념사학논총』, 정음문화사.
- 이수봉 | 1988, 「壺山의 「女小學」연구 (1)」『호서문화연구』 7, 충북대 호서문화연구소.
- 양재열 | 1991, 「호산 박문호의 性學과 性四品說에 관한 고찰」『동양철학연구』 12, 동양철학연구회.
- 권정안 | 1993, 「호산 박문호의 경학사상」『한국사상가의 새로운 발견』, 한국정신문화연구원.
- 양재열 | 1993, 「호산 박문호의 인물성론」『한국사상가의 새로운 발견』, 한국정신문화연구원.
- 지교헌 | 1993, 「호산 박문호의 윤리사상」『한국사상가의 새로운 발견』, 한국정신문화연구원.
- 한관일 | 1998, 「호산 박문호의 교육사상」『한국교육사학』 20, 한국교육학회 교육사연구회.
- 김건식 | 1998, 「호산의 楓水志」『보은의 향토사』 1.
- 한관일 | 2005, 「개화기 박문호의 교육사상」『충북교육사』, 문음사.

10) 朴世和 – 제천

- 내제문화연구회 ❙ 2002, 『毅堂集』.
- 금장태 ❙ 1984, 『儒學近百年』, 박영사.
- 최재우 ❙ 1990, 「朴世和의 殉節日誌」 『충북향토문화』 2.
- 이종환 ❙ 1999, 「병산영당」 『내제문화』 11.
- 서길석 ❙ 2000, 「朴毅堂과 用夏九曲」 『내제문화』 12.
- 권오영 ❙ 2002, 「朴世和의 사상과 현실인식」 『제천의병의 이념적 기반과 전개』, 이회.

11) 朴貞洙 – 제천

- 『悔堂集』.
- 박인호 ❙ 2000, 「朴貞洙의 의병사 저술과 역사의식」 『충북학』 2.

12) 徐相烈 – 제천

- 제천문화원 ❙ 1995, 『六義士列傳』.
- 내제문화연구회 ❙ 2003, 『敬庵集』.
- 권대웅 ❙ 1993, 「을미의병기 경북 북부지역의 醴泉會盟」 『민족문화논총』 14, 영남대 민족문화연구소.
- 박인호 ❙ 2003, 「서상열의 저술과 의병활동」 『지역문화연구』 2, 세명대 지역문화연구소.

13) 蘇悅道 – 청주

- 조선일보사 ❙ 1936, 「조선일보 1936년 12월 14일 기사」.
- 안재명 ❙ 1999, 『충청지역에 福音이 들어온 이야기-장로교 초대선교사들과 초대교회를 중심으로』.
- 충북기독교역사연구회 ❙ 2000, 『충북기독교역사연구회보』.
- 충북기독교선교100주년기념사업회 ❙ 2002, 『충북기독교백년사』.
- 이쾌재 ❙ 1998, 「충청지역 교회의 발자취」 『충북노회사사료집』, 한국기독교장로회 충북노회.

14) 孫秉熙 – 청원

- 이돈화 ❙ 1933, 『천도교창건사』, 천도교중앙종리원.
- 종학강습회 편 ❙ 1946, 『천도교운동약사』.
- 이종해 ❙ 1962, 『천도교사』, 천도교중앙총부.
- 의암손병희선생기념사업회편 ❙ 1965, 『의암손병희선생전기』, 대한교과서주식회사.
- 이광순 ❙ 1975, 『위대한 한국인 5-의암 손병희』, 태극출판사.

- 이현희 ❙ 1992, 『21세기 한국인물 손병희』, 동아출판사.
- 이현희 ❙ 1994, 『동학혁명사론』, 대광서림.
- 이현희 ❙ 1995, 『손병희-민족 없이는 구도도 없다』, 동아일보사.
- 충청북도 ❙ 1997, 『충북 100년-제1장 충북의 얼(수많은 독립운동가의 산실 : 3·1 운동을 주도한 민족의 대표 손병희)』.
- 이현희 ❙ 2004, 『동학혁명과 민중』, 한국학술정보.
- 백세명 ❙ 1963, 「甲辰혁신운동과 동학-孫義菴의 구국운동과 教政분리」 『한국사상』 6, 한국사상연구소.
- 유광렬 ❙ 1965, 「독립운동의 炬火 손병희」 『인물한국사』, 박우사.
- 이현종 ❙ 1974, 「갑진개화혁신운동의 전말」 『한국사상』 12, 한국사상연구회.
- 刑文泰 ❙ 1977, 「1904·5년대 동학운동에 대한 일고찰」 『사학논지』 4·5합집, 한양대 사학과.
- 최창규 ❙ 1980, 「義菴선생의 사상과 독립정신(2·3)」 『신인간』 380·381, 신인간사.
- 이현희 ❙ 1985, 「갑진개화혁신운동의 민중사적 위치-동학사상의 민족사적의미」 『천관우선생환력기념 한국사학논총』, 정음문화사.
- 정진오 ❙ 1986, 「손병희의 정치사상에 대한 연구」 『제주대 논문집-사회과학편』 22, 제주대.
- 박명규 ❙ 1987, 「동학 사상의 종교적 전승과 사회운동」 『한국사회사연구회 논문』 7, 문학과 지성사.
- 이융조 외 ❙ 1989, 「손병희생가 복원에 대한 고찰」 『인문학지』 4, 충북대.
- 이호재 ❙ 1988, 「춘원 이광수의 대외인식과 주장 분석」 『사회과학논집』 14, 고려대학교 경상대.
- 황선희 ❙ 1992, 「1900년대 天道教의 개화운동」 『중재장충식박사화갑기념논총』.
- 최기영 ❙ 1994, 「한말 동학의 천도교로의 개편에 관한 검토」 『한국학보』 76, 일지사.
- 이이화 ❙ 1994, 「손병희」 『발굴 동학농민전쟁 인물열전』, 한겨레신문사.
- 정혜정 ❙ 2002, 「의암 손병희의 인내천 교육사상」 『문명연지』 3-2, 한국문명학회.
- 김정인 ❙ 2002, 「손병희의 문명개화노선과 3·1운동」 『한국독립운동사연구』 19, 한국독립운동사연구소.
- 임태홍 ❙ 2003, 「손병희의 神觀」 『동학연구』 14·15합집, 한국동학학회.
- 최효식 ❙ 2003, 「의암 손병희와 3·1독립운동」 『동학연구』 14·15합집, 한국동학학회.
- 박성수 ❙ 2005, 「3·1운동과 의암 손병희」 『중앙사학』 21, 한국중앙사학회.

15) 宋秉瓚 – 옥천

• 『淵齋先生文集』.
• 이이화 ∥ 1993, 『이야기 인물한국사 5-역사상의 라이벌과 동반자』, 한길사.
• 금장태 · 고광식 ∥ 1984, 「연재학파」『儒學近百年』, 박영사.
• 황종동 ∥ 1977, 「『東鑑綱目』의 여진관계 기사에 대하여」『대구사학』 12 · 13합집.
• 김상기 ∥ 1997, 「대전지역 항일독립운동의 사상적 배경」『대전문화』 6.
• 노관범 ∥ 1997, 「19세기 후반 湖西山林의 위상과 正學운동-연재 송병선 (1836~1905)을 중심으로」『한국사론』 38, 서울대 국사학과.
• 박경목 ∥ 1999, 「연재 송병선의 위정척사운동」『호서사학』 27.
• 김경수 ∥ 2001, 「『東鑑綱目』의 사학사적 고찰」『한국사학사학보』 3, 한국사학사학회.
• 박경목 ∥ 2001, 「연재 송병선의 학맥과 민족운동」『대동문화연구』 39, 성균관대 대동문화연구원.

16) 申圭植 - 청원

• 신규식 저, 민병하 역 ∥ 1974, 『韓國魂』, 박영사.
• 강영심 ∥ 1992, 『신규식의 생애와 민족운동』, 독립기념관.
• 국가보훈처 편 ∥ 1995, 『石麟 閔弼鎬 先生』, 나남.
• 윤명숙 ∥ 1995, 『大韓英雄傳』 1, 국가보훈처.
• 충청북도 ∥ 1997, 『충북 100년-제1장 충북의 얼(수많은 독립운동가의 산실 : 상해 독립운동기지 개척자)』.
• 한시준 외 ∥ 1999, 『광복의 역사인물』, 연합뉴스.
• 石源華 · 김준엽 공편, 2003, 『신규식 · 민필호와 한중관계』, 나남.
• 김희곤 ∥ 2004, 『대한민국임시정부 연구』, 지식산업사.
• 신승하 ∥ 1983, 「예관 申圭植과 중국혁명당인과의 관계-망명초기를 중심으로」『김준엽교수 화갑기념 중국학논총』.
• 강영심 ∥ 1987, 「신규식의 생애와 독립운동」『한국독립운동사연구』 1, 독립기념관 한국독립운동사연구소.
• 임춘수 ∥ 1990, 「신규식 · 신채호 등의 山東門中 개화사례」『윤병석교수화 갑기념논총』.
• 양소전 ∥ 1992, 「신규식선생평전」『水邨박영석교수화갑기념 한국민족운동사논총』.
• 김문희 ∥ 1999, 「신규식의 구국운동 연구」, 상명대 교육대학원 석사학위논문.
• 조종식 ∥ 2001, 「신규식선생의 생애와 사상」『청원문화』 10.
• 김희곤 ∥ 2003, 「대한민국임시정부와 신규식」『인하사학』 10.
• 임형택 ∥ 2005, 「19세기말 20세기초 동아시아 세계관적 전환과 지식인의 동아시아 인식」『대동문화연구』 50, 성균관대 대동문화연구원.

17) 申伯雨 - 청원

- 耕夫 신백우선생기념사업회 편 ǀ 1973, 『耕夫 申伯雨』.
- 임춘수 ǀ 1990, 「신규식 · 신채호 등의 山東門中 개화사례」『윤병석교수화 갑기념논총』.
- 홍일식 ǀ 1992, 「耕夫 申伯雨의 개화 · 민족운동」『인문논집』 37, 고려대 문과대.

18) 申錫九 – 청주 · 청원

- 국가보훈처 ǀ 1986, 『독립운동자공훈록』 권2(삼일독립운동편).
- 김재황 ǀ 1988, 『巨星 殷哉 申錫九목사 일대기』, 은재신석구목사기념사업회.
- 한국감리교회사학회 ǀ 1988, 『민족대표 삼십삼인의 일인 은재 신석구목사 자서전(친필)』.
- 신현우 ǀ 1995, 『은재 신석구 목사의 생애와 사상』, 감리교신학대학교 신학대학원.
- 허돈 ǀ 1998, 『은재 신석구 목사의 민족의식 재고찰』, 협성대학교 신학대학원.
- 김요나 ǀ 1999, 『순교자 신석구 목사』, 대한예수교장로회 순교자기념사업부.
- 이덕주 ǀ 2000, 『신석구연구』, 기독교 대한감리회 홍보출판국.
- 市川正明 편 ǀ 「신석구 경찰심문조서」『삼일운동』, 原書房.
- 이병헌 ǀ 1959, 「신석구 선생 취조서」『三一運動秘史』, 시사시보사 출판국.
- 김춘배 ǀ 1969, 「법정에서 설교하는 민족대표 신석구」『한국기독교수난사화』, 성문학사.
- 최석주 ǀ 1974, 「신석구」『내가 본 인생백경』, 대한기독교서회.
- 신형식 ǀ 1978, 「신석구 선생의 장렬한 독립정신」『忠淸文藝』 8월호.
- 노종해 ǀ 1987, 「신석구」『한국 감리교회를 만든 사람들』, 한국감리교회사학회.
- 노종해 ǀ 1988, 「신석구 목사의 신앙과 민족구국활동」『한국 감리교회의 새 시각』, 풍만.
- 오세종 ǀ 1989, 「은재 신석구 목사의 漢詩」『감리교와 역사』 3권 1호.
- 이덕주 ǀ 1990, 「그리스도 사랑으로 민족을 사랑한 애국자 신석구」『한국 그리스도인들의 개종이야기』, 전망사.
- 이정은 ǀ 1996, 「은재 申錫九」『월간 독립기념관』 1996-3.
- 노상래 ǀ 1996, 「진리를 일깨운 신석구 목사」『신앙과 지성』 3호, 한국신학원.

19) 申采浩 – 청원

- 안병직 ǀ 1979, 『申采浩』, 한길사.
- 최홍규 ǀ 1979, 『丹齋 申采浩』, 태극출판사.
- 임중빈 ǀ 1980, 『단재 신채호전기』, 단재신채호선생추모사업회.
- 단재신채호선생기념사업회 ǀ 1980, 『丹齋 申采浩와 民族史觀』, 형설출판사.
- 신일철 ǀ 1981, 『신채호의 역사사상연구』, 고려대 출판부.
- 정화암 ǀ 1982, 『이 조국 어디로 갈 것인가』, 자유문고.

• 최홍규 | 1983, 『신채호의 민족주의 사상 : 생애와 사상』, 단재신채호선생 기념사업회.
• 신용하 | 1984, 『신채호의 사회사상 연구』, 한길사.
• 김창숙 | 1985, 『김창숙』, 한길사.
• 단재신채호선생기념사업회 | 1986, 『신채호의 사상과 민족독립운동』, 형설출판사.
• 이만열 | 1990, 『단재 신채호의 역사학연구』, 문학과지성사.
• 강만길 | 1990, 『신채호』, 고려대 출판부.
• 임중빈 | 1990, 『단재 신채호 일대기』, 범우사.
• 신연재 | 1991, 『동아시아 3국의 사회진화론 수용에 관한 연구 : 加藤弘之, 梁啓超, 申采浩의 사상을 중심으로』, 서울대 박사학위논문.
• 박찬승 | 1992, 『한국근대정치사상사 연구』, 역사비평사.
• 이규창 | 1992, 『운명의 餘燼』, 보련각.
• 최홍규 | 1993, 『신채호의 민족주의 사상』, 형설출판사.
• 윤병석 편 | 1993, 『한국독립운동사자료집 : 중국편』, 한국정신문화연구원.
• 김도형 | 1994, 『대한제국기의 정치사상연구』, 지식산업사.
• 무정부주의운동사편찬위원회 편 | 1994, 『한국아나키즘운동사』, 형설출판사.
• 유근주 | 1995, 『신채호』, 창작과 비평사.
• 신채호 | 1995, 『신채호문학유고선집』, 한국문화사.
• 단재신채호선생기념사업회 편 | 1995, 『단재 신채호 전집』, 형설출판사.
• 이덕남 | 1996, 『마지막 고구려인 단재 신채호』, 동현출판사.
• 충청북도 | 1997, 『충북 100년-제1장 충북의 얼(수많은 독립운동가의 산실 : 역사학자요 독립운동가인 실천적 지식인 신채호)』.
• 충청북도 | 1997, 『충북 100년-제2장 문화의 향기(충북이 낳은 한국의 문호들 : 개화기와 신채호의 소설)』.
• 박정규 편 | 1999, 『단재 신채호 시집』, 단재문화예술제전추진위원회.
• 이호룡 | 2001, 『한국의 아나키즘 : 사상편』, 지식산업사.
• 김명섭 | 2001, 『재일 한인아나키즘운동연구』, 단국대 사학과 박사학위논문.
• 배용일 | 2002, 『박은식과 신채호 사상의 비교연구』, 경인문화사.
• 신채호 | 2002, 『조선상고사』, 일신서적출판.
• 박인호 역 | 2003, 『새롭고 쉽게 읽는 단재 신채호의 조선사연구초』, 동재.
• 대전대 지역협력연구원 엮음 | 2003, 『단재 신채호의 현대적 조명』, 도서출판 다운샘.
• 임중빈 | 2003, 『단재 신채호 일대기』, 범우사.
• 신용하 | 2004, 『증보 신채호의 사회사상연구』, 나남.
• 최광식 | 2004, 『단재 신채호의 천고』, 아연출판사.
• 이용범 | 2004, 『인생의 참스승 선비』 2, 바움.
• 구승희 외 | 2004, 『한국 아나키즘 100년』, 이학사.

- 김삼웅 | 2005, 『단재 신채호 평전』, 시대의 창.
- 최홍규 | 2005, 『신채호의 역사학과 민족운동』, 일지사.
- 신채호 · 이광수 외 | 2006, 『20세기 한국소설』, 창비.
- 서세충 | 1936, 「단재의 天才와 凝滯」 『신동아』 1936년 4월호.
- 장국종 | 1962, 「사대주의적 력사관을 반대하여 투쟁한 계몽사가 신채호」 『력사과학』 1962-3.
- 홍이섭 | 1967, 「단재사학의 일면」 『백산학보』 3.
- 신일철 | 1972, 「신채호의 자강론적 역사상」 『한국사상』 10, 한국사상연구회.
- 김영호 | 1972, 「단재의 문학평론」 『창조』 26-6.
- 안병직 | 1973, 「단재 신채호의 민족주의」 『창작과 비평』 29.
- 김윤식 | 1973, 「단재 소설 및 문학사상의 문제점」 『인문사회과학』, 서울대.
- 신일철 | 1974, 「신채호의 민족사적 역사이론」 『성곡논총』 5.
- 이선영 | 1976, 「민족사관과 민족문학-신채호의 '꿈하늘'에 대하여」 『세계의 문학』 1-2.
- 신일철 | 1977, 「신채호의 무정부주의사상」 『한국사상』 15.
- 배용일 | 1977, 「신채호의 고대사인식고」 『백산학보』 23.
- 이만열 | 1977, 「단재신채호의 고대사 인식시고」 『한국사연구』 15.
- 신용하 | 1977, 「新民會의 창건과 국권회복운동(상)」 『한국학보』 8, 일지사.
- 신용하 | 1977, 「新民會의 창건과 국권회복운동(하)」 『한국학보』 9, 일지사.
- 임중빈 | 1977, 「단재의 상황문학론」 『한국문학』 5-9.
- 이동순 | 1978, 「단재소설에 나타난 낭가사상」 『어문논총』 12, 경북대 국어국문학과.
- 신동욱 | 1978, 「신채호의 문학관」 『수필문학』 7-3.
- 천관우 | 1978, 「신채호의 민족주의사상과 문장」 『수필문학』 7-3.
- 김기출 | 1978, 「단재 신채호 문학론」 『논문집』, 육군제3사관학교.
- 신경득 | 1978, 「단재 신채호 소설의 민족주의적 연구」 『논문집』, 건국대대학원.
- 신경득 | 1979, 「단재 신채호의 민족주의 문예론」 『월간문학』 12-3.
- 신춘호 | 1979, 「민족문학의 정통성-단재 · 춘원 소설을 중심으로」 『국제어문』 1, 국제대.
- 조일문 | 1980, 「단재와 민족운동」 『단재신채호선생탄신100주년기념논집 단재 신채호와 민족사관』.
- 배용일 | 1980, 「신채호의 낭가사상고」 『단재신채호선생탄신100주년기념논집 단재신채호와 민족사관』.
- 이을호 | 1980, 「단재사학에 있어서의 단군의 문제」 『단재신채호선생탄신 100주년기념논집 단재신채호와 민족사관』.
- 윤사순 | 1980, 「단재의 儒敎觀」 『단재신채호선생탄신100주년기념논집 단재신채호와 민족사관』.

- 임중빈 | 1980, 「단재문학의 영웅상과 민중상」 『단재신채호선생탄신100주년기념논집 단재신채호와 민족사관』.
- 김철준 | 1980, 「단재의 文化觀」 『단재신채호선생탄신100주년기념논집 단재신채호와 민족사관』.
- 신용하 | 1980, 「신채호의 讀史新論의 비교분석」 『단재신채호선생탄신100주년기념논집 단재신채호와 민족사관』.
- 박영석 | 1980, 「단재 신채호의 만주관」 『단재신채호선생탄신100주년기념논집 단재신채호와 민족사관』.
- 신일철 | 1980, 「신채호의 근대적 국사상 발상과정」 『단재신채호선생탄신100주년기념논집 단재신채호와 민족사관』.
- 김용덕 | 1980, 「단재사관과 식민사관 청산의 방향」 『단재신채호선생탄신100주년기념논집 단재신채호와 민족사관』.
- 이만열 | 1980, 「단재사학에 있어서의 국사주체 인식의 문제」 『단재신채호선생탄신100주년기념논집 단재신채호와 민족사관』.
- 장을병 | 1980, 「단재 신채호의 민족주의와 무정부주의」 『단재신채호선생탄신100주년기념논집 단재신채호와 민족사관』.
- 최홍규 | 1980, 「신채호의 전기 민족독립사상」 『단재신채호선생탄신100주년기념논집 단재신채호와 민족사관』.
- 하기락 | 1980, 「단재의 아나키즘」 『단재신채호선생탄신100주년기념논집 단재신채호와 민족사관』.
- 신용하 | 1980, 「신채호의 애국계몽사상(상)」 『한국학보』 19.
- 신용하 | 1980, 「신채호의 애국계몽사상(하)」 『한국학보』 20.
- 이만열 | 1980, 「단재사학의 배경」 『한국사학』 1.
- 홍선희 | 1980, 「我와 非我論의 이론적 근거」 『단재신채호선생탄신100주년기념논집 단재신채호와 민족사관』.
- 한영우 | 1980, 「한말에 있어서의 신채호의 역사인식」 『단재신채호선생탄신100주년기념논집 단재신채호와 민족사관』.
- 이만열 | 1980, 「단재사학의 배경과 구조」 『창작과 비평』 56.
- 이만열 | 1980, 「단재사학의 배경」 『한국사학』 1.
- 신일철 | 1980, 「신채호의 自强論的 서구수용」 『단재신채호선생탄신100주년기념논집 단재신채호와 민족사관』.
- 이명재 | 1980, 「단재 신채호의 민족문학 서설」 『기러기』 78.
- 송재소 | 1980, 「민중문학과 노예문학-단재 신채호의 문학에 대하여」 『창작과 비평』 15-5, 창작과비평사.
- 임문철 | 1981, 「단재 신채호사상의 연구」, 경희대 석사논문.
- 최홍규 | 1981, 「신채호의 민족독립사상연구」, 건국대 석사논문.
- 한영우 | 1981, 「1910년대의 신채호의 역사의식」 『한우근박사정년기념 사학논

총』, 지식산업사.
• 이동순 | 1981, 「단재 신채호의 '천희당설화'에 대하여」 『개신어문연구』 1, 충북대.
• 이동순 | 1982, 「대립구조를 통해서 본 단재소설」 『개신어문연구』 2, 충북대.
• 신용하 | 1983, 「신채호의 광복회 통고문과 고시문」 『한국학보』 32.
• 신용하 | 1983, 「신채호의 무정부주의 독립사상」 『동방학지』 38.
• 신용하 | 1983, 「신채호의 민족주의와 무정부주의」 『성곡논총』 14.
• 노무지 | 1983, 「단재 신채호의 민족주의 사상에 관한 일고찰」 『논문집』 11, 국제대.
• 이동희 | 1983, 「단재 소설의 문체론적 고찰」 『국어교육지』.
• 이상원 | 1983, 「단재 신채호의 문학세계」, 부산대 석사학위논문.
• 송재소 | 1983, 「단재의 역사인식과 역사소설」 『아세아학보』 17.
• 이종춘 | 1983, 「단재 신채호의 생애와 사상」 『논문집』 19, 청주교대.
• 차용주 | 1983, 「단재의 한문학」 『호서문화논총』 2, 청주사대.
• 박성수 | 1984, 「단재의 고대사관」 『소헌남도영박사화갑기념 사학논총』.
• 최홍규 | 1984, 「신채호의 역사상」 『한국의 사상』, 열음사.
• 이상원 | 1984, 「개혁적 자아의 형상화-丹齋小說의 고찰」 『한국문학논총』 6 · 7합집.
• 이기열 | 1984, 「신채호 소설 연구」 『국어국문학논문집』, 서울대 국어국문학과.
• 이경선 | 1984, 「신채호의 역사 · 전기소설」 『한국학논집』.
• 조인성 | 1985, 「신채호의 낭가사상에 대한 일고찰」 『경대사론』 1, 경남대 사학회.
• 이만열 | 1985, 「단재 신채호의 역사연구 방법론」 『산운사학』 1.
• 송지현 | 1985, 「단재 신채호의 역사 전기소설연구」, 연세대 석사학위논문.
• 이만열 | 1986, 「단재의 고대사인식」 『신채호의 사상과 민족독립운동』.
• 김정배 | 1986, 「신채호사학과 북한의 고대사」 『신채호의 사상과 민족독립운동』.
• 김정배 | 1986, 「신채호사학의 계승과 비판」 『아세아학보』 18, 아세아학술 연구회.
• 최홍규 | 1986, 「신채호의 민중적 민족주의와 독립노선」 『아세아학보』 18.
• 신용하 | 1986, 「신채호의 민족주의와 신역사」 『아세아학보』 18.
• 최홍규 | 1986, 「신채호사학의 근대성과 민중사관」 『신채호의 사상과 민족독립운동』.
• 강만길 | 1986, 「신채호의 영웅 · 국민 · 민중주의」 『신채호의 사상과 민족독립운동』.
• 김정배 | 1986, 「신채호사학과 북한의 고대사」 『신채호의 사상과 민족독립운동』.
• 신춘자 | 1986, 「신채호의 소설 연구(2)」 『논문집』, 성결신학교.
• 노태구 | 1986, 「신채호의 정치사상」 『신채호의 사상과 민족독립운동』.
• 김형배 | 1986, 「신채호의 무정부주의에 관한 일고찰」 『신채호의 사상과 민족독립

운동』.
• 오세창 | 1986, 「신채호의 해외언론활동」『신채호의 사상과 민족독립운동』.
• 배용일 | 1986, 「신채호 낭가사상의 배경과 구조」『신채호의 사상과 민족독립운동』.
• 이연복 | 1986, 「대한민국 임시정부와 단재」『신채호의 사상과 민족독립운동』.
• 송건호 | 1986, 「언론인으로서의 단재」『신채호의 사상과 민족독립운동』.
• 신일철 | 1986, 「신채호의 근대국가관」『신채호의 사상과 민족독립운동』.
• 신용하 | 1986, 「신채호의 민족독립운동론의 특징」『신채호의 사상과 민족 독립운동』.
• 진덕규 | 1986, 「단재 신채호의 민중 · 민족주의의 인식」『신채호의 사상과 민족독립운동』.
• 윤사순 | 1986, 「단재의 민족주체사상」『아세아학보』 18.
• 신용하 | 1986, 「신채호의 안창호에게의 서간 2점 해제」『한국학보』 42.
• 池明觀 | 1987, 「신채호사학과 최남선사학」『기요』 48, 동경여자대학.
• 조동걸 | 1987, 「임시정부 수립을 위한 1917년의 대동단결의 선언」『한국학논총』 9, 국민대 한국학연구소.
• 손문호 | 1988, 「단재 신채호의 정치사상」『호서문화논총』 5, 서원대 호서문화연구소.
• 박찬승 | 1988, 「한말 신채호의 역사관과 역사학」『한국문화』 9.
• 정창렬 | 1988, 「한말 신채호의 역사인식」『손보기박사정년기념한국사학논총』, 지식산업사.
• 우실하 | 1988, 「단재 신채호 애국계몽사상의 전개과정에 대한 연구(1905~1910)」, 연세대 석사학위논문.
• 양윤모 | 1989, 「신채호의 사학에 관한 일연구」, 인하대 석사학위논문.
• 박홍렬 | 1989, 「단재 신채호 소설 연구」, 한양대 석사학위논문.
• 신재성 | 1989, 「근대 역사소설의 선행형태-단재의 소설」『논문집』 26, 공군사관학교.
• 김락효 | 1989, 「신채호의 소설론」『백석조문제박사 정년기념논문집』.
• 장성수 | 1989, 「신채호 문학의 민족주의적 성격」『인문논총』 16, 전북대.
• 小川晴久 | 1989, 「신채호와 유교」『비교문화연구소기요』 50, 동경여대.
• 임춘수 | 1990, 「신규식 · 신채호 등의 山東門中 개화사례」『윤병석교수화갑기념논총』.
• 정창렬 | 1990, 「애국계몽사상의 역사의식」『국사관논총』 15.
• 한영우 | 1992, 「단재 신채호의 민족주의 사학」『우리 역사와의 대화』, 을유문화사.
• 이재권 | 1993, 「단재 신채호의 근대정신」『유학연구』 1, 충남대 유학연구소.
• 하일식 | 1993, 「신채호-투쟁 속에 살다간 민족주의자」『역사비평』 계간 20호.

- 박찬승 ❙ 1994, 「신채호」『한국의 역사가와 역사학(하)』, 창작과 비평사.
- 이만열 ❙ 1994, 「신채호」『한국사시민강좌』 14.
- 정창렬 ❙ 1994, 「근대국민국가 인식과 내셔널리즘의 성립과정」『한길사』 11.
- 최홍규 ❙ 1994, 「신채호연구의 동향과 성과」『단재 신채호연구논집』, 충북대 인문과학연구소.
- 신용하 ❙ 1994, 「구한말 단재 신채호의 민족주의 사상」『단재 신채호연구논집』, 충북대 인문과학연구소.
- 양기선 ❙ 1994, 「신채호의 근대사관의 근저와 발전」『단재 신채호연구논집』, 충북대 인문과학연구소.
- 김정화 ❙ 1994, 「민국초기 劉師復과 단재 신채호의 무정부주의사상 비교」『단재 신채호연구논집』, 충북대 인문과학연구소.
- 이만열 ❙ 1994, 「단재 신채호의 고대사 인식」『단재 신채호연구논집』, 충북대 인문과학연구소.
- 정진석 ❙ 1994, 「언론인 단재 신채호」『단재 신채호연구논집』, 충북대 인문과학연구소.
- 성현자 ❙ 1994, 「단재 신채호의 역사전기소설연구」『단재 신채호연구논집』, 충북대 인문과학연구소.
- 김병민 ❙ 1994, 「신채호의 문학창작유고에 대한 자료적 고찰」『단재 신채호연구논집』, 충북대 인문과학연구소.
- 정종진 ❙ 1994, 「단재 시의 氣像과 道理 연구」『인문과학논집』 13, 청주대 인문과학연구소.
- 김기승 ❙ 1994, 「단재의 사상적 변화와 儒敎」『대동문화연구』 29.
- 김병민 ❙ 1994, 「신채호의 문학 유고에 대한 자료적 고찰」『신채호문학유고선집』, 연변대학 출판부.
- 최정수 ❙ 1995, 「단재 신채호의 국제관」『한국학논집』 26, 한양대 한국학연구소.
- 신영우 ❙ 1995, 「조선의 역사 대가 단재 옥중회견기」『단재 신채호 전집』.
- 김성국 ❙ 1995, 「아나키스트 신채호의 시론적 재인식」『아나키즘연구』 창간호.
- 최정수 ❙ 1995, 「단재 신채호의 국제관」『한국학논집』 26, 한양대 한국학연구소.
- 강영심 ❙ 1996, 「신규식과 신채호」『광복51주년기념 학술대회 대전 · 충청인의 독립건국운동』, 배제대 인문과학연구소.
- 권희돈 ❙ 1996, 「신채호의 〈용과 용의 대격전〉 연구」『새국어교육』 52, 한국국어교육학회.
- 배용일 ❙ 1997, 「박은식과 신채호의 성장과정과 학문수학의 비교」『于松趙 東杰교수정년기념논총』, 나남출판.
- 서중석 ❙ 1997, 「신채호의 무정부주의에 대한 소고」『于松趙東杰교수정년 기념논총』, 나남출판.
- 권진성 ❙ 1997, 「단재 신채호의 아나키즘」, 영남대 석사학위논문.

- 신일철 ∣ 1997, 「신채호의 근대국가관」 『현대 사회철학과 한국 사상』, 문예출판사.
- 이현희 ∣ 1998, 「단재 신채호사학의 정신적 배경」 『국학연구』 4.
- 박정규 ∣ 1998, 「단재 신채호의 국내외 언론활동」 『松谷손홍열박사화갑기념논총』.
- 백동현 ∣ 1998, 「신채호와 '국(國)' 의 재인식」 『역사와 현실』 29.
- 노무지 ∣ 1998, 「구한말 단재 신채호의 역사인식」 『중앙사론』 10 · 11합집.
- 신복룡 ∣ 1999, 「신채호의 민족주의」 『한국의 정치사상가』, 집문당.
- 최광식 ∣ 1999, 「단재 신채호가 북경에서 발행한 『텬고』」 『역사비평』 계간46호.
- 손문호 ∣ 2000, 「신채호의 민족주의 정치사상 연구」 『호서문화논총』 14, 서원대 호서문화연구소.
- 조동걸 ∣ 2001, 「단재 신채호의 삶과 유훈」 『한국사학사학보』 3.
- 최기영 ∣ 2001, 「일제 강점기 신채호의 언론활동」 『한국사학사학보』 3.
- 한시준 ∣ 2001, 「신채호의 재중독립운동」 『한국사학사학보』 3.
- 한기영 ∣ 2001, 「동아시아 담론과 민족주의-신채호의 논의와 관련하여」 『한국사학사학보』 3.
- 최광식 ∣ 2001, 「『天鼓』의 '고고' 편에 보이는 신채호의 고대사 인식」 『한국사학사학보』 3.
- 최수정 ∣ 2001, 「신채호의 『꿈하늘』 · 『용과 용의 대격전』연구」 『한양어문』 19, 한국언어문화학회.
- 김영범 ∣ 2001, 「신채호의 '조선혁명' 의 길」 『한국근현대사연구』 18.
- 김주현 ∣ 2002, 「단재 신채호 문학의 연구 현황과 전망」 『단재의 문학, 단재의 정신』, 단재문화예술제전 추진위원회.
- 심경호 ∣ 2002, 「단재의 한시」 『단재의 문학, 단재의 정신』, 단재문화예술제전 추진위원회.
- 호테이 토시히로 ∣ 2002, 「단재와 일본」 『단재의 문학, 단재의 정신』, 단재문화예술제전 추진위원회.
- 신범순 ∣ 2002, 「신채호 시의 그릇과 칼」 『단재의 문학, 단재의 정신』, 단재문화예술제전 추진위원회.
- 김재용 ∣ 2002, 「신채호의 민족문제 인식과 그 변모」 『단재의 문학, 단재의 정신』, 단재문화예술제전 추진위원회.
- 김승환 ∣ 2002, 「Danjae in the post-colonialism」 『단재의 문학, 단재의 정신』, 단재문화예술제전 추진위원회.
- 김명구 ∣ 2002, 「한말 · 일제강점 초기 신채호의 민족주의 사상」 『백산학보』 62.
- 심경호 ∣ 2002, 「단재 신채호의 한시」 『국학연구』 1.
- 이호룡 ∣ 2003, 「신채호의 아나키즘」 『역사학보』 177.
- 김갑동 ∣ 2003, 「민족정신을 살리는 것이 나라를 살리는 길이다-신채호와 백남

운」『옛사람 72인에게 지혜를 구하다』, 푸른역사.

- 이호룡 ǀ 2003, 「신채호」『63인의 역사학자가 쓴 한국사인물열전』 3, 돌베개.
- 박환 ǀ 2003, 「1920년대 전반 북경지역 한인 아나키즘」『한국민족운동사연구』 37.
- 김명구 ǀ 2003, 「한말 · 일제강점 초기 신채호의 민족주의 사상」『인문과학논문집』 35, 대전대 인문과학연구소.
- 송인창 ǀ 2003, 「단재 신채호의 철학사상 현실인식」『인문과학논문집』 35, 대전대 인문과학연구소.
- 박찬승 ǀ 2004, 「1920년대 신채호와 양계초의 역사연구방법론 비교-E.베른 하임을 참고하여」『한국사학사학보』 9.
- 이호룡 ǀ 2004, 「신채호의 생애와 사상」『내일을 여는 역사』 15, 서해문집.
- 박정심 ǀ 2004, 「신채호의 유교인식에 관한 연구-근대적 주체 문제와 관련하여」『한국사상사학』 22.
- 이호룡 ǀ 2004, 「신채호, 민족해방을 꿈꾼 아나키스트」『내일을 여는 역사』 15.
- 임태영 ǀ 2005, 「1920년대 신채호의 아나키즘과 낭가사상」, 충북대 사학과 석사학위논문.
- 한관일 ǀ 2005, 「개화기 신채호의 교육사상」『충북교육사』, 문음사.
- 조법종 ǀ 2005, 「단재 신채호의 민족사학연구」『한국종교사연구』 13, 한국종교사학회.

20) 申櫶 - 진천

- 『葳堂集』.
- 『申櫶全集』.
- 권오영 ǀ 1983, 「신기선 사상 연구」, 한국정신문화연구원 석사학위논문.
- 권정의 ǀ 1987, 「申櫶의 군제개혁론」, 전남대 사학과 석사학위논문.
- 박찬식 ǀ 1988, 「申櫶의 國防論」『역사학보』 117.
- 최진욱 ǀ 1998, 「申櫶의 內修禦洋策 연구-1860년대를 중심으로」, 고려대 사학과 석사학위논문.
- 손문호 ǀ 2001, 「신기선 연구-한 절충주의자의 생애와 사상」『호서문화논총』 15, 서원대 호서문화연구소.

21) 申鉉國 - 제천

- 내제문화연구회 ǀ 2002, 『直堂集』.
- 이종환 ǀ 1999, 「병산영당」『내제문화』 11.
- 이종훈 ǀ 2003, 「直堂 申鉉國 소고」『내제문화』 14.

22) 申興雨 - 청원

• 전택부 | 1971, 『인간 신흥우』, 기독교서회.
• 한규무 | 1997, 『일제하 한국기독교 농촌운동』, 한국기독교 역사연구소.
• 윤성렬 | 2004, 『도포입고 ABC 갓 쓰고 맨손체조 : 배재학당 이야기』, 학민사.
• 전택부 | 1979, 「기독교와 사회운동」『역사의 인물』 9, 日新閣.
• 김학준 | 1987, 「해방전후 시기에 활동한 우파정치지도자들의 자유민주주의 수용 과정과 정치운동-이승만 · 신흥우 · 김구의 경우에 대한 하나의 소묘」『동아연구』 12, 서강대.
• 임춘수 | 1990, 「신규식 · 신채호 등의 山東門中 개화사례」『윤병석교수화 갑기념논총』.
• 김상태 | 1996, 「일제하 신흥우의 '사회복음주의' 와 민족운동론」『역사문제 연구』 1, 역사문제연구소.
• 장춘식 | 1996, 「윤치호와 신흥우」『광복 51주년기념 학술대회 대전 · 충청인의 독립건국운동』, 배제대 인문과학연구소.
• 野田晶子 | 1998, 「신흥우의 민족운동과 변절에 관한 연구」, 성신여대 사학과 석사학위논문.
• 김권정 | 1999, 「1920~30년대 신흥우의 기독교 민족운동」『한국민족운동 사연구』 21, 한국민족운동사연구회.
• 김권정 | 1999, 「1920~30년대 신흥우의 기독교 민족운동」『한국 근현대와 민족운동』, 국학자료원.
• 박찬승 | 2002, 「20세기 한국 국가주의 기원」『한국사연구』 117.
• 김상태 | 2005, 「일제하 개신교 지식인의 미국 인식-신흥우와 적극신앙단을 중심으로」『역사와 현실』 58.

23) 沈文澤 - 제천

• 이원조 | 1994, 「沈文澤 의병」『내제문화』 6.
• 이원조 | 1995, 「沈文澤 의병」『충북향토문화』 6.
• 이원조 | 1998, 「沈文澤의병-후손 증언 위주 현지답사」『제천의병과 전통 문화』, 제천문화원.

24) 安承禹 - 제천

• 독립운동사편찬위원회 | 1971, 『독립운동사자료집』 제1집.
• 내제문화연구회 | 2004, 『下沙集』.
• 이구영 편역 | 1994, 『호서의병사적』, 제천군문화원.
• 제천문화원 | 1995, 『六義士列傳』.
• 구완회 · 이창식 편 | 1996, 『제천의병의 종합적 이해』, 백산출판사.
• 유한철 | 1997, 『유인석 의병 연구』, 국민대 박사학위논문.
• 구완회 | 1997, 『韓末의 堤川義兵』, 집문당.

• 제천문화원 ǀ 1998,『제천의병과 전통문화』.
• 정성원 외 ǀ 2002,『제천의병의 이념적 기반과 전개』, 이회, 세명대 인문사회과학 학술총서 4.
• 구완회 ǀ 1995,「1896년 제천의병의 可興전투와 金伯善」『조선사연구』 4.
• 권대웅 ǀ 2000,「을미의병기 이병부대 내부의 갈등 요인」『국사관논총』 90.
• 이상찬 ǀ 2003,「김백선」『63인의 역사학자가 쓴 한국사인물열전』 3, 돌베개.
• 박인호 ǀ 2004,「안승우와 하사집」『下沙集』, 내제문화연구회.
• 박인호 ǀ 2004,「안승우의 저술과 의병활동」『지역문화연구』 3, 세명대 지역문화연구소.

25) 梁濟安 – 진천

• 梁漢緯 ǀ『梁碧濤公濟安實記』.
• 呂中龍 ǀ『甲午 · 丙申日記』.
• 조동걸 ǀ 1982,「대한광복회의 결성과 그 선행조직」『한국학논총』 5, 국민대 한국학연구소.
• 오세창 ǀ 1990,「碧濤 梁濟安의 항일구국운동」『윤병석교수화갑기념 한국 근대사논총』.

26) 魚允中 – 보은

• 최진식 ǀ 1990,『한국근대의 온건개화파 연구–김윤식 · 김홍집 · 어윤중의 사상과 활동을 중심으로』, 영남대 사학과 박사학위논문.
• 이광린 ǀ 1993,『개화기의 인물–다산기념강좌 5』, 연세대출판부.
• 김종원 ǀ 1966,「朝中 商民水陸貿易章程에 대하여」『역사학보』 32.
• 강선숙 ǀ 1983,「一齋 魚允中 연구」, 인하대 사학과 석사학위논문.
• 박일근 ǀ 1987,「韓佛條約 체결과정에 대한 연구」『한불외교사 1886~1986』, 평민사.
• 최진식 ǀ 1993,「어윤중의 부강론 연구」『국사관논총』 41.
• 허동현 ǀ 1996,「1881년 朝士 어윤중의 일본 경제정책 인식–『財政見聞』 등을 중심으로」『한국사연구』 93.
• 김지영 ǀ 1996,「어윤중의 경제사상」『사학연구』 51.
• 권석봉 ǀ 1997,「대원군의 被囚와 조 · 청관계」『竹堂이현희교수화갑기념한국사학논총』.
• 허동현 ǀ 2001,「어윤중의 개화사상 연구–온건개화파 내지 친청사대파설에 대한 비판적 검토」『한국사상사학』 17.
• 허동현 ǀ 2004,「개화기 인물사연구의 현황과 과제–국민국가 만들기 주역 김옥균 · 박영효 · 어윤중을 중심으로」『한국인물사연구』 1, 한국인물사연구소.

27) 吳章煥 - 보은

- 오장환 | 1939, 『獻詞』.
- 오장환 | 1946, 『에세닌 시집』, 動向社.
- 장영수 | 1987, 『오장환고 이용악의 비교 연구』, 고려대 박사학위논문.
- 최두석 | 1989, 『오장환 전집』, 창작과 비평사.
- 김학동 | 1990. 『오장환 연구』, 시문학사.
- 이은봉 | 1992, 『1930년대 후기시의 현실인식 연구-백석 · 이용악 · 오장환의 시를 중심으로』, 숭실대 박사학위논문.
- 정한모 | 1994, 『병든 서울 : 오장환 시선』, 미래사.
- 백수인 | 1994, 『오장환 시 연구』, 전북대 박사학위논문.
- 이상옥 | 1994, 『오장환 시 연구-담화체계를 중심으로』, 홍익대 박사학위논문.
- 최두석 | 1995, 『한국 현대리얼리즘시 연구-임화 · 오장환 · 백석 · 이용악의 시를 중심으로』, 서울대 박사학위논문.
- 이필규 | 1995, 『오장환 시의 변천과정 연구』, 국민대 박사학위논문.
- 최종금 | 1998, 『1930년대 한국시의 고향의식 연구-백석 · 이용악 · 오장환을 중심으로』, 한국교원대 박사학위논문.
- 도종환 | 2006, 『오장환 연구』, 충남대 국어국문학과 박사학위논문.
- 오장환 | 2006, 『바다는 누가 울은 눈물인가』, 고두미.
- 구중서 | 1989, 「오장환론」 『시문학』 215.
- 황윤철 | 1989, 「오장환의 시 연구」 『대구어문논총』 7.
- 홍신선 | 1990, 「병든 현실, 유토피아 그리고 환멸- '港口' 에서 '山峽' 까지의 길」 『현대시』 1-7.
- 송명희 | 1990, 「슬픔과 방황의 시학-오장환 연구」 『현대시』 1.
- 한정순 | 1990, 「오장환 시 연구」 『성신어문학』 3.
- 김재용 엮음 | 2002, 『오장환 전집』, 실천문학사.
- 성기각 | 1990, 「오장환 시에 나타난 고향의 문제」 『어문논집』 3, 경남대.
- 박호영 | 1990, 「오장환 시의 모더니즘적 특성」 『인문학보』 9, 강릉대학교.
- 송기한 | 1990, 「오장환 연구-시적 주체의 의미변이에 대한 기호론적 연구」 『관악어문연구』 15, 서울대.
- 김학동 | 1990, 「오장환의 시적 변이와 지속성의 원리3-전통의 거부반응에서 좌경적 이념의 추구까지」 『시문학』 227.
- 백수인 | 1990, 「오장환 시의 인물에 대하여」 『인문과학연구』 12, 조선대.
- 김수중 | 1991, 「오장환 시에 나타난 '나' 의 성격 분석」 『성신어문학』 4.
- 김영철 | 1991, 「오장환의 시론 연구」 『건국어문학』 15, 건국대.
- 이진흥 | 1991, 「오장환의 시적 역정」 『영남어문학』 20.
- 최정숙 | 1991, 「월북시인 오장환론」 『통일』 123.
- 김용직 | 1992, 「한국 현대시의 형성전개-열정과 행동 오장환론」 『현대시』 3-4.

- 김용직 | 1992, 「열정과 행동-오장환론」『현대시』 3-3.
- 백수인 | 1993, 「오장환 시의 공간구조 연구」『한국언어문학』 31.
- 김종구 | 1993, 「오장환론」『영남국어교육』 3, 영남대.
- 이상옥 | 1994, 「담화의 텍스트성-오장환의 시집 『병든 서울』을 중심으로」『홍익어문』 13.
- 오성호 | 1994, 「'성벽'에서 '붉은 산'까지의 거리-오장환 시의 변모과정에 대한 연구」『민족문학사연구』 6.
- 서준섭 | 1995, 「모더니즘의 반성과 재출발-1940년대의 김기림과 오장환」『한양어문연구』 13.
- 한정순 | 1995, 「오장환 시의 현실인식 연구」『호서어문연구』 4, 호서대.
- 한정순 | 1995, 「오장환 시의 현실인식 연구」『성신어문학』 7.
- 이충훈 | 1995, 「오장환론-시집 〈城壁〉을 중심으로」『동국어문학』 7, 동국대.
- 한계전 | 1995, 「1930년대 시에 나타난 '고향' 이미지에 관한 연구-백석 · 오장환 · 이용악을 중심으로」『한국문화』 16, 서울대.
- 김민형 | 1996, 「지역 문인의 발굴과 재조명-오장환 문학제」『민족예술』 17.
- 박민수 | 1996, 「오장환론-시에 나타난 현대성을 중심으로」『인문사회교육연구』 1, 춘천교대.
- 최두석 | 1996, 「오장환의 시 세계」『인문학보』 21, 강릉대.
- 김진희 | 1997, 「오장환의 30년대 시와 모더니즘의 문제」『이화어문논총』 15.
- 조남익 | 1997, 「탕자의 미학-오장환」『시문학』 306.
- 장부일 | 1997, 「오장환 시 연구」『논문집』 24, 한국방송통신대학.
- 조해옥 | 1997, 「근대인의 불안과 허무의식-오장환의 『성벽』과 『한시』를 중심으로」『한남어문학』 22.
- 임영남 | 1997, 「오장환 시 연구-시정신의 변모 양상을 중심으로」『청람어문학』 1.
- 백수인 | 1997, 「오장환 시의 문체 연구」『한국언어문학』 38.
- 장도준 | 1997, 「오장환 시의 모더니즘과 리얼리즘」『어문학』 60, 한국어문학회.
- 이미순 | 1997, 「오장환 시의 고향 이미지에 대한 고찰」『개신어문연구』 14, 충북대.

28) 吳震泳 - 음성

- 『石農集』.
- 『石農年譜』.
- 금장태 · 고광식 | 『續 儒學 近百年』.
- 최근덕 | 2002, 「石農 吳震泳의 의리와 학문」『상산문화』 8, 상산고적회.
- 이석린 | 2004, 「창암 박로중의 생애와 학맥」『중원문화논총』 8. 충북대 중원문화연구소.

29) 元容八 – 제천

- 『義士三戒元公乙巳倡義事蹟』.
- 유병용 ▮ 1987, 「유인석 제천의병항쟁의 제한적 성격과 역사적 의의」『강원의병운동사』.
- 이구영 편역 ▮ 1994, 『호서의병사적』, 제천군문화원.
- 구완회 · 이창식 편 ▮ 1996, 『제천의병의 종합적 이해』, 백산출판사.
- 유한철 ▮ 1997, 『유인석 의병 연구』, 국민대 박사학위논문.
- 구완회 ▮ 1997, 『韓末의 堤川義兵』, 집문당.
- 제천문화원 ▮ 1998, 『제천의병과 전통문화』.
- 정성원 외 ▮ 2002, 『제천의병의 이념적 기반과 전개』, 이회, 세명대 인문 사회과학 학술총서 4.
- 정옥자 ▮ 2002, 『우리가 정말 알아야 할 우리선비』, 현암사.
- 권영배 ▮ 1997, 「구한말 元容八의 의병항쟁」『于松조동걸교수정년기념 한국민족운동사연구』.
- 권영배 ▮ 2005, 「한말 의장 원용팔의 현실인식과 거병논리」『지역문화연구』 4, 세명대 지역문화연구소.

30) 柳麟錫 – 제천 · 충주

- 『毅菴集』.
- 신종원 외 ▮ 1984, 『의암 유인석의 사상 : 우주문답』, 종로서적.
- 유병용 ▮ 1987, 「유인석 제천의병항쟁의 제한적 성격과 역사적 의의」『강원의병운동사』.
- 제천시교육청 ▮ 1989, 『의암 유인석선생』.
- 이구영 편역 ▮ 1994, 『호서의병사적』, 제천군문화원.
- 구완회 · 이창식 편 ▮ 1996, 『제천의병의 종합적 이해』, 백산출판사.
- 구완회 ▮ 1997, 『韓末의 堤川義兵』, 집문당.
- 유한철 ▮ 1997, 『유인석 의병 연구』, 국민대 국사학과 박사학위논문.
- 제천문화원 ▮ 1998, 『제천의병과 전통문화』.
- 오영섭 ▮ 1999, 『화서학파의 사상과 민족운동』, 국학자료원.
- 정성원 외 ▮ 2002, 『제천의병의 이념적 기반과 전개』, 이회, 세명대 인문 사회과학 학술총서 4.
- 정옥자 ▮ 2002, 『우리가 정말 알아야 할 우리선비』, 현암사.
- 의암학회 ▮ 2002, 『의암유인석연구논문선집 I 』.
- 의암학회 ▮ 2002, 『국역 의암집』.
- (사)의암학회 ▮ 2004, 『의암유인석자료집 I : 간찰문을 중심으로』, 도서출판 산책.
- (사)의암학회 ▮ 2004, 『의암유인석자료집 II : 화보로 본 의암 류인석』, 도서출판 산책.

- 윤병석 | 1975, 「昭義新編」『한국사료총서』 21, 국사편찬위원회.
- 이동우 | 1977, 「의병장 柳麟錫의 의병운동고」『성대사림』 2.
- 김도형 | 1979, 「의암 유인석의 정치사상연구」『한국사연구』 25.
- 김세규 | 1982, 「의암 유인석의 반개론」『경주사학』 1.
- 김후경 | 1982, 「의암 유인석의 학문과 사상」『사학연구』 34.
- 문성혜 | 1985, 「의암 유인석의 의병항쟁」『청주사학』 1.
- 박민영 | 1986, 「의암 유인석의 위정척사운동-昭義新編을 중심으로」『청계사학』 3.
- 배형식 | 1986, 「의암 유인석의 학통과 의병활동」, 인하대 석사논문.
- 손승철 | 1987, 「의병장 유인석사상의 역사적 의미」『강원의병운동사』.
- 유병용 | 1987, 「유인석 제천의병항쟁의 제한적 성격과 역사적 의의」『강원의병운동사』, 강원의병운동사연구회.
- 최부순 | 1988, 「의암 유인석의 독립운동에 관한 일연구」, 홍익대 석사학위논문.
- 박문영 | 1989, 「의암 유인석의 의병활동에 대한 일연구-그의 위정척사론을 중심으로」『성신사학』 7.
- 정영훈 | 1991, 「위정척사파의 군주제 옹호논리-유인석의 우주문답을 중심으로」『박성수화갑기념논총』.
- 유한철 | 1992, 「1896~1900년간 유인석의 西行, 渡滿과 그 성격」『택와허 선도선생정년기념논총』.
- 유한철 | 1994, 「유인석의 의병근거지론~1907년 이후를 중심으로」『한국독립운동사연구』 8.
- 오영섭 | 1994, 「의암 유인석의 對西洋認識」『이기백고희기념논총』, 일조각.
- 유한철 | 1995, 「1910년대 유인석의 사상 변화와 성격-우주문답을 중심으로」『한국독립운동사연구』 9.
- 유한철 | 1996, 「유인석의 연해주망명과 국권회복운동의 전개」『한국근현대사연구』 4.
- 박민영 | 2001, 「유인석의 국외 항일투쟁 路程(1896~1915)-러시아 연해주를 중심으로」『한국근현대사연구』 19.
- 박성순 | 2001, 「유인석의 華夷論에 대한 비판적 검토」『한국독립운동사연구』 16.
- 김영범 | 2001, 「신채호의 '조선혁명' 의 길」『한국근현대사연구』 18.
- 박민영 | 2002, 「제천 · 강릉 · 춘천의병의 상호관계에 대한 검토」『제천의병의 이념적 기반과 전개』, 이회.
- 최장근 | 2002, 「일제의 항일운동근거지 탄압과 間島정책」『제천의병의 이념적 기반과 전개』, 이회.
- 박민영 | 2002, 「유인석의 국외 항일투쟁 路程(1896~1915)-러시아 연해주를 중심으로」『의암학연구』 1, 의암학회.
- 강대덕 | 2002, 「국내 의암 유인석 관련사료의 현황과 활용방안-강원대학교 중앙도서관 소장자료를 중심으로」『의암학연구』 1, 의암학회.

• 이상근 ▌2002, 「연해주에서 한인사회 형성과 의암 유인석의 활동」『의암학연구』 1, 의암학회.
• 금장태 ▌2002, 「의암 유인석의 유학사상」『의암유인석연구논문선집』Ⅰ, 의암학회.
• 김도형 ▌2002, 「의암 유인석의 정치사상 연구」『의암유인석연구논문선집』Ⅰ, 의암학회.
• 김문기 ▌2002, 「의암 유인석 일가의 의병활동과 의병가사」『의암유인석연구논문선집』Ⅰ, 의암학회.
• 김세규 ▌2002, 「의암 유인석의 反開論」『의암유인석연구논문선집』Ⅰ, 의암학회.
• 김형찬 ▌2002, 「의암 유인석의 철학 연구」『의암유인석연구논문선집』Ⅰ, 의암학회.
• 서준섭 ▌2002, 「의병장 유인석의 漢詩」『의암유인석연구논문선집』Ⅰ, 의암학회.
• 손승철 ▌2002, 「의병장 유인석 사상의 역사적 의미」『의암유인석연구논문선집』Ⅰ, 의암학회.
• 송건호 ▌2002, 「위정척사파 시의 사상적 특질-의암 유인석의 시를 중심으로」『의암유인석연구논문선집』Ⅰ, 의암학회.
• 오영섭 ▌2002, 「의암 유인석의 對서양인식」『의암유인석연구논문선집』Ⅰ, 의암학회.
• 유병용 ▌2002, 「유인석 제천의병항쟁의 제한적 성격과 역사적 의미」『의암유인석연구논문선집』Ⅰ, 의암학회.
• 유한철 ▌2002, 「宇宙問答을 통해본 유인석의 국권회복운동론」『의암유인석연구논문선집』Ⅰ, 의암학회.
• 이애희 ▌2002, 「한말 위정척사사상의 전개」『의암유인석연구논문선집』Ⅰ, 의암학회.
• 이종춘 ▌2002, 「한말초기 의병운동에 관한 연구-유인석의 乙未起義를 중심으로」『의암유인석연구논문선집』Ⅰ, 의암학회.
• 장승구 ▌2002, 「유인석의 철학사상 연구」『의암유인석연구논문선집』Ⅰ, 의암학회.
• 정영훈 ▌2002, 「위정척사파의 君主制 옹호논리-유인석의 宇宙問答을 중심으로」『의암유인석연구논문선집』Ⅰ, 의암학회.
• 최부순 ▌2002, 「의암 유인석의 독립운동에 관한 연구-만주 · 노령지역 활동을 중심으로」『의암유인석연구논문선집』Ⅰ, 의암학회.
• 장현근 ▌2003, 「중화질서의 재구축과 문명국가 건설-최익현 · 유인석의 위정척사사상」『정치사상연구』 9, 한국정치사상학회.
• 이현희 ▌2003, 「의병대장 의암 유인석의 생애와 활동-의암사상의 현대적 이해」『한국사학논총』, 푸른사상.
• 강석근 ▌2005, 「제천의 의병 한시-의암 유인석을 중심으로」『지역문화연구』 4,

세명대 지역문화연구소.

31) 柳重敎 – 제천

• 유명종 ∥ 1984, 「화서 이항로 및 그 문하의 理尊思想」『동아대 대학원 논문집』 9, 동아대.
• 송지원 ∥ 2000, 「유중교의 『絃歌軌範』」『문헌과 해석』 10, 문헌과 해석사.
• 권오영 ∥ 2003, 「임헌회와 그 학맥의 사상과 활동」『조선후기 유림의 사상과 활동』, 돌베개.
• 권오영 ∥ 2003, 「김평묵의 척사론과 연명유소」『조선후기 유림의 사상과 활동』, 돌베개.

32) 李康秊 – 제천 · 괴산

• 『雲岡先生遺稿』.
• 『倡義事實記』.
• 蘿菴齋 ∥ 1948, 『雲崗先生倡義日錄』.
• 정제우 ∥ 1992, 『구한말 의병장 李康秊 연구』, 인하대 박사학위논문.
• 이석재 ∥ 1993, 『의병대장 운강 이강년 : 일제침략에 항거 격전 13년』, 청권사.
• 정제우 ∥ 1997, 『운강 이강년 의병장』, 독립기념관.
• 충청북도 ∥ 1997, 『충북 100년-제1장 충북의 얼(팔도 열읍에 떨친 충북의병의 함성 : 이강년부대의 승전과 비운의 작성산 전투)』.
• 金義煥 ∥ 1962, 「한말의병운동의 분석-이강년 의병부대를 중심으로」『한일문화』 1-2, 부산대.
• 윤병석 ∥ 1979, 「이강년」『현대인물한국사』 7, 신화출판사.
• 홍순각 ∥ 1982, 「의병 이강년부대 전투고(1907~1908)」『군사』 5.
• 정제우 ∥ 1991, 「李康秊의 생애와 사상」『박성수화갑기념논총』.
• 이상주 ∥ 1994, 「유생 송주형의 괴산갈읍 의병산성 축조와 의병장 이강년의 칠성전투 현장」『괴향문화』 2.
• 임용식 ∥ 1994, 「의병장 이강년에 관한 단상」『충북향토문화』 6.
• 전문진 ∥ 1995, 「한말 이강년 의병부대의 조직과 활동」『부대사학』 19.
• 김학성 ∥ 1995, 「이강년 선생의 의병활동과 그 역사적 의미」『六義士列傳』, 제천문화원.
• 임용식 ∥ 1995, 「의병장 이강년에 관한 단상」『내제문화』 6.
• 구완회 ∥ 1996, 「이강년 관련 문헌에 대한 비판적 검토」『제천의병의 종합적 이해』.
• 정봉렬 ∥ 1997, 「제천을 사랑한 정미의병 대장 운강 이강년」『내제문화』 9.
• 박민영 ∥ 2000, 「운강 이강연의 생애와 사상」『한국근현대사연구』 12.
• 구완회 ∥ 2002, 「정미의병기 의병부대의 연합과 갈등-이강년의 호좌의진을 중심

으로」『제천의병의 이념적 기반과 전개』, 이회.

- 박민영 | 2002, 「제천 · 강릉 · 춘천의병의 상호관계에 대한 검토」『제천의병의 이념적 기반과 전개』, 이회.
- 김성근 | 2003, 「원주창의소와 이강년 격문을 통해 본 제천 의병운동사」『지역문화연구』 2, 세명대 지역문화연구소.

33) 李建奭 - 영동

- 曺允默 편 | 『義士李公實記』.
- 김대길 편 | 2004, 『영동 애국지사 李建奭 자료집』, 충북학연구소.
- 최영희 | 1968, 「을사조약체결을 전후한 한국민의 항알투쟁」『사총』 12 · 13합집.
- 이구용 | 1977, 「일제침략에 대한 한국민의 주권수호운동-특히 1904~1905년간을 중심으로」『연구논문집』 11, 강원대.
- 김대길 | 2003, 「醒石 李建奭의 생애와 국권 수호운동」『충북학』 5, 충북학연구소.

34) 李起振 - 충주

- 최재우 | 1988, 「의병 李起振 연구」『예성문화』 9.
- 최재우 | 1988, 「荷谷洞約」『예성문화』 9.
- 최재우 | 1990, 「한말 충주 荷谷의 위정척사적 향촌운동」『향토사연구』 2, 한국향토사연구 전국협의회.
- 최재우 | 1991, 「하곡의 마을사」『예성문화』 12.

35) 李能和 - 괴산

- 이능화 | 1968, 『朝鮮解語花史』, 신한서림.
- 이능화 | 1977, 『조선도교사』, 보성문화사.
- 이능화 | 1977, 『조선불교통사』, 한국철학연구소.
- 이능화 저, 윤재영 역 | 1980, 『조선불교통사』 상 · 하, 박영사.
- 이능화 | 1990, 『조선여속고』, 동문선.
- 이능화 저, 이재곤 역 | 1991, 『조선무속고』, 동문선.
- 이능화 저, 이재곤 역 | 1992, 『朝鮮解語花史』, 동문선.
- 이능화 저, 강효종 역 | 1992, 『백교회통』, 운주사.
- 반민족문제연구소 편 | 1993, 『친일파 99인』 2, 돌베개.
- 이이화 | 1993, 『이야기 인물한국사 1-사상과 학문의 주역들』, 한길사.
- 이종은 외 | 1994, 『우리문화의 뿌리를 찾는 李能和 연구』, 집문당.
- 이종은 | 1994, 『이능화연구』, 집문당.
- 이능화 | 1997, 『이능화전집 초』, 한국학연구소.
- 이능화 | 2003, 『조선불교통사-근대편』, 혜안.

- 김선풍 외 ❙ 2004, 『한국 민속학 인물사』, 보고사.
- 김수태 ❙ 1984, 「이능화와 그의 사학-특히 조선기독교 및 외교사를 중심으로」 『동아연구』 4, 서강대.
- 양은용 ❙ 1984, 「이능화의 학문과 불교사상」 『崇山 박길진박사고희기념 한국근대종교사상사』.
- 장효현 ❙ 1985, 「이능화의 국학」 『언문논집』 24 · 25, 고려대 국어국문학연구회.
- 김수태 ❙ 1988, 「이능화의 사회사연구」 『충남사학』 3, 충남대 사학회.
- 문소정 ❙ 1993, 「여성 여성사와 이능화」 『한국사회사연구회논문집』 40.
- 신광철 ❙ 1995, 「이능화의 종교사학과 한국기독교사연구」 『한국기독교의사』 4, 한국기독교역사연구소.
- 이재헌 ❙ 1995, 「일제하 불교지식인들의 역사인식과 대응양상에 관한 연구-侃亭 이능화를 중심으로」 『한국학대학원논문집』 10, 한국정신문화원.
- 이춘택 ❙ 1996, 「이능화의 국학연구」 『괴향문화』 4.
- 김헌선 ❙ 1996, 「이능화 학문의 방법론적 의의와 한계-『조선무속고』를 예증삼아」 『한국민속학』 28, 민속학회.
- 김영호 ❙ 1997, 「이능화의 宗敎會通論」 『한국학연구』 8, 인하대 한국학연구소.
- 이재헌 ❙ 1999, 「이능화 연구의 현황과 과제」 『한국종교사연구』 7.
- 이재헌 ❙ 2002, 「이능화의 불교학과 근대적 종교 인식」 『한국종교사연구』 10, 한국종교사학회.
- 이병욱 ❙ 2005, 「이능화 종교관의 변화」 『정신문화연구』 101, 한국학중앙연구원.

36) 李道徹 - 제천

- 황현 ❙ 『梅泉野錄』.
- 윤호정 ❙ 1995, 『한말비사』, 교문사.
- 을미왜란 복수창의비사편찬회 ❙ 1998, 『명성황후』.
- 홍경만 ❙ 1990, 「춘생문사건」 『이재룡박사 환력기념 한국사학논총』.
- 최병찬 ❙ 1991, 「을미사변과 충민공供招」 『내제문화』 3.
- 김상수 ❙ 1992, 「민비시해사건의 국제적 배경」 『명성황후 시해사건』, 민음사.
- 이창식 ❙ 2005, 「충민공 이도철의 순국정신과 제천」 『지역문화연구』 4, 세명대 지역문화연구소.
- 이민원 ❙ 2005, 「춘생문사건 전후의 조선」 『지역문화연구』 4, 세명대 지역문화연구소.
- 오영섭 ❙ 2005, 「춘생문 사건의 전개과정과 이도철」 『지역문화연구』 4, 세명대 지역문화연구소.
- 이상배 ❙ 2005, 「장충단의 설립과 장춘단제」 『지역문화연구』 4, 세명대 지역문화연구소.

37) 李相卨 – 진천

- 유자후 ‖ 1949, 『海牙밀사』.
- 윤병석 ‖ 1984, 『李相卨傳』, 일조각.
- 충청북도 ‖ 1997, 『충북 100년-제1장 충북의 얼(수많은 독립운동가의 산실 : 연해주에 독립운동기지를 개척한 헤이그 밀사 이상설)』.
- 윤병석 ‖ 1974, 「이상설-독립사상의 원류」『월간중앙』 1974년 11월호.
- 윤병석 ‖ 1975, 「이상설의 생애와 독립운동」『나라사랑』 20, 외솔회.
- 윤병석 ‖ 1982, 「李相卨 연구」, 숭전대 석사논문.
- 윤병석 ‖ 1984, 「이상설론」『인문과학논문집』 8, 인하대.
- 윤병석 ‖ 1988, 「이상설의 遺文과 이준 · 장인환 · 전명운의 義烈」『한국독립운동사연구』 2.
- 이융조 · 김경표 ‖ 1988, 「이상설 생가의 복원에 대한 고찰」『호서문화논총』 5, 서원대 호서문화연구소.
- 이현희 ‖ 1989, 「瑞甸書塾의 창립운영과 石吾의 위상」『성신사학』 7.
- 윤병석 ‖ 1995, 「독립군을 키워야 민족이 산다-이상설과 박용만」『인물로 보는 항일무장투쟁사』, 역사비평사.
- 윤병석 ‖ 1995, 「이상설과 이동휘의 민족운동」『오세창교수회갑기념 한국 근현대사논총』.
- 장석흥 ‖ 1996, 「이상설과 이동녕」『광복 51주년기념 학술대회 대전 · 충청인의 독립건국운동』, 배제대 인문과학연구소.
- 최윤오 ‖ 2003, 「대한제국기 진천군의 토지소유와 농민층의 동향」『상산문화』 9.
- 윤병희 ‖ 2004, 「헤이그밀사 이상설 등의 활동상과 그 결과는?」『대한제국기 서울사람들』, 어진이.
- 윤병석 ‖ 2005, 「薄齋 이상설의 생애와 민족운동」『상산문화』 11.
- 이덕일 외 ‖ 2006, 「이상설」『한국사의 천재들』, 생각의 나무.
- 김병민 ‖ 2006, 「서전서숙 – 중국조선민족 근대교육의 불씨」『보재 이상설과 근대교육』, 충북대 교육개발연구소.
- 전순동 ‖ 2006, 「충북지역과 연변의 근대교육발전과정 비교」『보재 이상설과 근대교육』, 충북대 교육개발연구소.
- 박걸순 ‖ 2006, 「이상설의 민족운동과 후인논찬」『보재 이상설과 근대교육』, 충북대 교육개발연구소.
- 이재권 ‖ 2006, 「이상설의 생애와 사상」『보재 이상설과 근대교육』, 충북대 교육개발연구소.

38) 李象秀 – 보은 · 청원

- 『峿堂集』.
- 정순우 ‖ 1985, 『18세기 書堂연구』, 한국정신문화연구원 박사학위논문.

• 지교헌 | 1982, 「호산 박문호의 생애와 사상」『호서문화연구』 2, 충북대 호서문화연구소.
• 渡部學 | 1985, 「호산 박문호론-19세기조선 在鄕處士の 인간형성상」『魯山 유원동박사 화갑기념사학논총』, 정음문화사.

39) 李昭應 – 제천

• 『習齋集』.
• 李景應 | 『乙未義兵實蹟』.
• 서경원 | 1981, 「習齋 李昭應의 의병활동」, 인하대 사학과 석사학위논문.
• 강대덕 | 1995, 「華西 李恒老의 현실대응론과 춘천지역 전기의병운동」『강원사학』 11.
• 강대덕 | 2002, 「전기 춘천의병과 제천 湖左義陣-습재 이소응의 을미의병 활동분석」『강원사학』 17 · 18합집.

40) 李容兌 – 제천

• 애국동지원호회 | 1956, 『한국독립운동사』.
• 김승학 | 1965, 『한국독립사』, 독립문화사.
• 대종교총본사 | 1971, 『大倧敎重光60년사』.
• 대종교총본사 | 1971, 『壬午十賢殉敎實錄』, 서울대 출판부.
• 박달재수련원 | 1997, 『애국지사 李容兌선생 文稿』, 동화서관.
• 이영재 | 1991, 「애국지사 檀菴 이용태 선생」『내제문화』 3.
• 김동환 | 2003, 「단암 이용태의 종교사상」『국학연구』 8, 국학연구소.
• 이동언 | 2003, 「단암 이용태의 생애와 독립운동」『국학연구』 8, 국학연구소.
• 정영훈 | 2003, 「단암 이용태의 사회개혁적 삶과 사상」『국학연구』 8, 국학연구소.
• 오영섭 | 2004, 「일제강점기~제1공화국기 대종교인 이용태의 민중계몽활동과 한국식 민주주의론」『국학연구』 9, 국학연구소.
• 조준희 | 2004, 「단암 이용태의 종교 행적과 신앙관」『국학연구』 9, 국학연구소.
• 김헌선 | 2004, 「단암 이용태의 漢詩 연구」『국학연구』 9, 국학연구소.

41) 李仁粲 – 청원

• 『雲耕 李仁粲 一生記』.
• 박걸순 | 2000, 「충북지방 독립운동사의 연구현황과 과제」『한국독립운동사연구』 15.
• 박걸순 | 2001, 「雲耕 李仁粲의 항일투쟁」『충북학』 3, 충북학연구소.

42) 李正奎 – 제천

- 『恒齋集』.
- 『從義錄』.
- 구완회 ǀ 2005, 「『恒齋集』과 이정규의 생애」 『한말 제천의병 연구』, 도서출판 선인.

43) 李冑承 – 제천

- 내제문화연구회 ǀ 2004, 『徽菴集』.
- 이종훈 ǀ 1990, 「徽庵 李冑承論」 『내제문화』 2.
- 구완회 ǀ 2004, 「휘암 李冑承의 생애와 『휘암집』」 『徽菴集』, 내제문화연구회.
- 구완회 ǀ 2004, 「이주승의 삶과 『徽菴集』」 『내제문화』 15.

44) 李春永 – 제천

- 제천문화원 ǀ 1995, 『六義士列傳』.
- 오영섭 ǀ 1999, 『화서학파의 사상과 민족운동』, 국학자료원.
- 이상찬 ǀ 1996, 『1896년 의병운동의 정치적 성격』, 서울대 박사학위논문.

45) 張忠植 – 단양

- 장충식 ǀ 『日記』.
- 장익환 ǀ 『隨聞錄』.
- 구완회 ǀ 2004, 「張忠植의 삶과 의병활동」 『지역문화연구』 3, 세명대 지역문화연구소.
- 구완회 ǀ 2004, 「한말 을미의병기 장충식의 생애와 의병노선」 『조선사연구』 13.

46) 鄭雲慶 – 제천

- 『松雲集』.
- 장태용 ǀ 1989, 「松雲 鄭雲慶에 대한 소고」 『내제문화』 1.
- 구완회 ǀ 2005, 「의병장 정운경의 생애」 『지역문화연구』 4, 세명대 지역문화연구소.
- 구완회 ǀ 2005, 「한말의 의병장 정운경의 생애」 『조선사연구』 14, 조선사연구회.

47) 鄭寅普 – 진천

- 『薝園全集』.
- 정인보 ǀ 1946, 『조선사연구』 상, 서울신문사출판국.
- 정인보 ǀ 1955, 『薝園國學散藁』, 문교사.
- 한국고전연구회 ǀ 1981, 『민족문화논총』 1 · 2, 민족문화사.
- 한국고전연구회 ǀ 1981, 『민족문화논총』 7, 민족문화사.
- 한국고전연구회 ǀ 1981, 『민족문화논총』 8, 민족문화사.

• 정인보 ‖ 1983, 『薝園 鄭寅普 전집』(1-6), 연세대 출판부.
• 천관우 ‖ 1986, 『한국근대사산책』, 정음문화사.
• 이이화 ‖ 1993, 『이야기 인물한국사 1 : 사상과 학문의 주역들』, 한길사.
• 정인보 저, 박성수 역 ‖ 2000, 『정인보의 조선사연구』, 서원.
• 김정배 ‖ 2000, 『한국고대사와 고고학』, 신서원.
• 홍이섭 ‖ 1962, 「정인보론」『한국사의 방법』, 탐구당.
• 민영규 ‖ 1972, 「爲堂 鄭寅普선생의 행장에 나타난 몇가지 문제-실학원시」『동방학지』13.
• 김인환 ‖ 1974, 「담원 시조론」『한국사상』11, 한국사상연구회.
• 정두희 ‖ 1979, 「광개토왕릉비문 신묘년 기사의 재검토」『역사학보』82.
• 민영규 ‖ 1985, 「鄭寅園 廣開土境平安好太王陵碑文 略校錄并序」『동방학지』46 · 47 · 48합집.
• 진영일 ‖ 1985, 「위당 정인보의 사학사상」『논문집』21, 공주교대.
• 리택권 ‖ 1995, 「동학운동과 삼례 · 보은 집회투쟁」『갑오농민전쟁100돌기념논문집』, 집문당.
• 신영우 ‖ 1995, 「충청도지역 동학농민전쟁의 전개과정」『동학농민혁명의 지역적 전개와 사회변동』, 동학농민혁명기념사업회.
• 최민자 ‖ 2002, 「우주진화적 측면에서 본 해월의 '삼경' 사상」『동학, 운동인가 혁명인가』, 동학학회, 신서원.
• 문영석 ‖ 2002, 「해월 최시형의 사상 연구」『동학, 운동인가 혁명인가』, 동학학회, 신서원.
• 정정숙 ‖ 2004, 「해월 사상의 에코페미니즘적 해석」『동학연구』16.
• 김용휘 ‖ 2004, 「해월의 마음과 철학」『동학학보』4, 동학학회.
• 윤석산 ‖ 2004, 「최시형 법설의 기초 문헌 연구」『동학학보』4, 동학학회.
• 이규성 ‖ 2005, 「최시형에서 '표현'과 시간」『한국학논집』39, 한양대 한국학연구소.
• 조순 ‖ 2006, 「수운과 해월의 민본사상」『동학연구』20.
• 윤석산 ‖ 2006, 「해월 선생의 행적-이필제의 난 이후, 10년을 중심으로」『동학연구』20.

48) 韓鳳洙 - 괴산

• 홍원길 ‖ 1995, 『의병대장 한봉수』.
• 박걸순 ‖ 1998, 『구한말 義兵將 韓鳳洙의 항일투쟁』, 한봉수의병장동상건립추진위원회.
• 충청북도 ‖ 1997, 『충북 100년-제1장 충북의 얼(팔도 열읍에 떨친 충북의 병의 함성 : 번개대장 한봉수)』.
• 정상훈 ‖ 1993, 「한봉수 의병장 행적」『충북향토문화』4.

- 김상기 ‖ 1995, 「충청지역 전기의병의 전개와 성격」『오세창교수화갑기념 논총』.
- 김현길 ‖ 1995, 「항일의병장 한봉수고」『청주문화』 10.
- 박걸순 ‖ 1996, 「의병장 한봉수의 항일투쟁」『한국독립운동사연구』 10, 독립기념관 한국독립운동사연구소.
- 박걸순 ‖ 1996, 「한봉수의진의 유격전」『괴산지방 항일독립운동사』, 괴산문화원.
- 박걸순 ‖ 1996, 「유격전의 명수, 한봉수의병장 유적지」『월간 독립기념관』 1996-3.

49) 洪命憙 - 괴산

- 홍명희 ‖ 1926, 『學窓散話』, 조선도서주식회사.
- 홍명희 ‖ 1941, 『林巨正』, 을유문화사.
- 김용제 ‖ 1961, 『林巨正』, 芝進文化社.
- 임형택 ‖ 1988, 『임거정의 재조명』, 사계절.
- 임형택 · 강영주 편 ‖ 1988, 『벽초 홍명희와 임꺽정의 재조명』, 사계절.
- 채진홍 ‖ 1990, 『벽초의 林巨正 연구』, 고려대 박사학위논문.
- 홍명희 ‖ 1991, 『임꺽정』 전10권, 사계절.
- 홍명희 ‖ 1991, 『임꺽정 : 대하소설』, 동광출판사.
- 홍명희 ‖ 1993, 『임꺽정』 상 · 하, 일월서각.
- 민충환 ‖ 1995, 『임꺽정 우리말 용례사전』, 집문당.
- 한창엽 ‖ 1995, 『홍명희의 '林巨正' 연구』, 한양대 박사학위논문.
- 임형택 · 강영주 ‖ 1996, 『벽초 홍명희와 임꺽정의 연구 자료』, 사계절.
- 홍기삼 ‖ 1996, 『홍명희 : 어느 민족주의자의 생애』, 건국대학교 출판부.
- 이동희 ‖ 1996, 『벽초 홍명희의 林巨正 연구』, 조선대 박사학위논문.
- 최명 ‖ 1996, 『소설이 아닌 '林巨正' : 벽초와 임꺽정 그리고 나』, 조선일보사.
- 채진홍 ‖ 1996, 『홍명희』, 새미출판사.
- 홍기삼 ‖ 1996, 『홍명희 : 어느 민족주의자의 생애』, 건국대 출판부.
- 홍석중 윤색 ‖ 1996, 『청석골대장 림꺽정』, 한국문화사.
- 한창엽 ‖ 1997, 『임거정의 서사와 패로디』, 국학자료원.
- 충청북도 ‖ 1997, 『충북 100년-제2장 문화의 향기(충북이 낳은 한국의 문호들 : 홍명희의 '임꺽정' 과 이무영의 농촌 문학)』.
- 강영주 ‖ 1999, 『벽초 홍명희 연구』, 창작과비평사.
- 강영주 ‖ 2004, 『벽초 홍명희 평전』, 사계절.
- 임형택 · 강영주 ‖ 2004, 『벽초 홍명희와 『임꺽정』의 연구자료』, 사계절.
- 강영주 ‖ 1988, 「홍명희와 역사소설 '임꺽정'」『한국리얼리즘작가연구』.
- 박희병 ‖ 1989, 「근대문학의 주체적 인식과 분단의 극복-임형택 · 강영주 편저 〈서평〉」『창작과 비평』 63.
- 한승옥 ‖ 1989, 「벽초 홍명희의 林巨正 연구(1)」『숭실어문』 6, 숭실대.
- 이남호 ‖ 1990, 「벽초의 林巨正 연구-한국대하소설 연구」『동서문학』 188.

- 정호웅 ▮ 1990, 「벽초의 임거정론」『문학정신』 48.
- 장양수 ▮ 1991, 「林巨正의 의적 모티브 考」『동의어문논집』 5, 동의대.
- 강영주 ▮ 1992, 「벽초 홍명희(1)-성장 · 수학 · 방랑」『역사비평』 계간18호.
- 최인자 ▮ 1993, 「임거정의 민중언어 세계와 소설」『先淸語文』 21, 서울사범대학.
- 김문창 ▮ 1994, 「임꺽정의 어휘세계」『말글생활』 1.
- 강영주 ▮ 1994, 「벽초 홍명희(2)-3 · 1운동에서 신간회운동까지」『역사비평』 계간 24호.
- 강영주 ▮ 1994, 「벽초 홍명희(3)-신간회활동과 임꺽정 기필」『역사비평』 계간25호.
- 강신욱 ▮ 1994, 「신간회 괴산지회에 대하여」『괴향문화』 2.
- 김문창 ▮ 1994, 「임꺽정의 어휘세계 1」『말글생활』 1.
- 강영주 ▮ 1994, 「벽초 홍명희 연구-1888~1918년의 활동을 중심으로」『인문과학연구』2, 상명여대.
- 강영주 ▮ 1994, 「벽초 홍명희와 신간회운동」『자하어문논집』 9-10, 상명여대.
- 강영주 ▮ 1995, 「1920년대 홍명희의 문학활동」『인문과학연구』 3, 상명여대.
- 강영주 ▮ 1995, 「1930년대 홍명희의 문학활동」『인문과학연구』 4, 상명여대.
- 강영주 ▮ 1995, 「벽초 홍명희와 신간회 운동」『괴향문화』 3.
- 강영주 ▮ 1995, 「홍명희연구(4)-『임꺽정』과 홍명희」『역사비평』 계간 30호.
- 강영주 ▮ 1995, 「홍명희연구(5)-일제말 홍명희의 은둔과 '조선문화' 찾기」『역사비평』 계간31호.
- 박걸순 ▮ 1996, 「신간회운동과 괴산지방」『괴산지방 항일독립운동사』, 괴산문화원.
- 박배식 ▮ 1996, 「홍명희의 역사체험과 『林巨正』의 현실인식」『비평문학』 10.
- 강영주 ▮ 1996, 「벽초 홍명희와 조선학운동」『인문과학연구』 5, 상명대.
- 이춘택 ▮ 1997, 「홍범식 · 홍명희 생가 보전의 의의」『괴향문화』 5.
- 강영주 ▮ 1997, 「벽초 홍명희와 조선학운동」『괴향문화』 5.
- 강영주 ▮ 1997, 「홍명희연구(6)-홍명희와 해방 직후 진보적 문화운동」『역사비평』 계간38호.
- 강영주 ▮ 1997, 「홍명희연구(7)-신탁통치 파동과 홍명희」『역사비평』 계간39호.
- 강영주 ▮ 1997, 「홍명희연구(8)-홍명희와 남북연석회의」『역사비평』 계간41호.
- 강영주 ▮ 1997, 「해방직후 홍명희의 문학활동과 문학관」『인문과학연구』 6, 상명대.
- 강영주 ▮ 1998, 「홍명희연구(9)-해방 후 홍명희의 생활과 문학」『역사비평』 계간 43호.
- 최동일 ▮ 1998, 「신간회 괴산지회 연구」, 충북대 교육대학원 논문.
- 이춘택 ▮ 1998, 「벽초 홍명희의 생애와 사상」『괴향문화』 6.
- 강영주 ▮ 1998, 「홍명희와 남북연석회의」『괴향문화』 6.

- 양보경 | 1998, 「임꺽정의 지리학적 접근」 『청주문학』 1998년 여름호.
- 강영주 | 1998, 「벽초 홍명희와 임꺽정」 『청주문학』 1998년 겨울호.
- 채진홍 | 1998, 「홍명희의 문학관과 반문명관 연구」 『국어국문학』 121.
- 한희숙 | 1999, 「벽초 홍명희 소설 「임꺽정」에 대한 역사적 접근」 『청주문학』 1999년 겨울호.
- 강영주 | 1999, 「초기 해외 독립운동과 벽초 홍명희」 『괴향문화』 7.
- 장세윤 | 2000, 「벽초 홍명희의 현실인식과 민족운동」 『한국독립운동사연구』 15.
- 정종진 | 2000, 「벽초 홍명희-홍명희의 생애와 『임꺽정』에서 참다운 선비를 찾는다」 『충북학』 2.
- 김외곤 | 2001, 「임꺽정과 한국근대문학」 『호서문화논총』 15, 서원대 호서문화연구소.
- 김갑동 | 2003, 「문학은 삶의 투영체이다-홍명희와 이광수」 『옛사람 72인에게 지혜를 구하다』, 푸른역사.
- 홍순권 | 2003, 「홍명희」 『63인의 역사학자가 쓴 한국사인물열전』 3, 돌베개.
- 김순영 | 2003, 「벽초 홍명희와 소설 임꺽정 연구」 『괴향문화』 11.
- 정종진 | 2004, 「충북 문학의 정신과 맥」 『충북학』 6.
- 강영주 | 2004, 「국학자 홍기문 연구」 『역사비평』 68.

50) 洪範植 – 괴산

- 강영주 | 2004, 『벽초 홍명희 평전』, 사계절.
- 박걸순 | 1996, 「경술국치와 홍범식의 순절」 『괴산지방 항일독립운동사』, 괴산문화원.
- 이춘택 | 1997, 「홍범식 · 홍명희 생가 보전의 의의」 『괴향문화』 5.
- 김근수 | 1998, 「의사 홍범식 군수」 『괴향문화』 6.
- 박걸순 | 2000, 「홍범식의 생애와 구국정신」 『괴향문화』 8.

51) 洪思九 – 제천

- 제천문화원 | 1995, 『六義士列傳』.
- 이종훈 | 1996, 「향토사의 이론적 정립과 내가 찾은 홍사구묘와 내가 발굴한 박달재의 유래」 『내제문화』 8.
- 충청북도 | 1997, 『충북 100년-제1장 충북의 얼(팔도 열읍에 떨친 충북의 병의 함성 : 선봉장 김백선과 소년 의병 홍사구)』.

52) 기타 인물

- 金思禹 | 『勇菴集』.
- 宋毅燮 | 『春溪集』.
- 鄭光謨 | 『圃山集』.

- 鄭祖憲 ‖ 『九峰集』.
- 鄭寅杓 ‖ 『春耕臺初稿』 상 · 하.
- 宋炤用 ‖ 1903, 『琴山遺稿』.
- 李翊浩 ‖ 1979, 『錦石詩輯』.
- 崔東鳳 ‖ 1992, 『潭雲遺稿』.
- 이병용 ‖ 1993, 『南崗회고록』.
- 충청북도 ‖ 1997, 『충북 100년 : 제1장 충북의 얼(수많은 독립운동가의 산실)』.
- 柳海根 ‖ 1999, 『淨軒遺稿』.
- 서병옥 ‖ 2003, 『三爲堂文集』, 土房.
- 박성수 ‖ 1988, 「의열단연구-郭在驥의 밀양의거」 『논문집』 2, 한국정신문화원 대학원.
- 여순구 ‖ 1989, 「역사의 인물 李義精선생」 『충북향토문화』 창간호.
- 한은섭 ‖ 1991, 「김옥균과 옥천」 『충북향토사연구협의회 회원연수대회발표문』.
- 이종훈 ‖ 1993, 「충목공 姜瑜선생의 斥和疏를 중심으로 한 정신세계 연구」 『충북향토문화』 4.
- 최병찬 ‖ 1993, 「玉泉선생 略傳」 『내제문화』 5.
- 이상주 ‖ 1994, 「유생 宋柱衡의 괴산갈읍 의병산성 축조와 의병장 이강년의 칠성전투 현장」 『괴향문화』 2.
- 서범석 ‖ 1994, 「李洽의 생애와 시세계 고찰」 『대진논총(인문사회과학)』 2, 대진대.
- 현촌 ‖ 1995, 「항일의병대장 金顯權」 『향토연구』 5, 영동향토문화연구회.
- 이경우 ‖ 1995, 「金坵論」 『인문과학논문집』 4, 서원대.
- 이종환 ‖ 1995, 「檀雲 禹德淳 義士」 『내제문화』 7.
- 정봉렬 ‖ 1995, 「정미의병의 선봉장 청은 權用佾」 『내제문화』 7.
- 정봉렬 ‖ 1996, 「제천의병의 후원자 보발 원서방 元道常」 『내제문화』 8.
- 정봉렬 ‖ 1997, 「애국지사 隱岩 金鎭睦선생」 『내제문화』 9.
- 한시준 ‖ 1998, 「夢平 黃學秀의 생애와 독립운동」 『사학지』 31, 단국사학회.
- 정봉렬 ‖ 1998, 「양백대장군 김상태 의병장」 『내제문화』 10.
- 방기중 ‖ 1998, 「일제하 裵敏洙의 기독교 농촌운동론」 『동방학지』 99.
- 안후영 ‖ 1999, 「구읍에 살았던 거부 김기태」 『옥천향토문화』 4.
- 이안재 ‖ 2000, 「육창주 지사 독립유공자 왜 안되나」 『옥천향토문화』 5.
- 윤관로 ‖ 2000, 「그늘에 가린 독립운동가 심형택 선생」 『괴향문화』 8.
- 오재숙 ‖ 2001, 「옥천부자 육종관」 『옥천향토문화』 6.
- 김종관 ‖ 2003, 「애국지사 성남 정운기」 『괴향문화』 11.
- 김상헌 ‖ 2003, 「애국지사 단재 金奎興 선생」 『옥천향토문화』 7.
- 박인호 ‖ 2003, 「제천 관련 인물에 대한 연구현황과 과제」 『제천학과 청풍명월』, 제천문화원.

• 다큐인포 ❙ 2003, 「정춘수의 동상과 묘지를 찾아서」『부끄러운 문화 답사기』, 북이즈.
• 이안재 ❙ 2004, 「일제에 이용된 이인석의 戰死」『옥천향토문화』 8.
• 조용철 ❙ 2004, 「申商雨선생의 略歷」『상산문화』 10.
• 정순택 ❙ 2004, 「石灘 鄭升源선생의 생애」『상산문화』 10.
• 유명상 ❙ 2004, 「權寧石 열사의 항일투쟁 사건보고」『내제문화』 15.

제9부 현대사

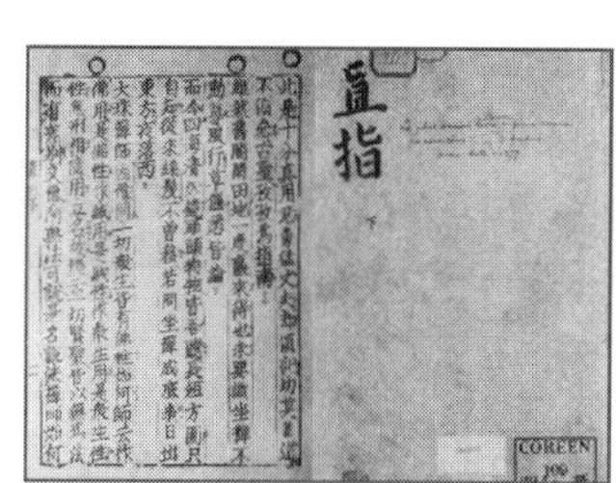

1. 정치와 사회

- 신홍철 ǀ 1949, 『梨月面要覽』.
- 전국지방의원명감편찬회 편 ǀ 1953, 『全國地方議員明鑑』.
- 이관진 · 이영두 편 ǀ 1956, 『地方議員明鑑』, 중앙통신사.
- 내무부 중앙선거관리위원회 ǀ 1956, 『지방자치단체의 선거상황』.
- 김운태 ǀ 1976, 『한국현대정치사』 제2권, 성문각.
- 김남식 · 이정식 · 한홍구 편 ǀ 1986, 『전국인민위원회대표자대회의사록』, 돌베개.
- 안용식 편 ǀ 1994, 『한국행정사연구(Ⅱ)』, 대영문화사.
- 김병찬 · 정정길 공편 ǀ 1995, 『50년대 지방자치 : 지방행정과 의회활동의 실태와 의미』, 서울대학교 출판부.
- 이승우 ǀ 1996, 『道政 반세기』, (주)충청리뷰사.
- 한국역사연구회 편 ǀ 1996, 『한국역사입문 ③ : 근 · 현대편』, 풀빛.
- 강만길 · 성대경 엮음 ǀ 1996, 『한국사회주의운동 인명사전』, 창작과 비평사.
- 박명림 ǀ 1996, 『한국전쟁의 발발과 기원Ⅱ』, 나남 출판사.
- 충청북도 ǀ 1997, 『충북100년 : 제1장 충북의 얼(광복과 분단, 그리고 6 · 25전쟁)』.
- 심지연 ǀ 1998, 『山頂에 배를 매고 : 노촌 이구영선생의 살아온 이야기』, 개마서원.
- 박은경 ǀ 1999, 『일제하 조선인 관료 연구』, 학민사.
- 강신욱 ǀ 2001, 『증평 · 괴산 근현대사』, 푸른나라.
- 이강수 ǀ 2003, 『반민특위 연구』, 나남출판.
- 허종 ǀ 2003, 『반민특위의 조직과 활동 : 친일파 청산과 그 좌절의 역사』, 도서출판 선인.
- 유종호 ǀ 2004, 『나의 해방전후 1940~1949』, 민음사.
- 박태균 ǀ 2005, 『한국전쟁』, 책과 함께.
- 염인호 ǀ 1983, 「일제하 지방통치에 관한 연구- '朝鮮面制' 의 형성과 운영을 중심

으로」, 연세대 사학과 석사학위논문.
• 신병식 ❙ 1988, 「토지개혁을 통해 본 미군정의 국가성격」 『역사비평』 여름호.
• 박명림 ❙ 1997, 「충북지방에서의 한국전쟁 : 해방에서 전쟁까지를 중심으로」 『아세아연구』 98.
• 충청북도 ❙ 1997, 「광복과 분단, 그리고 6 · 25전쟁」 『충북 100년』.
• 이임하 ❙ 1998, 「이승만 정권의 농촌단체 재편성」 『역사연구』 6.
• 강인철 ❙ 1999, 「한국전쟁과 사회의식 및 문화의 변화」 『한국전쟁과 사회구조의 변화』, 백산서당.
• 이상훈 ❙ 2001, 「해방후 대한독립촉성국민회의 국가건설운동 연구」, 연세대 석사학위논문.
• 이영순 ❙ 2002, 「비열한 골육상쟁 진천지구 6 · 25 참전희생용사유해발굴기」 『상산문화』 8.
• 이강수 ❙ 2003, 「반민특위 도조사부의 조직과 활동」 『한국학보』 111.
• 김양식 ❙ 2003, 「1950년대 충북지역 유지층의 변동과 그 성격」 『정신문화연구』 26권 4호(통권93호).
• 김성보 ❙ 2003, 「1945~50년대 농촌사회의 권력 변화-충청북도 面長 · 面議 員 분석을 중심으로」 『호서사학』 35.
• 이강수 ❙ 2004, 「1948~50년, 지방의 친일파처리과정-반민특위 도조사부를 중심으로」 『국사관논총』 105.
• 이강수 ❙ 2005, 「충북지역의 친일파청산의 역사와 우리의 과제」 『충북학』 7.
• 김춘수 ❙ 2006, 「충북지역의 근현대사와 김기반 할아버지」 『전쟁과 지역사회』, 충북대 중원문화연구소 학술회의 발표논문집.

2. 경제와 산업

• 松田行藏 ❙ 1888, 『朝鮮國慶尙忠淸江原道旅行記事』.
• 天野行武 편 ❙ 1923, 『忠北産業誌』.
• 중외상공정보사 ❙ 1948, 『全國商工信用錄』.
• 신홍철 ❙ 1949, 『梨月面要覽』.
• 국민일보사 ❙ 1952, 『忠北年鑑』.
• 대한상공회의소 ❙ 1955, 『전국제조업요람』.
• 한국산업은행 ❙ 1959, 『광업 및 제조업사업체명부』.
• 조건상 ❙ 1961, 『淸州誌』, 청주시.
• 김갑룡 ❙ 1962, 『忠北商工報』, 상당출판사.
• 청주상공회의소 ❙ 1965, 『淸州商工名鑑』.
• 한국은행 청주지점 ❙ 1968, 『충북지역 경제개황(1967년)』.
• 청주상공회의소 ❙ 1970, 『淸州商工名鑑』.

• 충청북도지편찬위원회 ∥ 1975, 『충청북도지』.
• 청주상공회의소 ∥ 1977, 『충북의 산업과 관광』.
• 청주상공회의소 ∥ 1977, 『淸州商工名鑑』.
• 한국은행 청주지점 ∥ 1980~, 『충북지역 주요경제지표』.(월간)
• 청주상공회의소 ∥ 1980, 『淸州商工名鑑』.
• 청주상공회의소 ∥ 1982, 『청주지역 경제동향』.
• 신곡서민석박사 정년기념논문집편찬위원회 ∥ 1982, 『충북의 산업발달에 관한 연구 : 해방직후 청주부의 산업노동력과 임금구조』.
• 청주상공회의소 ∥ 1983, 『淸州商工名鑑』.
• 충청북도 ∥ 1987~, 『충북경제』.(월간)
• 청주상공회의소 ∥ 1987, 『충북지역 경제발전 방향과 전망』.
• 청주상공회의소 ∥ 1988, 『淸州商工名鑑』.
• 한국은행 청주지점 ∥ 1988~, 『충북지역 경제동향』.(월간)
• 청주상공회의소 ∥ 1989, 『淸州商議 70年史』.
• 충청북도 ∥ 1990, 『충북경제실상진단』.
• 충주상공회의소 ∥ 1990, 『忠州商工名鑑』.
• 충북경제연구소 ∥ 1990~1993, 『충북경제연구』.
• 한국은행 청주지점 ∥ 1990~, 『충북지역경제년보』.(연간)
• 충청북도 ∥ 1991, 『지역경제연구』.
• 중부사회문화연구소 ∥ 1991, 『충북경제의 현황과 전망』.
• 충북개발연구원 ∥ 1991~, 『충북개발연구』.(반년간)
• 충청북도 ∥ 1991, 『제조업체현황(1991)』.
• 청주상공회의소 ∥ 1992, 『淸州商工名鑑』.
• 충청북도 ∥ 1992, 『제조업체현황(1992)』.
• 충북은행 ∥ 1992~1998, 『충북지역경제조사』.(연간)
• 충북개발연구원 ∥ 1993~, 『충북경제 : 동향과 전망』.(계간)
• 한국은행 청주지점 ∥ 1993, 『충북지역 발전을 위한 지역경제 정책방향』.
• 한국은행 청주지점 ∥ 1994, 『충북지역 경제현황』.
• 조병세 ∥ 1994, 『충청권의 다부문경제규모에 관한 연구』, 한양대 박사학위논문.
• 충청북도 ∥ 1995, 『산업총조사보고서』.
• 충청북도 ∥ 1997, 『충북 100년 : 제2장 문화의 향기(산업의 변천)』.
• 충북지방중소기업 ∥ 2000, 『소상공인을 위한 상권분석(제천시편)』.
• 조수종 외 ∥ 2002, 『충북산업론』, 충북개발연구원.
• 신병우 ∥ 1963, 「산업 충북도와 지하자원」『청대춘추』 10, 청주대.
• 조동세 ∥ 1968, 「충북 경제의 개관」『청대춘추』 14, 청주대.
• 청주상공회의소 ∥ 1981, 「청주지역 경제동향」『淸州商議月報』 71.
• 최만식 ∥ 1982, 「1982년도 충북 상공정책의 방향」『淸州商議月報』 80.

• 한홍렬 | 1984, 「청주시 공업지역 구조와 변천에 관한 연구」 『새마을연구 논문집』 3, 청주사범대학.
• 남기욱 | 1984, 「충북의 경제지역구분」 『새마을연구논문집』 1, 청주사범대학.
• 이재덕 | 1985, 「청원군 농촌중심지에 관한 연구」 『논문집』 15, 청주사대.
• 변종화 | 1985, 「충주 · 중원의 산업경제에 대한 연구」 『충주 · 중원지』.
• 장기신용은행 기획조사부 | 1985, 「청주지역의 경제현황과 장기잠재력-지역경제 개발 패턴의 국제비교분석(특집)」 『은행계』 227.
• 박숙경 | 1987, 「청주시 제조업의 발달과 입지변동」 『충북지리』 5.
• 김윤수 | 1988, 「8 · 15이후 귀속기업체 불하에 관한 연구」, 서울대 석사학위논문.
• 조수종 | 1988, 「충북경제의 공업화 전개과정과 발전방향」 『사회과학연구』 7, 충북대 사회과학연구소.
• 김신웅 | 1989, 「忠北地域經濟의 近代化過程(1회)」 『淸州商議月報』 156.
• 김신웅 | 1989, 「忠北地域經濟의 近代化過程(2회)-충북지역경제발전의 시원」 『淸州商議月報』 157.
• 김신웅 | 1989, 「忠北地域經濟의 近代化過程(3회)-근대도시 성장전의 청주」 『淸州商議月報』 158.
• 김신웅 | 1989, 「忠北地域經濟의 近代化過程(4회)-도시의 성장기」 『淸州商 議月報』 159.
• 김신웅 | 1989, 「忠北地域經濟의 近代化過程(5회)」 『淸州商議月報』 160.
• 신경섭 | 1990, 「충북의 선진공업화」 『충북향토문화』 2.
• 이로영 | 1990, 「倉洞의 淸明酒」 『충북향협 회원연수대회발표문』.
• 김신웅 | 1990, 「忠北地域經濟의 近代化過程(6회)-청주시 성장의 제단계」 『淸州商議月報』 161.
• 김신웅 | 1990, 「忠北地域經濟의 近代化過程(7회)-충북지역경제의 근대화 과정의 원근」 『淸州商議月報』 162.
• 노완섭 · 소명환 | 1991, 「충주 淸明酒」 『예성문화』 12.
• 조수종 | 1991, 「충북지역 경제의 현황과 향후 발전방향」 『사회과학연구』 8-2, 충북대 사회과학연구소.
• 노근호 | 1991, 「충북 제조업의 구조적 특성에 관한 연구」 『청주경제연구』 2, 청주경제학회.
• 김신웅 | 1992, 「충청북도의 공업발달과정」 『경영사학』 7.
• 정초시 | 1992, 「충북 제조업의 경쟁력 분석」 『충북지역사회연구』 2.
• 조수종 | 1992, 「충북경제의 문제점과 전망」 『지역경제연구논문집』, 현대사회경제연구원.
• 김신웅 | 1993, 「충북지역 경제발전의 사적 성찰」 『청주문화』 8, 청주문화원.
• 방기중 | 1993, 「해방정국기 중간파 노선의 경제사상-강진국의 산업재건론과 농업개혁론을 중심으로」 『경제이론과 한국경제』.

• 이지수 | 1994, 「해방 후 농지개혁과 지주층의 자본전환 문제」, 연세대사학과 석사학위논문.

• 한홍렬 | 1994, 「한국전통수공업의 지역적 전개과정에 관한 연구-충청북도 지역을 중심으로」『호서문화논총』 8.

• 서민석 | 1994, 「청주시의 지역경제 분석과 광역권 청주개발」『지역개발연구』 5, 충북대 지역개발연구소.

• 정상훈 | 1994, 「진천 토산품의 변천과정」『충북향협 회원연수대회발표문』.

• 노근호 | 1994, 「충북지역 산업정책의 방향」『충북리포트』 1-1.

• 이종철 | 1994, 「충북 제조업 인력수급의 현황과 정책과제」『지역개발연구』 5, 충북대 지역개발연구소.

• 유호일 | 1994, 「충주 · 중원지역의 산물」『충북향협 회원연수대회발표문』.

• 김근수 | 1995, 「괴산의 옹기」『괴향문화』 3.

• 이오범 | 1995, 「광복 후의 청주 산업경제」『청주문화』 10.

• 이종훈 | 1995, 「제천 토산품의 변천에 대하여」『충북향토문화』 6.

• 이종식 | 1995, 「청원군지역의 공업성장과 입지특성」『새마을연구』 4, 한국교원대.

• 최병찬 | 1996, 「의림지 장터(시장)」『내제문화』 8.

• 충북은행 | 1996, 「충북지역 경제동향」『충북지역경제조사』 16.

• 이현종 | 1996, 「음성군 제조업의 성장과 특성」『산업과 경영』 9, 충북대.

• 이장희 외 | 1996, 「충북지역 산업구조 기반의 현황과 발전」『충북개발연 구』 7-1, 충북개발연구원.

• 고영구 | 1996, 「충북지역 산업구조 분석과 주력산업 선정」『충북개발연구』 7-2, 충북개발연구원.

• 노근호 | 1997, 「통계로 본 충북경제」『충북리포트』 4-4.

• 김원식 | 1997, 「충북 북부지역 산업발전 방향」『충북지역경제조사』 19.

• 이덕로 | 1998, 「충북지역 우량기업의 조직문화적 특성에 관한 연구」『호서문화논총』 12.

• 성준용 · 한주성 · 주경식 · 김학훈 | 1998, 「금강유역의 정기시 체계변화」『대한지리학회지』 33-2.

• 한주성 · 서주선 | 1998, 「충북 丹陽郡 정기시 出市者의 공간적 특성」『사회과학연구』 14-2.

• 노근호 | 1998, 「충북경제의 동향 전망」『충북리포트』 5-1.

• 홍성론 | 1998, 「음성군 산업입지 정책의 발전방향에 관한 연구」, 청주대 석사학위논문.

• 김양식 | 1999, 「미군정기 충북지역의 사회경제변동」『사학지』 32.

• 강신욱 | 1999, 「증평 5일장」『증평문화』 3.

• 고영구 · 조욱현 · 노근호 · 장정호 | 1999, 「21세기 지역산업정책의 방향과 전략-

지역산업진흥계획 수립을 위한 전제」『정책연구』 99-07, 충북개발연구원.
• 김양식 ǀ 2000, 「해방이후 충북지역 귀속사업체 연구」『충북사학』 11 · 12합집.
• 이헌창 ǀ 2000, 「충청북도에서의 定期市 변천에 관한 기초적 연구」『중원 문화논총』 4, 충북대 중원문화연구소.
• 한홍렬 ǀ 2000, 「전통수공업의 전승과 현상-도자기수공업을 중심으로」『중원문화논총』 4, 충북대 중원문화연구소.
• 이덕로 ǀ 2000, 「충청지역 중소제조업의 경영특성에 관한 연구」『호서문화논총』 14, 서원대 호서문화연구소.
• 한주성 ǀ 2001, 「충북 농협 연쇄점의 유통체계와 판매활동의 공간적 특성」『중원문화논총』 5, 충북대 중원문화연구소.
• 연상호 · 유준상 ǀ 2002, 「2002 제천시 소상권 조사 및 분석에 관한 연구」『지역문화연구』 1, 세명대 지역문화연구소.
• 김태명 · 서문석 ǀ 2003, 「堤川의 경제구조에 관한 연구-산업구조를 중심으로」『지역문화연구』 2, 세명대 지역문화연구소.

3. 농업과 농지개혁

• 농림부 농지국 ǀ 1951, 『농지개혁통계요람』.
• 충청북도 진천군 초평면 ǀ 1951, 『分配農地簿』.
• 충청북도 진천군 덕산면 ǀ 1951, 『分配農地簿』.
• 농림수산부 ǀ 1963, 『農業國勢調査 : 60-2 충청북도』.
• 충청북도 ǀ 1968, 『농기업 선도부락사업』.
• 최돈화 ǀ 1968, 『충북지방의 농가소득 향상을 위한 엽연초 생산문제의 연구와 이에 따르는 수출 진흥책』, 문교부 연구보고서.
• 농업진흥공사 ǀ 1970, 『1970년도 농업용수개발 지하수 조사보고서D : 충청북도』.
• 농림부 ǀ 1972, 『1970년도 농업센서스 4 : 충청북도』.
• 충청남도청 ǀ 1974, 『수리시설총람 4 : 충청북도』.
• 충청북도 농촌진흥원 ǀ 1978, 『충청북도 사과농업 진흥에 관한 방안』.
• 농수산부 ǀ 1982, 『농업조사 : 충청북도』.
• 한국농촌경제연구원 편 ǀ 1985, 『농지개혁시 被分配地主 및 일제하 대지주 名簿』, 한국농촌경제연구원.
• 한국농촌경제연구원 ǀ 1986, 『농지개혁사관계자료집』.
• 한국농촌진흥원 ǀ 1987, 『농지임대차관행총람 : 충청북도편』.
• 한국농촌경제연구원 ǀ 1988, 『충북지역 농업 사례』.
• 김성호 외 ǀ 1989, 『농지개혁사 연구』, 한국농촌경제연구원.
• 충청북도 농촌진흥원 ǀ 1990, 『지역별 연구과제보고서』.

• 제원군 ▮ 1991, 『제원군 농어촌지역 종합개발계획 : 1991~1995』.
• 진천군 ▮ 1992, 『농어촌 발전계획안(1992~2001)』.
• 농림수산부 ▮ 1992, 『농업총조사 1990(6) : 충청북도』.
• 충청북도 ▮ 1992, 『농어촌 발전계획안(1992~2001)』.
• 음성군 ▮ 1992, 『음성군 농어촌발전계획』.
• 충청북도 농촌진흥원 ▮ 1996, 『충북 100년 忠北의 土種』.
• 홍성찬 편 ▮ 2001, 『농지개혁연구』, 연세대학교 출판부.
• 충청북도농업기술원 ▮ 2004, 『충북 농업 50년 : 사진으로 보는 농촌진흥사업』.
• 고승제 ▮ 1972, 「충북의 葉煙草, 민족의 수난속에 살아온 韓國産本」 『비지네스』 131, 비지네스사.
• 연규집 ▮ 1972, 「한국농업노동에 있어서의 공동작업에 관한 연구-충북지방을 중심으로」 『논문집』 7-6, 청주대.
• 한상욱 ▮ 1974, 「충북의 農外所得증대시책-그 현황과 금후의 과제」 『忠淸』 55(12).
• 김신웅 · 연규집 · 김일경 ▮ 1979, 「충북지역의 경제작물 특화에 따른 소득 증대방안」 『경제학논구』 4, 청주대.
• 김금진 ▮ 1987, 「충북지방의 연초재배에 관한 질학적 연구」, 이화여대 교육대학원 석사학위논문.
• 신병식 ▮ 1988, 「토지개혁을 통해 본 미군정의 국가성격」 『역사비평』 여름호.
• 서중석 ▮ 1989, 「일제시기 · 미군정기의 좌우대립과 토지문제」 『한국사연구』 67.
• 유진채 ▮ 1989, 「寺剎의 농지소유와 賃貸借制의 실태와 성격에 대한 사례 조사연구-충북 法住寺를 중심으로」 『농업과학연구』 7-2, 충북대.
• 심은숙 ▮ 1990, 「충북지역의 농업에 대한 특화와 경영유형 분석」, 충북대 석사학위논문.
• 정기홍 ▮ 1992, 「鄕校 소유토지에 대한 농지개혁의 역사적 의의-충북 향교의 사례를 중심으로」, 충북대 석사학위논문.
• 방기중 ▮ 1993, 「해방정국기 중간파 노선의 경제사상-강진국의 산업재건론과 농업개혁론을 중심으로」 『경제이론과 한국경제』.
• 김형화 ▮ 1992, 「농촌공업화와 농업생산의 변화에 관한 연구-진천군 농공 지구개발과 지역농업에 대한 사례연구」 『자연과학연구소 논문집』, 건국대.
• 이지수 ▮ 1994, 「해방 후 농지개혁과 지주층의 자본전환 문제」, 연세대 사학과 석사학위논문.
• 유진채 ▮ 1994, 「농업의 사회경제적 역할과 지속적 농업」 『지역개발연구』 5, 충북대 지역개발연구소.
• 이재덕 ▮ 1994, 「보은군의 농업생산구조」 『호서문화논총』 8, 서원대 호서문화연구소.
• 한승희 ▮ 1994, 「미곡 생산구조의 특징과 규모의 경제성에 관한 계량적 분석」 『충

북개발연구』 5.
- 유호일 ǀ 1995, 「충주 · 중원지역의 산물」 『충북향토문화』 6.
- 이경숙 ǀ 1995, 「보은지역 특산물 고찰」 『충북향토문화』 6.
- 조욱현 ǀ 1997, 「지역농업 육성을 위한 정책과제」 『충북개발연구』 8-1.
- 이재덕 ǀ 1997, 「청원군의 농업생산구조」 『사회과학연구』 10, 서원대.
- 정택구 ǀ 1998, 「충북지역 원예작물의 특화분석」, 충북대 석사학위논문.
- 김용의 ǀ 1999, 「농지개혁에서 사찰 소유농지의 분배과정과 결과-충북 속리산 법주사 사례를 중심으로」, 충북대 석사학위논문.
- 유진채 ǀ 2001, 「농지개혁에 대한 종교단체의 대응과 토지소유관계 변화-충북 법주사 사례연구를 중심으로」 『충북지역 근현대사 연구와 전망』, 예성문화연구회 · 한국사학회.
- 김성보 ǀ 2005, 「1900~50년대 진천군 梨月面의 토지소유와 사회 변화」 『한국사연구』 130.
- 김성보 ǀ 2005, 「鎭川郡의 농지개혁과 진천사회 변동」 『진천군 옛 모습의 복원과 사회변화』, 한국학술진흥재단 기초학문 연구지원 사업 2004년도 3차 학술발표회 발표문.
- 전일현 ǀ 2006, 「1900~45년 鎭川郡 草坪面의 지주층 동향-光武量案과 土地臺帳을 중심으로」, 충북대 사학과 석사학위논문.

4. 재정과 조세문제

- 충청북도 ǀ 1962, 『충북재무회계규칙』.
- 충청북도 ǀ 1990~현재, 『豫算概要』.
- 황선욱 ǀ 1990, 『지방정부의 세출예산 편성에 관한 분석적 연구 : 충청북도 시 · 군 예산담당자의 認知를 중심으로』, 청주대 박사 학위논문.
- 충청북도 ǀ 1992, 『지방세해설』.
- 충청북도 ǀ 1992, 『지방자치단체 예산편성 기본지침』.
- 충청북도 ǀ 1993~1996, 『세입세출예산서』.
- 노근호 ǀ 1995, 『한국의 지역경제 성장과 地方財政 支出에 관한 연구』, 충북개발연구원.
- 충북개발연구원 · 한국지방재정학회 ǀ 1997, 『충북 발전을 위한 지방재정의 효율화 방안』.
- 충청북도 ǀ 1998, 『지방세해설』.
- 송종순 ǀ 1958, 「우리 도의 稅入 증강책(충청북도)」 『지방행정』 7-6.
- 정부철 ǀ 1979, 「충북의 稅外收入 증대방안」 『경제학연구』 4, 청주대.
- 남기헌 ǀ 1984, 「지방자치단체 財政의 稅外收入에 관한 연구-특히 청주시 경우를 중심으로」, 청주대 석사학위논문.

• 김민호 ‖ 1985, 「지방도시의 財政自立에 관한 사례연구-청주시를 중심으로」, 단국대 석사학위논문.

• 남기헌 ‖ 1986, 「지방세외 수입의 사용료 · 수수료에 관한 연구-청주시를 중심으로」 『우암논총』 2, 청주대.

• 이완영 · 황선욱 ‖ 1986, 「지방자치 실시를 위한 재정자립도 제고방안-청주시를 중심으로」 『우암논총』 2, 청주대.

• 이석진 ‖ 1987, 「지방세제의 개선에 관한 연구」, 청주대 석사학위논문.

• 김중길 ‖ 1988, 「지방자치의 효율적 운영을 위한 지방자치단체 재정의 확보방안-청주시 사례를 중심으로」, 청주대 석사학위논문.

• 김진형 ‖ 1990, 「지방자치 실시에 따른 地方財政의 확대방안」, 청주대 행정대학원 석사학위논문.

• 김주양 ‖ 1990, 「지방재정 자립증대에 관한 연구-제천시를 중심으로」, 강원대 교육대학원 석사학위논문.

• 윤경화 ‖ 1990, 「충북 제지역 財政自立度의 시공간적 분석」 『충북지리』 8, 충북대.

• 황운서 ‖ 1991, 「지방자치 실시에 따른 지방재정의 문제점에 관한 연구-청주시를 중심으로」, 충북대 석사학위논문.

• 박종섭 ‖ 1992, 「농촌재정과 도시재정의 비교분석」 『충북개발연구』 3-2, 충북개발연구원.

• 양광수 · 김용철 ‖ 1992, 「지역경제 개발에 있어서 국고보조금의 지역간 분배와 경제적 효과」 『청주경제연구』 3, 한국동서경제학회.

• 박종호 ‖ 1993, 「충북 재정력의 제고방안」 『충북경제연구』 5, 충북경제연구소.

• 김홍구 ‖ 1994, 「지방재정구조의 지역간 격차분석-충북지역을 대상으로」 『한국동서경제연구』 6, 동서경제학회.

• 김홍식 ‖ 1994, 「충북 재정의 구조분석」 『논문집』 3, 주성전문대.

• 최호택 ‖ 1995, 「地方稅 개발에 관한 연구-충북의 광고세를 중심으로」, 청주대 석사학위논문.

• 김성태 ‖ 1995, 「지방재정 관리제도의 개선방안」 『지방재정학회 발표논문집』, 한국재정학회.

• 김성태 외 ‖ 1995, 「지역경제와 지방재정정책」 『한국재정 50년의 회고와 전망』, 한국재정학회.

• 김홍구 ‖ 1995, 「지방재정 자립도 제고를 위한 지방세 확충방안-충청북도를 중심으로」 『논문집』 4, 주성대.

• 김홍구 ‖ 1996, 「地方稅制의 변천에 관한 연구」 『논문집』 5, 주성전문대.

• 김홍식 ‖ 1996, 「충북 財政支出 분석-생산 및 서비스 조건과 불균등도를 중심으로」 『논문집』 4, 주성전문대.

• 김성태 ‖ 1996, 「지방자치제하의 지방재정력 강화방안」 『산업경영연구』 19-2, 청

주대 산업경영연구소.
• 조상원 ǀ 1997, 「농촌과 도시지역간 地方財政力 격차의 비교분석-충북지역을 중심으로」, 충북대 석사학위논문.
• 류을렬 ǀ 1997, 「정부의 법적 규제에 의한 지방자치단체의 재정보전에 관한 연구」『정책연구보고』, 충북개발연구원.
• 손희준 ǀ 1997, 「지방재정 지출의 변화와 결정요인 분석」『사회과학논총』 16, 청주대 사회과학연구소.
• 김성태 ǀ 1997, 「지방재정 관리제도의 개선방안」『산업경영연구』 20-2, 청주대 산업경영연구소.
• 우병수 ǀ 1997, 「중기지방재정계획에 관한 연구-충청북도의 계획을 중심으로」, 충북대 행정대학원 석사학위논문.
• 이철희 ǀ 1997, 「지방정부 예산운영의 신축성 제고방안-청주시를 중심으로」, 충북대 경영대학원 석사학위논문.
• 황선욱 ǀ 1997, 「지방자치단체의 豫算(案)편성에 대한 분석 및 발전방안-청주시를 중심으로」『논문집』 2, 동원공업전문대.
• 김성태 ǀ 1997, 「한국 지방재정관리제도의 개선방안」『산업경영연구』 20-2, 청주대 산업경영연구소.
• 김성태 ǀ 1998, 「조세개혁이 충북재정에 미치는 파급 효과」『충북리포트』 5-1.
• 신광식 · 최용환 ǀ 1998, 「지방정부 복지지출의 결정요인 분석-충북의 시군을 중심으로」『논문집』 7, 주성대.
• 노형준 · 조철주 ǀ 1999, 「공공재정 지출의 적정화-충청북도의 재정지출을 중심으로」『충북개발연구』 10-1, 충북개발연구원.
• 김광식 ǀ 1999, 「한국의 地方財政 실태 및 지역적 純財政歸着에 관한 연구」『충북개발연구』 10-1.

5. 한국전쟁과 노근리 양민학살

• 충청북도 교육위원회 ǀ 1979, 『6 · 25실증자료』.
• 국방부전사편찬위원회, ǀ 1987, 『韓國戰爭戰鬪史 : 단양-의성전투』.
• 국방부전사편찬위원회 ǀ 1991, 『韓國戰爭戰鬪史 : 진천-화령장전투』.
• 국방군사연구소 ǀ 1992, 『韓國戰爭戰鬪史 : 충주-점촌전투』.
• 정은용 ǀ 1994, 『그대 우리의 슬픔을 아는가』, 도서출판 다리.
• 충청북도통합방위협의회 · 제37사단 ǀ 2000, 『忠北地域戰史』.
• 국방부 군사편찬연구소 ǀ 2001, 『노근리 사건 조사결과보고서』.
• 영동군 ǀ 2001, 『노근리사건 자료모음』.
• 노근리사건조사반 ǀ 2001, 『노근리 사건 조사결과 보고서』.
• 노근리사건대책반 ǀ 2001, 『노근리 사건 관련자료집』.

- 한국현대사연구회 ∥ 2001, 『근현대사강좌 12 : 노근리사건』, 백산서당.
- 정구도 편 ∥ 2002, 『노근리사건의 진상과 교훈』, 두남.
- 최상훈 외 ∥ 2003, 『노근리다리』, 잉걸.
- 정구도 ∥ 2003, 『노근리는 살아있다 : 50년간 미국과 당당히 맞선 이야기』, 백산서당.
- 정구도 ∥ 2003, 『증보판 노근리 사건의 진상과 교훈』, 도서출판 두남.
- 최상훈 · 찰스 핸리 · 마사 멘도자 지음, 남원준 옮김 ∥ 2003, 『한국전쟁의 숨겨진 악몽 노근리 다리』, 잉걸.
- 충북지역 민간인학살 진상규명을 위한 대책위원회 ∥ 2004, 『민간인 학살피해 실태조사 보고서』.
- 박태균 ∥ 2005, 『한국전쟁』, 책과 함께.
- 영동군 ∥ 2005, 『노근리사건안내』, 노근리지원대책담당관.
- 충청북도 ∥ 2005, 『노근리사건 희생자 및 유족심사결정현황』, 노근리사건 실무지원단.
- 오연호 ∥ 1994, 「6 · 25참전 미군의 충북 영동 양민 3백여명 학살」 『말』 1994년 7월호.
- 박명림 ∥ 1997, 「광복과 분단, 그리고 6 · 25전쟁」 『충북 100년』, 충북개발연구원.
- 박명림 ∥ 1997, 「충북지방에서의 한국전쟁-해방에서 전쟁까지를 중심으로」 『아세아연구』 40-2, 고려대.
- 최병수 · 정구도 ∥ 1999, 「6 · 25동란 초기 충북 永同지구 민간인 살상사건에 관한 연구(1)-老斤里의 美軍 對양민 집단학살사건을 중심으로」 『인문학지』 17, 충북대 호서문화연구소.
- 오연호 ∥ 1999, 「미 제1기병사단 병사들 마침내 입열다-50년 7월 영동주민 400명 학살 관련」 『말』 1999년 6월호.
- 최병수 ∥ 2000, 「노근리 양민학살사건에 관한 몇가지 검토」 『인문학지』 19.
- 방선주 ∥ 2000, 「한국전쟁 당시 북한자료로 본 '노근리' 사건」 『정신문화연구』 79.
- 이환준 ∥ 2001, 「노근리사건의 진상과 교훈」 『군사』 42.
- 김공수 ∥ 2001, 「미 제1기병사단의 영동 · 황간전투」 『군사사연구총서』 1.
- 최병수 ∥ 2001, 「노근리 양민학살사건에 관한 몇가지 검토-6 · 25동란 초기 충북 영동지구의 민간인 살상사건에 관한 연구(2)」 『4 · 3과 역사』, 제주4 · 3연구소.
- 신규식 ∥ 2001, 「노근리사건의 한 · 미조사과정 분석 및 평가」 『정책과정우수논문집』 1, 국방대학교.
- 유병용 ∥ 2001, 「노근리사건의 의의」 『근현대사강좌』 12.
- 이원복 ∥ 2001, 「명예도 보상도 없는 6 · 25전공자들 : 충북 음성 동락리에서 적 1개 연대 섬멸한 한국군 제6사단 제7연대 2대대 장병들」 『한국논단』 142

권 1호, 한국논단.
• 영동향토사연구회 편집실 Ⅰ 2002, 「노근리 사건의 진상과 교훈」『향토연구』 12.
• 이만열 · 김윤정 Ⅰ 2002, 「노근리사건의 진상과 그 성격」『노근리사건의 진상과 교훈』, 두남.
• 최병수 · 정구도 Ⅰ 2002, 「6 · 25동란 초기 충북 영동지구의 민간인 살상사건에 관한 연구(1)-노근리의 미군 대 양민 집단살상사건을 중심으로」『노근리사건의 진상과 교훈』, 두남.
• 방선주 Ⅰ 2002, 「한국전쟁기 북한자료로 본 노근리사건」『노근리사건의 진상과 교훈』, 두남.
• 최병수 Ⅰ 2002, 「노근리 양민학살사건에 관한 몇가지 검토-6 · 25동란 초기 충북 영동지구의 민간인 살상사건에 관한 연구(2)」『노근리사건의 진상과 교훈』, 두남.
• 정구도 Ⅰ 2002, 「노근리사건 조사결과의 문제점 비판-한국정부 '노근리사건 조사결과보고서' 와 '한미 공동발표문' 을 중심으로」『노근리사건의 진상과 교훈』, 두남.
• 박선원 Ⅰ 2002, 「미국의 노근리사건 최종보고서 비판-제국의 은전론과 한미동맹의 재조정」『노근리사건의 진상과 교훈』, 두남.
• 조시현 Ⅰ 2002, 「노근리 학살사건의 국제법적 성격」『노근리사건의 진상과 교훈』, 두남.
• 이장희 Ⅰ 2002, 「국제인도법의 원칙과 노근리 양민살해 사건」『노근리사건의 진상과 교훈』, 두남.
• 이재곤 · 정구도 · 오윤석 Ⅰ 2002, 「전시 민간인 보호를 위한 국제법적 규제-한국전쟁 시 소위 '충북 영동군 황간면 노근리 민간인 살상사건' 과 관련하여」『노근리사건의 진상과 교훈』, 두남.
• 정진성 Ⅰ 2002, 「인권의 관점에서 본 노근리사건의 재해석」『노근리사건의 진상과 교훈』, 두남.
• 차재영 · 이영남 Ⅰ 2002, 「미디어의 공공의제 형성과정에서 정보원이 행하는 역할에 관한 연구-노근리 미군 양민학살사건 대책위원회를 중심으로」『노근리사건의 진상과 교훈』, 두남.
• 현용수 Ⅰ 2002, 「노근리사건을 기억해야 하는 교육학적인 이유」『노근리사건의 진상과 교훈』, 두남.
• 박성희 Ⅰ 2002, 「노근리사건 유감표명 성명서의 수사학」『노근리사건의 진상과 교훈』, 두남.
• 노영기 Ⅰ 2004, 「한국전쟁기 민간인 학살에 관한 자료 실태와 연구현황」『역사와 현실』 54.
• 윤주헌 Ⅰ 2005, 「6 · 25와 노근리사건」『광복60주년기념 제17회 충청북도 향토문화연구소 학술발표 및 회원연수회 발표문』, (사)충북향토문화연구소.

- 김영규 ❙ 2005, 「음성지역 전투」『광복60주년기념 제17회 충청북도 향토문화연구소 학술발표 및 회원연수회 발표문』, (사)충북향토문화연구소.
- 윤주헌 ❙ 2005, 「6 · 25와 노근리 사건」『중원문화논총』 9, 충북대 중원문화연구소.
- 정구도 ❙ 2006, 「노근리보고서에 대한 검토」『전쟁과 지역사회』, 충북대 중원문화연구소 학술회의 발표논문집.
- 김양식 ❙ 2006, 「전쟁에 따른 충북지역 사회변동」『전쟁과 지역사회』, 충북대 중원문화연구소 학술회의 발표논문집.
- 한귀자 ❙ 2006, 「지역내 민간인 학살에 대한 증언」『전쟁과 지역사회』, 충북대 중원문화연구소 학술회의 발표논문집.

6. 국민보도연맹과 민간인 학살

- 오제도 ❙ 1951, 『붉은 군상』, 희망.
- 오제도 ❙ 1957, 『사상검사의 수기』, 창신문화사.
- 대한민국국회 ❙ 1960, 『양민학살진상조사위원회속기록』.
- 전국피학살자유족회 ❙ 1961, 『들꽃(石花)』 1호.
- 오제도 ❙ 1967, 『추적자의 증언』, 희망출판사.
- 내무부치안국 ❙ 1973, 『한국경찰사』 Ⅱ.
- 오제도 ❙ 1981, 『추적자의 증언』, 형문.
- 중앙일보사 편 ❙ 1983, 『민족의 증언 1-3』.
- 김남식 ❙ 1984, 『남로당연구』, 돌베개.
- 정희상 ❙ 1990, 『이대로는 눈을 감을 수 없소』, 돌베개.
- 오연호 ❙ 1990, 『더이상 우리를 슬프게 하지 말라』, 백산서당.
- 선우종원 ❙ 1992, 『사상검사』, 계명사.
- 청주기독교방송국 보도부 ❙ 1994, 「제1부 : 침묵의 44년, 이제야 말한다」『보도연맹을 기억하십니까』.
- 청주기독교방송국 보도부 ❙ 1994, 「제2부 : 운명의 그날, 설마 한국군이」『보도연맹을 기억하십니까』.
- 청주기독교방송국 보도부 ❙ 1994, 「제3부 : 죽은 자와 남은 자」『보도연맹을 기억하십니까』.
- 김삼웅 ❙ 1996, 『해방후 양민학살사』, 가람기획.
- 서중석 ❙ 1999, 『조봉암과 1950년대』 하, 역사비평사.
- 정찬동 ❙ 1999, 『함평양민학살』, 시와 사람.
- 김동춘 ❙ 2000, 『전쟁과 사회』, 돌베개.
- 김영택 ❙ 2001, 『한국전쟁과 함평양민학살』, 사회문화원.
- 한국전쟁전후 민간인학살 진상규명과 명예회복을 위한 범국민위원회 ❙ 2001,

『전쟁과 인권 : 민간인학살심포지운자료집』.
• 한국전쟁전후 민간인학살 진상규명과 명예회복을 위한 범국민위원회 | 2002, 『증언으로 듣는 민간인 학살 : 끝나지 않은 전쟁』.
• 김기진 | 2002, 『끝나지 않은 전쟁 : 국민보도연맹』, 역사비평사.
• 박문규 엮음 | 2004, 『침묵의 진실 : 진도 갈매기섬 집단처형 증언록 1』, 금호문화.
• 김기진 | 2005, 『미국 기밀문서의 최초 증언 : 한국전쟁과 집단학살』, 푸른역사.
• 김태광 | 1988, 「해방 후 최대의 양민참극 '보도연맹' 사건」『말』 1988년 12월호.
• 김태광 | 1989, 「속 '보도연맹' 사건」『말』 1989년 2월호.
• 조성구 | 1990, 「현장취재 : 경남 · 전라지역의 보련원 양민학살」『역사비평』 1990년 여름호.
• 한상구 | 1990, 「피학살자 유가족문제-경상남북도지역 양민피학살자유족회 활동」『한국사회변혁운동과 4월혁명』, 한길사.
• 노가원 | 1992, 「대전형무소 4천3백명 학살사건」『말』 1992년 2월호.
• 한지희 | 1995, 「국민보도연맹의 결성과 성격」, 숙명여대 한국사학과 석사학위논문.
• 한지희 | 1996, 「국민보도연맹의 조직과 학살」『역사비평』 1996년 겨울호.
• 박찬승 | 2000, 「한국전쟁과 진도 동족마을 세등리의 비극」『역사와 현실』 38.
• 김동춘 | 2000, 「민간인 학살문제 왜, 어떻게 해결되어야 하나」『전쟁과 인권-학살의 반세기를 넘어서』, 한국전쟁전후 민간인학살 진상규명 범국민위원회.
• 정근식 | 2002, 「한국전쟁경험과 공동체적 기억」『지방사와 지방문화』 제5권 2호.
• 김선호 | 2002, 「국민보도연맹의 조직과 가입자」『역사와 현실』 45, 한국역사연구회.
• 김선호 | 2002, 「국민보도연맹사건의 과정과 성격」, 경희대 사학과 석사 학위논문.
• 이채훈 | 2002, 「허위의 벽을 깬 다이너마이트 : 보도연맹 Ⅰ · Ⅱ」『이제는 말할 수 있다』, 커뮤니케이션북스.
• 강정구 | 2003, 「한국전쟁전후 민간인학살의 실태」『전쟁과 집단학살』, 한국전쟁전후 민간인학살 진상규명 범국민위원회.
• 강신욱 | 2003, 「한국전쟁중 괴산지역 민간인 학살」『괴향문화』11.
• 정호기 | 2004, 「한국 과거청산의 성과와 전망-과거청산 관련 국가기구의 활동을 중심으로」『역사비평』2004년 겨울호.
• 노영기 | 2004, 「한국전쟁기 민간인 학살에 관한 자료 실태와 연구현황」『역사와 현실』 54.
• 정병준 | 2004, 「한국전쟁 초기 국민보도연맹원 예비검속 · 학살사건의 배경과 구조」『역사와 현실』 54.

- 이신철 ❙ 2005, 「6 · 25 남북전쟁시기 이북지역에서의 민간인 학살」 『역사와 현실』 54.
- 강성현 ❙ 2006, 「충청지역의 보도연맹 조직과 학살」 『전쟁과 지역사회』, 충북대 중원문화연구소 학술회의 발표논문집.

7. 새마을운동

- 내무부 ❙ 1972, 『새마을운동 총람(종합편)』.
- 내무부 ❙ 1972, 『새마을 河川表3-1(총괄 · 부산 · 강원 · 충북)』.
- 내무부 ❙ 1972, 『새마을 河川表3-3(경북 · 경남 · 전북 · 전남 · 충북 · 강원 · 경기 · 제주 · 부산표)』.
- 내무부 ❙ 1973, 『새마을운동 : 시작에서 오늘까지』.
- 내무부 ❙ 1975, 『새마을운동 길잡이』.
- 옥천군 새마을운동지역협의회 ❙ 1977, 『옥천군 상설 새마을학교 새마을교재』.
- 충청북도 ❙ 1978, 『새마을상조은행 운영결산서』.
- 충청북도 ❙ 1980, 『새마을운동 10주년기념 연구논문집』.
- 청주사대 새마을연구소 ❙ 1981, 『새마을운동 연구종합발표회』.
- 충청북도 ❙ 1984, 『보람의 현장을 가다 : 새마을운동』.
- 유진채 외 ❙ 1984, 『새마을기계화영농단의 적정모델 설정에 관한 연구』, 농촌진흥청.
- 이세영 ❙ 2003, 『풍덕마을의 새마을운동』.
- 이헌우 ❙ 1975, 「초등학교 새마을교육이 새마을운동에 기여한 공헌도-충북 새마을교육 우수학교를 중심으로」 『논문집』 11-5, 청주교대.
- 이만우 ❙ 1975, 「주체성의 토착화와 새마을운동의 효과적인 성공을 위하여-충북 새마을기술봉사단의 결성을 마치고」 『충청』 55-12.
- 권영원 외 ❙ 1976, 「청주시 도시새마을운동의 방향」 『충청』 71(4).
- 강신우 ❙ 1977, 「새마을소득과 지역특화방안(2)-충북지방을 중심으로」 『새마을운동연구논총』 2, 새마을연구소.
- 박유영 · 유을렬 ❙ 1984, 「청주지역 환경보전과 새마을운동」 『새마을연구논문집』 3-1, 청주대.
- 김준호 ❙ 1988, 「새마을운동과 충북경제 발전」 『새마을연구논문집』 5, 청주대.
- 김진섭 ❙ 1988, 「충북 관광개발과 새마을운동」 『새마을연구논문집』 5, 청주대.
- 고병호 ❙ 1988, 「새마을운동과 충북지역 개발」 『새마을연구논문집』 5, 청주대.
- 남기민 ❙ 1988, 「새마을운동과 충북지역의 사회복지」 『새마을연구논문집』 5, 청주대.
- 예경희 ❙ 1988, 「충청북도 새마을운동과 농촌지역발전」 『새마을연구논문집』 5, 청주대.
- 남기민 · 한동일 ❙ 1992, 「새마을운동과 사회복지-충북지역을 중심으로」 『충북사

회복지연구』 1.
• 예경희 | 1993, 「군단위지역의 새마을운동의 전개과정-충북 옥천군을 중심으로」 『새마을연구논문집』 10, 청주대.

8. 지방 행정

• 청주시 총무과 | 1958, 『淸州市例規集』.
• 충청북도 | 1965, 『道政業績(1964년도)』.
• 정구충 | 1970, 『충북 변천사 : 행정구역과 관원의 변천』, 충북협회.
• 충청북도 | 1975, 『도정연구보고서』.
• 충청북도 | 1976, 『도정연구보고서』.
• 충청북도 | 1977, 『도정보고서』.
• 충청북도 | 1979, 『도정보고서』.
• 충청북도 | 1986, 『道政發展세미나 종합보고서』.
• 충주시정삼십년사편찬위원회, | 1986, 『忠州市政30年史』, 충주시.
• 충청북도 지방공무원교육원 | 1987, 『지방화시대에 부응하는 도정발전방향』.
• 충청북도 | 1988, 『지방자치와 道政 발전방향』.
• 충청북도 | 1989, 『道政發展세미나 종합보고서』.
• 제천문화원 | 1990, 『義林文化 5 : 제천시 · 제원군 행정편』.
• 중부매일신문 | 1991, 『충북의정총람』.
• 충청북도 | 1991, 『열린 미래 희망찬 충북 : 도정소개』.
• 충청북도 선거관리위원회 | 1991, 『구 · 시 · 군의회의원 선거총람(1991)』.
• 충청북도 | 1991, 『道政發展세미나 종합보고서』.
• 충청북도 | 1992, 『1992년도 주요업무 월별추진계획』.
• 진천군 | 1993, 『1993년도 주요업무보고』.
• 충청북도 | 1993, 『사진으로 본 도정 45년사 맥 45(1948~1993)』, 우주상사.
• 충청북도 | 1993, 『새롭게 변화하는 도정』.
• 충청북도 | 1994, 『2000년대를 향한 도정발전 심포지움』.
• 충청북도 경영혁신연구실 | 1994, 『도정을 새롭게 충북을 새롭게』.
• 이승우 | 1996, 『도정 반세기』, 충청리뷰사.
• 충청북도 | 1996, 『1996년도 주요업무 시행계획』.
• 충청북도 | 1996, 『밝은 미래를 열어가는 힘있는 충북건설 : 민선 도정 1년』.
• 정연길 | 1996, 『민선자치시대에 대한 바람직한 시정구현을 위한 청주시민의식조사』, 청주시.
• 이호건 | 1996, 『세계화 대비 충북지역의 대외관계 과제 · 세계화 · 지방화 그리고 민주화』, 충북대 국제관계연구소 · 지역개발연구소.
• 청주시 | 1997, 『꿈과 미래를 여는 활기찬 시정 : 1997년도 시정설계』.

- 충북개발연구원 ‖ 1998, 『수도권 정책관련 워크샵』.
- 충청북도 ‖ 1998, 『도정주요업무』.
- 충청북도 ‖ 1998, 『1998년도 민선1기 도정 3년 주요성과』.
- 충청북도 증평출장소 ‖ 1998, 『1998년도 주요업무 시행계획』.
- 충청북도 ‖ 1998, 『도정사료집』.
- 충청북도 ‖ 1999, 『1999년도 주요업무 시행계획』.
- 충청북도 ‖ 1999, 『열린 미래 희망찬 충북 도정개혁보고서』.
- 충청북도 ‖ 1956, 「민심수습의 구체적 방안」 『지방행정』 5-7, 대한지방행정협회.
- 송종순 ‖ 1958, 「道政10년의 회고와 전망-충청북도」 『지방행정』 7-6, 대한지방행정협회.
- 김효영 ‖ 1967, 「도약대에 선 忠北, 도약을 위한 우리 道政의 과제」 『지방행정』 16-1, 대한지방행정협회.
- 김효영 ‖ 1969, 「도약의 해 1969년도 각시 · 도정 방향」 『지방행정』
- 정인무 ‖ 1975, 「충북도정의 총화행정구상-도민총화(특집)」 『충청』 56-1.
- 오용운 ‖ 1976, 「각시도 중점시책 방향 : 충청북도 '76지방행정 정책방향」 『지방행정』 289-3.
- 문지훈 ‖ 1977, 「오늘의 충북 정치문화의 특징」 『청대춘추』 22.
- 김태수 ‖ 1977, 「협동권사업의 확대로 알찬 괴산건설 추진-상반기 시군정 결산」 『충청문예』 14.
- 신상준 ‖ 1981, 「행정조직면에서 본 청주시의 역사적 변천과정」 『서원학보』 1.
- 김진봉 외 ‖ 1981, 「地方行政區域 變遷의 정치 사회적 배경에 대한 연구」 『호서문화연구』 1, 충북대 호서문화연구소.
- 허인욱 ‖ 1981, 「충주 · 중원지방의 행정구역명칭 변천고」 『예성문화』 2.
- 김덕영 ‖ 1984, 「충청북도 역점시책」 『지방행정』 366.
- 이정식 ‖ 1984, 「밝고 깨끗한 시범군정 육성-충북 옥천군」 『지방행정』 371.
- 김덕영 ‖ 1985, 「충청북도 역점시책- '85 시도 역점시책」 『지방행정』 378.
- 유의재 ‖ 1990, 「1990년도 보은군정 역점시책- '90 내무행정 역점시책」 『지방행정』 436.
- 장준식 ‖ 1991, 「충청북도 행정구역 변천에 관한 고찰」 『지역개발연구』 1, 충청전문대.
- 김현길 ‖ 1993, 「충주연혁의 잘못을 바로잡고자 함(상)」 『예성문화』 14.
- 이성범 외 ‖ 1994, 「청주지방의 시정 변화에 관한 연구」 『한국환경과학회지』 3-3.
- 박경국 ‖ 1994, 「도정의 경영화 1년 성과와 향후과제」, 『충북리포트』 1.
- 이성범 ‖ 1994, 「청주지방의 市政變化에 관한 연구」, 한국교원대 석사학위논문.
- 충북경제연구소 ‖ 1994, 「도정의 경쟁력 제고방안」 『충북리포트』 1.
- 정삼철 ‖ 1995, 「충북지역의 세방화-현지화정책 추진과제」 『충북리포트』 2-1.
- 김현길 ‖ 1995, 「진천군 面里制의 변천」 『常山文化』 창간호.

• 정정목 ‖ 1995, 「세계화와 한국지방정부의 대응」 『사회과학논총』 14, 청주대 사회과학연구소.
• 이기주 ‖ 1995, 「청주시 행정의 변화와 전개」 『청주문화』 10.
• 안성호 ‖ 1995, 「지방의 세계화-충북의 실천과제」 『지방의 세계화와 시민 교육』.
• 손정훈 ‖ 1995, 「정책집행 실패사례 연구-청주시 쓰레기 고체연료화 정책을 중심으로」, 충북대 석사학위논문.
• 라경준 ‖ 1996, 「청주 행정지명의 변천」 『충북향토문화』 7.
• 경석준 ‖ 1996, 「定都 100년에 따른 延豊의 변화」 『괴향문화』 4.
• 김승환 ‖ 1996, 「지방자치와 충북지역 문화」 『호서문화연구』 14.
• 홍성후 ‖ 1996, 「충청지역 정치관련 연구소 현황분석과 대책」 『지역논총』 96, 한국경실련 충청지부.
• 이성범 · 정용승 ‖ 1996, 「청주지방의 시정 변화에 관한 연구」 『환경연구논문집』 3, 한국교원대.
• 이승우 ‖ 1997, 「충청북도 행정구역 · 기구정원 100년 략사」 『충북향토문화』 8.
• 송문영 ‖ 1997, 「영동의 100년 회고」 『충북향토문화』 8.
• 김상해 ‖ 1997, 「지역단위의 정책갈등-정치적 자원과 대응양태」 『충북개발연구』 8-2.
• 편집부 ‖ 1997, 「1997년도 충북도정 10대 뉴스」 『충북리포트』 4.
• 정지호 ‖ 1997, 「진천군의 100주년 변천사」 『충북향토문화』 8.
• 이헌석 ‖ 1998, 「청주시의 민원실태와 민원제도개선에 관한 연구」 『호서문화논총』 12.
• 강신욱 ‖ 1998, 「일제시대 괴산군의 행정구역」 『괴향문화』 6.
• 노근호 ‖ 1998, 「지역경쟁력 강화를 위한 하나의 정책적 대안」 『충북리포트』 3-3.
• 이광택 ‖ 1998, 「민선2기 출범과 경제위기시대의 도정운용 방향」 『충북리포트』 3-3.
• 고영구 ‖ 1998, 「수도권 규제완화에 대한 대응논리」 『충북리포트』 5-4.

9. 행정 자료

• 박로학 ‖ 1953, 『忠北大觀』, 국민일보사.
• 충청북도 ‖ 1954, 『충청북도 각 기관직원록』, 태양출판사.
• 충청북도 ‖ 1955, 『忠淸北道 道勢一覽』.
• 충청북도 ‖ 1956, 『충청북도 각 기관별 직원 · 2대의회의원록』, 청주문화사.
• 충청북도 ‖ 1957, 『忠淸北道 道勢一覽』.
• 충주시 ‖ 1958~현재, 『충주시 통계연보』.
• 청주문화사 ‖ 1959, 『충북보감』.
• 청원군 ‖ 1959~현재, 『청원군 통계연보』.

- 내무부 통계국 ǀ 1959, 『간이총인구조사보고 5 : 충북』.
- 충북대관편찬위원회 ǀ 1959, 『忠北大觀』, 의회평론사.
- 충청대관편찬위원회 ǀ 1959, 『忠淸大觀』, 의회평론사.
- 충청북도 ǀ 1960, 『忠淸北道 道勢一覽』.
- 괴산군 ǀ 1961~현재, 『괴산군 통계연보』.
- 단양군 ǀ 1961~현재, 『단양군 통계연보』.
- 보은군 ǀ 1961~현재, 『보은군 통계연보』.
- 영동군 ǀ 1961~현재, 『영동군 통계연보』.
- 옥천군 ǀ 1961~현재, 『옥천군 통계연보』.
- 음성군 ǀ 1961~현재, 『음성군 통계연보』.
- 제원군 ǀ 1961~1990, 『제원군 통계연보』.
- 제천군 ǀ 1961~1994, 『제천군 통계연보』.
- 중원군 ǀ 1961~1994, 『중원군 통계연보』.
- 진천군 ǀ 1961~현재, 『진천군 통계연보』.
- 청주시 ǀ 1961~현재, 『청주시 통계연보』.
- 충청북도 ǀ 1961~현재, 『충청북도 통계연보』.
- 장길남 ǀ 1961, 『충청북도 각 기관직원록』, 세광출판사.
- 충청북도 ǀ 1962, 『충북재무회계규칙』.
- 중앙선거관리위원회 ǀ 1963, 『역대국회의원 선거상황』.
- 경제기획원 ǀ 1963, 『인구주택국세조사보고 1-4 : 충청북도』.
- 경제기획원 ǀ 1965, 『인구주택국세조사보고 2-4 · 5 : 충청북도』.
- 행정년감편찬위원회 ǀ 1966, 『행정년감(충청북도편)』.
- 충청북도 ǀ 1966, 『충청북도 각 기관직원록』, 태양출판사.
- 충청북도 ǀ 1968, 『蠶業忠北』.
- 충청북도 ǀ 1968, 『충청북도 각 기관직원록』, 태양출판사.
- 경제기획원 ǀ 1968, 『1966년도 인구 센서스 보고 12-6 : 충청북도』.
- 충청북도 ǀ 1971, 『충청북도 각 기관직원록』, 태양출판사.
- 경제기획원 ǀ 1972, 『1970년도 총인구 및 주택조사보고 12-6 : 충청북도』.
- 대한민국 시장군수대감편찬위원회 ǀ 1972, 『大韓民國 市長 · 郡守大監』.
- 충청북도 ǀ 1973, 『1973년도 지방자치단체 예산편성지침』.
- 단양군 ǀ 1974, 『자치법규집』.
- 충청북도 ǀ 1974, 『1974년도 지방자치단체 예산편성지침』.
- 충청북도 ǀ 1974, 『기본통계자료』.
- 충청북도 ǀ 1974, 『충청북도 각 기관직원록』, 태양출판사.
- 충청북도 ǀ 1975, 『충청북도 각 기관직원록』, 태양출판사.
- 충청북도 ǀ 1975, 『1975년도 지방자치단체 예산편성지침』.
- 충청북도 ǀ 1975, 『기본통계자료』.

- 충청북도 ∥ 1977, 『도정보고서』.
- 충청북도 ∥ 1977, 『1977년도 지방자치단체 예산편성지침』.
- 충청일보사 ∥ 1977, 『충북년감』.
- 충청북도 ∥ 1979, 『도정보고서』.
- 충청북도 ∥ 1980, 『충청북도 각 기관직원록』, 태양출판사.
- 충청북도 ∥ 1981, 『충청북도 각 기관직원록』, 태양출판사.
- 제천시 ∥ 1981~현재, 『제천시 통계연보』.
- 충청북도 ∥ 1982, 『충청북도 각 기관직원록』, 태양출판사.
- 충청북도 ∥ 1983, 『도정연설문집』.
- 충청북도 ∥ 1984, 『보람의 현장을 가다-새마을운동』.
- 청주근세60년사화편찬위원회 ∥ 1985, 『청주근세60년사화』.
- 충주시 ∥ 1986, 『충주 市政 30년사』.
- 충청북도 ∥ 1990~현재, 『豫算槪要』.
- 중부매일신문 ∥ 1991, 『충북의회총람』.
- 청주시 ∥ 1991, 『사진으로 본 움직이는 청주시』.
- 통계청 ∥ 1992, 『인구주택총조사보고서(1990) 제2권 : 충북편』.
- 충청북도 ∥ 1992~현재, 『주민등록인구통계보고서』.
- 충청북도 ∥ 1992, 『地方行政組織制度史』.
- 충청북도 ∥ 1992, 『지방세해설』.
- 충청북도 ∥ 1992, 『지방자치단체 예산편성 기본지침』.
- 한국도시행정연구소 ∥ 1992, 『전국통계년감』, 신관출판사.
- 충청북도 ∥ 1993, 『맥 45 : 사진으로 본 도정 45년사』.
- 충청북도 ∥ 1993~1996, 『세입세출예산서』.
- 청주시 ∥ 1994, 『사진으로 본 움직이는 청주』.
- 충청북도 ∥ 1994, 『법무행정실무편람』.
- 한국도시행정연구소 ∥ 1994~1999, 『전국통계년감』, 신관출판사.
- 충청북도 ∥ 1996, 『忠淸北道要覽』.
- 진천군 ∥ 1996, 『訓令集』.
- 충청북도 ∥ 1996, 『통계로 본 충북의 발자취(1960년~1995년)』.
- 충주시 ∥ 1997, 『1960~1995 통계로 본 충주의 발자취』.
- 충청북도 증평출장소, 1997, 『소정기본통계자료』.
- 통계청 ∥ 1997, 『인구주택총조사보고서 제2권 : 시 · 도편 15-9 충청』.
- 충청북도 ∥ 1997, 『사진으로 본 忠北百年』.
- 청주시 ∥ 1997, 『청주 생활과 문화』.
- 충북개발연구원 · 한국지방재정학회 ∥ 1997, 『충북 발전을 위한 지방재정의 효율화 방안』.
- 충청북도 ∥ 1998, 『지방세해설』.

• 충청북도 Ι 1998, 『통계로 본 충북 50년』.
• 충청북도의회 Ι 2000, 『충청북도의회사』.
• 김의환 · 전일현 · 김형석 · 김미선 · 조영님 Ι 2004, 『2004년도 국사편찬위원회 근현대지역사자료 충청북도 기초조사 최종보고서』.
• 충주시의회 Ι 2004, 『(1961년도) 충주시의회 회의록』.
• 김의환 · 조영님 · 김용남 · 전일현 · 유동호 · 홍일교 Ι 2005, 『2005년도 국사편찬위원회 근현대지역사자료 괴산군 지표조사 최종보고서』.

10. 건축

• '99 건축문화의 해 충청북도 조직위원회 Ι 1999, 『충북의 건축문화』.
• 이훈 외 Ι 1990, 『근대 청주지역의 주거건축 조사 연구』, 충북대 건설기술연구소.
• 청주대학교 건축계획연구실 Ι 1992, 『근대도시주택 연구보고』 1.
• 청주대학교 건축계획연구실 Ι 1992, 『근대도시주택 : 실측조사보고서-淸州邑』.
• 청주대학교 건축계획연구실 Ι 1993, 『근대도시주택 : 실측조사보고서-忠州邑』,
• 이강훈 Ι 1993, 『청주의 건축과 건축인』, 이상건축.
• 오무영 · 이신호 Ι 1993, 『충북지방 농촌주택의 실태조사』, 한국농공학회.
• 김태영 · 이훈 Ι 1994, 『청주근대도시주택』, 청주대 건축계획연구실 .
• 김태영 Ι 1994, 『괴산중학교 舊本館 '돌집'』, 청주대 건축계획연구실.
• 청주대학교 건축계획연구실 Ι 1997, 『근대도시주택 : 실측조사보고서-금강 배후도시 · 내륙지방도시』.
• 청주대학교 건축계획연구실 Ι 1998, 『근대도시주택 및 농촌자연마을- '98하 계 실측조사보고서』.
• 충청북도 건축사회 Ι 1998, 『忠北의 建築 : 충청북도 건축사회 건축작품집』.
• 충청북도 Ι 2001, 『충북 건축기행』.
• 김태영 Ι 2003, 『충북 근대도시 주택』, 청주대출판부.
• 문화재청 Ι 2004, 『옥천 천주교회 실측조사보고서』.
• 이재헌 Ι 1980, 「淸州鄕校의 건축계획에 관한 연구」 『논문집』 13, 청주대.
• 최효승 외 Ι 1981, 「대청댐 수몰지구 농촌취락 실측조사」 『건축』 98, 대한건축학회.
• 김흥곤 Ι 1981, 「남한강유역의 民家에 대한 취락구조 조사연구」 『건축』 101, 대한건축학회.
• 이재헌 Ι 1981, 「충북지방 주거건축의 공간구성에 관한 연구」 『논문집』 14, 청주대.
• 홍세표 Ι 1982, 「남한강유역의 民家 평면구성에 관한 연구」, 인하대 석사학위논문.
• 황희연 · 이진숙 Ι 1983, 「충주댐 수몰지역 민가유형에 관한 고찰-淸風面을 중심으로」 『대한공업교육학회지』 8-2.

- 권혁거 | 1984, 「九屛山 산세 모은 I자형 韓屋-충북 보은군 宣炳國씨댁」『현대주택』 98.
- 이강훈 | 1985, 「청주시의 건축환경과 시간 · 공간의 연속성」『공간』 216, 공간사.
- 김흥곤 | 1985, 「진새(지붕구조) 및 가랫골(온돌구조)에 대한 열적 성능- 충주댐 수몰지역 민가를 중심으로」『논문집』 30, 충북대.
- 권건우 | 1986, 「한국 충청북도의 농촌주택에 관한 연구-제원군 · 중원군 · 청원군을 중심으로」, 단국대 석사학위논문.
- 이장우 | 1987, 「청주시 일반단독주택의 변천에 관한 연구」, 청주대 석사학위논문.
- 이재헌 · 도용호 | 1987, 「충북지방 전통주거건축의 공간구성에 관한 연구」『산업과학연구』 5, 청주대.
- 도용호 · 오인식 · 주영근 | 1988, 「충청북도 향교의 건축계획에 관한 연구 (1)」『논문집』 17, 우송공업대학.
- 신상섭 외 | 1989, 「전통주택 외부공간의 시각적 특성에 관한 연구-충북지방을 중심으로」『한국정원학회지』 7, 한국정원학회.
- 신상섭 | 1989, 「전통주거공간의 경관인식 특성에 관한 연구-충북지방을 중심으로」『논문집』 11, 전주우석대.
- 도선붕 | 1991, 「청주지역의 교회건축의 변천과정」, 충북대 석사학위논문.
- 김정진 | 1991, 「60년대 이후 청주시 도시주택의 평면성향에 관한 연구」『지역개발연구』 1, 충청전문대.
- 김경표 · 김덕문 외 | 1993, 「충북지역 민가 실측조사연구」『학술발표논문집』, 대한건축학회 충북지부.
- 이신호 | 1994, 「농촌주택의 실태 조사를 통한 개선방안 연구-충북지역을 중심으로」『한국농공학회지』 36-3.
- 김학영 | 1997, 「제천에서 오래된 공공기관 건물」『내제문화』 9.
- 김태선 | 1997, 「청주지역 복합주택의 유형화와 기능적 특성에 관한 연구」, 청주대 산업대학원 석사학위논문.
- 조일환 · 최효승 | 1997, 「도시 공동주택의 공간이용 실축조사 연구-제천시를 중심으로」『도시지역개발연구』 5, 청주대.
- 김태영 · 김태선 | 1997, 「청주시 주상복합건물의 분포 및 주택규모 특성에 관한 조사연구」『학술발표논문집』 17-1, 대한건축학회.
- 김승환 | 1998, 「지역건축탐방 : 충주 · 청주」『건축사』 349.
- 서민승 | 1998, 「충북 북부지역 누목식 민가의 변화과정-제천 봉양읍 옥전리 노목을 중심으로」, 청주대 석사학위논문.
- 강경구 | 2002, 「충북지역 전통주거건축의 보존방안에 관한 연구」, 중부대 석사학위논문.
- 남동일 | 2002, 「충북지역 전통주거건축의 외부색채에 관한 연구」, 충주대 석사학

위논문.
- 신경희 ∣ 2002, 「청주교구 가톨릭성당의 시대별 건축특성」, 충북대 석사학위논문.
- 최종원 ∣ 2003, 「충북지역 전통주거건축의 收藏공간에 관한 연구」, 충주대 석사학위논문.
- 원세영 · 반상철 · 김태영 ∣ 2004, 「청주시 역사적 도심주거지내 방형가구의 현황 및 변화특성에 관한 연구」『대한건축학회논문집』 20권 1호, 대한건축학회.
- 정세림 · 김태영 ∣ 2004, 「청주시 구도심내 터줏대감의 주택개조 및 신축 양상」『대한건축학회논문집』 20권 9호, 대한건축학회.
- 옥천군 문화공보실 ∣ 2004, 「육영수 생가지 현황 분석 및 복원계획」『옥천향토문화』 8.

11. 인구

- 충청북도 ∣ 1965~1991, 『忠淸北道 常住人口 調査報告』.
- 충청북도 ∣ 1969 · 1973 · 1974, 『충청북도 인구통계자료』.
- 정삼철 ∣ 1991, 『충청북도 상주인구보고서』, (재)충북경제연구소.
- 조동규 ∣ 1960, 「토지이용과 인구에 대한 연구-남한강 상류지역의 丹陽郡을 중심으로」『논문집』 2, 신흥대학교.
- 권용우 ∣ 1981, 「충청북도지역의 연령구조 지수변화」『지리학논총』 8, 서울대.
- 박유영 외 ∣ 1982, 「離農性向 및 농촌 인력난의 현황과 그 대책-충북 청원군 · 진천군 · 괴산군일원을 중심으로」『새마을연구논문집』 1, 청주사범대.
- 신용철 ∣ 1984, 「충청북도의 지역별 인구증감에 관한 연구」『논문집』 13, 청주사범대.
- 조혜종 ∣ 1984, 「강원 · 충북 · 전남의 인구분포 비교」『지역개발논문집』 12, 경희대.
- 이재덕 ∣ 1984, 「도시주변 농촌지역의 인구이동 현상-청원군 玉山面의 사례연구」『논문집』 13, 청주사범대.
- 신용철 ∣ 1986, 「음성군의 인구현상」『호서문화논총』 3, 서원대 호서문화연구소.
- 김춘연 ∣ 1986, 「읍단위지역 인구이동의 지리학적 고찰-충북 괴산군 曾坪 邑 지역을 중심으로」, 청주대 석사학위논문.
- 정민채 ∣ 1987, 「농촌지역의 인구이동에 관한 지리학적 고찰-충북 鎭川郡을 사례로」, 건국대 석사학위논문.
- 신용철 ∣ 1987, 「괴산군의 人口現象」『호서문화논총』 4.
- 이재덕 ∣ 1988, 「청원군의 인구변화 유형」『호서문화논총』 5.
- 박성구 ∣ 1988, 「청주시의 學齡인구에 관한 지리학적 연구」, 공주사대 교육대학원 석사학위논문.

• 강신우 · 김종섭 ㅣ 1990, 「충북都部지역 인구이동 원인의 계량적 분석」 『지역개발연구』 1, 충북대.
• 김진덕 ㅣ 1991, 「지역간 인구이동에 관한 연구」 『충북개발연구』 2.
• 성준용 ㅣ 1994, 「충북의 人口重心-1970~80~90」 『호서문화연구』 12, 충북대 호서문화연구소.
• 신용철 ㅣ 1994, 「진천군의 인구현상」 『호서문화논총』 8.
• 한주성 ㅣ 1995, 「연령별 인구구성에서 본 청주시의 거주패턴 변화」 『대한 지리학회지』 57.
• 신용철 ㅣ 1997, 「광공업 발달에 따른 단양군의 지역별 인구증감에 관한 연구」 『사회과학연구』 10, 서원대.
• 신용철 ㅣ 2001, 「충북의 인구분포와 성장에 관한 연구」 『종교교육학연구』 12권 1호, 한국종교교육학회.
• 신용철 ㅣ 2002, 「충북의 인구분포와 성장에 관한 연구」 『사회과학연구』 15, 서원대 사회과학연구소.

12. 주거환경과 지리

• 손승문 ㅣ 1958, 『忠北市邑面里程表圖』, 청주문화사.
• 건설부 국립지리원 ㅣ 1984, 『한국지지 지방편 2 : 강원도 · 충청도』.
• 김영진 ㅣ 1998, 『忠北歷史地理事典』, 향학사.
• 靑華山人 ㅣ 1974, 「충청도 生活風土」 『산』 60(8).
• 김병문 ㅣ 1979, 「수안보온천 관광지 관광학의 지역적 공간구조에 관한 연구」 『논문집』 7, 관동대.
• 최병두 ㅣ 1979, 「충주댐 건설에 의한 수몰예정지역의 조사 연구-지역주민의 空間형태를 중심으로」 『지리학논총』 6, 서울대.
• 나도승 ㅣ 1979, 「개항기 錦江 내륙수로 河岸聚落의 지리적 연구(1899~1910)」 『논문집』 15, 공주교육대학.
• 나도승 ㅣ 1980, 「금강 수운의 변천에 관한 지리학적 연구」 『논문집』 16, 공주교육대학.
• 정동주 ㅣ 1981, 「충북지방의 果園聚落에 관한 지리학적 연구」, 동국대 교육대학원 석사학위논문.
• 정귀섭 · 홍세표 ㅣ 1981, 「자연마을의 공간구조에 관한 연구-충북 보은군 三井面 仙谷里마을을 중심으로」 『논문집』 5, 인하공전.
• 이세호 ㅣ 1984, 「자연부락의 공간구조에 관한 연구-충청북도 진천군 梨月面 老院里 老谷부락을 중심으로」, 청주대 석사학위논문.
• 원학희 ㅣ 1984, 「수안보온천 관광취락의 형성과 구조」 『지리학연구』 9.
• 노병선 ㅣ 1985, 「동족취락에 관한 연구-충북 청주시 西洞을 중심으로」, 동국대 석

사학위논문.
- 이재덕 ❙ 1985, 「청원군 농촌 중심지에 관한 연구」『논문집』 15, 청주사범대학.
- 이재연 · 엄영자 ❙ 1985, 「중심지기능-괴산군을 중심으로」『충북지리』 3.
- 최창조 ❙ 1986, 「월악산 彌勒寺址 明堂의 풍수해석」『도시 및 환경연구』 1, 전북대.
- 이재덕 ❙ 1987, 「농촌주민의 중심지 이용에 관한 연구」『논문집』 20, 청주사범대.
- 나도승 ❙ 1989, 「금강 수운과 河港취락에 관한 지리학적 연구」, 건국대 석사학위논문.
- 최미영 ❙ 1989, 「舊邑취락에 관한 연구-충청북도 清風을 중심으로」『충북 지리』 7, 충북대.
- 김봉섭 ❙ 1989, 「동족촌의 문화지리적 연구-옥천군 한질밭 사례연구」, 고려대 교육대학원 석사학위논문.
- 이광원 ❙ 1991, 「충북지역 空間構造의 변화와 산지자원의 역할」『청주경제연구』 2.
- 강영복 ❙ 1992, 「자연지리적 경관요소와 가옥형태 및 구조와의 상호관계에 관한 조사 분석-청원군 가덕면 인차리를 중심으로」『호서문화연구』 10, 충북대.
- 임창주 ❙ 1994, 「남한강 하안단구의 취락입지 분석」『사회과학연구』 6, 상명대.
- 박희두 ❙ 1994, 「報恩 三升面 金積山 산록면과 취락의 특징」『호서문화논총』 8, 서원대.
- 최병권 ❙ 1996, 「금강 상류의 곡류하도 발달에 관한 연구」『지리학연구』 28.
- 예경희 ❙ 1997, 「청주시의 발전과정과 지리적 지역의 변화」『청주시지』, 청주시.
- 한주성 · 서주선 ❙ 1997, 「충북 단양군 定期市 出市者의 공간적 특성」『사회과학연구』 14-2, 충북대.
- 강운학 ❙ 1997, 「沃川郡 靑山面 上禮谷里 광산김씨 동족부락의 발달과정과 공간적 구조」『충북지리』 14, 충북대.
- 임덕순 ❙ 1998, 「古淸州의 공간적 배치와 상징성-정치 · 문화지리학적 시각」『대한지리학회지』 33-4.
- 홍형순 · 장태현 · 박기조 ❙ 1999, 「청주시의 心象風景과 공간형태에 관한 연구」『국토계획』 34-1.
- 이원선 ❙ 1999, 「지명유래에서 본 자연마을의 형성과정과 공간구성에 관한 연구-충북 음성군 음성읍과 원남면을 중심으로」, 청주대 산업대학원 석사학위논문.
- 예용광 ❙ 2003, 「1970년대 새마을운동으로 나타난 마을 및 주거 공간변화에 관한 연구-1970년대 경기도 · 충북지역의 우수마을로 선정된 사례를 중심으로」, 성균관대 석사학위논문.
- 예경희 ❙ 2004, 「충청북도 남부지역의 풍수지리 고찰」『청주대박물관보』 17.

- 예경희 ▮ 2004, 「청주 우암산의 풍수지리적 고찰」 『청주의 진산, 우암산의 역사와 문화유적』, 청주시 · 서원향토문화연구회.
- 신안준 · 조유경 ▮ 2004, 「청주 근교 전통취락의 풍수적 분석-월오동 · 운동동 지역을 중심으로」 『충북학』 6.
- 예경희 ▮ 2004, 「충청북도 보은군지역의 풍수지리 고찰」 『지리학논구』 21, 경북대 지리학과.
- 노선화 ▮ 2005, 「충북 괴산군 達川지역 농촌마을의 입지 및 배치특성에 관한 연구」, 청주대 석사학위논문.
- 예경희 ▮ 2005, 「충청북도 북부지역의 풍수지리 고찰」 『청주대박물관보』 18.
- 예경희 ▮ 2005, 「충청북도 청주지역의 풍수지리와 풍수지명」 『청대학술논집』 6, 청주대학술연구소.

13. 문화와 지역문화축제

- 차용주 · 이계윤 외 ▮ 1993, 『忠北 精神文化의 기둥』, 충청북도교육청.
- 김승환 ▮ 1996, 『21세기 충북 · 청주의 지역문화와 민족문화』, 충북민예총.
- 충북민예총 문화예술연구소 ▮ 1997, 『충북의 민족문화와 直指 고인쇄문화』.
- 김영진 ▮ 1997, 『충북문화논고』, 향학사.
- 충북민예총 문화예술연구소 ▮ 1998, 『충북 · 청주의 21세기 문화비전』.
- 단양온달문화축제추진위원회 ▮ 1998, 『제3회 단양 온달문화축제 평가보고서』.
- 충청북도 ▮ 1999, 『21세기, 문화가 충북을 바꾼다』.
- 김영진 · 임동철 · 이창식 ▮ 1999, 『속리산의 민속과 축제』, 민속원.
- 김양식 ▮ 2001, 『충북지역 근현대 문화유산 기초조사 : 역사기념물 및 건조물을 중심으로』, 충북개발연구원.
- 김양식 · 유진채 ▮ 2003, 『충북 향토지적재산 가치와 관리방안 연구 : 향토 지적재산 활용과 관리 실태를 중심으로』, 충북개발원.
- 충청북도 ▮ 2003, 『관광인프라 구축 및 지역경제 활성화 방안』.
- 청주시 ▮ 2003, 『직지의 세계화, 청주의 세계화 전략』.
- 이상범 ▮ 1968, 「충청도 예술풍토의 진단-문학을 중심으로」 『청대춘추』 14.
- 조남익 ▮ 1973, 「충청문화의 개황」 『충청』 39-6.
- 오세탁 ▮ 1974, 「충북향토문화의 좌표」 『충청』 47-4.
- 오세탁 ▮ 1980, 「향토예술의 궤적과 전망」 『개신』 20, 충북대 교지편집위원회.
- 조정권 ▮ 1980, 「청주화단과 가변적 구조의 탈피」 『문예진흥』 66.
- 정진수 ▮ 1980, 「충북 청주지방의 연극」 『문예진흥』 59.
- 최문휘 ▮ 1982, 「충청도의 문화」 『牧園』 4.
- 최원규 ▮ 1982, 「충청지역의 문화예술」 『문예진흥』 207.
- 박정규 ▮ 1986, 「2000년의 청주권 예술문화 전통」 『사회과학논총』 4.

- 오세란 ‖ 1986, 「정읍농악과 청주농악의 소고춤 비교연구」, 청주대 석사학위논문.
- 표원섭 ‖ 1989, 「70년대의 충북 연극」 『연극영화학보』 2, 청주대.
- 김승근 ‖ 1989, 「문화재 보존지역의 도시환경개선에 관한 연구-청주시 용두사지 철당간광장을 중심으로」, 청주대 석사학위논문.
- 이수봉 ‖ 1990, 「향토문화 遍瞥」 『호서문화연구』 9, 충북대.
- 박기복 · 한순구 ‖ 1991, 「청주지역 미술의 현재와 전망-지역미술」 『우암회화』 2, 청주대.
- 길경택 ‖ 1993, 「문화발전 10개년 계획과 그 운영의 문제」 『충북향토문화』 4.
- 이남복 ‖ 1993, 「지방문화정책의 방향」 『사회과학논총』 12, 청주대 사회과학연구소.
- 최효승 ‖ 1994, 「철당간 보존을 위한 시민문화운동 과정과 앞으로의 과제」 『대한건축학회충북지부 학술발표회논문집』.
- 이승우 ‖ 1995, 「50년대 청주문화계 회고」 『청주문화』 10.
- 김승환 ‖ 1996, 「지방자치와 충북지역문화」 『호서문화연구』 14, 충북대 호서문화연구소.
- 박종호 ‖ 1996, 「지역개발과 문화발전」 『사회과학논총』 15, 청주대.
- 권혁상 ‖ 1996, 「지역문화제의 현주소」 『충북리포트』 3-3.
- 정삼철 ‖ 1996, 「충북문화의 활성화와 소프트 상품화 방안」 『충북리포트』 3-3.
- 정삼철 ‖ 1997, 「미래 21세기를 대비한 충북지역 문화예술 진흥전략 연구」 『정책연구보고』, 충북개발연구원.
- 변종화 ‖ 1997, 「충주 · 중원지역 문화발전에 관한 연구 1」 『논문집』 6, 한국중원지역발전학회.
- 박혜순 ‖ 1997, 「무용공연 기획에 관한 연구-청주 예술의전당을 중심으로」, 청주대 석사학위논문.
- 김희식 ‖ 1997, 「6월 항쟁과 충북의 문화운동」 『청주문학』 4.
- 변종화 ‖ 1998, 「충주 · 중원지역 문화발전에 관한 연구 2」 『연구총서』 1, 중원지역발전연구원.
- 김승환 ‖ 1998, 「근현대 충북의 문화예술」 『충북학 연구의 방향 정립』, 충북개발연구원.
- 송방송 ‖ 1998, 「청주와 충주지역의 음악사적 조명」 『한국학보』 90.
- 윤경아 ‖ 1998, 「충주 문화회관에 대한 연구-충주지역 문화시설을 중심으로」, 단국대 경영대학원 석사학위논문.
- 유영선 ‖ 1998, 「문화의 세기 충북문화의 나아갈 길」 『충북리포트』 5.
- 이창식 ‖ 1998, 「의병제에 대하여」 『남도민속학의 진전』, 지춘상교수정년기념논문집간행회.
- 신길수 ‖ 1999, 「충청북도의 문화예술정책 발전에 관한 연구」, 충북대 석사학위논문.

• 정연정 ∥ 1999, 「直指 축제의 발상전환을 위하여」 『충북리포트』 6.
• 장세윤 ∥ 1999, 「대전 · 충청지역 독립운동 유적지의 복원과 활용방안」 『인문논총』 15, 배제대 인문과학연구소.
• 이창식 ∥ 2000, 「제천의병제의 발전 방향」 『내제문화』 12.
• 최종만 ∥ 2000, 「단양지역의 관광자원개발에 관한 연구」, 건국대 사회과학대학원 지리개발학과 석사학위논문.
• 박병철 ∥ 2000, 「청주시 옛 지명 表石설치사업의 경과와 문안 작성에 관하여」 『호서문화논총』 14, 서원대 호서문화연구소.
• 박호표 ∥ 2001, 「충북 문화관광이벤트의 사례와 활성화 전략」 『충북학』 3.
• 김경식 ∥ 2001, 「충북지역 청소년 영상교육의 현황 연구」 『淸藝論叢』 18, 청주대 예술문화연구소.
• 홍충렬 · 김원진 ∥ 2001, 「관광동굴에 대한 이미지 및 형태 특성-충북 단양군 도수동굴 관광객을 중심으로」 『호텔관광연구』 7, 한국호텔관광학회.
• 이건균 ∥ 2001, 「단양군 축제의 경제적 효과-10개 지역축제를 중심으로」, 세명대 경영행정대학원 석사학위논문.
• 조수종 ∥ 2001, 「충북의 정신문화와 인물선양의 필요성」 『충북학』 3.
• 김승환 · 정희준 ∥ 2003, 「지역문화운동의 성과와 전망-충북의 경우」 『함께하는 예술인 2003』, 부산민족예술인총연합.
• 신순철 ∥ 2003, 「보은 동학농민혁명 기념공원 조성사업의 문제점」 『충북학』 5.
• 구문모 ∥ 2003, 「지역개발과 충북의 문화산업정책」 『충북문화론』, 충북학연구소.
• 정연정 ∥ 2003, 「지역문화의 산업화에 관한 시론」 『충북문화론』, 충북학연구소.
• 이춘근 ∥ 2004, 「전통문화의 계승 발전과 충북의 대응」 『충북학』 6.
• 정갑영 ∥ 2004, 「지역문화예술 활성화를 위한 기반 조성과 충북의 대응」 『충북학』 6.
• 양효석 ∥ 2004, 「지역문화예술인 육성과 충북의 대응」 『충북학』 6.
• 임기현 ∥ 2004, 「충북 문학인 기념사업의 현황과 전망」 『충북학』 6.
• 김진석 ∥ 2004, 「충북 문학 자산과 활용방안」 『충북학』 6.
• 이봉연 ∥ 2004, 「충북 영동지역의 문화재 학습을 위한 DB활용 Web사이트 설계 및 구현」, 대전대학교 석사학위논문.
• 박상일 ∥ 2004, 「진천군의 역사문화자원 현황과 활용방안」 『충북학』 6.
• 김현기 ∥ 2004, 「진천군 문화축제의 현황과 발전방안」 『충북학』 6.
• 채교문 ∥ 2004, 「청주지역 박물관의 체험시설 및 프로그램 변화에 대한 연구」, 청주대 석사학위논문.
• 김진석 ∥ 2005, 「지역문화콘텐츠로서의 현대문학-충북 옥천군의 지용제를 중심으로」 『충북학』 7.
• 김선옥 ∥ 2005, 「청주 직지축제 연구-지방축제의 문제점과 발전방향 제시」, 한세대 석사학위논문.

- 이재덕 ▮ 2005, 「직지와 청주의 장소마케팅-예비적 고찰」『호서문화논총』 19, 서원대 호서문화연구소.
- 반상철 ▮ 2005, 「직지문화도시로서의 특성화를 위한 물리적 요소의 적용방안에 관한 연구」『호서문화논총』 19, 서원대 호서문화연구소.
- 이주영 ▮ 2005, 「직지 관련 논의의 현황과 과제」『호서문화논총』 19, 서원대 호서문화연구소.
- 조창연 ▮ 2005, 「청주 · 직지의 도시브랜드 구축을 위한 통합 마케팅 커뮤니케이션 전략」『호서문화논총』 19, 서원대 호서문화연구소.
- 이동철 ▮ 2006, 「지방 문화콘텐츠 산업 육성 방안」『탐라문화』 28, 제주대.

14. 사회 · 기관 단체

- 충북지방의회사편찬위원회 ▮ 1955, 『忠北地方議會史』.
- 충비십년사편찬위원회, ▮ 1968, 『忠肥十年史』.
- 충주상공회의소 ▮ 1977, 『충북상공 名鑑』.
- 충청북도 청주상공회의소 ▮ 1979, 『1979년 기업체현황』.
- 충북은행 ▮ 1981, 『忠北銀行 10년사』.
- 엽연초생산조합연합회 ▮ 1982, 『엽연초생산조합사』.
- 충청북도 수석연합회 ▮ 1983, 『창립기념 忠北 石譜』.
- 충청북도 수석연합회 ▮ 1985, 『石譜 : 제2회 충북수석연합전시기념』.
- 충청일보사 ▮ 1986, 『충청일보 40년사(1946년~1986년)』
- 진천청년회의소 ▮ 1987, 『진천 JC 15년사 : 생거진천』.
- 한국문화예술진흥원 ▮ 1988, 『한국문화예술진흥원 15년사』.
- 충청은행 ▮ 1988, 『忠淸銀行 20년사』.
- 청주상공회의소 ▮ 1989, 『淸州商議七十年史』.
- 충북투자금융 ▮ 1990, 『충북투자금융 10년사』.
- 농협중앙회 충청북도지회 ▮ 1991, 『충북농협 30년사』.
- 충북은행 ▮ 1991, 『忠北銀行 20년사』.
- 충북지역사회연구회 ▮ 1991~현재, 『충북지역사회연구』.
- 충청북도 소방본부 ▮ 1992, 『충북소방행정사』.
- 금강개발산업주식회사 ▮ 1992, 『금강개발산업 20년사』.
- 단양청년회의소 ▮ 1992, 『단양 JC 20년사(1972~1992)』.
- 충청북도농촌진흥원 ▮ 1993, 『충북농촌진흥 85년사』.
- 한국예술문화단체총연합회 충북지회 ▮ 1993, 『忠北藝術30년사』.
- 충청북도지방경찰청 ▮ 1993, 『忠北警察』.
- 신용협동조합충청북도연합회 ▮ 1993, 『충북 信協 30년사』.
- 국제로타리3740지구 ▮ 1993, 『로타리 충북연감』.

- 충북지역개발회 | 1993, 『충북지역개발 10년사』.
- 한국미술협회 충북지부 | 1993, 『'93 충북미술』.
- 한국수자원공사 | 1994, 『한국수자원공사 25년사(1967~1992)』.
- 바르게살기운동 충북협의회 | 1994, 『忠北바르게살기운동 5년사(1989~ 1994)』.
- 청주지방검찰청 | 1995, 『淸州地方檢察史』.
- 국제로타리 3740지구 진천로타리클럽 | 1996, 『진천 로타리 20년사 (1975~1995)』.
- 충북국궁사편찬위원회 | 1997, 『충북국궁사』.
- 한국작가협회 충북지회 | 1998, 『충북사진사』.
- 충청은행 | 1998, 『忠淸銀行 30년사』.
- 한국사진작가협회 충주지회 | 1998, 『충주사진사』.
- (사)한국사진작가협회제천지부 | 1998, 『제천 寫協 20년사(1978~1998)』.
- 제천청년회의소 | 1998, 『창립 30년사 청풍명월』.
- 충청북도 산림환경사업소 | 1998, 『忠北林業研究 70年史』.
- 충청북도 소방본부 | 1998, 『감동봉사감도MAX 119』.
- 청주시민회 | 1999, 『청주시민회 10년사』.
- 충북지역사회연구회 | 1999, 『충북지역 사회운동 : 1985~1999』.
- 청주기독교청년회 | 1999, 『청주 YMCA 50년사』.
- MBC 청주문화방송 | 2000, 『청주문화방송 30년사』.
- 국제로타리 3740지구 새제천로타리클럽 | 2000, 『새제천로타리클럽 20년사(1980~2000)』.
- 전국문화원연합회 | 2000, 『한국의 향토문화자원 3 : 대전 · 충북 · 충남』.
- 광복회 충청북도지부 | 2001, 『충청북도 독립유공자 공훈록』.
- MBC 충주문화방송 | 2001, 『충주문화방송 30년』.
- 민주평통충주시협의회, | 2001, 『민주평통 20년』.
- 제천시의회 | 2001, 『議政 10년사』, 충북 제천시의회.
- 진천청년회의소 | 2002, 『변화하는 진천JC 힘찬 출발 새로운 30년 : 진천 청년회의소 창립30주년(1972~2002)』.
- 보은장학회20년사편찬위원회 | 2002, 『보은장학회20년사』.
- 보은경찰서 | 2003, 『보은경찰사』.
- 충주시의회 | 2002, 『議會 10년사』.
- (사)증평향토문화연구회 | 2003, 『증평향토문화연구회 십년사』.
- (사)증평문화원 | 2003, 『증평문화원 십년사』.
- 충북정론회 | 2003, 『충북정론회 발자취 : 제10주년기념 제2집(1999~2003)』.
- 충주생명의전화 | 2004, 『충주생명의 전화 20년사』.
- 충북경찰청 | 2004, 『충북경찰사』.
- 한국민족예술인총연합 충북지회 | 2004, 『먼길 : 충북문화운동 20년 충북 민예총

10년 : 1984~2004』.

- 충북지역개발회 ∥ 2004, 『충북지역개발회 20년사 : 1984~2004』.
- 이로영 ∥ 1989, 「예성동호회 10년의 발자취」『예성문화』 10.
- 유진채 ∥ 1995, 「충북지역사회연구회의 활동과 과제-대학과 지역사회연구 모임」『대학교육』 77.
- 김진덕 ∥ 1998, 「충북개발연구원 운영활성화 방안」『정책연구』 98-02, 충북개발연구원.
- 송명철 ∥ 2001, 「충주지역 교회들의 사회복지사업 운영에 관한 실태조사연구」, 건국대 사회과학대학원 석사학위논문.
- 박종관 ∥ 2001, 「충북지역 문화예술단체의 현황과 과제」『충북학』 3.
- 박종호 ∥ 2001, 「허약한 지역문화원 그대로 두시렵니까 : 충북 지역문화원의 활성화 방안」『문화도시 문화복지』 116, 한국문화정책개발원.
- 박종호 ∥ 2001, 「충북지역 문화원 실태와 활성화 방안」『충북학』 3.
- 차재영 ∥ 2002, 「지역신문의 성장과 공공영역의 구축-충북 옥천지역 사례를 중심으로」『한국언론학보』 46-3, 한국언론학회.

15. 교육

- 제천공립보통학교 ∥ 1923, 『교우회보』.
- 충청북도 ∥ 1953, 『충북연감』.
- 청주농고 ∥ 1971, 『청농 60년사』.
- 충청북도교육위원회 ∥ 『충북교육통계연보』(각년도).
- 대성학원50년사편찬위 ∥ 1974, 『대성 50년사』.
- 충청북도교육위원회 ∥ 1979, 『충북 교육사』.
- 한운사 ∥ 1987, 『위대한 平凡 : 金元根 · 永根선생 이야기』, 청주대학교 출판부.
- 교육50년사편찬위원회 ∥ 1988, 『한국교육 50년사』.
- 충주농고 · 충주농고동창회 ∥ 1990, 『충주농업고등학교 60년사』.
- 충청북도교육위원회 ∥ 1980, 『향토문화역사』.
- 청주농고 · 청주농고동문회 ∥ 1991, 『청농 80년사 (1911~1991)』.
- 송학국민학교총동문회 ∥ 1991, 『松鶴國民學校 60년사』.
- 충북대학교 ∥ 1991, 『충북대학교 50년사』.
- 제천농업중고등학교 총동문회 ∥ 1993, 『제농 50년사』.
- 충청전문대학 ∥ 1993, 『충청전문대학 10년사』.
- 충주산업대학교 ∥ 1993, 『삼십년사』.
- 충청북도교육청 ∥ 1993, 『충북정신문화의 기둥』.
- 충청북도제천교육청 ∥ 1993, 『제천교육』.
- 서원대학교 ∥ 1994, 『서원대학교 25년사(1968~1993)』.

- 학교법인 청석학원 | 1994, 『淸錫 70년사(1924~1994)』.
- 충주교현초등학교개교100주년기념사업회 | 1996, 『충주교현초등학교 개교 100주년기념지(1896~1996)』.
- 왕미초등학교 총동문회 | 1996, 『旺美50년사』
- 충청북도 | 1997, 『충북 100년 : 제2장 문화의 향기(교육과 인재 육성)』.
- 내수초등학교 | 1998, 『내수초등학교 개교80년사』.
- 단양중 · 공고총동문회 | 1998, 『동문회명부』.
- 최석태 | 1999, 『한국교육 50년사』, 교육신문사.
- 충청북도 청원교육청 | 2000, 『청원교육사료집』.
- 노은초등학교80년사편찬위원회 | 2000, 『老隱初等學校 80년사』.
- 청주대건축공학부 | 2000, 『청대건축 (1970~2000)』.
- 충청북도 진천교육청 | 2001, 『忠 · 孝 · 禮 · 智의 本鄕 진천교육 50년사』.
- 충북대학교 | 2001, 『충북대학교 50년사』.
- 왕미초등학교 | 2001, 『왕미초등학교 50년사』.
- 세명대학교 | 2001, 『세명대학교 십년사』.
- 제천고등학교 총동문회 | 2001, 『堤高人』.
- 충주상업고등학교동문회 | 2001, 『忠州商高 30년사』.
- 충청북도 진천교육청 | 2002, 『진천교육 50년사』.
- 충청북도 청원교육청 | 2002, 『청원교육 50년사』.
- 충청북도교육청 | 2002, 『내고장 단양 향토교육 길라잡이』.
- 제천여자중 · 고등학교 총동문회 | 2003, 『제천여자중고등학교 60년사』.
- 충청북도 영동교육청 | 2003, 『영동교육사』.
- 충청북도 단양교육청 | 2003, 『단양교육사』.
- 충청북도 괴산교육청 | 2003, 『괴산 · 증평교육』.
- 미원중학교총동문회 | 2003, 『미원중학교 50년사』.
- 청남초등학교 | 2004, 『청남초 100년사』.
- 영동인터넷고등학교 | 2004, 『영산학원 50년사』.
- 충청북도 충주교육청 | 2004, 『문닫은 학교 역사찾기』.
- 충청북도 단양교육청 | 2004, 『문닫은 학교 발자취』.
- 한국교원대부설미호중학교 | 2004, 『미호중학교 50년(1954~2003)』.
- 한관일 | 2004, 『충북교육사』, 문음사.
- 충청북도교육청 | 2004, 『충북교육연구』.
- 청주과학대학 90년사 편찬위원회 | 2004, 『청주과학대학 90년사 : 1914~2004』.
- 김왕기 · 길경택 | 1993, 「學校史 조사보고-교현, 엄정 국민학교를 중심으로」『예성문화』14.
- 충청북도 | 1997, 「교육과 인재육성」『충북 100년』.

- 최병찬 ‖ 1997, 「제천 교육 100년 변천사」『충북향토문화』 8.
- 충청북도 ‖ 1997, 「교육과 인재육성」『충북 100년』.
- 황수재 ‖ 1998, 「보은 교육 100년의 변천사」『보은의 향토사』 1, 삼년산향토사연구회.
- 전우선 ‖ 2001, 「단양지역 초등교육의 변천에 관한 연구」, 세명대 교육대학원 석사학위논문.
- 김동환 ‖ 2002, 「제천공립보통학교 초기졸업생의 취업 및 사회활동의 지역 사회에서의 교육적 함의」『지역문화연구』 1, 세명대 지역문화연구소.
- 김동환 ‖ 2002, 「해방 후 제천의 초 · 중등 교육의 변천과 사회적 동인」『지역문화연구』 1, 세명대 지역문화연구소.
- 전순동 · 최동준 ‖ 2003, 「해방 후의 기독교 교육기관」『기독교와 충북근대교육』, 동해출판사.
- 류규호 · 김동환 ‖ 2003, 「지역화 교육자료의 유형과 교사의 관련인식에 관한 연구–충북 제천지역을 중심으로」『지역문화연구』 2, 세명대 지역문화연구소.

16. 종교

- 주재용 ‖ 1975, 『배론성지』, 카톨릭출판사.
- 김영진 ‖ 1976, 『忠淸道巫歌』, 형설출판사.
- 기독교대한감리회 제천제일교회 ‖ 1977, 『제천제일교회 창립 70년사』.
- 천태종 ‖ 1979.6~현재, 『천태종보』.
- 대한예수교장로회 충북노회 ‖ 1980, 『충북老會 80년사』.
- 천주교 목행교회 ‖ 1981, 『牧杏 10년사 (1971~1981)』.
- 청주제일교회 ‖ 1984, 『청주제일교회발자취』.
- 기독교대한감리회 산곡교회 ‖ 1984, 『山谷 창립34주년 기념사료집』.
- 천주교 감곡교회 ‖ 1986, 『甘谷본당 90년사』.
- 기독교대한감리회 제천제일교회 ‖ 1987, 『제천제일감리교회 80년사』.
- 법주사 ‖ 1989~현재, 『월간 법주회보』.
- 기독교대한감리회 제천남부교회 ‖ 1990, 『제천남부교회 15년사』.
- 천주교 남천교회 ‖ 1990, 『솔산 50년사』.
- 가평감리교회 ‖ 1990, 『가평교회 40년사』.
- 이재정 ‖ 1990, 『대한성공회 백년사(1890~1990)』.
- 청주교 청주교구 옥천교회 ‖ 1991, 『옥천본당사』 상 · 하.
- 대한성공회 ‖ 1991, 『사진으로 본 대한성공회 백년』, 대한성공회출판부.
- 제천동부교회 ‖ 1992, 『제천 동부교회 40년사』.
- 생활불교신문사 ‖ 1992.6~현재, 『생활불교신문』.

• 기독교대한감리회 ▮ 1993,『단양교회 80년사』
• 감리교 제천동산교회 ▮ 1996,『제천 동산교회 20년의 발자취』.
• 대한예수회장로회 청북교회 ▮ 1996,『淸北교회 40년사 (1956~1996)』.
• 한국기독교장로회 충북노회 ▮ 1998,『충북노회 사료집』.
• 안재명 ▮ 1999,『충청지역에 福音이 들어온 이야기 : 장로교 초대선교사들과 초대교회를 중심으로』.
• 기독교대한감리회 · 청주에덴교회 ▮ 1999,『청주에덴교회 역사』.
• 충북기독교역사연구회 ▮ 2000,『충북기독교역사연구회보』.
• 기독교 청주방송 ▮ 2000,『충북기독교선교 100주년총람』.
• 이덕주 ▮ 2000,『한국토착교회 형성사 연구』, 한국기독교역사연구소.
• 기독교대한감리회 산곡교회 ▮ 2000,『山谷교회 50년사』.
• 리진호 ▮ 2001,『제천 개신교 전래와 양화교회 삼십년사』, 도서출판 우물.
• 대한예수회장로회 청주장로교회 ▮ 2002,『청주장로교회 십년사 (1992~2002』.
• 충북기독교선교100주년기념사업회 ▮ 2002,『충북기독교백년사』.
• 김영진 ▮ 1976,「충청북도 新興宗教, 그 형성과 현황을 중심으로」『논문집』 9, 청주대.
• 김영진 ▮ 1977,「충청북도 巫俗연구」『논문집』 10, 청주대.
• 김동진 외 ▮ 1979,「세칭 Y.H사건을 계기로 온 청주도시산업선교의 실태〈座談〉」『월간충청』 112.
• 김정웅 ▮ 1988,「목회자에 관한 평신도의 의식구조 조사연구-충청북도를 중심으로」, 장로회신학대 석사학위논문.
• 김상태 ▮ 1992,「교회의 사회봉사의식과 방향에 관한 연구-충청북도 기독교를 중심으로」, 충북대 석사학위논문.
• 조태환 ▮ 1994,「성공회 청주성당건축에 관한 연구」, 청주대 석사학위논문.
• 김승환 ▮ 1996,「청주시의 民族宗教 및 巫俗信仰의 현황 고찰」『호서문화 연구』 14, 충북대.
• 이쾌재 ▮ 1998,「충청지역 교회의 발자취」『충북노회사사료집』, 한국기독교장로회 충북노회.
• 안상경 ▮ 1998,「충청북도 巫經연구」, 세명대 석사학위논문.
• 이수한 ▮ 1998,「카톨릭교회 신자들의 사회복지 의식 및 활동-청주교구를 중심으로」, 청주대 행정대학원 석사학위논문.
• 이재민 ▮ 2000,「제천의 종교」『내제문화』 12.
• 김용환 ▮ 2001,「충북 종교문화의 양태에 관한 연구」『충북학』 3.
• 유진채 ▮ 2001,「농지개혁에 대한 종교단체의 대응과 토지소유관계 변화-충북 법주사 사례연구를 중심으로」『충북지역 근현대사 연구와 전망』, 예성문화연구회 · 한국사학회.
• 전순동 ▮ 2001,「일제시대 충북기독교의 의료선교 활동-청주 소민병원(蘇民病院)

을 중심으로」『중원문화논총』 5, 충북대 중원문화연구소.
- 전순동 · 최동준 ❙ 2003, 「해방 후의 기독교 교육기관」『기독교와 충북근대교육』, 동해출판사.

17. 기타

- 충청북도유도연합회 ❙ 1940, 『창립기념시집』.
- 신홍철 ❙ 1949, 『梨月面要覽』.
- 충청대관편찬위원회 ❙ 1959, 『忠淸大觀』.
- 충청북도종합기념편찬회 ❙ 1966, 『충북 景行錄』.
- 충청보감편찬위원회 ❙ 1967, 『忠淸寶鑑』.
- 충청북도 ❙ 1968, 『蠶業忠北』.
- 충청일보사 ❙ 1970, 『충북년감』.
- 송석홍 ❙ 1972, 『湖西詩選』, 호서문화사.
- 내무부 ❙ 1972, 『충청북도(새마을총람 종합편)』.
- 충청북도 향유회지편찬위원회 ❙ 1979, 『忠北鄕儒會集』.
- 호서문학동인회 ❙ 1979, 『湖西詩選』.
- 충청북도 보은군 ❙ 1981, 『보은수해(1980. 7. 22)』.
- 정연덕 ❙ 1981, 『박달재』, 청암사.
- 김풍식 ❙ 1983, 『淸風에 막대짚고』, 뒷목출판사.
- 충북문인협회 ❙ 1983, 『충북문학전집 1-5』, 뒷목출판사.
- 청주근세60년사화편찬위원회 ❙ 1985, 『청주근세60년사화』.
- 임강빈 외 ❙ 1985, 『충청도여』, 오상사.
- 단양군 ❙ 1986, 『신단양건설지』.
- 박재륜 ❙ 1986, 『충청도 시인들』, 금원출판사.
- 조일환 ❙ 1986, 『수안보온천사연구』, 중원군청.
- 곽의영 ❙ 1987, 『어둔 밤 촛불을 밝히며』, 성신여대 출판부.
- 충청북도 ❙ 1987, 『내고장 상징물총람』.
- 임강빈 ❙ 1987, 『충청도여 시인이여』, 청하.
- 한용운 외 ❙ 1989, 『충청도 시인들』, 詩圖출판사.
- 충청북도 ❙ 1989, 『관광진흥법규편람』.
- 김시천 ❙ 1990, 『청풍에 살던 나무 : 김시천 시집』, 제3문학사.
- 충청북도 ❙ 1991, 『충북 砂防70년사』.
- 장선우 ❙ 1991, 『南漢江』, 학민사.
- 한용운 ❙ 1992, 『충청도 시인 시선집』, 시원.
- 충주 MBC ❙ 1992, 『最近之忠州』.
- 단양교육청 ❙ 1993, 『단양의 뿌리』.

• 충청북도 ǀ 1993, 『단양의 뿌리』.
• 청주시 ǀ 1994, 『청주도시계획변천사Ⅲ : 자료편』.
• 신경득 ǀ 1995, 『소백산맥 아래서』, 살림터.
• 동양일보 출판국 ǀ 1995, 『충북 시 작품집』, 동양일보사.
• 동양일보 출판국 ǀ 1995, 『충북 시 작품집 6』, 동양일보사.
• 이승우 ǀ 1996, 『도정반세기』, 충청리뷰사.
• 김예식 ǀ 1996, 『34년만의 외출』, 오늘의문학사.
• 충북문인협회 ǀ 1996, 『충북문학집 1-2』.
• 충주시 ǀ 1996, 『충주도약발전 5개년계획(1996~2000) 2001년의 충주』.
• 충청북도 ǀ 1997, 『사진으로 본 충북 백년』.
• 이현숙 ǀ 1997, 『충청도를 노래한 시』, 한국문화사.
• 남이면 ǀ 1998, 『南二의 碑石』.
• 단양사진동호회 ǀ 1998, 『사진으로 보는 단양의 변천사』.
• 영동문화원 ǀ 1999, 『영동의 마을비(1)』.
• 이철재 ǀ 2000, 『나의 삶 나의 길』, 충주신문사 출판사업부.
• 경석준 ǀ 2001, 『旻山雜記』, 도서출판 전진사.
• 이창구 ǀ 2001, 『충북연극사』, 예니.
• 충청북도 제천교육청 ǀ 2001, 『우리 고장 제천』.
• 청주문화방송 ǀ 2002, 『충청북도의 맛과 멋』.
• 김의환 · 김미선 · 조영님 · 전일현 · 김형석 ǀ 2004, 『근현대지역사자료 충청북도 기초조사 최종보고서』, 국사편찬위원회.
• 증평군 ǀ 2004, 『사진으로 보는 증평사』.
• 증평향토문화연구회 ǀ 2004, 『증평의 뿌리를 찾아서』.
• 충북학연구소 ǀ 2004, 『충북 100년 연표 : 1896~2002』.
• 충북학연구소 ǀ 2004, 『충북 테마기행 6 : 이야기 충북』.
• 정진명 ǀ 2004, 『단양도설』, 시선사.
• 강신욱 ǀ 2004, 『증평, 자치시대를 맞기까지 : 1963년 군 추진부터 2003년 군의회 개원까지』, 푸른나라.
• 흥덕구 ǀ 2004, 『우리 고장 흥덕 바로알기』.
• 김의환 · 조영님 · 김용남 · 전일현 · 유동호 · 홍일교 ǀ 2005, 『2005년도 국사 편찬위원회 근현대지역사자료 지표조사 최종보고서』, 국사편찬위원회.
• 충북학연구소 편 ǀ 2005, 『광복 60주년기념 해방과 전쟁기 충북자료집 1』.
• 월간충청사 ǀ 1970, 「1970년대의 충청도」『忠淸』 3.
• 이종훈 ǀ 1990, 「빙어론 小考」『내지문화』 2.
• 최병찬 ǀ 1990, 「水口祭(祝)」『내제문화』 2.
• 박상일 ǀ 1992, 「서원팔경과 사적」『청주문화』 7.
• 박병호 ǀ 1994, 「도시철도 시스템에 관한 연구-청주광역권을 위한 신교통 수단을

중심으로」『호서문화연구』 12.
- 이승우 ❙ 1995, 「50년대 청주문화계 회고」『청주문화』 10.
- 윤관로 ❙ 1995, 「佛頂面 고찰」『괴향문화』 3.
- 김현길 ❙ 1996, 「利柳面의 역사적 변천」『예성문화』 16 · 17.
- 조성만 ❙ 1996, 「忠州의 근대적 도시변화 과정에 관한 연구」, 연세대 석사학위논문.
- 田中隆二 ❙ 1998, 「일제하 해방후 농촌 지방유생 金麟洙의 시대인식」『부대사학』 22
- 스즈끼 에이따로 ❙ 1998, 「1940년대 제천 답사기」『내제문화』 10.
- 김정승 ❙ 2000, 「중국속의 충북인들」『청원문화』 9, 청원문화원.
- 대한지방행정공제회 ❙ 2002, 「충북 음성 부윤마을」『지방행정』 51권 587호, 대한지방행정공제회.
- 김양식 ❙ 2003, 「근현대 격변기 충북의 의로운 함성」『충북문화론』, 충북학연구소.
- 김상돈 ❙ 2003, 「충북 옥천지역의 민간요법 전승 실태와 그 성격」, 한남대 교육대학원 석사학위논문.
- 장영미 ❙ 2003, 「충청북도 기록물관리 현황과 발전방향」『충북학』 5.
- 김현길 ❙ 2004, 「清明酒의 참된 가치」『충북향토문화』 15.
- 신경림 ❙ 2004, 「내가 산 60년대」『가까운 옛날 사진으로 기록한 민중생활』, 국립중앙박물관.
- 허영란 ❙ 2004, 「근 · 현대 '지역' 연구와 사료의 조사활용」『충북향토문화』 16.
- 정종진 ❙ 2004, 「충북 문학의 정신과 맥」『충북학』 6.
- 김승환 ❙ 2004, 「충북 근현대 문학사 시론」『충북학』 6.
- 권재중 ❙ 2004, 「대전시 주변지역 주민들의 생활권 변화에 관한 연구-공주 시 · 연기군 · 옥천군을 중심으로」, 한국교원대 석사학위논문.
- 박호표 ❙ 2004, 「제천관광개발의 기본방향에 관한 연구」『산업경영연구』 27-3, 청주대 산업경영연구소.
- 장홍석 ❙ 2005, 「청주시 취락지구 유형별 특성 연구」, 충북대 석사학위논문.
- 임기현 ❙ 2005, 「충북출신 근현대 문인」『충북학』 7.

18. 인물

1) 金基鎮 – 청원

- 김기진 ❙ 1936, 『청년 金玉均』, 한성도서.
- 김기진 ❙ 1938, 『海潮音』, 박문서관.
- 김기진 ❙ 1958, 『海潮音』, 민중서관.
- 김기진 ❙ 1982, 『조선시인선집』 43, 태학사.
- 홍정선 ❙ 1988, 『金八峰의 문학전집』 1 · 2, 문학과 지성사.

- 김기진 ❙ 1994, 『愛月蟲 : 김기진 시집』, 그루.
- 김복희 ❙ 1995, 『아버지 팔봉 김기진과 나의 신앙』, 正宇社.
- 이현우 ❙ 1996, 『팔봉 김기진 연구』, 우석대 박사학위논문.
- 신철하 ❙ 1997, 『김기진의 문학 연구-문학과 이념의 관련 양상』, 한양대 박사학위논문.
- 조홍규 ❙ 1997, 『팔봉 김기진 비평문학 연구』, 조선대 박사학위논문.
- 권구현 ❙ 1927, 「계급문학과 그 비판적 요소-金基鎭君 對 朴英熙의 論戰을 읽고」 『동광』 10.
- 임화 ❙ 1929, 「김기진군에게 답함」 『朝鮮之光』 88.
- 민병이 ❙ 1934, 「김기진론」 『삼천리』 54.
- 김팔봉 ❙ 1964, 「나의 회고록」 『세대』 15.
- 장사선 ❙ 1979, 「김팔봉의 비평활동 연구」 『논문집』 1, 연암축산전문대.
- 이주현 ❙ 1984, 「김기진의 통속소설론」 『국어교육연구』 15.
- 김시태 ❙ 1984, 「김기진의 비평활동」 『한국학논집』 7, 한양대.
- 김팔봉 ❙ 1985, 「나의 카프문학-팔봉문학의 시작과 끝」 『문학사상』 14-6.
- 홍정선 ❙ 1985, 「팔봉 김기진 평전(1)」 『문예중앙』.
- 정낙식 ❙ 1986, 「김기진 소설 연구」 『국어국문학논문집』 25, 서울사대 국어국문학회.
- 홍정선 ❙ 1987, 「식민지 현실과 팔봉의 시조」 『문학사상』 175.
- 정재호 ❙ 1989, 「김기진의 시조」 『시조문학』 92.
- 한강희 ❙ 1989, 「팔봉 김기진의 예술대중화론에 관한 고찰」 『首善論集』 14, 성균관대.
- 진창영 ❙ 1990, 「프로문학론 연구-팔봉 김기진을 중심으로」 『비평문학』 4.
- 윤병로 ❙ 1990, 「팔봉 김기진의 비평 연구」 『이선영교수화갑기념논총』.
- 박남훈 ❙ 1990, 「김기진의 대중화론 연구」 『한국문학논총』 11.
- 유임하 ❙ 1992, 「김기진의 교화문학론-그의 초기비평에 대하여」 『국어국문학논문집』 15, 동국대.
- 명형대 ❙ 1994, 「신경향파 소설에 대한 구조적 접근-내용 · 형식 논쟁과 관련하여」 『인문논총』 6, 경남대.
- 신철하 ❙ 1996, 「문학과 이념-김기진 소설에서 죽음의 문제」 『한국학논집』 29, 한양대.
- 김승환 ❙ 1996, 「팔봉 김기진론」 『청주문학』 3.
- 조홍규 ❙ 1996, 「팔봉 김기진의 대중화론 고찰」 『인문과학연구』 18, 조선대.
- 김기중 ❙ 1997, 「김기진의 문학 비평 연구」 『한국문예비평연구』 1.
- 홍성암 ❙ 1997, 「김기진 문학론 연구」 『한양어문』 15.
- 충청북도 ❙ 1997, 「충북 100년-제2장 문화의 향기(충북이 낳은 한국의 문호들 : 식민지 초기의 소설가 김기진과 조명희)」.

- 김외곤 ‖ 2003, 「김기진의 문학 활동 연구」 『호서문화논총』 17, 서원대호서문화연구소.

2) 金基昶 – 청원

- 김기창 ‖ 1993, 『운보 김기창』, 예술의전당.
- 김기창 ‖ 1993, 『나의 사랑과 예술』, 정우사.
- 김삼웅 ‖ 1995, 『친일파 100인 100문』, 돌베개.
- 최병식 ‖ 1999, 『운보 김기창의 예술론 연구』, 동문선.
- 정현웅 ‖ 2001, 『불굴의 화가 운보 김기창』, 오늘.
- 심경자 ‖ 2002, 『장애를 딛고 선 천재화가 김기창』, 나무숲.
- 이규일 ‖ 2002, 『한국미술 졸보기』, 시공사.
- 오광수 ‖ 2003, 『21인의 한국 현대미술가를 찾아서』, 시공사.
- 오광수 ‖ 2003, 『김기창 · 박래현(구름 사내와 비의 고향)』, 재원.
- 최병식 ‖ 2003, 『김기창(바보 그림의 화가)』, 길벗어린이.
- 한젬마 ‖ 2006, 『화가의 집을 찾아서』, 샘터.
- 김기창 ‖ 1946, 「해방과 동양화의 진로」 『조형예술』 1.
- 김기창 ‖ 1961, 「李朝 虎圖展 작품소고」 『미술자료』 4, 국립박물관.
- 윤범모 ‖ 1993, 「일제를 위하여 붓을 잡은 화가들–김은호와 심형구」 『인물로 보는 친일파 역사』, 역사비평사.

3) 金三龍 – 충주

- 장복성 ‖ 1949, 『조선공산당파쟁사』, 대륙출판사.
- 김남식 편 ‖ 1974, 『남로당연구자료집(1,2)』, 고려대출판부.
- 박갑동 ‖ 1983, 『박헌영』, 인간사.
- 김남식 ‖ 1984, 『남로당연구(1–3)』, 돌베개.
- 김남식 · 심지연 편 ‖ 1986, 『박헌영노선비판』, 세계.
- 김경일 ‖ 1993, 『이재유 연구–1930년대 서울의 혁명적 노동운동』, 창작과 비평사.
- 무정부주의운동사편찬위원회 편 ‖ 1994, 『한국아나키즘운동사』, 형설출판사.
- 이호룡 ‖ 2001, 『한국의 아나키즘–사상편』, 지식산업사.
- 심지연 ‖ 2006, 『이강국 연구』, 백산서당.
- 김영환 ‖ 1988, 「8 · 15후 남한 좌익정치세력의 3당합당에 관한 연구」, 연세대 석사학위논문.
- 이균영 ‖ 1989, 「김철수와 박헌영과 3당합당」 『역사비평』 4, 역사문제연구소.
- 이재화 ‖ 1989, 「남로당 마지막 지도자 김삼룡」 『월간다리』, 1989년 9월호.
- 윤덕영 ‖ 1991, 「조선공산당 · 남로당의 변혁노선과 활동」 『한국현대사』 1, 풀빛.
- 안태정 ‖ 1991, 「자주적 공산주의자 이재유의 혁명노선과 '좌익전선' 운동」 『역사

비평』 14.
- 심지연 ǀ 1995, 「박헌영의 부르주아 민족주의혁명론과 프롤레타리아 독재 국가 건설운동」 『한국사시민강좌』 17.
- 이호룡 ǀ 2002, 「일제강점기 국내 아나키스트들의 조직과 활동-노동운동을 중심으로」 『역사와 현실』 44.
- 이애숙 ǀ 2004, 「일제 말기 반파시즘 인민전선론-경성콤그룹을 중심으로」 『한국사연구』 126.
- 이호룡 ǀ 2006, 「일제강점기 국내 아나키스트들의 공산주의에 대한 비판적 활동」 『역사와 현실』 59.

4) 金龍濟 - 음성

- 김용제 ǀ 1957, 『金笠放浪記』, 개척사.
- 김용제 ǀ 1958, 『山無情』, 대신문화사.
- 김용제 외 ǀ 1960, 『雪國 5』, 청운사.
- 김용제 ǀ 1959, 『素月放浪記』, 정음사.
- 김용제 ǀ 1961, 『林巨正』, 芝進文化社.
- 김용제 ǀ 1962, 『(신판) 김삿갓』, 청산문화사.
- 김용제 ǀ 1966, 『어사박문수』, 삼중당.
- 권순긍 ǀ 1997, 『역사와 문학적 진실 : 권순긍 문학평론집』, 살림터.
- 大村益夫 ǀ 1977, 「詩人 金龍濟의 軌跡」 『季刊三千里』 11, 삼천리사, 동경.
- 윤여탁 ǀ 1989, 「1930년대 서술시에 대한 연구-백철과 김용제를 중심으로」 『국어국문학』 101, 국어국문학회.
- 박명용 ǀ 1993, 「일제말기 한국문학의 역사적 의미 : 김용제론」 『인문과학논문집』 18, 대전대.
- 권순긍 ǀ 1996, 「知村 金龍濟 연구」 『인문사회과학연구』 4, 세명대 인문사회과학연구소.
- 권순긍 ǀ 1996, 「知村 金龍濟와 친일문학의 논리」 『광산구중서박사화갑기념논문집』.
- 정운현 ǀ 1999, 「프롤레타리아 문학에서 황도 문학으로-시인 김용제」 『나는 황국신민이로소이다』, 개마고원.

5) 金元根 - 청주

- 淸巖事蹟刊行委員會, ǀ 1964, 『淸巖 金元根의 생애와 업적』.
- 한운사 ǀ 1987, 『위대한 平凡-金元根 · 永根선생 이야기』, 청주대학교 출판부.
- 淸巖 · 錫定기념사업회 ǀ 1987, 『淸巖 · 錫定의 생애와 사상 : 탄신1백주년 기념논문집』, 청주대학교.
- 학교법인 청석학원 ǀ 1994, 『淸錫 70년사 : 1924~1994』.

• 김신웅 | 1987, 「일제하 金元根 · 永根 형제의 育英資本育成에 관한 연구」『清巖 · 錫定의 생애와 사상』, 청주대학교.

6) 宋建鎬 – 옥천

• 송건호 | 1975, 『위대한 한국인 3 : 송재 서재필』, 태극출판사.
• 송건호 역 | 1976, 『한민족과 그 예술』, 탐구당.
• 송건호 | 1977, 『한국 민족주의의 탐구』, 한길사.
• 송건호 | 1979, 『한국현대사론』, 한국신학연구소출판부.
• 송건호 외 | 1979, 『해방전후사의 인식』, 한길사.
• 송건호 | 1980, 『金九』, 한길사.
• 송건호 | 1980, 『서재필과 이승만』, 정우사.
• 송건호 외 역 | 1981, 『한국의 근대사상』, 삼성출판사.
• 송건호 외 | 1983, 『한국민족주의론』 2, 창작과 비평사.
• 송건호 | 1984, 『한국현대사론』, 한길사.
• 송건호 | 1985, 『의열단』, 창작과 비평사.
• 송건호 외 | 1986, 『한국민족운동의 이념과 역사』, 한길사.
• 송건호 | 1986, 『한국현대사』, 두레.
• 송건호 | 1986, 『민중과 민족 : 송건호평론집』, 대방출판사.
• 송건호 | 1989, 『한국현대인물사론』, 한길사.
• 송건호 | 1992, 『민족지성의 탐구』, 창작과 비평사.
• 송건호 | 2002, 『송건호 전집』 1-20, 한길사.
• 송건호 외 | 2006, 『논쟁과 한국사회』, 북새통.
• 송건호 | 1962, 「한국사상의 정체성-사상의 과학성에 대한 모색」『한국사상』 5.
• 송건호 | 1965, 「혁명과 반역의 群像」『인물한국사』 4, 박우사.
• 송건호 | 1965, 「이승만론」『정경연구』 9월호.
• 송건호 | 1965, 「이승만박사의 정치사상」『신동아』 9월호.
• 송건호 | 1973, 「정치혼란과 반독재운동」『한국사대계』, 삼진사.
• 송건호 | 1975, 「3 · 1운동 후의 民心史-동아일보의 지면분석」『창작과 비평』 10-2.
• 송건호 | 1975, 「영 · 정조대 平民 유학사상의一貌-평민학자 金琦의 遺稿를 중심으로」『성신여자사범대학 연구논문집』 8.
• 송건호 | 1976, 「민족교육의 사적 고찰」『창작과 비평』 11-1.
• 송건호 | 1976, 「개항사론」『문학과 지성』 7-1.
• 송건호 | 1976, 「언론30년에 나타난 한국사상」『한국사상』 14.
• 송건호 | 1976, 「윤봉길의 민족사상」『나라사상』 25, 외솔회.
• 송건호 | 1978, 「역사와 주역」『고대문화』 18, 고려대 학도호국단.
• 송건호 | 1978, 「신간회운동」『韓』 7-8, 한국연구원.
• 송건호 | 1981, 「저항기의 언론」『한국학연구입문』, 지식산업사.

- 송건호 | 1982, 「일제하 문화의 통치」『문화와 통치 : 역사와 기독교』, 한국기독교사회문제연구소.
- 송건호 | 1982, 「8 · 15 후의 한국민주주의」『한국민족주의론』, 창작과 비평사.
- 송건호 | 1983, 「현대사 연구와 민족사학의 과제」『한국사회연구』 1, 한길사.
- 송건호 | 1984, 「1950년대 대한원조의 교육적 귀결」『자본주의사회의 교육』, 창작과 비평사.
- 송건호 | 1985, 「전기에 선 韓日관계」『민중 : 제2권』, 청사.
- 송건호 | 1985, 「분단시대의 개막」『민주공화국 40년』, 중원문화.
- 송건호 | 1985, 「통일을 위한 민족주의의 르네상스」『민족이론』, 문학과 지성사.
- 송건호 | 1985, 「분단 · 민족사회 · 학생운동」『한국사회연구』 3, 한길사.
- 송건호 | 1986, 「언론인으로서의 丹齋」『신채호의 사상과 민족독립운동』, 단재 신채호선생 기념사업회.
- 송건호 | 1990, 「항일독립운동기의 인물 연구-金奎植의 일생」『국사관논총』 18, 국사편찬위원회.
- 송건호 | 1991, 「洪思翊中將의 평전」『국사관논총』 28, 국사편찬위원회.
- 서중석 | 1992, 「송건호-형극으로 지켜온 언론자유와 현대사 개척」『역사비평』 19, 역사문제연구소.
- 한국방송공사 | 2004, 「인물현대사 : 역사 앞에 거짓된 글을 쓸 수 없다-송건호」.

7) 申庚林 - 충주

- 신경림 | 1975, 『농무』, 창작과비평사.
- 신경림 | 1983, 『농민문학론』, 온누리.
- 신경림 | 1983, 『삶의 진실과 詩的 진실 : 신경림 詩論集』, 전예원.
- 신경림 | 1986, 『시가 있는 명상노우트 : 제3세계편』, 일월서각.
- 신경림 | 1989, 『민요기행』, 한길사.
- 신경림 · 이은봉 · 조규익 | 1993, 『송강문학연구논총』, 국학자료원.
- 신경림 | 1994, 『달 넘세 : 신경림 시집』, 창작과비평사.
- 신경림 | 1995, 『사람사는 이야기 : 신경림의 인간탐구』.
- 신경림 | 1996, 『여름날 : 신경림 시선 57』, 창작과비평사.
- 신경림 | 1996, 『쓰러진 자의 꿈 : 신경림 시집 115』, 창작과비평사.
- 신경림 | 1997, 『새재 : 신경림 시집 18』, 창작과비평사.
- 신경림 | 1998, 『어머니와 할머니의 실루엣』, 창작과비평사.
- 윤영천 | 1989, 「민중시의 시대적 의미-신경림의 〈가난한 사랑노래〉」『문학사상』 1989년 11월호.
- 윤영천 | 1989, 「지식인의 사회적 역할 : 신경림론」『한국현대시연구』, 민음사.
- 고운기 | 1989, 「척박한 역사, 아프고 아름다운 시(신경림론)」『현대시세계』 2.
- 정종진 | 1990, 「감동을 향한 추임새(申庚林論)」『우리문학』 1990년 가을호.

- 한만수 ǀ 1990, 「신경림, 왜 널리 읽히나」『창작과비평』 69.
- 최승옥 ǀ 1995, 「신경림 시에 나타난 '길'의 상징성」『논문집』 4, 주성대학.

8) 辛漢承 - 충주

- 한겨레신문사 ǀ 1992, 『발굴 한국현대사인물』 3.
- 이용복 ǀ 1995, 『빛깔있는 책들 162-택견』, 대원사.
- 전통택견연구소 ǀ 2000, 『택견 예능보유자 및 국가전수자 택견 연구자료모음집 1』.
- 정경화 ǀ 2002, 『택견원론』. 보경문화사.
- 허인욱 ǀ 2005, 『우리 무예 풍속사-옛 그림에서 만난』, 푸른역사.
- 정재성 ǀ 2003, 「자전거 탄 도사(신한승론)」『중요무형문화재 제76호 한국의 전통 택견』, (사)한국전통택견회.

9) 陸英修 - 옥천

- 박목월 ǀ 1977, 『陸英修女史』, 삼중당.
- 안광제 ǀ 1980, 『박정희대통령전기-부록 육영수여사전』, 대일서관.
- 이경용 ǀ 1996, 『한국의 퍼스트레이디』, 밀알.
- 문명자 ǀ 1999, 『내가 본 박정희와 김대중』, 월간말.
- 박근혜 ǀ 2000, 『나의 어머니 육영수』, 사람과 사람.
- 정순치 · 정훈 외 ǀ 2005, 『과거사의 진상을 말한다』, 월간조선.
- 홍하상 ǀ 2005, 『대한민국 퍼스트레이디 육영수』, 작은키나무.
- 정춘식 ǀ 1992, 「의혹 속의 육영수 암살사건」『역사비평』 17.
- 옥천군 문화공보실 ǀ 2004, 「육영수 생가지 현황 분석 및 복원계획」『옥천향토문화』 8.

10) 李九榮 - 제천

- 심지연 ǀ 1987, 『역사는 남북을 묻지 않는다』, 조합공동체 소나무.
- 이구영 편역, ǀ 1994, 『湖西義兵事蹟』, 제천군문화원.
- 심지연 ǀ 1998, 『山頂에 배를 매고 : 老村 李九榮선생의 살아온 이야기』, 개마서원.
- 이구영 편역 ǀ 2002, 『호서의병사적』 2, 현대실학사.
- 이구영 ǀ 2004, 『찬겨울 매화향기에 마음을 씻고』, 바움.
- 한국방송공사 ǀ 2004, 「인물현대사 : 찬겨울 매화향기에 마음을 씻고-이구영」(2004년 7월 9일 방영).
- 이구영 ǀ 2004, 「제천 을미의병과 그 역사적 의의」『지역문화』 3, 세명대 지역문화연구소.

11) 李明九 - 청주

• 『民族正氣의 審判』.
• 『조선인사홍신록』.
• 이명구 | 1970, 『自敍傳』.
• 이강수 | 2003, 『반민특위 연구』, 나남출판.
• 허종 | 2003, 『반민특위의 조직과 활동-친일파 청산과 그 좌절의 역사』, 도서출판 선인.

12) 李無影 - 음성

• 이무영 | 1938, 『明日의 鋪道』, 삼문사전집간행부.
• 이무영 | 1953, 『小說作法』, 계진문화사.
• 해군본부 정훈감실 | 1953, 『한국해양시집 : 이무영편』.
• 이무영 | 1954, 『먼동이 틀 때』, 영창서관.
• 이무영 | 1955, 『逆流』, 을유문화사.
• 이무영 | 1956, 『三年 : 장편소설』, 사상계사.
• 이무영 | 1958, 『農民』, 민중서관.
• 이무영 | 1958, 『壁畵』, 문장사.
• 이무영 | 1970, 『이무영 선집』, 어문각.
• 이무영 | 1970, 『신학국문학전집』 8, 어문각.
• 이무영 | 1972, 『三年 11』, 삼성출판사.
• 이무영 | 1974, 『ㄷ氏行狀記』, 정음사.
• 이무영 | 1975, 『이무영대표작전집』 1-5, 신구문화사.
• 오양호 | 1979, 『이무영작품집』, 형설출판사.
• 이무영 | 1982, 『이무영 선집』, 어문각.
• 이무영 | 1985, 『이무영』, 지학사.
• 김주연 | 1985, 『(한국대표명작) 이무영』, 지학사.
• 임영환 | 1986, 『1930년대 한국농촌사회소설연구』, 서울대 박사학위논문.
• 이동희 | 1987, 『이무영 연구-소설의 구조와 농민의식을 중심으로』, 경희대 박사학위논문.
• 이무영 | 1993, 『이무영』, 벽호.
• 이동희 | 1993, 『흙과 삶의 미학 : 농민문학과 이무영 소설』, 단대출판부.
• 이무영 | 1994, 『農民』, 일신서적출판사.
• 임영환 | 1995, 『한국현대소설연구』, 태학사.
• 이무영 외 | 1995, 『농민 외』, 동아출판사.
• 정창범 편 | 1997, 『전후시대 우리문학의 새로운 인식』, 박이정.
• 이무영 | 2000, 『이무영문학전집』, 국학자료원.
• 이주형 편 | 2001, 『이무영』, 건국대 출판부.
• 이무영 | 1955, 「우리문학의 가는길, 가야할 길」 『사상계』 1955년 10월호.

- 이무영 ∥ 1957, 「狂像」 『현대문학』 1957년 4월호.
- 이무영 ∥ 1959, 「중앙문단과 지방문단」 『자유문학』 1959년 7월호.
- 이무영 ∥ 1960, 「작은 반역자」 『檀村』 4, 단촌문학회.
- 이무영 ∥ 1962, 「목석부인」 『사상계』 1962년 10월호.
- 이인석 ∥ 1959, 「윗트와 통나무 이무영씨, 문단인물소묘」 『자유문학』 1959년 2월호.
- 김송현 ∥ 1966, 「이무영론」 『현대문학』 1966년 3월호.
- 김용성 ∥ 1978, 「윤리적 전환-이무영 소설 〈흙의 奴隸〉」 『논문집』 20-1, 전북대.
- 이동희 ∥ 1981, 「이무영의 초기작품에 나타난 문학사상 연구-무의지와 폐허에의 투혼」 『논문집』 15, 단국대.
- 김송현 ∥ 1982, 「이무영론」 『단국문학』 1, 단국문인회.
- 이주일 ∥ 1984, 「이무영 소설의 분석적 연구」 『논문집』 5, 상지대.
- 이동희 ∥ 1985, 「生의 확대와 蒸溜-이무영 소설에 나타난 소재의 屈析 소고」 『국문학논집』 12, 단국대.
- 이동희 ∥ 1985, 「이무영의 〈艾井說話〉고」 『국어국문학』 94.
- 김진기 ∥ 1986, 「이무영 소설에 나타난 농촌적 색조」 『호서문화논총』 3, 서원대 호서문화연구소.
- 이은경 ∥ 1986, 「이무영 연구」 『인천어문학』 2, 인천대.
- 김준 ∥ 1986, 「농민 소설과 한국 농민상의 부각-이무영의 〈제1과 제1장〉 · 〈흙의 노예〉를 중심으로」 『태능어문』 3, 서울여대.
- 윤석달 ∥ 1987, 「이무영의 현실인식」 『홍익어문』 6, 홍익대.
- 이광호 ∥ 1988, 「〈農舞〉의 세 가지 목소리」 『문학과 비평』 6.
- 송상일 ∥ 1988, 「〈農舞〉의 두 시점」 『문학과 비평』 6.
- 조남현 ∥ 1988, 「〈農舞〉의 詩史的 의미」 『문학과 비평』 6.
- 김홍신 ∥ 1989, 「이무영 후반기 작품의 정신사적 고찰」 『논문집』 29, 건국대.
- 임영환 ∥ 1989, 「이무영과 농민소설」 『연구종합집』 1983 · 1984, 육군사관학교.
- 유영윤 ∥ 1990, 「1930년대 도시소설에 나타난 소외연구-유진오와 이무영을 중심으로」 『논문집』 31, 건국대.
- 조정래 ∥ 1990, 「농본의식의 역사적 의미-이무영의 〈제일과 제이장〉 · 〈 흙의 노예〉」 『한글새소식』 213.
- 이동희 ∥ 1990, 「변신과 실험-작가 이무영의 전기 · 장르적 접근」 『동양학』 20, 단국대 동양학연구소.
- 신영덕 ∥ 1993, 「한국전쟁기 이무영의 해군생활과 문학」 『문학사상』 248.
- 오양호 ∥ 1995, 「순응 · 저항 · 일탈의 농민생리」 『한국소설문학대계』 23, 동아출판사.
- 조은파 ∥ 1995, 「이무영의 1950년대」 『한양어문연구』 13.
- 이명우 ∥ 1996, 「이무영 소설의 재평가-〈제1과 제1장〉 · 〈흙의 노예〉를 중심으로」 『동국어문학』 8.

• 이주일 | 1996, 「이무영 단편소설 연구」『명지어문학』 23.
• 정광호 | 1996, 「이무영의 비농민제재소설」, 단국대 교육대학원.
• 김종건 | 1997, 「1930년대 소설의 공간설정과 작가의식의 상관성연구-김유정과 이무영을 중심으로」『대구어문논총』 15, 대구어문학회.
• 충청북도 | 1997, 『충북 100년-제2장 문화의 향기(충북이 낳은 한국의 문호들 : 홍명희의 '임꺽정' 과 이무영의 농촌 문학)』.
• 신덕영 | 1998, 「한국전쟁기 문인들의 해군체험과 문학활동의 의의」『현대소설연구』 8, 현대소설학회.
• 구인환 | 1998, 「이무영소설의 욕망과 애증의 미학」『현대소설연구』 8, 한국현대소설학회.
• 김봉군 | 1998, 「이무영 문학 연구」『국어교육』 98.
• 간호옥 | 1998, 「이무영 농민소설 고찰-『第一課 第一章』·『흙의 奴隷』를 중심으로」『한국어문학연구』 9, 한국외국어대.
• 증천부 | 1999, 「일제말기 한국과 대만소설의 비교연구 1-이무영과 呂赫若 소설 중의 귀농 모티브와 그 의미」『인문과학』 29, 성균관대.
• 임기현 | 2002, 「이무영 소설의 성과와 전망」『충북학』 4, 충북학연구소.
• 임기현 | 2004, 「해방 후 이무영 소설 연구」『지역문화연구』 3, 세명대지역문화연구소.

13) 鄭求瑛 – 옥천

• 한국방송공사 | 2005, 「인물현대사 : 법과 정의의 정치-정구영」(2005년 3월 18일 방영).

14) 趙健相 – 청주

• 조건상 | 1961, 『淸州誌』, 청주시지편찬위원회.
• 조건상 편 | 1981, 『淸原 北一面 順天金氏墓 출토 簡札』, 충북대박물관.
• 조건상 | 1982, 『순천김씨묘 출토 간찰고(판독문 및 주해판)』, 수서원.
• 조건상 | 1960, 「호서의 시조문학고」『논문집』 1, 충북대.
• 조건상 | 1979, 「청주출토유물 諺簡에 대한 연구(1)」『논문집』 17, 충북대.
• 조건상 | 1980, 「청주출토유물 諺簡에 대한 연구(2)」『논문집』 18, 충북대.
• 조건상 | 1992, 「송강의 생애 · 문학 · 사상」『충청어문학』 1.

15) 趙碧巖 – 진천

• 조벽암 · 조명희 | 1989, 『월북작가대표문학 : 납북 · 월북 재북작가 50선(조벽암 · 조명희)』, 서음출판사.
• 정영진 | 1992, 「시인 趙碧巖의 월북 전후-문학사의 미궁찾기」『현대문학』 446.
• 유문선 | 1992, 「조벽암 시에 대하여」『전농어문연구』 5, 서울시립대.

- 김용직 ‖ 1994, 「관념적 계급의식과 순수문학-趙碧岩 연구」 『현대시』 5.
- 김인자 ‖ 1995, 「조벽암론」 『국어교육연구』 7, 인하대.
- 강진호 ‖ 1995, 「조벽암 소설의 특징과 의의」 『한국학보』 71.

16) 千寬宇 – 제천

- 천관우 ‖ 1979, 『근세조선사연구』, 일조각.
- 천관우 ‖ 1986, 『한국근대사산책』, 정음문화사.
- 천관우 ‖ 1989, 『고조선사 · 삼한사연구』, 일조각.
- 천관우 ‖ 1991, 『가야사연구』, 일조각.
- 천관우 ‖ 1992, 『천관우산문선』, 심설당.
- 임용식 ‖ 1993, 「제천의 역사가-순암 안정복과 후석 천관우」 『내제문화』 5.

17) 崔昶楠 – 청주

- 동아일보사 ‖ 『일제하 사회운동사 자료집』.
- 이창수 ‖ 1998, 『回想錄』, 계명사.
- 박종렬 ‖ 1990, 「생활로 드러난 신앙, 최창남 선생」 『빛과 소금』.
- 전순동 ‖ 1999, 「崔昶楠의 생애와 활동」 『청주문화』 14, 청주문화원.
- 전순동 · 최동준 ‖ 1999, 「일제기 청주지역의 민족교육운동-淸南學校를 중심으로」 『중원문화논총』 2 · 3합집, 충북대 중원문화연구소.

18) 洪九範 – 충주

- 홍구범 ‖ 1947, 『봄이오면』.
- 홍구범 ‖ 1947, 『탄식』.
- 홍구범 ‖ 1949, 『창고 근처 사람들』.
- 홍구범 ‖ 1949, 『농민』.
- 홍구범 ‖ 1949, 『전설』.
- 홍구범 ‖ 1949, 『노리개』.
- 홍구범 ‖ 1949, 『귀거래』.
- 홍구범 ‖ 1950, 『어떤 부자』.
- 홍구범 ‖ 1950, 『구일장』.
- 김의곤 ‖ 2000, 「홍구범 소설 연구」 『호서문화논총』 14, 서원대 호서문화연구소.
- 권희돈 ‖ 2002, 「광복기 소설연구-홍구범의 경우」 『새국어교육』 63, 한국국어교육학회.
- 임기현 ‖ 2004, 「충북 문학인 기념사업의 현황과 전망-충북지역의 문학제를 중심으로」 『충북학』 6, 충북학연구소.

19) 기타 인물

• 최병주 | 1955, 『忠北人士論 : 인물평 및 소개』, 청주문화사.
• 김사달 | 1955, 『忠北人士論』, 청주문화사.
• 충청인사집편찬위원회 | 1957, 『忠淸人士集』.
• 김경구 | 1964, 『忠北人士錄』, 상당출판사.
• 충북인사천인록편찬위원회 | 1964, 『忠北人士千人錄』, 태양출판사.
• 충청인사집편찬위원회 | 1966, 『忠淸人士集』.
• 이규항 | 1967, 『忠北人士大鑑』, 중앙출판사.
• 대한인물록편찬위원회 | 1971, 『忠北名鑑』.
• 충북인사백인록편찬위원회 | 1978, 『忠北人士百人錄』, 태양출판사.
• 홍원길 | 1978, 『淸谷회고록 : 洪元吉자서전』, 태양출판사.
• 이재준 | 1979, 『인맥천년』, 충청일보사.
• 충청일보사 | 1982, 『임직원록 : '82 충북연감 부록』.
• 청주근세60년사화편찬위원회 | 1985, 『청주근세60년사화』.
• 충북인사대보감편찬위원회 | 1988, 『忠北人士大寶鑑』, 충북언론문화사.
• 상산고적회 | 1990, 『상산인맥지』.
• 崔東鳳 | 1992, 『潭雲遺稿』.
• 충청일보사 | 1994, 『忠北名鑑』.
• 충청북도 | 1994, 『고장을 빛낸 사람들』.
• 李銘烈 | 1995, 『錦石詩輯』.
• 박완규 | 1995, 『落穗 · 이삭』.
• 경운시문집발간위원회 | 1997, 『景雲詩文集』.
• 이창수 | 1998, 『回想錄』, 계명사.
• 柳海根 | 1999, 『淨軒遺稿』.
• 李榮基 | 2002, 『道齋李公壽筵詩帖』.
• 鄭祖憲 저, 이두희 · 김미선 · 김의환 · 신범식 · 조영임 역 | 2004, 『옛 선현 의 편지글』, 도서출판 다운샘.
• 동범최병준선생 유고집발간위원회 | 2004, 『살푸슴 : 동범 최병준의 삶』, 직지.
• 한국방송공사 | 2005, 「인물현대사-정구영」(2005년 3월 18일 방영).
• 강영주 | 1998, 「홍명희와 남북연석회의」『괴향문화』 6.
• 오재숙 | 2001, 「옥천부자 육종관」『옥천향토문화』 6.
• 임용식 | 2003, 「제천의 역사가 안정복과 천관우」『제천학과 청풍명월』, 제천문화원.
• 박우훈 | 2004, 「인봉 전승업의 삶」『옥천향토문화』 8.
• 김학영 | 2004, 「제천의 큰 바위 얼굴 晩谷 崔炳贊」『충북향토문화』 15.
• 김상헌 | 2004, 「향토사학자 한은섭 선생」『충북향토문화』 15.
• 오갑균 | 2004, 「東城 李鍾春선생의 업적」『충북향토문화』 16.

찾아보기

(연구자 색인)

【ㄱ】

【ㄴ】

【ㄷ】

【ㄹ】

【ㅁ】

【ㅂ】

【ㅅ】

【ㅈ】

【ㅋ】

【ㅌ】

【ㅍ】

【ㅎ】

- 저자소개 -

◆김의환 (金義煥)

- 충북대 사학과 박사 (한국사)
- 충북대 사학과 · 세명대 출강
- 충북대 중원문화연구소 전임연구원

◆저서

- 『韓國地方史 硏究의 現況과 課題』 (2000, 경인문화사, 공저)
- 『忠淸北道의 古書』 (2000, 충북향토문화연구소, 공저)
- 『조선시대 사람들은 어떻게 살았을까』 (2005, 청년사, 공저)
- 『조선시대 소금생산방식』 (2006, 신서원, 공저) 외 다수.

◆역서

- 『국역 常山誌』 (2002, 상산고적회, 공역)
- 『淸原郡金石文集』 (2004, 청원문화원, 공역)
- 『옛 선현의 편지글』 (2004, 다운샘, 공역)

◆논문

- 「17 · 18세기 鹽稅政策의 변동」 (1998, 조선시대사학보)
- 「17~18세기 서울과 경강일대의 소금 유통」 (2001, 국사관논총)
- 「慕溪 趙絅의 향촌사회 활동과 청주사족의 동향」 (2005, 조선시대사학보)
- 「李煒의 생애와 『卑牧齋日記』의 사료적 가치」 (2005, 한국사학보)
- 「임진왜란기 청주의병과 趙絅의 의병활동」 (2006, 호서사학) 외 다수.